KB040660

세상이라는 나의 고향

HOME IN THE WORLD:
A MEMOIR

세상이라는
나의
고향

아마르티아
센

김승진
옮김

엠마에게

이 책을 향한 찬사

뛰어난 글솜씨, 물 흐르는 듯한 박식함, 풍자적인 유머를 가진 센은 우리가 존재론적 혼란 속에서 세상을 이해하기 위해 의존할 수 있는, 몇 안 되는 세계적 지성 중 한 명이다.

나딘 고디머Nadine Gordimer

앵글로-인도에 대해 새로운 관점을 제공해준 놀랍고 흥미로운 회고록이다.

앤토니아 프레이저Antonia Fraser, 『더 타임스』

센이 경제학자나 도덕철학자 이상이라는 것을, 아니 학자 이상이라는 것을 알게 되었다. 그는 평생에 걸쳐 운동가였고, 학문과 사회운동을 통해, 그리고 우정과 때로는 적을 통해서도 운동을 그치지 않았다. 그의 운동은 '고향', 다시 말해 '세상'을 더 고귀한 개념으로 재규정하기 위한 투쟁이었다.

에드워드 루스Edward Luce, 『파이낸셜 타임스』

마음이 따뜻해지는 책이다. 한 사람이, 하나의 생애에서 광대한 세상 속으로 얼마나 멀리까지 갈 수 있는지 보여준다.

마이틸리 G. 라오Mythili G. Rao, 『워싱턴 포스트』

센은 20세기와 21세기 모두의 위대한 지성이다. 우리는 그에게 큰 빚을 졌다.

니콜라스 스턴Nicholas Stern

아마르티아 센은 장난스러운 도발과 풍성한 생성의 순간을 흥미롭게 혼합하는, 우리 시대의 가장 뛰어난 지성 중 한 명이다.

윌리엄 달림플William Dalrymple, 『뉴욕 리뷰 오브 북스』

세계의 가난한 사람들과 박탈당한 사람들은 센보다 더 통찰력 있고 유려한 옹호자를 갖기 어려울 것이다.

코피 아난 Kofi Anan

영어권의 세계적인 대중 지식인.

뉴 스테이츠먼 New Statesman, "이번 10년의 책"

센의 광범위함은 실로 놀랍다. 인도의 힌두교, 불교, 무슬림 문화에 두루 친숙한 그는 … 전통의 다양성과 목소리의 다양성을 존중하는 이성의 힘을 유려하고 인간적으로 증언한다.

모세 할베르탈 Moshe Halbertal, 뉴 리퍼블릭

센은 대중 철학과 논증의 전통을 이어가는 저명한 지성이라는 면에서 로이, 타고르, 간디, 네루의 계보를 잇는다. … '글로벌 지식인'이 있다면 바로 센일 것이다.

수닐 킬나니 Sunil Khilnani, 파이낸셜 타임스

타협하지 않는 최고의 지성이 가진 방대하고 흥미로운 매력을 아름답게 전해주는 책이다.

필립 헨셔 Philip Hensher, 스펙테이터 Spectator, "올해의 책"

읽기 쉽고 인간에 대한 애정이 가득하다.

존 스노우 Jon Snow, 뉴 스테이츠먼

경제학자이자 철학자인 아마르티아 센의 젊은 시절 삶과 시대에 대한 귀한 통찰을 담고 있다. … 센의 감수성은 타고르적인 것 같다. 두 사람 모두 자유와 상상력에 대해 친연성이 있고, 취약한 사람들과 억압받고 밀려난 사람들에 대한 헌신이 있다. 하지만 무엇보다, 두 사람 모두 '알아야 할 모든 것을 우리가 아직 다 알고 있지 못하다'는 인식을 가지고 있다.

아브라조티 차크라보티 Abhrajyoti Chakraborty, 가디언

흥미진진하다. … 하지만 이 책은 단지 사상에 대한 책만은 아니다. 이 책은 지식인의 작품일 수밖에 없지만, "세상이라는 나의 고향"이라는 제목이 암시하듯이 사상이란 자기 외부에 있는 현상들로부터 자라나는 것임을 알고 있는 지식인의 작품이다.

크리스토퍼 브레이Christopher Bray, 태블릿Tablet

너무나 매력적이고 몰두할 수밖에 없는 이 책은 능란한 이야기꾼과 느긋한 대화를 나누는 것 같은 느낌을 준다.

자야티 고시Jayati Ghosh, 란셋Lancet

센의 섬세한 회고록은 탁월한 인물이 지내온 긴 세월의 먼 곳에 빛을 비춘다. … 센의 안에는 타고르가 있다. 그는 엄정한 과학의 원칙을 따르는 사람이지만 굴하지 않고 인간적이기를 고집하는 사람이기도 하다.

툰쿠 바라다라잔Tunku Varadarajan, 월스트리트 저널

좋은 삶. 숙고하는 삶을 산 학자의 젊은 시절 연대기.

데이비드 길모어David Gilmour, 리터러리 리뷰Literary Review

센의 글도, 그의 사고도, 모두 명료해서 읽기 즐겁다. 하지만 그의 가벼운 터치를 보고 가벼운 책이라고 생각한다면 오산이다. 깊고도 넓은 학식과 대의에 대한 열정이 그 아래 숨겨져 있기 때문이다.

루드랑슈 무케르지Rudrangshu Mukherjee, 더 와이어 인디아The Wire India

센이 보낸 놀라운 젊은 시절에 대한 매혹적이고 생생한 설명.

재리어 마사니Zareer Masani, 히스토리 투데이History Today

우아하고 희망적이다. … 이 책은 센의 사고가 형성된 시기를 다루고 있는데, 훗날 그가 추구하게 되는 학문적 관심사의 뿌리를 이 시기의 이른 경험에서 발견할 수 있다. … 센은 정말로 매력적이고 흥미로운 이야기꾼이다.

바버라 스핀들Barbara Spindel, 크리스천 사이언스 모니터Christian Science Monitor

최면에 걸린 듯 빠져든다. … 귀감이 되는 아마르티아 센의 삶은, 세상과 깊이 관계 맺는 법에 대해 중요한 교훈을 준다. 그에게서 "어느 곳도 아닌 곳의 시민", 혹은 "모든 곳의 시민"으로 행복하게 존재하는 사람의 모습을 볼 수 있다.

페르디난드 마운트Ferdinand Mount, 프로스펙트Prospect.

매혹적이고 쉽게 읽힌다. 위대한 정신을 만든 과정을 살펴보는 즐거운 여행이 될 것이다. … 그를 형성한 중요한 시기를 따라가는 내내 몹시 뛰어난 유머와 우아한 위트가 우리를 이끌어준다. … 독특하고 흥미롭다. … 이 회고록은 사고와 탐구의 진화에 대한 잊지 못할 이야기이고, "인간적인, 너무나 인간적인" 정신에 대한 이야기이며, 자신의 풍성한 학문적 재능을 가장 초라하고 가난한 사람들을 위해 쓴 인물에 대한 찬가다.

마니 샹카르 아이야르Mani Shankar Aiyar

이 책에는 사실 세 권의 책이 담겨 있다. 첫째, 이 책은 감수성 풍부하던 센의 인생 첫 30년에 대한 회고록이고, 둘째, 그것이 역사와 정치에 대한 날카로운 논평과 맞물려 있으며, 셋째, 이 모두와 함께 경제이론과 철학에 대한 학술적인 논고가 펼쳐진다.

수가타 보스Sugata Bose, 하버드 매거진Harvard Magazine

차례

일러두기

1 이 책은 『Home in the World: A Memoir』(2023)를 우리말로 옮긴 것이다.

2 단행본, 정기간행물은 겹낫표(『』)로, 논문, 기사, 영화, 연극, 시, 노래 제목 등은
홑낫표(「」)로 표기했다.

3 인명 등 외래어는 외래어표기법을 따랐으나, 일부는 관례와 원어 발음을 존중해
그에 따랐다.

4 본문 중 대괄호([ ])는 매끄러운 이해를 돕고자 원문에 없는 내용을 추가한 것이
다. 그중 옮긴이 주석은 마지막에 '-옮긴이'라고 밝혔다.

감사의 글

"그리운 기억이/ 내 지난 나날들에 빛을 가져온다." 스물여섯 살의 토머스 무어Thomas Moore는 "고요한 밤"에 그리운 추억으로 슬픔에 잠겨 이렇게 노래했다. 그는 "어린 시절의 웃음과 눈물을", 그리고 (겨울의 나뭇잎처럼) "떨어져야" 했던 친구들을 떠올리고, 모두가 떠나가서 텅 빈 곳에 "홀로 남겨진" 느낌도 이야기한다. 추억을 회상하는 것은 심지어 스물여섯의 젊은이에게도 분명히 슬픈 행위일 수 있다. 하지만 과거를 기억하는 것은 기쁜 일이기도 하며, 노년이 되어 먼 과거를 회상하는 것일 때도 그렇다. 행복했던 사건, 흥미로웠던 성찰, 고민했던 딜레마들로 우리를 다시 데려가주기 때문이다.

하지만 과거를 기억하는 것과 회고록을 쓰는 것은 다르다. 회고록을 쓸 때는 주로 다른 이들을 염두에 두어야 한다. 자기 탐닉에 빠져 산스크리트어로 '스므리티차란Smriticharan'(자기 자신의 기억을 되새김질하는 것)이라고 부르는 상태가 된다면 다른 이들은 조금도 관심을 가지지 않을 것이다. 어떤 일이 실제로 있었는지와 타인의 경험과 사고가 어떻게 이해되고 공감될 수 있을지에 대해서라면 충분히 호기심을 가졌을 사람마저 손사래 치게 만들지 모른다. 내가 과거를 '회고하는' 데서 '회고록을 쓰는' 데로 넘어갈 수 있도록, 또 글의 내용이 명료함과 응집성을 잃지 않도록, 스튜어트 프로핏Stuart Proffitt이 엄청난 도움을 베풀어주었다. 그가 이 책을 위해 해준 모든 일에 정말 크게 빚을 졌다.

이 책의 기획 단계에서 결정적인 순간에 린 네스빗Lynn Nesbit과 로버트 와일Robert Weil의 훌륭한 조언을 들을 수 있었다. 두 분 모두에게 깊이 감사드린다. 집필하던 동안 책의 내용에 대해 대화를 나누면서 나의 자녀 안타라Antara, 난다나Nandana, 인드라니Indrani, 카비르Kabir, 그리고 사촌 라트나말라Ratnamala와 미라디Miradi가 짚어준 지점들도 정말 유익했다. 레흐만 소반Rehman Sobhan, 루나크 자한Rounaq Jahan, 폴 심Paul Simm, 빅토리아 그레이Victoria Gray, 수가타 보스Sugata Bose가 제시해준 훌륭한 의견과 제안에도 감사드린다. 얼마 전에 『연례 경제학 리뷰Annual Review of Economics』를 위해 팀 베슬리Tim Besley, 앵거스 디턴Angus Deaton과 함께 내 연구에 대한 논의도 포함해 긴 공개 대화를 나눌 기회가 있었는데, 이 책의 몇몇 부분을 작성하는 데 크게 도움이 되었다. 두 분 모두 감사드린다.

쿠마르 라나Kumar Rana와 아디티야 발라수브라마니안Aditya Balasubramanian은 집필의 각기 다른 시점에 원고의 상당 부분을 읽고 세심한 조언을 해주어서 이루 말할 수 없이 큰 도움을 받았다. 10년에 걸친 이 책의 집필은 대부분 여름에 이탈리아 사바우디아의 르듄 호텔과 영국 케임브리지 대학의 트리니티 칼리지에서 이루어졌다. 일정 조율을 담당해준 잉가 훌트 마르칸Inga Huld Markan,

시에 리Chie Ri, 아라빈다 낸디Arabinda Nandy에게 감사드린다.

제인 로버트슨Jane Robertson, 리처드 듀기드Richard Duguid, 앨리스 스키너Alice Skinner, 샌드라 풀러Sandra Fuller, 맷 허친슨Matt Hutchinson, 아니아 고든Ania Gordon, 코랄리 빅포드-스미스Coralie Bickford-Smith 등 이 책이 출간되는 데 결정적으로 중요한 도움을 베풀어준 펭귄북스 출판사의 많은 분들께도 감사드린다.

끝으로, 아내 엠마 로스차일드Emma Rothschild에게 이 책을 바친다. 엠마는 원고 전체를 다 읽고 수없이 많은 귀중한 조언을 해주었으며 거의 모든 페이지에 의견을 내어주었다. 고마움을 제대로 전할 표현을 찾을 수 있을지 모르겠다.

15

저자 일러두기

산스크리트어 단어를 표기할 때 되도록 발음 구별 부호를 사용하지 않았다(다른 저자의 글을 인용할 때는 원문 그대로 사용했다). 산스크리트어를 잘 모르는 독자들이 복잡한 발음 구별 부호를 보면 오히려 읽는 데 방해가 될 수 있고 주로 영어를 통해 알파벳을 익힌 독자에게는 혼동을 일으킬 수도 있기 때문이다. 이를 테면, 발음 구별 부호를 잘 모르는 사람이 "calk"를 보고 분필에서의 발음을 떠올리기는 쉽지 않을 것이다(영어로는 "chalk"로 표기된다). 이런 점을 감안해, 산스크리트어 단어를 알파벳으로 표기할 때는 영어식으로 읽으면 발음이 비슷해지도록 표기했다. 나의 임의적인 표기이며, 어느 정도 통용은 되겠지만 완벽한 것은 아니다. 〔한글본에서도 산스크리트어, 벵골어 등의 알파벳 병기는 저자의 표기를 따랐다. 옮긴이〕

서문

어린 시절의 가장 이른 기억 중 하나는 뱃고동 소리에 화들짝 잠에서 깬 것이다. 만 세 살쯤 되었을 때였고, 커다란 뱃고동 소리에 놀라 다소 불안한 마음으로 일어나 앉았다. 부모님은 괜찮다고 안심시켜주시면서 우리가 캘커타에서부터 벵골만을 건너 랑군으로 가는 중이라고 알려주셨다. 아버지는 다카 대학(다카는 현재 방글라데시에 속해 있지만 그때는 아직 방글라데시 국가가 생기기 전이었다)에서 화학을 가르치셨는데, 방문교수로 3년간 만달레이에서 지내실 참이었다. 뱃고동이 나를 깨웠을 때쯤에 우리가 탄 배는 캘커타로부터 약 160킬로미터를 항해해 갠지스 강에서 막 바다로 나가고 있었다(당시에 캘커타는 여전히 꽤 큰 배들이 드나드는 항구였다). 아버지는 이제 우리가 대양으로 나가서 이틀쯤 뒤 랑군에 도착할 때까지 바다를 항해할 거라고 하셨다. 물론 나는 바다 항해가 무엇인지 전혀 알지 못했고, 한 장소에서 다른 장소로 이동하는 데 여러 가지 방법이 있다는 것도 알지 못했다. 하지만 모험이 오고 있다는 느낌이 들었고, 전에 없었던 무언가 진지한 일이 내게 일어나려 한다는 생각에 흥분되었다. 벵골만의 깊고 푸른 바다는 알라딘의 램프에서 불려나온 것 같았다.

우리는 3년 조금 넘게 버마에 있었고, 내 유년 시절 기억은 거의 모두 버마에서의 기억이다. 내 기억 중 매력적인 해자로 둘러싸인 만달레이의 아름다운 궁이나 이라와디 강둑의 황홀한 경관, 어디를 가든 볼 수 있는 맵시 있는 탑 등은 분명히 실제 모습일 것이다. 하지만 내가 기억하는 만달레이의 우아함은 또 다른 사람들이 묘사하곤 하는 먼지 자욱한 도시 만달레이와 잘 부합하지 않을지 모른다. 그리고 우리가 살았던 전형적인 버마식의 아름다운 집은 내가 그 집을 너무 좋아했기 때문에 내 기억 속에서 모습이 과장되었을 것이다. 아무튼 분명한 건, 그때 내가 더할 나위 없이 행복했다는 사실이다.

나는 어렸을 때부터 많은 곳을 옮겨 다녔다. 버마에서 3년을 지내고 다카로 돌아왔지만, 다시 얼마 후에 산티니케탄으로 갔고 그곳에서 학창 시절을 보냈다. 산티니케탄은 미래 지향적인 시인 라빈드라나트 타고르Rabindranath Tagore가 실험적인 학교를 세운 곳이다. 타고르는 나와 우리 가족에게 지대한 영향을 미친 인물이다. 이 회고록의 원제『세계 속의 집Home in the World』은 타고르의 저서 제목『가정과 세계The Home and the World』에서 따온 것으로, 그가 내게 미친 영향을 표현하고픈 마음이 담겨 있다.

산티니케탄의 타고르 학교에서 흥미로운 10년을 보낸 뒤 캘커타에 있는 대학에 진학했다. 훌륭한 교수님과 멋진 동료 학생들이 있었고, 늘 굉장히 흥미로운 토론과 논쟁이 벌어지던 학교 앞의 '커피하우스'는 대학에서의 학문 생활에 풍성함을 더해주는 완벽한 지적 보완재였다. 이어서, 이번에는 봄베이에서 런던까지 또한 차례의 흥분되는 바다 항해를 통해 영국으로 갔다. 케임브리지와 내가 속한 칼리지인 트리니티가 장엄하고 오랜 역사로 나를 매혹했다.

그러고는 미국 매사추세츠 주 케임브리지의 MIT와 캘리포니아 주의 스탠퍼드 대학에서 방문교수로 1년을 보냈다. 나는 인도로 돌아오기 전에 짧게라도 여러 장소에 뿌리를 내리고자 노력했다(인도로 돌아올 때도 한 번에 죽 오지 않고 파키스탄의 라호르와 카라치를 들러서 왔다). 인도에 돌아와서는 델리 정경대학에서 경제학, 철학, 게임 이론, 수리논리학, 그리고 비교적 새로운 분야였던 사회 선택 이론을 강의했다. 내 인생의 첫 30년에 대한 회고는 열정 넘치는 젊은 교수로서 새로이 펼쳐질 인생의 더 성숙한 단계를 기대하며 델리에서 행복한 나날을 보내는 것으로 마무리된다.

델리 생활에 적응이 되고 나자 광범위하고 다양한 경험으로 가득했던 어린 시절에 대해 생각해볼 시간을 가질 수 있었는데, 세계의 문명을 바라보는 데 매우 상이한 두 가지 방법이 있다는 생각이 들었다. 하나는 '분절적'인 관점으로, 관찰되는 다양한 현상과 특징들을 꽤 명백히 서로 구별되는 각기 다른 문명들의 발현이라고 파악하는 것이다. 이 접근은 서로 다른 문화권 사이의 적대가 더해진 상태로 최근에 상당히 유행하고 있으며, 장기적인 '문명의 충돌'을 불러올지 모른다는 위험을 드리우고 있다.

다른 하나의 접근 방식은 '포용적'인 관점으로, 궁극적으로는 하나의 문명(세계 문명이라고 부를 수 있을 것이다)이 서로 다른 형태로 발현된다고 보고 그것을 파악하고자 한다. 그 문명은 상호 연결된 뿌리와 가지를 통해 하나의 생명을 이루고 있으며 가지 끝에서 서로 다른 꽃을 피운다. 이 책은 문명의 속성을 논하는 책이 아니지만, 세계에서 일어나는 여러 현상들을 이해하고자 할 때 내가 분절적 접근보다는 포용적 접근 쪽에 더 공감하고 있다는 점을 이 책에서 명백히 볼 수 있을 것이다.

중세의 십자군 운동부터 지난 세기 나치의 침공까지, 또 커뮤널 분쟁〔배타적 종교 정체성을 기반으로 한 집단 간의 분쟁—옮긴이〕부터 종교, 정치적인 싸움까지, 인간 역사에는 서로 다른 신념 사이에 대치와 충돌이 수없이 있었지만, 통합을 이끄는 쪽으로 작동하는 요인들도 있었다. 보려고만 한다면 하나의 집단에서 또 하나의 집단으로, 하나의 국가에서 또 하나의 국가로 이해와 공감이 퍼져가는 과정을 얼마든지 볼 수 있다. 여러 곳을 돌아다니다 보면 더 통합적이고 더 폭넓은 이야기를 암시하는 실마리들을 놓치려야 놓칠 수가 없다. 서로와의 접촉을 통해 배워나갈 수 있는 우리의 능력을 과소평가해서는 안 된다.

성찰을 자극하는 사람들 사이에 존재한다는 것은 엄청나게 건설적인 경험일 수 있다. 10세기 말과 11세기 초에 인도에서 여러 해를 보낸 이란 수학자 알 비루니Al-Biruni는 저서 『인도 연대기 Tarikh al-Hind』에서 서로에 대해 알게 되는 것이 지식에도 기여했고 평화에도 기여했다고 언급했다. 그는 1000년 전에 인도에서 수학, 천문학, 사회학, 철학, 의학에 대한 훌륭한 글을 썼고, 어떻게 인간의 지식이 우정을 통해 퍼져나갈 수 있는지도 보여주었다. 인도인들에 대한 애정 덕분에 알 비루니는 인도 수학과 과학에 관심을 갖게 되었고 나아가 이 분야의 대가가 되었다. 하지만 애정이 있었다고 해서 인도인들을 약간 놀려먹을 기회까지 흘려보내지는 않았다. 그는 "인도 수학은 매우 뛰어나지만 인도 지식인들이 가진 가장 비범한 재능은 그것과는 꽤 다른데, 아는 바가 전혀 없는 주제에 대해 유려하게 말할 수 있는 능력"이라고 언급했다.

내게도 그런 재능이 있다면 나는 그것을 자랑스러워했을까? 잘 모르겠다. 하지만 어쨌거나 내가 아는 것부터 말하기 시작해야 할 것이다. 이 회고록은 내가 아는 것들부터 말하기 위한, 혹은 실제로 아는지 여부는 차치하더라도 적어도 내가 경험한 것들부터 말하기 위한 작은 시도다.

아마르티아 센. 1948년경 산티니케탄에서
여동생 수푸르나(만주), 사촌 미라와 함께.

1장

다카와 만달레이

〈1〉

런던에서 BBC와 인터뷰를 녹화하기 위해 자리를 잡고 준비하던 중에 진행자가 물었다. "어디가 가장 집 같으세요?" 그는 나에 대한 인물 소개 자료를 보고 있었다. "하나의 케임브리지에서 또 하나의 케임브리지로 최근에 건너오셨네요. 하버드에서 트리니티로요. 영국에서 수십 년을 사셨는데 여전히 인도 국적이시군요? 아마도 여권에는 비자가 수없이 많으실 것 같은데요, 자, 어디가 가장 집처럼, 고향처럼 느껴지시나요?" 이때는 1998년이었고, 트리니티 칼리지에 학장이 되어 다시 돌아온 것을 계기로 인터뷰를 하게 된 참이었다. "지금 여기에서 고향처럼 매우 편합니다." 나는 트리니티에서 학부와 대학원을 다녔고 리서치 펠로우로도 있었으며 강의도 했기 때문에 이곳과 오랜 인연이 있다고 말했다. 하지만 또 다른 케임브리지의 내가 살던 집 근처인 하버드 광장도 고향처럼 편하며, 인도 역시 고향처럼 느껴지는데, 특히 어린 시절을 보낸 산티니케탄의 자그마한 우리 집이 그렇고 아직도 그곳을 자주 방문해 즐거운 시간을 보내곤 한다고 말했다.

BBC 진행자가 다시 말했다. "아, 네, 그러니까, 선생님께서는 고향, 혹은 집이라는 개념이 없으시군요!" 나는 이렇게 대답했다. "아뇨, 오히려 반대예요. 고향이 하나보다 많은 거지요. 고향이나 집이 단 하나여야 한다는 진행자님의 생각에는 동의하지 않습니다." 진행자는 전혀 납득이 안 되는 눈치였다.

'나의 단 하나의 무언가'를 끌어내려는 다른 질문들에 대해서도 설명을 해보려는 내 노력은 이제껏 비슷한 패배를 경험했다. 가령 사람들은 "가장 좋아하는 음식이 무엇인가요?"라고 묻는다. 여기에는 많은 대답이 있을 수 있지만 대체로 나는 탈리올리니 콘 봉골레나 쓰촨식 오리 요리도 좋고, 물론 '일리시 마시ilish mach'(일리시 마시는 인도에서 영국인들이 마음대로 h 발음을 넣어서 '힐샤 피시hilsha fish'라고 부르던 생선이다)도 좋아한다고 우물쭈물 이야기한다. 하지만 일리시 마시는 다카 스타일로 간 겨자와 함께 요리한 것이어야 한다고 덧붙인다. 하지만 이러한 답변은 질문자를 만족시키지 못했고, 질문자는 꼭 이렇게 되물었다. "네, 하지만, **정말로** 가장 좋아하시는 음식은 무엇인가요?"

"다 너무 좋아해요. 하지만 그중에 어떤 것이라도 그것만 먹으면서 살라고 한다면 그러고 싶지는 않네요." 그러면 대개 질문자는 좋은 질문에 대해 합리적인 답변을 얻어내지 못한 것으로 여겼다. 그래도 음식에 대해서는 운이 좋으면 진행자가 예의 바르게 고개를 끄덕이며 넘어가주기도 했지만, 더 진지한 주제인 '고향'이나 '집'에 대해서는 결코 그렇지 못했다. "**정말로** 선생님께서 고향이나 집이라고 생각하시는 어떤 특별한 장소가 분명히 있긴 있으시겠지요?"

⟨2⟩

왜 하나의 장소여야 하는가? 내가 너무 느슨한 건지도 모르겠다. 전통적인 벵골 문화에서 "집이 어디세요?"라는 질문은 아주 정확한 의미가 있고, 그것은 영어 문장이 문자 그대로 전달하는 의미와는 꽤 다르다. 벵골에서 집은 가르ghar, 또는 바디badi라고 부르는데, 나나 바로 윗세대는 이미 거기에 살지 않더라도 몇 세대 위로 거슬러 올라가서 집안이 본래 유래한 장소를 일컫는다. 집의 개념을 이러한 의미로 사용하는 용례는 아대륙 전역에서 찾아볼 수 있다. 영어로 대화할 때는 시각적 이미지를 떠올리게 하는 인도식 영어 표현으로 바꾸어서 말하기도 한다. "당신이 **뻗어 나오신 곳**은 어디인가요Where do you hail from?"라고 말이다. 당신의 '집'은 몇 세대 위의 조상이 그곳으로부터 힘차게 뻗어 나온, 하지만 당신은 한 번도 가보지 않은 곳일 수 있다.

내가 태어났을 때 우리 식구는 다카에 살고 있었다(하지만 정확히 말해서 내가 태어난 장소는 다카가 아닌데, 뒤에서 설명할 것이다). 나는 1933년 늦가을에 태어났는데, 나중에야 알게 되었지만 유럽에서 수많은 사람이 고향과 생명을 잃은 끔찍한 해였다. 작가, 예술가, 과학자, 음악가, 배우, 화가 등 6만 명의 전문직 종사자들이 독일을 탈출해 몸을 피했다. 대부분 유대인이었고 주로는 유럽의 다른 나라나 미국으로 망명했지만 인도로 온 사람도 일부 있었다. 오늘날의 다카는 방글라데시의 활력 넘치는 수도로, 활기차고 넓게 퍼져가는, 그리고 다소 혼란스럽기도 한 도시지만, 당시에는 늘 삶이 우아하고 느리게 흐르는 것 같은 더 조용하고 작은 곳이었다. 우리는 '와리'라고 불리는 오래된 지구에 살았다. 다카 대학 캠퍼스가 있는 '람나'에서 멀지 않았고, 아버지 아슈토시 센Ashutoshi Sen이 여기에서 화학 교수로 일하셨다. 이곳들 모두 '구舊 다카'[올드 다카]이며 현대의 다카는 그 너머로 10여 킬로미터나 더 뻗어 있다.

부모님도, 나도, 네 살 어린 여동생 만주Manju도, 다카에서 아주 행복했다. 우리는 다카 법원 판사이시던 할아버지 샤라다 프라사드 센Sharada Prasad Sen이 직접 지으신 집에 살았다. 큰아버지 지텐드라 프라사드 센Jitendra Prasad Sen은 공무원으로 벵골 각지에 주재하며 일하셨기 때문에 그 집에 계시는 경우가 드물었지만, 큰아버지가 집에 오실 때면 내 어린 삶에서 강렬하게 즐거운 시간이 시작되었다. 특히 나와 동갑인 딸 미라디를 데리고 오시면 더욱 즐거웠다. 또한 치니카카Chinikaka, 초토카카Chotokaka, 메즈다Mejda, 바부아Babua 등 다카에 사는 사촌들도 있었다. 만주와 나는 이들에게 너무 많은 관심과 보살핌을 받아서 다소 응석받이가 되었다.

공무원으로 다른 지역에 사시는 큰아버지의 큰아들(바수Basu가 이름이지만 나는 다다마니Dadamani라고 불렀다)은 다카 대학에 다녔고 우리와 함께 살았다. 내게 다다마니는 어마어마한 지혜와 즐거움의 원천이었다. 그는 아이들이 재밌어할 만한 영화를 찾아서 나를 데리고 가주었고, 덕분에 나는 '진짜 세상'(이라고 내가 생각하게 된 세상)을 알게 되었다. 「바그다드의 도둑The Thief of Baghdad」 같은 환상적인 영화들에 묘사된 세상 말이다.

아버지 실험실에 따라갔던 것도 어린 시절의 즐거운 기억이다. 시험관에 두 액체를 넣고 섞으면 전혀 예기치 못했던 무언가가 나타나는 게 너무 신기했다. 아버지의 조교 카림이 이렇게 눈이 휘둥그레지는 실험을 보여주곤 했다. 내 기억에 그의 시연은 늘 굉장하고 놀라웠다.

열두 살 때 자랑스럽게 익힌 산스크리트어로 고대 인도의 유

물론 학파인 로카야타 파派가 생명을 구성하는 화학적 토대에 대
해 설파한 내용을 처음 읽었을 때, 그 기억이 다시 떠올랐다. 로카
야타 파는 기원전 6세기에 널리 융성한 학파로, 이 학파의 사상에
따르면 "이러한 물질적 원소들이 들어와 신체를 구성했을 때, 오
로지 이러한 물질적 원소들에서만 정신이 생성된다. 취하게 만드
는 요인이 특정한 질료들의 조합에서 만들어지는 것과 마찬가지
다. 그리고 그 원소들이 파괴되면 정신은 즉시 사라진다." 나는 이
비유가 무척 슬프다고 생각했다. 내 생명에 화학 작용만이 아닌
무언가가 더 있기를 바랐고, "즉시 사라진다"는 부분은 정말이지
마음에 들지 않았다. 더 커서 생명에 대한 다른 이론들을 접하게
되었을 때도 다카 대학 실험실과 카림이 보여주었던 시연의 옛 기
억이 늘 생생하게 남아 있었다.

　나는 내가 속한 곳이 다카임을 알고 있었지만, 도시에 사는 벵
골인들이 대개 그렇듯이 나도 '집'이라고 하면 집안사람들이 도시
로 나와 살기 전에 대대로 살던 곳이라고 생각했다. 친가 쪽의 경
우, 도시로 나온 것은 나보다 두 세대 전의 일이었다. 친가 쪽의
원래 '집'은 마닉간지 지구에 있는 작은 마을 마토다. 다카에서 그
리 멀지 않지만 내가 어렸을 때는 마토에 가려면 강을 타고 뱃길
로 하루는 족히 잡아야 했다. 오늘날에는 꽤 괜찮은 도로가 나 있
어서 차로 두어 시간이면 간다. 우리는 1년에 한 번 마토에 갔다.
두 주 정도밖에 못 머물렀지만 나는 마토에 있는 것도 언제나 완
벽하게 편했고 집에 돌아온 것 같았다. 마토에 가면 같이 놀 아이
들도 많았는데, 그들 역시 먼 마을이나 도시에 살면서 마토에 명
절을 쇠러 온 것이었다. 우리는 이렇게 '계절성' 우정을 즐겁게 나
누고서, 돌아가야 할 때가 되면 내년에 볼 때까지 잘 지내라고 인

사하고 도시의 삶으로 돌아갔다.

⟨3⟩

구 다카에 있는 우리 집의 이름은 '자가트 쿠티르jagat kutir'였다. '세계의 오두막'이라는 뜻인데, 민족주의에 대한 할아버지의 의구심을 반영한 면이 있다. 우리 집안에서 브리티시 라지British Raj[1857~1859년 인도대항쟁 이후 영국은 인도를 동인도회사를 통해 통치하던 데서 영국 정부가 직접 통치하는 방식으로 바꾸었다. 이 시기, 혹은 이 시기 영국의 인도 통치를 브리티시 라지라고 부른다.—옮긴이]에 저항하다 옥살이를 한 민족주의자들이 꽤 많이 배출되기는 했지만 말이다(뒤에서 다시 이야기할 것이다).

다른 한편으로 이 이름은 할아버지가 사랑하셨던 사별한 아내, 그러니까 나의 할머니를 기리는 것이기도 했다. 할머니 성함이 자가트락키Jagatlakkhi(때로는 산스크리트어로 자가트락슈미Jagatlakshmi라고도 불리셨다)다. 내가 태어나기 한참 전에 돌아가셨지만, 널리 존경받았던 할머니의 지혜는 계속해서 우리 삶에 여러 면으로 영향을 주었다. 지금도 나는 딸꾹질이 나면 할머니의 처방을 사용한다. 설탕 한두 스푼을 탄 찬물을 천천히 마시는 것이다. 참으로 우연히도, 죽어라 숨을 참고 있는 것보다 딸꾹질을 극복하기에 훨씬 더 쾌락적인 방식이기도 하다.

아버지도 다카 대학 교수였지만, 판사이셨던 할아버지 샤라다 프라사드 센도 다카 대학과 밀접한 관련이 있으셨다. 법률 및 재정 사안과 관련해 대학의 운영을 도우신 것이다. 다카의 우리 집에는 늘 사람들이 오고 갔고, 그들은 각기 이런저런 곳에서 하는 다양한 일을 내게 말해주었다. 당연히 포함될 캘커타와 델리 외에 봄베이, 홍콩, 쿠알라룸푸르도 있었다. 그리 멀지 않은 곳이었지만 내 어린 상상력으로는 지구 전체를 아우르는 것 같았다. 나는 향불을 피운 위층 쪽마루의 목련 나무 옆에 앉아서 흥미로운 여행과 모험 이야기들을 듣는 게 너무 좋았고, 언젠가는 나도 그렇게 여행을 할 수 있으면 좋겠다고 생각했다.

어머니 아미타 센Amita Sen은 결혼하고서도 성을 바꿀 필요가 없었다. 어머니의 아버지, 즉 나의 외할아버지 성함이 크시티 모한 센Kshiti Mohan Sen이다. 어머니의 결혼 전 성이 아버지의 성과 같아서 지금도 때때로 나는 보안 검색에서 신원 확인하는 사람이 어머니의 결혼 전 성을 물을 때 곤란을 겪곤 한다("아뇨, 아뇨, 어머니의 **결혼 전** 성을 말씀하시라고요!") 저명한 산스크리트 학자이자 인도 철학자이신 외할아버지는 현재는 인도 서벵골 주에 속하는 산티니케탄의 비스바 바라티Visva-Bharati라는 교육기관에서 강의를 하셨다. 이 이름은 이곳에서 제공할 수 있는 잘 연마된 지혜(바라티)를 가지고 세상(비스바)을 통합한다는 목적을 나타낸다. 초중등 과정의 뛰어난 학교로 명성이 높은 곳이었지만, 고등교육과 연구 시설들도 있었고 이곳들도 유명했다. 비스바 바라티는 1901년에 시인 라빈드라나트 타고르가 세웠다. 외할아버지도 타고르와 뜻을 같이해서, 실무 책임자 격의 역할을 맡아 비스바 바라티가 교육기관으로 모양을 갖추는 데 크게 일조하셨을 뿐 아니라 이곳이 학문적으로 명성을 얻는 데도 크게 기여하셨다. 외할아버지 본인의 학문적 명성이 굉장히 높았고 산스크리트어, 벵골어, 힌두어, 구자라트어로 쓴 외할아버지의 연구 저술들이 널리 호평을 받고 있었기 때문이다.

외가 식구 모두 타고르와 매우 가까웠다. 어머니 아미타는 현대식 무용극(오늘날 '모던 댄스'라고 불릴 만한 것으로, 당시에는 지극히 모던하게 보였을 것이다)에서 매우 뛰어난 무용수였는데, 이 현대식 무용극 양식이 생기는 데 타고르가 일조했다. 어머니는 캘커타에서 상연된 타고르의 무용극에서 여자 주인공 역을 맡았다. '양갓집' 처자는 공개된 무대에서 모습을 보이는 일이 없던 시절에 말이다. 양갓집 처자는 유도도 배우지 않았지만 어머니는 산티니케탄의 학교에서 유도를 배우셨다. 100년 전에 이러한 기회가 남학생만이 아니라 여학생에게도 주어졌다는 사실은 타고르의 학교가 어떤 곳이었는지를 단적으로 보여준다.

부모님의 중매 이야기가 오갔을 때 아버지는 어머니가 중산층 집안 여성 중 거의 최초로 무대에 올라 수준 높은 작품의 공연을 펼친 무용수라는 사실에 매우 끌리셨다고 한다. 아버지는 어머니의 공연에 대한 신문 기사들을 오려서 가지고 계셨다. 기사는 어머니의 예술성과 실력을 상찬한 것도 있었고 여성이 무대에 공개적으로 등장한 것의 부적절함을 보수적인 시각에서 비판한 것도 있었다. 무용 실력도 실력이지만 어머니의 담대함에 반한 아버지는 어머니와의 결혼 이야기가 나오자마자 곧바로 좋다고 의사를 밝히셨다. 중매결혼이었지만 아버지와 어머니 모두 본인들의 의지가 있었다고 주장하신 이유이기도 하다. 부모님은 둘이서만 영화를 보러 간 적이 있다는 이야기도 즐겨 하셨다(하지만 내 생각에는 이것도 '중매' 과정의 일환이었을 것 같다). 아무튼 아버지에 따르면, 타고르가 각본을 쓰고 연출한 작품에서 무용수로 무대에 선 어머니에 대해 보도한 신문 기사가 두 분의 연애와 결혼에 매우 중요한 역할을 했다.

내가 태어났을 때 타고르는 흔한 이름을 또 쓰는 건 지루하다며

'아마르티아Amartya'라는 독특한 이름을 지어주자고 엄마를 설득했다. 문자 그대로의 의미를 확대해서 해석하자면 산스크리트어로 불멸을 뜻한다고 할 수 있다. '마르티아'는 죽음을 뜻하는 여러 산스크리트어 단어 중 하나인 '므리티우mrityu'에서 나온 것으로, 필멸하는 지상earth의 존재에게 붙일 수 있는 말이다. 반면 '아마르티아'는 죽지 않는 곳(아마도 천상)에서 온 사람을 의미한다. 살면서 나는 내 이름의 거창한 의미를 많은 사람에게 설명해야 했지만, 내가 더 좋아하는 해석은 문자 그대로, 그리고 아마도 좀 으스스하게, 'unearthly'[이 세상 것 같지 않아서 기이하고 섬뜩한]라고 해석하는 것이다.

첫 아이는 시댁이 아니라 친정에서 낳는 것이 벵골의 오랜 관습이다. 친정 부모가 자신의 딸이 출산할 때 시댁 사람들이 잘 돌봐줄지 어떨지를 신뢰하지 못해서 생긴 관습이 아니었을까 싶다. 아무튼 관습에 따라 나는 엄마 배 속에 있었을 때 산티니케탄으로 갔다. 그래서 다카가 아니라 산티니케탄에서 태어났고, 생후 2개월이 되었을 때 다카로 돌아왔다.

벵골어로 '평화의 집'이라는 의미인 산티니케탄은 다카에 더해 내게 또 하나의 고향 집을 제공했다. 처음에 우리 집은 학교가 제공한 외할아버지의 사택이었다. 검소하지만 우아한 초가집이었고, 교사촌이라는 의미의 '구루팔리'라고 불리는 지역에 있었다. 그러다가 1941년에 부모님이 '스리팔리'라고 불리는 지역에 작은 집을 새로 짓고 '프라티치Pratichi'라는 이름을 붙이셨다. 산스크리트어로 서쪽 끝임을 나타낸다. 그리고 얼마 뒤에 외할아버지도 우리 새집 바로 옆에 집을 지으셨다. 어느 정도 단계가 되면 사택에서 지내지 않으실 생각으로 집을 지어두신 것이었다.

나는 외할머니 키란 발라Kiran Bala(나는 디디마didima라고 불렀다)
와 굉장히 가까웠다. 외할머니는 도자기에 그림을 그리는 데 솜씨
가 좋으셨고 뛰어난 산파이시기도 해서 의료 수준이 아직 초보적
이던 산티니케탄에서 본인 손주들의 출산도 포함해 마을의 모든
출산을 도우셨다. 외할머니는 오랜 세월 동안 세심하게 쌓아온 수
준급의 의료 지식을 가지고 계셨다. 외할머니가 소독제를 적절하
게 사용하는 것처럼 간단한 지식에 바탕을 둔 조치만으로도 안전
에, 아니 사실은 생존 가능성에 얼마나 큰 영향을 미칠 수 있는지
설명해주신 것을 열중해서 들었던 기억이 난다. 당시 농촌에서는
집에서 출산을 할 때 소독제를 제대로 사용하는 것조차 잘 이루어
지지 않고 있었다. 외할머니께 배운 것이 많지만, 그중에서도 인
도에서는 산모와 아기 모두 출산 시에 사망할 확률이 지나치게 높
다는 것을 외할머니께 들어 알게 되었다. 훗날 모성사망률과 영유
아사망률에 대해 연구하게 되었을 때, 대나무 줄기로 짠 모라(걸
상)에 앉아서 디디마와 길게 나누었던 수다를 때때로 떠올리곤 했
다. 나는 디디마가 본인이 수행하시는 모든 일에 과학적으로 임하
시는 것을 매우 존경했다.

⟨4⟩

다카와 산티니케탄 둘 다 어린 시절에 아주 좋아했지만, 내 가
장 이른 유년의 기억이 있는 곳은 두 곳 모두 아니고 세 돌이 되기
조금 전에 부모님과 함께 갔던 버마다. 우리는 1936년에 버마에
도착해 1939년까지 살았고 그 3년간 아버지는 만달레이 농과대학
에서 방문교수를 지내셨다. 나는 이 여행이 매우 신났지만 디디마
와 헤어지는 것은 쉽지 않았다. 나중에 듣기로, 캘커타에서 랑군

행 배가 출발했을 때 항구에서 디디마의 모습이 점점 작아지는 것을 본 내가 큰 소리를 지르며 배가 나아가는 것을 필사적으로 막으려 했다고 한다. 다행히도 이 이별은 영원한 것이 아니었고 매년 명절이면 우리는 다카와 산티니케탄에서 다시 만났다. 여동생 만주도 나처럼 산티니케탄의 외갓집에서 태어났고, 생후 첫 1년 반을 버마에서 살았다. 그리고 1939년에 우리 식구 모두 구 다카의 조용하고 아름다운 와리로 돌아왔다. 물론 계속해서 산티니케탄도 자주 방문했다.

버마 생활이 끝나갈 무렵에 나는 여섯 살이었고 기억에 저장된 것들이 제법 있었다. 나는 만달레이에서 행복했고 이때의 경험과 스릴을 많이 기억하고 있다. 버마의 축제는 특히나 멋졌고 언제나 북적대던 시장은 흥미로운 활동으로 가득했으며 전형적인 만달레이 스타일로 지은 우리의 나무 집은 무한한 탐험이 가능했다. 나는 날마다 부모님이나 유모와 함께 밖에 나가 새로운 것(굉장히 화려한 색을 가진 것들이 많았다)을 보는 것과 보는 족족 그것의 버마어 단어를 배우는 것이 너무 재미있었다.

또한 부모님과 버마의 곳곳을 다니면서 새로운 장소들을 보는 것도 너무 재미있었다. 랑군, 페구, 파간, 멀리 바모까지도 갔는데, 이곳들이 아주 많은 역사를 담은 곳임을 느낄 수 있었다. 거대한 탑과 궁궐처럼 보이는 건물들이 있었고 어떤 것은 정말로 궁궐이었다. 나는 만달레이 동쪽 끝에 있는 우리 집에서 약 30킬로미터쯤 떨어진 메이묘의 경관을 좋아했고, 주말에 가족끼리 잘 아는 집을 방문하러 메이묘에 가는 것도 좋았다.

버마에 오래 거주한 조지 오웰George Orwell은 만달레이에서 메이묘까지 가는 매혹적인 여정을 다음과 같이 묘사한 바 있는데, 나중에 그것을 읽고 너무 반가웠던 기억이 난다.

해발 4000피트〔약 1200미터〕인 메이묘에 기차가 설 때까지도 당신의 정신은 여전히 만달레이에 있을 것이다. 하지만 기차에서 내리는 순간 당신은 매우 다른 반구로 들어서게 된다. 갑자기 숨 쉴 때 잉글랜드와도 비슷한 시원하고 달콤한 공기가 느껴지고 사방에서 초록의 풀, 고사리, 전나무, 그리고 붉은 뺨을 한 언덕의 여인들이 바구니에 담긴 딸기를 팔고 있는 모습을 보게 된다.[1]

만달레이와 메이묘를 오갈 때는 자동차로 이동했다. 아빠가 운전을 하시면서 중간중간 흥미로운 광경이 있으면 차를 세우고 내게 보여주셨다. 하루는 밤에 이동하다가 커다란 표범이 언덕의 내리막 길가에 앉아 있는 것을 보았다. 표범의 눈동자가 자동차 헤드라이트에 반짝 빛났다. 내게는 굉장한 사건이었다.

이라와디 강에서 배를 타고 가다 보면 주위 풍경이 계속해서 달라졌다. 또 강둑을 따라 걸으면 독특하고 휘황한 복식을 한 다양한 민족과 부족 사람들을 차례로 볼 수 있었고, 그 땅과 그곳 사람들에 대해 무언가를 이해할 수 있었다. 버마는 흥미로운 경험과 광경을 끝없이 제공했고, 내게는 이곳이 세상이 스스로를 드러내는 곳 같았다. 아직 다른 곳과 비교할 수는 없었지만, 아무튼 나의 어린 눈에 지상은 실로 아름다워 보였다.

〈5〉

탑과 궁이 많은 만달레이는 '황금의 도시'라고 불린다. 러디어드 키플링Rudyard Kipling은 실제로 여기에 와본 적은 없지만 우아한 시 「만달레이」에서 이곳을 낭만적으로 묘사했다. 아버지는 그의 묘사가 물리적인 가능성 면에서 문제가 있다고 하셨지만, 나는 그런 문제는 지리학자들에게 맡기고 "중국에서 이곳의 만을 가로질러 천둥처럼 새벽이 오는"것을 즐겁게 상상하기로 했다.

1922년에 제국 경찰로 부임해 만달레이에서 꽤 오래 거주한 조지 오웰(본명은 에릭 아서 블레어Eric Arthur Blair)은 "먼지가 자욱하고 견딜 수 없이 더운"곳이며 일반적으로 "꽤나 불쾌한 도시"라고 묘사했다. 하지만 내가 받은 인상은 매우 달랐다. 내 기억에 만달레이는 매우 유쾌한 장소이고 눈길을 사로잡는 건물, 아름다운 정원, 호기심을 자아내는 복잡한 골목, 오래된 궁과 궁을 둘러싼 해자가 있는 곳이다. 그리고 무엇보다, 내게 버마 사람들은 지극히 따뜻하고 늘 미소를 보내주며 매우 마음이 끌리는 사람들로 보였다.

아버지가 박사 학위가 있어서 일반적으로 '닥터 센'으로 불렸기 때문에 우리 집에는 '닥터 센의 의료 조언'을 구하러 찾아오는 사람들이 많았다. 물론 아버지는 의학은 전혀 모르셨지만(아버지는 우리 집안의 카스트가 의료인 카스트인 '바이디아vaidya'이긴 하지만 그것은 수 세대 전의 이야기라고 하셨다), 의료적 조치가 필요해서 찾아오는 사람들이 만달레이의 공립 병원에서 진료받을 수 있도록 최선을 다해 도와주셨다. 만달레이에는 무료로 의료 조언을 해주고 조금이나마 관심을 기울여주는 병원이 몇 군데 있었다. 실제로 의료를 제공한다고는 보기 어려웠지만 말이다.

좋은 공공 의료 시스템이 있는 태국 등 몇몇 아시아 국가들과 달리, 버마에서는 오늘날에도 의료 서비스를 받기가 어려울 수 있다. 국가 기능이 잘 돌아가지 않는 상황에서 이는 다수 민족인 버마 족 사람들도 겪는 일이긴 하지만, 정권의 박해를 받고 있는 소수민족 사람들에게는 한층 더 어려운 일이다. 이들은 권리를 획득하기 위해 적극적으로 노력하고 있지만, 군부의 체계적인 박해 때문에 여기저기 옮겨다녀야 하다 보니 안정적으로 의료 서비스를 받기란 매우 드문 일일 수 있다. 그래도 의료 서비스가 어찌어찌 사람들을 찾아오기도 하는데, 예를 들면 존스홉킨스 의대의 '배낭 의사들'이 의료 봉사를 오는 경우가 그렇다. 이들은 매우 큰 위험을 감수하고(1998년에서 2005년 사이에 존스홉킨스 의료 봉사팀 한 팀에서 여섯 명이 목숨을 잃었다) 굉장히 위험한 곳들을 다니며 가령 카렌 족 같은 소외된 사람들에게 도움을 주고자 한다. 의료 서비스가 너무나 절실한 이들은 자신들을 찾아온 의료진을 너무나 반기고 의료진의 조언을 매우 잘 따른다.

⟨6⟩

다른 곳에 갔다가 만달레이로 돌아올 때 도시 동쪽 끝 농과대학 경내에 있는 우리 집으로 오는 길에 메이묘 언덕의 매력적인 풍광이 보이면 너무나 기뻤던 기억이 난다. 우리 집의 넓은 쪽마루에 앉아 그 언덕 뒤에서 떠오르는 해를 보는 것도 얼마나 좋았는지! 구 다카처럼, 마닉간지의 마토처럼, 산티니케탄처럼, 만달레이도 분명히 내 집이고 고향이었다.

하지만 그 어렸던 때에도 내게 버마는 단지 내 첫 기억이 존재하는 공간이라는 의미 이상이었다. 나는 버마어를 약간 배워서 더듬더듬이나마 버마어로 말할 수 있었다. 나를 돌봐준 유모(나중에 여동생 만주도 이 유모가 돌봐주었다)는 버마 사람이지만 벵골어를 어

느 정도 할 줄 알았고 영어도 조금 했다. 아마 내가 할 수 있는 정
도보다 더 잘했을 것이다. 내 기억에 굉장히 매력적인 분이기도
했는데, 열두 살쯤 되었을 때 어머니에게 유모가 실제로 아름다운
분이었냐고 물어본 적이 있다. 어머니는 실제로 유모가 '매우 예
쁜' 사람이었다고 하셨는데, 이 표현은 유모의 아름다움을 적절하
게 묘사하기에 부족한 것 같았다.

유모의 놀라운 점은 아름다움만이 아니었다(성함이 기억나지 않
아서 너무 아쉽다). 유모는 우리 식구 모두에게 무엇을 어떻게 해야
할지 조언을 해주었다. 나는 어머니가 종종 유모에게 의논을 구하
시던 것이 기억난다. 한번은 어디를 가셨다가 돌아온 부모님께 유
모가 거실 벽에 페인트칠이 새로 되어 있어서 놀라셨겠지만 아마
르티아가 그린 그림은 정말 뛰어난 예술적 재능을 보여준다고 능
란하게 둘러댔다. 내가 저지른 잘못이 불러온 위기는 그렇게 흩어
져 사라졌고, 때때로 나는 유모가 내게서 발견했다는 예술적 재능
을 내가 더 발달시켜보았더라면 어땠을까 생각해보곤 한다.

버마에서 여성들은 눈에 띄게 활동적이다. 여성이 여러 경제 활
동을 주도적으로 담당하고 가족의 의사결정에서도 큰 발언권을
갖는다. 이런 면에서 버마는 사하라 이남 아프리카나 동남아시아
와 비슷하지만, 인도 대부분의 지역과 이제는 파키스탄이 된 지
역, 그리고 서아시아 지역과는 매우 다르다. 어린 시절의 버마를
떠올려 보면 여성들이 중요한 역할을 했다는 점이 기억에 매우 강
하게 남아 있다. 대여섯 살이던 당시에는 그게 그렇게 독특한 특
징인지 몰랐지만, 나중에 다른 나라들의 전통을 알게 되면서 버마
의 기억이 다른 곳들을 비교하는 기준점이 되었다. 어쩌면 버마에
서의 기억은 젠더 이슈에 대한 내 견해에도 영향을 미쳤을 것이

고, 나중에 내 연구 주제가 되는 여성의 주체성에 대해 고찰하는 데도 도움이 되었을지 모른다.

〈7〉

분명히 어린 시절의 좋은 기억은 지금까지도 내가 버마에 매우 관심이 많은 이유 중 하나일 것이다. 그리고 버마에 대한 존경은 아웅 산 수 치Aung San Suu Kyi를 알게 되면서 더욱 깊어졌다. 아웅 산 수 치는 엄청난 용기와 비전으로 버마를 이끌면서 1962년에 폭력으로 정권을 잡은 군부의 통치에 저항한 놀라운 여성이다. 나는 아웅 산 수 치가 두려움 없는 지도자라는 것을 잘 알고 있었고 이토록 뛰어나고 용기 있는 사람을 알고 있다니 정말 행운이라고 생각했다. 아웅 산 수 치는 버마에서 민주주의를 위해 싸우다가 무시무시한 박해를 겪었고 장기간 가택 연금도 당했다. 나는 아웅 산 수 치의 헌신적인 남편을 알게 되는 행운도 가졌는데, 그는 매우 뛰어난 아시아 연구자이며 특히 티베트와 부탄 전문가인 〔영국인 학자〕 마이클 아리스Michael Aris다.

마이클은 군부에 의해 버마 입국이 사실상 금지되었지만 옥스퍼드에서(그는 세인트존스 칼리지의 펠로우였다) 아웅 산 수 치를 돕기 위해, 그리고 버마를 위해, 자신이 할 수 있는 모든 일을 했다. 1991년, 아웅 산 수 치의 노벨상 수상 소식이 전해진 직후에 마이클이 하버드를 방문했다. 나는 그 뒤에 이어진 축하 모임을 그와 함께하게 되어서 무척 기뻤다. 그리고 몇 년 뒤인 1999년에 너무 슬프게도 마이클은 암이 전이되어 사망했다. 그때 나는 케임브리지의 트리니티 칼리지에 있었는데, 1999년 3월 말의 어느 날 아침에 그가 내게 전화해서 아마 내가 그의 삶이 얼마 남지 않았다고 들었을 것 같지만 "나의 수(수 치)와 나의 버마"를 위해 할 일이 많기 때문에 자신은 죽을 수 없다고 말했을 때 왠지 모르게 최악이 상상되어 두려움이 덮쳐왔다. 나는 그가 느끼는 위기감과 그의 마음의 움직임을 분명히 감지할 수 있을 것 같았다. 그리고 이틀인가 지나서 옥스퍼드로부터 마이클이 사망했다는 소식을 들었다. 3월 27일이었고, 이날은 그의 생일이기도 했다. 수 치는 사랑하는 남편을 잃었을 뿐 아니라 변함없이 헌신적인 지지와 조언을 해주는 원천도 잃었다.

아웅 산 수 치는 2010년 선거에서 마침내 군부를 누르고 승리했고, 여전히 제한적이기는 했지만 국가 운영에서 적지 않은 정치적 리더십을 발휘할 수 있게 되었다. 하지만 아웅 산 수 치가 직면한 문제는 더 커졌고, 버마 인구 중 아마도 아웅 산 수 치가 완화해줄 수 없을 불운을 겪는 사람들이 직면한 문제도 더 커졌다. 그리고 분명히 아웅 산 수 치는 그들의 문제를 완화해주지 않았다.

사실 아웅 산 수 치의 정치적 리더십에는 무언가 끔찍하게 잘못 돌아가고 있는 면이 있었다. 특히 버마의 취약한 소수집단인 로힝야 족을 도우려는 의지가 없었던 것이 그렇다. 로힝야 족은 벵골 어를 하는 무슬림 소수민족이다. 버마에는 소수민족이 아주 많은데, 아웅 산 수 치는 다른 소수민족들에 대해서도 그리 모범적이라 할 만한 대우를 하지 않았다. 군부뿐 아니라 불관용적인 불교 극단주의자들까지 로힝야 족에게 끔찍하고 야만적인 폭력을 자행했는데도, 적어도 현재까지는 아웅 산 수 치가 희생자들을 돕기 위해 유의미하게 한 일이 없다.

수 치에게 이렇듯 이해하기 어려운 면이 있었다면, 이보다 더이해하기 힘든 수수께끼도 있었고 이 문제는 굉장히 나를 괴롭혔다. 바로 내게는 그렇게도 친절하고 따뜻해 보였던 버마 사람들이 로힝야 족에게 매우 야만적인 적대를 표출했다는 사실이었다. 로힝야 족은 체계적인 인종적, 종교적 박해를 받으며 폭력, 고문, 살인을 겪었다. 이러한 사건 자체가 매우 슬픈 것도 슬픈 것이었지만, 버마 사람들이 몹시 친절하고 따뜻한 천성을 가진 사람들이라는 내 기억이 사실이 아니라 다 착각이었던 것인지도 의문이 생기기 시작했다. 하지만 버마에 와본 다른 사람들도 나처럼 버마 사람들이 따뜻하고 친절하다는 인상을 가지고 있었다. 내 친구이자 의료 서비스가 없는 곳의 버마 사람들을 도우러 다니는 존스홉킨스의 '배낭 의사' 중 한 명인 애덤 리처즈Adam Richards는 버마 사람들이 "늘 웃고 늘 노래하고 늘 미소 짓는 사람들"이라며 "이 모든 힘겨움 속에서도 그들이 내보이는 헌신과 유머를 보고 있으면 정말로 기운이 난다"고 적었다.[2] 이러한 설명은 내가 어린 시절에 제한적인 경험을 가지고 초보적으로나마 갖게 되었던 버마에 대한 존경심과 잘 맞아떨어진다.

그렇다면 이 질문을 하지 않을 수 없다. 도대체 무엇이 달라진 것인가? 나로서는 추측만 해볼 수 있을 뿐이지만, 결정적인 차이를 만든 것은 무슬림인 로힝야 족에 대해 버마 군부가 최근 몇 년에 걸쳐 체계적으로 수행한 강도 높은 프로파간다가 아니었을까 싶다. 나와 내 가족이 알고 있는 우아하고 친절한 버마 사람들은 학습과 조작에 의해 폭력적인 혐오자가 되었고, 그렇게 달라지는 데 군부가 결정적인 영향을 미쳤다. 사람들의 정신에 독을 넣고 잘 조직화된 인종주의적 프로파간다와 강압을 동반한 편견을 사용해서, 로힝야 족에게 폭력을 행사하고 살해까지 불사하도록 유도한 것이다.

원래는 부드럽고 친절하던 사람들이 갑작스럽게 폭력적으로 변할 가능성과 관련해, 여기에는 전 세계적인 시사점이 있다. 프로파간다의 막강한 영향력은 오늘날 버마만이 아니라 세계의 많은 나라에서 볼 수 있다. 물론 버마(군부가 국가명을 미얀마로 부르도록 해서 현재 공식 국가명은 미얀마다)에서 일어나고 있는 일이 유독 야만적이긴 하지만, 특정 소수자 집단을 상대로 하는 증오 선동이 얼마나 효과가 있는지는 헝가리의 이민자 집단에 대한 선동, 폴란드의 성소수자 집단에 대한 선동, 유럽 거의 모든 지역에서 볼 수 있는 집시에 대한 선동에서처럼 다른 많은 곳에서도 볼 수 있다. 오늘날 공식적으로는 세속[정교 분리] 국가인 인도에도 중요한 시사점이 있다. 인도에서도 종교 극단주의자들이 정부 정책까지 활용해가며 종교 공동체들 사이의 오랜 관계를 훼손하고 무슬림의 인권을 훼손하는 일에 작심하고 나서고 있기 때문이다.

버마 군부는 오래 전부터 로힝야 족에 대한 적대에 불을 지펴왔고, 1980년대부터도, 아니 더 이른 시기부터도, 다양한 법적 조치와 시민 선동을 통해 그들을 억압했다. 하지만 로힝야 족에 대한 싸움이 대대적으로 고조된 것은 훨씬 더 나중의 이야기다. 특히나 심각했던 경우는 2012년에 정부가 대부분의 로힝야 족이 살고 있는 [버마 서부] 라카인 주의 불교도들에게 그들의 '종족과 종교'를 지키라며 선동했을 때 일어났는데, 군부는 시민들의 별다른 반대에 직면하지도 않고 이 프로파간다 싸움에서 승리했다.[3] 이로써 군부는 잘 조직된 비방 작업으로 재구성한 여론의 지지를 등에 업고 로힝야 족에 대한 악독한 대우와 궁극적으로는 그들을 축출하기 위한 싸움을 더 강하게 밀어붙일 수 있었다.

이 프로파간다 싸움이 시작되었던 초기에 시도했더라면 아웅 산 수 치가 이러한 변화에 맞서는 것이 어쩌면 가능했을지도 모른다. 아마도 그때가 로힝야 족이 방글라데시에서 버마로 침범해 들어왔다고 말하는 군부의 날조된 이야기(로힝야 족은 아주 오랫동안 옛 아라칸의 일부인 라카인에 살아왔고 영국이 물러나면서 남아시아가 분할되었을 때 이 지역이 새로 독립한 버마에 속하게 된 것일 뿐인데도, 군부는 로힝야 족이 외부에서 버마로 침범해왔다고 주장했다)를 저지할 수도 있었을 타이밍이었을 것이다.

그런데 이상하게도 이 시기에 아웅 산 수 치는 군부가 의도적으로 로힝야 족의 이미지를 왜곡하고 사람들이 그들에게 폭력을 행사하도록 선동하는데도 매우 수동적인 입장을 견지했다. 전에 (민주화 운동에서) 여러 번 그랬듯이 자신의 정당과 연합 세력들을 결집해 버마의 가치를 지키고자 나설 수 있었을 텐데도, 이번에 군부의 반로힝야 프로파간다에 맞서는 데서는 그러한 노력을 충분히 이른 시기에 펴지 않은 것으로 보인다. 아웅 산 수 치는 로힝야 족 소수집단에 대한 비방을 효과적으로 막을 수 있었을 타이밍에 그렇게 행동하지 않기로 했다. 그리고 그다음에는 너무 늦어버리고 말았다.

불과 두어 해 사이에 정부의 프로파간다로 인해 여론이 너무나 급진적으로 반로힝야 쪽으로 기운 나머지, 이제 로힝야 족을 위해 이야기하는 사람은 누구든 불교도인 버마 사람 다수로부터 강한 반대에 부닥치게 되었다. 즉 이제는 로힝야 족을 옹호하는 것이 정치적으로 매우 위험한 일이 되었고, 군부가 매번 그것이 확실히 위험한 일이 되게 만들었다. 프로파간다 싸움에서 지고 난 뒤에는, 만약 아웅 산 수 치가 로힝야 족을 위해 싸우기로 했다면 정치적 리더십에 심각하게 문제가 제기되는 상황을 피할 수 없었을 것이다. 버마 사람들을 오래도록 존경해온 나도 아웅 산 수 치 및 버마의 정치 지도자들이 로힝야 족이 직면했던, 그리고 계속해서 직면하고 있는 사회적 재앙에 대해 책임을 면제받을 수는 없다고 생각하지만, 그러한 과정이 언제 어떻게 해서 손써보기 어렵게 불가항력적인 것이 되었는지에 대해서는 지금 논의되고 있는 정도보다 더 완전한 분석이 필요하다.

이 사례가 주는 교훈은 윤리와 도덕에 대한 것만이 아니라 현실 정치에서의 지혜와 실천 논리에 대한 것이기도 하다. 유럽과 인도 등 세계의 많은 곳에서 [특정 집단에 대한] 선택적인 증오가 생겨나고 있는 오늘날, [정치적으로 효과적일 수 있는] 타이밍과 현실성의 문제는 점점 더 중요한 이슈가 되고 있다. 2차 대전 이후 인간 사회들은 서로 더 가까워지기 위해 막대한 노력을 기울였고, 나는 실제로 보고 들은 경험을 통해 그 노력을 피부에 닿도록 생생하게 느낄 수 있었다. 그런데 그러한 노력이 오늘날 끔찍한 불관용에 밀려날 위기에 처해 있는 것 같다. 버마는 이러한 추세의 가장 끔찍한 사례를 제공했을 뿐, 비슷한 위험은 많은 다른 나라에서도 생겨나고 있고 강화되고 있다.

⟨8⟩

버마에 살 때 집에서 약간의 교육을 받긴 했지만 본격적으로 교육을 받기 시작한 것은 다카로 돌아온 다음이었다. 나는 집에서 멀지 않은 락슈미 바자르의 세인트그레고리 학교에 다녔다. 미국에 있는 재단이 운영하는 미션 스쿨이었는데, 백인 선생님들의 말(지금 생각으로는 미국식 영어였던 것 같다)을 우리가 잘 알아듣지 못해서 학생들 사이에서는 선생님들이 벨기에에서 왔다는 소문이 있었다. 왜 하필 벨기에였는지는 잘 모르겠다. 아무튼 세인트그레고리는 학업 면에서 매우 뛰어난 곳이었고 교장 선생님인 주드 수사님은 뛰어난 교육을 제공하는 것뿐 아니라 지역 전체가 치르는 일제고사에서 이곳 학생들이 다른 모든 곳의 학생보다 더 뛰어나게 빛나도록 하는 데도 매우 신경을 쓰셨다. 2007년에 나온 이 학교의 125주년 간행물은 초창기 역사에 대해 "우리 소년들이 매년 계속해서 1등부터 10등까지를 내리 차지했다"고 언급하고 있다. 이 학교는 방글라데시 대통령을 포함해 뛰어난 학자, 변호사, 정치인을 많이 배출했다. 방글라데시 국가 수립 후 최초의 외무장관이었던 카말 호사인Kamal Hossain은 이 학교의 우수한 학업 성취가 학생을 돕기 위해 할 수 있는 것은 무엇이든 하려 했던 교사들의 헌신 덕분이라며, 교사들은 수업 시간에 매우 헌신적으로 교육에 임했고 수업 시간 외에도 학생들은 늘 교사들에게 다가가 이야기할 수 있었다고 언급했다.

하지만 높은 학업 성취와 강한 규율 문화가 내게는 잘 맞지 않았다. 나는 좀 숨 막힌다고 생각했고 (주드 수사님이 자주 사용하시는 표현을 빌리면) "뛰어나게 빛나고" 싶은 마음이 딱히 없었다. 아주 먼 훗날, 노벨상을 받고 얼마 뒤인 1998년 12월에 세인트그레고리 학교에서 나를 위해 특별 행사를 준비해주어서 그곳을 방문하게 되었다. 교장 선생님은 학생들에게 영감을 주기 위해 파일 보관함에서 내 시험지를 찾아보았는데 "37명의 학급생 중 33등이었던 것을 보고 그러지 않기로 했다"고 말했다. 그리고 부드럽게 이렇게 덧붙였다. "세인트그레고리를 그만두신 뒤에 좋은 학생이 되셨나 봅니다." 틀린 말은 아니었다. 나는 내가 좋은 학생인지 아닌지 아무도 신경 쓰지 않는 환경에 가서야 '좋은 학생'이라고 불릴 만한 학생이 되었다.

다카에서 학교를 다니던 시기에도 자주는 아니었지만 간간이 산티니케탄에 갔다. 처음에는 그리로 전학을 갈 생각은 없었다. 하지만 1941년에 일본군이 버마를 점령하자 부모님은 내가 산티니케탄에 가서 외조부모님과 함께 살면서 학교를 다니게 하셨다. 사실 아버지는 내가 일반적인 기준에서 볼 때 훨씬 더 좋은 학교인 세인트그레고리에 계속 다니기를 원하셨다. 하지만 일본군이 캘커타와 다카는 폭격할지 몰라도 더 외진 산티니케탄을 폭격하는 데는 관심이 없으리라는 생각을 점점 더 진지하게 하시게 되었다.

아버지의 예상이 맞았다. 전쟁 내내 캘커타와 다카에서는 사이렌이 새되게 울리는 가운데 대피 훈련이 계속해서 있었다. 한번은 1942년 12월에 캘커타에서 집안끼리 잘 아는 사람들과 함께 짧은 연휴를 보내고 있었는데, 일본이 부두 일대를 일주일에 다섯 차례나 공격했다. 한번은 저녁에 일찍 잠든 척했다가 3층 쪽마루로 슬그머니 나왔는데 멀리서 불이 번쩍이는 게 보였다. 실제로는 꽤 먼 거리였지만 어린아이에게는 정말 놀라운 광경이었다. 캘커타와 달리 다카는 다행히도 폭격을 당하지 않았다.

폭격 가능성에 대한 아버지의 예측 덕분에, 나는 산티니케탄에 있는 놀랍도록 진보적인 학교에 다니게 되었다. 나는 단박에 이곳이 너무 좋아졌다. 세인트그레고리에 비해 이곳은 학생들을 더 많이 풀어주었고 학업 성취에는 덜 치중했다. 또 인도의 전통에 대해서도 배웠지만 이를 세계 곳곳의 다른 나라와 그곳들의 문화에 대해 배우는 기회와 결합했다. 산티니케탄 학교의 강조점은 시험 경쟁에서 다른 학교들을 누르고 두각을 나타내는 것이 아니라 학생들의 호기심을 육성하는 데 있었다. 학점이나 시험 점수에 관심을 갖는 것은 오히려 강하게 만류되었다. 나는 세계 방방곡곡에 대한 책이 가득한 산티니케탄 학교의 활짝 열린 서가에서 책들을 탐험하는 게 정말 좋았고, 좋은 성적을 낼 필요가 없다는 것도 너무 좋았다.

내가 산티니케탄에 오고 얼마 후에 전황은 방향이 바뀌었고, 일본은 물러갔다. 하지만 이곳이 너무 좋아졌기 때문에 나는 새 학교에서 물러가고 싶지 않았다. 내가 태어나 잠시 머물렀던 일시적인 집은 곧 나의 장기적인 집이 되었다. 물론 식구들이 지내고 있는 터전이 여전히 다카였기 때문에 다카에도 자주 갔다. 아버지는 계속 다카 대학에서 교수로 일하고 계셨고 여동생 만주도 다카에서 부모님과 살고 있었다. 학기 중에는 산티니케탄에 있다가 명절이나 방학 때 다카에 가는 것은 이상적인 조합으로 보였다. 사촌들, 특히 동갑인 미라디(미라 센Mira Sen, 나중에는 미라 레이Mira Ray) 덕분에 다카에서 보내는 명절과 방학은 정말 재미있었다.

하지만 1947년에 '인도-파키스탄 분할Partition'로 모든 것이 달라지게 된다. 커뮤널 폭동과 끔찍한 유혈 사태가 끊임없이 슬픔을 유발했다. 또한 이는 우리가 이사를 해야 한다는 의미이기도 했다. 다카는 새로 수립된 동파키스탄의 수도가 되었고, 친가 쪽 집안은 터전을 산티니케탄으로 옮겨야 했다. 나는 산티니케탄이 좋았지만 다카가, 또 우리 집 자가트 쿠티르가 그리웠다. 위층 쪽마루를 너무나 향기롭게 해주었던 커다란 목련 나무는 더 이상 내 삶의 일부가 아니게 되었다. 다카의 옛 친구들은 어디에 있을지, 이제는 누가 그들과 놀고 있을지, 우리 정원의 망고와 잭프루트는 어떻게 되었을지도 궁금했다. 나는 하나의 세계를 잃어버렸다. 다

카를 잃은 것은 산티니케탄이 주는 충족감(매우 큰 충족감이었지만)
으로 메워지지 않았다. 나는 새로운 삶을 즐겼지만, 그렇다고 옛
삶에 대한 강렬한 그리움이 사라지지는 않는다는 것을 빠르게 깨
달았다.

2장

벵골의 강들

⟨1⟩

다카는 장대한 파다 강과 가깝다. 유명한 강가 강(영어식 표기로는 갠지스 강)의 두 지류 중 더 큰 쪽이 파다 강이다. 강가 강은 베나레스[바라나시], 파트나 등 인도 북부의 고대 도시들을 지나 벵골에 들어설 때 두 갈래로 갈라진다. 파다(산스크리트어 '파드마 Padma'에서 나온 말로, 연[식물]을 뜻하는 벵골어다) 강은 우아하게 남동쪽으로 한참을 흐르다가 벵골 만으로 들어가고, 또 다른 지류인 바기라티 강은 곧장 남쪽으로 흘러서 캘커타를 지나 더 짧은 경로로 벵골 만에 들어간다. 어쩌다 그렇게 되었는지는 모르겠지만 더 작은 지류가 강가라는 옛 이름을 유지하고 있으며, 이 강은 강가라고도 불리고 바기라티라고도 불린다(때로는 비교적 최근 이름인 '후글리'라고 불리기도 한다). 두 강 모두 옛 벵골 문학에서 많은 예찬을 받았다. 둘 사이에는 일종의 카리스마 경쟁도 있다. 다카에 살던 어린 소년 시절에 나는 캘커타의 친구들에게 너희한테는 파다 강의 연 같은 장엄함이 없는 열등한 강을 옜다 하고 던져준 것이라고 말하곤 했다.

강가 강의 유량 분화에는 이보다 더 심각한, 그리고 뜨겁게 정치적인 측면도 있다. 훨씬 나중인 1970년에 인도 정부가 유량을 바기라티 쪽으로 더 돌려 이곳을 활성화할 목적으로 파라카 댐을 지으면서 이 측면이 수면 위로 올라왔다. 댐 건설의 주요 목적 중 하나는 캘커타 항구에 쌓여 항구를 막히게 만든 침적토를 제거하는 것이었는데, 침적토 제거 임무에는 성공하지 못했지만 동벵골에서 (이해할 만한 면이 있는) 적대감을 불러일으키기는 했다. 당시의 어린 나는 1970년대에 펼쳐질 이 모든 정치적 긴장과 아주 멀리 있었지만, 강물과 관련된 라이벌 의식은 그때도 이미 매우 강했다.

내가 파다 강을 가지고 의기양양하게 굴었던 데는 사실 근거가 없었다. 다카가 파다 강에 면해 있지 않기 때문이다. 과거 언젠가 파다 강에 면해 있었다 하더라도(그렇게 보는 사람들도 있다) 이미 수 세기 전에 파다 강은 다카에서 멀어져 있었다. 이것은 벵골의 토지가 매우 부드러운 충적토라는 데서 나오는 특징인데, 강이 흐르면서 종종 경로를 바꾸는 것이다. 지질학적인 긴 시간이 아니라 인간 역사의 시간대 안에서도 강의 경로가 바뀐다. 다카는 부디강가라고 불리는 상대적으로 작은 지류에 아직도 면해 있긴 하다. '노인 강가'라는 뜻인데, 이곳의 연로한 속성을 솔직하게 인정한 이름이 아닐 수 없다. 파다 강의 장엄함은 다카에서 조금만 나가도 쉽게 접할 수 있었지만 도시에서 멀어질수록 지류들이 모여 더 장관이었고 아대륙의 또 다른 큰 강인 브라마푸트라 강과 합쳐지면 더욱더 장관이었다. 벵골의 이쪽 지역에서는 이 강을 자무나 강이라고 부르기도 해서 북인도 사람들을 헷갈리게 만들곤 한다. 델리, 아그라(그리고 타지마할)가 있는 북쪽에 더 유명한 자무나 강이 있기 때문이다. 더 아래로 내려오면 파다 강은 메그나 강과 합류하며 그 이후로 이 거대한 강은 계속 메그나 강이라고 불린다. 나는 건너편이 보이지 않는 놀랍도록 커다랗고 장엄한 강변에 처음 섰을 때의 전율과 흥분을 기억한다. 나는 아버지에게 이렇게 물었다. "이게 정말 강이에요? 이 물 짜지 않아요? 여기 상어 있어요?"

현재는 방글라데시가 된 동벵골에서의 삶은 이 강들과 긴밀하게 엮여 있었다. 다카를 출발해 '큰 도시' 캘커타에 갈 때면(캘커타 자체를 방문할 때도, 산티니케탄으로 가는 길에 들를 때도) 우리는 다카에서 나라얀간지까지 기차로 먼저 짧게 이동한 뒤 파다 강을 따라 한참을 긴 뱃길로 이동했다. 강변을 따라 변화하는 풍광의 향연이 펼쳐진 뒤에 강들이 교차하는 고알란도에 내려서 다시 기차를 타고 캘커타로 갔다.

증기선을 타고 파다 강을 지나가는 것은 늘 황홀했다. 계속해서 달라지는 벵골의 풍경이 보였고 바삐 움직이는 마을들이 활력을 더해주었다. 학교에 가지 않은 것 같아 보이는 아이들이 배가 지나가는 것을 구경했다. 아이들이 학교를 빼먹은 것 같다는 내 본능적인 걱정은 인도 아이들 대부분이 다닐 학교가 없다는 아버지의 말로 위안이 되지 않았다. 아버지는 인도가 독립이 되면 달라질 거라고 하셨지만 그것은 너무 먼 이야기 같았다. 그때는 독립 후에도 상황이 그리 빠르게 달라지지는 않으리라는 것을 알지 못했다. 또한 훗날 (인도에서도, 또 다른 곳에서도) 학교 교육을 확대하는 것이 내가 노력을 기울이는 주요 관심사가 되리라는 것도 알지 못했다.

증기선 여행은 엔지니어링의 세계에 접해보는 계기도 제공해주었다. 당시의 증기선 엔진실은 지금 기준으로 보면 절망적으로 원시적이겠지만, 아버지가 선장님의 허락을 받아 나를 데리고 가실 때마다(배를 탈 때면 매번 가볼 수 있었다) 너무 신이 났고 매료되었다. 나는 엔진오일과 윤활유의 독특한 냄새가 나는 가운데 나란히 줄지어 선 강철봉이 위아래로 움직이고 바퀴가 순환 운동을 하는 것을 명확하게 볼 수 있었다. 갑판 위에서 보이는 풍경이 느리고 부드럽게 움직이는 것도 좋았지만 그와 대조적으로 지속적인 활동이 벌어지는 엔진실의 세계도 좋았다. 지금 생각해보니 이것이 복잡한 무언가(가령 배의 엔진)가 작동하는 메커니즘을 알고자 한 나의 초창기 시도였던 것 같다.

⟨2⟩

고알란도를 거쳐 뱃길로 여행하는 것은 내 어린 시절의 강과 관련된 경험 중 일부일 뿐이다. 계절마다 오는 동벵골의 명절은 물과 관련이 많았다. 앞에서도 말했듯이, 다카에서 마닉간지의 마토까지는 거리는 짧았지만 뱃길로 장시간 걸려서야 갈 수 있었다. 외가 쪽의 본래 고향인 비크람푸르의 소나랑에 갈 때도 그랬다. 동벵골의 다카에서 멀지 않은 곳이지만 강을 따라 굽이굽이 긴 항해를 해야 했다. 서벵골의 산티니케탄에 사시는 외할머니, 외할아버지도 소나랑에 자주 가셨다. 그분들이 현재 거주하고 일하시는 곳과는 멀리 떨어져 있었지만 인도식 집 개념으로 소나랑이 외가의 '진짜 집'이었다.

만 아홉 살이 되어갈 무렵, 아버지가 여름 방학 한 달 동안 우리가 작은 엔진이 있는 주거용 배에서 살 거라고 하셨다. 선상에서 지내면서 연결된 강들을 따라 여행을 한다는 것이었다. 내 인생에

53

서 가장 멋진 순간이 다가오고 있다는 느낌이 왔고, 정말로 그랬다. 느리게 이동하는 배에서 보낸 한 달은 기대를 저버리지 않는 모험이었다. 처음에는 파다 강을 따라가다가, 온화한 달레시와리 강부터 장엄한 메그나 강까지 다른 강들로도 들어갔다. 전체적으로, 다 숨이 멎을 만큼 멋있었다. 물가에도 나무가 있었지만 수면 아래에도 식물이 있었는데, 그렇게 신기한 것은 처음 보았다. 머리 위를 빙빙 돌거나 배에 내려와 앉는 새들도 계속해서 내 관심을 끌었다. 당시 다섯 살이던 여동생 만주에게 나는 몇몇 새의 이름을 자랑스레 뻐기며 말할 수 있었다. 다카의 조용하던 우리 집 정원과 달리 주위에서는 계속해서 찰랑이는 물소리가 났고, 바람이 부는 날에는 파도가 배의 옆면을 세차게 때렸다.

물고기도 많았다. 처음 보는 것도 많았는데, 모르는 것이 없으신 것 같은 아버지가 서로 다른 물고기를 구별하는 특징을 알려주셨다. 작은 물고기를 먹고 사는 강돌고래도 있었다(벵골 이름은 '슈슉'이고 학명은 '플라타니스타 강게티카'다). 윤이 나는 검은색 강돌고래들이 숨을 쉬러 수면 위로 올라왔다가 깊이 다이빙을 했다. 나는 강돌고래들의 역동적인 움직임과 우아함을 멀찌감치서 즐겼다. 하지만 가까이 가고 싶지는 않았는데, 내 발을 알려지지 않은 물고기인 줄 알고 먹으려 할까봐 겁이 났기 때문이다.

버마에서 러디어드 키플링을 그토록 매혹했던 '날치'는 파다 강과 메그나 강에도 아주 많았고, 상당히 매혹적이었다. 부모님이 영어 시집과 벵골어 시집을 아주 많이 가지고 오셨기 때문에 선상에서 보낸 방학 동안 나는 시를 많이 읽었고, 키플링의 시 「만달레이」도 또 읽었다. 나는 이 시를 여전히 좋아했고 만달레이를 떠올리게 해주어서 읽으면 기분이 좋았다. 하지만 키플링이 뛰어오르는 물고기를 어디에서 보았을지는 의문이었다. 키플링이 그 시를 쓴 곳은 모울메인인데, 아버지는 그곳이 만달레이에서 멀리 떨어진 곳이고 우리도 버마에 살 때 가본 적이 있다고 알려주셨다. 키플링은 시에서 이 우아한 생명체들이 "만달레이로 가는 길road" 위에 있었다고 했다.

길 위에 있었다고? 그게 어떻게 가능하지? 나는 잠자리에 들면서 이 영국인에게는 이라와디 강이 도로처럼 보인 것이었을까, 아니면 강이 내가 기억 못하는 어떤 길 옆에 있었던 것일까 궁금해 하다가, 이 긴급한 문제가 미처 해결되기 전에 스르르 잠이 들었다. 밤의 시작뿐 아니라 끝도 키플링과 함께였다. "새벽이 천둥처럼" 다가왔을 때 말이다. 그때쯤이면 밤에 궁금했던 것은 털어버리고 배 주위에서 시작되는 또 다른 하루를 눈과 귀를 열고 반가이 맞이할 준비가 되어 있었다. 배 주변 강물에서 조심하며 헤엄도 쳤다.

강변에는 마을이 많았다. 어떤 마을은 풍요로워 보였고 어떤 마을은 빈곤해 보였고 어떤 마을은 매우 위태로울 정도로 땅이 내려앉아 있는 것처럼 보였다. 나는 어머니에게 이 마을들이 정말로 보이는 것처럼 위험한지 물어보았고, 어머니는 그렇다고 알려주셨다. 사실 보이는 것보다 더 위험했다. 강둑 근처의 단단한 땅바닥처럼 보이는 것이 움직이는 강물이 땅을 삼키기 전에 꺼지기 시작할 수 있기 때문이다. 예부터 벵골의 강들은 이 지역에 번영을 가져다주는 원천이었지만 인간의 생명과 안전을 위협하는 예측 불가의 위험 요인이기도 했다. 물길이 자주 바뀌는 강 주변에서 살아가는 삶의 어려움이 내 마음에 깊이 각인되었다. 아름다움과 위험이 긴밀하게 엮인 이 조합은 이후에도 계속해서 나를 매료하게 된다. 하지만 당시에는 일단 강의 물리적인 거대함에 매혹되었고 그곳에 사는 삶의 흥미로움에 압도되었다. 나중에 더 잘 알게 되듯이, 강에 대한 양면적인 태도는 동벵골의 많은 사람들에게 마치 제2의 천성처럼 깊이 내재되어 있다.

벵골에서 보통 때의 조용한 강들이 보여주는 창조적인 아름다움의 매혹에 필적할 것이라곤 그 강들이 분노로 포효할 때 보여주는 파괴적인 장엄함의 매혹뿐이다. 둘 다 사람들이 강들에 신중하게 붙인 이름에서 잘 드러난다. '공작새의 눈'이라는 뜻의 마유락키(공식적인 이름은 마유락시다), '신성한 아름다움'이라는 뜻의 루프나라얀, '꿀의 달콤함'이라는 뜻의 마두마티, '소망의 실현'이라는 뜻의 이차마티, 그리고 잘 알려진 '연 같은'이라는 뜻의 파다처럼 감미롭게 매력적인 이름도 있는 반면, 파다의 또 다른 이름인 키르티나샤는 자주 물길이 바뀌고 범람하는 강의 파괴적인 측면을 잘 보여준다. '인간이 성취한 것들의 파괴자'라는 뜻으로, 마을을 쓸어버릴 수도 있는 강의 위력을 기리는 이름이다. 내가 다카의 세인트그레고리 학교에서 산티니케탄의 학교로 옮겼을 때, 이것은 키르티나샤 옆에서(정확하게는 근처에서) 아자이('대적할 자 없는'이라는 뜻이다) 옆으로 옮긴 셈이기도 했다. 아자이 강은 연중 대부분에는 고요하다가 우기에 상상을 초월하게 수량이 불어나 인근의 아주 많은 마을과 도시를 수몰시킨다. 강의 양면적인 속성은 사회 안에서 안정적인 역할을 찾고자 하는 인간의 고투에 대한 매력적인 비유로 제격이다. 사회 역시 그 안에서 살아가는 인간들에게 도움을 주기도 하지만 목숨을 쓸어버릴 수도 있으니 말이다.

〈3〉

배가 작은 강에서 큰 강으로 들어가니 물의 색이 옅은 황백색에서 푸른 빛으로 바뀌었다. 달레시와리 강의 이름은 연한 색의 아름다움에서 유래했다. 달dhal은 자주 쓰이지는 않는 단어인데 일종의 창백한 미색을 의미한다(돌로dholo는 검은색을 의미하는 칼로kalo와 대조되는 단어다). 반면 메그나 강의 이름은 우기의 비구름(메그megh)에서 볼 법한 짙은 색의 아름다움을 뜻한다. 주위에서 물은 온갖 방식으로 우리의 관심을 사로잡았다. 나는 라빈드라나트 타고르의 장편 시 「나디Nadee」를 탐닉한 바 있었는데, 나디는 벵골어로 강을 뜻하는 대표적인 단어다(강을 뜻하는 벵골어 단어는 이것 말고도 많다). 이 시는 히말라야의 수원에서 시작되어 여러 인간 정착지를 굽이굽이 지나 대양까지 흘러가는 강을 따라 그 주위에서 살아가는 사람들과 그들의 삶을 묘사하고 있는데, 아마도 그 강은 강가 강일 것이다. 이 시를 읽으면서 나는 비로소 강이 무엇인지를 제대로 이해하게 되었다는 느낌이 들었고, 왜 사람들이 강에 대해 그렇게들 야단인지도 알 것 같았다.

아버지가 여행에 반드시 가지고 다니시는 지도들을 보면서 나는 지리 시간에 배웠어야 마땅한데 어째서인지 나오지 않았던 거대한 발견을 했다. 지도를 보니 강가와 브라마푸트라는 동일한 수원인 마나스 사로바에서 나왔지만 완전히 다른 방향으로 흐르고 있었다. 히말라야의 높은 곳에 있는 마나스 사로바는 '마음을 생성하는 호수'라는 뜻으로, 산스크리트 문학에는 이 호수를 노래한 것이 많다. 아무튼 동일한 곳에서 출발한 두 강이 먼 경로로 각자의 길을 가다가 수원에서 아주 멀리 떨어진 벵골에서 합류한다. 강가는 히말라야에서부터 남쪽으로 흘러 북인도의 평원을 가로지르면서 리시케시, 칸푸르, 베나레스 등 인구가 많은 고대 도시들을 지나 파트나까지 오는 반면, 브라마푸트라는 그 평원과 히말라야의 북쪽에서 한참 머물다가(우회전을 해서 주변의 모든 것을 다 낮아 보이게 만드는 히말라야를 지나 수천 킬로미터를 움직인 뒤에) 강가와 합류한다. 두 강의 합류는 오래전에 헤어진 옛 친구가 다시 만나는 것 같다. 나는 이 발견에 학교에서 얼마 전에 배웠던 섬의 정의를 결합했다. 학교에서 배우기를, 섬은 주위가 물로 둘러싸인 육지를 일컫는다고 했다. 오호라! 나는 어린아이다운 학식으로, 아대륙의 가장 큰 섬은 학교에서 배운 스리랑카(당시에 불리던 이름은 실론)가 아니라 강가 강, 브라마푸트라 강, 마나스 사로바 호수 전체가 빙 둘러싸고 있는 거대한 땅이라고 결론내렸다.

다카의 세인트그레고리 학교였다면 내가 새로운 '발견'을 이야기할 용기를 내지 못했을 것이다. 하지만 학생들을 풀어주는 분위기인 산티니케탄에서 지리 시간에 나는 뿌듯하게 내 발견을 이야기했다. 지리 선생님은 인도 아대륙에서 가장 큰 섬이 무엇인가에 대해 내가 새로운 답을 이야기하는 것까지는 허락하실 용의가 있으셨지만 나의 일대 발견을 일축하실 만큼은 충분히 교조적이셨다. 친구들도 그랬다. 친구들은 "그건 섬이 아니"라고 했다. 나는 왜냐고 반문했다. "섬의 정의를 생각해봐. 물로 둘러싸인 땅이잖아!" 그러자 나를 깎아내리려는 친구들은 섬의 정의에 대해 이제까지 이야기되지 않았던 부가 내용을 덧붙였다. 땅을 둘러싼 물은 바다여야지 강이나 호수이면 안 된다는 것이었다. 하지만 나는 포기할 생각이 없었다. 불과 몇 주 전에 파리의 센 강 가운데 있는 땅을 섬이라고 부른 적이 있었기 때문이다. 나는 너희 말이 맞다면 센 강의 섬은 무언가 다른 이름으로 재분류해야 한다고 주장했다(모든 사람의 짜증을 돋우면서 나는 "악어라고 부르는 건 어떠냐"고 깐

족댔다). 나는 그 논쟁에서 이기지 못했고 아대륙에서 가장 큰 섬은 여전히 실론이었다. 이 일로 나는 모호한 것에 너무 집중하다가 명백한 것을 놓쳐버리는 사람이고 희한한 논증을 사용하는 사람이라는 평판을 얻었는데, 나는 이 평판이 부당하다고 생각한다.

⟨4⟩

더 진지한 주제에 대해 말하자면, 강이 주변 지역의 경제와 사회가 번영하는 데 얼마나 중요한 영향을 미치는지는 산티니케탄에서 우리가 벌인 토론에서 상당한 비중을 차지한 주제였다. 타고르는 이 관련성을 충분히 분명하게 볼 수 있었고 강에 대한 서사시에서도, 또 에세이에서도 이에 대해 많이 이야기했다. 당시에 내가 몰랐던 것은, 상업과 교역의 건설적인 역할을 찬양한 개척적인 경제학자들 또한 이와 관련해 강의 중요성을 이야기했다는 사실이었다. 산티니케탄에서의 학창 시절에 강의 긍정적인 역할을 알게 된 것의 연장선에서, 캘커타에서 프레지던시 칼리지에 다닐 때도 이것은 나의 핵심 관심사였고 애덤 스미스Adam Smith가 시장경제의 발달에서 강이 수행하는 막대한 역할을 분석한 부분을 읽은 것도 여기에서였다. 18세기에 스미스는 벵골이 경제적으로 매우 번성한 곳이라고 보았는데, 그 번영을 현지에 숙련 노동자들이 많이 존재한다는 점뿐 아니라 강과 바다를 통한 항해가 가져다주는 교역 기회가 있다는 점과도 (매우 많이) 연결시켰다.[1]

스미스는 여러 고대 문명의 역사를 그곳이 누릴 수 있었던 항해 기회를 중심 줄기로 삼아 서술하기까지 했다. 특히 그는 "유럽의 발트 해와 아드리아 해, 유럽과 아시아의 지중해와 흑해, 아시아의 아랍 걸프 만, 페르시아 만, 인도 만, 벵골 만, 타이 만 등과 같은 큰 내해가 … 대륙의 내부로 해상무역을 끌어온다"는 것을 짚어냈고, 아프리카 북부 문명에서는 나일 강의 역할이 위와 같은 일반적인 패턴에 부합하지만 "아프리카 내륙"을 포함한 나머지 대부분은 항로가 가져다주는 기회가 없어서 후진성을 보이게 되었다고 설명했다. "아프리카의 큰 강들은 서로 너무 떨어져 있어서 어느 정도 규모가 되는 내륙 수상 운송이 불가능하다"고 말이다.[2]

또한 스미스는 "흑해와 카스피 해 북쪽의 아시아 지역 전체, 고대의 스키타이, 근대의 타타르와 시베리아 등"의 후진성도 같은 원인으로 설명했다. "타타르의 바다는 얼어붙어 항해할 수 없으며 세계 최대의 강 몇 개가 흐르고 있지만 서로 너무 멀리 떨어져 있어서 그곳 대부분의 지역은 상업과 교통 발달이 이루어지기 어렵다."[3] 캘커타의 YMCA 기숙사 방에서 스미스의 책을 들고 인간 진보에 대한 이론과 강이 경제에 미치는 힘에 대한 찬가를 밤늦도록 읽으면서, 어린 시절에 내게 깊은 인상을 남겼던 벵골 문화의 강에 대한 예찬을 벵골에 번영을 가져오는 데 강이 수행한 건설적인 역할과 관련지어보고 싶다는 생각이 들었다.

스미스는 벵골을 직접 본 적은 없었지만 벵골을 지나가는 강들이 벵골 사람들의 상상력에서만이 아니라 실생활에서도 중요했음을 알고 있었다. 벵골의 강들과 근처의 정착촌들은 수천 년 동안 교역과 상업의 중심지였고, 국내 경제에 양분을 공급했으며, 이곳의 경제 활동이 해외에도 알려지면서 글로벌한 교역과 탐험에 불을 붙이는 데도 일조했다. 서기 401년에 중국의 구법승 법현法顯은 10년을 인도에서 지낸 뒤 이 지역의 고대 도시 탐랄립타〔당대의 무역항이었다〕에서 정기적으로 운행하던 상선을 얻어 타고 스리랑카로 갔고 그다음에 자바를 거쳐 중국으로 돌아갔다. 인도에 왔을 때는 〔해로가 아니라〕 아프간과 중앙아시아를 경유하는 북쪽 육로를 통해 들어왔고 강가 위쪽에 있는 파탈리푸트라(현재의 파트나)에 주로 머물렀다. 법현이 중국에 돌아온 뒤 난징에서 쓴 『불국기佛國記』는 중국어로 쓰인 가장 오래된 여행서로, 그가 인도 여러 지역에서 본 것들을 꽤 상세히 기록하고 있다.

7세기에는 뛰어난 재능과 기업가적 혁신 정신의 소유자인 중국 승려 의정義淨이 스리비자야(현재의 수마트라)를 통해 인도에 와서 1년 동안 산스크리트어를 배운 뒤 벵골의 탐랄립타로 들어왔다가 다시 여기에서 강을 타고 현재의 비하르로 가서 고대의 날란다 대학에서 공부했다. 날란다 대학은 5세기 초부터 12세기 말까지 융성했던, 당시 전 세계 고등교육의 중심지였다. 그는 중국과 인도의 의학과 공중 보건에 대한 최초의 비교 연구를 담은 책을 집필했다.

17세기 말이면 오늘날의 캘커타 근처인 갠지스 강의 어귀는 많은 인도 산품의 수출 기지가 되어 있었다. 유럽과 전 세계에 특히 잘 알려져 있었던 벵골산 면직물은 물론이고, 더 북쪽 지역 산품들(파트나의 질산칼륨 등)도 유명했다. 이러한 물건들은 갠지스 강을 타고 아래로 이동해 배에 실려 바다로 나갔다. 물론 수익성 높은 교역과 상업은 외국의 무역 회사들이 처음 이곳에 들어온 이유였다. 그중 캘커타에 거점을 둔 영국 동인도회사는 〔교역을 넘어〕 영국의 인도 식민 통치에 길을 닦기 시작한다. 하지만 벵골과 (그리고 벵골을 거점으로 다른 지역들과) 교역을 하고자 한 나라는 영국만이 아니었다. 프랑스, 포르투갈, 네덜란드, 프러시아, 덴마크 등 유럽 각국의 무역 회사들이 모두 벵골에서 사업을 했다.

동벵골의 내부 교역은 초기에는 물길이 마땅하지 않아 더 어려웠다. 갠지스의 원래 경로에 침전물이 쌓이면서 그곳으로 가는 유량(오늘날의 캘커타를 지나는, 후글리로 들어오는 유량)이 줄어들고 오늘날의 방글라데시를 향해 동쪽으로 가는 유량이 늘면서 이곳의 상업 전망이 나아졌다는 자료들이 존재한다. 토양의 특성과 지속적으로 쌓이는 침전물을 생각할 때, 강가는 동쪽으로 가면서 범람하는 경향이 있었을 것이고 바이라브, 마타방가, 가라이 마두마티 등 새로운 지류들을 만들어내었을 것이다. 16세기에 더 큰 파드마 강이 생겨나 강가와 직접 연결되면서 이것이 옛 강가의 물을 동벵골로 나르는 주된 강줄기가 되었다. 이로써 동벵골의 경제가 아대륙뿐 아니라 글로벌 시장과도 곧바로 연결되었고 동쪽에서 경제 활동이 빠르게 확장되었다. 이러한 변화는 무굴 제국의 재정 수입 중 동벵골 지역에서 들어오는 수입이 빠르게 증가한 데서도 확인할 수 있다.[4]

해외에서도 일찍이 2세기에 프톨레마이오스가 이 지역에 대해 어느 정도 상세하게 이야기했고 "갠지스의 다섯 개의 입"이 벵골 만으로 물을 나르고 있다고 정확하게 언급했다. 프톨레마이오스의 묘사에 나오는 번성하는 마을들의 위치가 정확히 어디였는지를 짚기는 어렵지만 그가 이 지역의 교역과 상업을 논한 부분은 베르길리우스, 플리니우스[연장자] 등 다른 저술가들이 묘사한 고대의 저술 내용과 대체로 비슷한 것을 볼 때 사실일 가능성이 커 보인다. 그리고 1000년도 더 지난 뒤에 애덤 스미스도 오늘날의 캘커타 인근인 이 지역의 경제적 중요성을 명백하게 인식하고 있었다.

〈5〉

벵골 문학에 강이 주되게 등장하는 것은 10세기경 벵골어가 문법을 갖추어 제대로 된 언어로 발달하기 시작한 시기로까지 거슬러 올라간다. 벵골어는 산스크리트어에서 유래하긴 했지만 산스크리트어와 매우 다른 언어로 발달했으며, '프라크리트Prakrit'라고 불리던, 고전 산스크리트어의 일상어 버전이라고 볼 수 있는 언어와 밀접하다. 옛 벵골어 문헌에는 강이 많이 등장한다. 예를 들어, 15세기 말경으로 거슬러 올라가는 『마나샤망갈 카비아Manashamangal Kavya』는 거의 대부분 강가-바기라티 강이 배경이다. 널리 읽히고 많은 찬사도 받은 이 작품은 '찬드'라는 이름의 상인이 겪은 모험과 종국에 처하게 된 패배를 노래하는데, 찬드는 지배자인 뱀의 여신 마나샤에 대한 신앙에 저항했다가 패배하고 숨진다. 이 이야기는 훌륭한 연극으로도 만들어졌다.

어렸을 때 나는 이 이야기에 매우 실망했다. 저항적인 상인 찬드가 사악한 뱀의 여신을 누르고 승리하기를 바랐기 때문이다. 또한 일반적으로 나는 인기 있는 이야기나 드라마에 초자연적인 실체의 힘이 나올 때면 짜증이 났고 그런 힘이 사라지기를 바라곤 했다. 사라지는 경우도 간혹 있었지만 그럴 때 내가 얻은 만족이 무엇이었건 간에 훗날 미국에 왔을 때 미국 텔레비전에 초자연적인 행위자가 너무나 많이 나오고 인기도 굉장히 많은 것을 보면서 느낀 실망이 훨씬 컸다. 특히 늦은 저녁 시간대의 케이블 TV 프로그램들이 그랬다. 범죄 수사물인 줄 알고 보기 시작했는데 여자 악당이 궁지에 몰리다가 어느 순간 매력적인 입술을 벌리면 길이가 3미터는 되고도 남을 혀가 불쑥 나오는 식이다. 물론 이런 장면은 이런 류의 드라마를 많이 본 미국 청중 중 누구도 놀라게 하지 못했을 것이다. 그리고 줄거리가 더 전개되면서 많은 물리적 규칙이 뒤집힌다. 가장 과학이 발달한 나라에서 인기 있는 프로그램에 초자연적인 힘이 중요한 자리를 차지하고 있는 것은 미국의 대중적 상상이 보여주는 놀라운 특징이다. 매일 밤 족히 100편의 『마나샤망갈』이, 하지만 그것이 원래 가진 문학적인 장점은 결여한 채로, TV를 도배하고 있다니 말이다.

강을 중심으로 한 고대 벵골어 문학은 주제 면에서 매우 다양하다. 『차리야파드Chariapad』(산스크리트어로는 Caryapad)에서 불교의 사하지야Sahajiya(또는 사하자Sahaja) 사상을 숙고한 부분이 특히 나를 매혹했다. 이 문헌은 10~12세기 정도로까지 거슬러 올라가는데, 식별 가능한 벵골어 문헌 중 가장 오래된 축에 속한다. 문학적인 이유에서도 읽을 만하고(현대 벵골어 단어에 대응되는 옛 벵골어를 연결하려면 훈련이 좀 필요하기는 하다) 당대의 신실한 불교 수행자들의 삶과 우선순위를 알 수 있다는 역사적인 관심사에서도 읽을 만하다. 저자인 싯다차리아 부수쿠Siddhacharja(Siddhacharya) Bhusuku는 파다 강에서 자신이 수중의 물건을 도둑맞고(그는 "마땅한 일"이라고 생각한다) 매우 낮은 카스트의 여성과 결혼해서 이제 "진정한 벵골인"이 되었다며 그 자랑스러움을 다음과 같이 기쁘게 묘사한다.

나는 파다 강의 물길을 따라 천둥의 배를 이리저리 기울이며 몰았다.
해적이 나타나 나의 비참함을 도둑질해갔다.
부수쿠, 오늘 너는 찬달라 여인을 아내로 맞이하여
진정한 '방갈인'이 되었다.

64

재물을 벗어버리고 카스트에 저항하는 불교도로 사는 것(찬달라는 가장 낮은 카스트에 속한다)은 평등 지향적인 자랑스러운 벵골인에 대한 부수쿠의 개념에 잘 부합했다.

하지만 10~12세기의 '방갈인Bangalee'(또는 『차리야파드』에 표기된 대로 따르자면 Vangali)은 오늘날의 '벵골인Bengali'과 정확히 같지는 않다. 현대의 벵골인 개념은 아직 존재하지 않았고 10세기의 '방갈인'은 당시 '방가Vanga'라고 불린, 벵골 지방 중의 특정한 지역 사람을 의미했다. 이 지역은 현재 방글라데시 국가에 속하며, 지리적으로는 오랫동안 '동벵골'이라고 불리던 곳의 일부다. 다카와 파리드푸르 지구가 옛 방가 지역이다. 나는 다카 출신이므로 현대적 의미의 벵골인이기도 하고 고전 문헌이 말하는 방갈인이기도 하다. 이런 이유에서도 부수쿠에게 친밀감을 느꼈지만 그의 종교인 불교 때문에도 친밀감을 느꼈다. 학창 시절에 나는 붓다의 사상에 매혹되었다. 하지만 학교 친구들이 1000년 전 사람인 부수쿠의 사상에 대해 관심을 갖게 만들려던 내 시도는 완전하게 실패했다. 유일한 예외는 산티니케탄의 중국인 친구 탄리Tan Lee였는데, 내가 부수쿠에 대해 장황하게 이야기하는 것을 그가 정말로 관심이 있어서 들은 것인지 예의상 들어준 것인지는 그때 내가 보기에도 확실치 않았다.

〈6〉

수세기 동안 동벵골 사람들(서벵골 사람들은 이들을 '방갈Bangal'이라고 불렀는데 영 순진하고 물정 모르는 사람이라는 의미도 있었다)과 서벵골 사람들(동벵골 사람들은 질세라 이들을 '고티Ghoti'라고 불렀는데, 문자 그대로는 손잡이 없는 항아리를 말한다) 사이에는 상당한 차이가 있었다. 하지만 이 분열은 1947년에 벵골을 동파키스탄(현재의 방글라데시)과 인도의 서벵골 주로 분할한 정치적 분열과는 딱히 관련이 없다. 1947년의 정치적 분할은 거의 전적으로 종교를 기준으로 한 것이었지만, 방갈 사람들과 고티 사람들 사이의 문화적인 차이는 그보다 훨씬 더 먼저 있었고 이것은 종교적 경계와는 아무 상관이 없었다. 어쩌다 보니 방갈인의 다수는 무슬림이고 고티인의 다수는 힌두였지만, 방갈-고티의 라이벌 관계는 종교적 차이와는 거의 관련이 없었다.

동벵골과 서벵골 사이의 차이는 역사적으로 형성된 더 일반적인 차이였다. 동벵골 사람들은 대개 고대 방가 왕국의 후손이고 서벵골 사람들의 기원은 한참 더 서쪽의 가우르 왕국과 더 가깝다(가우르 왕국은 더 이른 왕국이던 라르 왕국과 수흐마 왕국에 이어 생긴 왕국이다). 싯다차리아 부수쿠는 옛 시기에 벵골에서 지역마다 상이한 사회적 관심사와 관습을 가지고 있었음을 명백히 암시한다. 벵골어는 공식적인 언어에서는 어느 정도 통일성이 있지만 지역마다 사투리가 매우 다르다. 아주 기본적인 일상어 중에서도 방갈 사람과 고티 사람이 쓰는 단어가 다른 경우가 있다. 예를 들어, 캘커타나 산티니케탄 근처의 서벵골에서 자란 사람들은 "제가 이야기하자면…"이라고 말을 시작할 때 "볼보_bolbo"라고 말하는데 동벵골 사람들은 "카이보_kaibo" 또는 "카이무_kaimu"라고 말한다. 다카에서 산티니케탄으로 왔을 때 처음에는 나도 모르게 동벵골 사투리가 튀어나오는 경우가 왕왕 있었다. 내가 말할 때 친구들이 왜 웃음을 터트리는지 알 수가 없었고 왜 계속 나를 "카이보"라고 부르는지도 알 수 없었다. 카이보는 내 별명처럼 되었고 고티 학생들은 "카이보"라고 나를 따라 말하며 촌사람답게 재밌어했다.

하지만 2년쯤 지나자 생소한 단어가 고티 친구들에게 불러일으킬 수 있는 재미는 점차로 소진되었다.

벵골 내에서 지역 간 차이는 실제로 얼마나 컸을까? 두 집단 사이에는 악의 없이 티격태격하는 공방이 상당히 많았고, 분할 이전에 벵골의 수도로 고티와 방갈 사람들이 섞여 살았던 캘커타에서 특히 그랬다. 아마도 분열이 정말로 심했던 영역을 꼽으라면 축구일 것이다. 캘커타의 오래된 팀인 모한바간은 대체로 고티가 응원했고, 더 신생 팀인 이스트벵골은 대체로 방갈이 응원했다. 종교의 차이는 여기에 전혀 상관이 없었다. 또 다른 팀인 모하메단스포팅(이 팀도 매우 뛰어난 팀이다)은 이름에 모하메단이 들어가지만 힌두 선수도 있었다. 모한바간과 이스트벵골의 경기에는 엄청난 관중이 모였고, 지금도 그렇다. 많은 캘커타 사람이 이 경기를 연중 가장 중요한 행사라고 생각했고, 경기 결과는 거의 죽느냐 사느냐의 문제였다. 나는 다카 출신이므로 물론 이스트벵골을 응원했다. 경기를 보러 간 적은 열 살 때 딱 한 번밖에 없지만, 명장면과 경기 결과는 챙겨 보았다. 55년 뒤인 1999년에 이스트벵골 클럽이 '지속적으로 성원과 지지'를 보내주신 분들에게 드린다며 내게 종신회원 자격을 주었는데, 사실 나는 조금 자격 미달이긴 하다.

모한바간 대 이스트벵골의 경기는 뚜렷한 경제적 결과도 산출했다. 그중 하나는 경기 결과에 따라 캘커타에서 어떤 생선의 가격이 오를지가 달라지는 것이었다. 고티 사람들은 '루이'라는 생선을 가장 좋아하고 방갈 사람들은 '일리시'라는 생선을 가장 좋아하기 때문에, 모한바간이 이기면 (서벵골 사람들이 저녁 식사에서 신나게 축하 파티를 하기 때문에) 루이 가격이 올라가는 경향이 있고 이스트벵골이 이기면 (동벵골 사람들이 그럴 것이므로) 일리시 가격이 올라가는 경향이 있었다. 그때는 나중에 경제학을 전공하게 될 줄 전혀 몰랐지만(당시에는 수학과 물리학에 꽂혀 있었고, 여기에 필적할 만한 관심사라면 산스크리트어뿐이었다), 갑작스러운 수요 급등에 따른 가격 상승에 대한 기초적인 경제학 이론은 곧바로 내 흥미를 끌었다. 나는 이러한 변동성이 경기 결과가 예측 가능하다면 발생하지 않으리라는 초보적인 경제학 이론을 생각해내기까지 했다. 경기 결과를 미리 알 수 있다면 생선 장수들이 해당 생선의 공급 물량을 미리 확보할 테니 수요가 공급을 초과하지 않을 것이고 따라서 가격도 치솟지 않을 것이기 때문이다. 즉 경기 결과에 따라 루이나 일리시의 가격이 오르는 현상은 경기 결과가 불규칙하다는 사실에 달려 있었다.

가격이 안정적이냐 변동성을 보이느냐를 예측하기 위해 정확히 어떤 가정들이 필요한지 알아내는 게 재밌기는 했지만, 내가 내리게 된 또 하나의 결론이 있었다. 경제학이 정말로 이런 종류의 문제를 푸는 학문이라면, 약간의 분석적인 즐거움은 주겠지만 그것은 대체로 꽤 쓸모없는 즐거움일 거라고 말이다. 이러한 회의주의가 대학 1학년 시절 전공을 선택해야 할 때가 되었을 때 경제학으로 정하는 것을 가로막지 않아서 천만다행이라고 생각한다. 이제 여기에 기쁘게 기록해두는데, 항해 가능한 물길의 존재와 문명의 번영 사이의 관계에 대한 애덤 스미스의 고찰은 [쓸모없는 즐거움을 넘어] 훨씬 더 많은 생각 거리를 주었다.

〈7〉

전통적으로 강물이 벵골 사람들에게 삶의 중심이었으므로 사회 문화적 이슈들이 종종 강과 관련된 비유를 통해 이야기되는 것은 자연스러운 일일 것이다. 강은 인간의 생명을 지원하고 유지하고 파괴하고 죽일 수 있다. 강물 주위에서 생겨난 사회도 인간에게 그렇게 할 수 있다.

1945년에 출간된 뛰어난 벵골어 소설 『나디 오 나리Nadi O Nari』('강과 여성'이라는 뜻이다)에서 벵골 소설가이자 에세이스트인 후마윤 카비르Humayun Kabir는 강과 사람의 관계가 벵골에서의 삶에 영향을 미치는 방식을 매우 폭넓게 그려냈다. 또 다른 저명한 벵골 작가 붓다뎁 보스Buddhadeb Bose가 벵골어 저널 『차투랑가Chaturanga』에 실린 『나디 오 나리』 서평에서 묘사했듯이, 깊은 흥미를 주는 후마윤의 이야기에서 장대한 파다 강은 "몬순 때는 활기차고 몬순 이후의 가을에는 고요하게 아름답고, 폭풍이 치는 여름밤에는 공포스러우며 예기치 못한 죽음을 불러올 수 있는 무시무시한 원천이자 인간에게 좋은 삶을 주는 은혜로운 존재이고, 가뭄의 시기가 지나고 맹렬히 폭우가 오면 가치 있는 모든 것을 쓸어가버리는 존재이기도 하다".

이 소설(벵골어로 출간되고 곧 영어로도 번역되었는데, 영어 제목은 성별이 바뀌어서 『남성과 강Men and Rivers』이다)은 계속해서 움직이는 강이 만들고 파괴하는 땅에서 살아가는 토지 없는 사람들의 고투를 들려준다. 이들은 무슬림이고 저자인 후마윤 카비르도 그렇다. 하지만 그들의 고투는 강에 의존해 살아가는 벵골 사람들이 종교와 상관없이 겪는 공통된 고통이다. "우리는 강의 사람들이다. 우리는 농민이다. 우리는 모래 위에 집을 짓고, 물은 그것을 쓸어가버린다. 우리는 다시 짓고, 또다시 짓는다. 우리는 땅을 경작하고 버려진 땅에서 황금의 수확을 한다."[5] 이 책은 내가 고등학생이었을 때 굉장히 널리 읽히고 많이 논의되었으며 이 책이 제기하는 이슈도 널리 관심을 받았다. 이 책은 장대한 강의 은혜와 분노 모두에 직면한 한 가정의 삶을 보여주는 감동적인 이야기였다.

그런데 카비르의 소설에는 막대한 관심을 불러일으킨 또 하나의 측면이 있었다. 위태로운 지리 때문에 벵골 사람들이 공통적으로 겪는 문제와 별개로, 이 소설은 무슬림 가족을 당시에 인도에서 갑작스럽게 맹렬히 분출하던 무슬림 분리주의자들의 시각과는 매우 다른 방식으로 묘사하고 있었다. 무슬림 정치 지도자이기도 했던 후마윤 카비르는 분리 독립을 강하게 반대했고 실제로 인도-파키스탄 분할 이후에도 인도에 남아 선도적인 지식인으로서, 또 확고하게 세속적[정교 분리적] 지향의 활동가로서 중요한 역할을 했다. 또한 인도국민회의Indian National Congress를 이끌던 몰라나 아불 칼람 아자드Maulana Abul Kalam Azad가 인도의 비폭력 독립 투쟁에 대해 쓴 유명한 저서 『인도는 자유를 획득할 것이다India Wins Freedom』를 집필할 때 도움을 주기도 했다.

벵골 문학 비평가 자파르 아흐마드 라셰드Zafar Ahmad Rashed는 카비르가 소설에서 다루고자 한 딜레마에 대해 설명하면서, 『나디 오 나리』는 "벵골 무슬림들의 삶에서 결정적인 시점"이었던 1940년대에 집필되었는데 이 시기는 "많은 약속의" 시기이기도 했다고 말했다. 무슬림 독립 국가 수립을 촉구한 '라호르 결의Resolution'에서 잘 드러났듯이 당시에 많은 무슬림 정치인들이 종교 기반의 배타적인 정치에 맹렬히 나서고 있었다. 하지만 "'무슬림'의 문화와 사상에만 관련된 특정한 요구를 초월해야만 하고 이 땅의 토착 문화에 단단히 토대를 두어야만 하는 공통 언어나 문화에 대한 논의 또한 존재한 데서 볼 수 있듯이, 여기에는 점점 커지고 있는 진짜 딜레마가 있었다".

〔무슬림 사이에서뿐 아니라〕 벵골의 힌두인들 사이에서 벌어지던 정치적, 문화적 논쟁에서도 비슷한 딜레마를 분명하게 볼 수 있었다. 갑자기 생겨나 빠르게 확산된 커뮤널 폭력이 인도 독립과 인도-파키스탄 분할 직전의 몇 년 동안 벵골 지역에서 강력한 정치적 요인으로 부상했고, 이는 1940년대에 피비린내 나는 폭력 사태의 원인이 되었다. 어린 학생이었지만 우리도 깊은 불안과 우려를 떨칠 수 없었다. 우리는 이러한 독이 어떻게 해서 그렇게 갑자기 퍼지게 되었는지 알 수 없었고, 우리가 무어라도 도움이 될 만한 일이 없을까 고민하면서 세상이 이 광풍에서 벗어나 나아가기를 열렬히 바랐다. 강은 창조할 때도 파괴할 때도 종교 기반의 분리주의를 알지 못하며, 이 사실은 종교 분파에 상관없이 모든 인간이 공유하는 곤경을 상기시켜준다. 아마도 이것이 『나디 오 나리』에서 강이 우리에게 전하는 중요한 메시지일 것이다.

벽이 없는 학교

〈1〉

1941년 8월에 라빈드라나트 타고르가 사망했다. 나는 아직 다카의 세인트그레고리 학교에 다니고 있었는데 학교 전체 회의가 급히 소집되었고, 교장 선생님이 이 비극적인 소식을 전해주시면서 그날 수업은 중단한다고 발표하셨다. 집에 오면서 나는 수염난 친절한 사람, 나와 우리 가족이 가까운 친구라고 알고 있는 사람, 산티니케탄에 갈 때면 외할아버지, 외할머니나 어머니를 따라늘 찾아가서 놀곤 하던 사람이 왜 그렇게 세상에서 중요한 사람인지 모르고 있었다. 존경받는 시인이라는 것은 알고 있었지만(나는 그의 시 몇 편을 암송할 수도 있었다), 당시의 나는 왜 그가 그렇게 중요한 인물로 여겨지는지 분명하게 알지는 못했다. 나는 일곱 살이었고, 앞으로 나의 사고에 타고르가 얼마나 근본적인 영향을 미치게 될지 전혀 몰랐다.

집에 와보니 어머니는 자리에 누워 울고 계셨고, 아버지도 대학에서 일을 중단하고 일찍 들어오실 거라고 했다. 세 살인 여동생만주는 무슨 일이 벌어지는 것인지 몰라 혼란스러워했다. 나는 매우 훌륭하고 우리가 매우 좋아하는 사람이 방금 죽었다고 설명했다. "멀리 간 거야?" 죽는다는 것이 무엇인지 아직 잘 모르는 만주가 물었다. "그래." 내가 대답하자 만주가 말했다. "금방 돌아오실 거야." 70년 뒤인 2011년 2월에 만주가 갑자기 병으로 숨겼을 때 나는 이 말을 떠올렸다.

후덥지근하던 1941년 8월의 그날, 친척, 하인, 친구 할 것 없이 모두가 슬픔에 압도된 것 같았다. 여기저기서 애도와 한탄이 터져 나왔다. 신실한 무슬림으로, 너무나 맛있는 훈제 일리시 마시를 만들어주곤 하던 뛰어난 조리사도 달려와 애도와 조의를 표했다. 그도 눈물이 그렁그렁했는데, 자신이 타고르의 노래를 좋아하기 때문이라고 했지만 나는 그가 우리를 위로하러 온 면이 더 컸으리라고 생각한다. 우리 집이, 특히 어머니와 외가가 타고르와 얼마나 가까운지 잘 알고 있었기 때문이다.

사실 내가 태어났을 때부터 타고르는 이미 내 인생에서 비중 있는 사람이었다. 어머니 아미타는 타고르 학교를 다니셨을 뿐 아니라, 앞에서 말했듯이 타고르가 극을 쓰고 연출한 무용극에서 여주인공 역을 맡아 캘커타에서 공연을 하셨다.

외할아버지 크시티 모한 센은 수십 년간 산티니케탄에서 연구하고 가르치셨으며 타고르와 매우 긴밀하게 일한 협업자였다. 타고르는 학교와 연구 기관을 세우면서 인도 고전 문헌과 북부 인도 및 벵골 지역 농촌의 구전 시에 대한 외할아버지의 독보적인 전문성에 크게 의존했다. 또한 1941년 4월에 '문명의 위기', 벵골어로는 '샤비타르 샹카트Shabhytar Shankat'라는 제목이 붙은 타고르의 마지막 연설은 커다란 대중 집회에서 외할아버지 크시티 모한 센이 대독했다(타고르는 너무 쇠약해져서 직접 읽을 수 없었다). 천둥

같이 열정적인 이 연설은 매우 통찰력이 있었고 나는 어린 마음에도 굉장히 감동받았다. 생각을 크게 자극하는 연설이기도 했다. 타고르는 전쟁을 보면서 좌절했고, 서구가 식민주의적 행위를 지속하는 것에 분노했으며, 나치의 야만적 행동과 일본 점령군의 폭력에 분개했고, 인도 안에서 벌어지는 커뮤널 갈등에 경악했고, 더 일반적으로 세계의 미래에 대해 깊이 우려했다.

　나도 그의 죽음이 매우 슬펐고, 그 의미를 깨닫기 시작하면서는 더욱 그랬다. 타고르의 생전에는 그분을 그저 나와 이야기하기를 즐거워하시는 친절한 할아버지로서 좋아했을 뿐이지만, 이제 사람들에게 듣기 시작한 그의 막대하게 중요한 사상과 창조성의 영향력에 대한 호기심이 새로이 나를 가득 채웠다. 나는 진작에 관심을 기울였어야 했는데 그렇지 못했던 이 굉장히 존경받는 인물에 대해 더 알아보기로 마음먹었다. 이렇게 해서, 타고르의 죽음 직후에 그의 사상에 대한 나의 탐구가 시작되었고, 이 탐구는 평생 동안 보람 있게 이어졌다. 특히 자유와 이성[논증]에 대한 그의 강조는 내가 이 이슈들을 진지하게 다시 생각해보게 해주었고, 커 가면서 이 주제는 내게 점점 더 중요해졌다. 또한 개인의 자유와 사회의 진보를 증진하는 데 교육이 수행하는 역할에 대한 그의 사고에서 특히 큰 통찰력과 설득력을 발견할 수 있었다.

〈2〉

　어머니는 나도 어머니처럼 산티니케탄 학교를 다녀야 한다고 강력하게 주장하셨다. 역설적이게도 타고르가 사망하면서 이 결심이 더 강해지신 것 같았다. 아버지는 그게 더 나을지 완전히 확신하지는 못하셨고, 어느 경우든 나를 멀리 외가에 떼어 놓기가 꺼려지시는 것 같았다. 하지만 앞에서도 언급했듯이 인도에 전운이 드리우면서 산티니케탄이 더 안전하리라고 생각해 아버지도 내 전학에 동의하셨다. 통렬하게도, 나의 산티니케탄 행을 확실히 결정지은 이유가 전쟁이었던 셈이다. 하지만 일본이 물러간 뒤에도 나는 계속 산티니케탄에 있기로 했는데, 그 무렵이면 그 학교를 너무나 좋아하고 있었기 때문이다.

산티니케탄에 간 것은 타고르가 타계하고 두 달 정도 뒤인 1941년 10월이었다. 외가에서는 나의 "홈커밍"(이라고 외할아버지가 부르셨다)을 대대적으로 환영해주셨다. 외할아버지, 외할머니는 1933년 11월에 내가 태어났던 초가집에 여전히 살고 계셨다. 도착한 첫날 저녁에 디디마가 요리를 하시는 동안 나는 부엌의 낮은 걸상에 앉아서 이런저런 가족 소식을 나누었고, 물론 가십도 나누었다. 만 여덟 살이 채 안 된 어린 마음에도 이러한 이야기는 중요해 보였고, 내가 어른이 된 것 같았다. 실제로, 일곱 살에서 아홉 살 사이의 시기에 나의 지식과 사상의 세계는 스릴이 느껴질 정도로 빠르게 팽창하고 있었다.

⟨3⟩

내가 산티니케탄에 도착했을 때는 푸자Puja라고 불리는 가을 명절이 끝나갈 무렵이었고, 아직 학기 시작 전이었다. 수업 첫날이 되기 전에 교정을 둘러볼 시간이 있었으므로 학교의 여러 마당을, 특히 운동장을 면밀하게 살펴보았다. 외사촌 바렌Baren('형'이라는 뜻의 '다da'를 붙여서 '바렌다'라고 불렸다)이 운동장에서 연습 중이던 크리켓 팀 주장을 소개해주었다. 이 팀은 내 또래 아이들로 구성되어 있었다. 그들과의 첫 경기 시도는 재앙으로 끝났다. 그가 내

타격 실력을 보려고 투구를 했는데, 내가 친 공이 그의 얼굴을 세게 때리고 만 것이다. 그는 코를 정통으로 맞아서 피가 꽤 많이 났다. 주장이 다친 데를 어루만지면서 바렌다에게 이렇게 말하는 것이 들렸다. "확실히 네 동생은 우리 팀에 들어올 수 있겠어. 그렇지만 투수의 코가 아니라 외야의 경계를 조준하라고 말해줘." 나는 그러겠다고 약속했고 새 학교에서의 삶에 진입하는 것을 함께 기념했다.

산티니케탄은 학교가 이렇게 재미있을 수 있으리라고는 상상도 못해본 방식으로 재미있었다. 무엇을 할지 결정하는 데 굉장히 많은 자유가 주어졌고, 지적 호기심이 왕성한 친구들과 늘 이야기를 나눌 수 있었으며, 교과목과 관련 없는 것도 부담 없이 질문할 수 있는 친절한 선생님도 많았다. 그리고 가장 중요하게, 규율이 많이 부과되지 않았고 체벌이나 가혹한 처벌이 전혀 없었다.

체벌 금지는 타고르가 강하게 견지하고 있는 규칙이었다. 외할아버지 크시티 모한 센은 이것이 '우리 학교와 이 나라의 다른 모든 학교' 사이에서 얼마나 중요한 차이점이며 왜 이것이 교육에, 특히 아이들을 배움에 동기부여되게 하는 데 큰 차이를 가져오는지 설명해주셨다. 외할아버지는 저항할 길이 없는 아이를 때리는 것이 마땅히 혐오해야 할 야만적인 행위이기도 하거니와, 학생들이 그저 아픈 것과 모멸감을 피하기 위해서가 아니라 무엇이 옳은 일인지를 합리적으로 이해해서 옳은 일을 하도록 이끌어야 하기 때문이라고 하셨다.

하지만 체벌 금지 원칙에 백번 동의하고 늘 충실히 지키셨던 외할아버지가 이 원칙과 관련해 모순적인 상황에 직면하셨던 재미난 이야기가 전해지고 있었다. 〔대학 강의를 주로 하셨고〕 어린아이들을 대상으로 하는 수업은 잘 안 하셨지만 드물게 그런 수업을 맡으셔야 했던 적이 있었는데, 여섯 살짜리 아이들에게 수업을 하시는 도중에 잠시도 가만있지 못하는 한 아이가 막무가내로 자꾸 앞으로 나와서 샌들을 교탁 위에 올려놓았다고 한다. 알아듣게 합리적인 설명으로 이해시키는 것을 포함해 온갖 방법을 써보았지만 아이가 샌들 장난에 흥미를 잃게 하는 데 실패하고서, 외할아버지는 한 번만 더 하면 맞을 줄 알라고 말씀하실 수밖에 없었다. 그러자 아이는 천진난만하게 이렇게 대꾸했다. "오, 크시티다, 구루데브(현자를 뜻하는 말로, 여기에서는 라빈드라나트를 의미한다)께서 산티니케탄의 땅에서는 어떤 학생도 체벌받지 않는다는 규칙을 정해두셨는데요, 모르셨어요?" 전해지는 이야기에 따르면, 외할아버지는 아이의 옷을 잡고 아이를 번쩍 들어올리고서 이제 아이가 산티니케탄의 '땅에' 있지 않다는 데 쌍방 동의를 한 뒤 상징적으로 살짝 때리는 시늉을 하고서 샌들 말썽꾼을 산티니케탄의 땅에 다시 내려주었다고 한다.

⟨4⟩

산티니케탄의 수업은 독특했다. 실험실 수업이거나 비가 오는 경우가 아니면 수업은 야외에서 이루어졌다. 우리는 정해진 나무 아래의 땅바닥에 앉았고(작은 방석을 가지고 다녔다) 선생님은 옆에 칠판이나 교탁을 두고 우리를 마주 보게 되어 있는 곳에 시멘트로 만들어진 자리에 앉으셨다. 벵골어, 벵골 문학, 산스크리트어 선생님이던 니트야난다 비노드 고스와미Nityananda Binod Goswami(우리는 고사인지Gosainji라고 불렀다)는 타고르가 삶의 모든 영역에서 장벽을 싫어하며 벽으로 제한되지 않는 야외 공간에서 수업을 하는 것은 이러한 태도를 상징한다고 설명해주셨다. 더 폭넓은 수준에서, 타고르는 우리의 사고가 자신의 속한 공동체(종교적인 것이든 다른 것이든) 안에 갇히거나 국적의 주형틀에 끼워맞추어지는 것을 경계했다(그는 민족주의에 대해 매우 비판적이었다). 또한 그는 벵골어와 벵골 문학에 애정이 있었지만 하나의 문학 전통에 갇히고자 하지 않았다. 그는 하나의 전통에 갇히면 책벌레적 애국주의로 빠지기 쉬워질뿐 아니라 세계의 다른 전통들에서 배울 기회를 방기하게 된다고 보았다.

또한 고사인지 선생님의 설명에 따르면 타고르는 학생들이 바깥 세계가 보이고 들리는 와중에서도 집중할 수 있는 역량을 갖추는 것을 환영했고(그는 이것이 습득 가능한 능력이라고 보았다), 이러한 방식으로 공부할 수 있다는 것이 교육을 인간 삶과 유리되게 하지 않겠다는 의지를 보여주는 것이기도 하다고 생각했다. 이는 매우 심오한 이론이었고, 나와 친구들은 때때로 이를 두고 토론했다. 이 이론에 매우 회의적인 친구들도 있었지만, 우리 모두 야외 수업이 매우 즐겁기는 하다고 생각했고 따라서 설령 그것이 주는 교육적 이득이 없다 해도 야외 수업을 주장할 근거가 있다고 결론내렸다. 또한 우리는 간혹 집중해서 수업을 따라가기 어려울 때가 있긴 해도, 벽에 둘러싸여 있지 않아서 그런 건 아니라는 데도 의견이 일치했다. 훗날 시끄럽고 혼잡한 기차역에 앉아서나 비행기 탑승 게이트에 서서도 내가 곧잘 집중해서 일하는 것을 보면서 사람들이 놀라워할 때면, 야외 수업이 정신을 다른 데로 흩트리는 주변 요인들에 대해 면역력을 키워준다는 고사인지의 이야기가 떠올랐다.

⟨5⟩

야외 수업은 산티니케탄 학교를 다른 학교와 구별되게 하는 수 많은 차이점 중 하나였을 뿐이다. 이곳은 진보적인 남녀공학 학교였고, 아시아와 아프리카의 다양한 문화를 깊이 있게 탐구하는 것도 포함해 매우 광범위하고 포괄적인 교과목 체계를 가지고 있었다.

학업 면에서 특별히 엄밀하지는 않았다. 종종 우리는 시험을 전혀 보지 않았고, 본다 해도 결과에 별로 신경 쓰지 않았다. 통상적인 학업 성취 기준으로 보면 이 학교는 캘커타나 다카의 명문 학교들과 경쟁할 수 없었을 것이고 세인트그레고리에는 상대도 되지 않았을 것이다. 하지만 수업 시간에 인도 전통 문학에서 서구 고전 사상과 현대 사상으로, 또 중국으로, 혹은 일본이나 아프리카, 라틴 아메리카로, 토론이 물흐르듯 넘어가는 것에는 놀라운 무언가가 있었다. 다양성을 예찬하는 것도 산티니케탄 학교의 독특한 점이었다. 대체로 인도의 학교 교육에서는 (암묵적으로일지라도) 문화적 보수주의가 강하게 작용하고 있었기 때문이다.

현대 세계에 대해 타고르는 문화적으로 매우 폭넓은 비전을 가지고 있었는데, 이는 위대한 영화감독 사티야지트 레이Satyajit Ray에게서 볼 수 있는 면모와도 비슷하다. 레이도 산티니케탄에서 공부했고(나이는 나보다 열 몇 살 많았지만 산티니케탄 학교에 온 것은 나보다 1년 전이다), 나중에 타고르가 쓴 이야기를 바탕으로 한 뛰어난 영화도 몇 편 만들었다. 1991년에 레이가 산티니케탄 학교에 대해 쓴 글을 보았다면 타고르는 매우 기뻐했을 것이다.

산티니케탄에서 보낸 3년은 내 인생에서 가장 결실 있는 시기였다. … 산티니케탄은 인도와 극동 지방 예술의 장엄함에 대해 처음으로 내 눈을 열어주었다. 그전까지 나는 서구의 미술, 음악, 문학에만 매몰되어 있었다. 산티니케탄은 내가 현재의 나로, 동서양을 합한 산물로 성장하게 해주었다.[1]

타고르는 뜻한 바를 이루기 위해 가까운 지인들에게서 많은 도움을 받았다. 외할아버지 크시티 모한 센뿐 아니라 산티니케탄에는 다양한 분야의 뛰어난 사람들이 가득했다. 다들 타고르와 비슷한 지향과 믿음을 가지고 있었고, 물론 그에게서 영향을 받았을 것이다. 이곳의 교사 봉급은 인도 기준으로 보더라도 적었으므로 그들은 오로지 타고르에게 감화되었고 그의 목적에 뜻을 같이했기 때문에 여기에 온 사람들이었다. 산티니케탄에 있었던 매우 뛰어난 교사와 연구자 중에는 실뱅 레비Sylvain Lévi, 찰스 앤드루스Charles Andrews, 윌리엄 피어슨William Pearson, 탄윤샨Tan Yun-Shan, 레너드 엘름허스트Leonard Elmhirst 등 외국에서 온 사람들도 있었다.[2]

인도의 저명한 화가이자 뛰어난 미술 교사인 난달랄 보스Nandalal Bose도 산티니케탄에 있었는데 그의 지휘하에 산티니케탄은 미술 학교 칼라 바반Kala Bhavan을 설립했다. 비노드베하리 묵호파댜이Binodbehari Mukhopadhyay, 람킨카르 바이즈Ramkinkar Baij 등 다수의 뛰어난 화가가 이곳에서 교육을 받았다. 이 학교는 저명한 미술 학교로 명성을 날리게 되는데, 마땅히 그럴 만하다. 사티야지트 레이가 그의 사상과 예술을 변모시킨 수업을 들은 곳도 여기다. 훗날 레이는 이렇게 언급했다. "산티니케탄에서 공부하면서 여러 해를 보내지 않았다면 내 영화 「아푸 제1부-길의 노래Pather Panchali」를 만들지 못했을 것이다. 나는 산티니케탄에서 '마스터

마샤이'〔난달랄 보스〕의 발치에 앉아 자연을 보는 법과 자연에 내재
한 리듬을 느끼는 법을 배웠다."[3]

〈6〉

산티니케탄은 500년째 번성하고 있는 오랜 시장 도시 볼푸르
옆에 있다. 12세기에 위대한 인도 시인 자야데바Jayadeva가 태어나
어린 시절을 보낸 곳이라고 알려진 켄둘리에서 20여 킬로미터 정
도 떨어져 있기도 하다.[4] 켄둘리에서는 아직도 '자야뎁 멜라Jayadeb
mela'(자야데바 축제)가 열린다. 몇 세기 동안 이어져온 행사로, 어
렸을 때 나는 1년에 한 번씩 농촌의 노래꾼과 마을 시인들이 모여
드는 이 축제에 매료되곤 했다. 옆에서는 상인들이 작은 매대를
세우고 냄비나 비싸지 않은 옷가지 따위를 팔았다. 인도가 전통적
으로 수학에 관심이 많았던 것을 생각하면, 수학 퍼즐 책이 인도
서사시를 줄거리로 한 화려한 그림책, 그리고 부엌 용품과 나란히
있는 것이 놀랍지 않았다.

1863년에 라이푸르의 영주 시티칸타 싱하Sitikanta Sinha가 라빈
드라나트의 아버지 데벤드라나트Debendranath에게 땅을 기증했다.
데벤드라나트는 저명한 학자이자 〔보편주의 교회 운동인〕 유니테리
언의 영향을 강하게 받은 현대적 종교 단체 '브라모 사마지Brahmo
Samaj'의 지도자였다. 땅을 기증한 원래 목적은 데벤드라나트가 사
색과 명상을 할 수 있게 은거할 곳을 제공하기 위해서였다. 싱하
집안은 오랫동안 벵골에서 터를 잡아온 영주였고, 이 집안 사람
중에 〔귀족 작위를 받아〕 영국 상원의 일원이 된 사람도 있다. 데벤
드라나트 본인은 그 땅에서 별다른 활동을 하지 않았고, 20세기
초에 라빈드라나트가 새 학교를 짓는 데 그곳을 사용하기로 했다.

이렇게 해서 1901년에 세계의 지식을 추구하는 기관으로서 '비스바 바라티'라는 학교가 생겨났다(산스크리트어 비스바[또는 비슈와 vishwa]는 '세계'라는 뜻으로, 다카의 우리 집 이름 자가트 쿠티르에서 자가트와 비슷한 의미다). 이곳은 어느 지역에서 유래했든 세상에서 가장 좋은 지식을 추구하는 인도의 교육기관이 될 것이었다.

타고르가 산티니케탄에 새로운 종류의 학교를 세우기로 결정한 데는 본인이 학교 다닐 때 가졌던 불만이 크게 영향을 미쳤다. 그는 학교를 맹렬히 싫어해서 도중에 그만두고 가정 교사의 도움으로 집에서 공부했다. 그는 인도의 표준적인 학교가 끔찍하다고 생각했다. 이미 어린 시절에도 그는 당시 캘커타의 학교들에서 (높은 학업적 명성을 가진 곳도 있었지만) 정확히 무엇이 잘못되었는지에 대해 진지한 견해를 가지고 있었다. 그리고 스스로 학교를 세우게 되었을 때, 그는 급진적으로 다른 접근을 하기로 결심했다.

때로는 어떤 혁신적인 조직에 대해 그 안에 푹 잠겨 있는 사람보다 완전한 외부인이 그곳의 특별함을 더 명료하게 알아보고 더 간명하게 설명할 수 있는 법이다. 하버드 출신으로, 내가 태어나기 20년 전인 1914년에 이곳을 방문했던 미국인 조 마셜Joe Marshall은 산티니케탄의 특별한 점을 이렇게 언급했다.

그의 교육 방법이 취하고 있는 원칙은, 모든 것이 평화롭고 자연의 모든 요인이 명백하게 존재하는 환경 속에서 학생들이 절대적으로 자유롭고 행복해야 한다는 점이다. 그리고 미술, 음악, 시, 또 그 밖의 모든 학문을 교사로부터 직접 배울 수 있어야 한다. 수업은 규칙적으로 이루어지지만 의무적이지는 않으며 야외의 나무 아래에서 교사의 발 앞에 앉아 이루어진다. 학

생 각자는 저마다의 재능과 기질이 있어 자연스럽게 자신이 적
성과 소질이 있는 주제와 과목들에 끌리게 된다.[5]

또한 조 마셜은 타고르가 어린아이들에게조차 자유를 매우 중
요시했다고 언급했다. 타고르의 사상에서 이러한 측면은 그에 대
한 외부의 표준적인 설명, 특히 W. B. 예이츠w. b. Yeats나 에즈라
파운드Ezra Pound 등 서구의 '후원자'들이 그를 묘사한 표준적인 설
명이 완전히 놓치고 있는 부분이다(이에 대해서는 뒤에서 다시 이야
기할 것이다). 〔서구에서 만들어진 이미지가 간과하는 것과는 달리〕 산티
니케탄에서 공부를 하면 할수록 자유의 행사는 이성의 역량과 함
께 발달해야 한다는 타고르의 개념이 내게 점점 더 분명하게 다가
왔다. 자유가 있으면 그것을 행사해야 할 이유를 갖게 되며, 아무
것도 하지 않는 것도 일종의 자유의 행사가 될 수 있다. 단순 암기
교육을 주입식으로 받는 학생들이 흔히 그렇듯이 이성의 자유를
두려워하게 되는 게 아니라, 이성의 자유를 잘 사용하는 법을 배
우게 하는 것이 타고르가 그의 독특한 학교에서 가장 크게 노력한
부분인 것 같았다. '자유와 이성의 조합'의 막대한 중요성은 그 이
후로도 내내 내 삶에서 큰 교훈으로 남아 있다.

〈7〉

고사인지 선생님을 포함해 산티니케탄에 도착하고 초기에 수
업을 들은 선생님들 중에는 타나엔드라 나트 고시Tanayendra Nath
Ghosh 선생님도 있었다(우리는 타나이다Tanayda라고 불렀다). 타나이
다 선생님은 엄청난 열정과 실력으로 영어와 영문학을 가르쳐주
셨다. 내가 셰익스피어를 처음 접한 것도 타나이다 선생님의 뛰

어난 수업에서였다(아마『햄릿』이었던 것 같다). 지금도 그때 읽었던 전율이 기억난다. 나는 수업 시간에 읽은 것에 이어 사촌 형 붓다 레이Budda Ray의 도움을 받아 밤에 집에서도 셰익스피어를 더 읽었다.『맥베스』의 어두운 드라마는 너무 재미있었지만,『리어왕』의 끔찍한 슬픔에는 굉장히 마음이 아팠다. 지리 선생님 카시나트다Kashinathda는 매우 친절하고 수다스러운 분이셨고 지리 수업을 (그리고 우리가 함께 이야기한 모든 다른 주제도) 너무나 흥미롭고 재미있게 만들어주셨다. 역사 선생님 우마Uma는 우리가 과거를 비판적이고 면밀하게 살펴볼 수 있게 해주셨다. 우마 선생님은 나중에 내가 트리니티 칼리지에 있었을 때 찾아오셔서 내가 몰랐던 트리니티 칼리지의 역사를 알려주시기도 했다.

수학 선생님 자가반두다Jagabandhuda는 매우 뛰어난 분이었지만 놀랍도록 자신을 내세우지 않으셨다. 내가 원래도 그리 많지 않은 교재 내용을 제쳐두고 교재 밖의 것을 공부하고 싶어하자, 처음에는 내가 알아야 할 내용을 등한시할까봐 걱정하셨다. 하지만 나는 학교 수학의 표준적인 주제들이 전혀 재밌지 않았다. 한번은 선생님에게 "저는 발사체가 어디에 떨어질지 알아낼 수 있다고 생각하지만, 그걸 계산하는 것이 전혀 재밌지 않아요"라고 약간 거만하게 말하기도 했다. 그런 것보다 수학적 논증의 토대와 속성을 공부하고 싶었다. 자유와 이성적 논증을 강조한 타고르의 원칙은 이 대목에서 내가 하고 싶은 것을 시도하게 부추기는 역할을 톡톡히 했다. 타고르 본인은 수학에 별로 관심이 없었지만 말이다.

결국 내 고집에 자가반두다 선생님이 한발 물러섰다. 처음에는 선생님이 교재 내용 말고는 수학을 잘 몰라서 내가 다른 것을 공부하지 못하게 하는 것이 아닌가 하는 의구심이 있었는데, 완전히 근거 없는 의구심이었다. 나는 풀이가 잘 알려진 수학 문제를 특이한 방법으로 접근하곤 했는데, 그러면 선생님은 기존의 방식도 아니고 내 방식도 아닌 또 다른 방식을 제시하셨다. 그러면 나는 선생님의 새로운 논증을 다시 나의 새로운 논증으로 능가해보려 노력했다. 꽤 여러 달 동안 날마다 학교가 끝나면 선생님 댁에 가서 몇 시간씩 선생님과 이야기를 나누었다. 선생님은 내게 내어줄 시간이 무한한 것처럼 대해주셨고 아내분도 가정생활을 이렇게나 침해하는 학생을 너그럽게 참아주셨다(그리고 종종 "두 사람 대화 계속하라"며 차를 내어주시기도 했다). 나는 자가반두다 선생님이 내가 몰랐던 논증 방식을 보여주기 위해 책과 논문을 찾아보시는 것에 매우 고무되었다.

1953년에 케임브리지 대학의 트리니티 칼리지에서 수학의 토대를 체계적으로 공부하게 되었을 때, 나는 자가반두다 선생님이 내게 알려주시려고 했던 몇몇 논증이 그 주제에 대한 고전적인 연구들을 바탕으로 한 것이었음을 알게 되었다. 나는 수십 년 뒤에 하버드에서 두 명의 매우 뛰어난 수학자 배리 메이저Barry Mazur(저명한 순수수학자다), 에릭 매스킨Eric Maskin(뛰어난 이론경제학자다)과 공동으로 '수학 모델을 통한 논증'과 '공리론'을 강의하게 되는데, 나의 수학적 사고가 처음 형성되었던 산티니케탄 시절을 종종 생각했다. 하지만 이때는 선생님을 뵙고 감사 인사를 드릴 수가 없다. 은퇴하시고 얼마 지나지 않아 돌아가셨기 때문이다.

내가 접점이 가장 많았던 선생님은 랄리트 마줌다르Lalit Majumdar 선생님이었다. 뛰어난 문학 선생님이셨을 뿐 아니라 우리 중 몇몇 학생 활동가들이 인근의 부족 마을에서 학교에 못 가는 아이들을 위해 야학 활동을 할 때 도와준 동지이기도 했다. 형제지간인 모히트다Mohitda(모히트다도 우리 학교 선생님이셨다)와 랄리트다는 산티니케탄의 핵심 인물이었다. 이들 형제 선생님이 계신 것은 우리에게 정말 큰 선물이었다. 한번은(열두 살 때쯤이었던 것 같다) 일주일간 학교 수학여행이 예정되어 있었다. 텐트, 식기, 그 밖에 필요한 것들을 잔뜩 챙겨서 5세기에 날란다 대학이 있었던 곳인 비하르에 가기로 되어 있었다. 그런데 나는 몸살이 나서 함께 가지 못했다. 이틀쯤 뒤에 모히트다 선생님이 찾아와 "모험가들을 따라잡으러 같이 가자"고 해주셔서 얼마나 기뻤는지 모른다. 덕분에 옛 날란다 터 근처에서 캠핑을 하는 재미와 지식을 놓치지 않을 수 있었고, 산티니케탄에서 그곳까지 가는 긴 기차 여정에서 모히트다 선생님에 대해서도 더 잘 알게 되었다.

랄리트다 선생님은 산티니케탄 인근의 부족 마을에서 야학을 운영하려는 우리의 청소년다운 시도에 우리 못지않게 열정이 있으셨다. 그는 우리가 체계를 잘 갖추어서 이 건물 없는 학교를 안정적으로 운영할 수 있게 도와주셨다. 이 일로 우리가 우리 공부를 소홀히 하는 것 같으면 경고를 해주는 것도 랄리트다 선생님의 역할이었다. 야학은 매우 창조적인 경험이었고 우리는 우리가 거둔 상당한 성과가 너무나 기뻤다. 학교에 가지 않고도 아이들이 읽고 쓰고 셈을 할 줄 알게 된 것이다. 랄리트다 선생님의 부드럽고 현명한 지도에서 우리가 얼마나 큰 도움을 얻었는지 표현할 적합한 말을 찾지 못하겠다. 랄리트다 선생님은 90대 중반까지 건강하고 활동적인 삶을 사셨다.

⟨8⟩

이제까지 비교적 자신 있고 수월하게 느낀 과목만 회상했는데,

영 소질이 없었던 과목 이야기도 조금 해야 할 것 같다. 하나는 목공이었다. 급우들이 나무판자를 배운 대로 잘 구부려서 작은 배를 만드는 동안 나는 초보적인 비누 받침 만들기 이상으로는 진전을 보이지 못했고 그마저도 모양이 엉망이었다. 내가 못하는 것 또 하나는 노래였다.[6] 산티니케탄의 교육 과정에서는 노래가 매우 중요했는데도 그랬다. 노래와 음악을 듣는 것은 좋아했고 지금도 좋아하지만 나 자신은 노래를 정말 못한다. 산티니케탄의 음악 선생님(우리가 모호디Mohordi라고 부르던 뛰어난 여성 성악가셨다. 본명은 카니카 반도파다이Kanika Bandopadhyay다)은 내가 단지 반항하려는 것이라면 받아들여주지 않으실 생각이었기 때문에 처음에는 내가 음악 수업에 빠지는 것을 허락하지 않으셨다. "누구나 노래에 소질이 있어. 단지 연습의 문제일 뿐이야."

선생님의 이론에 용기를 내서 나는 꽤 진지하게 연습했다. 내 노력에 대해서는 확신이 있었는데, 그 노력으로 무엇을 성취하고 있는지는 알 수가 없었다. 한 달 정도 그렇게 연습했을 때 모호디 선생님이 내가 얼마나 나아졌는지 다시 테스트를 하셨는데, 얼굴에 낭패감이 퍼지더니 이렇게 말씀하셨다. "아마르티아, 음악 수업에는 안 와도 되겠다." 산티니케탄은 수십 년에 걸쳐 뛰어난 성악가를 많이 배출했고, 라빈드라 상기트Rabindra Sangeet('타고르의 노래들'이라는 뜻이다) 전문 성악가도 많았다. 샨티 뎁 고시Shanti Deb Ghosh, 닐리마 센Nilima Sen, 샤일라자 무줌다르Shailaja Mujumdar, 수치트라 미트라Suchitra Mitra, 방글라데시에서 온 레즈와나 초두리Rezwana Choudhury(반냐Bannya라고 불리기도 했다) 등이 라빈드라 상기트 가수들이고, 이들 외에도 많다. 노래를 직접 부르지 않고도 음악을 즐길 수 있는 가능성이 있어서 정말 기쁘다.

산티니케탄은 스포츠에도 너그럽게 시간을 할애했다. 남자아이들이 가장 좋아하는 경기는 축구였는데 나는 전혀 소질이 없었고 하키 스틱을 신들린 듯이 휘두르는 것과도 거리가 멀었다. 배드민턴은 봐줄 만한 정도로는 칠 수 있었고, 크리켓은 그럭저럭하는 편이었는데 타자로서는 괜찮았지만 투수로서는 아니었고 외야수로서는 절망적이었다. 하지만 포대 달리기라면 내가 1등이었다. 운동회 때 포대 달리기는 반은 재밋거리로, 반은 운동에 소질이 없는 학생들도 참여할 만한 종목이 필요해 포함되곤 했다. 내가 포대 달리기를 잘한 것은 내가 개발한 이론 덕분이었다. 폴짝폴짝 뛰어서 앞으로 나가려고 해서는 될 일이 아니고(반드시 넘어지게 된다) 자루의 양 끝으로 발을 넣어서 팽팽히 당긴 채로 발을 땅에 끌며 걸어야 넘어질 위험을 최소화하면서 안정적으로 전진할 수 있다는 것이 내 이론이었다. 1947년 8월, 인도가 독립한 날 경축 행사에서 제공된 유일한 스포츠가 포대 달리기였기 때문에 나는 의미심장한 날에 스포츠 챔피언이 되는 귀한 경험을 했다. 그 상은 내가 운동선수로서 얻은 영광의 최고봉이었다.

인도 독립 후에 적성이 영 아닌 분야를 또 하나 발견하게 되었다. 정부는 민간인 중 자원자가 군사 훈련을 받는 과정인 전국 군 간부 후보생National Cadet Corp, NCC 부대를 구성했다. 옛 학군사관University Officers' Training Corp, UOTC의 독립 이후 버전이라고 볼 수 있었다. 우리는 산티니케탄에 구성된 소규모 부대에 참여할 의향이 있느냐는 질문을 받았다. '라지푸트 소총 연대Rajput Rifles'에 속한 부대가 될 거라고 했다. 산티니케탄 학생들 사이에서 참여 여부를 두고 토론이 벌어졌고, 일단 참여해서 어떤 훈련이 제공되는지, 무엇을 배울 수 있을지 보는 데는 나쁠 게 없을 거라는 데 모두가 동의했다. 가보니 별 쓸모가 없겠다 싶으면(그리고 마찬가지로 중요하게, 지루하겠다 싶으면) 그만두면 되고, 도움이 되고 유용한 것을 배울 수 있겠다 싶으면 계속하면 될 것이었다.

물론 비폭력에 강하게 헌신하는 사회적 공감대가 산티니케탄에 있었음을 생각할 때, 우리가 해소해야 할 커다란 문제 하나는 군사 훈련을 받는 것 자체가 우리가 옳다고 생각하는 윤리를 위반하는 게 아니냐는 점이었다. 하지만 우리 중 국가가 군대를 해산해야 한다고 생각하는 사람은 아무도 없었고(간디지['지ji'는 힌두어에서 존경의 의미로 붙이는 단어다.—옮긴이]도 군대의 해산을 주장하지는 않았다) 군대가 해산될 가능성도 없어 보였다. 그래서 우리는 참여하기로 했고, 그 바람에 갑자기 나는 희한한 복장을 하고서 물리학 수업과 수학 수업 사이에 익숙하지 않은 물건들을 다루어야 했다. 대체로는 주말에 모였고 주중에도 일정이 없는 시간에 모임이 있었다.

예상하시다시피 나의 군 생활은 암울한 실패로 끝났다. 하라는 것을 잘 못해서는 아니었다(해야 하는 일들은 그렇게 어렵지 않았다). 우리에게 명령하고 지휘하는 장교들의 강의를 듣기가 너무 힘든 게 문제였다. 합류하고 얼마 되지 않아서 우리는 원사Subadar Major(Sergeant Major에 해당하는 인도 군 직급으로, 이니셜이 같아서 영국령 인도제국 군이 남기고 간 옛 배지와 황동 태그를 재활용할 수 있었다)가 진행하는 '탄환' 강의를 들었다. 원사는 탄환이 총구를 떠나고 나서 한동안 가속이 되다가 그다음에 감속되기 시작하므로 최대 속력인 순간에 목표물에 맞게 하는 것이 가장 좋다고 말했다. 그 지점에서 나도 모르게 손을 들고 뉴턴 역학을 이야기하고 말았다. 새로운 힘이 가해지지 않았으므로 총구를 떠난 이후에 탄환에 추가로 속도가 붙을 수는 없다고 말이다.

원사는 나를 보더니 "내가 틀렸다고 말하는 건가?"라고 물었다. 나는 이 질문에 대해 유일하게 가능한 대답("네")을 하고 싶었지만 현명한 일이 아닐 것 같았다. 그리고 탄환의 회전 운동이 어찌어찌해서 직선 운동으로 변환된다면 가속이 **가능할 수 있을지도 모른다는** 정도까지는 양보를 해야 공정할 것 같았다. 하지만 이번에도 그런 변환이 일어날 가능성은 없어 보인다고 덧붙일 수밖에 없었다. 원사는 화난 눈으로 나를 보더니 이렇게 말했다. "회전 운동이라고? 회전 운동이라고 했나?" 내가 더 명료하게 다시 설명할 새도 없이 그는 나더러 장전되지 않은 총을 머리 위로 들고서 운동장을 다섯 바퀴 돌라고 했다.

이것이 상서롭지 못한 출발이었다면, 끝도 그리 좋지 않았다. 우리 열여덟 명은 그 원사에 대해 항의하는 서한을 작성했다. 기초 훈련만 너무 많이 하고 사격 실전 훈련은 너무 적었기 때문이다. 그런데 그가 우리를 자기 집으로 부르더니 어떤 서한에 서명자가 한 명보다 많으면 반란으로 간주된다며 이렇게 말했다. "내게는 두 가지 선택지가 있다. 첫째, 서한을 철회하면 내가 여기에서 이것을 찢어버리겠다. 아니면 둘째, 나는 너희들을 군사 재판에 회부해야 할 것이다." 열여덟 명 중 열다섯 명이 그 자리에서 자신의 이름을 철회했다(나중에 그중 한 명은 자신이 듣기로는 군사 재판에 가게 되면 즉결 처형을 당한다고 해서 철회했다고 내게 말했다). 하지만 나를 포함해 세 명은 꿈쩍하지 않았다. 원사는 우리 일을 '위'에 보고할 것이라며, 하지만 공식적인 처벌 결정이 내려오기 전에 즉각 우리를 불명예 제대시키겠다고 했다. '위'에서 결정된 사항에 대해서는 아직도 듣지 못했지만, 아무튼 나의 군 경력은 이렇게 끝났다.

〈9〉

학교 선생님들 외에 산티니케탄을 찾아와 다양한 주제로 강연을 하는 방문객들에게서도 많은 것을 배웠다. 이례적인 방문객으로 장제스 장군을 빼놓을 수 없을 것이다. 그는 연합국의 전시 자원 동원 노력의 일환으로 1942년 2월에 캘커타를 방문했다. 그의 연설은 30분가량 중국어로 진행되었는데, 산티니케탄 학교 당국이 통역을 제공하지 않는 기이한 실수를 한 바람에 전혀 알아들을 수가 없었다.

나는 다카에서 산티니케탄으로 온 지 두어 달밖에 안 되었을 때였고 여덟 살이 할 수 있는 최대한으로 한창 세계의 여러 문제에 대해 진지하게 고민하기 시작한 참이었다. 장제스의 강연 때 처음에는 모든 학생들이 통역 없는 중국어 강의를 맹렬한 관심을 보이면서 듣고 있길래 굉장히 깊은 인상을 받았다. 하지만 곧 주변 사람들을 당황스럽게 할 정도로 웅성거리는 소리가 들리더니 점점더 커졌고 급기야는 시끄럽게 떠들기까지 했다. 나는 다른 학생 몇 명과 함께 중국에서 온 방문객들과 차를 마시는 자리에 참여하라는(더 정확하게는 방문객들이 학교 당국자들과 차를 마실 때 근처에 있으라는) 요청을 받았다. 장제스의 부인(영어를 유창하게 했다)은 연설 때 청중에게서 아무런 문제도 못 느꼈고 아무 일도 없었던 것 같은 태도를 계속 유지했다. 또 장제스 장군이 통역이 없었던 것에 대해 불쾌해하지 않았다고 재차 확실히 전달하려 했다(학교 당국은 통역을 준비하지 못한 점을 사죄했다). 물론 나는 장제스 부인이 예의상 한 말을 믿지 않았지만, 장제스 부인이 놀랍도록 우아하다고 생각했다. 그리고 굉장히 미인이기도 했다.

우리 모두에게 또 하나의 '빅 사건'은 1945년 12월 마하트마 간디의 방문이었다. 타고르가 사망한 지 4년 뒤였고, 연설에서 간디는 영감을 주는 창립자 없이 산티니케탄의 미래가 어떻게 될지에 대해 약간의 우려를 밝혔다. 열두 살밖에 안 된 나도 그가 우려하는 이유를 알 수 있었다. 이후에 회의에서 산티니케탄 학교가 음악에 초점을 두는 것에 대해 어떻게 생각하느냐는 질문이 나오자 간디는 이 대목에서 예의를 내려놓고 음악 교육에 대한 의구심을 드러냈다. 그는 삶 자체가 일종의 음악이며 따라서 음악은 삶에서 공식적으로 분리되어야 할 필요가 없다고 했다. 나는 타고르가 이 자리에 있었다면 산티니케탄 학교에서 삶과 음악을 분리하고 있다는 간디의 말에 반박했을 거라고 생각했다. 그렇더라도 나는 간디지가 무언가 일반적이지 않은 이야기를 한 것이 좋았다. 이 학교에는 똑같은 '위대한 사상'을 말하는 사람들이 가득했고 나는 그게 조금씩 불만스럽기 시작했기 때문이다. 『비스타 바타리 뉴스 Visva-Bharati News』의 보도에 따르면 간디지는 "삶의 음악이 목소리의 음악 안에서 사라질 위험이 있다"고 말했는데,[7] 나는 이 말에 통상적인 사고에 대한 도전이 담겨 있는 것이 좋았다.

나는 서명첩을 들고 간디를 만나러 갔다. 카스트 제도의 불평등에 맞서 싸우는 데 기금으로 쓰기 위해 5루피를 기부해야 서명을 해주었기 때문에 돈을 마련해야 했다. 다행히 5루피는 어떤 기준으로도 작은 금액이었고 나는 모아놓은 돈이 있어서 간디에게 다가가 기부를 했다. 그는 손님용 숙소의 응접실에 앉아서 손으로 쓴 메모들을 읽고 있었다. 간디는 기부에 고맙다고 인사했고, 서명을 하기 전에 크게 웃으면서 카스트 제도에 맞서는 내 싸움이 이제 막 시작된 거라고 말했다. 나는 그의 웃음이 좋았고 그가 말한 것이 나도 기뻤다. 간디의 서명 자체는 장식적이지 않고 간결했다. 이름을 데바나가리(산스크리트어의 일반적인 문자이고 현대 힌두어의 문자이기도 하다)로 쓴 것이었는데, 성만 전체가 적혀 있고 이름은 머리글자만 적혀 있었다.

나는 그대로 그 자리를 떠나고 싶지 않았고 그와 조금 더 이야기를 하고 싶었다. 그래서 간디지가 주변에서 보이는 것들에 대해 비판적이었던 적이 있느냐고 내게 물었을 때, 세상에 대한 나의 걱정을 살아 있는 가장 위대한 사람 중 한 명과 나눌 기회에 신이 나서 냉큼 그렇다고 말했다. 내 생각에는 우리 대화가 잘 진행된 것 같았다. 하지만 비하르 지진에 대해 타고르와 간디지 사이에 불거졌던 논쟁에 대해 질문했더니(5장에서 더 자세히 설명할 것이다) 그를 수행하는 사람이 그 대화는 다음 기회에 이어가는 것이 좋겠다고 말했다. 내가 자리를 떠나는 동안 간디지는 따뜻한 미소와 함께 나에게 손을 흔들어 인사했고, 읽고 있던 메모로 다시 돌아갔다.

엘리너 루즈벨트Eleanor Roosevelt가 산티니케탄을 방문했을 때도 나는 너무나 관심이 있었다. 엘리너 루즈벨트가 온 1952년에 나는 캘커타의 프레지던시 칼리지에서 막 공부를 시작한 참이었는데, 산티니케탄에 다시 와서 엘리너 루즈벨트의 강연을 들었다. 1948년에 엘리너 루즈벨트의 주도로 유엔에서 채택된 세계인권선언은 그 시절에 늘 내게 울림을 주었고, 지금도 그렇다. 엘리너 루즈벨트가 말한 것은 혼란스럽고 흙탕물 같은 세상에서 명료한 정신과 인본주의가 어떠해야 하는지에 대한 모델이라 할 만했다. 또한 엘리너 루즈벨트는 앞으로 해야 할 일, 앞으로 '우리 각자가

해야 할 일'이 왜 아직 너무나 많은지도 이야기했는데, 이것도 지금까지 내게 울림을 준다. 환호하며 엘리너 루즈벨트를 둘러싼 청중을 뚫고 가까이 가서 더 이야기를 나눠볼 기회를 갖지 못한 것이 너무나 아쉬웠다.

산티니케탄을 자주 찾은 방문객 중에서는 사이드 무즈타바 알리Syed Mujtaba Ali는 문학에 대한 나의 관심에 특히 크게 영향을 미쳤다. 사이드다는 뛰어난 작가였고 우리 집이랑은 가족끼리도 잘 알았다. 부모님과 외조부모님 모두 그와 가까웠고 엄마는 정말로 그를 좋아했다. 나는 그의 글을 몇 편 읽기 시작했는데, 위트 넘치고 생각을 자극하는 에세이들이었다. 그의 에세이들을 읽으니 내가 읽었던 어떤 글에 비해보더라도 그가 최고의 벵골어를 구사하고 있다는 생각이 들었다. 나는 그가 어른들과 이야기를 나누는 동안 단지 그가 말하는 것을 듣고 싶어서 그의 주위에서 얼쩡거리곤 했다. 그의 학식과 자유주의적인 지혜뿐 아니라 그의 언어 구사 방식에도 깊은 인상을 받았기 때문이다. 그는 어떤 벵골어 단어가 실어나르는 어떤 의미에 대해서도 그것과 매우 비슷하지만 정확히 똑같지는 않은 것을 의미하는 또 다른 벵골어 단어가 많이 존재한다는 것을 명확히 인식하고서 말하는 사람이었다. 그가 구사하는 언어의 풍성함은 정말 독보적이고 드문 수준의 섬세한 분별력을 보여주었고 내게는 너무나 놀라웠다.

나중에 영국 트리니티 칼리지에서 피에로 스라파Piero Sraffa를 보았을 때, 단어의 선택에 굉장히 면밀하게 주의를 기울였던 사이드다가 다시 생각났다. 피에로 스라파는 정말 독창적이고 철학적인 경제학자인데, 이탈리아 태생이지만 영어 단어를 매우 신중하고 사려 깊게 선택해서 영어를 구사했다. 나는 버나드 쇼가 『피그

말리온Pygmalion』에서 영어 원어민이 아니면서 신중하게 영어 단어를 사용하는 외국인이 때로는 원어민보다 영어의 풍성함을 더 다채롭게 활용할 수 있다고 한 말이 맞는 것 같다고 생각했다. 조지프 콘래드나 블라디미르 나보코프가 그 증거다. 하지만 버나드 쇼의 말이 사이드 무즈타바 알리에게는 적용되지 않는데, 사이드다는 벵골어 원어민이기 때문이다. 따라서, 나는 정말로 중요한 것은 (외국인이냐 원어민이냐가 아니라) 말을 잘 구사하는 데 많은 관심을 가지고 세심하게 주의를 기울이는 것이라고 결론 내렸다. 좋은 언어는 '분별력 있는 사랑'의 산물이다.

〈10〉

학창 시절을 돌아볼 때면 정말 멋진 친구들과 학교를 다녔다는 사실에 여전히 흥분이 된다. 우리는 늘 함께 어울렸고 함께 즐거웠다. 산티니케탄에서 제일 처음 가까워진 친구는 탄리였다. 그는 1934년에 중국 상하이에서 태어났다. 그의 아버지 탄윤샨 교수는 중국과 인도 두 나라 모두의 역사에 깊이 조예가 있는 훌륭한 학자였고 특히 2000년에 걸친 두 나라의 상호 연결에 관심이 많았다.

탄윤샨과 타고르는 1927년에 싱가포르에서 처음 만났다. 그때 타고르는 동료들(우리 외할아버지 크시티 모한 센도 포함해서)과 함께 아시아 국가들을 방문하고 있었다. 타고르는 탄윤샨에게 깊은 인상을 받아서 그를 산티니케탄으로 초대했고, 이듬해에 정말로 성사가 되었다. 이어서 타고르의 집요한 설득 끝에 탄윤샨은 아예 산티니케탄으로 옮겨오기로 했고 인도에 중국학 연구기관을 세우는 데 주도적인 역할을 했다. 이것은 타고르의 숙원 사업이었다. 이 기관은 비스바 바라티 학교 중 고등교육과 연구를 담당하는 '대학'의 일부로 세워질 예정이었다. 우리 외할아버지와 또 다른 위대한 산스크리트어 학자인 비두 셰카르 샤스트리Bidhu Shekhar Shastri(학문적 강조점은 서로 달랐지만 외할아버지는 샤스트리를 매우 잘 아셨다)가 함께 이끌던 산스크리트어 및 고대 인도 연구기관과 비슷하게 말이다. 탄 교수님은 자금 기부와 책 기증을 받는 일도 포함해 '치나 바반Cheena Bhavan' 설립을 위해 매우 열심히 일하셨다. 치나 바반의 설립은 몇 단계에 걸쳐 이루어졌는데, 첫 단계는 1933년 난징에 중국-인도 문화 학회Sino-Indian Cultural Society를 세운 것이었다(탄리가 태어나기 직전 무렵이었다). 이어서 1936년에 치나 바반이 세워졌고 이곳은 곧 인도에서 저명한 중국학 연구기관이 되었다.

내가 다카의 세인트그레고리 학교에서 산티니케탄 학교로 갔을 때 탄리와 여동생 탄원은 이미 이곳 학교를 다니고 있었다. 탄리는 내게 산티니케탄 가이드 역할을 해주면서 어디가 어디인지 설명해주었다. 탄 교수님 가족은 감탄할 만한 속도로 '인도인'이 다 되어서 아이들도 벵골어를 유창하게 구사했다. 나중에 탄리의 여동생 차멜리는 델리 대학의 유명한 벵골어 교수가 된다. 매우 학구적인 형 탄청은 중국에 더 머물다가 나중에 역시 인도로 와서 델리 대학의 중국학 교수가 되었다. 탄 교수님 가족은 내게 매우 중요한 사람들이었다. 탄리와는 아주 가까운 친구가 되었고 탄리의 형과 누이들도 좋아해서 그 집에 가서 몇 시간씩 놀곤 했다. 탄리의 부모님과 이야기하는 것도 너무 좋았다. 그분들과의 대화는 중국 깊숙한 곳으로 직행하는 문을 열어주는 것 같았다. 탄리는 2017년에 갑작스럽게 사망했다. 그는 문자 그대로 나의 가장 오랜 친구다.

아미트 미트라Amit Mitra도 이 시기에 나와 매우 친했다. 그의 아버지 하리다스 미트라Haridas Mitra도 산티니케탄에서 가르치셨다. 아미트는 학업적인 성취도 뛰어났지만(산티니케탄을 졸업하고 캘커타에서 엔지니어링을 공부했다) 노래도 아주 잘했다. 현재는 푸네에서 엔지니어링 일 외에 라빈드라 상기트를 가르치는 기관도 운영하고 있다. 탄리처럼 아미트도 내게 큰 힘이 되었고, 무언가 안 좋은 일이 있을 때면 늘 그 두 사람의 공감과 위로에 의지할 수 있었다. 나는 꽤 일찍부터 여러 학생 모임에서 공적인 연설이나 웅변에 열심히 참여했는데(주로 문학, 사회, 정치학에 대한 주제를 다루었다), 당연히 잘 안 풀리는 날도 있었다. 내 말에 동의하지 않는 사람들이 큰 소리로 비웃는 경우처럼 말이다. 나는 친한 친구가 그 자리에 함께 있어주는 것이 적대적인 비판을 감당할 수 있는 역량을 매우 넓혀준다는 것을 꽤 이른 나이에 강렬하게 깨달았다.

⟨11⟩

산티니케탄 학교에는 여학생들도 있었다. 내가 있었을 때 있었던 여학생 중 특히 만줄라 닷타Manjula Datta, 자야 무케르지Jaya Mukherjee, 비티 다르Bithi Dhar는 지적인 면에서도 활동적인 면에서도 다른 모두를 능가했다. 하지만 다른 여학생들도 매우 인상적이었다. 산티니케탄이 독특한 철학으로 운영되는 학교였던 만큼, 여학생의 탁월함에도 마땅히 관심을 기울였고 시험 점수는 궁극적으로 중요하지 않다고 여겨졌으므로 평가는 시험 점수로만 한정되지 않고 훨씬 광범위하게 이루어졌다(시험이 아예 없기도 했다). 나는 어느 선생님이 만줄라의 놀라운 시험 성적에 대해 이렇게 말한 것을 즐겁게 기억하고 있다. "만줄라는 정말로 상당히 독창적이에요. 시험 점수가 매우 좋은데도 말이에요."

시험을 잘 보는 학생인데도 의외로 독창적일 수 있다는, 시험 점수의 기만적인 속성은 비교적 이해하기 쉬웠지만, 여학생들이 자신의 역량과 성취를 일관되게 줄여 말하는 경향은 이해하기가 쉽지 않았다. 내가 보기에 산티니케탄의 여학생들은 굉장히 지적으로 뛰어나고 재능이 있는데도 다른 사람들이 자신에 대해 그렇게 생각하지 않게 하려는 것 같았다. 젠더 불평등은 내가 평생에 걸쳐 관심을 가진 주제인데, 나는 문화에 만연한 젠더 편향과 편견(그것을 억누르려 하긴 했지만 산티니케탄에도 그런 문화가 있었다는 사실은 부인할 수 없다)이 여학생들이 자신의 성취나 능력을 내세우지 않도록 독려해서 더 쉽게 만족하고 덜 경쟁적이 되어서, '더 잘하는 학생'의 지위는 남학생들이 갖게 되는 게 아닐까 하고 생각했다. 내 궁금증 모두에 대해 답을 알아내지는 못했지만, 인도에서 겸양의 심리학이 여성에게 불리한 젠더 편견을 강화하는 요인 중 하나이리라는 생각이 들었다. 인도에서 여성이 남성에 비해 받는 불이익에는 너무나 많은 측면이 있어서 그것을 구성하는 원인을 다 알아내기는 쉽지 않을 것이다. 하지만 나는 이러한 심리적 요인이 오늘날에도 더 연구될 필요가 있다고 생각한다. 물론 이러한 심리적 요인이 일으키는 왜곡이 인도만의 일은 아니다.

⟨12⟩

학교에서 친구 몇 명과 시도한 프로젝트 중에 문학잡지 발간이 있었다. 10대에 접어들면서 친해진 알로케라난 다스굽타Alokeranjan Dasgupta, 마두수단 쿤두Madhusudan Kundu와 함께 작당한 프로젝트였다. 우리는 약간의 자금을 구해서 인쇄 비용을 댔고 에세이, 시, 기사로 우리 사이에 업무를 분장했다(알로케는 그때도 이미 훌륭한 시를 쓰고 있었고, 훗날 저명한 시인이 된다). 다른 사람들에게 청탁해기고도 받았다. 잡지 이름은 『스풀링가Sphulinga』였는데, 레닌주의적 기원을 가지고 있지만(레닌은 『이스크라Iskra』라는 잡지를 냈는데, 둘 다 불꽃이라는 뜻이다) 우리는 의도적으로 비정치적인 잡지를 표방했다. 세 편집자 사이에서 정치적인 견해는 일치하지 않았다. 이 잡지는 따뜻한 반응을 얻었고 한동안은 꽤 칭찬을 받기도 했지만, 1년여가 지나서 이름처럼 불꽃이 사그라들듯 사라졌다.

그다음에는 탄리와 또 다른 모험을 했는데, 정치 만평 잡지였다. 이것도 시작은 성공적이었지만 오래 가지는 못했다. 손으로 그린 만평을 실은 이 잡지는 도서관의 열람실에 비치되었고 처음에는 수요가 꽤 많은 것 같아서 으쓱했다. 우리는 우리 이름의 철자를 거꾸로 뒤집어서 '엘낫Eelnat과 아이트라마Aytrama'라고 적었다. 익명성을 위해서가 아니라(엘낫과 아이트라마가 누군지는 다들 대번에 알 수 있었을 것이다) 우리가 여기에서 말하는 것 모두가 꼭 문자 그대로 직접적인 의미를 갖는 것은 아니라는 사실을 전달하기 위해서였다. 당시에 우리가 우려하던 세상의 문제 중 하나는, 독립을 했는데도 인도에 경제적, 정치적 정의를 불러오는 변화가 너무 느리게 오고 있다는 점이었다(독립한 지 2년밖에 안 되었으니 인도 정부에 대해 이렇게 말하는 것이 다소 불공정했을 수는 있다). 그래서 나는 자와할랄 네루Jawaharlal Nehru의 모습을 얼굴은 매우 밝지만(위대한 아이디어로 가득한 사람임에는 분명하므로) 무언가를 실질적으로 해내는 데 필요한 두 손이 없는 모습으로 그렸다. 선생님 중 한 분이(내 기억에는 카시나트였던 것 같다) 우리에게 "너무 참을성 없이 조급하다"고 하셨다. 선생님 말씀이 맞을지도 모른다. 하지만 인도에서 그 후에 수십 년을 참을성 있게 기다린 것에 보상이 오지는 않았다. 조급하게 굴어야 한다는 내 입장은 옳게든 그르게든 이후에 내가 쓰는 글에서 핵심적인 주장이 되었는데, 그 입장이 꽤 일찍 생겨나기 시작했던 것 같다.[8]

이러한 친구들을 두어서 정말 행운이었고, 그들의 따뜻함과 창조적인 관계를 맺지 않았다면 지금의 나는 틀림없이 꽤 다른 사람이 되었을 거라고 생각한다. 내 학창 시절은 우정에 영향을 많이 받았고 우정 덕분에 기억에 남을 만한 것이 되었다. 이미 언급한 친구들 외에도 사단, 시브, 치타, 찰투, 벨투, 더 나중에는 므리날(나의 가장 친한 친구 중 한 명이 된다), 프라붓다, 디판카르, 만수르가 있었고, 여학생은 만줄라, 자야, 비티, 타파티, 샨타 등이 있었다. 산티니케탄에 대한 내 기억은 친구들로 가득하며, 따라서 이 시절을 제대로 회고한다면 이들 각각에 대한 미니 전기가 되어야 마땅할 것이다.

때때로 문학에서 사랑은 굉장히 많이 이야기되는 반면 우정은 너무 적게 이야기되고 있으며 이 균형을 다시 맞출 필요가 있다는 생각이 들곤 한다. 하지만 사랑의 개념을 우정도 포함하도록 벙벙하게 재규정하는 식이어서는 안 된다. 우정과 사랑은 다른 것이기 때문이다. 이런 면에서, 훗날 알게 된 친구인 비크람 세스Vikram Seth가 2010년 런던 정경대학에서 열린 고故 에바 콜로르니Eva Colorni 기념 강연 주제를 우정과 시로 정했다는 말을 듣고 매우 기뻤다. 에바는 사별한 나의 아내인데, 비크람의 강연을 들었다면 굉장히 좋아했을 것이다. 생전에 에바는 우정이라는 주제에 관심이 많았고, 그날 강연에서 비크람이 전한 메시지, 특히 우정의 놀라운 범위에 대한 그의 메시지는 지극히 통찰력이 있었다. 비크람의 강연은 E. M. 포스터E. M. Forster나 아쇼크 루드라Ashok Rudra(산티니케탄의 선생님이었고 우정에 대해 아름다운 에세이를 쓰셨다)의 영향을 받아 형성되었던 우정에 대한 내 개념을 그보다도 한층 더 확장해주었다.

산티니케탄에서는 동급생들 외에 나이가 더 많은 사람들과도 친하게 지낼 기회가 많았다. 그들은 나이가 훨씬 어린 우리와도 아무런 제한 없이 기꺼이 이야기를 나누어주었다. 형들은 다양한 방면에 재능이 있었다. 아미트다는 희곡, 시, 에세이 등 끝내주게 재미있는 글을 썼다. 비스와지트다는 내가 이름도 들어본 적 없는 책들의 내용을 알고 있었다. 불루다는 노래를 빼어나게 했고 오합지졸을 합창단으로 변모시키며 아이들에게 노래를 지도했다. 만투다는 다른 사람에 대한 진정한 호기심이 진정한 애정의 토대가 된다는 것을 몸소 보여주는 것 같았다. 수닐다는 마르크스주의의 인본주의적 측면을 몹시 설득력 있게 알려주었다.

학창 시절을 돌아보면, 수많은 조각이 너무나 절묘하게 들어맞아 있어서 일종의 '지적 설계'가 작동해 그 조각들이 거기에 놓여 있게 되었던 게 아닌가 싶을 정도다. 일관되고 조화로운 전체를 이루도록 만들어져 있는 지그소 퍼즐처럼 말이다. 일이 잘 풀릴 때면 이 세상에 인간에게 호의적인 어떤 존재의 힘이 작동하고 있다고 믿고 싶은 유혹이 그토록 강한 이유를 이해할 수 있을 것 같다. 하지만 조심해야 한다. 수많은 다른 이들의 삶이 얼마나 끔찍한지도 생각해야 하는 것이다. 수억 명의 사람들이 온갖 종류의 박탈을 겪고 있다. 따라서 나의 행운이 인간에게 친절한 모종의 지적 창조자가 있으리라는 결론으로 일반화할 수 있는 근거가 되지는 않는다. 지극히 행복한 학창 시절을 보내는 동안, 나는 이 생각을 자주 떠올렸다.

〈13〉

타고르는 인도 교육의 향상에 평생을 쏟았고 어디를 가든 교육의 개선을 주장했다. 산티니케탄에 세운 학교보다 그가 시간을 더 많이 들인 일은 없었고, 그는 학교를 위해 지속적으로 자금을 모았다. 정확한 세부 사항은 사실이 아닐 수도 있지만 그의 특징을 잘 말해주는 재밌는 일화 하나가 있다. 그는 1913년 11월에 노벨문학상을 받았고 학교 위원회 회의 중에 전보로 그 소식을 알게 되었다. 그때 학교 위원회는 학교에 꼭 필요한 배수 시설을 설치하기 위해 자금을 마련한 방도를 궁리하는 중이었다. 이때 스톡홀름에서 날아온 전보로 수상 소식을 알게 된 타고르가 실로 그답게 다른 사람들에게 이 소식을 알렸다. "배수 시설을 설치할 돈이 지금 막 생긴 것 같습니다." 이 이야기 자체가 사실인지 아닌지는 모르지만 이 이야기가 전달하는 그의 의지와 헌신은 진짜이며, 실제로 그는 노벨상 상금을 산티니케탄의 시설 개선에 사용했다.

포괄적으로는 삶에 대해, 구체적으로는 교육에 대해 타고르가 가지고 있었던 비전의 토대에는 이성과 자유에 대한 믿음이 있었다. 그는 모두가 양질의 교육을 받는 것이 국가 발전에 가장 중요한 요소라고 주장했다. 예를 들어 일본의 놀라운 경제 발전을 논하면서 그는 좋은 학교 시스템이 여기에서 막대하게 건설적인 역할을 수행했다고 강조했다. 이러한 분석은 한참 훗날에 세계은행과 유엔이 낸 보고서도 포함해 개발경제학의 많은 연구에서도 확인되었다. 타고르는 "오늘날 인도의 심장을 짓누르는 비참함의 탑의 유일한 토대는 교육의 부재"라고 주장했다.[9] 이 주장이 성립되기 위해 필요한 조건들을 더 따져볼 수는 있겠지만, 그가 왜 경제 발전과 사회 변화에서 교육이 수행하는 변혁적인 역할이 핵심적이라고 생각했는지 이해하기는 어렵지 않다.

4장

외할아버지, 외할머니와 함께

〈1〉

앞에서 이야기했듯이, 나는 버마에서 유년 시절을 보내고 다카에 돌아왔다가 2년이 채 안 되어 다시 산티니케탄으로 가서 외갓집에 살면서 학교에 다녔다. 내가 태어난 곳이기도 한 외조부모님 댁은 비스바 바라티가 제공한 일종의 사택으로, 소박하지만 매력적인 집이었다. 사택들이 모여 있던 곳을 구루팔리('교사촌')라고 불렀고, 이곳의 집에는 부엌, 식당, 그리고 작은 서재 양쪽으로 방이 두 개 있었다. 외할아버지는 집에 계실 때면 늘 서재에 계셨다 (집에 안 계실 때는 산티니케탄 도서관의 꼭대기 층에서 즐겨 일하셨다). 쪽마루에서 일하실 때도 있었는데, 바닥에 면으로 된 작은 깔개를 깔고 양반다리를 하고 앉으셔서 상을 펴고 일하셨다.

손주들과 손주 친구들이 집 안팎을 온통 뛰어다니는데도 일에 집중하시는 외할아버지에게 나는 늘 감탄했다. 나는 그 집에 죽같이 사는 손주였지만 다른 손주들도 와서 몇 달씩 머물곤 했다. 당시 미혼이시던 큰외삼촌 칸카르Kankar(크셰멘드라Kshemendra)는 캘커타에 살면서 힌두스탄 스탠다드Hindusthan Standard라는 신문사(현재는 없어졌다)에서 일하셨는데 산티니케탄에 자주 오셨고, 나는 칸카르 외삼촌과 이야기하면서 그의 우아한 유머에 매혹되는 것이 너무 좋았다.

어머니의 두 언니는 도합 여덟 자녀를 두셨다. 덕분에 구루팔리의 초가집에는 끊임없이 사촌들이 와서 묵어갔고 방학 때는 더욱 그랬다. 나는 사촌 형인 코콘다Khokonda(칼리안Kalyan), 박추다Bacchuda(솜샨카르Somshankar), 바렌다Barenda(바렌드라Barendra)와 특히 가까웠다. 사촌 누이 중에서는 수니파Sunipa(메즈디Mejdi)와 특히 친했지만 레바Reba(디디Didi), 시야말리Shyamali(셰즈디Shejdi), 수시마Sushima(초디Chordi), 일리나Ilina, 수모나Sumona와도 가까웠다. 내가 가장 좋아한 사촌누이 메즈디가 결혼을 하고서 남편과 함께 시아버지가 의사로 일하고 있는 비하르의 농촌으로 간 뒤로, 나는 자주 비하르에 가서 메즈디와 메즈디의 남편(칼리안다Kalyan-da. 그와의 대화도 매우 즐거웠다)과 아름다운 농촌 풍광 속에서 여름 방학의 상당 기간을 보냈다. 어린 시절 이래로 나는 비하르의 농촌에 가는 것을 늘 좋아했다.

또 다른 사촌인 피얄리Piyali와 둘라Dula, 그들의 형 샤미Shami는 방학 때 산티니케탄에 있는 그들의 부모님 댁에 가면 만날 수 있었다. 나는 그들과 즐거운 시간을 보냈고 커가면서 피얄리, 둘라와 더욱 가까워졌다. 주로 산티니케탄에 사는 사촌들도 있었는데, 카잘리Kajali, 가블루Gablu, 툭툭Tuktuk, 그들의 형인 바렌다(앞에서 언급했다), 그리고 브라틴Bratin과 어울리는 것은 정말이지 즐거웠다. 우리는 서로의 집으로 건너가 자고 오곤 했다. 다른 사람과 침실을, 사실은 이부자리를 같이 쓰는 것은 내 삶에서 일상적인 일이었다. 나와 여동생 만주에게는 우리가 대가족의 일부라는 사실이 일찍이 강하게 각인되었다.

구루팔리의 화장실은 바깥의 변소가 유일했고 동시에 많은 사람이 사용하려 할 경우 어느 정도 줄을 서야 하는 것은 당연했다. 밝게 불을 밝힐 수 있었던 다카의 집과 달리 전기도 없었다. 하지만 나는 등유 램프 불빛으로 사는 생활에 곧 익숙해졌고 공부하는 데는 등불로도 문제가 없었다. 차차 도시를 강하게 선호하게 되지만, 아마 이것은 내 몫의 시골 생활을 이미 충분히 했다고 느꼈기 때문이 아닐까 한다. 나는 시골 생활을 정말로 즐겼지만, 점차로 서점, 커피하우스, 영화관, 극장, 음악 공연, 학술 모임 등에도 중요한 면들이 있다고 생각하게 되었다.

외할아버지는 매일 새벽 4시경이면 기상하셨다. 아직 어두울 때이지만 외출 준비를 마치시면 나가서 긴 산책을 하셨다. 나도 일찍 일어나는 날이면(지금은 그때 내가 새벽형 인간이었다는 게 믿어지지 않지만), 외할아버지가 새벽에 빛나는 별들을 내게 알려주셨다. 외할아버지는 별 이름을 산스크리트어로는 모두 알고 계셨고 일부는 영어 이름도 알고 계셨다. 동이 터오는 시간에 외할아버지의 산책길에 따라나서서 별 이름을 익히며 보내는 시간이 나는 너무 좋았다. 하지만 가장 중요하게, 이 시간은 외할아버지에게 수많은 질문을 쏟아내기에 좋은 기회이기도 했다. 외할아버지는 당신의 어린 시절에 대한 재미난 이야기도 자주 해주셨지만, 우리는 진지한 주제도 많이 이야기했다. 외할아버지와의 산책은 인도가 농경을 아직 하지 않는 부족 집단들의 땅을 찬탈하고 그들을 가혹하게 대한 방식(외할아버지는 이 과정의 슬픈 역사를 잘 알고 계셨고, 이후의 정부들이 그들에게 학교와 병원을 지어주지 않은 것도 이 이야기의 연장선이었다)에 대해 배우는 수업이나 마찬가지였다. 외할아버지는 기원전 3세기에 인도의 상당 지역을 통치한 위대한 불교도 황제 아쇼카가 이미 도시화된 인도를 통치하면서도 '숲의 사람들'에게 특별히 관심을 기울였고 숲의 부족민들도 큰 마을이나 도시에 사는 사람들과 동일한 권리가 있다고 주장했다는 사실도 알려주셨다.

〈2〉

본인 역시 새벽형 인간이었던 라빈드라나트가 크시티 모한도 으레 일찍 일어났겠거니 생각해서 종종 해뜨기 전에 기별도 없이 찾아오곤 했다고 한다. 이것은 내가 구루팔리에 살게 되기 한참 전의 이야기이고, 사실 내가 태어나기도 전의 이야기다. 외할머니가 들려주신 이야기에 따르면, 한번은 라빈드라나트가 해뜨기 전에 기별 없이 찾아왔는데 평소와 달리 외할아버지가 아직 주무시고 계셨다.

라빈드라나트는 자신의 이름에 있는 라비Rabi가 태양이라는 뜻이고 크시티가 땅이라는 뜻임을 이용해 즉흥시를 지어 외할머니에게 주셨다고 한다(외할머니는 다행히 일어나 계셨다). 그가 벵골어로 쓴 시를 옮겨보면 다음과 같다.

새벽이 왔다
크시티〔대지〕의 문 앞에
라비〔태양〕가 나타났다
그런데 대지가 아직 잠에서 안 깨었다니 어쩐 일인가!

디디마(외할머니)는 라빈드라나트의 흥미로운 시가 더 전개되기 전에 대지를 깨워야 해서 아쉬우셨다고 한다.[1] 디디마는 두 분이 나란히 산책하러 가는 모습을 보는 것이 좋으셨지만, 그래도 라빈드라나트가 툇마루에 조금 더 오래 앉아서 즉흥시를 완성하고 갔더라면 좋았겠다고 생각하셨다고 한다.

〈3〉

1944년에 우리는 외할아버지와 외할머니가 새로 지으신 집으로 이사했다. 그때는 아직 작은 마을이던 산티니케탄의 서쪽 끝 스리팔리라는 곳에 있었고 학교 교정에서 몇백 미터 정도 떨어진 곳이었다. 앞에서 언급했듯이 외할아버지와 외할머니의 새집은 프라티치라고 불리던 우리 부모님의 집 바로 옆에 있었다. 부모님은 1942년에 다카에 계시면서 여기에 프라티치를 지으신 바 있었다. 스리팔리로 이사하고 얼마 뒤부터 나는 잠자고 공부하는 것은 프라티치에서 하기 시작했지만, 식사는 옆으로 건너와서 계속 외할아버지 외할머니와 함께했다.

나는 프라티치에 굉장히 애착을 갖게 되었다. 대체로 그곳에서 나 혼자 살았고, 일을 도와주는 젊은 하인 조게슈와르Joggeshwar가 그 집의 별채에서 지냈다. 조게슈와르는 옆 지구인 둠카 출신인데, 벵골 대기근이 닥친 1943년에 아직 소년의 나이로 극도로 굶주린 채 보수가 얼마라도 좋으니 뭐라도 일자리를 찾기 위해 산티니케탄에 왔다. 그때 우리 집에 새로 하인을 고용해야 할 필요는 딱히 없었지만 식구들 모두 이 말간 얼굴의 둠카 출신 소년을 돕기 위해 필요한 일을 해야 한다고 생각했다. 그래서 처음에는 나의 이모 레누Renu가 그를 거두어 숙식을 제공했고, 그다음에는 우리 어머니가 그렇게 했다. 어머니는 당시에는 아무도 살지 않았던 프라티치의 관리를 그에게 부탁했다. 나중에 조게슈와르는 "집 전체를 혼자 가지고 있어서" 참 좋았다고 했다. 외조부모님과 내가 구루팔리를 떠나 스리팔리로 왔을 때 나는 열 살, 조게슈와르는 열다섯 살이었다. 그리고 두어 해 뒤에 내가 혼자 프라티치에서 지내게 되었을 때 조게슈와르는 나를 챙기는 일을 맡게 되었다(물론 실제로 나를 책임지는 사람은 옆집의 외조부모님이셨다).

조게슈와르는 거의 70년을 우리 집에 살면서 일했다. 1998년에 내가 노벨상 상금으로 초등 교육, 기본적인 의료, 젠더 평등을 위해 인도와 방글라데시에 각각 하나씩 공익재단을 세우고 이름을 '프라티치 재단Pratichi Trust'이라고 지었을 때 조게슈와르는 정말 기뻐했다. 그는 활짝 웃으면서 "그 이름이 너무 좋다"고 했다.

조게슈와르는 우리 집에서 일하는 사람들을 지휘하는 위치가 되었고, 인도-파키스탄 분할 직전 시기이던 1945년에 긴장이 높아지던 상황에서 아버지가 다카 대학을 그만두고 어머니와 델리로, 그다음에는 캘커타로 이사하셨을 때 조게슈와르도 함께 이사했다. 그리고 1964년에 아버지가 뉴델리에서 하시던 일에서 최종적으로 은퇴하셨을 때 모두 프라티치로 돌아가 정착했다. 그 무렵이면 프라티치의 우리 집은 확장되어 있었다. 어머니가 시작한 벵골어 잡지(『슈레야시Shreyashi』) 편집 일도 포함해서 어머니의 문학 관련 일을 도와주었던 아라빈다 낸디Arabinda Nandy는 어머니가 나이가 드시면서 차차로 우리 집을 '관리'하는 역할도 맡게 되었다. 1971년에 아버지가 돌아가시고서도 어머니는 계속 프라티치에 사셨다. 그 무렵이면 우리 집에서 일하는 사람들(부족 집단인 산탈 족 사람들이었다)은 가족이나 다름없는 사이가 되어 있었다(이들의 리더는 라니였다). 어머니는 2005년에 93세로 세상을 떠나셨는데, 돌아가시기 전에 정원을 담당하는 두 명도 포함해 프라티치에서 일하는 여섯 명 중 누구도 해고되어서는 안 되며 그들이 은퇴한 뒤에도 의료 보험과 임금을 온전하게 제공해야 한다고 단단히 당부하셨다. 나는 어머니의 말씀에 따랐고 프라티치는 지금도 사람들의 삶으로 즐겁게 북적댄다. 특히 400개의 채널이 나오는 케이블이 설치되어 모두에게 엔터테인먼트를 제공하면서 더욱 그렇게 되었다.

나는 프라티치를 너무 좋아하기 때문에(지금도 그곳 일에 자주 관심을 갖고 관여한다) 예전 사람들이 떠났어도 그 집이 예전 못지않게 활기차게 유지되는 것을 보는 게 정말 좋다. 추가적인 이득도 있었는데, 내 자녀들도 프라티치를 좋아하게 된 것이다. 안타라와 난다나는 물론이고 더 어린 인드라니와 카비르도 이곳을 좋아한다. 매년 아이들이 꽤 자주 프라티치에 갈 계획을 짜는데, 그 모습을 보면 정말 행복하다. 우리 어머니도 정말 기뻐하셨을 것이다. 나도 1년에 네 번 정도 가서 짧게라도 머물려고 하는데(요즘만 코로나 때문에 가지 못했다), 그때마다 익숙한 옛 강물에 들어가는 느낌이 든다(물론 똑같은 강물에 두 번 들어갈 수는 없다는 철학적인 지적은 나도 잘 알고 있다).

옆집인 외갓집에 가서 외조부모님과 식사를 하다 보면 시간이 훌쩍 지나곤 했다. 다두(외할아버지)와 디디마(외할머니)와 이야기하는 게 너무 좋았기 때문이다. 끝없는 대화 소재가 있어서 얼마든지 긴 대화를 할 수 있었다. 열한 살 때쯤에 한번은 외할아버지가 진화의 원리에 큰 관심을 보이셨다. 주로 산스크리트 문학을 공부하신 분이라 생물학은 외할아버지에게 생소한 분야였다. 외할아버지는 무언가를 읽으시고서(내 생각에는 J. B. S. 홀데인J. B. S.

Haldane의 글을 읽으신 것 같다) 자연선택이라는 개념과 어느 종이 가지고 있는 작은 생존상의 장점이 시간이 충분히 주어지면 그 종이 다른 종보다 우세해지게 만드는 요인이 된다는 개념을 처음 접하셨다. 나는 외할아버지가 복리식 성장의 수학과 기하급수적 증가의 마법을 이해하시도록 도와드렸는데, 내 예상보다 훨씬 더 흥미로워하셨다.

하지만 곧 외할아버지를 괴롭히는 질문이 나타났고 그것은 나를 괴롭힌 질문이기도 했다. 세상에 더 잘 적응한 종이 우세해지고 수적으로도 다른 종보다 많아지는 것은 이해하기 쉽지만, 이러한 경쟁은 일단 세상에 존재하게 된 종들 사이에서만 벌어진다. 외할아버지와 나 둘 다 머리를 싸맨 질문은, 최적의 적응을 놓고 경쟁하는 게임에 참여하게 된 그 종들은 애초에 어디에서 왔는가였다. 외할아버지는 이 설명에 신을 불러오려 하시지는 않았다. 신이 그렇게 경쟁적인 방식으로 작동한다고 생각하지 않으셨기 때문이다. 나도 신이 생물종 사이에 경마를 시키는 판을 깔았으리라고는 생각하지 않았기 때문에 신에 의존해 설명하지는 않을 생각이었다. 외할아버지는 이 문제를 더 잘 알아야겠다고 말씀하셨고 실제로 책을 더 찾아보셨다. 며칠 뒤, 우리는 변이에 대해, 또 자연선택에서 변이가 수행하는 역할에 대해 아주 많은 이야기를 나눴다.

외할아버지는 대체로 우연적인 무언가(가령, 어떤 변이를 통해서 어떤 종이 존재하게 되는가)가 체계적이고 심지어 예측 가능한 결과들을 산출하게 될 생존상의 장점(가령, 일단 존재하게 되면 어느 종이 지배적이 되는가)과 함께 작동하면서 우리 주변에서 볼 수 있는 질서 있는 세상을 구성한다는 것에 크게 흥미를 느끼셨다. 나도 인

111

과와 우연의 조합에 대해 외할아버지가 느낀 매혹에 공감했고, 그
것을 알아나가는 것이 재미있었다. 하지만 나에게 더 즐거웠던 부
분은 다른 분야에서 어마어마한 학문적 성취를 한 사람과 함께 연
구한다는 사실이었다. 외할아버지는 유전학에 익숙하지 않으셨으
므로 이 분야로 들어가는 데 열한 살 손주와 기꺼이 학문적 협업
을 하고자 하셨다.

⟨4⟩

『우파니샤드Upanishads』 같은 경전과 『라마야나Ramayana』나 『마하
바라타Mahabharata』와 같은 서사시에서 배움의 전당으로 많은 예찬
을 받은 고대의 장소와 교육 철학에 비슷한 면이 있다는 점에서,
산티니케탄은 '아쉬람ashram'이라고 불리기도 했다. 우리는 인도
의 옛 아쉬람이 경쟁에서 두각을 나타내는 것보다 호기심을 북돋
우는 것에 방점을 두었듯이 산티니케탄의 우리 학교도 그렇다는
이야기를 자주 들었다. 시험 점수나 학점에 관심을 기울이는 것은
다들 뜯어말렸다. 이런 이야기를 들으면서 나는 (전에는 타고르의
시와 희곡을 주로 읽었지만) 타고르가 교육을 주제로 쓴 에세이에도
관심이 생겼다.

학기 중 매주 수요일 아침에 열리던 정기 모임에서 타고르는 교
육론을 자주 이야기했다. 이 모임은 '만디르Mandir'라고 불렸는데,
문자 그대로는 '사원'이라는 뜻이지만 종교 회합은 아니었다. 만
디르 회의는 한 주에 한 번씩 산티니케탄 공동체의 모든 이들이
관심을 기울여야 할 주요 이슈를 논의하는 장이었다. 건물 자체는
화려하게 채색된 유리 벽과 다양한 색조의 투명 벽돌들로 되어 있
어서 그리스도교의 옛 교회와 비슷한 느낌이었다(그렇게 생각하게

된 것은 훨씬 나중이다). 기도는 있었지만(특정 종교의 기도는 아니었다) 대부분의 토론은 종교만이 아니라 도덕적인 요소가 있는 일반적인 주제를 모두 포함했다.

만디르는 타고르가 주재했고, 발언 중간중간에 노래를 부르는 시간도 많았다. 타고르가 사망한 뒤에는 만디르를 주재하고 매주 연설하는 일을 외할아버지 크시티 모한 센이 이어받았다. 타고르가 만디르를 이끌던 시절에 나는 다카에 살았고 산티니케탄의 학생이 아니었지만, 산티니케탄에 놀러갔을 때 두어 번쯤 어른들을 따라 만디르 회의에 가본 적이 있었다. 디디마[외할머니]는 내가 만디르에서 엉뚱하게 굴었던 일화를 나중에 즐겨 이야기하셨다. 다섯 살 때 타고르가 주재하는 만디르에 어른들과 가게 되었는데, 가기 전에 외할머니는 거기에 가면 한 마디도 말을 하면 안된다고 단단히 주의를 주셨다. "완전히 조용히 있어야 한단다. 모두가 그래야 해." 나는 완전히 조용히 있겠다고 약속했다. 하지만 만디르에서 타고르가 연설을 시작하자마자 큰소리로 이렇게 질문을 해서 고요함을 깨뜨렸다. "저분은 왜 말을 하세요?" 외할머니에 따르면 타고르는 부드럽게 웃었지만 내 미스터리를 풀어주지는 않았다고 한다.

〈5〉

적어도 처음에는 만디르에서 외할아버지의 연설을 듣는 것이 좋았다. 하지만 얼마 후에는 매주 종교적인, 적어도 준종교적인 담론을 듣는 데 내가 그리 흥미를 느끼지 못한다는 것을 깨달았다. 열두 살 때 나는 공부할 것이 많아서 만디르에는 더 이상 가고 싶지 않다고 말씀드렸다. 외할아버지는 "그래, 만디르에서 논의되

는 것들이 네게는 재미있지 않은 모양이로구나?"라고 말씀하셨다
(섭섭해하시는 눈치는 아니었다). 내가 가만히 있자, 외할아버지는 만
디르에 오지 않아도 괜찮다며, 하지만 더 크면 아마 생각이 달라
질 거라고 하셨다. 내가 나는 종교에 전혀 관심이 없으며 종교적
믿음도 없다고 말씀드렸더니 외할아버지는 "자기 자신에 대해 진
지하게 생각할 수 있기 전에는 종교적 믿음을 가져서 좋을 이유가
없다"며 "시간이 지나면 자연스럽게 그런 상태가 올 것"이라고 하
셨다.

　하지만 더 커서도 내게는 종교적 믿음이 전혀 오지 않았기 때
문에(되레 종교에 회의적인 마음만 커졌다) 몇 년 뒤에 외할아버지에
게 아마도 외할아버지가 잘못 생각하신 것 같고 종교가 해결하고
자 하는 어려운 문제들에 대해 진지하고 끈질기게 고민해보았지
만 종교는 오지 않았다고 말씀드렸다. 그러자 외할아버지는 이렇
게 대답하셨다. "내가 잘못 생각한 것이 아니야. 너는 종교적인 질
문을 했고 단지 너 자신의 위치를 힌두 종교들의 스펙트럼 중에
서 무신론에, 로카야타 학파의 입장에 둔 거란다." 이어서 외할
아버지는 『라마야나』에서 카르바카와 자발리가 이야기한 내용과
더 일반적으로 로카야타 학파에 대한 글 등 고대 산스크리트어 문
헌 중에서 불가지론과 무신론을 다룬 것들을 많이 알려주셨다. 또
4세기에 마다바차리아Madhavacharya가 쓴 산스크리트 문헌 『사바다
사나 삼그라하Sarvadarsana Samgraha』(전철학강요全哲學綱要)에 대해서도
알려주셨는데, 이 책의 1장은 로카야타 파의 무신론 철학과 상통
하는 주장을 개진하는 데 할애되어 있다. 나는 안 그래도 산스크
리트어 문헌에 푹 빠져 있었기 때문에, 외할아버지가 알려주신 것
들을 열정적으로 읽어보았다. 마다바차리아가 각 장에서 서로 다

른 철학적 입장에 대해 논거를 제시하는 방식을 보면서, 내가 읽어본 중 가장 뛰어난 저자라는 생각이 들었다. 특히 무신론과 유물론의 논지를 전개한 1장의 주장은 내가 본 어떤 것보다도 수려하고 설득력 있는 설명이었다.

나아가 외할아버지는 기원전 1500년경까지로 거슬러 올라가는 가장 오래된 힌두 고전 『리그 베다Rig Veda』의 「창세가Song of Creation」도 알려주셨다. 창세가는 세상이 어떻게 창조되었는지에 대한 어떤 정통적인 설명에 대해서도 깊은 의구심을 제기하고 있다.

> 진실로 이것을 아는 자는 누구인가? 그것을 공언할 수 있는 자는 누구인가? 이 모든 것은 어디에서 생겨났는가? 이 창조는 어디에서 비롯하였는가? 모든 신들도 이 우주의 창조 뒤에 왔은즉, 그렇다면 이 모든 것이 어디에서 유래했는지 누가 알 수 있는가?
> 이 창조는 어디에서 왔는가? 스스로 생겨났을 수도 있고, 혹은 그렇지 않을 수도 있다. 더 높은 천상에서 내려다보는 존재가 이것을 창조해 오로지 그만이 알고 있을 수도 있고, 혹은 그가 알지 못할 수도 있다. [2]

나는 힌두교 사상의 전체 문헌 안에 불가지론, 아니 심지어 무신론이 존재한다는 사실에 깜짝 놀랐다. 종교가 이렇게 폭넓을 수 있다면 무신론자라도 종교에서 도망칠 길이 없겠다는 점은 살짝 좌절스럽기도 했지만 말이다.

〈6〉

타고르가 산티니케탄으로 와서 새로운 종류의 교육기관을 세우는 일에 동참해달라고 외할아버지를 왜 그렇게 열심히 설득했는지 나는 너무 잘 이해할 수 있었다. 타고르는 그가 잘 아는 뛰어난 동료 칼리 모한 고시Kali Mohan Ghosh를 통해 크시티 모한 센을 알게 되었다. 그때 고시는 이미 산티니케탄에 있었고, 학교에서 수업을 맡는 것에 더해 마을 개혁과 농촌 조직 재구성과 관련한 일에서도 타고르를 돕고 있었다. 타고르는 크시티 모한 센에 대해 이야기를 듣고 깊은 인상을 받아서 어떤 인물인지 더 알아보았다. 그리하여 크시티 모한 센의 학문적 역량뿐 아니라 자유주의적인 성향과 사회의 가장 가난한 사람들에 대한 깊은 관심에 대해서도 알게 된 타고르는 반드시 크시티 모한 센이 산티니케탄에 오게 해야겠다고 마음먹었다. 타고르는 이렇게 기록했다.

그는 옛 경전과 고전 종교 문헌과 관련해서 뛰어난 학자이지만 그의 우선순위는 전적으로 자유주의적이다. 그는 이러한 자유주의적 성향과 공민적인 너그러움을 고전 경전들을 읽으면서 얻었다고 말한다. 따라서 그는 고전 힌두 경전을 협소하게 해석해 사용하면서 힌두교에 모욕을 가하는 사람들에게도 영향을 미칠 수 있을 것이다. 적어도 우리 학생들의 정신에서 편협함과 협소함을 없앨 수는 있을 것이다. [3]

타고르는 1908년 2월 24일자로 쓴 편지에서 "함께 할 동지가 정말로 필요하다"고 간청했고 (외할아버지가 머뭇거리자) "나는 아직 희망을 버릴 준비가 되어 있지 않습니다"라고 덧붙였다. [4] 산

티니케탄 학교의 보수는 매우 적었고 크시티 모한 셴은 본인의
자녀 외에도 사망한 형 아바니모한Abanimohan의 아들 비렌Biren과
디렌Dhiren도 돌보고 있었기 때문에 딸린 식구가 많았다. 그리고
1907년경이면 토후국인 참바에서 좋은 일자리를 구한 상태였다.
히말라야 기슭에 있는 참바의 한 학교에서 교장 선생님으로 일하
게 된 것이다. 참바의 국왕 부리 싱Bhuri Singh은 크시티 모한 셴을
따뜻하게 지원했고(둘은 사이가 좋았다) 크시티 모한 셴은 이 일자
리가 주는 고정적인 임금을 포기하고 싶지 않았다. 하지만 타고르
는 끈질기게 간청하면서 봉급이 가족에 대한 의무를 다하기에 충
분한 수준이 되게 하겠다고 약속했다.

마침내 타고르는 설득에 성공했고, 크시티 모한 셴은 이후
50년간 산티니케탄에서 타고르의 비전에 영향을 받기도 하고 타
고르의 사상에 영향을 주기도 하면서 충족적이고 생산적인 시간
을 보내게 된다. 또한 그들은 마음을 터놓는 친한 벗이 되었다.
1912년 6월 27일에 런던에서 W. B. 예이츠가 주최한, 그리고 타
고르를 유럽 무대에서 '띄워 올린' 유명한 문학의 밤 만찬에 참석
하고서 유럽에서 자신에게 쏟아지고 있는 지원과 환호의 이유가
완전히 엉뚱한 것 같다고 느낀 타고르가 다음날 편지로 그 우려를
털어놓은 사람도 크시티 모한 셴이었다(이 일화는 이 장의 뒷부분에
서 다시 언급할 것이다).

⟨7⟩

내 외가인 크시티 모한 셴의 집안은 다카의 비크람푸르 지구에
있는 작은 마을 소나랑 출신이다. 친가 쪽 출신지인 마닉간지에서
도 그리 멀지 않다. 외할아버지 크시티 모한의 아버지 부반모한

Bhubanmohan은 아유르베다〔인도 고대 전통 의학〕식 의술을 행하는 전통 의사였고 상당히 실력도 있었다. 그러다 은퇴 후에 아들 크시티 모한을 데리고 베나레스로 이사했다. 나는 외할아버지가 당신의 아버지 이야기를 하시는 걸 한 번도 들은 적이 없다. 관계가 그리 가깝지는 않았던 것 같다. 나는 외할아버지가 자신의 아버지의 무언가를 인정할 수 없었거나 적어도 아버지의 무언가 때문에 상심했으리라고 짐작했다. 하지만 여러 차례 알아보려 해봤어도 더 이상은 알아낼 수 없었다.

부반모한은 아들이 공부 잘하는 것을 자랑스러워했고 베나레스에 있는 퀸스 칼리지에서 다른 학생들보다 두각을 나타내는 것을 기뻐했다. 크시티 모한은 퀸스 칼리지를 졸업했지만〔퀸스 칼리지는 알라하바드 대학에 속해 있어서 학위증 자체는 알라하바드 대학에서 나왔다〕, 훨씬 더 많은 시간을 전통적인 산스크리트어 교육기관인 '차투시파티Chatushpathis'에서 보냈다. 당시 베나레스에서는 차투시파티가 여전히 성행하고 있었다. 나중에 저술에서 크시티 모한 센은 인도에서 고전 교육을 보존하고 발전시키는 데 차투시파티가 크게 기여했다고 언급했고 인도가 근대화되면서 차투시파티가 서서히 사라진 것에 대해 아쉬움을 표했다. 또한 외할아버지는 산스크리트어 학문 분야에서 모두 얻고 싶어하는 '푼디트Pundit'〔산스크리트어로 깊은 배움을 가진 학자라는 뜻인데, 나중에는 더 일반적으로 현자를 뜻하게 된다〕 칭호도 받았다. 보수적인 힌두교도였던 부반모한은 아들이 산스크리트어와 고대 힌두 문헌에 통달하는 것은 당연히 허락할 수 있었겠지만, 아들의 문학적, 종교적 관심사가 급진적으로 확장되고 있는 것을 알았다면 경악했을 것이다.

사실 부반모한은 크시티 모한이 '서구적'인 신념과 태도를 가질

까봐 걱정했고 이를 막기 위해 자신이 할 수 있는 모든 일을 했다. 하지만 크시티 모한의 사고 폭은 전적으로 다른 방향으로 확장되고 있었으니, 무슬림 수피Sufi 파의 시와 노래가 갖는 아름다움과 힘에, 그리고 힌두 박티Bhakti 운동[구습에 저항하고 힌두와 이슬람의 교리를 조화시키고자 했다]의 사상에 점점 더 매료되고 있었던 것이다. 그는 페르시아어도 배웠고 여기에는 페르시아어에 능통하던 형 아바니모한이 크게 도움을 주었다.

열네 살 때 크시티 모한은 카비르Kabir가 창시한 다원주의적 종교인 카비르 판트Kabir Panth('카비르의 길')에 귀의했다. 이 종파는 힌두교와 무슬림의 종교적 개념을 풍성하게 결합했고 수세기간 낭송되고 노래되어온 아름다운 시도 많이 산출했다. 카비르 판트에 귀의한 것은 공식적인 종교적 행동이었지만, 정작 그 종교인 카비르 판트는 자유주의적인 관용이 특징이어서 그가 [종교적 도그마가 아니라] 스스로의 논증과 이성으로 정한 우선순위에 따라 자신의 삶을 살아가도록 허용했다. 카비르는 15세기 중반에 무슬림 집안에서 태어났고(1440년에 태어났다고 알려져 있지만 확인하기는 어렵다), 무슬림과 힌두 모두에서 사상과 문학을 끌어와 결합했다. 부반모한이 이것을 인정하지 않았으리라는 점은 쉽게 짐작할 수 있다. 크시티 모한은 그때의 웃지 못할 아이러니를 다음과 같이 기록했다.

내가 계속해서 [힌두교의] 보수주의적인 틀을 벗어나지 않게 하려고 [그리스도교의 영향을 차단하기 위한] 여러 가지 엄격한 조치들이 시도되었다. 하지만 나의 삶을 관장하신 신은 이것을 매우 재미있어 하셨을 것 같다. 나를 전통 안에 계속 두려는 시도

는 분명히 실패했는데, 위험 요인은 영국에서 온 것이 아니었다.[5]

크시티 모한 센의 우선순위는 신념이 발달해가면서 달라졌다. 참바로 가기 10년 전인 1897년, 불과 열일곱 살의 나이로 그는 인도의 북부와 서부를 직접 돌아다니면서 카비르, 다두Dadu, 또 그 밖에 비슷한 지향을 가지고 무슬림과 힌두 모두의 전통을 결합해 자신의 방식으로 종교를 추구했던 종교 지도자(산트sant)들의 노래와 시를 수집해 종합하겠다는 계획을 세웠다. 그러한 종교 지도자들을 따랐던 사람들이 인도의 여러 지역에 널리 퍼져 있었기 때문에 크시티 모한이 다녀야 할 곳도 아주 많았다.[6]

나는 아들 중 한 명의 이름을 카비르라고 지었는데, 한편으로는 역사 인물 카비르의 사상이 내게 감동을 주었기 때문이고 다른 한편으로는 그 아이의 어머니[사별한 전처]인 에바 콜로르니가 카비르라는 이름을 좋아했기 때문이다. 카비르는 무슬림 이름인데, 유대인인 에바는 "힌두 출신 아버지와 유대인 출신 어머니에게서 태어난 아이가 멋진 무슬림 이름을 갖는 것은 참으로 적절한 일"이라고 말했다.

크시티 모한 센은 인도 북부와 서부에서 카비르의 생애와 사상에 대해 연구하는 한편으로, 자신의 고향인 벵골 지역에서도 카비르와 마찬가지로 포괄적인 관점을 가지고 있었던 '바울baul'〔벵골 농촌 지역의 음유시인]들 사이에서 힌두와 무슬림의 상호작용이 풍성하게 이루어졌음을 알게 되었다. 이들 또한 양쪽 종교 모두에서 사상을 종합했고 이들을 따랐던 사람들 역시 양쪽 종교 모두에 많았다. 그래서 1897~1898년에는 벵골의 여러 지역들을 돌아다니면서 바울들의 노래와 시도 수집하기 시작했다. 이렇게 너른 지역을 돌아다니면서 최대한 방대하게 기록하겠다는 목표를 가지고 있었다 보니 시간을 굉장히 많이 써야 했다. 위대한 벵골어 작가이자 학자인 사이드 무즈타바 알리는 우리 집안과 가까웠고 크시티 모한 센과 협업을 하기도 했는데, 크시티 모한 센이 자신이 수집한 농촌의 구전 시들을 고전학자들이 고전 문헌을 연구할 때처럼 "과학적으로 철저하게" 연구하고 분석했다고 언급했다.[7]

⟨8⟩

외할아버지의 아버지 부반모한은 아들의 관심이 이렇게 확장되는 것을 승인하지 않은 듯하지만 어머니 다야마이Dayamayi는 탄탄하게 지지해주었고 크시티 모한과 어머니는 사이가 가까웠다. 다야마이는 아들이 자신이 정한 우선순위에 따라 산스크리트 고전 문헌 연구를 농촌에서 구전되던 종교 및 문학 전통과 결합하면서 독립적인 삶을 살아가는 데 도움을 주었다. 또한 아들이 그치지 않고 시와 민요를 수집하러 농촌 방방곡곡을 다니는 것도 지지해주었다. 타고르의 초빙에 응하라고 독려해준 사람도 다야마이였다. 다야마이는 타고르의 글을 읽었고 그의 비전과 범상치 않은 사상에 매우 감명받은 바 있었다. 내 짐작에 부반모한은 아들이 산티니케탄으로 가는 걸 허락하지 않았을 것 같다. 하지만 외할아버지에게 그 이야기를 직접 듣지는 못했다. 외할아버지는 "내 어머니는 나를 무척 격려해주셨다"고만 말씀하셨다.

산티니케탄에서 해가 막 지던 어느 아름다운 날의 저녁 시간에 외할아버지가 우리 엄마에게 이렇게 물으신 것이 기억난다(우리 모두 쪽마루에 앉아 있었다). "내 어머니, 그러니까 너의 할머니 기억나니?" 나는 열두 살이었고 엄마는 서른셋, 외할아버지는 예순다섯 정도였다. 엄마는 너무 어렸을 때라 기억이 안 나는데 기억이 난다면 너무 좋을 것 같다고 하셨다. 그러자 다두(크시티 모한)는 "아, 그렇지, 그렇지. 내가 멍청한 질문을 했네"라고 말씀하시고는 침묵에 잠기셨다. 나의 연로하고 현명하신 할아버지가 만약 살아계셨더라면 100세가 넘으셨을 자신의 어머니를 그리워하는 것을 보니 왠지 슬퍼졌다. 잊지 못하게 황홀한 저녁에 열두 살 소년이 흐르는 세월의 비극을 생각하며 구슬픈 감상에 빠지지 않기는 어려웠다.

⟨9⟩

크시티 모한 센에게 어머니가 매우 중요한 사람이었다면 아내, 즉 나의 외할머니 키란 발라도 당연히 매우 중요한 사람이었다. 외할머니 키란은 유능한 엔지니어 마두수단 센Madhusudan Sen의 맏딸이었다. 두 남동생 아툴Atul과 셰바크Shebak도 엔지니어가 되었다. 나는 그분들의 자녀(카나이Kanai, 피쿠Piku, 니마이Nimai)와 이야기하며 어울리는 것을 좋아했다. 그들의 나이가 나보다 훨씬 많았지만 우리는 잘 지냈다. 다카에 살던 우리는 '큰 도시' 캘커타에 갈 때면 아툴다다의 우아한 집에 묵었다. 아툴다다와 내가 처음 대화를 나눠본 것은 예닐곱 살 정도 되었을 때였고 그는 자동차 아래에 들어가 차를 수리하는 중이었다. 바닥에는 여러 가지 도구들이 있었고 나는 그의 다리밖에 볼 수 없었다. 다리와 이야기를 해본 것은 처음이었는데, 아무튼 이 얼굴 없는 인물은 매우 재밌는 분이었고 나는 한 시간도 넘게 그와의 대화를 즐겼다.

외할머니 쪽 사람들은 모두 기술공학 분야에 관심이 많았다. 아툴다다는 캘커타의 엔지니어링 회사에서 일했고, 셰바크다다는 산티니케탄의 전기 공급을 다루는 일을 했다. 외할머니 키란 발라의 여동생 툴루디Tuludi도 산티니케탄에 살았는데 어려운 수학 수수께끼로 나를 즐겁게 해주셨다. 어렸을 때 툴루디 할머니가 오시는 날이면 늘 너무나 즐거웠다.

경제적인 면으로 보면, 외할머니는 결혼으로 수준이 낮아졌다고 말할 수 있었다. 외할머니의 아버지 마두수단이 돈에 쪼들리던 남편감 크시티 모한 센보다 훨씬 잘 살았기 때문이다. 하지만 키란은 상당한 경제적 곤궁 속에서도 알뜰하고 효율적으로 살림을 꾸리셨다. 그리고 할 일이 그렇게 많은데도 어떻게 그렇게 쾌활하실 수 있는지 나는 늘 놀라웠다. 외할머니는 요리하고 집안 살림을 챙기는 것뿐 아니라 나 같은 손주들도 돌봐야 했고 산파 일도 하셨으며 정신 장애가 있는 여동생 인디라Indira도 돌보셔야 했다. 인디라 할머니는 어떤 감염병에 걸린 뒤에 영구적으로 장애를 갖게 되셨는데, 우리와 함께 살았고 생애의 마지막까지 (약 40년을) 외할머니의 보살핌을 받았다. 외할머니는 매일 아침 여동생 인디라를 조심스럽게 씻기고 하루 종일 챙기면서 가능하면 재미있게도 해주려고 노력하셨다. 어려움에 처한 사람들에 대한 디디마의 애정에 나는 늘 많은 감동을 받았다.

외할머니는 집 없는 동물들도 잘 챙기셨다. 그중에 집 없는 개 한 마리가 있었다. 고정된 거처가 없는 잡종이었는데, 날마다 같은 시간에 디디마에게 와서 먹을 것을 얻어먹었고 이것은 규칙적인 일과가 되었다. 그리고 외할머니의 노년에 이 개는 매우 놀라운 방식으로 보은을 했다. 90세이던 디디마가 쪽마루에 면한 바깥 계단에서 쓰러져 정신을 잃으셨는데, 그때 집에는 아무도 없었다. 그 개는 먹을 것을 찾으러 왔다가 쓰러져 있는 디디마를 보고 옆집인 우리 집으로 달려왔다. 개는 우리 집 쪽마루에 앉아 있던 어머니를 보고 계속 짖으면서 디디마의 집으로 가는 동작을 취했다가 다시 돌아오는 동작을 취하기를 반복했다(그때 나는 델리에 있었고, 이 이야기는 어머니에게 들었다). 개가 몇 번 그러는 걸 보고 어머니가 무슨 일인가 싶어 따라나섰고, 디디마의 집에서 디디마가 계단 옆 바닥에 쓰러져 계신 것을 발견했다. 디디마는 무사히 고비를 넘기고 96세까지 6년 정도를 더 사셨다. 의사들은 그날 빠르게 치료를 받지 못했다면 결과가 달랐을지 모른다고 했다. 집 없는 개는 그날의 영웅이었다. 하지만 이것은 〔개의 영웅담만이 아니라〕 디디마가 풍성하게 베푸신 친절이 보답을 받은 도덕적인 이야기이기도 하다.

외할아버지는 거의 모든 면에서 외할머니에게 의존하셨고 두 분의 관계는 매우 가까웠다. 일을 마치고 집에 돌아오실 때면 외할아버지는 집 마당에 들어서기도 전부터 "키란"하고 외할머니를 부르셨다. 외할아버지는 편지도 아주 많이 쓰셨는데, 그가 쓴 편지의 압도적 다수가 아내에게 보낸 편지라는 사실은 아마 세간에 잘 알려져 있지 않을 것이다. 외할아버지는 아내와 떨어져 있을 때 떠오른 모든 생각을 아내와 나눠야 한다고 생각하셨던 것 같다.

저명한 화가이며 1924년에 크시티 모한 센, 타고르와 함께 일본, 중국 등 동아시아 국가들을 함께 방문했던 난달랄 보스는 크시티 모한 센이 자유 시간의 대부분을 키란 발라에게 편지 쓰는 데 쓰는 것을 보고 재미있어했다. 그게 그가 "제일 좋아하는 활동"인 것 같다면서 말이다. 난달랄은 이 여행에 대해 남긴 메모에서, 남편이 보낸 열정적인 편지들을 읽느라 키란 발라가 정말 바

빴을 것 같다고 언급했다.

크시티 모한 센의 전기를 쓴 작가 프라나티 묵호파댜이Pranati Mukhopadhyay는 크시티 모한 센이 키란 발라에게 쓴 편지를 몇 편 입수할 수 있었다. 편지는 결혼한 직후인 1902년 6월 29일에 시작되었는데, 그때 키란은 친정에 다니러 가 있었다. 첫 편지의 머리말에서 크시티 모한은 키란과 결혼해서 얼마나 행복한지를 이렇게 이야기했다. "행복을 재는 온도계가 있다면 내가 얼마나 행복한지 당신에게 설명할 수 있을 텐데요!" 나중에 내 친구이자 경제학자인 리처드 레이어드Richard Layard, 부탄의 박애적인 국왕 등 다양한 직업군의 사람들이 '행복 측정법'에 대해 진지하게 관심을 갖는 것을 보면서 나는 외할아버지의 그 편지를 종종 생각했다.

〈10〉

크시티 모한 센을 산티니케탄 학교에 불러오고야 말겠다는 타고르의 결심은 주로 고전 분야와 산스크리트어 및 팔리어 문헌에 대한 크시티 모한 센의 전문성 때문이었다. 이 분야에서 크시티 모한 센은 독보적인 지식을 갖추고 있었다. 산티니케탄에서 연구하고 발표한 몇몇 저술은 학계에서 매우 영향력이 있었고 고전에 대해 기존 방식보다 더 자유주의적인 해석을 독려했다. 크시티 모한 센이 연구하고 글을 쓴 주제의 상당수가 카스트, 젠더 불평등 등 인도 사회의 불의에 대한 그의 분석을 반영하고 있었다. 그가 보기에 이러한 불의는 고전 문헌과 경전을 왜곡해 해석한 데서 기인한 경우가 많았고, 따라서 그는 고전 문헌을 더 철저하게 읽고 해석함으로써 그와 같은 악의 토대를 흔들고자 했다.

나는 설령 경전이 왜곡된 것이 아니라 실제로 경전에 불의를 뒷받침하는 내용이 있었다고 하더라도 외할아버지는 불의에 반대하셨을 거라고 생각했고, 때때로 외할아버지와 이에 대해 논쟁했다. 외할아버지도 그 점은 부정하지 않으셨지만 "고대 문헌을 왜곡해서 읽고 선택적으로 편향되게 해석하는 조잡한 학문에 영향을 받은 사람들이 이러한 불의를 지지하고 있다는 현실은 달라지지 않는다"고 하셨다. 따라서 외할아버지는 불의의 지속이 경전 해석상의 오류 때문만은 아니라는 데는 동의하셨더라도 학문의 위반을 바로잡는 일을 계속하셔야 했다. 『자티베드Jatibhed』('카스트의 구분') 등 크시티 모한 센이 노고를 들여 연구하고 발표한 저술들은 사실 힌두교 경전에는 인간을 엄격하게 신분으로 구분하는 힌두 사람들의 관습을 뒷받침하는 근거가 매우 희박함을 보여주었다. 또 『프라친 바라테 나리Prachin Bharate Nari』('고대 인도 여성')는 고대 인도에서는 여성이 종종 상당한 자유를 행사했지만 중세와 현대로 오면서 차차로 자유를 부정당했다는 점을 밝혔다. 『바라테 산스크리티Bharater Sanskriti』('인도의 문화 전통들')에서는 많은 주제가 논의되었지만 그중에서도 고대 힌두교 문헌에는 종교, 카스트, 계급, 젠더, 공동체의 구분선을 넘나드는 다양한 원천이 폭넓게 사용되어 있음을 보여주었다. 이러한 저술 모두 고전 문헌에 대한 크시티 모한 센의 학문적 전문성 덕분에 나올 수 있었다.

타고르가 기대했던 바대로, 산티니케탄에서 크시티 모한 센은 산스크리트어 고전 문헌 연구와 관련해 옛 스타일의 엄격함을 완화하는 데 일조했다. 하지만 크시티 모한이 고전과 경전뿐 아니라 민속 전통까지, 가장 중요하게는 농촌의 구전 시와 민요에 대해서까지 타고르의 이해를 얼마나 넓혀주게 될지는 예상하지 못했을 것이다. 이것은 크시티 모한 센이 10대 시절부터 방방곡곡을 돌아다니며 수집한 구전 문학 자료들을 토대로 이러한 민속 전통을 방대하게 연구했기 때문에 나올 수 있었던 결과였다. 크시티 모한 센이 카비르, 다두, 그리고 벵골 농촌 음유시인들의 작품과 그에 대한 해설을 출판하기 시작한 것은 타고르의 강한 독려 덕분이었다.

특히 카비르의 시에 대해 말하자면, 크시티 모한 센은 카비르의 시를 수집할 때 지금까지도 구전으로 전해내려오는 것들에 초점을 두었다. 500년 이상 구전된 것인지라, 이 시들은 그 긴 세월 사이에 수많은 카비르 판트 시인과 노래꾼들을 거치며 상당히 많은 버전이 존재했다. 1910~1911년에 크시티 모한은 힌두어로 된 카비르의 시를 벵골어로 번역해 네 권짜리 모음집으로 펴냈다.[8] 그가 산티니케탄에 오고 얼마 되지 않았을 때였다. 타고르는 크시티 모한 센이 힌두 사상을 자유주의적이고 분방하게 해석하는 데서도 영향을 받았지만(크시티 모한 센의 해석은 힌두교가 다른 위대한 종교들과, 특히 무슬림과 파괴적이기보다는 창조적인 상호작용을 해왔음을 강조했다), 흔히들 세련되거나 정교한 지식을 가지고 있지 못하다고 여겨지는 농촌 음유시인들에게서 정교하고 섬세한 사고를 발견한 방식에서도 큰 영향을 받았다.

오래된, 하지만 여전히 살아 있는 이러한 시들의 놀라운 단순성과 너른 범위가 힌두의 박티 운동과 이슬람의 수피 전통 사이를 잇는 다리 역할을 했다는 데에 타고르는 큰 감명을 받았다. 타고르는 이블린 언더힐Evelyn Underhill과 함께 크시티 모한 센이 수집했던 카비르의 시 중 100편을 골라 영역본을 펴냈다.[9] 이 책은 타고르가 노벨문학상을 받고 2년 뒤인 1915년에 나왔다. 카비르 시의 영어 번역 작업으로는 에즈라 파운드가 관여한 또 다른 프로젝트도 있었는데 이것도 크시티 모한 센이 수집한 시들을 토대로 하고 있었다. 여기에서 카비르의 시 일부가 영어로 출간되기는 했지만[10] 파운드가 계획했던 더 완전하고 야심찬 작업은 완성되지 못했다.[11]

〈11〉

크시티 모한 센이 카비르의 시를 해석하는 방식에 대해 비판도 없지 않았다. 몇몇 기존의 카비르 시 선집들과 어휘가 일치하지 않는 곳들이 있었기 때문이다. 이 주제는 내가 산티니케탄에서 공부를 마쳐가던 시기에 학문적으로 매우 흥미로운 생각거리를 던져주었다. 나는 외할아버지가 또 다른 농촌 현자인 다두의 시에 대해 쓰신 책(카비르 선집보다 나중에 나온 책이다)의 서문에서 이 문제에 대해 밝힌 의견을 읽은 적이 있었다. 16세기 사람인 다두는 카비르를 따르는 사람이었고 카비르처럼 힌두와 무슬림 사이에 다리를 놓았다. 크시티 모한 센은 1935년에 출간된 이 책에서 자신이 전에 출간한 카비르 선집에 실린 시들이 카비르의 시 중에서 문서화되어 있는 『비작Bijak』에 실린 것들로만 한정되어 있지 않다는 비판이 계속해서 나오고 있는 데 대해 언급했다. 크시티 모한 센은 본인이 카비르 모음집을 펴내면서 쓴 서문을 그들이 읽었다면 왜 인도의 농촌 대중 사이에서 오늘날까지 구전으로 살아 있는 시들을 소개하는 데 초점을 두었는지 알 수 있었을 거라고 지적했다. 크시티 모한 센은 『비작』에 실린 시들도 물론 많이 포함했지만 그 범위를 넘어서고자 했다.

나는 이 논쟁이 매우 흥미로웠고, 인도 문화의 해석을 도시 엘리트가 지배하는 데 대해 크시티 모한 센이 가지고 있던 우려가 여기에 어느 정도 영향을 미쳤으리라고 짐작할 수 있었다. 이 주

제에 대해 저녁 밥상에서 이야기를 나눈 적이 자주 있었기 때문이
다. 그래서 외할아버지에게 여쭈어보았더니, 맞다고 하시면서 하
지만 카비르의 시에 다양한 버전이 존재한다는 사실은 놀랄 일이
전혀 아니라고 하셨다. 카비르 본인도 자신의 시를 문자로 적지
않았고, 수세기 뒤에 그 시들을 수집하고 종합하는 사람으로서 크
시티 모한 센은 구전 전통 속에서 현재까지도 살아남아 낭송되고
노래되는 것에 우선순위를 두는 것이 옳다고 생각했다. 대부분의
수집가와 편저자들은 문자로 기록되어 고정된 것을 선호하는 경
향이 있었는데, 그것들 각자도 과거의 이런저런 시점에 구전되던
것을 기록한 것일 터이다. 외할아버지는 이 논쟁 전체에서 놀라운
점은 수세기 전에 살았던 구전 시인의 시에 여러 버전이 존재한다
는 사실이 아니라(구전되는 시에 다양한 버전이 있는 것은 일반적이다),
많은 수집가와 편저자가 "지속적으로 이루어지는 실천 속에서 여
전히 살아 있는 전통에는 공간을 주지 않고서" "문자 안에서 응결
되어버린" 것에만 집착하는 경향이라고 하셨다(이 부분을 말씀하실
때 미소를 지으셨다). 나는 실제로 크시티 모한 센이 이 모든 것을
1910~1911년에 펴낸 카비르 시 모음집 초판본 서문에서 이미 다
음과 같이 상세히 설명했다는 것을 발견했다.

어린 시절부터 카시〔베나레스〕와 그 밖의 순례지들을 다니면서
잘 알게 된 산트 중 한 명이 카비르였고, 나는 그의 소통을 명
료하게 들을 수 있었다. 나중에 인도의 여러 지역에서 카비르
의 노래를 수집했고, 카비르의 노래 중 문서로 기록된 것도 모
두 포함했다. … 내가 읽은 다른 방식에 바탕해, 실제로 노래되
고 낭송되고 있는 시를 선택하는 것이 카비르의 전통에 가장

충실할 수 있는 방법이라고 보았고, 오늘날 카비르의 시를 낭송하는 농촌의 음유 낭송가들도 그렇게 판단했다. 당연한 말이지만 나는 내가 받은 여러 조언 중에서 (나의 판단에 따라) 선택을 해야 했다. 사다카sadhaka〔구도자〕들은 자신의 시대에 맞게 내용을 다듬고 조정한다. 따라서 같은 시에도 상이한 버전이 있고 그것이 지어진 시대에서만 쉽게 이해될 수 있다. 나는 카비르의 시들을 선별해 선집을 펴내면서 이 모든 점을 고려해야 했다. 언젠가는 카비르 시의 모든 버전이 수집되어 출간될 수 있기를 바란다.[12]

여기에서 중요한 부분은 카비르의 노래에 여러 버전이 있고 그것들이 동시에 유통되고 있었다는 점(따라서 어느 한 버전만이 원본이라고 주장하는 것은 어불성설이다)만이 아니라, 크시티 모한 센이 현재까지도 낭송되고 노래되면서 살아 있는 것들, 본인이 직접 농촌의 음유 낭송가들이 노래하는 것을 들어본 것들에 일관되게 우선순위를 두었다는 점이다. 카비르를 따르는 농촌의 음유 낭송가들 중에는 인도 사회에서 가장 낮은 계층인 사람들이 많았다. 이런 면에서 크시티 모한 센의 접근은 훗날 '서발턴 연구'라고 불리게 되는 분야와도 일맥상통한다. 엘리트주의적 편향이 있는 우리 사회가 무시하고 간과하는 것들과 관련해 외할아버지에게 들었던 이야기들은 훗날 라나지트 구하Ranajit Guha[13] 등 서발턴 연구의 개척자들이 우리 사회가 낮은 계층 사람들의 삶과 사상을 무시하고 간과하는 방식에 대해 논한 내용과 놀라울 정도로 유사하다.

크시티 모한 센은 가능하면 언제나 농촌 사람들, 대개는 사회의 가장 가난한 사람들 사이에 살아 있는 구전 전통에 우선순위를 두는 것이 문학적인 의무라고 생각했다. 이 의무에는 물론 정의의 개념도 포함되어 있겠지만, 크시티 모한 센에 따르면 이것은 카비르, 다두 등의 문학적 창조성을 가장 잘 이해할 수 있는 방법이기도 했다. 그들 본인이 구전 시인으로서 평범한 사람들의 생각과 이해를 반영하려 했기 때문이다. 타고르는 이러한 우선순위가 특히 설득력 있다고 생각했고, 크시티 모한 센의 이러한 관점은 타고르를 통해 해외의 많은 지식인에게도 알려졌다. 예를 들어 프랑스 작가 로맹 롤랑Romain Rolland은 1923년 12월 30일에 타고르에게 쓴 편지에서 "그 경이로운 다두에 대한" 크시티 모한 센의 연구에 깊은 인상을 받았다며 "[다두의] 개성이 매우 매력적으로 느껴졌다"고 언급했다.[14]

하지만 민속 전통을 더 우선하는 크시티 모한 센의 접근을 용인하지 못했던 사람들에게 타고르도 비판을 받았다. 도시의 교육받은 계층만 카비르에 대해 접근할 수 있다고 보는 엘리트주의적 경향이 당대에 있었던 것은 분명해 보인다. 또한 이는 농촌 시인들은 크시티 모한 센이나 타고르가 주장하는 것만큼 정교한 내용을 이야기할 수 없다고 보아 무시하는 경향이기도 했다.[15] 학창 시절에 이 문제는 우리 사이에서 꽤 많은 논쟁이 벌어진 주제였다. 우리는 엘리트주의와 도시 편향, 그리고 엘리트주의적인 학자들이 문자화된 것을 선호하고 농촌에서 구전되며 살아 있는 전통은 배격하려 하는 배타성에 대해 토론했다.

위대한 힌두 학자이자 산티니케탄에서 가르치기도 했던 하자리 프라사드 드위베디Hazari Prasad Dwivedi가 크시티 모한 센의 편에서 참전했다. 영광스럽게도 나는 그를 잘 알았다. 이 논쟁에서 그는 도시 엘리트들 눈에 얼마나 수준이 낮아 보이든 간에 헌신적인 농촌 시인들이 높은 수준의 세련됨과 정교함을 가지고 있다는 생각을 다시 한번 확고히 밝혔다. 그는 평범한 사람들도 정교한 사고를 할 수 있다는 생각을 도무지 받아들이지 못하는 사람들을 특히 비판했고 그런 사람들을 "마하트마"(위대한 영혼이라는 뜻)라고 불렀는데, 존중의 의미로 부르는 일반적인 용례와 달리 비꼬는 의미에서였다. 그는 크시티 모한 센의 선집에 실린 것이 원본이 아니라고 보는 판단에 문제가 있다고 생각했고, 그 시들이 인도 농촌의 낮은 계급 출신인 시인들이 지었다고 보기에는 너무 정교하다는 주장에 반대했다. 드위베디도 1942년에 카비르에 대한 책을 펴냈는데(카비르에 대한 책 중 결정판이라 할 만하며 힌두어로 출간되었다), 여기에서 크시티 모한 센의 선집에서 직접적으로 발췌한 카비르의 시 100편을 다시 펴내면서 이렇게 언급했다.

크시티 모한 센 편저인 『카비르 케 파드Kabir Ke Pad』는 새로운 유형의 저술이다. 그는 카비르를 따르는 사람들이 현재도 부르고 있는 노래, 그가 직접 들은 노래를 수집했다. ⋯ 여기에서 기저의 메시지는 충실성, 진정성이다. 그런데도 몇몇 '마하트마'들은 자신의 이해관계와 자기탐닉 때문에 크시티 모한 센의 책이 가지고 있는 깊이와 중요성을 축소하려 한다.[16]

〈12〉

크시티 모한 센이 카비르, 다두, 그리고 바울들의 구전 문학에 관심을 가진 이유 중 하나가 엘리트주의적 편향 때문에 종종 무시되는 인도의 풍성한 민속 문학에 정당한 관심을 두려 한 것이었다면, 또 다른 이유는 인도에서 힌두와 무슬림이 상호작용을 해온 역사를 알아보고 싶어서였다. 그는 이 주제에 대해 여러 저술을 남겼는데, 가장 중요한 것으로는 1940년대에 벵골어로 쓴 『인도에서 힌두와 무슬림의 공동의 추구Bharater Hindu-Mushalmaner Jukta Sadhana』를 꼽을 수 있다. 그가 이 책을 집필한 1940년대는 힌두와 무슬림 간 폭력이 횡행하던 때였다. 이 책은 타 집단에 대해 조직적으로 폭력을 선동하는 행위에 대해 강한 반대 입장을 개진한 것이기도 하지만 힌두와 무슬림을 별개의 역사로 보는 학계의 경향에 맞서는 것이기도 하다. 이 책은 힌두와 무슬림 사이에, 특히 평범한 사람들 사이에서 양 종교 간에 얼마나 방대한 상호작용이 있었는지를 상세히 보여주며, 인도의 위대한 종교들을 서로 향해 불가능한 바다로 둘러싸인 섬들, 더 안 좋게는 서로를 공격하려 하는 적대적인 섬들로 여길 때 인도의 풍성한 역사가 얼마나 많이 상실될 것인지도 말해준다(8장에서 증오 선동 및 그것을 뒷받침한 '이론'들을 더 자세히 살펴볼 것이다).

크시티 모한 센은 배타적이고 종파적인 힌두 이론가들의 주장과 달리 힌두교 사상이 무슬림 문화와 사상에서 영향을 받아 훨씬 풍성해졌음을 보여주었다. 명백히 비정통적인 이러한 주장은 1961년에 힌두이즘에 대해 그가 쓴 영문 저서에도 매우 강하게 드러나 있다. 이 책은 1961년에 펭귄북스 출판사에서 처음 나왔고 이후에 여러 번 재출간되었다.[17] 1950년대 초에 외할아버지가 이 책을 준비 중이시라며 누구나 접할 수 있는 짧은 책이 되었으면 한다고 하셨다. 그 말을 듣고 솔직히 매우 놀랐다. 외할아버지가 이 주제와 방대한 힌두 문헌에 대해 가지고 계시는 전문성을 의심해서도 아니었고 벵골어, 힌두어, 구자라트어로 쓰신 이전 저술들이 매우 성공적이었다는 것을 몰라서도 아니었다. 내가 놀란 이유는, 외할아버지가 주로 베나레스에 있는 전통 산스크리트어 교육기관에서 공부하셨던 터라 영어 실력에는 크게 한계가 있으셨기 때문이었다. 펭귄북스 출판사가 왜 외할아버지에게 영어로 된 책 출간을 제안했을까?

내 질문에 외할아버지는 펭귄북스 출판사의 담당자 연락처를 내게 알려주셨다. 알고 보니 또 다른 학자인 사르베팔리 라다크리슈난Sarvepalli Radhakrishnan이 여기에 관련이 있었다(그는 전에 옥스퍼드 대학에서 동양의 종교와 윤리를 가르치는 교수였고 나중에 인도 대통령이 된다). 라다크리슈난이 이 주제에 대해 크시티 모한 센이 전문가이니 연락을 해보라고 펭귄북스 출판사에 권했다는 것이다. 하지만 그는 크시티 모한 센이 벵골어나 힌두어, 아니면 산스크리트어로 글을 쓰기 때문에 그 원고를 잘 이해할 수 있는 영어 번역가를 섭외해야 할 거라고도 출판사에 말했다. 그래서 펭귄북스 출판사는 크시티 모한 센에게 번역가를 소개해달라고 했고 크시티 모한 센은 산티니케탄의 동료 시시르 쿠마르 고시Sisir Kumar Ghosh 박사에게 번역을 맡겼다. 몇 가지 면에서 그의 번역은 충분히 훌륭했지만 펭귄북스 출판사가 출간을 주저할 만한 편집상, 문체상의 문제가 있어서 원고가 펭귄북스 출판사의 편집실에서 먼지를 뒤집어쓰고 있게 되었다(펭귄북스 편집실에 먼지가 얼마나 있었는지는 모르겠지만). 1950년대 말에 나는 케임브리지에 있었고, 펭귄 출판사에 연락해 그 책이 어떻게 되어가고 있는지 물어보았다. 그러자 출판사는 곧바로 벵골어 원고를 저본으로 해서 영역본을 내는 일을 내가 맡아줄 수 있겠냐고 물었다. 나는 외할아버지 의견을 여쭈었고 외할아버지는 내가 관여하는 것을 매우 기뻐하셨다. 하지만 시간이 너무 많이 지났으니 원고를 수정하고 싶다고 하셨다.

이렇게 해서, 신을 믿지 않는 사회과학자인 내가 크시티 모한 센의 뛰어난 벵골어 원고를 저본으로 해서 힌두교 사상에 대한 책을 영어로 펴내는 일에 분주히 관여하게 되었다. 외할아버지의 엄격한 지침에 따라 영역본을 준비하던 중, 1960년에 외할아버지가 갑자기 병환으로 돌아가셨고 내가 책의 출간을 마지막까지 맡아서 진행해야 했다. 이듬해에 펭귄북스에서 책이 나왔을 때, 나는 외할아버지가 당신이 지시하신 내용이 모두 반영된 것을 보고 기뻐하셨을 거라고 생각했다.

이 책은 여러 가지 새로운 특징을 가지고 있지만 그중 여기에서 짧게 이야기하고 싶은 것은 크시티 모한 센이 힌두 전통을 독해할 때 이슬람 사상, 특히 수피 전통이 미친 영향에 주목했다는 점이다. 힌두 사상과 무슬림 사상이 인도에서 서로에게 건설적인 영향을 주었음을 강조한 것은 이 책이 쓰였을 당시에도 시의성 있는 내용이었지만 그 이후 몇십 년 동안 남아시아 정치에서 공격적이고 편협한 방식의 힌두이즘 해석이 우세해지면서 중요성이 훨씬 더 커졌다.

라빈드라나트 타고르의 표현을 빌리면, 이 책은 크시티 모한 센이 가지고 있는 "인도 문화와 종교에 대한 무한해 보이는 지식의 창고"에서 나온 결과물이다. 크시티 모한 센은 인도 종교들의 역사를 볼 때 그것들이 포용적이고 다원적인 특징을 가지고 있었음을 간과하지 말아야 한다고 주장하면서, 글로 기록된 문학에 더해 구전 문학으로까지 대상 문헌을 방대하게 확대했다. 인도의 종교를 분절적으로 보면서 이쪽 아니면 저쪽을 전투적으로 지지하는 사람들이 좋아하는 경직적이고 불관용적인 해석과 얼마나 거리가 멀든 간에 말이다. 크시티 모한 센은 "많은 인도인들이 현재에 대한 맹렬한 우려 때문에 [이슬람이 가져다준] 이러한 영향을 간과하게 되었다"며 "힌두이즘의 변천을 객관적으로 연구하고자 한다면 이 위대한 종교의 창조적인 영향을 반드시 포함해야 한다"고 주장했다.

산티니케탄에 도착했을 때 나는 아직 만 여덟 살도 안 된 나이였고, 외갓집에서 외할아버지, 외할머니와 보내게 될 삶과 학교에서 보내게 될 삶이 얼마나 재미있어질지 알지 못했다. 하지만 1941년 10월의 첫날, 부엌의 낮은 걸상에 앉아 외할머니가 요리하시는 동안 이야기를 나누면서 느꼈던 흥분에는 기만적인 요소가 전혀 없었다. 그것은 앞으로 올 마법 같은 여러 해를 암시하는 매혹적인 순간이었다.

| 5장 | | **논쟁의 세계** |

〈1〉

1934년 1월 15일 오후 2시에 산티니케탄에서 멀지 않은 비하르에서 대규모 지진이 발생했다. 나는 생후 2개월이었고 아직 내가 태어난 외갓집에 있었다. 지진이 난 시각에 나는 집 바로 밖의 나무에 걸린 해먹(벵골 사람들은 '돌나'라고 부른다)에 누워 있었다. 지진파가 도달했을 때 산티니케탄도 아주 많이 흔들렸다. 우리가 있는 곳은 진앙에서 그리 멀지 않았다. 엄마가 방금 전에 나가시면서 나를 어디에 두었는지 몰라서 외할머니가 정신없이 나를 찾으러 나섰다. 그때 돌나에서 꺄르르 하는 웃음소리가 들렸고, 가서 보니 흔들리는 해먹 안에서 내가 손을 흔들면서 웃고 있었다고 한다. 물론 나는 기억이 나지 않고 나중에 외할머니가 해주신 이야기다. "지진이 너에게는 인생에서 가장 좋은 경험을 선사해준 모양이야."

산티니케탄 상황은 대체로 양호한 것 같았다. 사상자도 없었고 거대한 비극이라고 이야기할 만한 일은 없었다. 하지만 지진은 무려 리히터 규모 8.4였고 비하르는 아수라장이 되었다. 무자파르푸

137

르와 멍거 지구 일대가 납작하게 주저앉았고 3만 명 이상이 숨졌으며 수십만 명의 삶이 폐허가 되었다. 타고르를 포함해 많은 사람이 깊은 슬픔과 애도를 표하고 적극적으로 구호 활동을 조직했다. 당연히 마하트마 간디도 이러한 활동에 나섰는데, 여기에 더해 그는 이 지진이 '불가촉천민'이라는 죄악적인 제도가 있는 인도에 신이 내리신 천벌이라는 성명서를 발표했다. 물론 간디는 특정한 사람들을 불가촉천민으로 규정하는 카스트 제도에 맞서 싸워온 사람이었다. 그리고 이 지진에서 끔찍한 카스트 제도에 대해 전면전을 벌이는 데서 강력한 무기로 삼을 수 있을 만한 주장을 끌어내려 했다. 간디는 이렇게 말했다. "나 같은 사람은 이 지진이 신이 우리의 죄에 대해 내리는 신성한 징벌이라는 생각을 하지 않을 수 없습니다." 그리고 이렇게 덧붙였다. "내가 보기에 비하르의 재앙은 [인도에서] 불가촉천민에게 가해졌던 배척과 중요하게 관련이 있습니다."

예상하시다시피 타고르는 분개했다. 그도 불가촉천민이라는 계급을 없애려는 노력에 간디 못지않게 헌신했고 이를 위한 간디의 운동에 진심으로 동참했지만, 간디가 자연적인 사고, 그것도 어린 아이들까지 포함해 수많은 결백한 사람이 고통받고 사망한 사고를 해석하는 방식에 경악했고 지진을 [자연 현상이 아니라] 윤리적인 현상으로 보는 인식론도 혐오했다. 그는 간디에게 보낸 서한에서 "이러한 종류의 비과학적인 견해가 우리 나라에서 상당수의 사람들에게 너무나 즉각적으로 받아들여지고 있어서 한층 더 안타깝다"고 한탄했다.

그 이후에 오고 간 공방에서도 타고르는 간디가 "우주적 현상을 윤리의 원칙과 연결해" 이야기하는 것에 대해 분노와 좌절을 드러냈다. 또한 그는 만약 간디가 옳다면 과거에는 자연이 내리는 재난 없이 어떻게 그렇게 많은 악행이 일어날 수 있었던 것이냐고 반문했다.

> 인간 역사에서 가장 어두운 종류의 불평등이 자행되지 않은 시기를 찾을 수 없지만 많은 악행이 흔들림 없이 탄탄히 유지되고 있습니다. 많은 공장이 비참한 빈곤과 굶주리는 농민을 무시한 채 잔인하게 번성하고 있으며 세상 모든 곳의 감옥이 사실상 일종의 허락된 범죄를 저지를 수 있는 공간으로 기능하면서도 끄떡없이 서 있습니다. 이것이 말해주는 바는, 우리 사회의 도덕적 토대가 위험하게 균열되고 문명이 훼손될 지경이 될 만큼 냉혹한 악행이 무겁게 축적된 데 대해 중력의 법칙은 전혀 개입하고 있지 않다는 것입니다.[1]

이에 대한 답변에서 간디는 자신의 믿음을 반복해서 말했다. "나에게 이 지진은 신의 변덕이 아니며, 또한 단순히 맹목적인 자연력의 결과도 아닙니다."

간디가 답장에 "아마도 우리 사이에는 근본적인 차이가 있는 것 같군요"라고 썼을 때 타고르도 곧바로 동의했을 것이다. 과학과 윤리에 대한 견해에서 둘 사이에는 다리를 놓을 수 없는 차이가 있었다. 간디의 서신은 1934년 2월 2일에 쓴 것으로 되어 있는데, 같은 날 『하리잔Harijan』이라는 매체에 게재된 글에서 간디는 자신의 입장이 합리주의자의 주장에 의해 끌려가는 것을 거부하겠다고 말했다. "나는 왜 유구하고 오랜 죄악에 대한 형벌을 [왜 지금] 내리느냐라든가 왜 형벌이 [불가촉천민 차별이 더 심한] 남부가 아니라 비하르에 내려졌느냐는 비판자들의 주장에 영향을 받지 않는다. 왜 다른 형태가 아니라 지진이라는 형태의 형벌이냐는 비판에도 마찬가지다. 이에 대해 나의 답은 나는 신이 아니다라는 것이다."[2] 몇 년 뒤에 그 글을 읽고서 나는 정말로 간디가 거기에서 멈출 수는 없었을 거라는 생각이 들었다. 그 지진으로 신이 의도하신 바가 무엇인지를 전 세계에 대고 이야기하고 있었으니 말이다. 그는 두 가지 유형의 질문을 구분하려 하는 것으로 보였다. 어떤 것은 신을 대신해 그가 답할 수 있고 어떤 것은 신이 답하시도록 두어야 하는 것으로 말이다. 나는 간디가 질문의 범주를 어떤 기준으로 나누었을지 꽤 시간을 들여 생각해보았다. 나는 그의 마음이 작동하는 방식을 더 잘 이해하고 싶었다.

계속해서 간디와 결이 다르긴 했지만 개인적인 수준에서는 타고르가 간디에 대해 깊이 안타까워했을 것 같다. 간디가 그에게 쓴 또 다른 편지에서 말한 것처럼 "비하르의 재난에 대한 나의 언급이 나를 때리기에 좋은 막대기"가 되었기 때문이다.[3] 실제로 인도에서 간디에 대한 비판의 목소리가 점점 커졌고(특히 자와할랄 네루가 간디에 대해 강한 비판을 발표했다), 타고르는 이러한 분위기에 맞서 사람들에게 간디가 "위대함을 담지한 인물"이라는 점을 상기시켜야 한다고 느꼈다. 하지만 과학에 대한 상이한 태도와 아무리 좋은 대의를 위해서라 해도 물리적인 재앙에 대해 도덕적인 설명을 하는 것이 허용될 수 있는가에 대한 입장 차 때문에 둘 사이에는 계속해서 간극이 있었다.

둘 사이의 또 다른 중요한 차이는 모든 사람이 하루에 30분 이상 차르카(전통식 물레)를 사용해야 한다는 간디의 주장에 대해서였다. 간디는 차르카로 물레질을 하는 것이 개인의 정신을 고양하는 방법일 뿐 아니라 대안 경제의 토대 중 하나라고 생각했다. 여기에 타고르는 강하게 반대했고 간디가 말하는 대안 경제에 가치가 있다고 보지 않았다. 타고르는 몇몇 조건을 만족한다면 현대의 테크놀로지가 인간의 고된 노동과 빈곤 둘 다를 줄여주는 해방적인 역할을 할 수 있고 그러한 테크놀로지를 우리가 받아들여야 한다고 생각했다. 또한 부지런히 물레질을 하면 정신이 고양된다는 주장에도 회의적이었다. 그는 간디에게 이렇게 지적했다. "차르카를 돌릴 때 사람들은 생각할 필요가 없습니다. 최소한의 판단과 정력만 사용해서 고대에 발명된 물레를 그저 끝없이 돌릴 뿐이니까요."

나의 학창 시절이 지나가는 동안 차르카는 점차 (간디가 생각하는) 인간의 진보에 대한 인도의 접근 방식을 의미하는 거대한 상징이 되었다. 나는 간디주의를 따르는 몇몇 친구(내게는 그런 친구가 많았다)의 독려로 그게 어떤 경험인지 알아보기 위해 물레질을 몇 차례 시도해보았다. 끝없이 바퀴를 돌리는 것이 지루했던 건 사실이지만 한편으로는 꼭 그렇지도 않았다. 간디처럼 위대한 인물이 이토록 기계적이고 반복적이고 아무 생각 없는 활동에 어떻게 그렇게 큰 가치를 부여했는지가 계속 궁금했기 때문이다. 또한 간단한 기술 혁신을 사용하면 완전히 피할 수 있는 고된 일에 사람들이 계속 매여 있게 하는 데 간디가 그렇게 열심이었던 것도 이해가 가지 않았다. 약간의 기술 변화를 받아들이면 사람들은 더 생산적이고 충족적인 삶을 누릴 수 있을 것이고, 타고르의 주장을 이어가자면, "진짜 생각"을 할 시간도 더 많이 가질 수 있을 텐데 말이다.

⟨2⟩

인도의 위대한 두 지도자 사이의 논쟁은 산티니케탄에서 보낸 우리의 학창 시절에 계속해서 다시 나타났다. 지진 논쟁의 기저에는 크게 두 가지 이슈가 있었다. 첫째, 자연 현상을 이해하는 데 있어서 과학의 역할. 둘째, 위대한 대의를 위해 과학적으로는 말이 안 되는 것을 전술적으로 이용해도 되는가의 문제. 산티니케탄에서의 학창 시절이 끝나가던 시기의 긴 저녁 시간에 친구들 사이에 벌어지던 논쟁을 회상할 때면, 이러한 이슈들 자체뿐 아니라 친구들의 논증에서 발견할 수 있었던 매우 날카로운 차이들이 생생하게 떠오른다.

두 사람의 논쟁에서 타고르와 간디는 우려하는 지점이 매우 달랐다. 간디는 현대 과학에 대해 의구심이 있었고 그 연장선으로 현대 의학에도 많은 면에서 꽤 적대적이었다. 이 시기에 나와 친구들은 우리의 원시적인 실험실에서 진행하는 실험에 푹 빠져 있었고('자연의 법칙'을 알려주는 간단한 것들이었다) 과학과 의학에서 벌어지고 있는 혁신에 대한 글도 많이 찾아 읽었다. 그중에는 방사선을 사용하는 의학적 혁신도 있었는데, 산티니케탄을 떠나고 불과 1년 뒤에 이 의학이 내 목숨을 구하게 된다. 정도의 차이는 있었지만 우리 모두 간디의 논리가 말하려는 바로 보이는 것에 어리둥절했고 우리가 둘 중 타고르 쪽에 훨씬 더 가깝다고 생각했다. 나는 내가 과학적 논증을 지지하고 있다고 생각했고 그것은 중요한 일 같았다.

⟨3⟩

하지만 산티니케탄에서 흔히 볼 수 있었던 만장일치의 속성이 좀 걱정스러웠다는 사실도 덧붙여 두어야겠다. '타고르 학교'에서 공부한 학생들이 으레 보일 법한, 예측 가능한 순응적 태도 같았기 때문이다. 1945년에 산티니케탄 학교를 방문한 간디가 산티니케탄에서 통상적인 생각과 다른 이야기를 했을 때〔음악에 대한 이야기〕 그것이 반가웠던 이유 중 하나는 순응주의에 대한 두려움이었다. 그래서 나는 간디가 차르카를 옹호하는 것에 대해서도 우리 모두가 놓치고 있는 무언가 중요한 지점이 있지 않을까 생각해보았다.

젊은이로서의 방식으로 우리가 그때 간디에게 불공정했을지도 모른다. 그리고 타고르도 그랬을지 모른다. 어쩌면 간디에게는 육체노동자들이 지속적으로 하고 있는 일과 동일한 일을 수행하는 것이 사회의 하층민과 함께한다는 감각을 주는 것이었을 수 있고, 그것은 충분히 중요성을 갖는 것일 수 있다. 우리보다 처지가 좋지 못한 사람들과 '함께' 존재한다는 감각은 분명히 넓은 울림을 준다. 나중에 케임브리지의 트리니티 칼리지에서 나는 루트비히 비트겐슈타인Ludwig Wittgenstein이 매우 진지하게 육체노동자의 삶의 방식을 따르고 싶어했다는 것을 알고서 크게 놀랐다(동시에 매우 흥미로웠다). 비트겐슈타인은 이에 대해 그의 친구(이자 나의 지도교수)인 피에로 스라파와 아주 많이 이야기를 나누었다.

비트겐슈타인의 사회적 신념에는 육체노동자의 근면한 삶에 대한 감상적인 열망과 노동자 혁명이 '과학에 대한 추앙'을 거부하도록 이끌어주리라는 (꽤 이상한) 희망이 결합되어 있었다. 그는 과학이 현대인의 삶을 부패시키고 있다고 생각했고, 여기에서도 간디와의 공통점을 볼 수 있다. 수학적 토대와 논리를 깊이 연구한 비트겐슈타인과 영적인 부분에 우선순위를 둔 간디를 같이 놓는 것이 이상해 보일 수도 있지만, 둘 사이에는 공통점이 있었다. 트리니티의 렌 도서관에서 비트겐슈타인의 논고들을 읽으면서, 이 사실은 내게 커다란 놀라움으로 다가왔다.

또한 더 나중에 나는 나의 처음 판단, 즉 간디가 이성적인 선택에 필요한 것들과 사회 하층민과의 가설적인 가까움이라는 논증되지 않은 종류의 낭만적인 개념을 그저 혼동하고 있다고 본 판단이 너무 짧은 생각이었음을 깨달았다. 더 나이가 들면서 나는 인도의 두 사상적 지도자 사이의 차이에는 고찰할 것이 더 많으리라고 생각하게 되었고, 간디의 입장이 명백하게 가지고 있었던 강력한 힘의 원천이 무엇인지가 정확히 딱 짚이지 않는 것이 속상했다. 간디와 비트겐슈타인이 공유하고 있는 감상적인 우선순위에 대해서는 계속 회의적이었지만, 나는 간디의 주장에는 합당한 면이 없다고 생각했던 나 자신의 옛 견해에 대해서도 진지하게 의구심을 갖기 시작했다.

〈4〉

산티니케탄에서 내 공부가 끝나가던 시기에 인도에서는 좌파 정치 쪽으로 변화의 바람이 강하게 불고 있었다. 1947년의 인도-파키스탄 분할 전에도, 또 그 후에도, 벵골 지역에서 이것은 특히 중요했다. 좌파 정치에 힘을 실어준 중요한 요인 하나는 인도 지식인들이 소련이 교육적으로 매우 후미진 곳이던 아시아 변방 지역까지 포함해서 방대한 영토 전역에 학교 교육을 성공적으로 확대했다고 본 것이었다. 타고르가 소련을 칭찬했을 때도 소련이 이룬 교육 확대가 큰 비중을 차지했다.

1930년에 소련을 방문한 타고르는 국가 발전을 위한 소련의 노

력에 깊은 인상을 받았다. 특히 빈곤과 경제 불평등의 일소에 소
련이 진정으로 헌신하고 있는 것처럼 보였다. 하지만 타고르에
게 무엇보다 강하게 각인된 것은 구 러시아 제국 영토 전역에 걸
쳐 기초 교육이 확대된 것이었다. 1931년에 벵골어로 출간된 『러
시아로부터의 편지Russiar Chithi』에서 타고르는 영국 식민지 정부가
인도의 광범위한 문맹 문제를 다루는 데 전적으로 실패한 것을 맹
비난하면서, 이를 "모든 이에게" 교육을 확대하려 노력한 소련과
대비했다.

러시아 땅에 발을 딛는 순간 가장 먼저 내 눈을 사로잡은 것은
교육이었다. 우리의 가장 상류 계층에서 지난 150년간 일어난
어느 것도 비할 바가 못될 정도로, 불과 2, 3년 사이에 농민과
노동자 계급 사이에 교육을 확대하는 데서 어느 기준으로 봐도
막대한 진보를 달성한 것이다. … 이곳 사람들은 먼 아시아 변
방의 투르코만 사람들에게까지도 완전하게 교육을 제공하는
데 두려움이 없다. 교육의 확대를 두려워하기는커녕 매우 열정
적이다.[4]

벵골어로 출간된 이 책의 일부가 1934년에 영어로 번역되었을
때 인도의 영국 통치자들은 이러한 비교에 분개했고 영어본은 즉
각 금서가 되었다. 이 책의 영어본은 1947년에 인도가 영국에서
독립하고 나서야 유통될 수 있었다. 나는 산티니케탄의 내 작은
공부방 책꽂이에 이 책의 벵골어본을 가지고 있었지만, 금지된 영
어본을 구하려는 시도는 성공하지 못했다. 당연히 좌파는 타고르
의 주장을 타고르가 소련의 교육 정책을 승인했다는 뜻으로, 그리

고 공공 교육 면에서 영국령 인도의 성과가 한탄할 만하게 형편없었음을 강하게 비판하는 것으로 받아들였고, 후자는 사실이었다.

하지만 타고르가 소련의 교육을 높이 평가했을 때는 중요한 단서가 있었다. 타고르는 교육이 확대된 데는 높은 점수를 주었지만 소련의 정치적 자유에 대해서는 매우 낮은 점수를 주었다. 내외삼촌인 크셰멘드라 모한(우리는 칸카르마마라고 불렀다)은 사회주의자였지만 상당히 강한 반공산주의자였는데, 타고르가 러시아에 갔을 때 한 매체와의 인터뷰에서 소련이 정치적 반대를 억누르는 것에 대해 비판했더니 인터뷰가 게재되지 않아서 타고르가 매우 화가 났다고 내게 말해주었다. 칸카르마마가 그 사실을 어떻게 알았는지는 알 수 없었지만, 아주 나중에 역사 기록을 찾아보고 실제로 그런 일이 있었음을 확인했다. 타고르에 대한 상세한 전기에서 크리슈나 둣타Krishuna Dutta와 앤드루 로빈슨Andrew Robinson은 1930년에 러시아를 방문한 타고르가 『이즈베스티야Izvestia』와 인터뷰를 했는데 게재되지 않았다고 밝혔다.[5] 『이즈베스티야』는 60년이 지난 1988년에, 많은 정치적 변화와 미하일 고르바초프 시기의 개혁이 있고 나서야 그 인터뷰를 게재할 수 있었다.

하지만 타고르가 인터뷰에서 던진 의구심과 질문은 인터뷰가 있고서 몇 주 뒤에 『맨체스터 가디언Manchester Guardian』에 보도될 수 있었다.

이렇게 묻고 싶습니다. 교육받는 사람들의 마음에 분노, 계급 적대, 그리고 당신이 적이라고 상정한 사람들에 대한 복수심과 적개심을 불러일으키는 것이 당신의 이상에 복무하는 것입니까? … 정신의 자유는 진리를 받아들이기 위해 꼭 필요합니다.

공포 통치는 절망적으로 그것을 죽입니다. … 인류를 위해 저
는 당신이 폭력의 사악한 힘을 불러내지 않기를 바랍니다. 그
힘은 폭력과 잔혹함의 끝없는 사슬을 엮어내게 될 것입니다.
… 당신은 그[차르] 시대에 있었던 수많은 다른 악을 파괴하기
위해 노력했습니다. 그렇다면 왜 이 악도 파괴하기 위해 노력
하지 않습니까?[6]

물론 타고르는 모두를 위한 교육을 원했다. 하지만 이성의 자
유, 동의하지 않을 자유, 논쟁을 벌일 자유도 원했다. 소련도, 인
도를 통치한 브리티시 라지도 그의 희망을 충족시키지 못했다. 또
한 그가 곧 알게 되듯이 일본도 충족시키지 못했다. 특히 일본이
여타 아시아 국가들을 점령해 그릇된 통치를 하러 나서면서는 더
욱 그랬다. 세계에 대한 타고르의 비판은 1941년 4월에 있었던 마
지막 대중 연설문에 슬프도록 유려하게 표현되어 있다.

⟨5⟩

타고르가 자신이 이성과 자유에 부여한 우선순위에 너무 많은
방점을 두었을까? 분명히 그가 합리적 주장의 세계에서 간디를
진지하게 고려할 생각이 없었던 이유는 간디가 비판적 논증을 무
시하고 있다고 생각했기 때문이었다(간디의 '위대함'을 인정한다고
해서 이 부분에 대해 비판을 누그러뜨릴 수는 없었다). 하지만 타고르가
이성에 전적으로 우선순위를 두어야 한다는 입장이었다면, 왜, 어
떻게 해서, 유럽과 미국의 수많은 저명하고 명민한 논평가들이 타
고르에 대해 이와 정반대로 생각하게 되었는지가 잘 이해되지 않
는다. 그들에게 타고르의 이미지는 명료함을 추구하는 사람이라

기보다는 신비주의로 기우는 경향이 있고 맹목적인 믿음을 설파하는 사람이니 말이다.[7] 타고르라는 인물을 어떻게 볼 것인가와 관련해 이 희한한 역전을 어떻게 설명할 수 있을까?

산티니케탄 시절의 친한 친구 니마이 차테르지Nimai Chatterji는 1960년대에 런던 주재 인도 외교관이었는데, 당대 영국 문학계의 저명한 인사들에게 편지를 보내 타고르에 대해 어떻게 생각하는지 물었다. 놀랍게도 대부분이 답을 주었을 뿐 아니라 상당히 상세한 답을 보내왔다. 타고르를 여전히 존경한다는 사람도 일부 있었지만(헨리 밀러Henry Miller가 그중 한 명이다), 라이어널 트릴링Lionel Trilling부터 T. S. 엘리엇T. S. Eliot까지 많은 사람이 단순히 경멸을 표하거나 처음에는 타고르에게 열광했었지만 나중에 잘못된 존경이었음을 알게 되어 실망했다고 했다. 타고르에 대해 이들이 지적한 가장 공통적인 비판은 이성에 대한 거부와 신비주의였고, 여기에 더해 타고르의 작품이 문학적으로 탁월하지 않다는 지적도 있었다.

이성과 합리성에 대해 타고르가 견지하고 있었던 태도를 서구의 인사들이 어떤 식으로 잘못 이해하고 있었는지 보여주는 좋은 사례를 버트런드 러셀Bertrand Russell이 차테르지에게 보낸 답장에서 볼 수 있다.[8] 1963년에 쓴 솔직한 편지에서 러셀은 이렇게 언급했다.

로우스 디킨슨Lowes Dickinson이 모호하게 기록한 모임에서 [타고르와] 만났을 때가 생각납니다. 그보다 앞서, 제가 타고르를 처음 만난 것은 로버트 트리벨리언Robert Trevelyan과 로우스 디킨슨이 그를 데리고 우리 집에 왔을 때였습니다. 솔직히 그의 신비주의적인 분위기가 저는 전혀 끌리지 않았고 그가 더 직접적으로 말했으면 좋겠다고 생각했습니다. … 그의 강렬함은 자기 몰두 때문에 훼손되고 있었습니다. 아마 당연히도, 그의 신비주의적 견해는 주로 경구로 표현되어 있었고 그것에 대해 논증하는 것은 불가능했습니다.

4년 뒤에 쓴 두 번째 편지에서 러셀은 타고르의 이성에 대한 회피(라고 그가 생각한 것)를 한층 더 신랄하게 비판했다. 여기에 더해, 약간의 일반화를 하면서 많은 인도인들이 가진 오류(라고 그가 생각한 것)에 대해서도 슬쩍 언급했다.[9]

무한에 대한 그의 이야기는 모호한 난센스입니다. 많은 인도인들이 높이 사는 이러한 종류의 언어는, 불행하게도 사실 아무런 의미도 가지고 있지 않습니다.

〈6〉

명백히 여기에는 영문을 알기 어려운 미스터리가 있다. 이성의 중요성을 그렇게 강조했던 타고르가 유럽과 미국의 저명한 지식인들 사이에서는 왜 그와 정반대인 인물로 보였을까? 러셀이 타고르에 대해 내린 평가의 경위를 포함해 무슨 일이 벌어졌던 것인지 이해하려면 세 가지 요인을 살펴보아야 한다. 그중 하나는 러셀의 개인적인 특징과 관련이 있다. 러셀은 자신이 보기에 즉각적으로 명백하지 않은 것은 기각하는 경향이 있었다. 타고르에 대한 러셀의 평가는 분명히 부당하다. 하지만 이 부당함이 가령 니체가 러셀에게 받은 부당함보다 심하지는 않다. 러셀은 저서 『서양철학사『History of Western Philosophy』에서 니체를 유독 희화화했다.[10] 대학 시절 이래로 나는 러셀의 저술을 매우 존경했지만 러셀이 자신이 생각하는 니체 사상의 명청함(과 해로움)을 드러내기 위해 쓴 니체와 붓다의 가상 대화를 읽었을 때는 경악했다. 러셀이 붓다를 존경한 것은 좋았지만(내가 붓다를 좋아하는 이유와도 크게 다르지 않았다), 도대체 누가 러셀이 한 것처럼 조롱적으로 니체를 규정할 수 있단 말인가?

러셀의 불관용적인 특징은 타고르에 대한 그의 진술을 설명하는 데는 도움을 주지만, 타고르에 대한 오해가 서구에서 널리 퍼진 것에 대해서는 아직 설명되지 않는 부분이 남아 있다. 몇몇 남아있는 증거들을 보건대, 타고르는 서구에서 자신이 받고 있는 종류의 찬사가 으쓱하기도 했지만 어리둥절하고 당황스럽기도 했다. 그는 예이츠의 집에서 열린 그 유명한 문학 모임, 타고르를 서구 세계에서 일약 떠오르는 스타로 만든 그 모임이 있고 나서, 곧바로 크시티 모한 센에게 편지를 보내 걱정과 실망을 털어놓았다. 1912년 6월 28일 아침에 쓰인 이 편지는 그가 서구에서 자신이 알려지고 있는 방식에 대해 의구심을 드러내는, 매우 슬픈 편지였다.

크시티 모한 바부〔babu. 친한 사람들 사이의 호칭이다.―옮긴이〕, 어제 저녁에 이곳 시인 중 한 명인 예이츠와 저녁을 먹었어요. 그가 내 시 몇 편을 영어로 번역한 것을 낭송했지요. 딱 적절한 톤으로 아름답게 낭송했어요. … 이곳 사람들이 내 작품에 대해 너무나 과도한 열정을 가지고 이야기해서 나는 그것이 진정이라고 받아들일 수는 없었어요. 아무것도 기대하지 않았던 데서 그럭저럭 괜찮은 무언가가 나오면 그것이 일반적이고 평범한 것이더라도 사람들은 놀라게 되는데, 그런 게 아니었나 싶습니다.[11]

이렇게 시작된 것이 '위대한 신비주의자'에 대한 서구의 열광으로 이어졌을 것이고, 노벨 문학상 등 많은 영예로 이어졌다가, 다시 오랜 실망과 거부로 이어졌을 것이다.

타고르를 추어올린 사람들은 세상의 비범한 부분에 대한 타고르의 시적인 표현(특히 『기탄잘리Gitanjali』에 나오는 표현)을 중심으로 타고르의 이미지를 제시했고, 이것이 세상을 구성하는 일상적이지만 중요한 것들에 대한 타고르의 깊은 관심(이러한 점은 간디와의 논쟁에서 잘 볼 수 있다)를 덮어버린 게 아닌가 싶다. 서구에서 타고르를 추어올린 사람들은 『기탄잘리』라는 하나의 특정한 작품에서 표현된 바를 타고르의 시와 산문들에서 두루 드러나는 세상에 대한 깊은 성찰의 맥락에 위치시켜서 비교해볼 여지를 남겨놓지 않았다.[12] 사실 『기탄잘리』 자체도 예이츠의 노력으로 영역본이 나왔을 때 과도하게 신비화되었다. 예이츠는 영어권 독자들이 '핵심 포인트'를 알 수 있도록 『기탄잘리』 영역본에 해제를 썼는데, 그가 생각한 핵심 포인트는 단순히 종교적인 것이었고 벵골어로 『기탄잘리』를 읽은 많은 사람들이 감동했던, 인간의 사랑과 신의 사랑을 논하는 타고르의 언어에 담긴 의미의 풍성한 모호함은 완전히 제거되어 있었다.

한동안은 타고르도 자기 작품이 이렇게 재구성되는 장단에 맞춰갔다. 한번은 외할아버지가 내게 이렇게 이야기하셨다(거의 맹목적으로 타고르를 존경하셨음을 생각할 때, 아마 자신도 모르게 나온 말일 것 같다). "내 생각에, 처음에는 타고르가 합리적으로 의구심을 느꼈음에도 자신이 받는 애정을 좋아했고, 나중에 그것에 공개적으로 저항할 준비가 되었을 때는 서구에서 그의 이미지가 너무 굳어져서 자신이 갇혀버린 우상에서 빠져나올 방법을 알 수 없었을 거야." 타고르는 서구에서 자신에게 쏟아지고 있는 열광적인 대우에 막대한 오해가 있음을 알고 있었다. 그는 1920년에 친구인 C. F. 앤드루스C. F. Andrews에게 쓴 편지에서 "이 사람들은 … 중간중간 맑은 정신이 될 때를 두려워하는 주정뱅이 같다"고 언급하기도 했다. 하지만 감사함과 의구심이 혼합된 그물에 사로잡혀서 그는 동의하지 않는 점을 공개적으로 밝히지 않고 거기에 휩쓸려갔다.

세 번째 요인은 타고르의 시가 서구에서 열광적인 찬사를 받았을 당시에 유럽이 처해 있었던 특수한 상황과 관련이 있다. 타고르가 노벨 문학상을 받은 것은 1차 대전 직전인 1913년 12월이었다. 1차 대전은 유럽 전역에서 믿을 수 없이 잔혹하게 벌어졌다. 전쟁의 야만성과 살육은 유럽의 많은 지식인과 문인들이 어딘가 다른 곳에서 통찰을 구하고자 하게 만들었고 당대의 많은 이에게 타고르의 목소리는 바로 이 필요를 장엄하고도 멋지게 충족시켜주는 것 같았다. 예를 들어, 위대한 반전反戰 시인 윌프레드 오언 Wilfred Owen이 전사한 뒤에 전장에서 수첩이 유품으로 수습되었는데, 그의 어머니 수전 오언Susan Owen은 거기에 타고르의 시가 잘 보이게 쓰여 있는 것을 발견했다. 윌프레드가 전장으로 나가기 전에 가족에게 쓴 작별 인사(이렇게 시작한다. "지금 내가 가노니, 이것이 나의 이별 인사가 되게 해주세요")와 함께 쓰인 시도 있었다. 타고르에게 보낸 편지에서 수전은 이 시구들이 "윌프레드의 정성스러운 글씨로 쓰여 있었고 그 아래 당신의 이름이 있었다"고 전했다.

곧 타고르는 20세기 초에 유럽이 너무나 자주 휩쓸린 전쟁의 끔찍한 곤경에서 유럽을 구해줄 메시지(동방에서 온 평화와 선의의 메시지)를 가진 현인으로 여겨졌다. 이것은 인도 사람들이 타고르에게서 발견하는 다층적이고 창조적인 예술가이자 명민한 이성적 성찰자의 모습과 차이가 크다. 타고르가 인도 사람들에게 맹목적인 믿음에서 깨어나 이성과 논증의 능력을 사용하라고 촉구하던 바로 그때, 예이츠는 타고르의 시를 완전히 신비주의적인 의미를 가진 작품으로 묘사하고 있었다. 이를테면 예이츠는 "우리는 우리 자신의 이미지를 만났고" "문학의 역사상 처음으로 꿈에서의 우리 목소리를" 들었다고 언급했다.

서구의 추종자들에게 이끌려서 타고르 본인도 동양이 정말로 서양에 줄 메시지를 가지고 있다고 믿게 되었다는 점은 인정해야 할 것이다. 이 부분이 이성을 강조하는 그의 나머지 부분과 잘 부합하지는 않지만 말이다. 그렇다 해도, 예이츠나 파운드 같은 타고르의 후원자들에게 이끌려서 서구 지식인들이 타고르에게 갖다붙인 종교성(그레이엄 그린Graham Greene은 타고르에게서 신지론자들의 "밝고 자갈 같은 눈"을 본 것 같다고까지 말했다)과 타고르가 실제로 가지고 있었던 종교적 믿음 사이에는 심각한 불일치가 있다. 타고르의 종교적 믿음은 예를 들어 다음과 같은 그의 시에서 잘 볼 수 있다.

이러한 염불과 찬송을 멈추어라!
이 외지고 어두운 사원 구석에서 문을 다 닫아놓고 누구를 숭배하고 있는 것이냐?
눈을 뜨고 너의 신이 네 앞에 있지 않은 것을 보아라!

신은 농부가 단단한 땅을 일구는 곳에, 길 놓은 사람들이 돌을 깨는 곳에 계신다.

신은 뙤약볕 아래, 쏟아지는 비 아래에 그들과 함께 계시며, 신의 옷은 흙먼지에 뒤덮여 있다.[13]

소외되지 않은 신, 두려움의 원천이 아니라 인내하는 사랑의 원천인 신, 일상에 존재하는 신은 타고르의 사상에서 중요했고, 그는 이것을 투명한 이성과 결합했다. 하지만 이러한 진짜 타고르는 서구의 청중에게 별로 관심을 받지 못했다. 소위 타고르의 '신비주의'를 촉진하고자 하는 후원자들에게서도, 또한 소위 타고르의 '종교성'을 꺼리며 비판하는 사람들에게서도 공히 말이다. 그렇지 않았더라면 타고르에게 충분히 공감했을 버나드 쇼 같은 작가가 자기 작품에서 타고르를 '스투펜드라나트 베고르Stupendranath Begorr'라는 허구의 인물로 만들어 풍자한 마당이니[14] 타고르의 진정한 사상이 마땅한 관심을 받을 수 있었을 리 만무하다.

⟨7⟩

오랫동안 오도의 소지가 있는 해석이 타고르의 사상에 대한 이해를 안개처럼 가리고 있었다. 그의 사상에서 중요한 측면 하나는 많은 질문이 우리가 최선을 다해도 해소될 수 없을 것이고 우리가 답을 하더라도 그 답은 불완전하리라는 사실을 그가 기꺼이 받아들였다는 것이다. 이 지점은 매우 중요하다. 나는 타고르의 관점이 굉장히 설득력 있다고 생각했고 이러한 사상은 나의 사고에도 많은 영향을 주었다. 설명되지 않고 남아 있는 부분이 무엇인지는 시간이 가면서 달라지겠지만 없어지지는 않을 것이다. 그리고 이와 관련해서 타고르는 광대한 세상에 대한 우리의 이해가 제한적일 수밖에 없음을 인정했다. 패배로서가 아니라 아름답고 겸손한 인식으로서 말이다.

타고르가 견지한 또 하나의 중요한 믿음은 교육에 대한 그의 독보적인 견해와 관련이 있는데, 그는 세상의 모든 곳에서 자유롭게 지식을 가져올 수 있어야 하지만, 그다음에는 이성과 논증으로 그것들을 검토해서 사용해야 한다고 생각했다. 3장에서 언급했듯이, 산티니케탄 학교에 다니던 시절에 나는 영국 식민지 시절의 대다수 인도 학교와 달리 이곳에서는 교육의 지리적 경계가 인도와 대영제국으로만 한정되지 않았기 때문에 유럽, 아프리카, 라틴 아메리카, 아시아의 여러 나라들에 대해서도 방대하게 공부할 수 있었고, 이것이 정말로 큰 특권이라고 생각했다.

타고르는 종교적 적대에 기반한 분열적인 커뮤널리즘을 깨뜨리기 위해서도 열심히 노력했다. 그의 생전에 고조되기 시작하던 커뮤널 적대는 그가 사망한 1941년 뒤의 몇 년 동안 힌두-무슬림 폭동이 분출해 아대륙을 집어삼키고 국가가 '분할'을 향해가면서 정점에 올랐다. 타고르는 사람들을 이 종교냐 저 종교냐의 단 한 가지 요인으로만 규정하는 정체성에 기반해 막대한 폭력이 자행되는 데 극도로 충격을 받았고, 정치적 선동이 있으면 원래는 관용적인 사람들에게서도 그러한 증오가 발현될 수 있음을 인식했다.

타고르는 세속[정교 분리] 국가 방글라데시가 생기는 것을 보지 못하고 사망했다. 세속 국가로서 방글라데시가 수립되는 데는 타고르 및 타고르와 비슷한 입장이었고 타고르가 높이 존경했던 인물들(예를 들어 시인 카지 나즈룰 이슬람Kazi Nazrul Islam)이 견지했던, 커뮤널리즘적 분리주의에 대한 견고한 거부가 비전을 제시했다고

도 볼 수 있다. 방글라데시는 타고르의 노래 중 하나인 「아마르 소
나르 방글라Amar Sonar Bangla」를 국가國歌로 정했다. 인도가 이미 타
고르의 노래 「자나 가나 마나Jana Gana Mana」를 국가로 택했으므로,
타고르는 커다란 두 나라에 국가를 지어준 아마도 유일한 사람이
되었다.

〈8〉

타고르는 커뮤널리즘과 종교적 분파주의에 강하게 반대 목소리
를 낸 것 못지않게 민족주의에 대해서도 분명하게 반대 목소리를
냈다. 영국의 제국주의를 끊임없이 비판하긴 했지만, 타고르는 인
도 민족주의를 과도하게 내세우는 것에도 비판적이었다(이것도 마
하트마 간디와의 긴장에 일조한 요인이었다). 타고르는 민족주의가 수
반할 수 있는 악행과 폭력에 대해 많은 글을 썼다. 이러한 입장은
기사와 연설문 모음집인 『민족주의Nationalism』라는 책에서도 볼 수
있지만 그의 소설에서도 볼 수 있다. 민족주의의 기망적이고 파괴
적인 힘이 타고르의 빼어난 보편주의 소설 『가정과 세계』에 잘 드
러나 있으며, 이 소설은 나중에 사티야지트 레이가 아름다운 영화
로 만들기도 했다.

타고르의 민족주의 비판은 많은 비난을 불러왔고, 〔평론과 에세
이에서 드러낸 것뿐 아니라〕 소설에서 비유적으로 드러낸 것도 예외
가 아니었다.[15] 헌신적인 인도 민족주의자들만 그런 것이 아니었
다. 마르크스주의 철학자 죄르지 루카치Georg Lukács는 『가정과 세
계』가 "가장 조잡한 종류의 쁘띠 부르주아적 이야기"라며 "영국
경찰에 지적으로 봉사하는 것이고" "간디에 대한 혐오스러운 희
화화"라고 맹비난했다. 이러한 독해는 거의 불합리에 가깝다고 봐

야 할 것이다. 소설에 나오는 반영웅 사딥은 간디가 아니고, 타고르는 전혀 간디를 모델로 등장인물을 만들지 않았다. 사실 사딥은 간디와 매우 거리가 먼데, 사딥은 간디의 진정성과 인도주의를 가지고 있지 않으며 이것은 소설에 명료하게 드러나 있다. 하지만 타고르는 민족주의가 불러일으키는 열정을 깊이 우려했고 이 책은 고귀한 목적이 있을지라도 때로는 민족주의가 잘못된 행동을 일으키는 힘을 가지고 있음을 명백하게 경고하고 있다. 루카치와는 매우 다른 종류의 마르크스주의자였던 베르톨트 브레히트 Bertolt Brecht 는 일기에서 타고르의 우려에 강하게 공감을 표하면서 『가정과 세계』가 민족주의가 악한 종류로 부패할 가능성에 대한 "강력하고 우아한" 경고라고 평했다.

타고르는 일본의 문화, 역사, 교육을 깊이 존경했지만 나중에 일본이 보인 극단적 민족주의와 중국, 동아시아, 남아시아를 다룬 방식은 맹렬히 비난했다. 하지만 그럴 때도 일본 사회의 다른 많은 특징은 여전히 높이 평가했다. 또한 타고르는 브리티시 라지에 대한 비판이 영국 사람들이나 영국 문화에 대한 비방으로 연결되지 않게 했다. 간디는 영국을 방문했을 때 기자가 '영국 문명'에 대해 어떻게 생각하느냐고 묻자 "그런 게 있다면 퍽 좋은 생각이겠네요"라고 풍자했는데, 타고르의 입에서 이런 말은 농담으로라도 나오지 않았을 것이다.

6장

과거의 현재

나는 1941년에 세인트그레고리를 그만두었을 때부터 1951년에 프레지던시 칼리지에 입학했을 때까지 10년간 산티니케탄에서 공부했다. 이곳에서 내가 굉장히 좋아한 과목은 수학과 산스크리트어였다. 산티니케탄 학교에서 보낸 마지막 두 해 동안 나는 과학에 집중했고 물리학과 수학을 특히 열심히 공부했다. 프레지던시 칼리지에 진학해서도 물리학과 수학을 공부할 요량이었다. 학교에서 수학에 매료되는 것은 드문 일이 아니지만, 산스크리트어에 매료되는 것은 훨씬 더 특이한 일이었다.

나는 산스크리트어의 복잡성에 깊이 빠져들었고, 여러 해 동안 산스크리트어는 벵골어에 이어 내게 제2의 언어였다. 영어 실력이 잘 늘지 않았기 때문이었던 면도 있었다. 다카의 세인트그레고리 학교를 다닐 때는 전반적으로도 공부에 그리 열심히 임하지 않았지만 영어는 특히 더 싫어했고, 산티니케탄 학교에서는 교육이 벵골어로 이루어졌다. 그리하여 브리티시 라지의 언어는 꽤 한동안 나와 길이 엇갈려 있었다.

영어를 등한시한 것과 대조적으로 산스크리트어는 내가 뒤처질

이유가 전혀 없었다. 산스크리트어 전문가인 외할아버지가 집에
계셔서 산스크리트어 공부를 지속적으로 독려해주셨다. 사실 내
가 이미 산스크리트어 문학에 상당히 매혹되어 있었기 때문에 외
할아버지가 강하게 독려하실 필요도 없었다. 외할아버지의 도움
을 받아가며 더 이른 시기에 융성했던 베다 산스크리트어와 산스
크리트어 서사시도 읽을 수는 있었지만(베다 산스크리트어는 기원전
15세기로까지 거슬러 올라간다), 주로는 고전 시기 산스크리트어 문
학에 관심이 있었다.

　나는 산스크리트어의 언어학적 규칙에 푹 빠져들었다. 4세기의
위대한 문법학자 파니니Panini의 글을 읽는 것은 내 인생에서 해본
어느 지적 모험보다도 신나는 모험이었다. 파니니는 단지 산스크
리트어라는 언어의 학습을 넘어 '학문'이 충족시켜야 할 기본적인
조건에 대해서도 알려주었다. 우리가 "지식"이라고 생각하는 것
의 대부분은 우리가 이해한 것들을 특성별로 "범주화"한 것이라
는 그의 통찰은 내가 생애 내내 계속해서 상기하게 되는 통찰이
었다.

　요즘 인도의 학교들에서 산스크리트어의 수업의 부활을 주창
하는 움직임이 일고 있다. 학생들이 고전 언어를 배우게 독려한
다는 기본적인 취지에서라면 나도 동의한다. 하지만 그것은 산스
크리트어일 수도 있고 고대 그리스어일 수도 있고 라틴어나 아랍
어, 히브리어, 고전 중국어나 고대 타밀어일 수도 있다. 그런데 산
스크리트어 교육을 주창하는 사람들은 이렇게 광범위한 선택지를
허용하지 않으려 하는 경우가 많다. 그들은 반드시 산스트리트어
여야 하며 다른 고전 언어는 그것을 대신할 수 없다고 생각한다.
이러한 유형의 산스트리트어 설파자들은 산스크리트어를 힌두교

경전의 위대한 언어라고 생각한다. 물론 힌두교 경전의 언어이기도 하지만, 산스크리트어는 그것을 **훨씬 넘어서는** 언어다. 산스크리트어는 고대 인도 합리주의 사상의 언어이기도 하며(사실 무신론을 포함한 유물론자들의 언어이기도 했다) 이에 대해서는 매우 방대한 문헌이 남아 있다. 또한 산스크리트어는 팔리어(산스크리트어에서 나왔고 지금도 가까운 어족이다)와 더불어 불교의 언어이기도 하다. 불교가 전파되면서 산스크리트어는 기원 후 첫 1000년 내내 아시아권에서 일종의 링구아 프랑카lingua franca〔공통어〕로 기능했다.[1]

〈2〉

산티니케탄에서의 공부가 끝나가면서 고대 인도에 대해 알게 된 내용들을 체계화해야겠다는 생각이 강해졌고, 사실 집착적이 되었다. 나는 통합적인 이해에 필요한 여러 요소를 한데 모으려 노력하면서 몇 시간씩 숙고했다. 거기에 성공했는지는 잘 모르겠지만(그때 썼던 수련장은 이사를 몇 번 다니면서 없어졌다) 이 모든 것을 생각하는 과정에서 얻은 것이 있었고, 특히 산티니케탄에서 보낸 마지막 학년도(1951년 여름에 끝난 학년도)에 많은 것을 배웠다.

산스크리트 문헌 중에서 나는 칼리다사Kalidasa, 슈드라카Shudraka, 바나Bana 등이 지은 위대한 희곡을 특히 좋아했다. 재밌기도 했지만, 사고를 자극하는 요소가 많아 철학적 질문들로 들어가는 입문 역할을 톡톡히 해주었다. 또한 나는 『라마야나』와 『마하바라타』 같은 서사시에도 매료되었다. 종종 종교적인(적어도 준종교적인) 문헌으로 여겨지지만, 이 서사시들은 『일리아드』나 『오디세이아』처럼 특정한 종교적 입장에 토대를 두지 않는 '이야기'다. 심지어 〔힌두교 경전으로 알려진〕『바가바드기타Bhagavadgita』도 서

사시 『마하바라타』의 아주 일부에 불과하다. 종교주의자들은 『바가바드기타』를 신의 화신인 크리슈나가 (큰 전쟁에 나가 많은 이를 죽여야 하는 것에 대해 문제를 제기하며) 저항하는 전사 아르주나를 논쟁에서 누르고 승리하는 이야기라고 해석하며 경외하지만 이는 거대한 서사 전체 중 일부일 뿐이고, 사실 『마하바라타』는 정의로운 전쟁에 나가서 싸우는 것이 아르주나의 의무라는 크리슈나의 주장을 훨씬 넘어서는, 아니 『바가바드기타』 자체를 훨씬 넘어서는 비전을 보여준다. 『마하바라타』의 뒷부분에는 전쟁이 끝나고 (고귀한 판다바 형제들이 승리한다) 시신을 화장하는 불길에 온 나라가 자욱히 뒤덮이면서 여성들이 전사한 사랑하는 남자들의 죽음에 슬피 우는 장면이 나온다. 이 장면은 결과가 얼마나 끔찍하든 간에 전쟁에 나가서 싸우는 것이 아르주나의 의무라는 크리슈나의 주장보다는 전쟁에 반대하는 아르주나의 비전에 더 가깝다고 말할 수 있을 것이다.

〈3〉

산스크리트어는 성직자의 언어이기도 하지만, 그것을 넘어서 세계의 어떤 다른 고전 언어에서 볼 수 있는 것보다도 견고하게 불가지론적이고 무신론적인 인문학의 언어이기도 하다. 로카야타 학파와 차르바카 학파〔고대 인도의 유물론 학파〕가 대표적이다. 또한 기원전 6세기의 매우 합리주의적이고 불가지론적인 가우타마 붓다Gautama Buddha의 논증도 산스크리트어 문헌에 포함된다.

나는 내가 외할아버지가 주신 짧은 책을 통해 붓다의 사상을 처음 접하자마자부터 왜 그렇게 붓다의 사상에 감동했는지 종종 생각해보았다. 열 살인가 열한 살 때쯤에 처음 읽었는데, 붓다가 사용한 논증의 명료함에, 그리고 이성을 사용할 수 있는 사람이라면 누구나 그의 논증에 접할 수 있으리라는 점에 정신이 번쩍 깨이는 것 같았다.

커가면서 붓다에 대한 나의 애정은 더욱 깊어졌다. 점차로, 내가 붓다에게 매료된 것은 그가 윤리를 주장했던 대부분의 다른 사람들과 구별되는 적어도 네 가지 특징 때문이라는 결론에 도달했다. 그리고 이 특징들은 '종교적'인 영역이라고 흔히 여겨지는 (때로는 잘못 여겨지는) 경계 안에 꼭 속해 있지는 않다.

첫째, 붓다의 접근은 어떤 입장을 받아들이고 어떤 입장을 거부할 때 이성에 초점을 두며, 논증되지 않은 믿음에 호소하지 않는다. 붓다도 형이상학을 제시한 것은 사실이지만, 어떤 윤리적 결론(가령 모든 인간은 종교 공동체나 카스트에 상관없이 동등하다는 주장이나 동물을 친절하게 대해야 한다는 주장, 또는 타인에 대한 혐오를 보편적인 사랑으로 바꾸어야 한다는 주장 등)을 주장할 때 그러한 형이상학을 받아들이는 것을 조건으로 걸지 않는다. 오히려 각각의 윤리적 결론이 (때로는 명시적이기보다 암묵적이기는 하지만) 이성에 의해 뒷받침되어야 한다고 요구한다.

둘째, 내 생각에 붓다는 명백하게 인간적이었다. 그도 우리가 갖고 있는 일상적인 불안과 고민이 있었고, 이 점에서 강력한 신이나 여신과는 달랐다. 젊은 왕자 가우타마가 히말라야 기슭의 왕국을 떠나 깨달음을 얻으러 나섰을 때 그를 움직인 동력은 필멸, 질병, 장애와 같은 것들, 즉 그가 평범한 인간들과 똑같이 가지고 있는 고민이었다. 그때 그를 괴롭힌 문제들은 오늘날에도 우리를 괴롭힌다. 대부분의 종교 지도자와 달리, 가우타마와 우리 사이에는 진정한 거리가 존재하지 않는다.

내게 붓다가 매력적이었던 세 번째 요소는 그가 옹호하려 한 바가 무엇이었는지와 관련이 있다. 붓다에 대한 저술 중 구할 수 있는 것을 모조리 다 읽은 뒤에, 나는 그가 우리의 종교적인 관심사를 '믿음'(신 혹은 그 밖의 존재론적 가정에 대한 믿음)의 차원에서 지금, 그리고 여기에서 결정되어야 할 '행동'의 차원으로 옮겼다고 확신하게 되었다. 종교의 질문을 "신이 있는가?"에서 신이 있든 없든 "우리는 어떻게 행동해야 하는가?"로 바꾼 사람이 붓다였다. 그는 사람들이 꼭 더 큰 우주론과 형이상학에 동의하지 않더라도 좋은 행동이 무엇인지에 동의할 수 있다고 보았다. 나는 이것이 막대하게 중요한 개념이라고 생각한다.

마지막으로, 윤리에 대한 붓다의 접근은 사회계약론이 말하는 도덕과 상당히 달랐다. 사회계약 개념은 인도의 사상에도 간헐적으로나마 강력하게 등장하며(가령 『바가바드기타』에도 등장한다) 서구 윤리에서는 홉스와 루소 이후 지배적인 개념으로 자리 잡았다. 사회계약은 각 계약 당사자가 **다른 이들도 모든 다른 이에게 의무적으로 무언가를 한다는 조건에서** 미리 합의로 정해진 좋은 일을 다른 이들에게 해준다는 형태를 띤다. 하지만 붓다는 좋은 일을 하는 데 그렇게 거래적이어서는 안 되며 사람들은 자신이 생각하기에 선행이라고 여겨지는 것을 다른 이들이 그에 상응하는 의무를 수행하지 않더라도 일방적으로 베풀어야 할 의무가 있다고 주장했다.

『숫타니파타Sutta Nipata』에서 붓다는 아기가 스스로는 못하는 일을 해주는 엄마의 의무를 예로 들면서 이에 대한 논거를 제시한다. 이 이야기는 엄마가 아기를 도와야 한다는 주장에 매우 설득력 있는 이유를 제공한다. 엄마는 사회계약론이 말하는 것처럼 아기가 무언가를 대가로 해주리라고 기대해서 아기를 돕는 것이 아니다. 붓다는 도덕을 거래적으로 만들면 도덕의 가장 중요한 필요 사항을 놓치는 것이라고 주장했다. 그리고 이 논리를 인간이 무력한 동물을 위해서도 무언가를 해주어야 할 의무가 있다는 논거로까지 확장했다.

사실 조건 없는 선행을 주장한 사람은 붓다만이 아니다. 예수도 「누가복음」에 나오는 '착한 사마리아인' 이야기에서 이와 비슷하게 주장했다. 그 사마리아인이 다쳐 쓰러져 있는 사람을 도우러 갔을 때, 이것은 사회계약(명시적인 것이든 암묵적인 것이든 간에)에 의한 것이 아니었다. 그는 사람이 쓰러져 도움을 필요로 하는 것을 보았고 자신이 도울 수 있었으므로 가서 도왔다. 이웃을 도우라는 잘 알려진 그리스도교의 의무는 '이웃'을 통상적인 방식으로 좁게 이해한다면 이러한 행위를 뒷받침하는 근거가 될 수 없다. 하지만 예수는 이웃의 범위를 우리가 도울 수 있는 모든 사람으로 확대함으로써 율사와의 논쟁에서 승리한다. 궁극적으로 붓다와 예수는 동일한 결론에 도달했다. 다만 붓다는 더 직접적으로 윤리학적인 경로를 탔고 예수의 논증은 인식론적이었다는 차이가 있을 뿐이다.[2]

산니티케탄 학교의 문학의 밤에서 나는 '조건 없는 의무'(샤르타힌 카르타브야Shartaheen kartavya)가 '사회계약'보다 우월하다는 주장을 피력해보고자 노력했다. 몇몇 친구가 격려해주긴 했지만 내가 많은 사람을 설득시켰던 것 같지는 않다. 산티니케탄에 있었을 때 한동안 나는 종교를 불교로 기재하려고 해보기까지 했다. 학교 당국은 장난으로 여겨서 받아들여주지 않았다. 약 150킬로미터 반경 안에 불교 신자가 아무도 없는데 불교 신자가 되겠다고? 나는 아무도 불교 신자가 없다는 바로 그 사실이 내가 불교 신자가 되어야 하는 이유라고 주장함으로써 나를 유명 인사로 만들지는 않았다. 나는 이 논쟁에서 한두 번의 전투는 이겼지만 전쟁에서는 완패했고, 학교 당국은 나 홀로 불교 신자가 되겠다는 주장을 웃어넘겼다.

〈4〉

산스크리트어가 열어준 세상에 더 깊이 들어가는 한편으로, 나는 수학에서 발견한 분석적인 도전에도 매료되기 시작했다. 특히 수리 철학이 그랬는데, 공리, 정리, 증명의 사용을 처음 접했을 때, 즉 한 가지 유형의 이해에서 다른 많은 종류의 이해를 끌어내는 것에 처음 접했을 때의 흥분이 아직도 기억난다. 고대 그리스로 가서 유클리드의 사생활을 침해할 수 있는 티켓을 구할 수 있었다면 무슨 짓이라도 했을 것이다. 분석적 논증의 범위와 우아함, 그리고 증명의 매력은 이후 평생에 걸쳐 내 연구 활동과 관련을 맺게 된다.[3] 실제로 나는 학계 경력의 상당 부분을 사회선택 이론과 의사결정 분석론에서 나오는 결과들을 정식화하고자 노력하면서 보냈는데, 여기에는 내가 수학적 논증의 토대에 관심이 있었다는 점이 크게 기여했다.

나는 운 좋게도 산스크리트어와 수학이 매우 상호보완적임을 알게 되었다. 『메가두타Meghaduta』에 나오는 칼리다사의 우아한 시와 슈드라카의 흥미로운 희곡 『므릭차카티카Mricchakatika』(내가 가장 좋아하는 문학 작품 중 하나다)에서부터 아리아바타Aryabhata, 브라마굽타Brahmagupta, 바스카라Bhaskara(사실은 바스카라'들'이라고 해야 한다. 바스카라가 두 명 있는데 둘은 매우 다르다) 같은 사람들의 수학과 인식론으로 물 흐르듯 넘어갈 수 있다는 사실이 너무 즐거웠다. '산스크리트어로 된 수학 문헌'에서 나의 두 가지 주요 관심사가 함께 있을 수 있는 견고한 집을 찾은 것 같았다.

산스크리트어와 수학의 다양한 (그러면서도 서로 합치되는) 유혹이 이 시기에 나의 교육을 규정한 다원성의 한 차원이었다면, 추상적인 사고에 대한 매혹과 주변의 현실 세계에 대한 탐욕스러운 호기심이 나를 또 다른 차원으로 끌어당기고 있었다. 내가 생애에 걸쳐 할 수 있었던 얼마 안 되는 일들(그것보다 더 했으면 좋았겠다고 생각한다)을 돌아보니, 크게 둘로 나눌 수 있고 둘 다 학창 시절에 토대가 꽤 단단하게 확립되어 있었다는 생각이 든다. 하나는 추상적인 논증(사회 정의의 개념에 대한 탐구나 사회적 선택의 여러 경로를 공리, 정리, 증명을 통해 탐험하는 것 등)이고 다른 하나는 현실의 실질적인 문제들(기아, 굶주림, 경제적 박탈, 그리고 계급, 성별, 카스트에 따른 불평등 등)을 분석하는 것이다.

노벨상을 받고 나서 노벨 재단이 장기 임대로 노벨 박물관에 전시할 수 있도록 내 연구와 밀접하게 관련 있는 물건 두 개를 보내달라고 했을 때, 이 모든 것을 되돌아볼 기회를 가질 수 있었다. 스웨덴의 노벨 위원회가 내 수상 이유를 발표하면서 인용한 내용은 주로 사회선택 이론의 분석적 차원 쪽에 치우쳐 있었지만(노벨 위원회가 인용한 장과 문장들은 공리, 정리, 증명 들이었다), 발표문의 마지막에 기아, 불평등, 젠더 불평등 등에 대한 내 연구도 간단하게 언급되어 있었다. 어떤 물건을 제출할지 한동안 고민하다가 내게 크게 도움이 되었던 서기 499년의 위대한 산스크리트어 수학 책 『아리아바티야Aryabhatiya』 한 권과 학창 시절부터 사용했던 낡은 자전거를 보내기로 했다.

나는 그 자전거를 벵골 대기근에 대해 연구하기 위해 임금과 가격 정보를 수집하러 오래된 농가나 창고 등을 다녀야 했을 때처럼 접근하기 어려운 곳에 다닐 때도 사용했고, 산티니케탄 인근 마을 들에서 성차별과 여아들에게서 차차로 나타나는 상대적 박탈을 연구하기 위해 5세 미만 남녀 아동의 체중을 잴 저울을 싣고 다니 는 데도 사용했다. 사실 노벨 박물관에 이 저울도 보내고 싶었다. 나는 이가 나기 시작한 아이들이 깨물까봐 연구조교가 주저할 때 마다 내가 나서서 체중을 쟀던 것이 자랑스러웠다. 나는 깨물리지 않으면서 체중을 재는 데 달인이 되었다. 스톡홀름을 시작으로 노 벨 박물관이 세계를 순회하면서 나는 자전거가 아리아바타의 수 학과 무슨 관련이 있느냐는 질문을 종종 받았고, 그럴 때면 나는 '매우 관련이 많은' 이유를 기쁘게 설명했다.

그 자전거는 단순한 모델의 아틀라스 제품이었는데, 아직 자 라는 중인 청소년기에 부모님께 받은 선물이라 성인용보다 조 금 작았다. 하지만 나는 그것을 1945년부터 노벨 뮤지엄에 보낸 1998년까지 50년 넘게 사용했다. 산티니케탄 안에서는 자전거가 빠른 교통수단이었고 초등학교에 다니지 못하는 부족민 아이들을 가르치러 야학 활동을 하러 갈 때도 자전거로 갈 수 있었다(야학 활동에 대해서는 3장에서 설명했다). 같이 활동한 급우와 선생님 중에 자전거가 없는 사람도 있었기 때문에 나 혼자 타고 가는 일은 거 의 없었고 늘 누군가를 태우고 달렸다. 때로는 막대로 자전거 손 잡이와 연결된 좌석을 옆에 하나 더 놓고서 한 명을 더 태우고 달 리기도 했다.

〈5〉

학창 시절에 인도에 대해 공부하면서 인도가 가진 몇 가지 암울한 특징을 알게 되었다. 특히 인도에는 전국에 걸쳐 강력하게 영향력을 발휘하던 카스트 제도가 있었다. 일찍이 기원전 6세기에 붓다가 이미 이에 맞서 저항했는데도 말이다. 하지만 그와 동시에 인도에는 놀랍도록 흥미롭고 영감을 주는 개념과 사상도 많았다. 이 이중적인 속성은 고대로까지 거슬러 올라간다. 나는 기원후 첫 1000년간의 서사시와 고전 산스크리트어 문헌을 읽는 것에 더해, 더 이후의 비정통적 학자들(자야데바와 마다바차리아부터 카비르, 악바르 대제의 자문이자 협업자였던 아불 파즐Abul Faz'l까지)이 개진한 논증과 가설도 탐구했다. 이들이 보여주는 견고한 비정통적 견해는 굉장히 흥미로웠다. 하지만 인도의 유산이 가진 위대함이 나를 매혹했긴 했어도, 인도 문화를 좁은 분파적 관점에 가두려는 시도가 벌어지고 있다는 점은 너무나 좌절스러웠다.

고대의 고전 문헌들을 보면서 어떤 사람의 정체성을 하나의 범주만으로 가둘 필요는 없다는 인식이 내게 꽤 강렬하게 다가왔다. 슈드라카의 희곡 『므릭차카티카』('작은 점토 수레')에 나오는 여주인공 바산타세나를 생각해보자. 『므릭차카티카』는 4세기경에 창작되었으며 몇몇 독특한, 하지만 중요한 주제들을 가진 급진적이고 전복적인 내용의 희곡이다. 그러한 주제 중 하나가 사람을 수많은 정체성을 가진 존재로 보아야 한다는 것이었다. 내 학창 시절 동안 종교나 커뮤니티에 기반해 (오로지 힌두냐 무슬림이냐에만 관심을 쏟는 것처럼) 압도적으로 중요한 단 하나의 정체성만을 부여하려는 경향이 높아지고 있었는데, 『므릭차카티카』에서 볼 수 있는 사상은 그러한 경향에 휩쓸리지 않는 데 도움이 되었다.

『므릭차카티카』에서 바산타세나는 빼어난 미모의 소유자이고 고급 창부이며 박해받던 차루다타의 헌신적인 연인이자 파트너

다. 차루다타는 궁핍한 젠트리 계층 사람이고 사회 개혁가이자 정
치 혁명가이며 나중에는 통찰력 있고 용서를 베푸는 판관이 된다.
지배층에 맞서 혁명에 성공하고서 이제 그 범법자들을 재판하는
위치가 되었을 때, 차루다타는 관용을 베풀어서 부패한 지배층의
하수인으로 차루다타와 바산타세나를 죽이려 했던 사람을 풀어주
기로 한다. 바산타세나는 차루다타가 즉각적인 복수에 치중하지
않고 모든 사람에게 가장 유익한 사회 개혁(과 태도상의 개혁)을 가
져올 수 있는 판단을 내린 것을 칭송한다. 차루다타는 "은혜를 통
해 범죄를 죽이는 것이 사회의 의무"이기 때문에(이 혁신적인 처벌
을 산스크리트어로는 웁카라타스타카르타브야upkarhatastakartavya라고 부른
다. 단어 자체도 정말 우아하다) 살인 미수범을 풀어주어야 한다고 판
결해 (아마도 바산타세나만 빼고) 모두를 놀라게 한다. 이것은 바산
타세나가 말했더라도 매우 적합했을 위대한 개념이다. 마지막으
로, 바산타세나는 (희곡의 앞부분에서 부자들의 부패와 권력 불평등이
가져오는 불의를 우아하고 감동적으로 이야기하면서 사람들이 혁명을 일
으키도록 촉구한 바 있는데) 즉각적인 보복을 하기보다 범죄자를 교
화하고 사회가 갈등과 폭력에서 멀어지는 데 일조할 수 있는 관용
의 행사를 선택한 차루다타에게 동참한다.

『므릭차카티카』가 생각을 자극해주는 두 번째 개념은 차루다
타가 제시한 법철학 이론이다. 학창 시절에 이 희곡을 처음 읽었
을 때 나는 슈드라카의 논증으로 내가 변모되었다고 느꼈다. 차
루다타는 보복의 전통을 거부하고 어떤 행동의 모든 결과를 고
려하도록 우리를 이끈다. 이 경우에는 특정한 처벌을 가할 경우
에 발생할 모든 결과를 고려해보아야 하는 것이다. 이 접근은 정
의의 두 가지 개념을 구별하는 데 도움을 준다(나는『므릭차카티카』

를 처음 읽고 경탄한 지 60년도 더 지나서 쓴 책 『정의의 아이디어The Idea of Justice』에서 정의의 두 가지 개념을 고찰했다). 이 구별은 정의를 뜻하는 두 개의 산스크리트 단어, 니티niti와 니야야nyaya의 차이다. 니티의 주된 사용처는 잘 규정된 규칙과 체계적인 재산권을 따르는 것이다. 대조적으로, 니야야는 실현된 정의의 종합적인 개념을 의미한다. 이 견해에서 보면 제도, 규칙, 조직의 역할은 그 자체로 중요하긴 하지만, 어쩌다 우리 사회가 갖게 된 규칙과 제도로만 판단할 것이 아니라 정의를 실현하는 과정에서 발생하게 될 실제 결과들을 포괄적으로 고려해 판단해야 한다. 나는 차루다타의 우선순위가 '니야야'의 추구였다고 해석했다. 표준적인 범죄 이론에서 특정 범죄에 '적합'하다고 여겨지는 처벌을 적용하는 식으로 고정된 규칙들의 '니티'에 복종하기보다, 사람들이 공정함의 개념을 가지고 잘 살아갈 수 있는 좋은 세상을 추구한 것이다.

가령, 고대 인도의 법률가들은 맛시야니야야matsyanyaya를 경멸했다. 이것은 '물고기 세계의 정의'라는 뜻인데, 큰 고기가 마음대로 작은 고기를 잡아먹을 수 있는 세계를 말한다. 그들은 우리가 맛시야니야야를 피하는 것을 정의의 본질로 삼아야 한다고 보았다. 무시무시한 '물고기 세계의 정의'가 인간 세계에 침입하게 해서는 안 된다는 것이었다. 여기에서 핵심적인 인식은, 니야야의 개념에서 보면 정의의 실현이 단지 제도와 규칙을 판단하는 문제가 아니라 사회 자체를 판단하는 문제라는 점이다. 아무리 적합한 조직이 구성되어 있어도, 또 아무리 적합한 규칙이 마련되어 있어도(가령 처벌에 대한 규칙), 큰 물고기가 여전히 작은 물고기를 임의로 잡아먹을 수 있다면 니야야의 개념상으로는 명백히 정의를 위반한 것이 된다. 그렇다면 우리는 단순히 옛 규칙과 신성시되는 전통을 따르는 것이 필요한 게 아니라 더 나은 세계, 다른 세계가 필요하다.

한참이 지난 뒤에, 나는 『므릭차카티카』를 영어로 번안한 연극 「작은 점토 수레The Little Clay Cart」가 1924년에 뉴욕에서 상연되었을 때 『더 네이션The Nation』에 연극 평론가 조지프 우드 크러치 Joseph Wood Krutch가 열광적인 평을 썼다는 것을 알게 되었다. 그는 이 연극이 "대단히 감동적"이라며 다음과 같이 무한한 존경을 표했다. "과거 유럽의 어디에서도 … 이보다 더 완벽하게 문명적인 것을 발견할 수 없을 것이다."[4] 이것은 약간 과장일 수 있지만, 이 놀라운 연극에는 "열정"과 "지식인의 의사결정이 합치"되어 있다는 크러치의 강조는 분명히 옳았다. 학창 시절 내내 열정과 지적인 성찰의 합치에 관심이 있었으므로, 나는 슈드라카의 연극에 대한 크러치의 논평에서 공감할 부분을 많이 찾을 수 있었다.

〈6〉

고대 인도 문학에 대해 폭넓고 포괄적인 견해를 가지려던 내 시도는 그때 학교 친구들 사이에서도 논쟁을 일으켰지만, 오늘날에도 적잖이 반론에 부닥칠 것이다. 힌두이즘의 토대가 된 논고라고 알려진 네 권짜리 고대 저술 『베다Vedas』를 생각해보자. 이것은 인도에서 종교를 정치적으로 옹호하는 많은 정치인이 높이 사는 저술로, 내가 더 젊었을 때도 그랬는데 지금도 결코 덜하지 않다. 60년도 더 전에 처음으로 그것을 읽으려 시도했을 때 나도 이 저술에 열광했다. 하지만 이 저술이 힌두이즘의 토대여서도 아니었고 때때로 잘못 주장되듯이 여기에서 정교한 수학을 발견할 수 있어서도 아니었다. 심오한 '베다 수학' 운운하는 어리둥절한 주장에 대해서는 예전에도 우려할 만한 점이 많았지만 지금은 훨씬 더 심해져서, 인도의 몇몇 대학이 대학원 수업에 '베다 수학'을 개설하기도 했다(대체로 허구적인 이 분야에서 심지어 대학원 학위를 받을 수도 있다). 하지만 인도가 수학의 세계에 근본적인 공헌을 한 것은 훨씬 뒤인 5세기 이후에 아리아바타, 브라마굽타 등을 통해서이며, 『베다』에서 수학적인 기여를 찾으려는 것은 엄청난 오류다.

『베다』가 예찬을 받을 만한 이유는 그런 것이 아니라 성찰적이고 대담하고 우아하고 생각을 촉구하는 운문으로 가득하기 때문이다. 많은 내용이 깊이 종교적이지만 의구심과 불가지론을 주장하는 강력한 논리도 발견할 수 있다. 앞에서 인용한 제10만달라의 「창세가」는 깊은 회의주의를 보여주는 좋은 사례다.

외할아버지의 도움을 받으며 『베다』를 처음 읽었을 때는 내가 무신론자라는 확신이 뿌리를 내리던 시기였는데, 내 생각이 3500년 전의 저술에서 뒷받침되고 있다는 생각에 즐거웠다. 『베다』(특히 『리그 베다』)를 해석하는 한 가지 방법은 자연력의 압도적으로 막강한 힘에 대해 위태로운 인간 존재가 보이는 대응을 아름다운 시로 나타냈다고 보는 것이다. 우리보다 막대하게 강력하고 우리의 통제 범위를 벗어난 힘에 초자연적인 지위를 부여하고 싶은 유혹은 분명히 존재한다. 이것은 우리를 다신론적인 파노라마로 이끌 수도 있지만 유일신, 즉 창조주이며 보존하시는 분이자 파괴하시는 분으로서의 신이라는 가설로도 이끌 수 있다. 『리그 베다』에는 후자의 방향을 보여주는 우아한 시도 나오지만, 반대로 그러한 통합적인 존재, 모든 것을 창조하고 자신이 한 모든 것을 여전히 기억하는 신이라는 존재는 없을 수도 있다고 본 사상가들의 비판적인 정신도 볼 수 있다. 다양한 자연력 뒤에는 어쩌면 아무것도 없을지 모른다는 강한 회의도 드러나 있는 것이다. 『리그 베다』의 제10만달라에서 이러한 불가지론의 표현을 볼 수 있다.

〈7〉

고대 인도의 지성사를 살펴보면 다양한 종교 사상도 많지만 재미와 게임의 요소도 그에 못지않게 많다. 인도의 유산을 이해하려면 이중 어느 것도 제거해서는 안 되고 제거하고자 해서도 안 된다. 인도에서 유래한 게임으로는 체스가 가장 유명하지만(그리고 가장 정교한 게임이기도 할 것이다) 그 밖에 다른 게임도 많다. 고대 인도의 보드게임 기얀 차우파르Gyan Chaupar가 그중 하나인데, 모크샤 파탐Moksha Patam이라고도 불리며 한 세기 전쯤에 영국으로 넘어와서 '뱀과 사다리 게임'으로 알려졌다.[5] 나는 이 게임이 인간의 삶이 우연에 얼마나 많이 의존하는지에 대해 통찰을 제공해주는 것 같았다.

『베다』에도 인간의 삶에 영향을 주는 게임(진짜 게임) 이야기가 나온다(이 사실을 발견하고 나는 매우 즐거웠다). 『베다』를 종교적으로 해석하려는 사람들은 「도박꾼의 한탄」이라는 제목이 붙은 『리그 베다』의 이야기가 주는 통찰을 간과하기 쉬울 것이다.

폭풍에서 태어난 커다란 나무에서 떨어진 개암나무 열매가 판위에서 굴러갈 때, 그것은 나를 취하게 만든다. 내게 이 주사위는 무자반트 산에서 나온 소마를 마신 것처럼 정신을 각성시키고 흥분시킨다.
…
내가 다시는 도박을 하지 않겠노라 맹세하자, 친구들은 떠나고

173

나만 남는다. 하지만 저 아래에서 갈색 주사위 열매가 떨어지면서 친구들이 함성을 지르면, 나는 곧바로 달려가 여인이 사랑하는 이를 만나듯이 그들과 재회한다.

도박꾼은 사람들이 모여 있는 도박장으로 가서 속으로 묻는다. '내가 이기게 될까?' 그리고 희망으로 전율한다. 하지만 주사위는 그를 비켜가고 그의 욕망과 달리 상대방의 승리를 향해 굴러간다.

…

고귀한 사비트르가 내게 말했다. "주사위 노름은 그만하고 땅을 경작해라. 네가 가진 것들을 누리고 그것을 귀히 여겨라. 여기 너의 소들이 있다. 여기 너의 아내가 있다. 이 도박꾼이여."[6]

도박꾼은 도박 중독에 빠져 있지 말고 가령 땅을 경작하는 것처럼 무언가 유용한 것을 해야 한다는 사실을 알고 있다. 하지만 도박을 끊겠다고 다짐해도 계속해서 다시 도박장에 가게 되고, 그럼으로써 인생을 망가뜨린다. 철학에 점점 더 관심을 갖게 되면서 나는 아마도 이것이 (고대 그리스에서는 아크라시아akrasia라고 불렸고 방대하게 연구되었던) '의지의 박약함'이라는 잘 알려진 문제를 다룬 세계 최초의 문헌일지 모른다고 생각했다. 이 주제는 현대의 철학에서도 여전히 매우 중요하다.

이 시를 처음 읽었을 때 재미있다고 생각한 점이 또 하나 있는데, 오늘날 중급 유머의 소재로 인기가 많은 '장모님'에 대한 불평이 담긴 최초의 문헌이리라는 점이다. 『리그 베다』에서 도박꾼은 이렇게 한탄한다. "장모님이 나를 미워하시고 마누라도 나를 멀리하니, 곤경에 빠진 이 남자를 딱하게 여겨주는 이가 아무도 없네."

인간적인 특징들(기발한 상상력뿐 아니라 깊은 취약성까지)을 제거하고『베다』를 읽는다면 매우 빈약한 접근이 될 것이다. 장모님한테 구박받을까봐 걱정하는 것도『베다』의 독해에 반드시 포함되어야 한다.

〈8〉

학교에서 종교를 불교로 기재하지 못하게 했을 때 실망한 이유 중에는 고대에 매우 번성했던 비하르가 불교 문화와 불교 계몽주의의 발상지이자 중심지였다는 점도 있었다. 비하르 주의 주도 파탈리푸트라(현재의 파트나)는 기원전 3세기부터 1000년도 넘게 인도 통일 제국들의 수도였다. 그리고 이곳에 있었던 위대한 영광 중 하나가 세계 최초의 대학인 날란다 대학이다. 날란다 대학은 5세기부터 12세기까지 불교 기반 교육기관으로 융성했다. 유럽에서 가장 오래된 이탈리아의 볼로냐 대학이 1088년에 세워졌으므로, 볼로냐 대학이 생겼을 때 날란다 대학은 전 세계에서 매년 찾아오는 수천 명의 학생들을 교육하면서 이미 600년이나 이어지고 있었다.

동아시아 전역에서 모여든 학생들이 날란다 대학에서 공부했으므로 2009년 동아시아 정상회담에서 날란다 대학을 되살리려는 프로젝트가 진지하게 시도되었다. 이탈리아에서 가장 많은 부수가 유통되는 신문인『코리에레 델라 세라Corriere della Sera』는 「날란다의 귀환Ritorno a Nalanda」이라는 제목의 기사에서 2014년 9월에 날란다 대학에서 다시 수업이 시작될 것이라고 보도했다. 세계 고등교육 역사에서 주목할 만한 순간이었다. 나 개인적으로는 새로운 날란다 대학의 총장이 되었기 때문에 더욱 감회가 깊었다.

70년 전 세상 모든 것이 인상적이던 아이였을 때 날란다 대학이 다시 세워질 수 있을지 궁금해했던 것이 생각났다. 나는 외할아버지에게 날란다 대학이 "정말로 영영 사라져 없어진 것인지" 여쭤보았는데, 늘 문화적 낙관주의를 가지고 계셨던 외할아버지는 이렇게 대답하셨다. "아마 아닐 거야. 오늘날에도 날란다 대학은 우리에게 좋은 일을 아주 많이 해줄 수 있을 거거든."

1500년도 더 전에 날란다에서 수업이 열렸을 때는 대학 교육이라고 부르는 것에 상응할 만한 교육을 제공하는 곳이 전 세계에서 여기 하나뿐이었다. 날란다는 완전히 새로운 지평을 열었고 불교학뿐 아니라 언어, 문학, 천문학, 관찰 과학, 건축학, 조각, 의학, 공중 보건학 등 다양한 분야에서 고등교육을 제공하면서 독보적인 교육기관으로 자리매김했다. 인도 곳곳에서, 또한 중국, 일본, 한국, 그 밖에 불교와 관련이 있는 많은 다른 나라에서 수많은 학생이 찾아왔고, 7세기경이 되면 이곳에 거주하며 공부하는 학생이 1만 명이나 되었다. 사실 고대에 중국 밖의 교육기관 중 중국인이 고등교육을 받으러 간 적이 있는 곳은 이곳이 유일하다. 인도만이 아니라 세계에도 이러한 대학이 필요했고, 날란다는 점점더 융성했다. 옛 날란다 터의 발굴 작업에서 드러났듯이, 날란다와 날란다를 본받아 생겨난 교육기관들이 비하르 인근 지역들에서 제공한 교육은 세계에 막대한 가치를 더해주었다.[7]

어렸을 때부터 날란다와 매우 가까운 데 있었는데도, 최근에 (날란다 인근의) 텔하라에서 진행된 발굴 작업을 보았을 때 깜짝 놀랐다. 1000년 전에 이런 강의실 건물과 기숙사는 세계에서 유일했을 것이다. 고대의 폐허를 발굴할 때 가장 뜻밖일 법한 발견이 오늘날의 학생 기숙사와 비슷하게 작은 방들이 촘촘하게 들어서 있는 건물과 강의실들이 있는 커다란 건물들이 아닐까? 입학 기준이 높은 고등교육기관으로서 날란다 대학은 여러 부속 교육기관들과 네트워크를 이루고 그곳으로부터 학생들을 받았다. 10년간 날란다에 머물면서 최초로 의학과 공중 보건에 대해 인도와 중국을 비교한 저술을 남긴 유명한 의정義淨 스님(635~713)을 비롯해 중국 학생들은 광저우에서 먼저 수마트라(당시에는 스리비자야 왕국의 주요 도시였다)로 와서 산스크리트어를 배웠다. 의정은 산스크리트어를 충분히 배우고서 뱃길로 오늘날의 캘커타와 그리 멀지 않은 탐랄립타를 경유해 날란다로 갔다. 7세기에 비하르에는 불교 기반 대학이 네 군데 더 있었는데, 대체로 날란다를 본떠 만들어진 기관이었다. 그리고 10세기가 되면 그중 하나인 비크람실라가 날란다와 필적할 정도로 뛰어난 교육기관이 되었다.

700년 넘게 성공적인 고등교육기관으로 기능하던 옛 날란다는 1190년대에 서아시아로부터의 일련의 외침을 받아 파괴되었고 이때 비하르의 다른 대학들도 파괴되었다. 북인도를 무자비하게 정복한 침략자 바크티아르 킬지Bakhtiar Khilgji 본인이 날란다의 파괴에 직접적인 책임이 있는 것인지(일반적으로는 그렇게 알려져 있다)를 두고는 논란이 있다. 하지만 침략자들에게 폭력적으로 파괴되었다는 사실은 분명해 보인다. 필사본 문서들이 가득했던 9층짜리 도서관이 불타는 데 사흘이나 걸렸다고 한다. 날란다의 파괴는 1167년에 옥스퍼드가 세워지고 얼마 뒤, 그리고 1209년에 케임브리지 대학이 세워지기 10년 전에 벌어졌다. 인도에서 무슬림 군주들, 특히 무굴 제국 군주들이 고등교육을 후원하는 것으로 명성을 떨치게 되는 것은 한참 뒤이며, 그때쯤이면 날란다는 전혀 남아 있지 않았다.

〈9〉

날란다는 인도의 유산이자 세계의 유산이며, 현대에 날란다를 되살리려는 시도는 아시아의 여러 국가들, 특히 동아시아 정상회담 국가들로부터 지지와 지원을 받았다. 인도 정부도 처음에는 열의가 있었지만, 2014년에 정권이 바뀌고 힌두트바Hindutva(힌두 우월주의)와 정치적 힌두주의가 상정하는 우선순위가 지배적이 되면서 날란다와 그것의 불교적 세계관을 되살리려는 계획에 중대한 차질이 여러 번 빚어졌다.

하지만 고대의 날란다는 여전히 필요하다. 한 가지 이유는, 오늘날 인도의 고등교육에서 교육의 질이 상당히 간과되고 있는 것과 달리, 날란다가 교육의 질에 초점을 둔 곳이었다는 데 있다. 또한 인류를 분파적이지 않은 시각으로 보는 견해 등 날란다의 불교적 특징은 오늘날 고대 인도를 '힌두의 인도'로 해석하는 데 강한 이해관계가 있는 사람들에게는 반갑지 않을 것이다. 인도 전통 중에서 인간을 분할해서 보는 것과 관련된 거대한 악습, 즉 카스트 제도나 불가촉천민이라는 범주 등이 붓다와 붓다가 일으킨 불교 전통에서는 강하게 거부되었다는 점도 중요하다. 이러한 분할적 악습에 맞서 싸운 20세기 지식인 B. R. 암베드카르B. R. Ambedkar는 자신의 입장을 확고히 드러내기 위해 불교로 개종하기도 했다. 날란다는 그러한 평등주의적 비전과 밀접하게 관련이 있었고, 평등주의적 비전을 갖는 것은 고등교육에서, 그리고 교육 전체적으로도 매우 중요하다.

고대 날란다의 교수법도 현대 세계에 시의성이 있다. 이곳에서 공부한 중국인들의 기록에서 볼 수 있듯이, 날란다는 대화와 토론을 아주 많이 활용했다(심지어 고대 그리스에서보다도 더 했던 것으

로 보인다). 이러한 변증법적 방법은 이례적이었을 뿐 아니라 지극
히 효과적이었다. 날란다의 영향이 아시아 전역에 퍼진 것은 서로
이야기하고 서로에게서 배우는 과정을 통해 이루어진 일이었다.
싱가포르 아시아 문명 박물관Asian Civilization Museum은 이러한 지식
교류와 전파의 과정을 '날란다의 길'이라고 불렀다.

한번은 날란다의 새 교정에서 열린 아시아 역사에 대한 세미나
에 가게 되었는데, 실크로드가 날란다에 미친 영향을 묻는 질문이
나왔다. 실크로드는 상인들이 아시아와 유럽을 오갈 수 있게 해준
육상 교역로로, 약 6400킬로미터 거리에 달한다. 실크로드는 중
국 한漢 왕조 시대이던 기원전 3세기와 기원후 3세기 사이에 생겼
고 당시에 실크가 중국의 핵심 수출품이었던 데서 이름이 유래했
다. 실크로드는 교역에도 중요했지만 사람들과 아이디어들이 섞
이고 교류하는 데도 막대하게 중요했다. 그런데 여기에서 우리가
물어야 할 질문은 실크로드의 중요성도 아니고 경계를 넘어 사람
들이 상호 연결되는 데 교역이 갖는 중요성도 아니다. 이런 점들
은 논란의 여지가 없다. 우리가 물어야 할 것은 인간 상호 간의 접
촉을 촉진하는 데 교역과 상업이 갖는 중요성에만 너무 초점을 둔
나머지 사람들이 경계를 넘어 상호작용하도록 촉진한 또 다른 영
향들은 가치 절하되고 있지 않은지다. 이를 테면, 〔교역로였던〕 실
크로드의 역할만 너무 강조하느라 〔학문의 길이었던〕 '날란다의 길'
도 문명들 사이에 방대한 상호작용을 가능케 했다는 점이 간과되
는 것이다.

심지어 최근에는 옛 날란다가 실크로드의 부산물이라는 어리
둥절한 주장도 있었는데, 이것은 크게 잘못된 주장이다. 날란다가
실크로드 상에 있지도 않고 실크로드와 별 관련도 없었거니와, 날

란다의 핵심은 상품 교역이 주된 동기가 아닌 또 다른 유형의 상호작용을 추동했다는 점에 있기 때문이다. 교역이 사람들을 모이고 교류하게 한다면(물론 그렇다), 지식과 깨달음의 추구도 사람들을 모이고 교류하게 한다. 종교와 윤리, 그리고 수학, 과학, 공학, 음악, 예술 등에 대한 헌신과 추구는 수천 년 동안 사람들이 먼 곳을 가로질러 뭍길과 물길로 이동하도록 추동한 요인이었다. 이러한 여정의 동기는 상업적 이득의 추구가 아니라 아이디어와 사상의 추구였고, 여기에서 사상은 종교 사상으로만 국한되지 않았다.

오늘날 국가의 경계를 넘나드는 상호작용을 '교역'의 프리즘으로 보려는 관점이 크게 관심을 얻고 있고, 물론 실크로드는 이와 관련해 주요한 역사적 사례다. 하지만 국가와 지역을 넘나들며 움직이도록 사람들을 추동하는 데는 오랫동안 학문의 추구도 그에 못지않게 중요한 역할을 해왔다는 사실이 가려져서는 안 된다. 세계화는 비즈니스의 추구에서만 나오는 것이 아니라 서로 이야기를 나누고 서로에게서 배우는 데서 나오는 것이기도 하다.

〈10〉

옛 날란다는 전 세계적인 상호작용의 전통 속에 있었고 그것은 오늘날에도 매우 필요하다. 날란다의 새 교정은 라지기르(예전에는 라자그리하라고 불렸다)라는 오랜 도시의 가장자리에 있으며, 옛 터에서 몇 킬로미터 떨어져 있지 않다. 이곳은 붓다 사후에 '토론을 통해 불일치를 해소하기 위해 열렸던' 제1차 불교경전결집 Buddhist Council이 열린 곳이기도 하다. '결집'은 기원전 3세기에 아쇼카 황제가 소집해 파탈리푸트라(파트나)에서 열린 제3차 결집이 가장 유명한데, 규모 때문이기도 하고 토론을 통해 차이들을 다루

는 것의 중요성을 강조했기 때문이기도 하다. 날란다는 세계 최초
로 "토론에 의한 통치"(19세기에 월터 배젓Walter Bagehot이 존 스튜어트
밀John Stuart Mill의 개념을 이어받아서 쓴 표현이다)가 시도된 장소에 있
는 셈이다. 민주적 사상의 역사에서 과거는 현재성을 가지며 역사
는 현대 세계에 교훈과 영감을 준다.

산티니케탄에서 학교에 다닐 때 우리는 날란다와 라지기르로
자주 수학여행을 갔다. 약간의 추위를 견디며 텐트에서 잤지만,
바깥의 모닥불이 어느 정도 온기를 제공했고 우리는 모닥불 주위
에서 자정이 한참 지나서까지 수다를 떨었다. 선생님들은 우리가
무언가 교육적인 것을 이야기하게 하려고 노력하셨지만, 우리의
대화는 심오한 것과는 거리가 멀기 일쑤였고 뜬금없는 유머도 많
았다. 때로는 여행을 온 남녀공학 학생들 사이에서 맹렬히 발달했
다가 쉬이 사라지는 약간의 로맨스도 있었다. 하지만 이중 어느
것도 낮에 불교의 발자취와 고대 역사를 부지런히 탐험하는 것에
방해가 되지는 않았다.

2부

HOME IN THE WORLD:
A MEMOIR

অমর্ত্য কুমার সেন

7장

마지막 기근

⟨1⟩

1942년 초 무렵이면 나는 산티니케탄에 잘 정착했다고 느끼고 있었다. '평화의 집'(산티니케탄)은 놀라울 만큼 고요했다. 걸어서 나 자전거로 어디든 갈 수 있다는 것도 좋았다. 자동차가 거의 없다시피 하다는 점은 그곳 생활에 익숙해지면서 점점 더 좋아하게 된 특징이었다. 또한 무엇보다, 산티니케탄 학교의 풀어주는 교육 분위기가 좋았고 교과 과정 외에도 온갖 놀랍고 흥미로운 것을 배울 기회가 있는 것이 좋았다. 나의 삶을 바꾼 자유분방함으로, 나는 '오픈 액세스'와 '사용자 친화성'을 구현한 학교 도서관을 마음 껏 돌아다니면서 이것저것을 맛보았다.

하지만 개인적으로 나의 삶은 좋았어도 인도 안팎의 세상에서는 긴장이 높아지고 있었고, 나도 그것을 모를 수 없었다. 광포한 세계 대전이 한창이었고 동부 전선이 점점 더 인도에 가까워지고 있었다. 하지만 인도의 문제는 외부에서만 오고 있는 게 아니었다. 정치적으로 촉진된 힌두와 무슬림 사이의 갈등이 고조되었고, 설상가상으로 식품 가격 급등도 문제였다. 식품 가격 급등이 야기하는 심각한 곤경은 벵골의 많은 가정에서(내 생각에는 거의 모든 가정에서) 끊이지 않는 논읫거리였다. 이 모든 일이 내가 함께 살고 있는 외할아버지와 외할머니, 그리고 부모님을 포함해 산티니케탄을 자주 방문하는 일가친척 모두를 매우 걱정하게 했다. 방학때 다카의 부모님 집에 가보니, 이곳에서는 걱정스러운 상황이 훨씬 더 피부로 느낄 만한 상태에 달해 있었다.

〈2〉

나는 1943년 4월에 기근의 첫 징후를 보았다. 200만~300만 명의 목숨을 앗아가게 될 이 기근은 '벵골 대기근'이라고 불린다. 기근 전해인 1942년 동안 식품 가격이 매우 가파르게 올랐다.

1943년 봄의 어느 날 수업 시간이 끝났을 때 더 어린 학생들이 우리에게 와서 정신이 이상해 보이는 사람이 교정에 나타났는데 나쁜 학생들이 잔혹하게 놀려대고 있다고 말했다. 우리는 야만적인 행동이 벌어지고 있는 현장으로 서둘러 달려갔다. 크리켓 경기장 근처에 두 악당이 있었다. 둘 다 우리보다 몸집이 훨씬 컸지만 우리는 수가 많았고 힘을 합해 그들이 나쁜 짓을 멈추게 할 수 있었다. 악당들이 욕설을 내뱉으며 가고 나서, 우리는 피해자에게 말을 걸어보았다. 그는 거의 일관되게 이야기를 하지 못했지만, 한 달 가까이 아무것도 먹지 못했다는 것은 알아낼 수 있었다. 이야기하는 동안 선생님 한 분이 오셨고, 선생님은 사람이 너무 오래 굶주리면 실제로 정신 착란 상태가 되기도 한다고 알려주셨다.

그는 내가 직접 본 첫 기근 피해자였다. 그리고 곧 굶주림을 피하는 데 지푸라기라도 잡고자 겨우겨우 움직여 우리 동네까지 온 사람들을 더 보게 되었다. 학기가 끝나고 여름 방학이 시작된 5월 무렵에는 그러한 사람들의 숫자가 더 많아졌다. 부모님이 나와 함께 있으려고 산티니케탄에 오셨는데(아버지가 계시던 다카 대학도 방학이었다), 그사이에 점점 더 많은 기근 피해자가 산티니케탄으로 오고 있었다. 그리고 학기가 다시 시작된 7월에는 조금씩 떨어지던 물방울 같던 것이 비참한 인간들의 거센 물줄기가 되어 있었다. 그들은 먹을 수 있는 것이면 무엇이라도 구하려 했다. 대부분은 거의 160킬로미터나 떨어진 캘커타로 가려 하고 있었는데, 캘커타에 빈민에게 음식을 제공해주는 곳이 있다는 소문을 들었기 때문이었다. 하지만 이것은 상당히 과장된 소문이었다. 정부는 사실상 구호 활동을 하고 있지 않았고 민간 자선 단체들이 제공하는 구호 활동은 애처로울 만큼 불충분했다. 하지만 아무튼 그 소문때문에, 굶주린 사람들은 캘커타로 향했다. 그들은 우리에게 약간의 먹을 것(먹다 남은 것이나 상한 음식이라도)을 얻어서 캘커타까지 살아서 갈 수 있기를 바라고 있었다.

상황은 계속 악화되었고 9월경이면 캘커타로 가려고 산티니케탄을 거쳐간 굶주린 사람들이 10만 명은 되는 것 같았다. 도움을 요청하는 아이, 여성, 남성의 목소리가 끊이지 않았다. 77년이 지난 오늘까지도 귀에 들리는 듯하다. 외할머니는 음식을 달라고 하는 사람 누구에게든 양철 담배통에 밥을 담아주도록 허락하셨다. 하지만 이렇게 덧붙이셨다. "마음이 아프더라도 누구에게든 한 번에 양철통 하나 분량만 주어야 한단다. 가능한 한 많은 사람을 도우려면 그렇게 해야 해." 나는 작은 양철통 한 그릇의 밥으로는 그리 멀리 가지 못하리라는 것을 알았지만, 적어도 무언가라도 할 수 있어서 다행이라고 생각했다. 그 시기에 산티니케탄에 온 사람 중 한 명이 4장에서 이야기한 조게슈와르다. 그는 산티니케탄에서 60킬로미터 정도 떨어진 둠카에서 죽기 일보 직전의 기아 상태로 산티니케탄에 도착했는데, 이모가 곧바로 먹을 것을 주어서 목숨을 살렸다.

〈3〉

기근이 맹렬한 기세로 분출한 1943년 봄과 여름에 나는 열 번째 생일을 앞두고 있었고 너무나 혼란스러웠다. 나는 ('이런 상황이 계속될 경우') 닥쳐올 재앙의 가능성에 대해 걱정스러운 논의들이 오가는 것을 들었다. 부모님과 외할아버지, 외할머니, 삼촌, 이모 등 모두 왜 식품 가격이 오르고 있는지, 이것이 멈추지 않고 계속 심해지면 얼마나 광범위한 기아 사태가 닥칠지와 관련해 이런저런 견해를 가지고 계셨다. 어느 날 아침에 외삼촌 칸카르마마는 "대규모 기근 발생 가능성도 배제할 수 없다"고 말했다. 1943년 초였던 것으로 기억한다. 나는 기근이 무엇인지 제대로 알지는 못했지만 걱정에 사로잡혔다. 경제학은 전혀 몰랐어도, 식품 가격이 급등하는데 사람들의 소득은 오르지 않는다면 많은 사람이 굶주리게 될 것이고 사망할 수도 있다는 것 정도는 알고 있었다. 비극과 파국에 대해 식구들 사이에 오가던 이야기를 듣는 것은 빠르게 철이 들기에 정신이 번쩍 드는 방법이었다.

가장 즉각적인 질문은 1942년에 식품 가격, 특히 벵골의 주식인 쌀값이 급격히 상승한 원인이 무엇인가였다. 1942년은 기근이 있었던 해가 아니라 그보다 1년 전이었다. 당시에 사람들이 생각했던 것처럼 1942년에 이미 식품 가격이 빠르게 오르고 있었던 것이 (그래서 공황을 유발했다는 것이) 맞는가? 30년 뒤에 경제학자가 되어 기근을 연구하게 되었을 때, 벵골 대기근 당시에 이곳 사람들이 식품 가격에 대해 느끼고 있었던 바가 전적으로 정확했다는 사실을 확인할 수 있었다. 예를 들어 캘커타 칼리지 가 시장의 쌀값(이에 대해 상당히 믿을 만한 데이터를 구할 수 있었다)이 1942년 1월 초부터 8월 중순 사이에 이미 37퍼센트가 올랐고 그해 말까지는 70퍼센트가 올랐다. 식품 가격이 이토록 급격히 상승하면 비참한 수준의 저소득으로 살아가던 사람들은 생존 자체가 심각한 위험에 처하게 된다. 1943년에는 상황이 한층 더 악화되어서, 1943년 8월 무렵 쌀 가격이 1942년 초에 비해 다섯 배가 되었고 이 시점이면 벵골 인구 상당수가 기아를 피할 수 없게 되었다.

왜 상황이 이 지경으로 흘러가도록 두었는가? 당시 식민 통치 하이던 인도 사람들은 기아를 막을 정책을 실시할 권한이 없었지만, 영국도 그랬는가? 이 기근은 멈추기가 정말로 어려운 것이었는가? 그렇지 않았다. 문제는 벵골에 가용한 식품 총량이 얼마나 되는지를 영국이 잘못 파악한 것이 아니라 기근에 대한 그들의 이론이 완전히 잘못되었다는 데 있었다. 영국 정부는 벵골에 식품이 많으니 기근은 발생할 수 없다고 보았다. 실제로 벵골 전체적으로 가용한 식품 공급량은 충분했다. 하지만 이것은 공급의 측면에서 그렇다는 이야기이고, 식품 수요가 매우 가파르게 증가하면서 가격을 급격히 밀어올리고 있었다. 전시의 호황 경제에서 뒤로 밀려난 사람들은 식품 확보 경쟁에서도 밀려났다.

일본군이 버마와 인도의 국경 지역에까지 도달해 있었고, 일본군 일부와 인도국민군Indian National Army(2차 대전 중에 인도에서 영국제국군으로 차출되었다가 동아시아와 동남아시아에서 일본군에 포로로 잡힌 사람들을 인도의 독립 운동 지도자 네타지 수바스 찬드라 보스Subhas Chandra Bose[네타지Netaji는 지도자라는 뜻이다]가 규합해 영국과 싸워 인도 독립을 쟁취한다는 목표로 세운 부대)은 인도 땅인 임팔에까지 와 있었다. 인도를 통치하는 영국군, 영국 본토군, 나중에는 미군까지, 모두가 식품을 사들이고 있었다. 이들과 군 건설 등 전시 지원 활동에 고용된 모든 사람이 식품의 상당 부분을 소비하고 있었다. 전쟁 관련 건설 프로젝트는 새로운 일자리와 소득을 창출했다. 내 기억에 간이 이착륙장이 벵골 여기저기에 지어지고 있었다. 수요가 견인하는 가격 상승이 엄청난 속도로 벌어지고 있었고, 여기에 사재기와 투기 수요까지 더해져 식품 가격은 더욱 가파르게 상승했다.

그게 얼마나 사실이든 간에 가용한 식품이 많이 존재한다는 '정보'를 먹고 살 수는 없다. 사람들은 자신에게 필요한 식품을 실제로 구매할 수 있는 역량에 의존해 먹고살며, 시장경제에서 그 역량은 다른 이들과 경쟁 관계에 있다. 가용한 식품량(시장에 전체적으로 식품량이 얼마나 존재하는가)과 식품 접근 역량(각 가정이 시장에서 실제로 얼마나 많은 식품을 살 수 있는가) 사이에는 큰 차이가 있다. 기아는 사람들이 시장에서 충분한 식품을 **구매**할 수 없어서 발생한 현상이었지 시장에 나올 수 있는 식품량이 충분하지 못해서 발생한 현상이 아니었다. 나는 1970년대에 세계 곳곳의 기근을 연구하면서 '가용한 총식품량food availability'이 아니라 각 가정이 가지고 있는 '식품 접근 역량food entitlement'에 초점을 두는 것이 얼마나 중요한지를 더 명확하게 알 수 있었다.

기근의 원인에 대한 기초적인 이 분석이 딱히 복잡하거나 새로운 것이 아니었다는 점을 짚어두어야겠다. 벵골의 식품 공급량이 급격하게 떨어지거나 한 건 아니었는데도, 전시 경제에서 수요가 증가하면서 식품 가격이 급등해 낮은 수준의 고정 임금을 받던 가난한 노동자들에게는 도달할 수 없는 수준이 되었다. 도시에서는 임금이 (정도 차이는 있었지만) 식품 가격과 함께 상승할 수 있는 여지가 있었다. 전시 경제에서 노동 수요가 증가했기 때문이다. 하지만 농촌의 임금은 거의 혹은 전혀 오르지 않았다. 따라서 기근으로 가장 큰 피해를 본 집단은 농촌 노동자들이었다. 하지만 정부는 그들에게 그리 신경을 쓰지 않았다. 정부는 전시 자원 동원 활동에 차질이 생길까봐 도시에서 소요가 일어나지 않게 하는 데만 신경을 썼다.

도시 인구, 특히 캘커타 인구가 충분한 식량을 가질 수 있게 하려고 정부는 캘커타의 상점들이 낮은 가격으로 식량을 판매하도록 가격 통제를 실시했다. 낮은 가격으로 식량을 분배하는 이 시스템은 캘커타 인구 거의 전체를 포괄했다. 그리고 캘커타 인구 전체에게 식품을 분배하는 데 필요한 식량은 농촌의 시장에서 가격이 얼마든지 간에 돈을 내고 조달해왔다. 이는 농촌의 식품 가격을 더 밀어올렸고 농촌의 빈곤과 기아는 더 악화되었다. 그러는 동안 도시 사람들은 통제 가격으로 식품이 분배되는 상점에서 사실상 엄청난 정부 보조를 받아 싸게 식품을 구매할 수 있었다. 즉 농촌의 고통이 정부의 정책 때문에 한층 더 심화되었던 것이다.

⟨4⟩

벵골의 문화 잡지들은 더 많은 식량이 이곳에 들어와 유통되게 했더라면 충분히 기아를 막을 수 있었을 거라고 보았고, 따라서 영국 정부가 기근을 막기 위해 아무런 조치도 취하지 않은 것을 비난했다. 그러한 잡지 중 하나인 『데시Desh』는 1943년 7월에 놀라운 사설을 게재했다. 그 사설은 벵골의 기근 상황을 로마가 불타는 동안 바이올린을 켰던 네로 황제에 빗댔고, 사설의 제목은 신랄하게도 「처칠 정부의 영광」이었다. 벵골어로 쓰인 이 사설은 강력한 어휘로 이 기근은 윈스턴 처칠 총리가 벵골에 더 많은 식품이 들어오게 했더라면 충분히 막을 수 있는 기근이었다고 주장했다. 이러한 진단은 정부가 기근의 원인을 제대로 파악하지 못했던 것과 관련된 몇 가지 점들과 기근을 막을 수 있었을 또 다른 방법들을 간과한 것일 수 있다. 하지만 정부 비판의 기본적인 골자에 심각한 오류는 없었다.

기근 시기에 벵골의 일간지들은 엄격하게 검열되었지만 독자가 더 적은 문화 잡지들은 상대적으로 자유롭게 발간되었다. 외할아버지는 그런 잡지 몇 권을 꾸준히 읽으셨는데, 특히 벵골어 주간지 『데시』와 벵골어 월간지 『프라바시Prabashi』를 높이 평가하셨다. 외할머니는 점심을 드시고 오후가 되면 나무 평상에서 쉬시면서 그런 잡지를 읽으셨고 내게 내용을 알려주셨다. 나는 기사들이 제시하는 주장에 매우 관심이 있었다. 아니, 관심이 있는 정도를 넘어서 맹렬히 집중했다. 사촌 누나와 형들도 산티니케탄에 오면 이곳에서 벌어지고 있는 상황 전개에 대해 구할 수 있는 정보들을 얻고자 했다. 나는 그들과 아주 많은 대화를 나누었고 특히 나보다 두 살 많은 코콘다(칼리안 다스굽타)와 이야기를 많이 나누었다. 코콘다는 자신이 가진 더 '어른의' 관점을 내게 이야기해주었다. 또한 외삼촌 칸카르마마는 1931년에 출간된 펄 벅Pearl Buck의 장편 소설 『대지The Good Earth』를 내게 한 권 주셨는데, 나는 중국의 기근을 소설로 설명한 이 긴 장편을 병적인 매혹을 느끼며 천천히 읽었다.

하루는 디디마[외할머니]가 『프라바시』의 슈라본Shrabon[벵골력으로 몬순 월] 특별호에 실린 분석 기사의 내용을 읽어주셨다.

1943년 8월이었다(나중에 나는 그때 내가 들었다고 기억하는 것이 실제로 그 기사에 실렸던 내용이 맞음을 확인했다). 그 기사는 식품 가격의 급등을 전시 지원 활동에서 고용이 증가하면서 도시 지역에서 식품 구매가 증가한 것과 연결시켰다. 여기에는 뱅골 등지에 주둔한 군인들의 소비를 위한 구매도 포함되어 있었다(우리가 있던 곳과 멀지 않은 곳에서 군인들이 일본군과 대치하고 있었다). 『프라바시』는 전시 지원 활동의 필요성을 부정하지는 않았지만, 식품 가격이 올라 농촌 빈민들의 삶이 황폐해진 것을 포함해 그것이 일으킨 고난에 당국이 전혀 관심을 보이지 않는 것을 비판했다.

⟨5⟩

웨스트민스터 의회는 뱅골 기근의 재앙을 논의하지 않았을까? 거의 기근이 끝난 1943년 10월까지는 논의하지 않았다. 그때까지는 기근에 대한 소식이 영국 대중에게 알려지지 않도록 면밀하게 통제되었다. 이것은 매우 중요한데, 인도는 전근대적인 통치 체제였다 치더라도 인도의 통치를 관장하던 영국은 민주주의가 작동하는 정치 체제를 가진 국가였기 때문이다. 이 대조와 모순은 델리에서뿐 아니라 산티니케탄에서도 매우 많이 논의된 주제였다. 우선, 공산당원이거나 공산당에 가까운 친척들은 무능한 '부르주아 민주주의'가 무언가를 하리라고 기대한다는 개념 자체를 비웃었다. 하지만 그들의 반식민주의는 (1941년 6월에 스탈린이 이전의 입장을 180도 바꾸어 독일과 싸우기로 하면서) 소련이 전쟁에서 영국과 협력하자 혼란스러워졌다. 한편, 간디주의자, 의회사회주의자, 수바스 찬드라 보스(이 인물에 대해서는 9장에서 더 설명할 것이다) 지지자 등은 영국 정부가 뱅골의 대규모 기근에 대처하기에 본질적으로 능력이 없었다고 보기보다는 행동을 취하지 않기로 결정한 정책 선택상의 문제를 지적했다. 나는 이러한 논쟁을 열중해서 들었지만 무엇이 맞는지 알아내기는 어려웠다. 40년 뒤에 〔기근을 연구하는 경제학자가 되어서〕 나는 그때 거실 구석에 앉아 삼촌, 이모들 중 누가 논쟁에서 '이긴' 것인지 알아내려 애쓰면서 이야기 듣기에 열중했던 것을 종종 떠올렸다.

하지만 벵골이 18세기(영국이 벵골 통치를 시작한 시기) 이래로 본적이 없는 대기근으로 폐허가 되는 동안 웨스트민스터의 의회도, 그렇게나 활발한 영국 신문들도, 이에 대해 충분히 논의하거나 보도하지 않았다는 것만큼은 분명한 사실이다. 영국 대중은 벵골의 상황에 대해 깜깜했다. 앞에서 말했듯이 구독자가 많았던 벵골어 신문들은 전쟁에 불리한 이야기가 퍼지는 것을 막기 위해 검열되었다. 그리고 캘커타에서 발간되던 유명한 영어 신문 『더 스테이츠먼The Statesman』(영국 소유이고, 충성스러운 영국인 이언 스티븐스Ian Stephens가 편집장을 맡고 있었다)은 전시 지원에 동참하기 위해 기근 이야기는 알아서 보도하지 않았다. 굶주린 사람들을 찍은 슬픈 사진을 몇 장 게재하기는 했지만, 그 사진에 논평이나 설명은 달려 있지 않았다.

이렇게 정보가 깜깜하던 상황은 1943년 10월에 이언 스티븐스가 입장을 바꿔 저항하기로 하고서야 달라졌고, 그 전까지는 브리티시 라지가 부과한 검열과 『더 스테이츠먼』의 자발적인 침묵이 결합해 벵골의 기근에 대해 대중적인 논의가 이뤄질 수 있는 길이 막혀 있었다. 정치적 입장을 막론하고 나의 친척들 모두가(민족주의자, 사회주의자, 공산주의자, 리버럴 민주주의자 등 정치적 입장이 다양했다) 기근에 대한 보도와 분석이 억압되고 있는 상황에 맹렬히 분노하는 데서는 일치단결을 이뤘다.

⟨6⟩

전시 지원 활동은 계속되었고 강화되었다. 1943년에 식품 가격은 더 빠르게 상승했다. 경제 활동이 증가하고 시장 수요가 빠르게 증가했기 때문이기도 했지만, 사재기와 투기적 시장 조작 때문이기도 했다. 쌀값은 8월까지 계속 빠르게 올라, 앞에서 말했듯이 1942년 초의 다섯 배가 되었다. 물론 당시에 나는 이런 수치들을 알지 못했고 『프라바시』, 『데시』 등 벵골어 잡지들도 구체적인 숫자를 보도하지는 않았다. 하지만 이 잡지들은 가격 상승의 원인 및 결과와 관련된 사실들과 기아의 확산에 가격 상승이 미치는 영향을 독자들에게 알리기 위해 애썼다. 또한 브리티시 라지가 전시 지원 활동으로 발생한 농촌의 궁핍을 완화하려는 조치를 취하지 않은 것을 비판했다.

모든 기근이 그렇듯이 1943년의 벵골 대기근도 계급 기반의 재앙이었다. 우리 집과 우리 학교 학생들의 집도 포함해서 상대적으로 살 만한 집 사람들은 수백만 명이 사망한 재앙에서 생존하는 데 그리 어려움이 없었다. 물론 식품값이 오르는 것은 모두에게 불만이었지만 비교적 경제적으로 괜찮았던 사람들은 기근의 경계로까지 몰리지는 않았다.

⟨7⟩

기근이 최고조이던 10월 초에 아버지와 며칠 캘커타에 간 적이 있다. 아버지는 캘커타에 볼일이 있으셨고 나는 그 전해 12월에 '큰 도시'에서 (멀리 있는 키디르푸르 항구를 일본이 폭격하기는 했지만)

195

재미있는 시간을 보냈었기 때문에 따라가고 싶었다. 하지만 이번에 본 캘커타는 너무나 달랐고 두렵기까지 했다. 거리마다 굶주린 사람이 가득했고, 난생처음으로 나는 사람들이 정말로 굶어서 죽는 것을 보았다. 캘커타 일부 지역에서 민간 자선 단체가 먹을 것을 제공하는 긴급 구호 프로그램을 운영하기는 했지만 충분히 많은 사람에게 도움을 줄 수는 없었다. 한 사람이 한 번 이상 음식을 받지 못하도록 모든 구호소가 같은 시각에 문을 열었고, 굶주린 사람들은 음식이 동나기 전에 받을 수 있게 줄의 앞자리에 서려고 서로 싸우기까지 했다.

기근은 자신이 통제할 수 없는 상황으로 인해 극도로 궁핍해진 사람들 사이에서 일종의 도덕적 퇴락도 발생시켰다. 다른 이들을 밀치고 앞으로 나가려는 사람들의 모습을 보는 것은 힘겨웠다. 하지만 열 살인 내가 보기에도 이것은 상황이 부과한, 그들로서는 벗어날 길이 없는 일이었음을 충분히 이해할 수 있었다. 외할머니는 한 아이 엄마가 어디에선가 얻어온 음식을 무릎에 있는 쇠약해진 아이에게 먹이지 않고 자신이 먹으면서 목 놓아 우는 것을 보셨다고 했다. 그 엄마는 외할머니에게 이렇게 말했다고 한다. "우리는 더 이상 인간이 아니에요. 우리는 짐승이 되었습니다."

악몽 같은 벵골 대기근을 보면서 나는 이러한 기근이 다시는 일어나지 않게 만들 방법을 찾겠다고 결심했다. 이 결심을 선생님 중 한 분에게 말씀드렸더니 선생님은 미소를 지으면서 응원해주셨다. 하지만 기근을 완전히 없애는 것은 거의 불가능하다며 "현실에 천착해야 한다"고도 하셨다. 1970년대에 적어도 부분적으로라도 기근을 막을 수 있는 해법을 찾고자 연구를 시작했을 때, 힘빠지던 그 대화가 생각났다.

8장

벵골과 방글라데시라는 개념

〈1〉

  1944년 어느 날 오후, 어떤 남자가 피를 철철 흘리는 채로 고통
스러운 비명을 지르면서 우리 집 대문으로 들어왔다. 나는 방학이
라 다카에 와 있었고 우리 집인 자가트 쿠티르 마당에 혼자 있었
다. 카데르 미아Kader Mia라는 이름의 무슬림 일용직 노동자인 그
남성은 배와 등이 모두 심하게 칼에 찔린 상태였다. 이 근처의 어
느 집에서 (아주 작은 보수를 받고서) 약간의 일을 하고 자기 집으
로 돌아가던 길에 힌두 사람들이 주로 사는 이 동네에서 커뮤널
communal[1] 폭력을 자행하는 일당에게 피습을 당한 것이었다. 깊은
상처에 극심한 통증을 겪으면서 그는 물과 도움을 청했다. 나는
어쩔 줄을 모르는 채로 일단 물을 가지러 뛰어가면서 큰 소리로
부모님을 불렀다. 아버지가 급히 그를 병원에 데리고 갔지만 슬프
게도 그는 살지 못했다.

  열한 살이 되어가던 나는 커뮤널리즘적 분리가 굉장히 사악한
결과를 가져올 수 있다는 것 정도는 알고 있었다. 하지만 그날 오
후에 피를 철철 흘리는 카데르를 부축하려고 애쓰면서, 그리고 그

197

의 숨이 점점 더 가빠지는 동안 그가 물을 마실 수 있게 도우려고 애쓰면서, 나는 '만들어진' 분열과 '육성된' 적대가 일으키는 야만적인 공포를 갑자기 눈앞에서 보게 되었다. 사건의 잔혹함은 둘째로 치더라도, 나는 왜 카데르가 자신을 알지도 못하는 사람들에게 살해되어야 했는지를 도무지 이해할 수 없었다. 아니, 가늠조차 되지 않았다. 그렇게 온 열의를 쏟아 살인까지 저지른 사람들에게 중요했던 것은 오로지 카데르가 무슬림이라는 사실뿐이었다. 즉 카데르에게 특정한 종교 공동체의 정체성을 부여할 수 있다는 사실이 살해 이유의 전부였다.[2]

충격과 슬픔에서 어느 정도 정신을 추스르고 나서 부모님과 이 일에 대해 긴 대화를 나눴다. 끔찍한 시기에 점점 더 비관적이 되어가시던 아버지는 이렇게 말씀하셨다. "네가 알게 될 어떤 사악한 사건에 대해서도 그보다 더 혐오스러운 일이 있을 수 있다는 것을 생각해야 할 거야." 하지만 어머니는 이렇게 말씀하셨다. "아니야, 사람들이 이런 야만의 상태로 계속 살 수는 없을 거야." 그러자 다시 아버지가 말씀하셨다. "이것은 불합리한 폭력으로 가득한, 인간의 또 다른 얼굴이야. 우리가 아주 좋아하는 친절하고 인간적인 얼굴만큼이나 엄연한 실재이고 현실이라고."

그 이후로 식별 가능한 모종의 공동체로 사람들의 정체성을 규정하는 것에 너무나 자주 수반되는 야만성을 생각할 때마다 그날 오후의 기억이 되돌아오곤 했다. 종교 공동체를 가장 주된 정체성, 심지어는 유일한 정체성이라고 생각한다면 우리는 사람들을 '단지 무슬림' '단지 힌두' 또는 그 밖에 '단지 무언가'로만 배타적으로 규정하게 될 것이다. 커뮤널 갈등이 고조된 시점에 인간을 그렇게 한 가지 차원으로만 환원하면 폭력 선동에 일조하게 되기 쉽다. 나는 평생 공동체주의적communitarian 철학에 (그것이 특정한 집단 내부에서는 유대와 공감을 일굴 수 있다 하더라도) 회의적인 편이었는데, 아마도 공동체에 기반해 인간을 범주화하는 것에 수반되는 비인간성을 이른 나이에 목격한 경험 때문일 것이다. 수십 년 뒤에 나는 『정체성과 폭력: 운명이라는 환영Identity and Violence: The Illusion of Destiny』(2006)이라는 책에서 다른 이들을 (또 우리 자신을) 하나의 정체성으로만 보는 것의 위험성에 대해 논의했는데, 수십 년 전 카데르 미아가 피를 흘리며 숨져간 어느 날 오후에 시작한 어떤 여정 하나를 이제서야 마무리하고 있는 것일 뿐이라는 생각이 들었다.

⟨2⟩

병원에 가는 동안 카데르 미아는 아버지에게 자신의 아내가 커뮤널 폭동이 고조된 시기에 적대적인 지역에 가지 말라고 사정했었다고 말했다고 한다. 하지만 그는 일거리를 찾으러 나서지 않을 수가 없었다. 식구들이 먹을 것이 없었기 때문에 그는 작은 소득이라도 올려야만 했다. 경제적 자유의 부재가 그에게 일으킨 결과는 죽음이었다. 그 작은 소득을 굳이 올리지 않아도 될 만큼의 여유가 있었다면 위험한 시기에 위험을 무릅쓰고 위험한 곳에 일하러 가지 않아도 되었을 것이다. 카데르는 우리 어머니에게 굶주리는 자식들을 보자 그저 자식들 먹일 것을 살 수 있도록 무어라도 하기 위해 집을 나설 수밖에 없었다고 말했다.

나는 위험한 데 가지 말라고 남편에게 간청했을 카데르의 아내를 계속 생각했다. 이 사건은 오랫동안 내 생각을 지배했고, 빈곤이 사람에게서 얼마나 광범위하게 자유를 박탈할 수 있는지 인식하게 되었다. 빈곤은 살해당할 위험이 굉장히 높은 상황을 무릅쓰지 않을 자유도 포함해 모든 종류의 자유를 박탈할 수 있었다. 이 이야기는 계급과 매우 관련이 크다.

폭동의 시기에는 다들 누누이 듣듯이, 위험할 때 밖에 나가지 말라고 하는 것은 매우 합당한 조언이다. 하지만 밖에 나가지 않는 것이 자식을 굶주리게 두어야 한다는 것을 의미하면 어떻게 하는가? 커뮤널 폭동의 피해자 대부분이 사회에서 가장 가난한 계층 사람들이라는 것은 놀랄 일이 아니다. 언제나 그들은 가장 죽이기 쉬운 사람들이다. 인도에서 벌어진 커뮤널 폭력과 살육의 공포를 이해하려면 경제적 계급을 반드시 고려해야 한다는 점을 내가 깨달은 것은 그리 나이가 많이 들어서도 아니었다. 1940년대에 힌두-무슬림 폭동에서 목숨을 잃은 사람 대부분은 커뮤널 정체성으로는 무슬림과 힌두로 서로 달랐지만 계급 정체성으로는 같은 정체성을 가진 사람들이었다. 즉 그들은 다 가난한 노동자들이었다.

어렸을 때 친척들 사이의 대화에서는 계급에 대한 논의도 당연히 많이 오갔다. 어머니의 유일한 남자 형제인 외삼촌 칸카르마마는 인도국민회의 중에서 사회주의자 진영에 속해 있었고, 어머니의 사촌인 사티엔 센Satyen Sen(우리는 란카르마마Lankarmama라고 불렀고 나는 란카르마마도 [사실은 오촌이지만] 외삼촌이라고 생각했다)은 공산당이었다. 란카르마마는 1947년 인도-파키스탄 분할 이후에 동파키스탄에 남아 좌파 정치의 발달에 활발하게 관여했다. 또 다른 '삼촌'[역시 오촌이지만 내가 삼촌으로 여긴]인 아버지의 사촌 조티르모이 센굽타Jyotirmoy Sengupta(나는 시두카카Shidhukaka라고 불렀다)는 처음에는 민족주의적인 혁명가였다가 점차 공산주의 운동에 동조하게 되었다. 그는 인도 공산당 창립자 중 한 명인 무자파르 아흐마드Muzaffar Ahmad의 영향을 많이 받았는데 그들은 영국령 인도 감옥에서 만났다(당시에 감옥은 지식인들이 서로 만나고 친분을 트기에 좋은 장소였다).

친척 아저씨들은 다소간에 견해 차이를 보이긴 했어도 기본적으로는 모두 인도의 진짜 문제가 무엇인지를 분석할 때 계급이라는 차원을 염두에 두었고, 어머니는 이러한 논의를 주의 깊게 들으셨다. 이들이 논의하는 주제는 영국의 식민 통치라는 문제에만 국한되지 않았다. 물론 이들은 브리티시 라지에 저항하는 싸움에도 나섰고 내가 어렸을 때 영국령 인도 감옥에 자주 수감됐다(9장 참고). 민족주의적 정치가 영국을 몰아낼 수 있으리라는 데 회의적이었던 아버지와 달리 어머니는 훨씬 더 수용적이었고 특히 좌파 활동가들의 사상을 지지했다. 어머니는 마르크스주의 사상에 굉장히 관심이 있으셨고 "아마 네 아버지는 동의 안 하시겠지만"이라고 종종 덧붙이면서 나와 정치 이야기하는 것을 좋아하셨다. 주위에서 기근과 폭동이 횡행하는 동안, 계급 분석은 빈곤, 불평등, 기본적인 자유(자신의 생명을 담보로 하지 않아도 될 자유도 포함해서)의 박탈 등 우리를 고통스럽게 하는 것들에 대해 적어도 일부나마 설명을 제공해주는 것 같았다(이에 대해서는 이 책의 뒷부분에서 다시 이야기할 것이다). 이러한 생각들은 (훗날 내가 정치를 어떻게 이해하고 어떤 질문을 제기할 것인가에 영향을 준 것과 별개로) 수학의 추상적인 논의와 고대 문화와 문헌들에 매료된 한편으로 현실에서의 '인간의 삶' 또한 탐구열 가득한 내 마음에서 점점 더 분명하게 자리를 차지하기 시작했음을 보여주는 것이기도 했다.

〈3〉

벵골에서 커뮤널 폭동이 전적으로 새로운 현상이었던 것은 아니었다. 20세기 초의 몇몇 시기에 벵골에서 분파주의적인 선동으로 촉발된 힌두-무슬림 간 폭동이 일어났고(이를 테면 1926년에 캘커타에서 커뮤널 폭동이 있었다), 인도의 다른 지역에서도 마찬가지였다. 하지만 1940년대에 일어난 커뮤널 폭동은 진정으로 경악스럽고 전례가 없었다고 말할 수 있었다. 정치에서 '분할' 논의가 벌어지면서 누구는 분할을 요구하고 누구는 분할에 저항하는 와중에, 힌두-무슬림 간 분열을 들고 나와 자극하는 것은 이전 어느 때에 비해서도 흔한 일이 되었다. 1940년대에 끓어오르던 폭력은 (산티니케탄에서는 체감이 덜 되었지만 다카에서는 이러한 상황을 모르려야 모를 수가 없었다) 인도가 독립과 분할[인도-파키스탄 분할]을 향해가던 시기[1947년 직전 시기]에 정점에 올랐다.

무슬림 독립 국가 수립을 요구하며 분할을 강력하게 주장한 집단은 무함마드 알리 진나Muhammad Ali Jinnah가 이끄는 '무슬림 연맹 Muslim League'이었다.[3] 무슬림 연맹이 발표한 성명에 따르면 분할에 대한 이들의 요구는 사실상 인도 안에는 원래부터 힌두와 무슬림, 이렇게 별개의 '두 국가'가 존재해왔다는 '두 국가론two-nation theory'을 바탕으로 하고 있었다. 이 이론에 대해 우리 집에서도 많은 논의가 이루어졌는데, 두 국가론이 완전히 오류라는 데 완전히 의견이 일치했다. 외할아버지 크시티 모한 센은 두 국가론이 인도 역사에 대한 전적인 무지에서 비롯한 논리라고 생각했다. 우리 집 친척들은 무슬림과 힌두 사이에 지속적으로 존재했던 상호작용이 건설적이었고 우호적이었으며 각자의 종교 활동에 참여할 때를 제외하면 둘 사이의 차이는 기본적으로 그리 중요하게 여겨지지 않았다고 보고 있었다.

분할 요구를 시작한 것은 무슬림 연맹이었지만, 벵골에서 상류 계급(이자 대부분은 상류 카스트)에 속하는 힌두인들도 만약 인도가 분할된다면 그 일환으로 벵골도 분할되기를 바라는 쪽으로 입장이 빠르게 이동했다. 벵골은 무슬림 인구가 다수였기 때문에, 벵골 전체가 파키스탄에 속하게 될 경우 벵골에서 공직과 전문직을 장악하고 있어서 [무슬림보다] 더 특권층이고 상당히 더 부유하던 힌두인들이 권력과 지위를 잃을 수 있었다. 벵골의 중류층과 상류층 힌두인 사이에서 벵골의 분할을 **지지**하는 움직임이 있었다는 사실은 조야 차테르지Joya Chatterji가 최근에 펴낸 매우 통찰력 있는 연구서에 잘 나와 있다.[4]

정보에 제한적으로밖에 접근할 수 없었던 당대 사람들의 분석은 훗날 면밀한 역사적 연구를 통해 도출된 결론에 비할 수 없지만, 벵골에 사는 한 어린 관찰자도 당시에 벵골에서 힌두 상류층의 화법이 벵골의 화합을 견고하게 이야기하던 데서 벵골의 화합에 대해 의구심이나 혼란을 표출하는 쪽으로 바뀌고 있다는 것은 알아차릴 수 있었다. 벵골에서 벌어지던 이러한 흐름에 크시티 모한 센은 매우 분노했고 인도 전체를 분할한다는 개념에 대해서는 한층 더 낙담했다.

⟨4⟩

사실 벵골에서 분할, 혹은 분할 시도가 있었던 역사는 꽤 일찍부터 찾아볼 수 있다. 1905년 10월에 인도 총독 커즌 경Lord Curzon은 '동벵골 및 아삼' 지역을 분리하고 다카를 이곳의 새로운 수도로 삼는 방안을 추진했다. 통합된 벵골의 민족주의 운동이 영국 통치에 대한 저항을 북돋우고 있었기 때문이다. 영국의 벵골 분할 결정은 (분할이 되면 다카에서 정치적으로 우위를 점할 가능성이 있었던) 벵골의 무슬림들에게서 지지를 얻을 수 있으리라는 기대를 계산에 넣은 것이었지만, [이들도 포함해] 벵골 사회의 모든 분파에서 분할 시도에 대해 저항이 일었다. 결국 커즌은 분할 조치를 철회했고 1911년에 벵골은 다시 통합되었다. 그와 동시에 영국령 인도제국의 수도가 캘커타에서 델리로 옮겨졌다. 이때 분할 반대 운동이 낳은 한 가지 결과가 라빈드라나트 타고르가 지은 감동적인 벵골어 노래 「아마르 소나르 방글라」('나의 황금빛 벵골')다. 이 노래는 1906년 분할 반대 집회에서 선을 보였고 1972년에 방글라데시가 수립되면서 새로운 나라의 국가가 되었다.

1940년대에는 벵골 자체는 분할하지 않고 하나로 두되 벵골을 통째로 떼어서 독자적인 국가를 만들자는 안도 나왔다. 즉 옛 인도를 인도, 파키스탄, 벵골 이렇게 셋으로 나눈다는 것이었다. 몇몇 벵골 정치인이 제안한 이 안은 무슬림 중에서는 일부 지지자가 있었지만 힌두 상류층 사이에서는 거의 지지를 얻지 못했다. 우리 집 친척들 사이에서는 '분할된 인도에서의 통합된 벵골'이라는 개념에 대해 의견이 갈렸지만 지지하는 쪽이 훨씬 적었다. 기본적으로 우리 집 친척들은 어떤 종류든지 간에 인도의 분할을 반대했다.

⟨5⟩

다카에서도, 캘커타에서도, 산티니케탄에서도, 우리는 무슬림 친구가 많았다. 계급으로 분화된 사회에서 같은 계급 안에서는 [다른 차이들을 가로질러서도] 우정이 쉽게 생겨나는 법이다. 우리의 무슬림 친구들은 대부분 우리와 비슷한 사회 계층에 속해 있었다.

하지만 무슬림 사이에서 이들은 꽤 소수였고, 힌두 사람들에 비해 무슬림 사람들은 부유한 계층이 훨씬 적었다. 내가 직접 관찰한 바로도, 또 친척들 사이의 논의를 들어봐도, 무슬림 중에는 대학 교육을 받은 사람, 공직이나 전문직(의사, 변호사 등) 종사자, 그밖에 더 일반적으로 말해서 경제적으로 번성하고 있는 중산층에 속한다고 볼 수 있는 사람이 별로 없다는 것을 알 수 있었다. 이는 상류층에 무슬림이 다수 존재하는 북부 인도와 크게 대조적이었다. 나는 북부 인도의 도시인 러크나우에 갈 때마다 이 대조에 놀라곤 했다. 이모인 마마타Mamata (나는 라부마시Labumashi라고 불렀다)가 거기에 계셔서 나는 러크나우에 자주 놀러갔다. 이모부 사일렌 다스굽타Sailen Dasgupta는 러크나우 대학 역사학 교수였다. 나는 러크나우 대학 교정에 가보는 것도 좋아했고, 무엇보다 러크나우에 가면 이모와 이모부의 아들 솜샨카르(나는 박추다라고 불렀다)와 딸 일리나, 수모나와 이야기하며 놀 수 있는 게 좋았다.

러크나우의 풍성한 문화도 매우 인상 깊었는데, 이곳의 문화는 무슬림 상류층이 지배하고 있었다. 전통적으로 러크나우의 상류층은 무슬림 젠트리 계층이었고 여기에는 통치 귀족층이었던 나왑Nawab 사람들뿐 아니라(이들도 무슬림이다) 다양한 사람들이 서로 어울려 네트워크를 구성하고 있었다. 영국의 식민 지배라는 형태로 직면하게 된 재앙 속에서도 느긋하고 우호적이며 무해한 러크나우 무슬림 지배층의 라이프스타일을 사티야지트 레이의 영화 「더 체스 플레이어The Chess Player」(1977)에서 잘 볼 수 있다. 다카에도 상당수의 나왑 무슬림이 있었다. 하지만 이 정도를 제외하면 벵골 무슬림의 대다수는 부유한 사람이 아니었다.

벵골이 수세기간 무슬림 군주 치하였던 것을 생각하면 여기에는 의아한 면이 있다. 하지만 벵골의 무슬림 통치자들은 힌두 상류층과 중간층을 안락한 지위에서 몰아낼 생각도, 그들이 이슬람교를 받아들이도록 강요할 생각도 없었던 것 같다. 힌두인들은 무슬림 통치자의 궁정이나 군에서 고위직이 되고자 할 때도 자신의 종교를 버릴 필요가 없었다. 무굴 제국의 군 선서 의례에 대한 묘사를 보면 매우 놀라운데, 무슬림 장교는 알라의 이름으로 맹세했고 힌두 장교들은 비슈누의 이름으로 맹세했다.[5]

종교적 다원성은 16세기 중반의 악바르 대제부터 무굴 제국에서 일반적으로 견고하게 선포된 정책이었다. 로마의 캄포 데 피오리 광장에서 배교를 이유로 조르다노 브루노Giordano Bruno가 장작더미에서 화형당하고 있었을 때 악바르 대제는 아그라에서 종교적 관용의 중요성을 이야기하고 있었다. 많은 힌두 역사가가 후기 무굴 제국(특히 한 세기 뒤 아우랑제브 황제 치하)의 '커뮤널리즘적' 속성을 강하게 비판하곤 하는데, 외할아버지 크시티 모한 센은 당시에 확산되던 이러한 통념을 "상상된 역사"라며 반박하셨다. 아우랑제브는 자신의 궁정에 다수의 힌두인을 중용했고 측근 중에도 힌두인이 많았다. 크시티 모한 센은 이 주제에 대해서라면 가만히 물러나 있지 못했다. 분파주의적이고 반反무슬림적인 역사 해석이 혐오와 폭력을 일으키는 추잡스러운 역할을 하면서 커뮤널 분열을 고착화하고 있다고 보셨기 때문일 것이다.

16세기에 무굴 제국이 세워지기 이전에도 벵골의 무슬림 통치자들(아프가니스탄에서 온 파탄 족)은 궁정과 군에 힌두인들을 받아들이는 데 거부감이 없었다. 힌두의 상류층 중 이슬람으로 개종하는 사람도 거의 없었고 인도 북부에 살던 상류층 무슬림이 벵골로 들어오는 경우도 비교적 적었다. 자신들이 카이베르 고개 서쪽의 핵심 이슬람권 지역이던 페르시아, 아랍, 튀르키예 출신이라고 주장하는 아슈라프 사람들이 있었지만 이들의 이주는 많지 않았다. 14세기에 힌두인들이 이슬람으로 개종하는 흐름이 있긴 했는데, 이는 주로 힌두 사회에서 가난하고 주변화된 사람들 사이에서 일어난 일이었다. 사실 이때 이슬람이 된 사람들이 '힌두교에서' 이슬람교로 개종했다고 말할 수 있는지는 의문이다. 개종 전에 힌두 사회 자체에 동화되지 못했던 사람들인 경우가 많기 때문이다.

힌두와 무슬림의 간극이 벌어진 것은 동인도회사를 통한 통치를 시작으로 영국이 인도를 통치하게 되면서부터였다. 1793년에 벵골 총독 콘월리스 경Lord Cornwallis은 '콘월리스 법'이라고 불리는 새 칙령을 통해 토지 소유자들이 국가에 내는 세금 액수를 '영구적으로' 고정했다. 이로써 토지 소유자들은 소유권을 보장받는 것에 더해 수입 증가에 따라 과세가 증가하는 데서도 면제되었다. 이렇게 해서 토지를 안정적으로 확보한 사람들 다수가 힌두인이었고, 그중에서도 본인은 그 토지를 직접 경작하지 않고 먼 곳에 살면서 지대를 받아 먹고사는 사람들이 점점 더 많아졌다. 소작농들은 지대를 내야 했고 상당히 착취도 당했는데, 이들은 대개 무슬림이었다. 콘월리스의 영구정액제Permanent Settlement는 농업 노동자들에게서 농업 활동을 개선하려는 인센티브를 없앴고 토지 소유에 기반한 불평등을 고착시켜 경제에 막대한 해를 끼쳤다.

⟨6⟩

더 커가면서, 그리고 계급 범주의 중요성을 어느 정도 이해하게 되면서, 이러한 경제적 불평등이 분할 이전에 벵골에서 힌두와 무슬림 사이에 얼마나 뿌리 깊게 존재했는지 알게 되었다. 어머니는 운동가인 사촌들의 영향을 강하게 받아서 내게 생산수단(이 경우에는 토지)의 소유 여부에 따라 어떻게 사회적 거리가 형성되는지에 대해 조각조각으로나마 정보를 알려주셨다. 어머니는 명백히 무언가 중요한 것을 알고 계셨지만 이 사고의 흐름을 더 이어가지는 않으셨다(오랫동안 잡지 편집자로 일하셨지만 그 잡지에서도 이 생각을 그리 더 밀고 나가지는 않았다).

우리 일가는 많은 토지를 소유한 집안은 아니었다. 몇몇은 비교적 괜찮은 소득을 올리고 있었지만 토지에서 나오는 것이 아니라 전문직에 종사해서 얻는 소득이었다. 하지만 캘커타에서 몇 년을 보내면서 많게든 적게든 토지를 소유하고서 거기에서 규칙적으로 소득을 올리는 힌두 부재 지주를 많이 알게 되었다. 역사학자 라나지트 구하(나중에 나의 친구이자 동료가 된다)는 영구정액제라는 전적으로 부당한 시스템의 기원에 대해 방대한 연구를 수행했는데, 그 연구서에서 자신도 부재 지주 계층의 일원으로서 이 시스템의 수혜자였다고 인정했다.

어린 시절에 필자도, 그 세대 벵골 사람들이 많이들 그랬듯이, 영구정액제의 그늘 아래에서 살았다. 나의 생계는 우리 가족의 생계와 마찬가지로 우리가 가본 적도 없는 먼 곳의 소유지에서 나오는 소득으로 부양되었다. 나의 교육은 식민 당국이 콘월리스 경의 수혜자 계층 중에서 관료로 일할 사람을 채용하기 위한 필요성에 따라 이루어졌다. 나의 문화적 세계는 농민 대중의 토착 문화와 유리되었고 거의 전적으로 토지 수입으로 먹고 사는 중산층의 가치관에 둘러싸여 있었다.[6]

또 다른 중요한 역사학자인 타판 라이초두리Tapan Raychaudhuri도 토지 소유 계층의 일원이었던 자신의 경험을 묘사했다. 그의 집안은 구하의 집안보다 훨씬 더 많은 토지를 소유하고 있었고 그 토지가 있는 바리살 지역 가까이에 살았다. 라이초두리 본인은 평등주의의 실천에 매우 헌신하는 사람이어서, 벵골의 토지 소유 시스템이 일으키는 불평등을 매우 명료하게 지적했다.

> 자민다르zamindar(토지 소유자)로 존재한다는 것은 그 땅을 부치는 가난한 소작농들에게 왕족으로 대우받는다는 것을 의미했다. … 우리가 리오트ryot(경작자)들을 마주치면 그들은 우리가 영주나 주인이라도 되는 듯이 대했다. … 자민다르들이 … 한 세기 넘게 벵골의 농촌을 (그리고 어느 정도는 도시 사회도) 지배했다.[7]

종속적인 처지인 리오트 중에는 힌두인 중 낮은 계층 사람들도 있었지만 많은 수가, 아니 사실은 대부분이 무슬림이었다.

이러한 경제적 불평등을 생각하면, 사람들의 불만을 자극해 선동하는 정치에 벵골의 무슬림들이 잘 동원되었다는 것은 이상한 일이 아니었다. 1940년대 중반에 무슬림 연맹이 일시적으로 벵골 무슬림들의 마음을 사로잡는 데 성공한 것도 이상한 일이 아니었다. 이는 인도가 전체적으로 분할되는 데 막대한 영향을 미쳤는데, 토지 소유 문제와 밀접한 관련이 있었다. 하지만 커뮤널리즘적 분리가 악용될 가능성은 있었어도, 1943년까지는 벵골의 무슬림들도 계속해서 종교적으로 통합된 정당들을 지지했다. 파즐룰 후크Fazlul Huq는 처음에는 무슬림 연맹과, 다음에는 힌두 마하사바와 연합해 벵골 총리(선출직이지만 브리티시 라지 치하에서는 제한적인 권한만 가지고 있었다)를 지냈다. 후크 본인의 정당은 세속[비종교적] 정당인 크리샤크 프라자 당('농민과 소작농의 정당')이었는데 토지 개혁과 콘월리스의 영구정액제 폐지를 내세웠다. 이 정당은 종교 정체성에 기반한 정당이 아니었지만, 벵골의 특수한 경제 조건 하에서 이 정당의 지지자 대다수는 벵골 무슬림이었다.

파즐룰 후크는 국민회의에서 몇몇에게 '커뮤널리스트'라고 공격을 받았다. 이들은 후크가 종종 "무슬림이 먼저고 벵골이 나중"이라고 말했고 무함마드 알리 진나에게 동참해 1940년에 무슬림 분리주의를 선포한 '라호르 결의'를 채택한 것을 들어 그렇게 비난했다. 하지만 후크는 인도 다른 지역의 무슬림들과는 경제적 처지가 달랐던 벵골 지역 무슬림들의 지도자로서 자신이 정한 우선순위를 계속해서 추구했다.[8] 그리고 사실 그는 1941년에 진나와의 갈등으로 무슬림 연맹에서 축출되었다.

명백히 벵골에서 무슬림들의 이해관계는 본질적으로 비종교적 이슈인 토지 개혁 및 벵골의 토지 제도가 가진 착취와 불평등 문제와 단단히 연결되어 있었다. 후크는 [종교가 아니라] 벵골의 더 폭넓은 이익과 영광에 관심이 있었다. 작은 사례 하나를 들면, [힌두 토지 소유 계층 집안 출신인] 타판 라이초두리가 시험에서 놀라운 성적을 거두자 파즐룰 후크가 전보를 보내 "바리살의 영광"을 드높인 것을 축하했다고 한다. 우리 친척들 사이에서 파즐룰 후크가 정말로 지지한 것이 무엇이었는지를 놓고 논란이 많았지만, 아버지를 포함해 많은 친척이 그를 잘 알았기 때문에, 그리고 그의 기본적인 신념과 헌신에 공감했기 때문에 우리 친척들 사이에서 후크는 지지와 인정을 받았다.

〈7〉

내 학창 시절 시기 이래로 벵골에는 많은 변화가 있었는데, 그 중 가장 급진적인 변화를 꼽으라면 영구정액제가 야기한 불평 등과 피해가 사라진 것을 들 수 있을 것이다. 타판 라이초두리는 "1947~1948년에 거의 하룻밤 사이에" 부유한 토지 소유자들이 예전처럼 살 수 없게 되었다고 묘사했다. 그 "하룻밤 사이에" 벌 어진 변화가 〔1970년대에〕 방글라데시가 1940년대에는 가능하지 않았을 방식으로 세속〔정교 분리〕 국가적 지향을 가지고 수립되는 데 크게 일조했다고 말할 수 있을 것이다. 하지만 단순히 영구정 액제 폐지만이 그러한 결과를 가져온 것은 아니다. 방글라데시가 합리적 숙고에 기반한 세속 국가로서 발달할 수 있게 된 데는, 셰 이크 무지부르 라흐만Sheikh Mujibur Rahman('벵골의 친구'라는 뜻인 '방 가반두Bangabandhu'라는 별명으로도 불린다)이라는 걸출한 정치인의 리더십 아래 벌어졌던 변화도 중요했다.

경제적으로 핍박받는 사람들 대부분이 무슬림이었다는 사실이 파즐룰 후크가 세속〔정교 분리〕 지향적 정치를 펼 수 있는 운신의 폭을 제약했고, 그 경제적 문제의 주요 원천은 토지 문제였다. 그 런데 그 토지 문제가 갑자기 사라지면서, 동파키스탄에서 더 〔종교 적으로〕 통합적인 벵골을 위한 정치에 여지가 생겼고 동파키스탄 이 생긴 지 5년이 채 안 된 1952년 2월에 시작된 벵골어 운동(바샤 안돌란bhasha andolan)이 이 길을 개척했다. 토지 불평등이 사라지자 종교 분파적이지 않은 이 운동이 저절로 생겨났다는 말이 아니다. 그보다는, 그럴 수 있는 '가능성'이, 가능성만이 열렸다고 말해야 정확할 것이다.

그 가능성에서 '민주적인 정교 분리 국가 방글라데시'라는 개념이 생겨나고 확산되는 데는 건설적인 정치적 육성이 필요했다. 많은 어려움이 있었지만 여러 해에 걸쳐 이를 위한 노력이 이루어졌다. 궁극적으로 여기에는 포괄적이고 긍정적인 자기 인식을 가능케하는 공동의 비전이 필요했는데, '방가반두' 셰이크 무지부르 라흐만이 바로 이 비전을 제시했다. 중요한 것은 그가 수백 년간 벵골에서 서로 다른 종교 공동체들이 어떤 관계를 맺어왔는지 말해주는 역사적 사실에서 용기를 얻었고, 가까운 과거에 있었던 맹렬한 분파적 폭력을 반면교사로 삼았다는 점이다. 다카, 캘커타, 산티니케탄 등 어디에 있을 때든 벵골의 문화적 역사를 생각할 때면, '벵골 사람'이라는 개념을 합당하게 이야기할 수 있는가라는 어려운 질문은 이 모든 요소들이 연결되어야 답할 수 있을 것 같았다.

벵골 정체성은 내게 늘 중요했다. 하지만 그것은 직업, 정치, 민족성, 그리고 인류 전체까지 포함해서 내가 속한 또 다른 것들에 대한 충성심을 제거하지는 않을 정도로 충분히 덜 침투적인 벵골 정체성이어야 했다. 다양한 문화적 원천들이 혼합되어온 역사는 벵골 정체성에서 매우 중요한 부분이다. 1930년대 초에 라빈드라나트 타고르가 옥스퍼드에서 열린 '히버트 강연Hibbert Lecture'에서 명백한 자부심을 보이면서 자신이 "힌두, 무함마드, 영국," 이렇게 세 문화가 합류하는 지점에서 왔다고 말했을 때, 이는 명시적으로는 어떤 분파적 제약도 거부하겠다는 표현이었으며 암묵적으로는 협소하게 고립되지 않고 폭넓은 기반 위에 존재하는 것이 갖는 존엄에 대한 예찬이었다.

정치적, 문화적 세속주의를 지지한다고 해서 방글라데시의 무슬림에게서 무슬림 정체성이 박탈되는 것은 아니며, 이것은 누군가의 종교적 정체성과 정치적인 자기 인식이 분리될 수 있다는 개념과 전적으로 부합한다. 같은 이야기를 벵골의 힌두인들에게도 할 수 있을 것이다. 방글라데시에 살고 있건 인도에 살고 있건 간에 말이다.

⟨8⟩

이러한 논쟁과 관련해, 벵골의 역사에서 우리는 무엇을 찾아볼 수 있을까? 인도에서 불교가 대중적인 종교로 1000년을 존재하다가 사라진 뒤에도 11세기 말까지 벵골에서는 불교가 계속 융성했다. 불교국인 팔라 제국은 인도에서 국교로서의 불교 권력이 마지막으로 지켜진 보루였다. 그리고 짧게 힌두가 통치했다가 13세기 초부터는 무슬림 정복자들이 통치자의 위치를 차지했다. 아프간에서 들어온 초기 무슬림 통치자들(파탄 사람들)은 전쟁과 파괴의 무자비한 역사를 가지고 있었지만, 벵골에서 무슬림의 통치는 꽤 빠르게 현지에 뿌리를 내렸다. 초기의 몇몇 무슬림 왕들은 다른 지역 출신인데도 벵골어를 배우기까지 했으며 벵골의 다문화적 역사에 깊은 인상을 받아서 산스크리트어 서사시 『라마야나』와 『마하바라타』가 벵골어로 잘 번역될 수 있게 지원하기도 했다. 14세기에 나온 번역본이 지금도 『라마야나』와 『마하바라타』의 벵골어본 중 가장 널리 읽히는 본에 속할 정도다. 한 무슬림 군주는 고대 산스크리트어 이야기를 매일 밤 계속해서 다시 듣고 싶어했다는 설도 전해진다. 물론 그들은 자신의 종교인 무슬림을 버린 것이 아니라 자신의 종교 정체성 위에 비종교적인 유대감을 추가로 구축한 것이었다. 이미 700년 전에 종교적 정체성이 다른 정체성들을 무화시키지 않아도 된다는 것을 명백하게 입증한 셈이다.

16세기(약 1590년경)에 저명한 힌두 시인 무쿤다람Mukundaram
은 『찬디망갈Chandimangal』에서 벵골에 들어온 무슬림 사람들의 활
력을 예찬했다. 이 시에서 무쿤다람은 그들의 경제 활동이 유익한
이득을 산출했을 뿐 아니라 무서운 호랑이들을 몰아내기까지 했
다고 노래했다.

　서쪽에서 자파르 미안이 왔다.
　2만 2000명의 사람들을 데리고,
　손에는 술레이만의 염주를 들고
　그들의 현자와 예언자의 이름을 읊었다.
　그들은 숲을 개간하고 시장을 지었다.
　외지인 수만 명이 이 숲으로 들어와 먹고 생활했다.
　도끼 소리에 호랑이들이 겁을 집어먹고 웅웅 소리를 내며 도망
　갔다.[9]

　고도의 숙련 기술을 요하는 직물 제조(다카의 모슬린은 굉장히 유
명했다)를 포함해 산업 활동이 빠르게 성장했다. 벵골 동부에서는
서부보다 정착 농경이 늦긴 했지만, 곧 생산성이 서부와 경합할
정도가 되었고 종종 능가하기도 했다. 하지만 경제 활동에서 무슬
림 사람들과 힌두 사람들의 통합이 잘 이루어져 있긴 했어도 토지
소유의 불평등이라는 요소가 이미 존재했고, 이것이 이후 영국의
식민 통치 초기에 콘월리스의 영구정액제 같은 조치를 통해 극적
으로 심화되고 확대되었다.

　〈9〉

방글라데시의 벵골 사람들을 〔종교의 경계를 넘어〕 통합시킨 요인은 경제적, 정치적 역사를 공유하고 있다는 사실만이 아니었다. 물론 이것도 큰 역할을 했지만, 벵골어라는 공동의 언어와 그 언어가 가진 풍성함과 성취에 대한 자부심도 그에 못지않게 중요했다. 정치적 국경선의 양쪽 모두에서 언어는 벵골 사람들을 하나로 묶는 정체성을 형성하는 데 놀라울 정도로 강력한 영향력을 발휘했다. 앞에서 언급했듯이, 동파키스탄에서 일어난 정치적 분리주의 운동이 독립 전쟁으로 이어졌고 궁극적으로 여기에서 새로운 정교 분리 국가 방글라데시가 세워졌는데, 이 움직임을 시작한 것은 벵골어를 지키기 위한 언어 운동이었다. 기념비적인 초창기 모임이 1952년 2월 21일에 대학들에서 열렸고 이를 파키스탄 당국이 폭력적으로 해산시키면서 많은 사람들이 목숨을 잃었다. 이날은 방글라데시에서 '언어 운동의 날Language Movement Day'로 지정되었으며, 세계적으로도 유엔이 1999년에 이날을 '세계 모어母語의 날Mother Language Day'로 지정해 기리고 있다.

문학에 기여한 바로 보나 '통합적'인 견해를 주창하며 펼친 활동으로 보나 가장 강력한 목소리를 낸 인물로 꼽히는 카지 나즈룰 이슬람은 타고르 이후로 벵골에서 가장 인기 있는 시인이다. 커뮤널 분열에 대한 그의 견해는 타고르와 다르지 않았지만(젊었을 때 나즈룰은 타고르의 시를 뛰어나게 낭송하는 것으로도 유명했다) 그의 시와 글은 이를 더 강조해서 표현했고 벵골에 대한 인본주의적인 견해에 경제적, 사회적 평등에 대한 강한 좌파적 지향을 결합했다. 그는 무자파르 아흐마드(앞에서 내 삼촌 조티르모이 센굽타가 영국령 인도 감옥에서 만나 큰 영향을 받았다고 말한 사람)와 친구였고 그의 영향을 많이 받았다. 아흐마드도 나즈룰 이슬람에 대해 훌륭한 전기를 집필했는데, 특히 나즈룰의 세속적 인본주의와 사회적 평등에 대한 헌신을 높이 샀다.

1925년에 공산당과 연계된 문학 잡지가 하나 창간되었다. 잡지 이름은 『랑골Langol』('쟁기')이었고, 첫 호에는 카를 마르크스의 전기에 대한 서평, 막심 고리키의 소설 『어머니』의 번역본에 대한 서평, 그리고 나즈룰의 시 몇 편이 실렸다. 『랑골』은 나즈룰의 시를 정기적으로 게재하겠다고 약속했고, 상단의 띠 부분에 들어가는 모토로 15세기의 벵골 시인 찬디다스Chandidas의 다음과 같은 문구를 선택했다.

Shunoho manush bhai,
Shabar upor manush satya
Tahar upor nai.
(사람들아, 내 이야기를 들으세요,
인간은 우리가 추구하는 가장 높은 진리입니다.
그 위에는 진리가 없어요.)

나즈룰은 벵골의 사상에 매우 깊이 영향을 미쳤다. '비드로히 카비bidrohi kabi'(저항 시인)라는 그의 평판 때문에 늘 그를 특별히 따르는 사람들이 있었고, 여러 정치적 맥락에서 심지어 타고르를 매우 존경하는 사람들도 타고르의 섬세한 다르질링 차 향보다는 나즈룰의 강한 아삼 차 향을 추구했다. 내가 어렸을 때와 젊었을 때 벵골 사람 중에 나즈룰의 시 「칸다리 후시야르Kandari Hushiyar」를 외우지 못하는 사람은 거의 없었다. 제목을 대략 번역하면 '우리 배의 선장님, 조심하세요'라는 뜻인데, 선장에게 전하는 당부

중 하나는 다음과 같다. "저기 홍수로 물에 빠져 죽어가는 사람이 힌두 사람인지 무슬림 사람인지 누군가가 묻네요. 선장님, 그에게 물에 빠진 사람은 그냥 사람이라고 알려주세요. 모두 우리 어머니의 자녀라고 알려주세요."

벵골 문화에 존재했던 힌두와 무슬림 사이의 방대한 상호작용에 대해 연구하고 강연하고 저술을 한 크시티 모한 센이 내 외할아버지였으므로, 나는 이 주제에 대해 저술을 통해서만이 아니라 집에서도 가정교사에게 배우듯 꾸준히 많은 것을 배울 수 있었다. 또한 외할아버지는 문화적 분리주의의 협소함을 풍자하는 재미난 이야기도 아주 많이 수집해두고 계셨다. 그중에 통합을 너무나 우아하게 주창하고 있기도 하거니와 성직자에 대한 벵골 사람들의 일반적인 회의감을 뛰어나게 반영하고 있어서 내가 특히 좋아한 이야기가 하나 있다. 외할아버지 크시티 모한 센의 형인 아바니모한이 어느 날 저녁에 마하피주딘Mahafizuddin이라는 이름의 친구와 그의 집에서 물담배를 함께 피우면서 이야기를 나누고 계셨다고 한다. 마하피주딘은 무슬림 사제였다. 차크라바티Chakravarty라는 이름의 힌두 사제가 지나가는 것을 보고 마하피주딘이 이리 와서 같이 물담배 피우며 이야기를 나누자고 따뜻하게 초대했다. 하지만 차크라바티는 사양하면서 브라만 사제와 무슬림 마우라비maulavi[이슬람 종교 지도자] 사이의 차이를 이유로 들었다. 그 둘이 "매우 다르기 때문에" 함께 물담배를 피우는 것이 적절하지 않다는 것이었다. 그러자 무슬림 마우라비는 이렇게 대답했다고 한다. "친구여, 우리 사이에는 사실 차이가 없습니다. 당신은 무지한 힌두 사람들의 취약성을 이용해 살아가고, 나는 무지한 무슬림 사람들의 취약성을 이용해 살아가고 있습니다. 우리는 정확히 같은 업계에 있는 것입니다."

〈10〉

학창 시절에 나는 벵골의 다문화적인 통합을 보여주는 한 가지 사례에 특히 큰 인상을 받았다. 바로 '산San력'이라고 불리는 벵골 달력인데, 지금은 거의 잊혔지만 사실 이것은 놀라운 역사를 가지고 있다 16세기에 악바르 대제는 인도 전역에서 종교가 무엇이든 상관없이 사용할 수 있는 보편 달력 '타리크 일라히Tarikh-ilahi'를 만들어 전파하려 했다. 널리 전파하는 데는 그리 성공하지 못했는데, 산력은 악바르 대제의 달력에서 영향을 받은 달력 중 유일하게 현재까지 사용되고 있다. 16세기 말, 무슬림 음력 달력인 히즈리의 첫 1000년이 끝나던 시기에 악바르 대제는 인도 전체를 위한 다문화적인 달력을 힌두력, 자이나력, 파르시력처럼 양력으로 만들고자 했는데, 그러면서도 무슬림 히즈리에서 중요한 요소들을 포함하고자 했다. 이 달력은 서기 1556년(악바르가 제위에 오른 해)을 원년으로 설정했고, 이는 힌두 사카력으로는 1478년, 무슬림 히즈리력으로는 963년에 해당했다.

악바르의 고귀한 희망에도 불구하고, 타리크 일라히는 악바르의 궁정에서나 사용되는 정도였고 델리나 아그라 등 다른 곳에서는 그리 호응을 얻지 못했다. 하지만 악바르가 최근에 자신의 제국에 병합한 벵골 지역에서는 잘 받아들여졌다. 벵골에서는 타리크 일라히의 영향을 강하게 받아 옛 벵골 달력을 개선한 산력이 오늘날까지도 널리 쓰이고 있으며 힌두의 수많은 기념일을 챙길 때도 매우 중요하다. 이 글을 쓰고 있는 지금은 벵골의 산력으로 1427년이며, 이 달력에는 예언자 무함마드의 이슬람교 창시에 대한 기념도 담겨 있다. 산력은 (악바르 대제의 타리크 일라히가 원년으로 삼은 서기 1556년을 무슬림 히즈리력으로 그해 연도이던 963년으로 설정함으로써) 963년까지는 무슬림 음력으로 되어 있고 이후로는 힌두 양력으로 되어 있다. 독실한 힌두교도가 이 달력을 보면서 힌두 의례의 날짜를 확인할 때, 그는 꿈에도 모를 수 있겠지만 그가 보고 있는 달력은 이슬람 예언자와도 관련이 있다.

1950년대 중반에 벵골 산력의 역사를 밝힌 뛰어난 과학자 메그나드 사하Meghnad Saha의 저술을 읽으면서, 나는 두 종교가 이렇게 깔끔하게 종합되어 있는 것이 감동적이기도 하고 재미있기도 했다. 그런데 40년 뒤인 1996년에 새뮤얼 헌팅턴Samuel Huntington이 제기한 '문명의 충돌'론에 널리 세간의 관심이 쏟아지면서, 벵골 산력에 대해 더 진지하게 생각해볼 이유가 생겼다. 헌팅턴의 분리주의적인 선을 따라 문명을 구분하려는 사람은 벵골의 산력이 '힌두 문명'인지 '무슬림 문명'인지 밝혀내야 한다. 헌팅턴은 이 두 문명 사이의 거리가 매우 멀어서 융화될 수 없다고 보고 있으니 말이다. 물론 답은 벵골 산력이 무슬림 문명이기도 하고 힌두 문명이기도 하다는 것이며, 산력을 헌팅턴이 범주화한 재앙적인 단순화에 끼워맞추는 것은 불가능하다.

그러므로 벵골의 역사는 종교적 분할과 문화적 해체의 이야기가 아니라 통합의 이야기다. 바로 이러한 철학과 이러한 이해가 통합된 정교 분리 국가 방글라데시라는 개념이 생겨나고 현실화될 수 있도록, 그리고 그렇게 수립된 방글라데시가 자신의 입장에서 세상을 마주할 수 있도록 영감을 준 요소였다.

9장

저항과 분할

〈1〉

친척 아저씨(아버지의 사촌) 시두는 부르드완에 있는 감옥에서 아내 바니에게 쓴 편지에서 "란지트_{Ranjit}는 잘 있나요?"라고 물었다. 그는 '아마르티아'라는 이름이 너무 복잡하다고 구시렁댔고 어린아이에게 이렇게 "이빨 깨지는" 이름을 지어주다니 타고르가 "노망이 나서 머리가 어떻게 된 모양"이라고 투덜거렸다. 그러고는 "나는 그 아이를 란지트라고 부르겠다"며 내가 잘 있는지 안부를 물은 것이었다. 이 애정 어린 편지는 1934년 8월 22일에 쓰였고 아직 내가 첫돌이 지나지 않았을 때였다. 시두 아저씨(본명은 조티르모이 센굽타)는 내가 태어나기 전인 1932년 여름부터 감옥에 있었다. 그는 대영제국을 파괴하기 위해 활동했다는 일반적인 죄목으로(물론 이것은 사실이었다), 그리고 구체적으로는 정부 돈을 빼돌려 폭력적인 저항 활동을 하는 혁명 집단을 도왔다는 혐의로 기소되었고, 7년 형을 선고받아 복역 중이었다. 시두는 다카 감옥, 알리포르 중앙 감옥, 부르드완 감옥, 미드나포르 중앙 감옥 등 등 이 감옥 저 감옥으로 계속 이송되었다. 어린아이였을 때 나는 어른들을 따라 이 다양한 수감 시설에 시두 아저씨 면회를 자주 가곤 했다.

선고를 받았을 때, 교육받은 중산층 출신 정치범인 그는 계급에 민감한 영국령 인도제국의 감옥 시스템에서 그나마 덜 모멸적이고 여건이 나은 곳에 갈 수 있었을 텐데도 발목에 체인을 감고 있어야 하는 등 매우 엄격하고 가혹한 수감 생활을 택했다. 그는 정기적으로 자신의 어머니에게 편지를 써서 "아주 잘 지낸다"고 알려왔지만 아마도 여러 감옥을 전전하며 겪은 영양실조가 중증 결핵에 걸리는 데 주원인이 되었을 것이다. 그와 함께 수감 생활을 한 무자파르 아흐마드에 따르면, 시두는 결핵으로 체중이 경악스럽게 줄고 목숨이 위험할 정도가 되어서, 그리고 감옥에서 문제를 일으키지 않았기 때문에, 7년 형기를 다 채우기 약간 전인 1937년 12월에 석방되었다. 그 무렵이면 그는 죽음이 그리 멀리 있지 않았다. 하지만 나로서는 불행 중 다행히도 그의 석방 후에 나는 그와 대화를 나눌 기회가 많았다. 인도의 통합이라는 매우 중요한 주제에 대해, 그리고 힌두-무슬림 분할이라는 정치적 헛짓에 대해 그의 이야기를 들은 것은 지금도 따뜻한 기억으로 남아 있다. 어머니는 시두를 매우 존경했고 아들 란지트가 용감한 친척 아저씨와 대화하면서 이것저것 배우는 것을 좋아하셨다.

〈2〉

커가면서 나는 어머니의 유일한 남자 형제인 내 외삼촌 칸카르 마마도 포함해 양가 모두의 친척 아저씨 중 꽤 많은 수가 이곳저곳의 감옥에 갇혀 있다는 것을 알고 깜짝 놀랐다. 모두 무언가를 저질러서 수감된 것이 아니라 식민 통치자들이 보기에 그냥 두면

브리티시 라지에 해를 끼치게 되리라고 판단했기 때문에, 즉 식민지 시기에 널리 행해졌던 '예방적 수감' 조치 때문에 감옥에 간 것이었다. 소수의 몇몇은 실제로 폭력 사건을 조직한 사람들과 관련이 있었지만, 칸카르마마 등 대부분의 친척 아저씨들은 비폭력 방식에 강하게 헌신하는 사람들이었다. 하지만 비폭력적인 방식으로(즉 글이나 연설을 통해) 독립을 주장하는 것, 특히 마하트마 간디와 연계되는 것은 '예방적 수감'을 당하기에 충분한 죄목이었다.

그런데 시두 아저씨는 예방적 수감이 아니라 수감된 친척 중 거의 유일하게 실제로 특정한 행위 때문에 기소되어 법정에서 재판을 받고 형을 선고받은 경우였다. 구체적인 혐의는, 봉인된 열차 칸에 군용 자금을 싣고 나르던 기차를 다카에서 탈취해 돈을 빼돌린 뒤 혁명가들에게 전달한 사람들이 있었는데 그들과 접촉해 도움을 제공했다는 것이었다. 이 습격은 기차가 다카 역을 떠나자마자 이루어졌다. 시두 아저씨가 여기에 정확히 얼마나 직접적으로 가담했는지는 분명하지 않지만 그가 브리티시 라지에 저항하는 활동가들에게 돈을 전달하는 데 도움을 준 것은 사실이었다(이 돈의 운반에 쓰인 차량을 운전한 사람이 형량 조정 절차 때 '정부 측 목격자'로 나왔는데 시두 아저씨를 정확하게 지목했다고 한다).

나의 아버지 아슈토시 센은 여기에 전혀 가담하지 않았고 이러한 종류의 활동에 관여할 생각도 없으셨다. 아버지는 저항 활동가들의 용기와 헌신과 자기희생을 매우 존경했고, 특히 아무도 죽거나 다치게 하지 않으면서 그러한 활동을 펴는 사람들을 존경했다. 또한 빈궁해진 활동가들의 개인적인 삶을 돕는 일에도 기꺼이 나서고자 하셨다. 하지만 폭력적인 방식의 저항은 아버지의 일이 아니었고 주로 영국 관리를 공격하는 형태를 띠던 활동(당시에 브리티시 라지는 이를 묘사할 때 '테러리즘'이라는 용어를 선호했다)에는 전혀 관여하지 않으셨다. 아버지는 그러한 행동은 잔혹하고 야만적일 뿐 아니라 식민 지배에서 인도를 해방시키려는 운동으로서 유용성이 없다고 생각하셨다. 아버지에게는 활동가들의 용기와 헌신을 존경하는 것이 그들의 도덕적 판단과 논증을 존경하는 데까지로는 이어지지 않았다.

탈취한 돈은 습격 다음 날 아침에 저항 세력에게 전달되었다. 아버지는 이 일에 관여된 사촌 중 한 명(시두 아저씨는 아니었던 것 같다)에게 전날 밤 경찰이 눈에 불을 켜고 다카 전역을 수색하던 동안에 돈을 어디에 두었었냐고 물어보았는데, 그는 바로 아버지의 집에 돈을 숨겨두었다고 대답했다. 아버지는 크게 놀랐고 이를 그리 마뜩해하지 않으셨다. 그는 아버지가 아래층 쪽마루에 두고 사용하시던 낡은 장식장에 돈을 두었다고 했다("우리는 그들이 이 집에는 들어오지 않으리라고 생각했어요"). 나중에 나는 톰 스토파드 Tom Stoppard의 뛰어난 연극 「의도적인 반칙Professional Foul」을 보면서 권위주의적인 국가에서 당국의 추적을 피하기 위해 당국이 찾고 있는 물건을 신뢰를 얻고 있는 사람의 소유물이 있는 곳에 숨겨두는 것이 세계 곳곳에서 사용되는 전략임을 알게 되었다. 아버지가 그때 활동가들에게 그들의 정치적 실패뿐 아니라 도덕적 실패에 대해서 심하게 뭐라고 하셨으면서도 거기에서 그치셨던 게 이해가 간다.

시두 아저씨는 감옥에 있으면서 마르크스와 프로이트의 정치적, 사회적 개념에 영향을 받아 정치적 입장이 바뀌었다. 둘 다 그에게 큰 영향을 미쳤지만, 테러리즘은 엄청난 실수이고 조직화된 대중 운동을 일구는 것이 필요하다는 쪽으로 확신이 기울어지는 데는 특히 마르크스가 결정적인 영향을 미쳤다. 그는 여러 감옥을 전전하며 다양한 글을 읽었는데, 이를 통해 영국 관료들을 죽이거나 다치게 하는 테러리스트들의 어리석은 오류에 전적으로 반대하게 되었고 노조 운동을 통해 노동자와 농민을 조직화하겠다는 계획을 세웠다(실제로 석방되고서 사망하기 전까지 짧은 기간 동안 이러한 활동을 했다). 앞에서 언급했듯이, 감옥에서 그는 인도 공산당 창립자 중 한 명인 무자파르 아흐마드를 알게 되었는데, 먼저 석방된 무자파르는 시두가 테러리즘 활동가들과의 모든 관련을 단절했고 노조 활동에만 집중하려 하고 있으니 시두 아저씨가 석방되어야 한다고 주장하면서 아저씨의 석방을 위해 노력하기도 했다.

〈3〉

친척 아저씨들을 자주 방문했고 그들과 대화하는 것을 즐겼기 때문에, 나는 그들이 서로 다른 정치적 견해를 가지고 있고 서로 다른 정당에 속해 있다는 것을 알 수 있었고 그것이 굉장히 흥미로웠다. 칸카르마마는 의회사회주의당(인도국민회의에 속한 분파였다), 란카르마마는 공산당, 이런 식이었다. 어른들이 면회를 갈 때 나를 데리고 가서서 나도 수감 중인 친척들을 볼 수 있었는데, 한번은 칸카르마마가 이번에 이감된 새 감방에서는 바깥의 나무가 보이는 게 너무나 좋다고 하셔서 먹먹하게 감동을 받았던 기억이 난다. 그는 한동안 나무를 보지 못했다며 이렇게 말했다. 〔밖으로 보이는 나무는〕 "아주 마음이 좋아지는 광경이란다. 특히 감옥의 높은 담장 밖에 정상적인 세상, 봄이면 새로운 잎들이 나는 세상이 있다는 것을 상기시켜주니까."

그는 오리 그림을 본 것도 정말 좋았다고 했다(내가 우리 집에 있는 오리를 그려서 그에게 엽서로 보냈었다). 한번은 그에게 공산주의자와 사회주의자의 차이를 물어보았는데, 그는 면밀하게 감시되는 '면회 시간'에는 정치적인 논의를 할 수 없다며, 석방되자마자 나하고 그 이야기를 하겠다고 약속했다. 그는 공산주의자들에 대해 매우 비판적이었고, 특히 그들이 소비에트에 대해 '노예근성'을 가지고 있다고 비판했다(그는 "이것은 일종의 정치적 파산"이라고 말했다).

외할머니 디디마, 즉 칸카르마마의 어머니는 매주 아들을 면회하러 갔는데, 작별 인사를 하고 일어서야 할 때면 늘 감정이 북받치셨다. 반면 외할아버지 크시티 모한은 덤덤하고 엄한 태도를 유지하셨는데, 이것은 다른 사람들에게 별 도움이 되지 않았다. 외할아버지는 20분 남았다, 15분 남았다, 5분 남았다며 "중요한 할 말이 있으면 지금 빨리 해야 한다"고 계속 이야기해서 안 그래도 짧은 면회 시간을 잡아먹고 대화가 뚝뚝 중단되게 만들었다. 외할머니에게는 줄어드는 시간이 특히 더 애달프셨을 것이다. 나는 수감된 아들 때문에 외할아버지가 그치지 않고 느끼셨을 슬픔을 아직 별이 떠 있는 어느 날 새벽에 외할아버지와 긴 산책을 하고서야 알게 되었다.

면회를 가는 것 외에, 외할머니는 브리티시 라지의 관료 중 아는 사람(혹은 알지는 못해도 친척인 사람)을 찾아가 호소도 하셨다. 외할머니는 아들이 결백하며 예방적 수감으로 감옥에 있어서는 안 된다고 사정했다. 한번은 외할머니가 그 되기 어렵다는 인도 고급 공무원Indian Civil Service, ICS이 된 먼 친척 B. R. 센B. R. Sen을 만나러 갈 때 나도 따라나섰다. 비나이 란잔Binay Ranjan(그가 B. R.이다)은 원래 미드나포르에 있는 마지스트레이트 지구에 있었는데,

외할머니가 그를 찾아갔을 때는 브리티시 라지의 식품 정책을 조율하는 일을 맡고 있었다(그는 벵골 대기근 때 담당 공무원이 되는 불운을 겪었다). 우리는 대기실에서 그를 기다렸고, 누군가가 그가 얼른 면도만 하고 나와서 외할머니를 만날 거라고 했다. 하지만 우리는 두 시간을 기다렸다. 사무실 안에서 낮은 소리로 대화하는 것이 들렸고 간간이 웃음소리도 들렸다. 나는 외할머니에게 그가 수염이 아주 많은 사람이냐고 물어보았다.

이윽고 그가 디디마에게 몇 분 정도 시간을 내주었다. 외할머니는 아들이 어떤 폭력 행위에도 가담하지 않았다고 설명했지만 그는 이렇게 말했다. "제가 도울 수 있는 일이 없습니다. 정부에 대한 그의 정치적 태도가 달라지지 않는다면요. 그의 기소 내용은 폭력 행위가 아니라 제국에 대해 불만을 선동하는 글을 쓴 것입니다. 그것을 멈추면 곧바로 석방될 겁니다." 외할머니는 크게 낙담하셨고 우리는 함께 집으로 돌아왔다. 하지만 훗날 외할머니는 그날에 대한 나의 더 긍정적인 견해를 즐겨 이야기하셨다. 내가 외할머니에게 이렇게 말했다고 한다. "와, 저분 면도를 정말 잘했네요."

1947년에 인도가 독립하고 나서 영국 통치기에 정부에서 일했던(저항하는 인도 사람들을 감옥에 가두는 일도 포함해서) 고급 공무원들이 새로이 독립한 인도를 대표하는 사람으로서 국제 세계에서 중요한 직위를 맡게 되었을 때, B. R. 센도 로마에 있는 유엔식량농업기구Food and Agriculture Organization, FAO의 사무총장이 되었다. 그는 전에 영국 식민 정부에서 일했을 때도 그랬듯이 자신이 하는 모든 일에서 효율적으로 실력을 발휘하면서 FAO의 일도 훌륭하게 해냈다. 실제로 세계의 식량 문제에 대해 몇 가지 혁신적인 조치도 시작했다. 하지만 브리티시 라지의 문화를 지키고자 하는 사람들은 그가 FAO에서도 영국령 인도제국 시절 고위 공무원의 관습대로 자신의 서류 가방을 절대로 직접 들지 않는 모습에 안도했을 것이다. 늘 시종이 두 발짝 뒤에서 서류 가방을 들고 그를 따라갔는데, 이것은 그에 대해 알게 된 내 이탈리아 친구들에게 놀림거리가 되었고 나는 로마에 있는 이탈리아 친구들에게 도저히 바뀔 수 없는 브리티시 라지의 '시종 문화'에 대해 설명해야 했다.

〈4〉

내 어린 시절 동안 인도의 독립 운동은 점점 더 강해졌고 결연해졌다. 다양한 종류의 선동과 행동이 있었고, 커가면서 나는 그것들이 어떻게 다른지, 또 왜 다른지 알고 싶었다.

그러던 중 갑자기 2차 대전이 인도의 영국 통치자들 사이에서 핵심 이슈가 되었다. 1939년에 인도 총독 린리스고 경Lord Linlithgow이 인도도 이 전쟁의 참전 당사자라고 일방적으로 선언한 것이다. 물론 영국 편에서의 참전을 말하는 것이었다. 이때 나는 여섯 살쯤이었고, 우리 식구는 만달레이에 있다가 아버지가 다시 다카 대학에서 일하실 때가 되어 다카로 돌아가고 있었다. 린리스고 선언이 인도와 아무런 협의 없이 나온 것이었기 때문에 인도에서는 맹렬한 비판이 일었다. 나는 친척 어른들 모두가 나치 독일에 굉장히 반대하고 있었지만 인도가 인도 사람들의 의견을 묻지도 않은 채로 덜컥 참전국이 되어서는 안 된다고 생각한다는 것을 어렴풋이나마 알 수 있었다.

영국이 나치즘에 맞서는 데 동조하지 않아서가 아니었다. 인도의 의견을 미리 물어야 마땅한데 그 권리를 부정당했다는 점이 분노를 불러일으킨 요인이었다. 또한 의견을 미리 듣지 않았다는 것

외에 [독립이라는] 더 큰 이슈도 있었다. 사실 인도국민회의는 인도의 독립 문제를 결론짓는다는 조건만 있다면 영국과 협력하겠다는 입장이었다. 전쟁은 인도 사람들 사이에서도 중요한 이슈였고, 우리가 얼마 전까지 지냈던 버마에는 곧 전쟁이 들이닥치게 된다. 그리고 그 전부터도 많은 인도인이 일본이 중국에서 저지른 만행을 알고 있었고 그것을 몹시 혐오했다.

인도에서 높아지고 있는 불만을 해소하기 위해 영국 정부는 1942년 3월에 사절단을 파견했다. 목적은 전쟁 수행 활동에서 인도와의 협력을 인도 정치 지도자들과 더 완전하게 논의하기 위해서라고 했다. 사절단은 스태포드 크립스 경Sir Stafford Cripps이 이끌었는데, 그는 노동당의 저명한 원로 인사 중 한 명이었고 부모님과 삼촌들의 대화를 통해 유추하건대 '매우 좋은 사람'이었다. 그는 인도 지도자들을 만나서 전쟁 수행 활동에 협조를 촉구하면서 그 대신 그 대가로 전쟁 후에 인도의 독립을 진지하게 고려하겠다고 약속하러 오는 것으로 되어 있었다. 하지만 인도의 독립과 관련해 영국이 제시하고 있는 구체적인 양보는 전혀 없었다.

간디는 인도의 독립과 관련해 직접적인 변화가 이렇게 없다면 받아들일 수 없다는 입장이었는데, 처칠 정부는 크립스가 인도 지도자들이 더 환영할 수 있을 법한 어떤 제안도 하지 못하게 했다. 크립스는 전쟁이 끝나면 협상을 시작하겠다고 약속했지만 간디는 시큰둥했다. 크립스가 간디에게 왜 그렇게 미온적이냐고 묻자 간디는 "날짜 지난 수표를 가지고 은행에서 어떻게 현금을 받을 수 있을지"를 생각하는 중이라고 말했다. 처칠이 크립스를 인도에 보낸 것이 실제로는 인도 지도자들의 협력을 구하기 위해서가 아니라(크립스가 인도 지도자들과의 협상에서 무언가를 제안할 수 있는 권한

이 매우 적었음을 보건대 인도 지도자들의 협력을 구하는 것은 불가능했다) 이 '매우 좋은 사람'이 영국 노동당에서 입지를 잃게 만들려는 의도였을 것이라는 설도 있다. 당시에 크립스는 처칠이 실각할 경우 유력한 총리 후보로 거론되는 인물이었다.

1942년 4월에 크립스 사절단이 성과 없이 돌아가고서 8월 8일에 간디는 '인도를 떠나라Quit India' 운동을 시작했다. 국민회의 지도자들이 동참했고 다음 날 간디, 네루 등등 거의 모두가 체포되었다. 1942년 여름에 영국령 인도 감옥에 수감된 정치범이 3만 명이 넘었다. 이 "명예의 목록"(독립운동가들이 이렇게 불렀다)에는 우리 친척들도 있었고, 칸카르마마 등 몇몇 친척 아저씨들은 다시 감옥에 갔다. '인도를 떠나라' 운동으로 촉발된 '8월 반란'은 매우 격렬했고 벵골에서도 마찬가지였다. 나는 참가자들의 영웅적인 행동에 대한 이야기를 듣고 감동했다. 하지만 그해 말에 이 저항은 구심점 역할을 할 만한 지도자가 없어서(국민회의 지도자들이 다 감옥에 있었다) 끝나버리게 된다. 끝나지 않은 것은 빠르게 전개되는 사건들이 모든 곳에서 불러일으킨 논쟁이었고, 우리 집과 학교에서도 마찬가지였다.

1941년 6월에 독일이 독소불가침 조약을 깨고 소련을 침공하자 인도 공산당도 추축국에 맞서 전쟁에서 승리하는 것을 인도 독립보다 우선순위에 두게 되었다. 이러한 입장 변화에 대해 민족주의자들은 공산주의자들을 맹렬히 비난했고, 이는 1946년 지방선거에서 공산당에 대한 지지가 크게 하락하는 데로도 이어졌다. 우리 친척들 사이에서도 이 이슈에 대해 의견이 크게 갈렸다. 공산당원이던 란카르마마는 공산당의 입장 변화에 대해 납득할 수 있을 법한 설명을 제시하느라 최선을 다했지만, 다른 친척들은 공산당의 입장 선회에 공감하지 않았다. 그러면서도, 나치 독일이 패배하는 것이 국민회의가 완전히 몰두해 있는 '민족주의' 이슈보다 중요하다는 데는 많은 사람이 동의했다.

즉 국민회의에 대한 비판도 있었다는 뜻이다. 국민회의 내의 한 분파인 의회사회주의당 일원이던 칸카르마마조차 내게 이렇게 말했다. "우리는 인도와 영국 밖에도 세계가 있다는 것을 기억해야 한단다." 하지만 그는 공산당이 "소련 라인에 끌려가는 것에 대해 저항할" 역량이 없는 것을 더 비판했다. 공산주의자들은 '인도를 떠나라' 운동에 동참하지 않았고 사실상 여러 면에서 이 운동에 반대했다. 그리고 공산당의 입장이 (일군의 비판자들이 부르던 표현을 빌리면) '그들[공산당]의 소비에트 주인님'을 빠르게 따라가게 되면서, 공산당은 우리 친척들 사이에서도 격렬하게 비난을 샀다. 나는 이러한 논쟁 모두를 열심히 들었다.

〈5〉

이 시기에 벌어진 매우 독특하고도 흥미로운 전개 하나는 인도 독립 운동 지도자 수바스 찬드라 보스의 행보였다(그는 '지도자'라는 뜻을 가진 '네타지'라는 호칭으로 불렸다). 그는 본래 국민회의의 주요 인사였고 사람들이 인도 독립을 위해 싸우도록 고무했다. 1938년에는 국민회의 의장으로 선출되기도 했다. 급진적인 정치적 견해와 타협 없는 세속[정교 분리] 지향 때문에 우리 친척들 사이에서 인기가 있었다. 하지만 일부 의구심도 제기되었다. 인도의 독립을 획득하는 수단으로서 그가 폭력을 어떻게 생각하는지가 모호했기 때문이다. 이 때문에 우리 친척들 중 간디를 따르는 사람들(칸카르마마 등)은 보스에 대한 판단을 보류하고 있었다. 보스는 1939년에 국민회의 지도부에서 축출되었는데, 이 축출은 사실상 간디의 기획이었고 부정직하다고 할 만한 방식으로 이루어졌다.

얼마 뒤 보스는 브리티시 라지에 의해 캘커타의 감옥에 수감되었고, 그다음에는 가택 연금이 되었다가, 1941년에 가택 연금에서 탈출해(그의 조카 시시르 보스Sisir Bose가 몹시 대담한 방식으로 그를 도왔다) 아프간으로 갔고, 다시 4월에는 독일로 갔다. 그는 독일의 도움을 받아 인도군을 결성해 무장 투쟁으로 독립을 획득하고자 했다. 아주 나중에 우리는 보스가 독일에 애인이 있었다는 사실을 알게 되었다. 보스는 1934년에 독일을 방문한 적이 있었는데 그때 에밀리 솅클Emilie Schenkl을 만났다. 보스는 솅클에게 돌아가고 싶어했고, 두 사람은 1942년에 딸을 낳았다. 하지만 보스가 보기에 독일의 협력은 라디오 방송국 '자유 인도'를 세우는 데 도움을 준 것을 제외하면 너무나 미미했다. 보스는 다시 장소를 옮기기로 결심하고 1943년 초에 잠수함을 이용한 매우 위험한 바다 여정을 거쳐 일본에 도착했다.

그때부터는 일이 매우 빠르게 전개되었다. 네타지〔보스〕는 영국이 일본의 공격에 패해 철수한 동남아시아 지역들에서 일본의 포로가 된 영국령 인도 군인들을 일본으로부터 인계받아 상당 규모의 병력을 확보했다. 이 군대는 인도국민군Indian National Army, INA, 또는 '아자드 힌드 파우지Azad Hind Fauj'라고 불린다. 동남아시아에 살고 있던 인도인도 많이 규합되어서 군의 규모가 더 커졌다. 인도국민군은 창설 뒤 일본군 편에서 싸우면서 인도의 동쪽 끝인 임팔에 도착했다. 하지만 그 무렵이면 전세가 바뀌어 일본군과 인도국민군 모두 상당히 많은 패배를 겪고 퇴각해야 했고, 1945년 8월

6일 히로시마와 9일 나가사키에 원폭이 떨어지면서 이 모두가 끝났다. 일주일쯤 뒤인 8월 18일에 보스는 연합군이 들어오기 전에 일본을 벗어나 망명하려다 비행기 추락으로 사망했다. 그가 숨지기 3일 전(이자 인도가 독립 국가가 되기 정확히 2년 전)인 1945년 8월 15일에 인도 국민을 대상으로 한 연설에서 보스는 자신이 보인 모든 행보의 이유였던 목적을 다시 한번 설명했다. "지구상에 인도를 노예로 계속해서 둘 수 있는 권력은 없습니다. 인도는 머지않아 자유로워질 것입니다."[1]

네타지의 행보에 대한 소식은 인도에 있는 우리에게도 흘러들어왔다. 그가 하고 있는 일의 정당성과 효과성 둘 다에 대해 학교와 집에서 많은 논쟁이 있었다. 어떤 사람들은 감동하고 흥분했다. 어떤 사람들은 세계 대전의 맥락에서 볼 때 일본 및 독일 쪽과 결합하는 것이 옳은 일인지 의구심을 표했다. 또 어떤 사람들은 이 어려운 문제들을 어떻게 생각해야 할지 자체를 혼란스러워했다. 사실 보스는 나치 독일도, 호전적인 일본도, 전혀 존경하지 않았다. 1938년에 하리푸라에서 인도국민회의 의장 당선 연설을 하면서 부상하고 있던 일본의 팽창주의를 "호전적이고 공격적인 제국주의"라고 비판하기도 했다. 하지만 브리티시 라지의 인도 통치를 끝내야 한다는 목표에 너무나 압도적인 우선순위를 두었기 때문에 얼마든지 일본과 전략적으로 협력할 준비가 되어 있었다. 인도에서는 일본이 제국주의적으로 간섭한 역사가 없었기 때문이다.

브리티시 라지가 인도국민군의 방송을 이미 금지했기 때문에 그것을 듣는 것은 중범죄였다. 하지만 우리 중 많은 수가 금지된 메시지를 들으려고 라디오를 켰다. 우리는 산티니케탄의 학생 기숙사 방에 모여서(대개는 사티시 쿠티르에서) 창문을 다 닫고서 낮지만 분명히 들리기는 하는 볼륨으로 라디오를 틀었다. 인도국민군 대변인이 하는 말을 온전히 다 믿을 수는 없었을 때조차도 그것을 들으면 흥분이 되었다. 보스의 행보가 정치적으로 현명한 것인지에 대해 강한 의구심을 가진 사람들도 보스와 그의 동료들이 지극히 어려운 환경에서 개인적으로 막대한 위험을 감수해가며 인도를 위해 기울이고 있는 노력은 존경하지 않을 수 없었다.

인도의 영국 통치자들이 사로잡힌 인도국민군 장교들을 인도로 데려와 군사 재판을 했을 때 인도에서는 대대적인 저항이 일었다. 이 무렵이면 인도국민군 장교들이 애국자라고 여겨지고 있었기 때문이다. 나도 우리 학교 학생 대부분처럼 인도국민군 장교 석방을 지지하는 배지를 달았다. 어쨌거나 이 시점에 영국령 인도제국은 무너지고 있었고 재판을 기다리던 장교들은 곧 영국 당국에 의해 석방되었다.

〈6〉

영국령 인도제국의 미래와 관련해 이 시기에 있었던 일들 중 무슬림 연맹의 등장보다 더 결정적인 사건은 없었을 것이다. 잔뼈 굵은 정치인인 무함마드 알리 진나가 이끈 무슬림 연맹은 1920년대에 아대륙 무슬림들의 이해관계를 대표하는 곳임을 표방하며 정치 조직으로서 활동을 시작했다. 이어서 인도에서 무슬림들이 공정한 대우를 받으려면 국가의 분할('힌두 인도'와 '무슬림 파키스탄'으로 나누는 것) 외에는 방법이 없다는 주장을 밀어붙이면서 중요한 정치 세력으로 떠올랐다. 물론 우리 친척들 사이에서는 호응을 얻지 못한 주장이었다. 다들 정교 분리적 지향을 강하게 가지고 있었을 뿐 아니라, 특히 외할아버지를 포함해 친척들 모두 힌두-무슬림의 구분이 종교 생활에서는 중요하겠지만 정치적인 중요성은 없다고 생각했기 때문이다(종교 정체성이 정치에 인공적으로 이식되지만 않는다면 말이다).

하지만 진나의 영향력은 막대하게 커졌다. 처음에는 이러한 변화가 두드러지지는 않았다. 1937년 지방선거에서 무슬림 연맹은 무슬림이 인구의 다수인 벵갈과 펀자브 주에서조차 다수표를 얻지 못했다. 하지만 1930년대 말과 1940년대에 지지가 빠르게 증가했고 1940년에 진나가 주도해 발표한 '라호르 결의'는 인도를 종교에 따라 분할한다는 아이디어에 일종의 '실천 계획'을 부가했다.

많은 인도 무슬림들이 이러한 분할을 전혀 받아들일 수 없다고 생각했다. 인도의 저명한 정치 분석가 라피크 자카리아Rafiq Zakaria는 저서 『인도를 분할한 남자The Man Who Divided India』(2001)에서 진나가 '해로운 두 국가론'을 설파한 것은 그 자신의 협소한 목적을 위해서였을 뿐이라고 비판했다. 진나는 힌두와 무슬림이 두 개의 별도 실체를 구성하고 있다는 자신의 이론을 '인도가 분할되어야 하고 무슬림은 별도의 독립 국가를 가져야 한다'는 주장의 근거로 삼고 있었다.[2] 당시 인도의 무슬림 다수는 두 국가론이 해롭다고 생각했지만 1940년대에는 두 국가론을 긍정적으로 받아들이는 사람도 늘고 있었고, 인도-파키스탄 분할 1년 전이던 1946년 1월의 벵골 지방선거에서는 무슬림 연맹이 처음으로 (과반은 아니었어도) 상당 의석을 확보하는 데 성공했다.

라호르 결의가 있었던 1940년에 나는 열한 살이 채 되지 않았지만 내 학창 시절 내내 이 결정적인 전환점은 우리의 토론에서 매우 중요한 주제였다. 통합적인 관계로 잘 지내던 벵골 지역의 힌두와 무슬림 사이에 폭동이 점점 더 흔하게 벌어지는 동안, 라호르 결의가 갖는 선동성은 내 주위에서 벌어지던 논쟁에도 강하게 등장했다. 진나는 1946년에 무슬림들이 국가의 분할을 달성하기 위해 "직접적인 행동"에 나서야 한다고 촉구했다. 캘커타를 비롯해 벵골 지역 전역에서 커뮤널 폭력과 살해가 힌두와 이슬람 양쪽 모두에서 대대적으로 증가했다. 이전에 벌어졌던 어느 경우보다도 훨씬 심했고 정교 분리적 정부의 수립이라는 선택지는 정치에서 빠르게 쪼그라들었다.

하지만 폭력과 폭동이 촉발된 데 대해 진나와 무슬림 연맹에만 탓을 돌리는 것은 두 가지 면에서 충분한 설명이 되지 않는다. 첫째, 네루부터 아불 칼람 아자드까지 국민회의 지도부의 압도적 다수가 정교 분리 정치를 지지하기는 했지만 분할 이전의 인도에는 명시적, 암묵적으로 힌두 다수주의를 지지하는 목소리가 많았다. '두 국가론'도 사실 진나가 아니라 1937년에 힌두 마하사바 의장 당선 연설에서 비나야크 다모다르 사바르카르Vinayak Damodar Savarkar가 먼저 이야기한 논리였다. 사바르카르는 '힌두 정치'를 강하게 주창한 사람으로, '힌두트바'〔산스크리트어로 본래 '힌두인의 원형'이라는 뜻이다〕라는 말을 만든 사람이기도 하다. 힌두 우월주의를 뜻하는 이 단어는 이제 널리 쓰이고 있으며 그의 사상은 오늘날에도 많은 힌두 다수주의자들에게 영향력이 있다. 또한 사바르카르 외에도, 다양한 종교를 갖는 정교 분리 국가 인도가 아니라 힌두 라슈트라Hindu Rashtra(힌두 국가) 및 힌두의 정치적 지배를 주장한 사람은 많았다. 힌두트바의 또 다른 중요한 인물로 마다브 사다시브 골왈카르Madhav Sadashiv Golwalkar가 있는데, 그는 이 운동이 매우 필요로 하던 체계화, 조직화에서 리더십을 발휘했고 힌두 분리주의를 뒷받침하는 꽤나 희한한 이론들을 제공했다.

둘째, 국민회의는 무슬림 지지자들의 정당 충성심을 유지하기 위해 한 일이 너무 없었다. 라피크 자카리아가 지적했듯이, "힌두와 무슬림의 적대를 강화하고 인도의 혼합적인 특성을 훼손하는 진나의 게임을 드러내기 위해 국민회의가 합리적이고 종합적인 접근을 한 경우를 하나도 발견할 수 없었다".[3] 나는 외할아버지 크시티 모한 센이 무슬림과 힌두가 수백 년 동안 협력적인 관계로 지내왔다는 사실을 국민회의 지도자들이 언급하지 않는 것에 얼마나 분노하셨는지 생생히 기억한다. 국민회의 지도자들의 입장은 서로를 소극적으로 참아주는 수준 정도를 넘어서지 못하는 것 같았다. 하지만 외할아버지 크시티 모한 센은 "우리가 **공동으로 만들어온** 인도에는 그저 싸우지 않고 공존하는 수준을 훨씬 넘어서는 일들이 있었다"고 반복해서 말씀하셨다.

〈7〉

아예샤 잘랄Ayesha Jalal의 연구 등 이후에 이루어진 여러 연구에 따르면 사실 진나 본인은 사실 분명한 분할을 지지하지 않았다. 그는 힌두인이 다수인 인도와 무슬림인이 다수인 파키스탄이 외교와 국방을 공유하는 조건부 분할을 원했고, 이것은 실제로 벌어진 일과 크게 다르다. 아예샤 잘랄은 '분할'이라는 주제에 대해 진나가 보인 모호성과 그가 추구한 정책들의 내재적 문제를 다룬 저서에서 "대다수 무슬림 사람들의 이해관계에 매우 부합하지 않는 〔무슬림 독립 국가〕 파키스탄이 어떻게 생길 수 있었는가"라는 질문을 던졌다.[4] 이 질문은 시간이 가면서, 그리고 파키스탄에서 군의 지배력이 두드러지게 강해지기 시작하면서 중요성과 시의성이 더욱 높아졌다. 진나 본인은 딱히 종교적이지 않았고(그의 위스키를 좋아하는 서구화된 신사였다), 파키스탄 출범 직전에 초대 총리로 정해졌을 때 한 연설에서 종교적 자유와 모든 이의 평등한 권리를 주장했다. 하지만 정치의 아이러니로, 그는 이슬람 근본주의의 호소력이 빠르게 토대를 강화하기에 좋은 정치체를 만드는 데 일조하고 말았다. [1947년 2월에 영국의 철수와 권력 이양의 임무를 가지고 부임한] 새 인도 총독 마운트배튼 경Lord Mountbatten은 협상에서 (네루가 동의하는 가운데) 진나 본인이 실제로 원했던 정도보다 더 많은 것을 제공한 것으로 보인다.

이후에 종교적 극단주의의 문제와 파키스탄에서 종교의 이름으로 군이 부상하는 문제는 물론 점진적으로 등장했다. 하지만 1940년대의 세계에서 고삐가 풀린 무슬림과 힌두의 분열적인 정치는 혼란과 유혈 사태를 일으켰고 벵골을 포함해 인도 전역에서 힌두-무슬림 폭동이 일상적인 일이 되게 만들었다. 인도-파키스탄 분할이 이루어졌을 시점이면 100만 명 가까운 사람들이 폭력적인 폭동, 종교 기반 살해 등으로 목숨을 잃었고 수많은 여성들이 강간을 당했으며 1500만 명이 자신의 집을 떠나 피난을 가야 했다. 뛰어난 작가인 사다트 하산 만토Saadat Hasan Manto는 이러한 폭동들이 인간이 어떻게 "편견의 노예가 되고 … 종교적 열정의 노예가 되며 동물적 본능과 야만의 노예가 되는지"를 보여주었다고 묘사했는데, 실로 우리가 느꼈던 좌절을 잘 포착한 표현이었다.

⟨8⟩

분할 선동이 세를 얻어가던 시기에 아버지는 여전히 다카 대학에서 가르치고 계셨다. 하지만 폭동과 무질서가 격화되면서 대학이 위치한 다카의 람나에서 수업을 하기가 점점 더 어려워졌다. 분할 2년 전, 하지만 수업과 연구는 이미 몇 달째 제대로 이루어지기 어려웠던 시점에, 다카의 교수들은 다카를 떠나기로 했다. 여기에는 우리 아버지, 물리학자 사티엔드라 나트 보스Satyendra Nath Bose('보스-아인슈타인 통계'의 그 보스다), 경제학자 아미야 쿠마르 다스굽타Amiya Kumar Dasgupta, 문학 교수이자 작가 붓다뎁 보스 등 많은 사람이 포함되어 있었다. 우리는 와리에 있는 사랑하는 우리 집에 문을 걸어 잠그고 그곳을 떠났고, 부모님은 캘커타로 가셨다. 나는 이미 산티니케탄에 있었는데, 캘커타와 산티니케탄은 분할 후 인도의 서벵골 주에 속하게 되며 다카는 동파키스탄의 수도가 된다.

다카를 떠난 뒤에도 아버지는 다카 대학의 정치에 상당히 관심을 가지고 계셨다. 아버지는 힌두인인 토지 소유자들이 지배하는 벵골의 국민의회 정치에 신물이 난 상태였고 더 인간적인 대안을 찾고 계셨다. 아버지는 대학에서 아버지의 친한 친구 중 한 명이던 파즐루르 라흐만Fazlur Rahman과 다카를 떠난 뒤에도 계속 연락을 주고받았다. 라흐만은 무슬림 연맹에 속해 있었지만 1945~1946년에 진정한 정교 분리 국가를 건설하기 위해 노력했다. 아버지는 소속 정당보다는 사람 자체의 '자격'과 본질을 보아야 한다며 라흐만이 지방선거에 나오기로 한 결정을 지지하셨다. 아버지와 아미야 다스굽타는 이에 대해 편지로 많은 이야기를 나눴다. 다카 대학 지역구의 지방선거에서 라흐만은 무슬림 연맹 후보로 출마해 승리했다. 그는 우리 아버지와 아미야 다스굽타를 포함해 힌두 교수들의 지지도 상당히 많이 받았다.

라흐만은 명백히 좋은 사람이었다. 하지만 아버지와 아버지의 동료들이 1946~1947년의 정치 상황에서 무슬림 연맹의 일원이 독자적인 정견을 추구할 여지가 있으리라고 기대하며 그에게 투표한 것은 너무 순진한 판단이었다. 아버지는 영원한 낙관주의자이셨고 독립적으로 사고하고 행동할 수 있는 인간의 능력에 대한 믿음을 버리지 않으셨다.[5] 삼촌들은 아버지가 정당과 조직의 역할을 고집스럽게 가치 절하했다고 보았는데, 아마도 그랬을 것이다.

⟨9⟩

분할로 가는 흐름이 점점 더 불가항력적이 되면서 우리 집은 산티니케탄으로 이사했다(나는 계속 그곳에서 학교를 다니고 있었다). 하지만 아버지는 소득이 필요했으므로 부모님은 다시 캘커타에 셋집을 구해 이사하셨다.

처음에 아버지는 평범한 사람들이 일상적으로 사용할 수 있는 저렴한 도자기 그릇을 만들어 판매하는 사업을 생각하셨다. 아버지는 돈을 좀 빌려서 공장을 세웠고 엄청난 에너지를 쏟으셨다. 하지만 사업 소질은 별로 없으셨던 게 분명하다. 공장 일은 성공하지 못했고, 1년 정도 지나서 아버지는 봉급을 받는 일자리를 알아보기 시작했다. 아버지는 캘커타의 노동자들이 공장 관리자에게 얼마나 거칠고 잔혹하게 취급되는지를 보고 공포를 느꼈다고 하셨다(1970년대 이후 캘커타에서 전투적인 공산당이 집권하고 강력한 노조가 기반을 다지면서 이 문제는 다루어지게 된다. 아니, 사실은 다루어지는 것 이상이 된다). 아버지는 자신의 공장에서 상황을 바꿀 수도 없었지만 자신의 공장에서 벌어지는 일을 뻔히 보면서 그대로 있을 수도 없었다. 아버지는 윤리적으로 더 용인될 만한 일을 하기 위해 공장을 떠날 수 있기를 간절히 바라셨다.

아버지는 봉급을 받는 일자리를 잡으셨다. 더 정확하게는, 델리의 중앙정부로부터 일자리 약속을 받으셨다. 적어도 5년은 정부 일을 한다는 조건으로 농업 프로젝트 관리법을 배우기 위해 미국 연수를 가게 된 것이다(아버지의 전공은 화학 중에서도 토양 화학이었다). 그리하여 다섯 명의 다른 사람들과 함께 아버지는 미국에서 6개월간 연수를 받으면서 유명한 테네시강유역개발공사Tennessee Valley Authority를 포함해 여러 기관을 탐방했다. 하지만 아버지 일행이 미국에서 연수를 하는 동안 정부가 이 프로그램에 대해 입장을 바꾸었다. 연수 후에 5년간 정부에서 일을 해야 한다는 부분이 취소되었고, 이 프로그램은 이제 아무도 채용하지 않을 거라고 했다(사실 프로그램 자체가 사라졌다). 인도 경제계획의 불확실성이 명백히 드러나기 시작하고 있었다.

아버지는 미국에서 커다랗지만 비싸지 않은 쉐보레, 가정용 무비 카메라, 프로젝터(이것은 작동하려 할 때마다 약간의 전기 충격이 느껴지곤 했다), 그리고 새로 나온 볼펜 몇 자루를 가지고 돌아오셨다. 모든 것이 꽤 즐거웠고 아버지 이외의 식구들에게는 특히 더 그랬지만, 그래도 아버지는 여전히 일자리를 구하셔야 했다. 다행히도 곧 아버지는 델리에 있는 중앙정부의 흥미로운 직함에 채용되었다. 토지개발청장이라는 직함이었다. 야외를 다니며 활동하는 일이 아버지에게 잘 맞았고, 그래서 신임 토지개발청장은 트랙터, 준설장비 등과 함께 델리 인근 지역을 누비면서 좋은 주거지, 효율적인 경작, 환경 보호 등을 달성하기 위해 일했다.

델리에 갈 때면 일하러 가는 아버지를 따라 시골을 함께 돌아다니는 것도 좋았지만 정부가 알리포르 가 근처에 제공해준 우리의 우아하고 아름다운 집이 특히 좋았다. 우리 집은 다리야간지의 다른 쪽인 뉴델리 북쪽에 있었고, 한쪽에는 역사적인 '리지'(1857년 세포이 항쟁(인도인 용병들이 일으킨 반영 운동)때 몇몇 최후의 전투가 있었던 곳이다), 다른 쪽에는 델리 대학이 있었다. 나는 고갯길을 지나 델리 대학 교정에 놀러가곤 했다. 10여 년이 지난 뒤에 교수로 이곳에서 일하게 되지만, 어렸을 때는 1일 패스로 도서관을 둘러보고 학교 커피하우스에서 차가운 커피를 마시면서 교정을 돌아다니는 것이 내 야망의 최대치였다. 일반적으로 여름 방학 때 밖의 온도는 46도나 되었으므로 찜통 같은 리지를 돌아다니는 것은 쉬운 일이 아니었다.

〈10〉

마침내 영국은 인도에서 철수했고, 그 과정은 매우 급하게 진행되었다. 이때 이뤄진 인도의 분할은 속도 면에서 전무후무한 사례일 것이다. 시릴 래드클리프 경Sir Cyril Radcliffe은 그 유명한 '래드클리프 라인'을 그을 시간이 채 두 달도 없었다. 그는 1947년 6월 말에서 8월 중순 사이에 선을 그어서 나라를 둘로 나눠야 했다. 물론 무슬림 인구와 비무슬림 인구 비중을 기준으로 나눈다는 원칙은 있었지만, 예외가 많을 수밖에 없었다. 지리적인 조건처럼 이해할 만한 예외도 있었지만 어떤 것들은 영문을 알 수 없게 자의적이었다. 래드클리프가 늦은 밤까지 일하다 졸면서 선을 그어서 삐뚤빼뚤해졌으리라는 소문이 있었는데, 나도 그럴 법하다고 생각했다. 그는 자신이 둘로 나눈 나라에 연고가 없는 사람이었고, 왔을 때처럼 빠르게 영국으로 돌아갔다.

이 이야기에는 후기가 있다. 오랜 시간 뒤인 1973년에 런던 정경대학 교수이던 나는 시릴 경의 이름을 따 '래드클리프 강의'라

241

는 이름이 붙은 강연에 연사로 초청을 받아 워윅 대학에 가게 되었다. 강연 주제는 경제 불평등이었다.[6] 래드클리프 경(그때는 Lord 였다)이 인도 역사에서 중요한 사람인데다 마침 워윅 대학 캠퍼스와 가까운 곳에 살고 있었기 때문에, 나는 그를 만날 수 있을지 학교 측에 문의했다. 처음에는 그가 인도인이 찾아오는 것을 그리 좋아하지 않는다는 답변을 들었고, 내가 인도에서 온 방문자가 아니라 런던에 사는 사람이라는 것을 알고서는 오래 머물지 않을 거라면 차를 한잔할 의향이 있다고 다시 알려왔다고 했다. 나는 그를 만나고 싶었으므로 그것만으로도 충분히 반가워서 차를 마시러 가겠다고 했다. 그리고 당일에 워윅 대학의 부학장실을 막 나서려는 데 시릴 경의 마음이 갑자기 바뀌어 오후에 나와 차 마시기를 원치 않는다는 연락이 왔다.

그래서 나는 나를 초청한 워윅 대학 부학장 존 블랙스톡 버터워스John Blackstock Butterworth와 조금 더 이야기를 나눌 수 있었다. 별명이 '유쾌한 잭'인 그는 성실한 학자였고 실제로 우리는 매우 유쾌한 대화를 나누었다. 그는 내가 래드클리프와 차를 못 마시게 된 것에 대해 "인도에 파견된 옛 관리"가 매우 예측 불가능하다는 점이 솔직히 너무 재미있다며 이렇게 말했다. "저는 늘 궁금했어요. 이 사람들이 어떻게 제국을 경영했을까 하고요."

10장

영국과 인도

영국의 인도 통치는 1757년 6월 23일에 플라시 전투로 시작되었다고 볼 수 있다. 이 전투는 빠르게 끝났다. 해 뜰 녘에 시작되었는데 저물녘에는 결판이 나 있었다. 전형적인 장마철 날씨여서 플라시 마을의 망고 숲에 비가 내렸다. 플라시는 영국이 진을 치고 있던 캘커타와 벵골 왕국의 수도 무르시다바드 사이에 위치해 있었다. 이 망고 숲에서 영국군은 나왑〔태수〕 시라지 웃 다울라Siraj-ud-Doula의 군과 대치했고 압도적으로 승리했다.

영국은 어떻게 해서 그렇게 쉽게 승리할 수 있었을까? 이것은 200년 뒤에 산티니케탄에서 학창 시절을 마쳐가던 우리가 매우 관심을 가졌던 주제였다. 벵골은 유럽에도 잘 알려진 부유한 왕국이었다. 그런데 어떻게 영국군이 벵골의 나왑 군을 그렇게 식은 죽 먹기로 이길 수 있었을까? 영국군은 규모는 작았지만 훨씬 강력한 화기와 엄격한 규율이 있었고, 이러한 표준적인 군사적 요인도 물론 중요했을 것이다. 하지만 시라지의 군이 분열되어 있었던 것은 여기에서 어떤 방식으로 작용했을까 하는 질문도 제기되었다.

플라시 전투 이후 영국이 아대륙을 통치하는 동안, 힌두와 무슬림 사이에 존재한다는 '화합 불가능한 간극' 운운하는 이야기가 많이 나왔고(힌두와 무슬림이 맞붙지 않게 떨어뜨려놓으려고 영국이 거기에 있었던 것이라는 이야기까지 있었다) 시라지의 군이 패배한 것도 힌두-무슬림 분열 때문이라는 이론이 대두되었다. 하지만 이것은 전혀 사실이 아니다. 벵골 지역에서 힌두와 무슬림 사이에는 중대한 적대가 존재하지 않았고, 무르시다바드의 시라지 정부는 힌두와 무슬림을 공평하게 대우한다는 정책 기조에서 이탈한 적이 없었다. 이 정책은 무슬림이 이곳을 정복한 초창기부터도 무슬림 통치자들의 기본 원칙이었다. 시라지는 힌두인인 미르 마단Mir Madan을 궁정의 최고위직 중 하나에 임명했고 마단은 끝까지 시라지의 충성스러운 장군으로서 플라시에서 영국군과 싸우다 전사했다. 시라지의 궁재宮宰이던 모한 랄Mohan Lal도 힌두 사람이었는데 그역시 시라지에게 끝까지 충성했다. 시라지의 군에는 세 개의 부대가 있었고 시라지에 맞선 모략가 세 명이 각각 이끌었는데, 두 명은 무슬림인 미르 자파르Mir Jafar(시라지의 삼촌)와 야르 라티프 칸Yar Latif Khan이었고 한 명은 힌두인인 라이 두를랍Rai Durlabh이었다.

영국군을 이끌고 플라시로 향하던 로버트 클라이브Robert Clive는 (전략적인 속임수로서) 평화를 추구하는 척하면서 자신이 벵골의 나왑이 믿을 수 있는 사람들과 평화적으로 협상해서 분쟁을 해소할 용의가 있다는 서신을 보냈다. 여기에서 그는 "자가트 세스Jagat Seth, 라자 모한 랄, 미르 자파르, 라이 두를랍, 미르 마단, 또한 그밖에 당신의 위대한 사람들"을 언급했다.[1] 즉 클라이브가 벵골을 통치하는 무슬림 군주의 측근이라고 생각한 사람 중에 무슬림은 한 명이고 힌두가 네 명이었다.

클라이브가 성공적으로 부추겨낸 분열과 반목은 종교와는 완전히 다른 요인을 통해서였다. 시라지 군의 분열은 권력과 이윤 추구에서 비롯했다. 벵골에서 이전의 제국적 권력자들이 쇠락하면서, 지방의 부유한 토지 소유 계층과 벵골에서 상업 활동을 하던 유럽인들 모두 늘상 속임수와 표리부동한 행동을 취했다. 여기에는 영국과 인도의 상인과 금융인뿐 아니라 프랑스인도 있었다. 프랑스는 플라시 전투 전까지 시라지의 연합 세력이었고 중간중간 입에 발린 지원 약속을 표명하면서 시라지를 안심시켰지만, 시라지에게 도움이 가장 필요했을 때는 아무런 지원도 제공하지 않았다. 배신의 핵심 인물은 시라지의 삼촌 미르 자파르였다. 그는 원래도 권좌를 차지하려는 욕망이 강했지만 클라이브가 이를 한층 더 부추겼다. 그리고 플라시 전투가 영국군의 승리로 돌아가는 데는 미르 자파르의 역할이 지대했다. 전투가 한창일 때 그가 이끌던 부대가 갑자기 싸움을 그만두고 전장에서 나가버린 것이다. 그와 클라이브 사이에 미리 이야기되어 있었던 일로 보인다.

승리한 날 저녁에 클라이브는 핵심 공모자인 미르 자파르에게서 축하 서신을 받았다. "계획대로 성공하신 것에 대해 축하드립니다." 클라이브는 끝까지 용맹하게 저항하던 시라지를 처형하고 미르 자파르를 왕위에 앉혔다. (물론 명목상의 권력만 있었고 실제로는 영국인 주인들의 뜻에 좌지우지되었다.) 즉, 영국령 인도제국은 종교적 분열로 시작된 게 아니라 배반자가 보상을 받는 정교한 음모에서 시작되었다. 플라시 전투가 크리켓 경기였다면 페어플레이를 하지 않은 주장 클라이브는 이후 오랫동안 경기에 출전이 금지되었을 것이다.

영국의 통치는 거의 200년 뒤인 1947년 8월 14일 자정에 자와할랄 네루의 "인도는 오래전에 운명과 밀회를 했습니다"라는 유명한 연설로 끝나게 된다. 아대륙 전역에서 유니언 잭〔영국 국기〕이 내려지는 동안, 사람들은 이제까지의 식민 지배에서 맺혔던 울분을 쏟아냈고, 식민 지배의 종식이 얼마나 기쁘고 중요한 일인지는 밤늦게까지 기다려 네루의 연설을 듣지 않아도 알 수 있었다. 영국군이 가장 좋아하는 곡조가 '비팅 리트리트Beating Retreat〔귀대를 알리는 북소리라는 뜻으로 문자 그대로 retreat는 퇴각이라는 뜻이다〕라는 것을 알고서 많은 인도인이 즐거워했다는 것은 비밀이 아니다. 하지만 내가 이 유명한 음악을 처음 들었던 1944년에는 영국이 인도에서 철수한다는 징후가 전혀 없었다. 3년 뒤에 상당히 갑작스러운 방식으로 독립이 와서 "무엇도 필적하지 못할 가장 큰 제국"(저명한 역사학자 니얼 퍼거슨Niall Ferguson이 영국 제국주의에 대해 쓴 신중하면서도 열정적인 역사서『제국Empire』에서 쓴 표현이다)을 끝냈을 때, 인도에는 약간의 놀라움과 커다란 환호가 있었다.[2]

〈2〉

200년은 긴 시간이다. 그 기간에 영국은 인도에서 무엇을 달성했고 무엇의 달성에 실패했을까? 이것은 산티니케탄에서 벌어졌던 수많은 토론에 꾸준히 등장하는 질문이었다. 이 질문은 오늘날에도 중요하다. 성공적인 글로벌 거버넌스를 논할 때 대영제국이 종종 소환되기 때문이다. 또한 (다시 니얼 퍼거슨을 인용하자면) 미국이 현대 세계의 제국적 권력임을 인정해야 한다고 주장할 때도 대영제국이 소환되곤 한다. '미국은 자신이 물려받은 제국의 의무를 져야 하는가, 아니면 털어버려야 하는가'와 같은 식으로 말이다. 물론 이것은 흥미로운 질문이고, 대영제국이 어떻게 뜨고 졌는지,

그리고 대영제국이 무엇을 달성했는지를 알지 않고는 이 질문에 답할 수 없다는 점에서는 퍼거슨의 주장이 옳다.

산티니케탄에서 이에 대해 논의하면서 우리는 몹시 어려운 방법론적 난제에 봉착했다. 영국이 그 200년 동안 인도를 통치하지 않았더라면 1940년대에 인도가 어떠한 모습이었을지를 우리는 어떻게 알 수 있는가? 영국의 통치가 시작된 1757년의 인도와 종식된 1947년의 인도를 비교해보면 되지 않을까 싶을 수 있지만, 이것은 그리 유용한 방법론이 될 수 없다. 영국이 인도를 통치하지 않았다는 말이 그 200년간 인도가 플라시 시절 그대로 남아 있으리라는 말은 아니기 때문이다. 인도에 '영국의 통치로 인해' 달라진 점은 없다 해도 그 기간에 인도가 아무런 변화 없이 멈춰 있지는 않았을 것이다. 하지만 그 기간 동안 정확히 무엇이 '영국의 통치로 인해' 달라진 것이고 무엇이 아닌지를 어떻게 가려낼 수 있는가?

〔영국이 인도를 통치하지 않았을 경우에 인도가 정체 상태였으리라고 상정하지 말고〕 가설적인 역사를 생각해봐야 한다는 점을 이해하기 위해, 제국에 정복될 가능성은 있었지만 실제로 정복되지는 않았던 사례 하나를 생각해보자. 1853년에 미국의 매튜 페리Matthew Perry 해군 제독이 군함 네 척을 끌고 일본의 에도 만에 도착했다. 페리가 단지 미국의 힘만 보여주려는 것이 아니라(실제로는 그랬다) 일본을 미국이 점령하기 위한 계획의 일환으로 온 것이었다고 가정해보자. 이를 테면, 인도에서 클라이브가 한 것처럼 미국령 일본을 만들려 했다고 생각해보자. 미국이 '미국령 일본'에서 성취한 것이 무엇인지를 평가할 때 단순히 제국주의적 정복을 당하기 이전인 1853년의 일본과 미국의 지배가 끝난 뒤의 일본(그게

언제든)을 비교해 그 차이가 '미국의 정복이 발휘한 효과'라고 말한다면 일본의 실제 역사에서 1868년 이후 메이지 유신이 기여한 부분과 그 밖에 일본이 세계와 접촉하면서 생겨난 변화를 모두 간과하게 된다. 일본은 멈춰 있지 않았다. 그리고 영국에 정복되지 않았을 경우의 인도도 멈춰 있지 않았을 것이다.

하지만 메이지 시기에 일본에서 무슨 일이 일어났는지는 알 수 있어도 영국이 정복하지 않았을 경우 인도 아대륙에서 무슨 일이 일어났을지는 확신을 가지고 추측하기가 지극히 어렵다. 인도도 일본처럼 점점 더 전 지구적이 되어가는 세계에서 근대화를 이루었을까? 아니면 아프간처럼 변화에 계속 저항했을까? 아니면 태국처럼 느리게 변화했을까? 답을 내는 것이 불가능하다 싶을 정도로 어려운 질문들이다. 하지만 가설적인 역사에 대한 시나리오를 꼭 그려보지 않더라도, 영국의 통치가 인도에서 어떤 역할을 했는지 학술적으로 이해하는 데 도움이 될, **답을 낼 수 있는** 질문을 몇 가지 생각해볼 수 있다. 가령, 이렇게 물어볼 수 있을 것이다. 영국 통치가 시작된 시점에 인도가 직면한 어려움들은 무엇이었으며 영국 통치기 동안 그 핵심적인 문제들과 관련해 무슨 일이 벌어졌는가? 당시에 인도는 상당히 혼란스럽고 제도적으로 후진적이어서 무언가 대대적인 변화가 필요하긴 했다.

〈3〉

하지만 18세기 중반에 인도에 대대적인 변화가 필요했다는 사실을 인정한다고 해서 (많은 인도의 골수 민족주의자들이 두려워하듯이) 인도가 과거에 이룩한 위대한 성취를 무시해야 하는 것은 아니다. 인도는 철학, 수학, 문학, 예술, 건축, 음악, 의학, 어학, 천문학 등에서 엄청난 성취를 일군 역사가 있다. 또한 식민지 시기가 시작되기 한참 전에 상업과 교역이 활발히 이루어지면서 번성하는 경제를 성공적으로 구가한 적이 있다. 2장에서도 언급했듯이, 인도의 경제적 부에 대해 애덤 스미스 같은 영국〔스코틀랜드〕학자들이 남긴 관찰과 기록이 풍성하게 존재한다. 하지만 그럼에도 18세기 중반에는 여러 면에서 인도가 유럽이 달성한 수준에 많이 못 미치고 있었다는 것 또한 사실이다. 이러한 후진성의 정확한 속성과 의미가 무엇이었는지는 산티니케탄에서 저녁에 벌어지곤 하던 생생한 토론에 자주 등장하는 주제였다.

이와 관련해 카를 마르크스가 1853년에 『뉴욕 데일리 트리뷴New York Daily Tribune』에 썼던 글 하나가 우리 중 몇몇의 관심을 끌었다. 마르크스는 당시에 인도가 스스로를 급진적으로 재점검하고 재구성할 필요가 있었다는 전제에서, 영국의 인도 통치가 여기에 건설적인 역할을 했다고 평가했다. 실제로 영국은 인도가 접촉하는 서구 국가 중 가장 비중 있는 곳이었고 19세기에는 특히 더 그랬다. 이 영향의 중요성은 무시하기 어려울 것이다.

글로벌화된 문화가 인도 안에서 토착적으로 떠오르고 있었는데, 이는 영국의 저술에서만이 아니라 영국을 통해 인도에 알려진 유럽 다른 나라의 저술(그러니까, 비영어 저술)에서도 영향을 받아서 생겨난 현상이었다. 예를 들어, 크리스토퍼 베일리Christopher Bayly는 굉장히 종합적인 저서 『근대 세계의 탄생, 1780-1914The Birth of the Modern World, 1780-1914』에서 1772년에 태어난 캘커타의 철학자 람 모한 로이Ram Mohan Roy가 "20년 사이에 무굴 제국 말기의 궁정 지식인에서 인도 최초의 자유주의적 지식인으로 지식의 위상에서 놀라운 도약을 했다"며 "당시에 유럽에서 가리발디

Garibaldi와 생 시몽Saint-Simon 등이 발달시키고 있던 개념을 같은 시기에 로이도 독자적으로 발달시키고 있었다"고 언급했다.[3] 그의 광범위한 지식과 숙고가 가능했던 데는 산스크리트어, 아랍어, 페르시아어로 된 전통 지식만이 아니라 동인도회사 통치하의 캘커타에서 유통되던 영어 저술에도 익숙한 인도 지식인들이 증가하고 있었다는 점이 중요했고, 이를 고려해야만 로이의 창조성을 이해할 수 있다.

람 모한 로이 외에도 이러한 지식인은 굉장히 많았다. 람 모한 로이 이후에 벵골에서 이슈와르 찬드라 비디야사가르Ishwar Chandra Vidyasagar, 마이클 마두수단 듯트Michael Madhusudan Dutt, 또 여러 세대의 타고르주의 학자들이 자신이 물려받은 인도를 18세기와 19세기에 유럽에서 벌어지던 일들에 비추어 재평가했다. 이들의 주된, 그리고 종종 유일한 정보 원천은 영국의 통치로 인도에 들어와 유통되던 책들(주로는 영어로 된 책들)이었다. 이러한 지적인 영향은 유럽 문화를 광범위하게 포괄하고 있었고 영국의 군사적, 정치적, 경제적 권력이 크게 축소된 오늘날에도 인도에 강하게 남아 있다. 나는 인도의 옛 질서가 르네상스와 산업혁명이 전 세계에서 촉발한 경제적, 지적 세계화(슬프게도 식민주의를 수반했지만)의 일부가 되지 못했기 때문에 무너지고 있었으며 따라서 인도에 급진적인 변화가 필요했다는 마르크스의 진단을 기본적으로는 납득할 수 있었다.

하지만 마르크스의 주장에는 심각한 오류도 있었다. 특히 영국의 정복이 인도가 근대 세계를 향해 열릴 수 있는 유일한 문이었다고 암묵적으로 가정하고 있는 점이 그렇다. 당시 인도에 필요했던 것은 더 건설적인 종류의 세계화였고, 그것은 제국주의와 다르다. 이 구별은 매우 중요하다. 오랜 역사 내내 인도는 사상과 상업을 외부 세계와 적극적으로 교환하고 교류했다. 2000년도 더 전부터 인도와 중국, 인도네시아, 말레이시아, 캄보디아, 베트남, 태국 등 동쪽의 나라들 사이에는 수많은 상인, 정착민, 학자 들이 오갔다. 이러한 이동이 가져온 방대한 영향, 특히 문학, 언어, 건축에 미친 영향은 오늘날에도 풍성하게 볼 수 있다. 또한 아주 초기부터도 인도는 외국의 망명자 및 그 밖의 이주민들이 들어올 수 있게 변경을 열어주었고, 이러한 개방적인 태도를 통해서도 글로벌한 요소들을 가질 수 있었다.

인도에 유대인 이주민들이 들어온 것은 서기 1세기에 예루살렘이 무너진 직후부터였고 그 이후로도 계속되었다. 18세기 말까지도 매우 성공한 사순Sasoon 가문을 포함해 바그다드 유대인들이 인도에 들어왔다. 그리스도교도들도 적어도 4세기부터 인도에 들어왔고 어쩌면 더 일찍부터일 수도 있다. 이와 관련해 전설도 많다. 일례로 1세기에 성 토머스 사도가 인도에 와서 처음 만난 사람이 말라바르 해안에서 피리를 불고 있던 유대인 소녀였다고 한다. 아마 출처가 명확한 사실은 아니겠지만, 산티니케탄에서 우리는 이렇게 인도의 다문화적인 뿌리를 드러내는 일화들을 좋아했다.

8세기 초에 이란에서 파르시 족 사람들에 대한 박해가 시작되자 이들도 인도에 들어왔다. 8세기 말에는 아르메니아 사람들이 케랄라부터 벵골까지 인도의 많은 지역에 자취를 남기기 시작했다. 비슷한 시기에, 즉 무슬림 정복자들이 아대륙 북서 지역의 척박한 땅을 가로질러 인도에 들어와 제국을 세우기보다 수세기 전에, 무슬림 상인들도 인도 서부 해안에 상당히 많이 존재했다. 페르시아에서 박해를 받은 바하이교도들이 인도에 들어온 것은

19세기가 되어서였으니 이들은 상당히 최근의 이주자들이다.

오래전부터 확립되어 있었던 교역 관계에 대해서는 앞에서 이야기한 바 있다. 갠지스 강 입구에 교역 루트가 만들어진 것은 무려 2000년 전으로 거슬러 올라가며(이곳은 18세기에 동인도회사가 들어와 인도 정복을 시작한 곳과 멀지 않다), 플라시 전투 시점이면 이미 유럽 각지에서 온 기업인, 교역상, 전문직 종사자들이 인도에 정착해 있었다. 제국주의적 통치에 놓이는 것은 외국으로부터 유용한 것을 배우고 외국과 연결되는 유일한 방법이 아니다. 1868년에 일본에서 새로운 개혁적 정부가 메이지 유신을 시작했을 때 (10년 전에 페리 제독이 일본에 와서 무력을 과시한 것이 일본 내부에 남긴 정치적 영향과 관련이 없지는 않았지만) 일본 사람들은 제국주의적 통치하에 들어가지 않고도 서양과 직접 교류하며 유용한 것들을 배울 수 있었다. 그들은 미국과 유럽에 사람들을 보내 유용한 것들을 배워왔고, 명백히 서구의 영향에서 영감을 받은 변화를 일구었다. 그들은 제국주의에 의해 강압적인 방식으로 세계화에 편입될 때까지 기다리고 있지 않았다.

⟨4⟩

독립 직전의 시기에 우리는 영국의 인도 통치와 관련된 이 모든 이슈를 생각하면서 종일 도서관을 위아래층으로 오갔고 산티니케탄 학교가 열정적으로 촉진했던 글로벌한 역사 교육을 최대한 방대하게 활용했다. 그리고 영국이 당시 인도에 상당히 필요했던 강한 자극을 주었을지는 모르지만 인도의 각성은 다른 방식으로도 충분히 가능했을 것이라는 결론에 도달했다.

하지만 영국 통치가 아니었다면 무엇이어야 했을까에 대해서는 탄탄한 설명을 만들어내기가 어려웠다. 이에 비해 영국 정부가 가져온 개혁은 매우 구체적으로 짚을 수 있었다. 실제로 영국은 인도가 서구와 연결되는 주요 통로가 되었고 이것은 제국주의적인 대영제국의 구성과 긴밀하게 관련이 있었다. 하지만 이 사실을 인정한다고 해서 인도가 영국 통치하에 들어가지 않았을 경우 생길 수 있었을 또 다른 경로와 방식들을 부정해야 하는 것은 아니다. 이것은 매우 중요한, 그리고 완전히 별개의 질문이다. 이를 전제로 하되, 그렇더라도 실제로 벌어진 일, 실제로 일어난 변화는 그것대로 연구할 가치가 있다.

자, 그러면 이 질문에 대해 우리가 알게 된 것은 무엇인가? 영국의 제국주의적 이론가들이 많이 강조하는 성취 하나는 자신들의 통치 덕분에 인도가 **통합**되었다는 것이다. 이들에 따르면 그전에 인도는 분절된 왕국들이 모여 있는 땅이었는데 영국의 통치로 인해 아대륙의 다양한 정치체들이 하나의 나라가 될 수 있었다고 한다. 윈스턴 처칠은 영국이 오기 전에는 '인도 국가'라는 것이 존재하지 않았다고까지 말했다. "인도는 지리적 개념이었고, 적도가 국가 이름이 아니듯이 인도도 통일된 국가를 일컫는 것이 아니었다"고 말이다.

이것이 사실이라면 영국 제국은 인도를 통일시킴으로써 인도의 근대화에 간접적으로 기여한 것이 된다. 일본이 메이지 시기에 수행한 종류의 개혁은 국가가 통합되어 있지 않았다면 성취하기 어려웠을 것이다. 하지만 브리티시 라지가 인도의 통일을 가져왔다는 거창한 주장은 정확한 것인가? 1757년에 동인도회사의 클라이브가 벵골에서 나왑의 군대를 누르고 승리했던 시점만 보면 인도 전체를 아우르는 하나의 권력이 존재하지 않았던 것은 사실이다. 하지만 영국이 인도 지역 전체에 하나의 정치체를 부여했다는 특정한 시기의 역사적 사실에서(이것은 사실이다) 오로지 영국만이 분절된 왕국들이 하나로 통합된 인도를 만들 수 있었다는 거대한 주장으로 나가는 것은 비약이다.

그러한 주장을 택하면 1000년 넘게 인도를 특징지었던 거대한 제국들의 존재를 부정하게 된다. 기원전 3세기부터도 야심 차고 활력 넘치는 황제들(찬드라굽타 마우리아부터 시작해서)은 자신이 통치하는 국가에 상당히 너른 지역이 통합되기 전까지는 자신의 권력이 완성되었다고 생각하지 않았다. 아쇼카 마우리아, 굽타 왕조의 황제들, 알라웃딘 칼지, 무굴 제국 황제들 모두 마찬가지였다. 인도의 역사는 거대한 통합 제국의 시기와 분절된 왕국들의 시기가 번갈아오는 형태를 띠었다. 따라서 '클라이브가 도착한 당시인 18세기 중반의 분절적이던 통치 구조가 역사적으로도 내내 이 지역의 전형적인 상태였으며 영국 제국의 통치하에 들어가고서야 비로소 통합될 수 있었다'고 보는 것은 오류다.

역사 교과서를 보면 인도의 통치 세력으로서 영국이 무굴 제국의 뒤를 이었다고 말하는 경우가 왕왕 있는데, 사실 영국은 진지하게 고려해야 할 세력이었던 무굴 제국을 밀어내고 들어온 것이 아니었다. 영국의 통치는 무굴 제국의 권력이 이미 쇠락한 뒤에 시작되었다. 영국이 패배시킨 벵골의 나왑도 형식상으로는 무굴에 속한 토후국이어서 무굴 황제에게 충성을 맹세했지만 통치는 무굴의 황제를 별로 신경 쓰지 않고 독자적으로 했다. 하지만 인도에서 정당한 통치자로서의 무굴의 제국적 상징은 그것의 강력한 제국적 권력 자체가 사라진 뒤에도 사람들 사이에 널리 인정되고 있었다.

그래서 1857년에 인도의 영국 통치자를 위협한 '세포이 항쟁' 때 다양한 반영反英 세력들이 인도의 통치자로서의 공식적인 정당성은 무굴의 황제에게 있다는 공동의 개념을 가지고 반란에 함께 할 수 있었다. 사실 무굴 황제는 반란을 이끌 생각이 없었지만 인도 전역에서 반란 세력들이 그를 황제로 선포하는 것을 막을 수는 없었다. 82세의 무굴 군주 바하두르 샤 2세(자파르라고 불린다)는 전쟁에서 싸우거나 인도를 통치하는 것보다 글 읽고 시 쓰는 데 훨씬 더 관심이 있었다. 영국이 델리를 거의 파괴하고 반란에 참여한 비무장 민간인 1400명을 죽이는 상황인데도 그가 할 수 있는 일은 없었다. 시인 황제 자파르는 버마로 쫓겨났고 5년 뒤에 그곳에서 숨졌다.

1930년대에 버마에 살았을 때 부모님과 랑군에 있는 자파르의 묘에 간 적이 있다. 유명한 쉐다곤 파고다와 가까운 곳이었다. 그의 능은 두드러지지도 않게 골함석으로 덮인 돌판이 다였다. 인도와 버마를 통치한 영국의 제국주의 통치자들이 마지막 무굴 제국 황제가 가지고 있는 '소환의 힘'을 두려워했던 게 틀림없다고 아버지가 말씀하신 기억이 난다. 묘에는 "델리의 이전 왕, 바하두르 샤"라고 쓰여 있었고 심지어 '황제'라는 표현도 없었다! 아주 나중인 1990년대가 되어서야 마지막 무굴 제국 황제에 걸맞게 능이 바뀌면서 자파르는 어느 정도 명예를 회복했다.

〈5〉

영국의 통치가 없었을 경우 무굴 제국에 이어 인도의 통치자가 되었을 만한 세력으로 가장 유력한 후보는 봄베이 근처에서 떠오르던 힌두 마라타 족이었을 것이다. 이들은 무굴 제국의 수도 델리를 자주 습격했고 인도 곳곳을 그런 식으로 습격하며 힘을 행사했다. 1742년에 동인도회사는 빛의 속도로 진격해오는 마라타 전사들의 속도를 늦추기 위해(마라타 기병대는 수천 킬로미터 이상을 쏜 살같이 가로질러 습격하곤 했다) 캘커타 외곽에 거대한 '마라타 참호'를 짓기까지 했다. 그렇긴 해도, 마라타 족은 인도 전체를 아우르는 제국의 건설을 기획했다고 보기에는 많은 요소가 부족했다.

대조적으로 영국은 아대륙의 상당 부분에서 지배적인 권력을 구축할 때까지 만족하지 않았고, 이 과정은 영국이 들어와서 여기에 비로소 통합된 인도라는 비전을 가져온 것이라기보다는 과거에 인도 자체에 존재했던 제국들에 이은 새로운 제국으로서 행동한 것이라고 보는 것이 더 정확하다. 플라시 전투가 있고 난 거의 직후부터 영국의 통치는 최초의 근거지인 캘커타에서부터 나머지 지역으로 퍼져나갔다. 동인도회사의 권력이 인도 전역으로 확장되어가면서 캘커타는 새로이 떠오른 제국의 수도가 되었고 이 지위는 18세기 중반부터 1911년까지 이어졌다(이때 수도가 델리로 이전된다). 인도 나머지 지역으로의 확장을 기획하고 지휘하는 것도 캘커타에서 이루어졌다. 동인도회사가 벵골에서 경제 활동으로 얻은 이익의 상당 부분이 식민지 확장을 위해 인도 전역에서 전쟁을 벌이는 데 들어갔다.

플라시 전쟁 직후부터 '벵골의 재정적 출혈'이라고 불리는 사태가 시작되었다. 나왑을 통제하에 두게 된 동인도회사는 점령한 영토 내에서 나오는 수입만이 아니라 세금 없이 부유한 벵골 경제와 교역할 수 있다는 특권을 통해서도 막대한 부를 획득했다. 여기에 더해 동인도회사가 이 지역 상인들에게서 주기적으로 징수할 수 있었던 소위 '선물'도 있었다. 대영제국의 영광에 감동하고 싶은 사람은 애덤 스미스의 『국부론』을 읽지 않는 게 좋을 것이다. 애덤 스미스가 "동인도 지역을 지배하고 억압하는 상업 회사"가 국가 권력을 어떻게 남용하고 있는지를 그 책에서 맹렬히 비판했으니 말이다.[4] 역사학자 윌리엄 달림플William Dalrymple은 [인도가 겪은 경제적 수탈을] 이렇게 기록했다.

> 경제 수치가 사실을 말해준다. 1600년에 동인도회사가 설립되었을 때 영국은 세계 GDP의 1.8퍼센트를, 인도는 22.5퍼센트를 산출하고 있었다. 그런데 브리티시 라지의 권력이 정점이었을 때 이 숫자는 역전되어 있었다. 인도는 세계 선도적인 제조 국가의 지위를 잃었고 기아와 결핍의 상징이 되었다.[5]

'재정적 출혈'을 가져온 약탈의 대부분은 벵골에 주재하는 동인도회사 고위직이 저지른 것이었지만 영국 본토의 정치계, 기업계 지도자도 상당수가 이 약탈에 참여했다. 영국 의원 4분의 1 가까이가 플라시 전투 이후에 동인도회사 주식을 가지고 있었다. 영국령 인도제국에서 나오는 사업상의 이득이 멀리 영국의 기득권층 깊숙이까지 흘러들어간 것이다. 이러한 '강도-통치자'의 지배는 법과 질서 및 어느 정도 합리적인 통치의 필요성이 인식되면서 점차 고전적인 식민주의로 진화해가지만, 동인도회사가 직접 인도를 통치하며 국가 권력을 남용했던 식민 지배 초창기에 벵골의 경제는 엄청난 궁핍 상태로 떨어졌다. 지리학자 존 손턴 John Thornton은 1703년에 이 지역에 대한 유명한 지리서를 펴내면서 이곳을 "부유한 벵골 왕국"이라고 묘사했는데, 바로 그 지역이 1769~1770년에 대대적인 기근을 겪었다. 당대의 추산으로 벵골

인구의 3분의 1가량이 사망했다고 한다. 이것은 물론 과장된 숫자 겠지만(산티니케탄에서 우리는 실제 숫자는 얼마였을지에 대해 많이 이 야기했다) 대규모 재앙이었다는 사실만큼은 의심할 여지가 없다. 아주 오랫동안 기근을 모르던 곳에서 엄청난 규모의 기아와 아사 와 벌어진 것이다.

이 재앙은 적어도 두 가지의 중대한 결과를 가져왔다. 첫째, 영 국의 인도 통치 초창기에 벌어진 경제적 수탈이 영국 본국에서 상 당한 정치적 비판의 대상이 되었다. 애덤 스미스가 『국부론』에서 동인도회사가 "영토를 통치하는 것은 전적으로 부적절하다"고 단 호하게 비판했을 무렵이면[6] 스미스 외에도 많은 영국인이 비슷한 비판의 목소리를 내고 있었다. 가장 강력한 비판이라면 1789년에 〔동인도회사 사장〕 워런 헤이스팅스Warren Hastings 탄핵을 요구하며 에드먼드 버크Edmund Burke가 의회에서 한 연설을 꼽을 수 있을 것 이다. 버크의 헤이스팅스 비판은 강력하고도 유려했다. 하지만 헤 이스팅스 개인의 부도덕을 문제로 짚은 것에는 크게 오류가 있었 다. 헤이스팅스는 동인도회사를 이끌었던 전임자들(이를테면, 꽤 희한하게도 버크가 매우 존경했던 클라이브)과 달리 영국이 인도를 완 전하게 약탈하는 것을 막으려고 했고 어느 정도는 실제로 실현해 내기도 했다. 하지만 동인도회사가 인도를 통치하는 것의 문제에 대한 버크의 일반적인 진단은 잘못되지 않았다. 두 번째의 중요한 결과는 벵골의 경제적 쇠락이 결국에는 동인도회사의 사업에도 악영향을 미쳐서 영국의 투자자들도 피해를 입은 것이었다. 그래 서 런던의 권력자들은 인도에서의 사업을 더 질서 잡힌 '국가 권 력'이 통치하는 방식으로 바꿔야 할 필요성을 느끼게 되었다. 버 크가 헤이스팅스를 비난하던 무렵이면 '플라시 이후의 약탈' 시기

[동인도회사가 인도를 지배했던 시기]는 고전적인 식민 통치 시기로 넘어가고 있었다. 곧 고전적인 식민지 통치 방식이 제국주의적 지배의 표준이 되며 이후 한 세기 반 동안 아대륙은 점점 더 이러한 방식의 제국주의적 통치하에 들어가게 된다.

〈6〉

그러면, [동인도회사가 직접 통치하던 시기가 지나고] 고전적인 제국주의 시기인 18세기 말부터 1947년까지는 영국령 인도제국이 얼마나 성공적이었을까? 영국은 민주주의, 법치, 철도, 주식회사, 크리켓 등을 가리키면서 자신들이 인도의 발전과 관련해 상당한 성취를 했다고 주장한다.[7] 하지만 주장과 현실의 간극(아마도 크리켓만 빼고)은 제국주의 시절 내내 매우 컸다. 독립 이전의 자료들을 종합해보면, 여기에서도 영국이 통치하던 시기에 인도에서 달성된 성취가 영국이 주장하는 바에 얼마나 못 미치는지를 대번에 알 수 있다.

러디어드 키플링은 제국주의에 대한 유명한 시에서 영국의 제국주의 행정을 높이 평가하면서 다음과 같이 자기 찬사를 표한 바 있다.

백인의 의무를 맡으라—
평화를 위한 참혹한 전쟁을 맡으라—
기근에 시달리는 입을 먹이고—
질병이 사라지게 하라[8]

애석하게도 기근을 멈추는 것이나 부실한 건강 상태를 개선하는 것은 영국령 인도제국이 높은 성취를 거둔 영역이 전혀 아니었다. 영국의 통치가 끝났을 때 인도의 기대수명이 절망적으로 낮은 수준(기껏 32세 정도)이었다는 사실은 무엇으로도 가릴 수 없다.

식민 통치기에 인도에서 기초 교육이 무시되었다는 점은 통치자가 식민지 사람들에게 필요하다고 생각한 것이 무엇이었는지를 반영한다. 통치자와 피통치자 사이에 막대한 비대칭이 있는 것이다. 19세기에 영국 정부는 영국인들에 대해서는 전 국민이 문해력을 갖추게 하겠다는 계획을 세웠는데, 대조적으로 인도의 문해율은 15퍼센트를 밑돌았다. 인도에서 비교적 높은 문해율을 보인 트래방코르, 코친 등은 공식적으로 대영제국에 속하지 않는 '토후국'들이었다(독립 이후에 이들 지역의 상당 부분은 케랄라 주가 된다). 이러한 토후국들은 국방과 외교는 독자적으로 할 수 없었지만, 공식적으로 대영제국의 외부에 있었기 때문에 국내 정책에서는 상당한 자율성을 행사할 수 있었고 학교 교육과 공중 보건 확대 및 향상에 국가의 행정력을 사용했다.

200년간의 식민 지배 시기는 인도의 1인당 실질 국민총생산 GNP이 거의 증가하지 않은 경제적 정체의 시기이기도 했다. 이 같은 암울한 사실관계들은 독립 이후에 새로이 해방을 누리게 된 인도 언론에서 많이 보도되었는데, 인도의 활발한 언론 문화가 적어도 부분적으로는 영국의 시민사회에서 영향을 받았다는 사실만큼은 인정해야 할 것 같다. 브리티시 라지 시기에는 인도 언론에 재갈이 물려 있었지만(주로는 1943년 벵골 대기근 때처럼 제국주의적 통치에 대한 비판을 막기 위해서였다) 전통적으로 자유로운 언론이 촉진되었던 영국은 독립 후의 인도가 따르기에 좋은 모델이 되었다.

인도는 영국에서 좋은 것들을 많이 들여올 수 있었지만, 그것은 독립을 하고 나서야 인도의 것이 될 수 있었다. 인도의 언어들로 쓰인 문학은 영문학에서 장르를 빌려 오는 등 영문학에서 많은 영감을 받았다. 인도 문인들 사이에 영어로 글을 쓰는 문화도 융성했다. 하지만 브리티시 라지 치하에서는 출판될 수 있는 것이나 유통될 수 있는 것에 제약이 있었고 라빈드라나트 타고르의 책 중에도 금서가 있었다. 이제 독립한 인도 정부는 그럴 필요가 없지만, 슬프게도 식민주의 시절과는 전적으로 다른, 국내의 권위주의적 정치와 관련된 이유로 오늘날 때때로 언론에 대한 제약은 식민 통치 시절 못지않게 심각하다.

이런 면에서, 다당제 민주주의와 자유로운 언론의 기능보다 더 중요한 것은 없을 것이다. 하지만 이런 것들은 영국 정부가 제국주의 시기에 인도에 선물로 가져다준 것이 아니며, 오히려 영국이 떠나고 나서야 인도에서 실현될 수 있었다. 즉 이것들은 제국의 시기가 끝나고 영국 자체의 경험을 인도인들이 자유롭게 배울 수 있었을 때에야 얻을 수 있었던 결실이었다. 제국주의적 통치는 압제를 필요로 한다. 그리고 비대칭적인 권력은 대개 자유로운 언론이나 투표를 통한 민주주의 같은 것과 합치되지 않는다. 식민지 신민을 통제해야 할 필요성에 부합하지 않기 때문이다.

⟨7⟩

영국이 인도 등 자신이 통치한 곳들에서 기근을 막았다는 주장에 대해서도 위와 비슷한 의구심을 제기할 수 있다. 영국의 인도 통치는 1769~1770년의 대규모 기근과 함께 시작되었고 영국 통치 시기 내내 인도에 주기적으로 기근이 닥쳤으며 영국 통치 말기인 1943년에 끔찍한 대기근이 있었다(7장 참고). 그런데 1947년에 독립한 이후로는 인도에 기근이 없었다.

여기에서도 아이러니는 독립 후에 인도에서 기근을 끝내는 데 도움이 된 제도들, 즉 민주주의와 상대적으로 자유로운 언론이 영국에서 직접적으로 들어온 제도였다는 사실이다. 이러한 제도가 기근 방지에 왜 필수적인지는 쉽게 이해할 수 있다. 기근을 막는 것은 사실 그리 어렵지 않다. 비교적 적은 양의 무료 식량 분배나 비교적 적은 임금의 공공 고용을 제공하는 것(수혜자들에게 식품을 살 수 있는 구매력을 제공할 수 있다)만으로도 식량 부족으로 생명에까지 위협을 받는 취약한 사람들에게 극단적인 기아를 막아줄 수 있기 때문이다. 따라서 어떤 나라 정부라도 작든 크든 기근은 막을 수 있어야 마땅하며, 민주주의가 제대로 기능하고 자유로운 언론이 있는 국가에서는 기근을 막는 것이 정부의 중요한 관심사가 될 수밖에 없다. 자유로운 언론이 있다면 기근이 시작되었을 때 언론이 상황을 사람들에게 알리게 될 것이고, 민주적인 투표 제도가 있다면 기근 시기나 기근 직후의 시기에 집권당이 선거에서 승리하기란 거의 불가능할 것이다. 따라서 정부는 기근을 지체 없이 해소하려는 인센티브를 갖게 된다.

사람들이 민주적 권리를 갖지 못했던 시기에 인도는 기근에서 자유롭지 못했다. 세계 선도적인 민주주의 국가이자 본국의 대도시에서 자유로운 언론이 활동하고 있는 국가의 통치를 받으면서도 말이다. 문제는, 식민지에는 그러한 제도가 적용되지 않았다는 점이었다. 자유 지향적인 제도들은 통치자 국가의 국민을 위한 것이었지 식민지 신민을 위한 것은 아니었다.

1941년에 라빈드라나트 타고르는 (그의 마지막 생일이 된 날에 열린) 한 강연에서 영국의 인도 통치를 강하게 비판하면서, 인도가 영국과의 관계에서 "셰익스피어의 연극이나 바이런의 시에 대한 논의라든가 무엇보다 … 19세기에 발달한 포용적인 자유주의적 정치 등 많은 것을 얻긴 했지만," 비극은 "그들 자신의 문명에서 진정으로 가장 훌륭한 것이자 인간관계의 존엄을 지탱하는 것이 그들이 인도를 통치하는 데는 들어오지 않았다는 점"이라고 언급했다(이 강연의 제목은 '문명의 위기'였다).[9] 영국의 역할과 영국 제국주의의 역할 사이의 차이를 이보다 더 명료하게 설명할 수는 없었을 것이다. 인도 전역에서 유니언 잭이 내려오던 날, 우리는 이 중요한 구분의 근본적인 중요성을 깊이 절감하고 있었다.

3부

1953년경의 아마르티아 센

11장

캘커타의 도시성

〈1〉

러디어드 키플링은 이곳을 "두려운 밤의 도시"라고 불렀다. 캘커타(오늘날에는 벵골어 발음과 비슷하게 '콜카타'라고 부르기도 한다)는 빈곤, 비참함, 불결함으로 악명이 높았다. 훗날 마더 테레사 성인이 결핍에 고통받는 사람들을 위해 일하러 와야겠다고 생각한 곳도 캘커타이며 오늘날에도 세계의 많은 사람이 캘커타를 '도시의 비참함'이 체현된 장소로 여기곤 한다. 내 어린 시절의 지평에서는, 캘커타는 '큰 도시'였다. 다카와 산티니케탄을 오갈 때면 캘커타를 지나가게 되었는데, 다양한 라이프스타일이 공존하는 것이 늘 굉장히 놀라웠다. 아홉 살 때 일본이 항구를 폭격하는 소리를 들으며 늦게까지 잠 못 들던 곳도 캘커타였고, 그다음 해에 길거리에서 아사로 숨지는 사람들을 본 곳도 캘커타였으며, 브리티시 라지 치하에서 '예방적 수감'으로 감옥에 갇힌 친척 아저씨들을 면회하러 간 곳도 대부분 캘커타였고, 제국주의 압제하에서의 불평등이라는 주제에 대해 생각하기 시작한 곳도 캘커타였다.

산티니케탄 학교에서 대학에 가면 물리학과 수학을 전공할 생각으로 '예비 과학'이라고 불리던 과목을 공부하던 시절에는 프레지던시 칼리지에 진학하고 싶어서 캘커타에 가고 싶었다. 친구들(디판카르 차테르지Dipankar Chatterjee, 므리날 닷타 초두리Mrinal Datta Chaudhuri, 탄리, 아미트 미트라, 시브 크리슈나 카르Shiv Krishna Kar 등등)과 나는 그곳의 교육이 얼마나 훌륭한지, 그곳의 학문적 분위기가 얼마나 좋은지를 이야기하며 프레지던시 칼리지에 대한 선망을 나누곤 했다. 하지만 나는 '큰 도시' 자체에도 매혹되었다. 사티야지트 레이도 "마하나가르Mahanagar"(문자 그대로 '대도시'라는 뜻이다)에서 캘커타를 "괴물 같고, 들썩이고 어리둥절할 정도로 황홀한" 곳이라고 사랑스럽게 묘사했다.

캘커타에 대한 러디어드 키플링의 악평은 여러 가지가 있었는데, 그중 하나는 영국 상인 잡 차노크Job Charnock가 근대적인 도시를 지을 장소로 하필이면 갠지스 강(후글리 강이라고도 불렸다) 강변의 이토록 끔찍한 장소를 선택했다는 사실이었다.

콜레라, 태풍, 까마귀가 오가는 곳
…
차노크가 선택한 이곳에 도시가 세워졌다.
만이 있는 곳 근처에,
썩은 하수 냄새와 불결한 하수,
훼손된 삼각주와
눅눅하고 축축한 늪 옆에,
그리고 우리가 보듯이, 이 도시와 총독은 동의하지 않는다. [1]

오늘날에도, 하필이면 가장 살기 안 좋을 법한 장소에 도시를 세우기로 한 차노크의 결정에 경악한 키플링에게 동감하는 사람이 많다. 캘커타에 대한 훌륭한 연구서이자 역사서를 집필한 제프리 무어하우스Geoffrey Moorehouse는 "바보 같은 결정"이었다고 언급했다.[2] 바보 같았든 아니든 차노크의 결정은 지극히 중대했다. 300여 년 전인 1690년 8월에 차노크는 수타나티Sutanati(영국 사람들이 처음에 Chuttanutti라고 부정확하게 표기하기도 했다)에 도착해 동인도회사의 현지 본부 격인 기지를 세웠다. 수타나티는 여기에 모여 있던 세 마을 중 하나였으며 나머지 두 마을 고빈다푸르와 칼리카타와 함께 현대의 캘커타로 발달해가게 된다.

이후 100년 동안 이곳은 교역 회사의 현지 본부에서 영국령 인도제국의 수도가 되었다. 플라시 전투 이전에 벵골의 수도는 처음에는 다카, 나중에는 무르시다바드였고, 벵골의 나왑이 무르시다바드에서 통치했다. 하지만 클라이브가 시라지 웃 다울라를 패퇴시키고 처형한 뒤, 영국이 이미 기지로 삼고 있었던 캘커타가 동인도회사가 인도에서 점유한 영토를 통치하는 데서도 근거지가 되었다.

⟨2⟩

곧 캘커타는 '제국 제2의 도시'가 되었다. 20세기 중반까지도 이 명칭을 두고 경쟁에 나서볼 만한 어느 도시보다 규모가 컸던 것은 확실하다. 하지만 내게 캘커타가 매력적이었던 이유는 제국주의의 역사와는 직접적인 관련이 없다. 공부에 관심 있는 사람, 특히 과학에 관심이 있는 사람이라면 캘커타보다 좋은 곳을 찾을 수 없었다. 캘커타에는 프레지던시 칼리지 외에도 세인트 하비에르 칼리지, 스코티시 처치 칼리지, 시티 칼리지, 아수토시 칼리지 등 여러 명문 대학이 있었고 수많은 연구 기관과 고등교육 센터가 있었다. 1857년에 세워진 캘커타 대학은 이미 굉장히 유명했다. 또 캘커타에는 벵골 왕립 아시아 학회Royal Asiatic Society of Bengal(나중에 아시아 학회Asiatic Society로 이름이 바뀐다), 인도 통계 학회Indian Statistical Institute, 인도 과학 육성 협회Indian Association for the Cultivation of Science, 사하 핵물리학 연구소Saha Institute of Nuclear Physics, 벵골 기술 대학Bengal Technical College(나중에 세워질 자다브푸르 대학의 기반이 되는데, 1956년부터 1958년까지 나는 자다브푸르 대학에서 처음 교수 생활을 시작하게 된다), 벵골 공과 대학Bengal Engineering College, 의과 대학Medical College도 있었다. 이 모든 것에서, 캘커타에 가면 흥미로운 지적 생활을 누릴 수 있다는 개념이 생겼다.

또한 캘커타는 이른바 '벵골 르네상스'가 발생한 곳이기도 하다. 주로는 인도 문화(혹은 인도 문화'들')와 유럽에서 온 영향의 상호작용을 통해서, 이 고대의 땅에 근대 문화가 꽃피기 시작했다. 캘커타의 프레지던시 칼리지에 재직했던 (그리고 나를 포함해 그곳의 수많은 학생에게 영감을 주었던) 위대한 역사학자 수쇼반 사카르Sushobhan Sarkar는 영국에서 들어온 영향과 현지의 전통이 변증법적으로 상호작용을 하면서 지적 각성이 벌어졌으며, 이것이 벵골의 삶과 정신에 근본적으로 영향을 미치면서 '르네상스'라는 표현을 쓰기에 매우 적합한 상황을 만들어냈다고 설명했다. 벵골의 전통적인 지적 자원들이 이 급진적인 과정 속으로 들어오면서, 캘커타 거주자와 벵골 식자층들이 알고 있던 벵골어, 산스크리트어, 페르시아어 학문이 풍성하게 사용될 수 있었다.

18세기 말이면 변화는 이미 일어나고 있었고 워런 헤이스팅스가 캘커타에 부임해 인도의 행정을 담당하게 되면서부터는 더욱 그랬다. 모든 동인도회사 사장처럼 그도 식민주의의 재앙에 책임이 있긴 하지만, 헤이스팅스는 인도 전통과 문화에 대한 굉장한 후원자이기도 했다. 1784년에 캘커타에 설립된 벵골 왕립 아시아 학회는 영국 사람들 사이에서 고대 인도에 대한 관심과 학문적 연구를 막대하게 확대했을 뿐 아니라 유럽과 인도 학자들 사이의 교류도 크게 늘렸다. 19세기 말부터는 새로운 대학과 도서관들이 속속 세워졌고, 체계적인 사법 제도에 관심과 지지가 높아졌으며, 늘고 있는 도시 대중을 대상으로 한 극장이 발달했고, 일반적으로 변화의 필요성과 진보의 가능성에 대한 흥분과 기대의 감각이 존재했다.

람 모한 로이, 이슈와르 찬드라 비디야사가르, 반킴 찬드라 차토파댜이Bankim Chandra Chattopadhyay, 마이클 마두수단 듯트에서부터 라빈드라나트 타고르, 카지 나즈룰 이슬람까지, 그리고 더 최근 세대의 벵골 작가(붓다뎁 보스, 비슈누 데이Bishnu Dey, 자시무딘Jasimuddin, 샴수르 라흐만Shamsur Rahman 등)까지 이어지는 영향을 통해 벵골은 문화적 변모의 위대한 장소로 기능했다. 많은 작가들이 옛 개념과 표현 양식에 도전했고, 새로운 것을 발달시켰으며, 옛 고정관념과 새로운 비판 사이에서 씨름했고, 도시와 농촌에서 작품의 창조뿐 아니라 토론과 논쟁도 핵심 특징인 문화를 구성했다. 20세기 중반이면 활발한 지적 활동 면에서 캘커타는 다른 곳이 필적할 수 없는 명성을 가지고 있었다.

1951년 7월, 낡고 녹슨 철제 가방에 허름한 소지품들을 들고 도착했을 때 캘커타는 며칠간 장맛비가 쏟아진 뒤라 사방이 물 천지였다. 웅덩이가 된 곳을 피해 발 디딜 곳을 찾아 걸으면서 이곳에 도전적인 삶이 기다리고 있으리라는 생각이 들었다.

⟨3⟩

영국이 현대의 캘커타를 만들었는지는 몰라도 많은 영국인이, 어쩌면 대부분의 영국인이 캘커타를 그리 좋아하지 않았다. 그들은 자신이 캘커타에서 하는 일과 캘커타에 기반을 두고 인도의 다른 모든 곳에서 하는 일을 자랑스러워는 했을지언정 캘커타라는 도시 자체가 발달해가는 방식은 좋아하지 않았다. 그래도 캘커타는 '궁전의 도시'라는 별명을 갖게 되긴 했는데, 이 궁전들은 영국인들이(인도인들도 참여해서) 지은 새 건물이었다. 캘커타의 원형이었던 마을에는 과거로부터 물려받은 인도의 유산이라 할 만한 것이 없었기 때문이다. 이런 점에서 캘커타는 다카나 무르시다바드와 상당히 달랐다. '궁전의 도시'라는 표현은 18세기 말에 생겨났지만 19세기 초인 1824년에 제임스 앳킨슨James Atkinson이 「궁전의 도시The City of Palaces」라는 제목의 시를 쓰면서 문학적인 데뷔를 했다.

> 가트Ghaut 앞에서 나는 두리번거리는 낯선 사람이다.
> 그곳에 서서 주위를 두리번거리며 첨탑의 위용을 본다
> 그리고 마법으로 불러낸 것 같은 궁전들이 있다.
> 모든 것이 태양 빛에 반짝인다.[3]

이 시는 한때 많은 찬사를 받았지만 오늘날 캘커타에 대해 사람들이 가진 이미지와는 사뭇 다르고, 아마 전에도 그랬을 것이다. 나는 광장(갠지스 강과 캘커타의 중심 상업 지구를 분리하는 커다란 개방 공간) 한복판에 대리석으로 거대하게 지어진 '빅토리아 메모리얼 홀'은 좋아했지만, "궁전들"에는 그리 관심이 가지 않았다. 이 도시의 실제 현실은 앳킨슨이 캘커타에 바친 찬사보다는 키플링의

시에 담긴 불평이 더 잘 포착하고 있었다. 키플링은 「두 도시 이야기A Tale of Two Cities」(1922)라는 시에서 캘커타와 심라를 대조하면서 캘커타를 매우 부정적으로 묘사했다.

> 침대에 곰팡이가 생기고 퍼진다—
> 침적토 위에서 우연이 놓이고 우연이 지어지며
> 우연이 이끌고 우연이 생겨난다—
> 궁전, 외양간, 가축우리 같은 집들이,
> 빈곤과 자부심이 나란히 놓여 있다—
> 그리고, 빽빽하고 질병이 넘치는 도시를
> 죽음이 내려다보고 있다.

베드 메흐타Ved Mehta는 키플링의 묘사에 대해 "제국주의자의 견해가 아닐 때는 (아마도 알라하바드 사람들의 영성이 약간 덧붙은) 현실적인 라호르 사람들의 견해"라고 설명했다.[4] 키플링이 캘커타를 맹비난한 데는 이런저런 억측과 상상도 포함되어 있지만 그의 견해는 여전히 많은 사람이 잘 기억하고 있는데, 메흐타에 따르면 아마도 "캘커타의 끔찍함이 시간이 지나도 지속되었고 오히려 증폭되었기 때문"이었을 것이다.

키플링은 실제로 옳게 관찰한 것일까? 만약 그랬다면, 거기에 영구적으로 정착해야 했던 사람들과 도중에 생각해보고 다른 곳으로 갈 기회가 있었는데도 가지 않고 거기에 계속 있기로 한 사람들 모두에게 캘커타가 그토록 사랑받는 곳이 될 수 있었던 이유는 무엇일까? 한 가지 이유는 문화적, 지적 풍성함일 것이다. 이것이 캘커타의 빈곤과 혼란을 없애지는 못하지만, 캘커타에 살고 싫어하는 사람들은 이 도시가 제공하는 수많은 긍정적인 면들에 이끌려서 이곳에 온다.

벵골 르네상스가 유럽 사상의 유입에 현지의 전통 사상이 반응하면서 나온 결과였지만 영국인들은 어떤 일이 벌어지고 있는지 거의 알지 못했다. 식민 본국 사람 입장인 그들로서는 이러한 문화적 변화에 그리 관심이 없었기 때문이기도 했을 것이고, 벌어지고 있던 지적 변화가 상당 부분 벵골어로 표현되었는데 영국 통치자와 상인들이 벵골어를 몰랐거나 배우려고 하지 않았기 때문이기도 했을 것이다.

아미트 초두리Amit Chaudhuri(현재 옥스퍼드 대학 교수다)는 이러한 현상을 다음과 같이 지적했다.

영국인인 그[키플링]의 눈에는 인도의 모더니즘과 인도풍 모던은 보이지 않았던 것 같다. 그렇다면 그에게는 캘커타가 보이지 않은 것이다. 키플링은 르네상스가 벌어지던 한복판에서 글을 썼는데도 말하는 늑대, 호랑이, 치타, 그리고 동물과 의사소통할 수 있는 인도의 고아 아이가 나오는 마법적인 이야기로 유명해졌다. 키플링의 작품을 읽으면서는 바기라, 시어칸, 모글리가 소설가 반킴 찬드라 차테르지나 시인 마이크 마두수단 둣트 등과 동시대에 존재했다는 사실을 알지 못할 것이다. 키플링의 우주에서, 그리고 상당한 정도로 영국인의 우주에서, 이곳의 르네상스와 벵골 및 인도의 모더니즘은 그들이 생각하는 인도의 변함없고 환상적인 시간에서는 결코 벌어진 적이 없는 일인 것이다.[5]

⟨4⟩

동인도회사가 수도의 입지로 캘커타를 선택한 것이 어리석은 일이었다는 키플링의 평가에는 근거가 있었을까? '왜 그곳이었는가?'라는 질문은 캘커타로 가기 한참 전부터도 내가 관심을 가졌던 질문이었고 산티니케탄의 도서관에서 탐구한 비공식 연구 주제 중 하나였다(자유롭게 오갈 수 있는 산티니케탄의 도서관은 외할아버지에게도 말씀드렸듯이 '내가 최고로 좋아하는 장소'였다). 캘커타의 오랜 역사를 탐구해나가는 데 외할아버지가 큰 도움을 주셨다. '왜 그곳이었는가'라는 질문은 다시 둘로 나누어 볼 수 있다. 첫째, 일반적으로 '광역'의 의미에서 왜 그 지역이었는가? 즉 왜 벵골에서 갠지즈 강 유역권의 남단(대략 후글리 강 근처)이었는가? 둘째, 그 지역 중에서도 구체적으로 '왜 딱 그 장소'(즉 후글리 동쪽에 수타나티, 고빈다푸르, 칼리카타라는 세 개의 작은 마을이 있는 바로 그 장소)였는가? 두 번째 질문은 쉽게 답할 수 있었다. 영국인들이 포르투갈이나 네덜란드의 제조업자와 상인들이 자리잡은 곳보다 더 남단인 이곳에 이미 근거지를 지어 사업을 운영하고 있었고, 다른 나라 상인들의 근거지에 비해 바다에 더 가까워서 수출하기 좋았다. 또 강의 더 아래쪽이라는 위치는 북쪽에서 어떤 공격이 오더라도(가령, 벵골에서 벌어지고 있는 일이 마음에 들지 않는다면 무굴 제국이 쳐들어올 수 있었다) 네덜란드와 포르투갈이 영국보다 먼저 맞닥뜨리게 된다는 추가적인 장점도 있었다. 가장 중요하게, 강의 동쪽에 자리를 잡으면 서쪽으로부터의 공격, 가령 델리나 무르시다바드 등에서 공격해오거나 봄베이 근처에서 떠오르던 세력인 마라타족이 공격해올 때 대처하기 더 좋았다.[6]

더 큰 질문은 '광역'의 캘커타 지역을 선택한 이유다. 런던에서

1600년에 일군의 상인들이 세운 동인도회사가 얼마 뒤에 인도에 왔을 때 그들의 목적은 교역이었다. 정복이라든가 인도에 식민 제국을 건설한다든가 하는 것은 그 당시 영국의 의도가 전혀 아니었다(한때 유명하게 회자되던 이야기처럼 영국령 인도제국이 '생각.없이' 만들어졌다고까지 주장하는 것은 너무 지나친 말이겠지만 말이다). 차노크는 벵골로 파견되기 전에 14년 동안 인도의 다른 지역에 있었고, 대부분은 파트나에 있으면서 염전 산품 교역을 담당했다. 동인도회사에서 그가 맡는 역할이 커지면서 그는 훨씬 더 수익성 있는 교역을 확보하고 확대해야 했다. 면화, 모슬린, 실크 등 벵골에서 만들어지는 유명한 생산품은 물론이고, 북인도에서 생산되는 물건들도 갠지스 강, 자무나 강, 그리고 이 강들의 지류를 따라 안정적으로 확보해 수출할 수 있어야 했다.

차노크는 동인도회사의 이러한 상업 활동을 델리의 무굴 제국 정부로부터 확실하게 승인받지 못할까봐 굉장히 신경을 썼지만 (승인을 받아낸다), 그때쯤이면 벵골을 담당하는 무굴 제국 관리들의 장악력이 취약해진 상태라는 것도 파악하고 있었다. 무굴 제국에 의지하는 것만으로는 영국 기지의 안전을 보장하는 것이 될 일이 아니었다. 차노크는 강을 통해 북부에서 벵골로 들여오는 물건의 교역이 동인도회사에 얼마나 중요한지 잘 알고 있었고, 당시 인도에서 가장 부유한 지역이던 벵골 자체가 얼마나 중요한지도 잘 알고 있었다. 손턴이 1703년에 그린 유명한 후글리 강 지도에는 갠지스 강 하류에 세워진 여러 도시와 마을, 교역상인들의 정착지가 나와 있고 굵고 커다랗게 강조된 글씨로 "부유한 벵골 왕국"이라고 표시되어 있다.

영국인들만 이 지역의 경제적 중요성을 인식한 것도 아니었다.

포르투갈 사람들은 거의 한 세기 전인 1518년에 이곳에 도착해서 후글리 지역에 세 곳의 정착지를 세웠고, 네덜란드도 1632년에 들어와서 인근에 있는 친수라 지역에 공장을 세웠다. 100년 전에 J. J. A. 캄포스J. J. A. Campos는 저서 『벵골의 포르투갈인의 역사 History of the Portuguese in Bengal』에서 "인도 유럽에서 후글리보다 더 흥미로운 인도 마을은 없을 것"이라며 "불과 몇 킬로미터 사이에 포르투갈, 네덜란드, 영국, 덴마크, 프랑스, 플라망, 프러시아 등 일곱 개의 유럽 나라에서 온 사람들이 경쟁하고 있기 때문"이라고 언급했다.[7]

그러니까, 차노크가 '광역'의 캘커타 지역을 선택한 것은 전혀 이상한 일이 아니었다.

〈5〉

캘커타 지역, 그리고 이곳의 경제적 중요성은 유럽인들이 이곳에서 활발하게 활동하던 시기보다 한참 전으로까지 역사가 거슬러 올라간다. 벵골어로 된 서사시 『망갈 카비아Mangal Kavyas』는 13세기부터 쓰이기 시작했는데, 과거 이 지역의 생활상에 대한 상세한 묘사가 담겨 있다. 어렸을 때 나는 그중 가장 유명한 비프라다스Bipradas의 『마나샤망갈』을 즐겨 읽었다. 15세기에 비프라다스가 살았던 곳이 오늘날의 캘커타 인근이라는 것은 분명해 보인다. 비프라다스는 주인공이자 저항하는 영웅 찬드(상인이자 해상 무역상)가 강을 따라 내려와 바다로 가는 경로를 묘사할 때 칼리카타와 인근의 칼리가트(옛 칼리 사원이 있는 곳)를 모두 언급하고 있다.

아마도 더 중요하게, 이 지역에는 적어도 기원전 2세기부터 도시 정착지가 세워져 있었다. 캘커타에서 멀리 떨어지지 않은 곳에 몇몇 고대의 유적지가 있는데, 내가 캘커타에 살고 있었을 때 그 중 하나인 찬드라케투가르(캘커타에서 약 30킬로미터밖에 떨어져 있지 않다)에서 고고학자들의 발굴 작업이 한창 벌어지고 있었다. 차차로 이곳에서 요새와 공공 건물 등 방대한 고대 도시 유적이 발굴되었다. 이 지역은 아무 데나 땅을 파도 도시에서 썼을 법해 보이는 고대의 물건들(장식품, 조각상, 진시물, 가재도구 등)이 출토되는 것 같았다. 이 유적들은 무려 2000년 이상 거슬러 올라가는 숭가 왕조(기원전 185년부터 기원전 73년까지 번성했다)와 그 뒤를 이은 쿠샨 왕조 시대의 유적들이다.

그 이후에도 유적 발굴 소식을 계속 찾아 읽었지만 직접 현장에 가볼 시간과 기회는 좀처럼 가질 수 없었다. 벵골의 도로 교통은 늘 안 좋았고, 직선거리로 약 30킬로미터밖에 안 떨어진 찬드라케투가르까지 가는 데도 도로가 나빠서 아주 오래 걸렸다. 그러다가 먼 훗날인 2005년에 드디어 거기에 가볼 수 있게 되었다. 친구인 고팔 간디Gopal Gandhi(마하트마 간디와 저명한 정치인 C. 라자고팔라차리C. Rajagopalachari의 손자)가 벵골 주지사가 되고 나서 그의 차를 타고 그와 함께 가볼 수 있었던 것이다. 여전히 험한 도로를 따라 두 시간 남짓이 걸렸다. 고팔이 이 지역의 역사에 대해 직접 연구한 내용을 설명해주어서 매우 흥미롭게 들었다. 주지사의 일정치고는 퍽 특이한 활동이었던 셈이다.

유물은 '광역'의 캘커타 지역 전체에 걸쳐서 출토되었지만 캘커타 시 자체 안에서 고대 도시 유적이 발굴된 것은 최근이었다. 이곳은 고고학자들의 탐험 때문이 아니라 현대의 도시 계획을 실행하던 중에 처음 발견되었다. 1972년에서 1995년 사이에 인도 철도회사가 지하철을 짓기 위해(인도 최초의 지하철이다) 땅을 파다가

2000년도 더 전에 쓰이던 장식품과 도기 등을 발견한 것이다. 또한 2001년에는 캘커타 시가 로버트 클라이브가 살았던 집을 복원하기로 결정하고 그곳의 땅을 파다가 숭가-쿠샨 왕조 시대 도시 문명의 유적을 발굴했다. 도기, 양질의 직물, 건설용 벽돌, 석회와 벽돌로 만든 바닥, 화로, 동전과 인장 등 적어도 기원전 2세기부터 활발한 교역이 벌어졌음을 말해주는 유물들이 출토되었다. 캘커타 지역에 대해 알려져 있던 내용들에 비추어 보면 이러한 발견이 전적으로 놀랄 일은 아니었다. 요컨대, 차노크가 사업 기지로 선택한 곳이 아주 오랫동안 교통과 상업의 중심지였다는 데는 의심의 여지가 없다.

'캘커타의 진짜 역사'라는 책을 써볼까 하는 생각을 한 적이 있다. 언젠가는 쓸지도 모른다. 산티니케탄 도서관에서 캘커타에 대한 글들을 읽으면서 내가 가서 살려고 하는 도시가 흔히 묘사되는 것과 달리 300년 된 도시가 아니라는 사실을 알게 되었다. (동인도회사에 의해) 캘커타가 세워진 것이 동인도회사가 이 지역에 글로벌 교역을 처음으로 가져왔다는 주장의 근거가 되지 않는다는 사실 또한 분명했다. 오히려 반대로, 이 지역이 동인도회사에 글로벌 교역을 가져다주었다고 말해야 더 맞을 것이다. 동인도회사가 이미 활발한 경제 활동과 도시 생활의 오랜 역사가 있었던 곳에 들어온 것이었으니 말이다.

〈6〉

1951년 초 무렵이면 캘커타에 살면서 프레지던시 칼리지를 다니게 된다는 생각에 점점 더 마음이 들떴다. 하지만 어디에서 거주할 것인가의 문제를 해결해야 했다. 프레지던시 칼리지에는 학생 기숙사가 두 개 있었지만 영국식 정책을 이어받은 이곳의 기숙사 시스템은 무슬림과 힌두 사이의 종교적 분리를 유지하고 있었다. 고전적인 '분열시켜 정복하라' 전략처럼 말이다. 나는 '힌두 기숙사'를 배정받았지만 이 개념이 마음에 들지 않았다. 이러한 종교적 분리는 세속 독립 국가 인도에 부합하지 않으며 프레지던시 칼리지 자체의 비종파적인 속성과도 맞지 않는다고 생각했다. 19세기 초에 이 학교의 이름이 '힌두 칼리지'였던 적이 있긴 하지만, 그때도 힌두인만 받는 곳은 전혀 아니었고 종교로 학생들을 차별하지 않았다. 그리고 내가 도착하기 거의 100년 전인 1855년부터 '힌두 칼리지'라는 이름은 쓰이지 않았다. 학창 시절에 커뮤널 폭력의 유혈 사태를 많이 본 나로서는, 아무리 상징적인 차원이라 해도 명백히 커뮤널한 정체성을 부여한 이름을 가진 곳에, 즉 '힌두 기숙사'라고 불리는 곳에 살아야 한다는 데 거부감이 들었다.

그래서 메추아 바자르에 있는 YMCA 기숙사에 방을 구했다. 처음에는 같이 쓰는 방을 썼고 나중에는 작은 1인용 방을 썼다. 학교까지 걸어서 20분 정도 거리였다. 나는 1951년 7월 초에 그곳에 도착했다. 물론 YMCA는 그리스도교도만을 위한 곳이 아니었고 다양한 종교를 가진 학생들이 있었다. 거기에 사는 사람들 모두 캘커타에 있는 다양한 대학에서 공부하는 학생들이었고 전공도 다양했다. 나는 이 다양성이 너무 좋았고 그곳에 묵는 학생들과 이야기하는 것을 정말 즐겼다. 우리는 구 YMCA 건물의 널찍한 베란다에서 밤늦도록 이야기를 나누곤 했다.

캘커타는 그런 식의 부담 없는 대화, 벵골어로 '아다_{adda}'라고 부르는 종류의 대화를 나누기에 제격인 도시였다. 아다는 딱히 정해진 주제 없이 자유롭게 이야기를 나누는 대화를 이르는 말인데, 곧 나는 내가 가장 좋아하는 여가 시간 활동이 아다라는 것을 알게 되었다. 도착한 날에도 YMCA 관리인인 무케르지 씨와 좋은 아다를 나누었다. 그는 독실한 크리스천이었는데, 다가오는 선거에서 공산당에 투표할지 말지 고민 중이라고 했다. 공산당의 정책에 동의하는지 물었더니 그건 아니라며 이렇게 말했다. "공산당원들은 자신이 좋아하지 않는 사람들에게는 그리 친절하지 않은 것 같아. 그리고 모든 종교에 대해 반대하는 것 같고. 사실 나는 공산당에 반대해. 하지만 그렇더라도 서벵골 주를 위해 공산당이 좋은 일을 많이 할 수 있을 것 같아. 지금 집권당인 국민회의는 여기에서 어느 것도 할 의사가 없어 보이거든." 도착 첫날 저녁 식사 자리에서 그와 대화를 나누면서 대위법적으로 따져보는 그의 논증 방식이 매우 훌륭하다고 생각했던 기억이 난다. 내가 상상한 캘커타의 이미지, 내가 기대했던 도시의 이미지와 너무 잘 맞아떨어졌다. 무케르지 씨가 말 많은 험담꾼이 아닐까 했던 처음의 의구심은, 추측컨대 엄격하게 종교적으로 자랐을 텐데도 정치, 사회, 그리고 정치에 대한 종교의 요구 등의 문제를 기꺼이 일반적이지 않은 방식으로 생각하려 하는 사람에 대한 진정한 존경심으로 바뀌었다.

메추아 바자르에서 프레지던시 칼리지가 위치한 칼리지 가까지 가는 가장 좋은 경로를 걸어서 가다 보면 가난한 지역도 통과하게 되고 물건 구색이 좋은 상점가와 사무 지역(특히 오늘날 마하트마 간디 로라고 불리는 해리슨 로)도 통과하게 되었다. 그렇게 지나서 학교가 가까워지면 해리슨 로에서 칼리지 가로 방향을 트는데, 그러면 갑자기 모든 종류의 책을 파는 곳이 방대하게 펼쳐진 광경이 나타났다. 건물 안에서 앞 유리문이 달린 나무 책장에 꽂혀 잘 보호되고 있는 책들도 있었고, 길에 임시로 깔아놓은 받침대 위에 위태롭게 쌓여 있는 책들도 있었다. 관심을 끌려 경쟁하는 수백만 권의 책을 보면서 나는 지구상에서 정말 내게 딱 맞는 곳에 왔다는 멋진 기분이 들었다.

⟨7⟩

내가 캘커타에 적응하는 속도에 나 스스로도 놀랐다. 다카에서 자라던 어린 시절에는 캘커타 사람(콜카타 사람이라는 뜻의 '콜카타 바시Kolkata-basi'라고 불렀다)들에게 경쟁의식이 있었기 때문이다. 인도는 내가 캘커타에 가기 4년 전에 분할되었고 벵골 사람들은 두 개의 나라로 각자 이동했다. 분할되던 시점의 힌두-무슬림 적대는 정치적으로 만들어진 것이었고, 내가 캘커타에 도착했을 무렵이면 분파주의적 정치 집단들이 때때로 분열을 선동하려고 시도하긴 했어도 국경의 양쪽 모두에서 '벵골인'이라는 공동의 감각이 다시 살아나 있었다.

캘커타는 멋지게 다문화적인 도시였다. 지금도 그렇다. 인구 대다수는 벵골 사람이지만 비하리 사람, 타밀 사람, 말레이 사람, 오리야 사람, 마르와리 사람, 앵글로 인디언(유라시아 사람), 중국 사람, 네팔 사람, 티베트 사람, 아르메니아 사람도 있었다. 널리 쓰이는 언어도 벵골어, 힌두어, 영어, 보즈푸리어, 마이틸리어, 우르두어, 중국어, 기타 등등, 매우 다양했다. 캘커타가 자랑스러워할 만한 것을 꼽으라면 여타 대도시들과 달리 반이민자 운동이 심하게 벌어지지 않았다는 사실일 것이다. 이를테면 봄베이(요즘은 뭄바이가 공식 명칭이 되었다)의 정치에서는 가령 마하라슈트라 주 사람들을 우선시하려는 사람들이 때때로 매우 강하게 반反타밀 운동

を벌였지만, 캘커타에서는 그러한 반이민자 정치가 시도된 적이 거의 없다.

또 놀라운 점은, 전에 깊이 분노를 샀던 영국 식민주의의 흔적도 다문화적 역사에 대한 관용적인 기억 속으로 놀랍게 흡수되었다는 점이다. 19세기 후반에는 캘커타에서 영국 통치에 저항하는 민족주의 운동이 강하게 일었다. 1883년에 유명한 수렌드라나트 바네르지Surendranath Banerjee가 이끌던 강성 민족주의 성향의 '인도연합Indian Association'이 생겨난 곳도 캘커타였다(이때는 인도국민회의가 봄베이에서 첫 당 대회를 하기 2년 전이다). 수바스 찬드라 보스도 캘커타 토박이 출신이다. 독립 운동에서 폭력적인 방법까지 고려하던 저돌적인 민족주의자들도 인도의 다른 어느 곳보다 벵골에 많았다.

그럼에도, 오늘날에는 영국 식민 통치의 유물이 캘커타의 소중한 랜드마크다. 1813년에 지어진 아름다운 타운홀은 동인도회사 시절에 유럽인들이 모이던 곳이었는데 캘커타 시 정부가 신중하게 보수 공사를 해서 옛 건물 모양을 정교하게 복원했다. 마찬가지로 1905년에서 1921년 사이에 지어진 빅토리아 메모리얼 홀도 놀랍게 잘 보존되어 있고 영국이 매우 큰 지배력을 가지고 있었을 당시의 그림과 소장품들로 가득하다. 날마다 캘커타의 다른 어느 박물관의 관람객보다 많은 관람객이 이곳을 찾는다. 인도 전체에서 여기가 방문객이 가장 많은 박물관이라는 이야기를 들은 적도 있다.

⟨8⟩

캘커타는 내가 집을 떠나 살면서 대학 생활을 한 첫 도시다. 캘커타에서 느꼈던 자유로움은 집에서 독립했다는 점도 한 요인이었겠지만 학교 바로 앞에 있는 커피하우스와 YMCA의 공용 공간들, 또 친구들 집에서 언제나 누릴 수 있는 '아다'가 너무나 좋았다는 점도 한몫했다. 그리고 금방 알게 되었는데, 캘커타는 굉장히 걷기 좋은 도시였다. 특히 교통량이 줄어드는 저녁 시간이면 걷기에 너무 좋았다. 산티니케탄에서는 아침형 인간이었지만 '늦게 잠자리에 드는 대도시 사람'이 되어가면서 나는 친구 집에서 이야기를 나누며 놀다가 자정이 한참 지나서 YMCA로 돌아오곤 했다. 나중에 다니게 되는 케임브리지 대학의 트리니티 칼리지는 밤 10시에 학교 문을 닫았지만 YMCA는 엄격한 통금이나 언제까지 들어와야 한다는 정해진 시간이 없었다(늦게 들어갈 경우 관리인에게 이야기는 해야 했다). 나는 캘커타의 고요한 밤에 길게 걸어서 돌아오는 길이 좋았다. 인도-파키스탄 분할 때 우리 친척과 지인 다수가 동파키스탄이 된 곳에서 인도 쪽으로 옮겨와야 했는데 상당수가 캘커타에 정착했다. 갑자기 지리적으로 가까워지면서 옛 지인들과의 인간관계들도 더 가까워졌다. 캘커타로 오기 전에는 메즈다, 미라디, 코콘다, 라트나말라, 바부아, 라비다, 피얄리, 둘라 같은 사촌들과 이야기하는 것이 얼마나 즐거운 일이 될지 미처 알지 못했다. 친척 중 한 세대 위 아저씨뻘인 치니카카, 초토카카, 칸카르마마 등과도 자주 이야기를 나누었다. 이들은 다양한 일에 종사하고 있었다. 프레지던시 칼리지나 YMCA 기숙사의 친구들이 거의 다 젊은 층이었으므로 내가 가진 세대 간의 다양성은 대화의 폭을 멋지게 넓혀줄 수 있었다.

캘커타를 그냥 걸어서 돌아다니는 것도 즐거웠다. 범죄가 많다고 알려진 곳을 지날 때도 있었지만 내게 강도짓을 하려 하거나 나를 멈춰세우려는 사람을 만난 적은 결단코 한 번도 없다. 그때는 캘커타가 인도에서도 중범죄가 적은 도시일 뿐 아니라 세계 주요 도시 중에서도 살인율이 가장 낮은 축에 드는 도시인 줄을 몰랐다. 이 사실은 아주 나중에 도시 통계를 연구하면서 알게 되었는데, 어느 나라를 막론하고 아주 가난한 도시에서는 보기 힘든 독특한 특징이다. 이러한 특징은 빈곤이 범죄를 일으키는 주된 원인이라는 주장에 큰 의문을 던진다.

캘커타가 독특하게도 범죄가 적다는 점은 잘 알려져 있지 않았지만, 캘커타의 책과 극장, 그 밖의 문화적 풍성함은 누구라도 대번에 알 수 있었다. 캘커타는 오래전부터 매년 세계 최대의 도서 박람회를 열고 있었다. 2주간 열리는 이 '보이 멜라boi mela'에는 날마다 수십만 명이 방문했다. 세계 최대라는 보이 멜라 측의 주장은 방문객 수를 기준으로 한 것이고, 금전적인 거래 규모를 기준으로 한 것은 아니다(거래 규모로 보자면, 세계 최대라는 타이틀은 프랑크푸르트 박람회나 런던 박람회가 달아야 할 것이다). 어마어마한 수의 방문객이 새로운 책을 보러, 그리고 (대개는 살 돈이 없어서) 읽으러 온다. 보이 멜라는 이른 봄에 캘커타에 새로운 생명력을 뿜어내는 거대한 문화 행사다.

1951년에 내가 캘커타에 왔을 때 그해의 보이 멜라는 끝난 뒤였다. 하지만 극장이 흥미와 흥분의 커다란 원천 역할을 톡톡히 했다. 캘커타는 공연이 많이 열리는 도시로 이미 유명했고 어느 날이든 하룻밤에 극장 여러 곳에서 몇 편의 연극을 놓고 고를 수 있는 인도 유일의 도시였다. 당연히 캘커타 사람들은 이것을 자랑스러워했고 신참 거주자인 나도 그랬다. 티켓도 비싸지 않아 충분히 구매할 만했다. 나는 자주 연극을 보러 갔고 매일 저녁 볼 수 있을 만큼 수많은 벵골어 연극 공연이 존재한다는 것은 정말 즐거운 일이었다. 많은 연극이 강한 사회적, 정치적 주제를 담고 있었다.

수 세기간 벵골에서 자트라jatra라고 불리던 전통 연극이 인기를 구가해왔지만, 캘커타 최초의 극장인 '캘커타 극장'은 1779년에 영국인들이 세웠다. 이어서 1795년에는 러시아 극작가 헤라심 레베데프Herasim Lebedeff가 캘커타에 와서 벵골 예술가들과 협업으로 벵골 연극 몇 편을 무대에 올렸다. 그의 극장은 '힌두 극장Hindu Theatre'이라고 불렸는데, 영업이 어찌나 잘 되었던지, 그곳에 불이 났을 때 이 극장을 시기한 영국인들이 저지른 방화일 것이라는 루머가 돌았다(믿거나 말거나지만, 사실은 아니었다). 힌두 극장은 불탔어도 19세기에 캘커타에는 많은 상설 극장이 있었다.

캘커타에서 상연된 벵골어 연극의 중요한 특징 하나는 인도의 다른 도시들에서 허용되기 수십 년 전부터 여자 배역을 여성 배우가 맡아 무대에 올라갈 수 있었다는 점이었다. 벵골이 당시의 인도 다른 곳들과 달리 이렇게 드문 근대적 면모를 가지고 있었지만, 그럼에도 '양갓집' 여성이 무대에 올라가는 게 적절치 못하다고 생각하는 신사 계층 또한 캘커타에 여전히 많았다. 학자 집안 출신인 우리 어머니가 1920년대에 타고르의 무용극에서 주요 배역을 맡아 무대에 올랐을 때 이를 둘러싸고 논쟁이 있었다는 사실을 나는 알고 있었다(이 문화적 이단 행위에 대해서는 이 책의 앞에서 언급한 바 있다). 내가 아주 어렸을 때였는데, 어머니가 무대에 등장한 것이 어떤 사람들 사이에서는 거의 스캔들로 여겨졌다(다행히도 우리 집안에서는 이렇게 보는 사람이 소수였다). 하지만 또 다른 사람들은 이를 존경하고 환호했다.

캘커타의 보수적인 사람들은 '점잖은 집안' 규수가 무대에 올라오는 것을 마뜩해하지 않았고 심지어 자트라를 공연하는 것까지 반대하기도 했다. 나는 이러한 주제에 대한 논쟁에 참여하는 것이 즐거웠다. 그리고 유명한 벵골의 교육자 헤람바 마이트라Heramba Maitra(캘커타의 시티 칼리지 학장)가 길에서 한 젊은이가 자신에게 미네르바 극장이 어디인지 물어보는 바람에 도덕적인 딜레마에 봉착했다는 이야기가 무척 재미있었다. 미네르바 극장은 일상적으로 여성 배우들이 무대에 올라가는 곳이었다. 그 젊은이의 한탄할 만한 취향에 역겨움을 느낀 마이트라는 비웃으면서 모른다고 대답했다. 하지만 자신이 방금 거짓말을 했다는 것을 깨닫고 뒤돌아 달려가서 어리둥절해하는 젊은이의 어깨를 붙잡고 이렇게 말했다고 한다. "어디인지 알긴 아는데 말해줄 수 없습니다."

⟨9⟩

마하트마 간디는 많은 면에서 전통적인 도덕주의자였지만 극장에 대해서는 리버럴한 (그리고 응원하는) 입장이었고 캘커타에 들를 때면 언어 장벽에도 불구하고 벵골어 연극을 보러 갔다. 간디의 첫 캘커타 방문은 1896년 7월 4일이었고 더반에서 배를 타고 도착했지만 당일에 바로 떠났다. 그해 10월 31일에 캘커타에 다시 왔을 때는 긴 여정에 매우 피곤했을 텐데도 방문 첫날 연극을 보러 가기로 했다. 그리고 언어상의 어려움에도 의기가 꺾이지 않고 11월 7일에 또다시 다른 벵골어 연극을 보러 갔다.

당시에는 정확한 날짜를 몰랐지만 간디가 캘커타를 방문한 동안 벵골어 연극을 보았다는 것은 알고 있었기 때문에 그가 무엇을 보았을지 궁금했다. 그 궁금증은 훗날 그의 손자 고팔 간디가 당시 자료를 연구해 발표한 저술을 보고서야 해소되었다. 고팔이 입수한 자료에는 캘커타 방문 당시 마하트마 간디가 쓴 메모도 있었다.[8] 고괄이 캘커타의 문화사를 연구한 덕분에 이제 우리는 그의 할아버지가 로열 벵골 극장, 에메랄드 극장, 스타 극장, 미네르바 극장에서 각각 열렸던 네 개의 벵골어 연극 중 하나를 보았다는 것을 알고 있다. 아쉽게도 그중에서 어느 것을 보았는지는 알려지지 않았다. 개척적인 벵골어 연극을 상연하는 극장들은 인도인들이 '국가의 아버지'라고 생각하는 인물(이러한 평판은 물론 마땅하다)의 방문을 당연히 자랑스러워했을 것이다.

⟨10⟩

내가 캘커타에 살게 되었을 시점이면 이곳에서는 문화 영역에서 좌파의 목소리가 매우 강했고, 인도민중극장연합의 발달이 여기에서 주도적인 역할을 했다. 이러한 발달은 몇몇 주요 사건에 대한 반응에서 시작되었다. 먼저 1943년의 벵골 대기근은 벵골어 연극 「나반나Nabanna」(나반나는 '햇 곡식'이라는 뜻으로, 전통적인 추수기 축제를 일컫는다)가 만들어지는 데 직접적인 영향을 미쳤다. 식민주의 정부와 가차없는 시장의 투기 세력 모두를 강하게 비판한 연극으로, 극본을 맡은 비존 바타차리아Bijon Bhattacharya와 연출을 맡은 솜부 미트라Sombhu Mitra 모두 인도민중극장연합의 핵심 인물이었다. 이 연극은 엄청난 성공을 거두었고 몇몇 다른 연극과 흐와자 아흐마드 아바스Khwaja Ahmad Abbas 감독의 1946년작 힌두어 영화 「다르티 케 랄Dharti Ke Lal」('지구의 아이들')에도 영감을 주었다. 새로운 연극 운동은 문학적인 표현처를 찾고 있었던 강력한 사회적 대의들을 포착했고, 이것이 극장을 찾는 캘커타 시민들에게 고무적인 영향을 주었다. 물론 나에게도 그랬다.

인도 전역에서 영화 산업은 여전히 전통의 제약에 매여 있었지만, 이 또한 변화하기 시작하고 있었다. 좌파적 사회 비판을 담은 영화인 1944년작 「우다예르 파테Udayer Pathe」('빛을 향해서')는 1950년대 초까지도 종종 재상영되었다. 또한 「자전거 도둑Bicycle Thieves」(1948), 「밀라노의 기적Miracle in Milan」(1951) 같은 이탈리아 네오리얼리즘 영화도 우리 때 열광적인 인기를 구가했다. 둘 다 비토리오 데 시카Vittorio de Sica 감독의 작품이다. 루키노 비스콘티 Luchino Visconti와 로베르토 로셀리니Roberto Rossellini가 시작한 이탈리아 네오리얼리즘 영화는 곧바로 인기를 끌었고 우리들 사이에서 많은 토론이 있었다. 이탈리아 네오리얼리즘 영화들이 캘커타의 젊은이들에게 미친 영향은 아무리 강조해도 과장이 아닐 것이다. 나보다 10년 먼저 프레지던시 칼리지 학생이었던 사티야지트 레이도 여기에 영향을 받은 사람 중 한 명이다. 우리가 캘커타에서 볼 수 있었던 것보다 먼저 런던에서 「자전거 도둑」을 보고 깊이 감명 받은 그는 훗날 이렇게 기록했다. "만약 언젠가 내가 「아푸 제1부−길의 노래」를 만들게 된다면(이 영화를 만들겠다는 생각은 오랫동안 내 머리 한켠에 자리잡고 있었다) 어떻게 만들 것인지가 곧바로 머리에 떠올랐다. 내가 그런 영화를 만든다면 〔「자전거 도둑」과〕 동일한 방식으로, 즉 자연 로케이션을 쓰고 알려지지 않은 배우를 캐스팅해서 만들어야겠다고 생각했다."[9] 그리고 그는 정확히 그렇게 했다.

〈11〉

키플링이 줄줄이 나열한 안 좋은 점들에도 불구하고 나는 캘커타라는 도시와 빠르게 사랑에 빠졌다. 사티야지트 레이도 그랬으리라고 생각한다. 영화를 만들 때 어떻게 소재를 선택하는지에 대해 논하면서 레이는 그의 영화가 무엇에 대한 영화여야 할지를 이렇게 설명했다.

당신의 영화에 당신은 무엇을 담아야 하는가? 무엇을 담지 말고 빼야 하는가? 도시는 뒤로 빼고 소가 풀을 뜯고 끝없이 들판이 이어지며 목동이 피리를 부는 마을로 갈 것인가? 그렇다면 당신은 맑고 순수하며 뱃사공의 노래처럼 흐르는 리듬이 있는 영화를 만들 수 있을 것이다.

혹은, 과거로 거슬러 올라가서, 멀리 서사시의 시대로까지 가서, 형제가 형제를 죽이는 싸움에서 신들과 악마들이 저마다 편을 들고 크리슈나 신이 예언의 노랫말로 낙담한 왕자에게 새로이 생명을 북돋워주는 곳으로 갈 것인가? 그렇다면 당신은 일본 사람들이 노[일본의 가무극]와 가부키를 이용하듯이 카타칼리의 위대한 전통을 모방해 흥미로운 것을 만들 수 있을 것이다.

혹은, 바로 지금 당신이 있는 곳에 천착해 이 괴물 같고 들썩이고 어리둥절하게 황홀한 도시의 심장에서 광경과 소리와 환경의 어질어질한 대조들을 조율하고 지휘할 수도 있을 것이다.[10]

그 "어질어질한 대조들"은 나를 근본적으로 매혹했다. 캘커타로 오고 나서 이러한 다양성과 대조는 굉장히 빠르게 내 삶의 일부가 되었고 나는 그것을 잘 알 수 있었다. 나는 내가 매혹에 사로잡혔다는 것을 알 수 있었고 어떻게 그렇게 되었는지도 알 수 있었다.

칼리지 가

〈1〉

인도에서 가장 걸출한 과학자들을 배출해온 프레지던시 칼리지
의 오랜 역사는, 내가 다니던 시절에는 가히 독보적이었다 할 만
한 학문적 황홀함을 내뿜었다. 사실 지금도 그렇다. 프레지던시
칼리지 출신으로 독창적이고 중대한 학문적 성과를 낸 인물은 수
없이 많다. 나와 친분이 있는 사람들도 있는데, 우선 사티엔드라
나트 보스는 '보스-아인슈타인 통계'를 비롯해 물리학에서의 여
러 혁신적인 연구로 유명하다. 그는 우주의 입자 중 사실상 절반
을 하나로 범주화할 수 있는 성질을 발견했는데, 물리학자 폴 디
랙Paul Dirac은 보스의 결정적인 업적이 드러나도록 그 입자들을
'보손 입자'라고 불러야 한다고 주장했다. 나중에 케임브리지에서
디랙과 이에 대해 짧게 이야기를 나눌 기회가 있었다(아마 1958년
이었을 것이다. 디랙이 속한 세인트 존스 칼리지 운동장에서 우연히 그를
만났는데, 함께 있던 피에로 스라파가 인사를 시켜주었다). 디랙이 보스
보다 훨씬 유명했는데, 젊은 시절에 보스가 이룩한 업적이 합당한
인정을 받게 하려고 애쓴 디랙의 노력이 감명 깊었다.

사티엔 보스는 이론 물리학에 크게 기여한 수리물리학자다. 우리와 집안끼리 잘 아는 사이였고 아버지와 다카 대학 동료이기도 했다(두 분 모두 1945년에 다카 대학을 떠났다). '보스-아인슈타인 통계'로 발달하게 될 이론을 처음 정식화한 것이 다카 시절이었다. 강의하던 중에 처음에는 무언가 실수를 한 줄 알았다가 곧 자신이 커다란 발견을 했다는 사실을 깨달았다고 한다. 댁에 찾아가 대화를 나눌 때면 늘 엄청난 지식에 매혹되곤 했다. 또 언제나 시간이 아주 많은 것처럼 느긋하게 대해주시는 것도 너무 좋았다. 정말 한결같이 그렇게 시간을 내어주셔서, 연구할 시간은 도대체 어떻게 내시는지 궁금했을 정도다.

매우 다른 종류의 과학자였지만 역시 프레지던시 칼리지 출신이고 (내가 입학하기 한참 전에) 여기에서 가르치기도 했던 프라산타 찬드라 마할라노비스Prasanta Chandra Mahalanobis도 있다. 그는 물리학에서 훌륭한 연구를 했지만 거기에 만족하지 못하고 새로이 발달하고 있던 인도 통계학의 아버지 격이 되었다. 우리와 집안끼리 잘 아는 사이였을 뿐 아니라 산티니케탄의 유명인이기도 했다. 그는 몇 년 동안 라빈드라나트 타고르의 학술 비서로 일했고(저명한 과학자가 창조력의 정점에 있을 때 맡기에는 다소 이례적인 직업 선택이었다), 나는 걸음마하던 때부터 그를 알았다(어머니의 앨범에는 마할라노비스가 나를 목말 태워주시는 사진이 많다. 사진 속의 나는 키가 엄청 커진 게 신난 모양인지 무척 즐거운 표정이다). 내가 대학 갈 때가 되었을 무렵이면 마할라노비스는 한창 그가 세운 인도통계대학을 운영하고 있었고, 그의 지휘하에 이곳은 세계적인 통계학 연구 및 교육기관이 된다. 하지만 그가 (특히 표본 표집과 관련해) 통계학의 지평을 확장하게 될 아이디어를 발달시키기 시작한 것은 프레지던시 칼리지에서였다.

통계학의 기본적인 논증을 통해 숫자들의 덩어리를 가지고 놀 라운 일을 할 수 있다는 사실은 가까운 친구인 므리날 닷타 초두 리를 통해 알게 되었다. 그는 일찍부터 기본 통계학의 최신 발달 소식을 계속 체크하며 따라가고 있었고, 이론 수준과 (인도의 작물, 식품, 인구 등에서 무작위 표본을 표집하는 데 그것을 적용한) 응용 수 준 모두에서 마할라노비스의 표본 표집 연구에 관심이 많았다. 또 한 산티니케탄에 있었을 때부터 통계적 논증의 분석 구조를 파고 들면서 자신의 연구도 하고 있었다. 주위에 자동차가 이렇게 많 은데도 대부분의 시간에는 도로가 비어 있다는 사실에 대해 모종 의 분석적 접근이 가능할지를 두고 그와 흥미로운 대화를 나누었 던 기억이 난다. 나는 다른 종류의 무작위 분포라면 아는 게 조금 있었지만, **분석적** 논증('무작위'라는 개념도 포함해서)으로 예측한 바 를 바탕으로 해서 세상에 대해 **실증적** 정보(가령 도로가 상대적으로 비어 있다는 정보)를 정말로 알아낼 수 있는지 궁금했다. 우리는 분 석적 논증처럼 보이는 것이 실은 그저 관찰된 것들을 있어 보이게 묘사한 데 불과하지는 않은지에 대해 한동안 토론을 벌였다. 나처 럼 므리날도 산티니케탄에서 공부를 마치고 1951년 7월에 프레지 던시 칼리지에 진학했는데, 예상하시다시피 그는 통계학을 선택 했다.

⟨2⟩

장마가 지던 1951년 7월의 어느 날, 나는 프레지던시 칼리지에 서 수학을 부전공으로 해서 경제학과에 등록했다. 원래 물리학과 수학을 공부할 생각이었다가 마음이 바뀌었는데, 여기에는 이미 프레지던시 칼리지에서 경제학을 공부하고 있던 친구 수카모이 차크라바티Sukhamoy Chakravarty가 크게 일조했다. 그는 내가 산티니케탄에서 공부하던 마지막 해에 산티니케탄에 자주 놀러왔다. 산티니케탄 학교에 다니는 벨투(본명은 수브라타)와 친구여서 그를 보러 온 것이었는데, 당시에 나도 벨투(그리고 그의 동생 찰투)와 친했고 벨투 형제와 많이 어울려 다녔다. 덕분에 수카모이를 알게 되었고 우리는 매우 흥미로운 대화를 나누었다. 그는 산티니케탄을 아주 좋아해서 이후에도 자주 방문했고 특히 산티니케탄에 살던 화가 무쿨 데이Mukul Dey의 그림을 보는 것을 좋아했다. 나는 아는 게 이렇게 많은 사람도 처음 보았고 어떤 주제에 대해서든 이렇게 쉽고 설득력 있게 논리를 제시하는 사람도 처음 보았다. 또한 그도 나처럼 인도의 사회적 불평등에 관심이 많아 보였다.

수카모이는 나에게 경제학을 해보는 게 어떠냐고 했다. 그는 경제학이 정치적 이해관계의 작동에 대한 나의 (그리고 그의) 관심사에 더 가까우며 내가 좋아하는 분석적(이고 수학적)인 논증을 적용할 여지도 자연과학 못지않게 많다고 했다. 또 무엇보다, 경제학은 인간적이고 재밌다고 했다. 그리고 절대 간과해서는 안 될 점이라며, 과학 전공생들과 달리 오후에 실험이 없어서 학교 바로 맞은편에 있는 커피하우스에 갈 수 있다고 했다. 수카모이가 제시한 장점들에 더해, 나는 그와 함께 수업을 듣고 그와 이야기할 기회를 더 가질 수 있다는 점도 추가할 수 있었다. 물리학보다는 경제학을 (수학과 함께) 공부하는 게 더 좋을 것 같다는 쪽으로 점점 마음이 기울었다.

당시 대부분의 인도 대학과 달리 프레지던시 칼리지에서는 이미 수학이 경제학도에게 필수로 여겨지고 있었고, 그 때문에 내가 경제학에 더 끌린 면도 있었다. 또한 경제학은 산스크리트어 외에 내가 학창 시절에 관심이 많았던 분야들(수학도 포함해서)과 쉽게 결합할 수 있을 것 같았다. 이를 테면 나는 정치 활동에도 참여했고 사회 문제에도 관심이 많은데, 그렇다면 경제학이 훨씬 더 유용하리라는 생각이 점점 더 분명하게 들었다. 그때부터도 나는 어렴풋이나마 새로운 인도, 지금만큼 가난하지도 부도덕하지도 않고 어처구니없도록 잘못 돌아가는 부분도 없는 인도를 만드는 데 일조하고 싶다는 생각이 있었는데, 그러려면 경제학을 알아야 할 것 같았다.

나는 이런 생각들을 저명한 경제학자이자 역시 우리 집안과 잘 아는 사이이던 아미야 다스굽타(나는 아미야카카Amiyakaka라고 불렀다)와 상의했다. 아미야카카도 다카 대학의 경제학 교수였다가 우리 아버지, 사티엔 보스 등 다른 다카 대학 교수들과 함께 1945년에 다카 대학을 떠났다. 내가 물리학 말고 경제학을 공부해보면 어떨까 생각 중이라고 했더니 아미야카카는 매우 기뻐하시면서 존 힉스John Hicks의 책 두 권을 내게 주셨다. 하나는 『가치와 자본Value and Capital』, 다른 하나는 『사회구조론The Social Framework』이었다. 가격 이론의 몇 가지 근본적인 이슈를 다루고 있는 『가치와 자본』은 경제학 이론에서 명료한 분석이란 무엇인가를 보여주는 모범 같았고, 『사회구조론』은 경제적 관계가 사회 안에서 실제로 어떻게 작동하며 사회와 경제가 어떻게 서로 의존하는지를 밝히고자 한 매우 광범위한 시도였다. 나는 힉스의 책에 푹 빠져들었다. 힉스의 저술은 분석이 굉장히 명료하고 분명해서 읽는 사람을 무장해제시키는 면이 있었는데, 아니나 다를까 곧 나는 그가 20세기의 선도적인 경제 사상가 중 한 명임을 알게 되었다. 훗날 옥스퍼드의 올 소울스 칼리지에서 힉스와 잘 아는 사이가 되었을 때(우리는 그곳에 함께 재직했다) 학창 시절에 그의 책을 읽었다고 했더니 그는 활짝 웃으면서 이렇게 말했다. "아마르티아, 이제 알겠네요. 당신이 경제학에 대해 빠져 있는 기망이 얼마나 뿌리가 깊은지!"

〈3〉

200년 역사의 프레지던시 칼리지는 내가 입학하기 한 세기쯤 전에 정부 대학이 되었지만 원래는 캘커타의 시민사회 주도로 세워진 교육기관이었다. 이름은 '힌두 칼리지'였지만(1855년까지 이렇게 불렸다) 힌두인만을 위한 학교는 절대로 아니어서 캘커타에 있는 모든 배경의 학생을 환영했고, 불과 20~30년 사이에 매우 다양한 학생들이 모이는 곳이 되었다. 설립 위원장이던 라자 람 모한 로이는 산스크리트어, 페르시아어, 아랍어, 라틴어 및 기타 유럽어의 위대한 학자였고 지칠 줄 모르는 사회 개혁가였다. 대학을 설립하려는 운동은 캘커타 지식인들의 공동 노력으로 시작되었고, 이사진과 운영진은 모두 인도인이었지만 대학의 설립 자체는 당시에 캘커타에 살고 있었던 스코틀랜드 시계 제조자 데이비드 헤어David Hare(그는 캘커타의 지식인인 라다칸타 뎁Radhakanta Deb과 긴밀하게 협력했다)에게 많은 영감을 받았다. 또한 설립 과정이 탄력을 받는 데는 캘커타의 활동가 부디나트 무케르지Buddinnath Mukherjee의 도움도 컸는데, 그는 캘커타 대법원장 에드워드 하이드 이스트 경Sir Edward Hyde East이 동참하게 만든 일등 공신이었다. 이스트는 1816년 5월에 자신의 집에서 대학 설립 계획을 논의할 '유럽과 힌두 신사들'의 모임을 소집했고, 이듬해인 1817년 1월 10일에 학생 20명과 함께 대학이 문을 열었다. 그리고 1828년에 이러한 사회적 움직임은 캘커타의 급진 지식인 운동인 '영 벵골 Young Bengal' 탄생의 이른 배경이 되었다(이들은 의식적으로 스스로를 '영 벵골'이라고 불렀는데, 거의 동시대에 영국에 있었던 '영 잉글랜드'에서 영감을 받은 이름일 것이다). 영 벵골 운동은 확고하게 반보수주의적인 급진 학자 집단이 주축을 이뤘고, 이들은 인도와 유럽 모두의 전통 사상에 회의적이었다. 원래부터도 특정 종교를 위한 학교가 아니었던 힌두 칼리지는 1855년에 이름을 프레지던시 칼리지로 바꾸었을 때 힌두인뿐 아니라 비힌두인에게도 교육 기회를 제공한다는 점을 다시 한번 분명하게 재천명했다. 2년 뒤 캘커타 대학이 설립되면서 프레지던시 칼리지는 캘커타 대학을 구성하는 칼리지 중 하나가 되었고, 거의 한 세기 뒤인 1953년에 나는 캘커타 대학 명의로 경제학 학사 학위(수학 부전공)를 받았다.[1]

⟨4⟩

영 벵골이 생겨나는 데 프레지던시 칼리지가 미친 중대한 영향에 주목해볼 필요가 있다. 영 벵골의 일원 중 가장 두드러진 인물로, 인도계와 포르투갈계의 혼혈 유라시아인인 헨리 드로지오 Henry Derozio라는 사람이 있었다. 공식적으로는 그리스도교도였지만 실제로 신앙은 없었고 스스로 무신론자라고 말했다. 1809년 4월생인 그는 불과 17세에 1826년 5월에 프레지던시 칼리지의 교수가 되었고, 이른 나이에 비범한 학문적 성숙함을 보이면서 역사학과 문학의 전설적인 교육자로 캘커타의 학계에서 명성을 날렸다. 그는 놀라울 만큼 다양한 업적을 남겼는데, 이 모든 성취가 매우 짧은 생애 내에 이루어졌다. 22세이던 1831년에 콜레라로 갑

자기 사망한 것이다. 드로지오는 뛰어난 교육자이자 저항적인 개
혁가였을 뿐 아니라 수준급의 시인이기도 했다. 가장 중요하게,
그는 두려움 없는 사고와 자유로운 실천을 강하게 주창한 운동가
였고 프레지던시 칼리지의 학생들뿐 아니라 동료 교수들, 또 더
광범위한 캘커타의 지식인들에게도 막대한 영감을 주었다. 매우
젊은 나이에도 그는 프레지던시 칼리지에 자유로운 사고의 전통
이 확립되는 데 근본적인 영향을 미쳤다. 한 세기 반 뒤에도 그의
이름은 학생들 사이의 논쟁에 많이 등장했는데, 그의 학문적 업적
과 사회적 리더십이 여전히 존경받고 있었음을 말해준다.

드로지오는 당시의 보수적인 인도 사회가 급진적으로 개혁되기
를 원했고 일어난 지 10여 년밖에 안 된 프랑스 대혁명의 사상들
을 옹호했다. 그리고 주변에서 보이는, 특히 캘커타의 영국인들
사이에서 보이는 지배적인 사고의 영향에 단호히 맞섰다. 한편
그는 인도 민족주의자이기도 해서, 자신의 나라가 모든 비이성적
제약에서 벗어나 거침없이 자유롭게 사고하고 진보적으로 행동
하기를 바랐다. 그는 「나의 조국 인도에게To India—My Native Land」
라는 시에서 일부러 고어를 사용해 과거에 인도가 이룩했던 성취
와 그의 시대에 심각하게 인도의 역량이 축소되어버린 상황을 대
조했다.

나의 조국이여!
그대의 영광스러운 과거,
그대 눈썹 주위의 아름다운 후광
신성하게 숭배되던 그대
그 영광은 어디에 있는가

그 경외는 지금 어디에 있는가
독수리가 날개가 묶인 채 아래로 떨어져
낮은 땅바닥을 기어다니고 있나니
음유 시인도
그대의 비참함에 대한 애통한 이야기 말고는 전할 것이 없구나
애도의 화환조차 없이[2]

드로지오의 제자들은 그의 방대한 상상력뿐 아니라 비판적인 시각에서도 큰 자극을 받았다. 이른바 '드로지오 파'로 불린 그의 제자들은 프레지던시 칼리지 특유의 비판적이고 합리적인 탐구 정신을 육성하는 데 기여했고, 데이비드 흄, 제러미 벤담, 토머스 페인 등 합리주의 사상가들의 저술에서 많은 영향을 받았다. 드로지오 본인도 (인도와 유럽 모두에서) 종교 사상가들보다 볼테르를 훨씬 더 좋아했고 학생들이 그리스도교 저술보다는 호메로스를 공부해야 한다고 주장해서 충격을 주기도 했다. 비종교적이고 합리적인 사고를 공개적으로 주창하면서 힌두교의 정통파와 그리스도교의 기득권 세력 둘 다로부터 미움을 사는 바람에 그는 결국 일자리를 잃게 된다.

하지만 이 시기에 캘커타에서 일어난 학문 운동이 꼭 종교에 적대적이었다는 말은 아니다. 종교 개혁가인 라자 람 모한 로이가 이끌던 새로운 종교 교단 브라모 사마지는 명백히 개혁적인 종류의 종교 운동으로 빠르게 지지를 넓혀갔다. 이들은 힌두 경전을 비교적 자유롭게 해석했고, 그러한 해석 중 일부는 유니테리언의 사상과도 놀랄 정도로 비슷했다. 드로지오는 프레지던시 칼리지에 자유로운 사고의 전통이 생겨나고 탄탄하게 자리 잡는 데 핵심

적인 기여를 했으며, 후세대의 수많은 학생이 이 전통에서 막대한 수혜를 입게 된다.

⟨5⟩

새로 관심을 갖게 된 경제학을 전공하기로 한 결정은 프레지던시 칼리지에서 받은 훌륭한 교육으로 풍성하게 보상받았다. 이론경제학자인 바바토시 닷타Bhabatosh Datta와 타파스 마줌다르Tapas Majumdar에게 특히 많은 영향을 받았지만, 응용경제학의 디레시 바타차리아Dhiresh Bhattacharya(특히 인도 경제와 관련해 뛰어난 강의를 해주셨다)를 비롯해 많은 분에게 훌륭한 교육을 받았다. 정치학은 우펜드라나트 고살Upendranath Ghosal과 라메시 고시Ramesh Ghosh에게 배웠는데 두 분 역시 뛰어난 교수법으로 흥미로운 수업을 해주셨다. 이렇게 저명한 교수님들과 이야기를 나눌 수 있다니 너무 멋지다고 생각했다. 경제학, 수학, 정치학, 그리고 역사학도 마찬가지였는데, 특히 마르크스주의적 역사 분석을 수행하던 역사학자 수쇼반 사카르에게 많은 영향을 받았다.

이제까지 내가 들은 경제학 강의 통틀어 가장 명료한 강의를 꼽으라면 단연 바바토시 닷타 교수님의 강의다. 닷타 교수님의 수업에서는 가치 이론, 분배 이론 등의 지극히 복잡한 문제들이 신기하게도 명료하고 이해하기 쉽게 분석되었다. 나는 그분의 수업이 너무 좋았지만, 닷타 교수님이 자신의 연구를 통해 학계에 기여하는 데는 크게 관심이 없으신 것 같아서 놀라기도 했다. 닷타 교수님은 매우 겸손한 분이셨고, 아마도 '좋은 학문적 중개자'로서 복잡한 경제 이론을 우리가 쉽게 접할 수 있는 형태로 가져오는 역할에 만족하셨던 것 같다. 그렇게 좋은 수업을 듣고 많은 것을 배울 수 있었던 데 대한 감사의 마음은 무엇으로도 줄어들지 않지만, 바바토시 바부(우리는 그렇게 불렀다)를 보면서 '내가 저분처럼 창조적인 재능을 가지고 있다면 내 연구도 하고 싶었을 텐데'라는 생각이 들었던 기억이 난다.

타파스 마줌다르의 교수법은 바바토시 닷타와 달랐다. 타파스다(우리는 이렇게 불렀다)는 이제 막 자신의 공부를 마친 젊은 교수였다. 그의 강의도 매우 명료했는데, 본래도 강의 실력이 뛰어났겠지만 그 역시 바바토시 바부의 뛰어난 강의에서 영향을 받았기 때문인 면도 있었을 것이다(타파스다는 바바토시 바부를 늘 위대한 스승으로 여겼다). 그는 학생들이 지적인 자신감을 갖게 하는 데 굉장히 신경을 썼고, 굉장히 흥미로운 자신의 연구도 했다. 나중에 타파스다는 교육경제학과 사회선택 이론에서 뛰어난 성과를 내는데, 특히 사회선택 이론이 교육 계획 수립과 교육 발전에 어떻게 기여할 수 있는지를 창조적인 방식으로 보여주었다.

나는 어떤 개념이나 사상을 접하면 그대로 받아들이기보다는 도전하고 싶었고 때로는 잘 알려진 책이나 논문에 나오는 내용에도 질문을 제기하곤 했기 때문에, 지배적인 전통에 매이지 않는 타파스다의 대담한 접근이 굉장히 매력적으로 다가왔다. 하루는 그가 방금 강의에서 소개한 논문의 내용이 잘못되었다는 생각이 들어서 그와 한 시간가량 토론을 했는데, 그다음에 그가 이렇게 말했다. "어떤 분석을 읽었는데 그게 틀린 것 같아 보인다면 네가 논증을 제대로 따라가지 못해서일 수도 있으니 확인을 꼭 해봐야 하지만, 널리 받아들여지고 있는 주장이 틀렸을 가능성도 간과해선 안 돼. 아무리 다들 믿는 주장이더라도 말이야." 그의 말은 내가 모든 것을 따져보고 질문해보겠다는 결심을 더 다지는 데 강력한 무기가 되어주었다. 바바토시 바부에게서 강의하는 법을 배우고 있다면 타파스다에게서는 질문하는 법을 배워야겠다고 생각했던 기억이 난다.

강의 때 들은 내용에 대해 토론을 이어가면서, 그의 첫 강의를 듣고 얼마 지나지 않아 곧 그와 친해졌다. 또한 종종 칼리지 가에서 버스를 타고 캘커타 남부의 도버 레인까지 가서 그와 이야기를 나누곤 했다. 그는 그곳에서 어머니와 함께 살고 있었다. 그의 어머니(우리는 마시마라고 불렀다)는 굉장히 우아하고 대화도 아주 재밌게 하시는 분이었다. 저명한 고고학자이던 타파스다의 아버지 나니 고팔 마줌다르Nani Gopal Majumdar는 인더스 계곡의 문명을 발굴하는 데 공을 세웠지만 이른 나이에 돌아가셨다. 나는 고고학에 굉장히 흥미가 당겼고, 경제학을 잠시 벗어나 인도에서 벌어진 고고학 탐험 이야기와 인도 및 세계의 과거 이야기를 듣는 것이 즐거웠다. 마시마와 타파스다 두 분 모두 예고도 없이 찾아와서(당시에 캘커타에서 전화는 아주 드물었다) 마시마가 내어주시는 차와 맛있는 간식을 먹으면서 오래 수다를 떨다 가는 젊은 학부생에게 지극히 참을성이 많으셨다.

⟨6⟩

교수님들에 대한 기억 못지않게 프레지던시 칼리지에서 함께 공부한 동료 학생들에 대해서도 좋은 기억을 가지고 있다. 당연히 수카모이도 포함해서 놀라운 학생들이 많았고 그들과 함께 학교를 다닐 수 있어서 행운이었다. 경제학과에는 수니티 보스Suniti Bhose, 투샤르 고시Tushar Ghosh, 사미르 레이Samir Ray(학교를 잠시 떠났다가 돌아온 사람이었고 나보다 약간 나이가 많아서 사미르 다라고 불렀다), 자티 센굽타Jati Sengupta(훗날 '스토캐스틱 프로그래밍'이라는 새로운 분야에서 저명한 인물이 된다) 등이 있었고, 경제학과 외에도 아주 다양한 전공 분야에 뛰어난 장래의 연구자들이 있었다. 역사학과에는 파르타 굽타Partha Gupta, 바룬 데Barun De, 비나이 초두리Binay Chaudhuri 등이 있었고, 훗날 수학과 통계학에서 스타가 되는 니키레시 바타차리아Nikhilesh Bhattacharya도 있었다. 영문학과의 조티르모이 닷타Jyotirmoy Datta와 철학과의 미낙시 보스Minakshi Bose도 있었는데, 두 사람은 나중에 결혼한다. 학생들은 이런저런 동아리와 친목 모임에서 자주 어울렸고, 매우 활발한 시 낭송 모임도 있었다. 정규적으로 열리던 이 모임에 조티르모이, 미낙시, 므리날 등과 함께 나도 꽤 활발히 참여했다. 이 모임은 시를 직접 쓰거나 서로의 작품을 평가하는 모임이 아니라 시를 감상하기 위한 모임이었다. 때로는 잘 알려지지 않은 시인의 시가 등장해 흥미로운 토론으로 이어지기도 했는데, 나도 (내가 너무나 좋아하는) 앤드루 마벌Andrew Marvell의 시를 가지고 모임에 참석하곤 했다.

당시에 프레지던시 칼리지는 남녀공학이었다(1897년부터 여학생을 받았다). 산티니케탄 학교도 남녀공학이어서(이곳은 처음부터 그랬다), 나는 영국에 가서 케임브리지 대학의 트리니티 칼리지에 들어가기 전까지 남학생만 있는 학교에는 거의 다녀본 적이 없다. 프레지던시 칼리지에는 매우 뛰어난 여학생들이 있었고, 몇몇은 외모도 매우 매력적이었다. 하지만 그 시절 대학과 사회의 관습상 일대일로 만나는 일은 흔하지 않았고 쉽지도 않았다. 우리는 주로 식당이나 칼리지 가의 커피하우스에서 만났고, 그 외에는 어쩌다 영화를 보러 가거나 광장에 가는 것 정도가 전부였다.

기숙사는 다른 성별의 학생이 방에 들어오는 것을 금지했고,

YMCA 기숙사도 그랬다. 그래서 한번은 몸이 좀 안 좋아서 앓고 있었는데 친한 여학생이 어찌어찌 나를 살펴보러 들어온 것을 보고 깜짝 놀랐다. 반가워서 어떻게 들어왔느냐고 물었더니 그 여학생은 "기숙사 사감 선생님에게 네가 아픈데 심각할 수도 있어서 당장 돌봐줄 사람이 필요하다고 했어"라고 대답했다. 그러자 사감 선생님이 "가서 필요한 건 없는지 살펴보고 내가 해야 할 일이 있는지 알려달라"고 말했다고 한다. 물론 그 여학생은 나의 병 상태에 대해 사감 선생님에게 '보고'했다. 이 이야기는 한동안 칼리지에서 회자되었다.

〈7〉

프레지던시 칼리지에서의 지적인 도전은 정말로 즐겁고 흥분되었지만, 강의실에서 벌어지는 공식적인 교육에만 초점을 두어 말한다면 아직 제대로 말한 게 아닐 것이다. 우선, 강의실에서 보내는 시간 못지않게 많은 시간을 커피하우스에서 대화와 토론을 하면서 보냈다.

커피하우스는 원래 노동자들의 협동조합이었다가 그다음에 인도 커피위원회Indian Coffee Board에 넘어갔고 그다음에 다시 협동조합이 되었다. 캘커타의 칼리지 가에 위치한 커피하우스는 진지한 학습뿐 아니라 '아다'를 떨기에도 좋은 장소였다. 커피하우스에서는 정치와 사회에 대해 수백 건의 논쟁이 벌어졌으며, 각자의 학업과는 관련 없는 주제도 많이 접하고 논의할 수 있었다. 자신이 읽은 것, 또 그 밖의 방식으로 알게 된 것(가령 칼리지 가 인근의 수많은 대학에서 열리는 역사학, 경제학, 인류학, 생물학 등 온갖 분야의 강의에서 들은 것)을 이야기해주는 수많은 다른 이(대부분은 동료 학생들)로부터 얼마나 많은 것을 배울 수 있었는지는 적절하게 설명할 방법을 찾기가 어려울 정도다. 하지만 지식의 조각들을 직접 전해 주는 것보다 더 영향이 컸던 것은 서로의 신념과 이해에 대해 질문하고 반박하면서 벌였던 열띤 논쟁이었다. 1940년대에 프레지던시 칼리지의 학생이었던 저명한 역사학자 타판 라이초두리는 "우리 중 몇몇은 길을 건너가서 강의를 듣는 수고를 하지 않고 그 배움의 자리[커피하우스]에 앉아서 필요한 모든 교육을 동료 학생들에게 받았다"고 회상했는데, 그리 과장이 아니었다.[3]

커피하우스에는 프레지던시 칼리지 학생만이 아니라 캘커타 대학에 속한 다른 칼리지 학생도 많았다. 메디컬 칼리지[의과대학], 스코티시 처치 칼리지, 산스크리트 칼리지, 센트럴 캘커타 칼리지(전에는 이슬라미아 칼리지라고 불렸는데 나중에 마울라나 아자드 칼리지로 이름이 다시 바뀌었다) 등 캘커타 대학의 칼리지 중 많은 수가 칼리지 가에, 혹은 그 근처에 있었다. 커피하우스를 제집처럼 드나들던 단골 중 한 명은 더 먼 세인트 하비에르 칼리지에서, 더 나중에는 사이언스 유니버시티 칼리지에서 오기도 했다. 그는 앙드레 베테이유André Béteille라는 이름의 인류학 신예 스타였고 나보다 약간 어렸다. 그와 잘 아는 사이가 되는 것은 몇 년 뒤인 1956년에 내가 캘커타에 다시 돌아왔을 때지만 그의 창조적인 지적 역량에 대해서는 익히 들어서 잘 알고 있었다.

칼리지 가의 커피하우스 쪽 골목 여기저기에 있던 수많은 서점도 학문과 즐거움의 원천이었다. 나는 캘커타에 오자마자 서점에 푹 빠졌다. 내가 가장 좋아한 곳은 1886년에 개업한 다스 굽타였는데 나는 이곳을 거의 도서관처럼 사용했다. 이곳 소유주이자 경영자는 굉장히 너그럽고 관용적인 분이어서 나와 수카모이가 새

305

로 들어온 책들을 보면서 한참을 머물다 가게 해주셨다. 뭘 많이
살 만한 돈이 없었기 때문에 우리에게 이것은 굉장한 기회였다.
다음 날 원래 장소에 잘 꽂아놓는다는 조건으로 책을 신문지에 싸
서 밤에 집에 가져가게 해주시기도 했다. 한번은 함께 간 친구 한
명이 그에게 "아마르티아가 책 살 돈이 없는 게 신경 쓰이지는 않
으세요?"라고 물어보았는데, 그는 이렇게 대답했다. "너는 왜 내
가 보석을 팔아서 돈을 더 많이 벌지 않고 책을 팔고 있다고 생각
하니?"

〈8〉

200만~300만 명이 목숨을 잃은 1943년 벵골 대기근을 목격했
던 어린 시절의 기억은 대학에 입학한 1951년에도 생생했다. 그
때 나는 기근이 전적으로 계급 의존적인 성격을 갖는다는 사실에
충격을 받은 바 있었다. 그리고 캘커타에 살면서는 막대하게 풍성
한 학문적, 문화적 삶도 누릴 수 있었지만 바로 근처에 극도의 경
제적 비참함이 존재한다는 사실을 모르려야 모를 수 없게 상기시
키는 모습 또한 도처에서 계속 볼 수 있었다. 당연하게도 대학의
학생 공동체는 정치적으로 매우 활발했다. 나는 특정한 정당에 들
어가는 데는 관심이 없었지만 평등과 공감을 실천해야 한다는 정
치적 좌파의 주장이 크게 와닿았고, 당시에 친구들과 학생들 대
부분이 마찬가지였다. 산티니케탄 시절에 문맹인 부족 집단 아이
들을 보면서 모르긴 해도 무언가를 할 필요가 있다고 생각했는데
(이는 야학 활동으로 이어졌다), 이제 그와 비슷한 무언가가 국가 전
체에 걸쳐 체계적으로 제공되어야 할 필요가 절실해 보였다. 그때
많이들 그랬듯이, 나는 좌파 학생들의 포괄적인 연합체이며 공산

당과 긴밀하게 관련이 있었던 '학생 연맹Student Federation'에서 많은 시간을 보냈다. 공산당의 지극히 협소한 사고에 대해서는 의구심이 많았지만, 한동안 학생 연맹에서 지도부 역할을 맡아 활발하게 활동했다.

그들은 사회 문제에 대해 도덕적, 윤리적 기준도 높았고 평등의 실천에 대한 정치적 의지도 강했지만, 당대의 표준적인 좌파 정치에는 불만스러운 점이 없지 않았다. 특히 자유가 존중되는 다원성을 가능케 하는 민주적 제도들에 대해 그들이 보이는 회의와 냉소가 내게는 불편했다. 그것을 전형적인 '부르주아 민주주의'라고 보는 프레임 때문에, 표준적인 좌파 조직들 사이에서 민주주의의 주요 제도들은 마지못해 인정하는 정도 이상의 신뢰를 얻지 못하고 있었다. 그들은 많은 나라에서 민주주의가 현실적으로 펼쳐질 때 돈의 해로운 권력에 쉽게 휘둘린다는 점은 옳게 지적했지만, 권위주의적 일당 독재의 끔찍한 권력 남용을 포함해 그 반대쪽의 정치 형태에 대해서는 비판의 칼날을 충분히 들이대지 않았다. 또한 그들은 정치적 관용을 정치 지도자가 어떤 방해에도 굴하지 않고 사회적 선을 밀어붙이는 데 방해가 되는 '의지의 나약함'으로 여기는 경향도 있었다.

프레지던시 칼리지에 다니던 동안, 아니 사실은 그 전부터도, 나는 사회에서 반대와 불일치가 수행하는 건설적인 역할과 관용과 다원성을 실천하려는 의지의 중요성을 굳게 믿고 있었다. 그런데 이 생각은 당시 칼리지 가에서 학생 정치의 주류였던 좌파 운동가들의 활동 형태와 합치시키기가 매우 어려웠다. 또한 나는 서로를 이해하고 건설적인 시민사회를 짓기 위해서는 계몽주의 시기 이후 미국과 유럽에서 떠오른 근대 자유주의 정치 담론도 중요하지만, 인도를 비롯해 수많은 문화권에서 수세기에 걸쳐 강조되어온 '다원성에 대한 관용'에도 반드시 관심을 기울여야 한다고 생각했다. 정치적 관용을 단순히 서구 자유주의자들의 성향이라고 보는 것은 커다란 오류로 보였다.

이러한 면들이 마음을 불편하게 했지만, 그래도 '그때 그곳에' 있었던 덕분에 다른 환경에서였다면 간과했을지 모를 근본적인 정치적 질문에 대면하게 된 것은 좋은 일이었다. 나는 어떤 형태든 권위주의에 대해 분노하면서, 주위에서 너무나 많이 볼 수 있는 정치적 '독실성'의 강조에도 점점 더 회의적이 되었다.

예기치 못한 곳에서 정치적 독실성을 덜컥 대면하면 상당히 충격적으로 느껴질 수 있다. 일례로, 우리는 J. B. S. 홀데인의 글을 굉장히 존경했고 나 역시 좌파적이고 평등주의적인 감수성과 엄정하고 과학적인 학술적 원칙이 잘 조화된 그의 글에 완전히 반했다. 나는 「자연 선택과 인공 선택에 대한 수학적 이론A Mathematical Theory of Natural and Artificial Selection」이라는 시리즈 논문을 비롯해 그의 저술을 읽으면서 많은 것을 배운 바 있었다. 그랬던 터라, 어느 날 그가 "레닌 같은 저술가들의 글을 통해 우리 사회에서 잘못된 것이 무엇인지 알게 되기 전까지 15년간 위염을 앓았는데 그 이후로 위장약이 필요 없어졌다"고 말했다는 내용을 읽고 깜짝 놀랐다. 1940년에 어느 기자에게 한 말이었는데, 캘커타의 좌파 성향 친구들은 맥락에 맞게든 아니게든 이 말을 자기 입장을 뒷받침하는 것으로 삼아 즐겨 인용했다. 아마 홀데인은 지나가는 말로 가볍게 한 말이었을 것이다. 하지만 정말로 진지하게 정치를 관찰하고 한 말이었다면 나는 그러한 사고와 결별할 참이었다. 정치적 독실성에 빠지기보다는 위장약을 먹으며 사는 편이 나았다.

나는 1953년에 프레지던시 칼리지를 떠나 케임브리지로 가게 된다. 1953년은 스탈린이 사망한 해였고, 제20차 소련 공산당대회에서 흐루쇼프가 스탈린 정권의 악행을 폭로한 1956년보다는 아직 한참 전이었다. 하지만 1950년대 초에도 소련에서 자행된 '숙청'과 '전시용 재판'을 글이나 기사로 접해 알고 있었던 사람들은 그런 일이 정치적 반대파에게 거짓 자백을 강요한 다음 그 자백을 근거로 지극히 가혹하고 불의한 처벌을 내리는 방편으로 쓰이고 있다는 것을 모를 수 없었다. 이 문제는 커피하우스에서의 토론에 자주 등장했는데, 때때로 나는 친구들 대부분에게 버려지는 느낌이 들었다. 마르크스라면 통째로 틀렸다고 생각하는 우파(이것은 매우 잘못된 진단이었다)와 러시아에 압제란 존재하지 않고 오로지 '민중의 민주적 의지'만 작동하고 있다고 생각하는 '진정한 좌파'(내게는 의아할 정도로 순진한 믿음으로 보였다) 사이에서, 나를 포함해 소수의 몇 명은 갈 길을 찾기가 어려웠다. 동의받는다는 느낌은 기쁘긴 하지만, 다른 이들의 동의를 얻는 데 덜 의존해야겠다는 생각이 들기 시작했다.

세계에서 불평등과 부정의를 없애고자 하는 대의에는 여전히 깊이 공감하면서, 그리고 권위주의와 정치적 독실성에 대해서는 계속해서 회의적인 마음을 가지고서, 곧 나는 순응을 요구하는 정당에는 일원이 될 수 없겠다는 결론에 도달했다. 나의 정치 활동은 정당 활동과는 다른 것이어야 할 터였다.

⟨9⟩

캘커타에서 새로운 생활과 공부에 정착해가면서, 내 인생의 상당 기간에 걸쳐 연구 방향에 긴 영향을 미치게 될 학문적 발견도

하게 되었다. 1951년에 케네스 애로우Kenneth Arrow의 개척적인 사회선택 이론서 『사회적 선택과 개인적 가치Social Choice And Individual Values』가 뉴욕에서 출판되었다. 그때 수카모이와 나는 학부 1학년이었다. 수카모이는 곧바로 이 책을 빌렸고(다스 굽타 서점에 딱 한 권 들어온 것을 빌린 듯했다) 금세 다 읽고 나름대로 내용을 소화해 자신의 견해도 형성했다. 나는 그 책이 출간된 지 정말 얼마 되지 않았을 때 커피하우스에서 수카모이와 이야기를 나누다가 그 책에 대해 알게 되었고 그가 감탄하며 설명해준 애로우의 사회선택 이론 내용들이 내 관심을 즉각 사로잡았다. 사회선택 이론은 18세기에 콩도르세Marquis de Condorcet 등 프랑스 수학자들이 발달시키기 시작한 이론인데, 수카모이도 나도 이 분야에 대해서는 아는 것이 별로 없었지만 수카모이가 나보다는 많이 알았기 때문에 나는 그와 이야기하면서 이 분야를 알아가기 시작했다.

사회선택 이론은 무엇인가? 수학적 개념과 공리들을 복잡하게 연결해가며 설명할 수도 있겠지만, 기술적으로 꽤 복잡한 이 분야를 대략적으로 이해하기 위해 다음과 같이 생각해보자. 사회는 각자 나름의 선호와 우선순위를 가진 사람들로 구성되어 있다. 집단 전체적으로 적합한 사회적 결정을 내리려면 구성원들의 견해와 이해관계를 고려해야 하는데 이들은 각기 다양한 견해와 이해관계를 가지고 있을 것이다. 사회선택 이론은 사회적 선호 혹은 사회적 우선순위라고 합리적으로 여길 수 있는 무언가와 사회를 구성하는 각 개인들의 선호 혹은 우선순위를 연결하는 이론이다.

개인의 선호와 사회적 선호의 연결은 여러 형태를 띨 수 있으며, 그 형태는 그러한 연결이 충족해야 할 공리적 조건들을 통해 표현될 수 있다. 예를 들어, '모든 구성원이 x를 y보다 선호한다면 사회적으로도 x가 y보다 선호되어야 한다'는 원칙이 그러한 공리적 조건의 한 예가 될 수 있다. '모든 사람이 A라는 상황과 B라는 상황에서 x와 y 사이의 순위를 정확히 같은 방식으로 매긴다면 x와 y 사이의 사회적 선호는 두 상황에서 x, y 이외의 안들에 대한 선호가 어떻든 상관없이 A 상황과 B 상황에서 반드시 동일해야 한다'는 것도 공리적 조건이 될 수 있다. 이 밖에도 공리적 조건의 예는 많이 생각해볼 수 있다.

애로우는 일견 경악스러운 결론으로 보이는 '불가능성 정리 impossibility theorem'를 제시했다. 불가능성 정리는 (가령 위에서 예로 든 공리적 조건들처럼) 명백하게 합리적인 기본 절차를 충족해야 할 경우에 독재 이외의 사회선택 메커니즘으로는 일관성 있는 사회적 의사결정이 산출될 수 없음을 보여주었다. 불가능성 정리는 강력하고 의외이고 우아하고 비범한 수학적 정리였다.

애로의 불가능성 정리는 앞에서 언급한 프랑스의 수학자이자 사회사상가 콩도르세가 언급했던 내용을 확장한 것이라고도 볼 수 있었다. 이미 18세기에 콩도르세는 다수결이라는 시스템으로 도출되는 결론이 일관성이 없을 수 있으며 결론 자체가 도출되지 않는 경우도 있을 수 있음을 증명한 바 있다. 예를 들어 세 명으로 구성된 공동체가 있는데 1번 사람은 x를 y보다 선호하고 y를 z보다 선호하며, 2번 사람은 y를 z보다 선호하고 z를 x보다 선호하며, 3번 사람은 z를 x보다 선호하고 x를 y보다 선호한다면 다수결에서 x는 z에 지고, y는 x에 지고, z는 y에 지게 되므로 승리하는 안이 나올 수 없다.

다수결 원칙은 사회적 선택을 내리는 데 매력적인 시스템일 수 있지만 심각하게 일관성이 없거나 결론이 도출되지 않는 경우가 생길 수도 있다. 애로우는 '불가능성 정리'에서 콩도르세의 비관적인 결과를 아주 넓게 일반화해서, 명백하게 합리적인 공리적 조건을 최소한으로만 충족시키려 해도 **모든** 사회적 선택의 규칙이 작동 불가능해지거나 일관성을 잃게 된다고 주장했다. 그렇다면 설득력 있고 매력적이면서도 현실적으로 작동 가능한 사회적 선택의 규칙을 갖는다는 것은 불가능해 보이게 된다. 이렇게 해석하면 애로우의 정리는 오로지 매우 매력적이지 않은 규칙만이, 즉 독재 메커니즘만이 일관성 있게 작동하는 규칙으로서 살아남을 수 있으리라는 몹시도 암울한 전망과 이어지게 되는데, 실로 이것은 콩도르세의 결론보다도 암울하다.

수카모이는 다스 굽타 서점에서 빌린 애로우의 책을 다시 내게 빌려주었다. 돌려주기 전에 읽을 수 있는 시간이 두어 시간밖에 없었고 나는 맹렬히 몰두했다. 애로우가 제시한 불가능성 정리의 증명은 수학적으로 굉장히 복잡해서 나중에 단순화될 필요가 있었고, 실제로 더 간단한 증명이 나온다. 우리는 이 정리를 완전히 이해하기 위해, 그리고 이 정리의 예기치 못한 결과가 정확히 어떻게 도출되었는지 알기 위해, 수학으로 구성된 논리 안에서 모종의 일관된 주장을 찾아야 했다. 우리가 대학에서 배우던 종류의 수학과는 매우 다른 수학이었다. 대학에서 배우던 수학은 물리학의 필요에 복무하기 위한 수학이 기본이어서 변수들 사이의 관계에 대해 사회 현상에서는 기대할 수 없는 수준의 높은 정밀성을 요구했는데, 애로우가 주제로 삼고 있는 것은 사회 현상이었다.

수학과 증명의 문제 외에 또 다른 질문도 있었다. 불가능성 정리의 결론이 갖는 시사점은 얼마나 중요성을 갖는가? 많은 논평가가 주장하듯이 정말로 그것이 권위주의를 뒷받침하는 근거가 되는가? 어느 날 오후 커피하우스의 창가 자리에서 수카모이가 애로우의 결론에 대해 새로운 해석을 제시하는 것을 들었던 날이 생생히 기억난다. 그의 지적인 얼굴이 캘커타의 부드러운 겨울 햇빛을 받아 빛났다. 그는 애로우의 정리가 현실에서 정치적 민주주의와 통합적인 사회적 의사결정의 가능성에 대해 갖는 함의가 무엇인지는 그 정리만 보고 판단할 수 없다고 보았다. 그리고 애로우가 내린 경악스러운 결론은 수학으로 도출된 것인데, 추가적인 연구가 있어야만 현실 세계에서의 사회적 선택과 정치, 경제적 의사결정에 적용될 수 있을 것이라고 생각했다. 나중에 내가 바로 그 추가적인 연구를 하게 되었을 때, 먼 옛날 애로우 정리에 대한 통상적인 해석에 반론을 제기하던 수카모이가 종종 생각났다.

이 시기는 사회적 선택에 대한 수학적 논증과 관련해 나 자신의 이해가 발달해가기 시작한 결정적인 형성기였다. 이러한 사고 훈련을 통해 나는 이후 평생에 걸쳐 추구하게 될 관심사를 갖게 되었다. 이제 막 독립을 하고서 좋은 민주 국가가 되고자 하는 인도에서, 일관성 있는 사회적 의사결정을 할 수 있는 민주적 정치체의 실현 가능성은 매우 중요한 이슈였다. 민주적 일관성은 가능한가? 아니면 그 개념 자체가 환상인가? 애로우의 개념은 당시 캘커타에서 벌어졌던 수많은 학문적 논쟁에 아주 많이 등장했다. 애로우의 정리에 대한 일반적인 해석은 민주적 일관성이란 가능하지 않다는 것이었다. [하지만 나는 잘 동의가 되지 않았다.] 특히 애로우가 설정한 (자명해 보이는) 공리적 조건들이 정말로 합리적인 것인지를 다시 생각해볼 필요가 있어 보였다. 애로우의 공리적 조건들 못지않게 합리적이면서도 독재 메커니즘이 아닌 사회적 선택의 규칙이 성립될 수 있는 또 다른 공리적 조건들이 정말로 없으리라고는 생각되지 않았다. 나는 (헤겔의 표현을 빌리면) 여기에 일종의 '부정의 부정' 같은 것이 필요할 것 같다고 스스로를 납득시켰다.

애로우가 탐구했던 사회적 선택의 문제는 평생에 걸쳐 나의 학계 경력에서 지극히 중요한 주제가 된다. 그것이 캘커타에서 학부생으로 보낸 첫해에 친구가 밤에 읽으려고 동네 서점에서 빌려온 책을 다시 빌려 읽으면서 시작되었다는 것을 나는 즐겁게 기억하고 있다.

13장

마르크스에게서 무엇을 얻을 것인가

〈1〉

그 당시 캘커타 칼리지 가 주위의 학문적 공간에서 지적 위상의 면으로 볼 때 카를 마르크스에 필적할 사람은 없었다. 정치적으로 활발하던 사람 중 거의 다수가 스스로 '마르크스주의자'라고 생각했고, 그렇지 않은 이들도 마르크스와 관련지어서 자신을 규정했다. 즉 어떤 이들은 강조해서 자신은 '비마르크스주의자'라고 말하거나 '반마르크스주의자'라고 말했다. 마르크스냐 아니냐로 자신을 구분하는 것을 거부하는 용자도 없지는 않았지만, 마르크스의 주장들이 타당하냐 빈약하냐에 대해 어느 쪽으로든 견해가 없다고 말하는 사람은 극소수였다.

나도 10대 시절부터 마르크스의 사상에 관심이 아주 많았다. 친척 중에 스스로 마르크스주의자라고 여기는 (그리고 마르크스에 대해 자주 이야기하는) 사람들이 있어서이기도 했지만, 더 주된 이유는 마르크스의 저술에서 중요하고 흥미로워 보이는 논윗거리를 많이 발견할 수 있었기 때문이다. 마르크스가 제기한 이슈들의 현실적인 중요성은 차치하더라도, 마르크스에 대해 논쟁하는 것은 일단 재미있었다.

하지만 프레지던시 칼리지의 경제학과 수업에서는 마르크스가 별로 논의되지 않았다. 캘커타의 다른 대학도 마찬가지였다. 대체로 마르크스는 대안 경제학의 영웅으로만 여겨지고 있었다. 변방에서는 매우 거인이던 마르크스를 표준적인 경제학이 거의 전적으로 배제하는 이유가 무엇일까 고민했던 기억이 난다. 강의실에서 배우는 경제학에 마르크스가 등장하지 않았던 데는 몇 가지 이유를 생각해볼 수 있었다. 하나는 단순히 현대 경제학이 마르크스가 '노동가치설'을 고수한 것을 인정할 수 없었기 때문이었을 것이다. 많은 이들에게 노동가치설은 너무 순진하고 단순해 보였다. 이들이 보기에, 노동가치설의 한 버전은 상품의 상대가격이 그 상품을 생산하는 데 들어간 노동량을 반영하며 이것이 착취의 존재를 드러내준다고 말하는 것 같았다. 노동자들이 생산한 것은 자본가가 가져가고 정작 노동자들은 자신이 상품에 투여한 노동력의 가치보다 훨씬 적은 임금을 받는다고 말이다. 이 논리에서는 이윤(잉여)이 노동자들이 생산에 들인 노동의 가치와 그에 대해 임금의 형태로 받는 적은 (때로는 지극히도 적은) 보수 사이의 차액이라는 결론이 나오게 된다.

대체로 마르크스 경제학에 반대하는 사람들은 '노동가치설'이 너무 기초적이라서 지적하기도 부끄러운 오류에 바탕을 두고 있다고 생각하는 경향이 있었다. 이들에 따르면, 노동 이외에도 생산에 기여하는 요소들이 있고 그러한 비노동 자원의 사용도 가격에 포함되어야 하므로 상품의 상대가격은 거기에 들어간 노동량만 반영하는 것이 아니다. 노동가치설은 가격에 대해 비노동 투입 자원을 고려하지 않는 채로 대략적인 1차 추산을 하는 데는 쓸모가 있을지 모르지만, 사실 그리 유용한 방식은 될 수 없다. 따라서 초창기의 '고전' 경제학자들(가령, 마르크스보다 앞선 인물이자 마르크스에게 많은 영향을 미친 애덤 스미스 등)에게 노동가치설이 어떤 매력이 있었든지 간에 마르크스는 오류가 있는 노동가치설을 받아들일 게 아니라 폐기했어야 한다. 비노동 생산요소들까지 고려해서 더 종합적으로 보면 착취 여부를 진단하기 어려워진다. 상품의 가격은 자본(자본가가 생산과정에 기여하는 부분)에 대한 보상 등 비노동 투입자원에 대한 보상도 반영해야 하기 때문이다. 이렇게 추가적인 생산요소를 인정하면 가격을 오로지 노동만으로 이야기할 수 없고 무력한 노동자들의 상황을 착취론으로 설명할 수도 없다. 자, 그러니 마르크스는 이제 됐다. 교원 휴게실에서 차와 비스킷을 먹으면서, 자기 만족적인 주류 경제학자들은 마르크스에 대해 이렇게 결론을 내렸다.

⟨2⟩

이것이 상품의 가치와 노동자 착취에 대한 마르크스주의적 이해를 기각하는 데 설득력 있는 설명인가? 이것은 마르크스가 대학의 경제학 교과 과정에서 대체로 누락된 이유를 설명해주는가? 이러한 주장의 유치함은 둘째 치더라도, 경제학이 마르크스를 배제한 이유로서 이 간단한 설명에는 적어도 두 가지 문제가 있다. 우선, 마르크스가 개진한 많은 개념이 노동가치설에 기반하고 있지 않다(몇 가지 사례를 뒤에서 설명할 것이다). 따라서 마르크스주의 경제학의 유용성을 노동가치설이 가격 이론으로서 유용하냐 아니냐로만 판단할 수는 없다. 둘째, 마르크스가 노동가치설을 사용했을 때 정말로 그것이 가격 이론으로서 유용하다고 생각했을까?

이는 다음의 질문으로 이어진다. 마르스크는 왜 노동가치설을 사용했을까?

프레지던시 칼리지와 YMCA 기숙사에서 나는 수업과 상관 없이도 위대한 경제학자 폴 새뮤얼슨Paul Samuelson(미국 MIT의 교수였다)의 저서를 즐겨 읽었는데, [마르크스를 기각하는 데 대해] 좋은 근사법approximation과 나쁜 근사법의 구별을 바탕으로 한 더 명료한 설명을 발견했다. 그는 노동가치설이 가격 이론으로서 하나의 근사법이 된다고는 보았지만 좋은 근사법이라고는 생각하지 않았다. 그러니 좋지도 않은 근사법을 왜 사용한단 말인가? 케임브리지 대학의 마르크스주의 경제학자 모리스 돕Maurice Dobb은 새뮤얼슨의 명백히 설득력 있는 포인트를 설명하기 위해 다음과 같이 새뮤얼슨의 말을 인용했다. "현대 과학과 경제학에는 단순화된 일차적 근사법이 아주 많다. 하지만 누구라도 그것이 이차적인 근사법보다 열등하다고 인정할 것이고 일차적 근사법에서 문제가 발견되면 그것을 폐기할 것이다." 그러니, 훨씬 더 나아갈 수 있는 다른 이론들을 발달시킬 수 있는 상황에서 굳이 왜 노동가치설을 사용하는가? 기껏해야 조악한 근사법밖에 되지 못하는 이론을 왜 고수하는가? 왜 새뮤얼슨이 제안하는 대로 노동가치설을 전적으로 폐기하지 않는가?[1]

하지만 돕은 노동가치설을 형편없는 일차적 근사법으로 보아 간단히 기각하는 것에 대해 그의 저서 『정치경제학과 자본주의 Political Economy and Capitalism』에 수록된 「가치론의 필요사항들The Requirements of a Theory of Value」이라는 논문에서 면밀한 반박을 가했다.[2] 그는 일차 근사법이 "이후의 근사법들에 결여되어 있는 무언가를 담고 있을 경우"에는 그것을 기각하는 것이 합리적이지 않다고 주장했다. 그렇다면, 노동가치설에서 그 '무언가'는 무언가?

돕은 노동가치설이 생산에서 노동이 수행하는 역할을 강조할 수 있을 경우 그 자체로도 힘을 가질 수 있다고 주장했다. 노동가치설은 여러 관점에서 볼 수 있다. 노동가치설을 가격 이론으로 본다면 일차적인 근사법 이상은 아닐 것이고 대개는 가까운 근사법도 아닐 것이다. 노동가치설을 도덕적인 내용을 담은 규범적 이론으로 본다면 세상의 불평등과 자본주의하에서 가난한 노동자들이 처하는 부당한 대우에 대해 무언가를 이야기해줄 수 있을 것이다. 이러한 관점들 모두 크게든 작게든 나름의 유의미성을 가질 수 있을 것이다. 하지만 조금 더 나아가면, 가장 주되게는 노동가치설이 재화와 서비스의 생산에서 인간 노동이 수행하는 역할을 드러내주는 묘사적 이론이라고 말할 수 있다. 마르크스는 그가 연구한 거의 모든 주제에서 인간이 어떻게 관여되어 있는지에 큰 관심을 기울였다. 여기에서 실마리를 얻어서, 돕은 노동가치설이 "사회경제적 관계에 대한 사실들의 묘사적 기술"이라고 주장했다. 이러한 묘사가 인간의 노동에 특히 강한 방점을 찍고 있다는 사실은 그 묘사를 오류로 만드는 것이 아니라 노동자, 자본가 등 서로 다른 사회적 주체 간의 관계를 볼 수 있는 특정한, 그리고 중요한 관점을 제공한다.

이를 역사학자들이 역사의 전개 과정을 일반화해 설명할 때 노동에 방점을 두어 묘사하는 경우와 비견해볼 수 있다. 일례로, 역사학자 마르크 블로크Marc Bloch는 봉건제를 봉건 영주가 "타인의 노동으로 먹고사는" 체제라고 묘사했다. 봉건 영주들이 그랬는가? 노동(특히 고된 노동)에 초점을 두는 이 묘사는 적합하고 합리적인 묘사이며, 봉건 영주들이 소유한 토지도 생산적이라는 사실을 부정하지 않는다. 하지만 블로크의 서술은 생산과정에서 서로 다른 사람들이 수행하는 서로 다른 역할 사이에 비대칭이 있다는 점에 방점을 두고 있으며, 농노들이 생산과정에서 수행하는 고된 노동과 봉건 영주가 자신의 땅이 생산적으로 쓰이도록 허용함으로써 생산에 기여하는 바는 서로 비교의 대상이 아닐 수 있다는데 초점을 둔다. '고되게 노동하는 것'과 '자신의 땅이 쓰일 수 있게 허용하는 것' 둘 다 생산적인 활동일 수 있지만, 매우 다른 종류의 생산적인 활동이다. 따라서 블로크의 서술은, 서로 다른 종류의 투입 자원 간에 차이를 두지 않은 채 전부 다 경제학자들이 '한계생산성'이라고 부르는 개념으로 분석하는 방식에서의 기계적인 등치를 넘어서 논의가 진전될 수 있게 해준다.

생산과정에 들어가는 요소들에 대한 또 다른 구분을 생각해보기 위해 피렌체의 다비드상을 예로 들어보자. 우리는 '미켈란젤로가 다비드상을 만들었다'고 합리적으로 진술할 수 있다. 이 진술의 진리값은 대리석과 끌과 망치도 필요했다는 사실을 부정하지 않아도 성립한다. 물론 돌과 끌과 망치는 필요했다. 다중 생산요소 설명을 따르자면 이 상이한 생산요소'들' 모두 조각상을 만드는 데 관여되었다고 말해야 할 것이다. 하지만 예술가(미켈란젤로)에게 특별히 방점을 두고 보면 이 생산과정에서 또 다른 중요한 측면을 드러낼 수 있고, 우리는 예술가의 역할을 돌과 끌과 망치가 제공하는 것과 등치시키지 않는다.

생산을 묘사할 수 있는 방식은 많고, 그중 노동에 방점을 두는 것도 합당한 한 가지 방식이며 묘사의 목적과 맥락에 따라서 얼마든지 적절할 수 있다. 마르크 블로크는 봉건제의 특징을 묘사할 때 특정한 측면에 집중하기로 선택한 데 대해, 즉 고된 노동을 하는 노동자에게 방점을 두고 봉건 영주가 "타인의 노동으로 먹고사는 존재"라고 말한 데 대해 오류를 고백하거나 양해를 구할 필요가 없었다. 마르크스도 오류를 고백할 필요가 없고, 돕도 그렇다. 노동가치설의 적절성과 유의미성은 우리가 어떤 측면을 드러내고자 하는지에 달려 있다.

나는 돕의 유려한 논문 「가치론의 필요사항들」을 소화하기 위해 많고 많은 날 긴 저녁 시간을 보냈던 기억이 생생하다. 늦은 밤에 그것을 다 읽었을 때 나는 마르크스가 왜 노동가치설을 사용했는지에 대해 다른 관점에서 생각할 수 있게 되었다고 느꼈다. 또한 개인적인 목표도 하나 생겼는데, 언젠가 영국에 가게 된다면 꼭 모리스 돕을 만나겠다고 마음먹었다.

〈3〉

이제 마르크스의 저술에서 내가 흥미롭다고 생각한 또 다른 측면들을 이야기해야 할 텐데, 그의 저술을 읽다 보니 점점 더 분명하게 떠오른 몇 가지 의문점을 먼저 짚어야 할 것 같다. 마르크스가 관심을 두었던 방대하고 상세한 경제학적 분석(노동가치설, 불평등한 생산수단 소유, 만연한 노동 착취, '이윤율 저하 경향의 법칙' 등)에 비해, 정치 조직과 제도에 대한 그의 연구는 이상할 정도로 초보적인 데 그치고 있는 것처럼 보였다. 그가 제시한 '프롤레타리아 독재' 개념보다 더 투박한 이론화는 생각하기 어려울 것이다. 여기에는 프롤레타리아의 요구가 무엇인지, 혹은 무엇이어야 하는지도 구체화되어 있지 않고, 프롤레타리아 독재하에서 정치 제도가 실제로 어떻게 작동할 것인지에 대한 논의도 없다. 마르크스의 저술에는 사회를 구성하는 사람들의 선호와 우선순위가 어떻게 사회 차원의 의사결정과 정부의 행동으로 이어지는지에 대한 관심(이것은 '사회적 선택'의 중요한 측면이다)이 놀라울 정도로 빠져 있는 것 같았다. 사회적 선택의 메커니즘에 내가 관심이 높아지던 시기였던지라, 마르크스가 이 지점을 파고드는 데 열의가 없었다는 사실이 실망스러웠다.

마르크스가 민주주의를 다룬 방식에도 중대한 빈틈이 있었다. 존 케네스 갤브레이스John Kenneth Galbraith가 언급했듯이 민주주의는 어떤 강력한 집단에 대해서도 또 다른 강력한 집단이 '길항 권력'을 행사할 수 있어서 한 집단이 제어 불가능하게 강력해지는 상황을 방지할 수 있을 때 가장 잘 작동한다. 내게는 갤브레이스의 개념이 민주주의가 현실에서 실제로 어떻게 작동하는지와 관련해 마르크스의 빈 부분을 채워줄 수 있을 것으로 보였다.

현실 공산 정권의 권위주의적 행태를 두고 마르크스 사상이 미친 영향 때문이라며 마르크스를 비난하는 것은 물론 공정하지 못하다. 마르크스는 권위주의 정권을 고안하거나 제안하지 않았다. 하지만 그가 자본주의 이후의 사회에서 권력이 어떻게 분배되고 행사될 것인가와 관련해 설명하지 않은 것이 빈틈을 남겨놓았고, 이로 인해 그 빈틈을 이후에 위험한 권위주의적 논리가 채우게 될 여지가 생겼을 수 있다는 점은 그도 인정해야 할 이유가 있을 것이다. 서로 반대되는 정치 세력들이 존재할 때 생겨날 수 있는 건전한 기능은 마르크스의 관심 범위를 중대하게 벗어나 있었던 것으로 보인다.

마르크스가 선택의 자유에 관심이 없었다는 비난도 정당하지 못하다. 그는 선택의 자유에 관심이 아주 많았다. 하지만 정치 조직과 제도, 그리고 권위주의를 막을 안전판 등에 대해서는 관심이

부족했고, 견제받지 않는 정치권력의 남용과 길항 권력이 갖는 중
요한 역할에 대해 침묵함으로써 자유에 대한 요구가 왜곡되는 데
일조했을지도 모른다. 자유의 부재는 마르스크주의를 표방한 정
권들의 고질적인 문제였다. 마르크스가 그것을 지지한 것은 아니
지만, 권력과 길항 집단의 속성에 대해 논의하지 않아서 그러한
일이 자행되기에 더 유리한 분위기가 형성되는 데 결과적으로 일
조했을 수는 있다.

　마르크스는 개개인이 선택의 자유를 가질 수 있어야 한다고
주장한 한 유명한 문장에서 많은 저자들이 (사실 대부분의 저자들
이) 간과하는 중요한 개념을 포착했다. 프리드리히 엥겔스Friedrich
Engels와 공저한 『독일 이데올로기The German Ideology』(1846)에서 그
는 "개인이 스스로의 통제하에서 자유롭게 발달해가고 자유롭게
행동을 취하게 할 수 있는 조건"을 만들어야 한다고 강력하게 주
장하면서, 그런 조건이 만족되는 사회에서라면 가령 다음과 같이
생활할 수 있으리라고 낭만적으로 묘사했다. "〔꼭 직업적으로〕 사
냥꾼이나 고기잡이나 목동이나 비평가가 되지 않고도, 내가 원하
는 대로 오늘은 이 일을 하고 내일은 저 일을 하며 아침에는 사냥
하고 오후에는 낚시하고 저녁에는 가축을 돌보고 저녁 식사 후에
는 비평을 할 수 있을 것이다."[3] 여기에서 마르크스는 개인의 자
유의 의미와 중요성을 놀랍도록 잘 포착하고 있다(저녁 시간이 가축
을 치기에 좋은 시간이라고 생각했다니 농촌 생활에 대한 그의 실증적 지
식에 대해서는 의구심을 가질 만하지만 말이다. "저녁을 먹고 나서 비평을
한다"는 부분은 본인이 늘 그렇게 했을 테니 그가 현실적으로 더 잘 아는
부분이었을 것이다). 마르크스가 선택의 자유의 중요성에 대해, 그
리고 풍성한 삶을 누리는 데 선택의 자유가 왜 필수적인지에 대해

매우 탄탄한 관점을 가지고 있었다는 데는 의심의 여지가 없다.

〈4〉

마르크스는 아리스토텔레스, 애덤 스미스, 메리 울스턴크래프트Mary Wollstonecraft, 존 스튜어트 밀 등의 경쟁자들과 더불어 내가 YMCA에서 저녁 식사 이후의 시간을 아주 많이 함께 보낸 인물이었다. 2년 차 때 마르크스에게 영향을 받은 개념들과 마르크스와 거리가 먼 사상가들에게 영향을 받은 개념들을 가지고 정치 철학에서 내 나름의 균형점을 찾아가려 하면서, 마르크스가 크게 기여한 부분이 정확히 어디인지를 더 명확히 알아야겠다는 생각이 들었다. 그중 하나는, 마르크스가 '비착취의 원칙'과 '필요의 원칙'의 차이를 명료히 밝힘으로써 급진 사상에 강력한 시사점을 제공했다는 점이다. '비착취의 원칙'은 (그의 노동가치설에 기반해) 노동에 대해 정당한 보수를 받아야 한다는 원칙〔노동한 만큼 가져간다〕이고 '필요의 원칙'은 제공한 노동이나 생산성에 따른 보수로서가 아니라 필요에 따라 분배를 받아야 한다는 원칙〔필요한 만큼 가져간다〕이다.

마지막 저술인 1875년의 『고타 강령 비판The Critique of the Gotha Programme』에서 마르크스는 독일사회주의노동자당이 '사회 구성원 모두의 동등한 권리'를 노동자들이 '노동한 산물에 대해 차감되지 않은 보수를 받을 권리'와 동일한 것으로 등치시킨 것에 대해 비판했다. 고타 강령은 독일사회주의노동자당의 선언문으로, 고타에서 열릴 당 대회에서 발표될 예정이었다. 마르크스는 비착취의 원칙이 '동등한 권리'라는 개념에 전적으로 부합하는 것은 맞지만 무엇이 사람들이 정당하게 요구할 수 있는 권리인가를 말하는 유일한 기준은 아님을 명확히 하고자 했다(심지어 마르크스는 비착취의 원칙에 기반한 권리를 '부르주아적 권리'라고 불렀다). 마르크스는 또 다른 원칙으로 모든 사람이 자신의 필요에 따라 분배받는다는 원칙을 제시했고, 이 경합하는 두 원칙 각각에 대해 근거가 될 수 있는 논리를 설명했다. 그리고 독일사회주의노동자당이 이 두 원칙이 상호 경합하는 별개의 원칙임을 이해하지 못했다는 점을 강하게 비판했다. 마르크스에 따르면, 이 두 원칙은 매우 상이한 사회조직 원리로 이어지기 때문에 노동자 운동은 두 원칙 중 무엇에 우선순위를 둘 것이며 그 이유는 무엇인지를 명확히 밝혀야 했다.

마르크스는 궁극적으로는 필요의 원칙이 적용되는 사회를 선호했다. 사람들은 각기 다른 필요를 가지고 있을 것이고 그 차이를 무시한다면 공정하지 못한 일이 될 것이다. 하지만 그는 이 원칙을 노동에 인센티브를 제공할 수 있는 시스템과 적절하게 결합하기가 매우 어려울 것이라고 생각했다. 자신이 받는 것과 자신이 수행하는 노동이 연계되지 않으면 열심히 일할 인센티브가 없어질 것이기 때문이다. 따라서 마르크스는 궁극적인 원칙으로서 필요의 원칙을 강력하게 주장하고 나서, 그것을 '장기적인' 목표로 삼았다. 사람들의 행동이 지금보다 금전적 인센티브에 덜 추동될 미래의 어느 시점에 달성할 목표로 삼은 것이다. 마르크스는 필요의 원칙이 근본적으로는 더 우월하다고 보았지만, 필요의 원칙에 기초한 시스템이 지금 당장 가능하리라고는 보지 않았다. 따라서 단기적으로는 사회민주주의노동자당이 주장하는 '노동에 대한 정당한 보수'라는 요구를 기꺼이 지지할 수 있었다. 하지만 그렇더라도, 노동에 기반한 분배의 원칙이 궁극적으로는 사회 정의에 부합하지 않는다는 점을 명확히 인식하는 것은 중요하다고 보았다.

마르크스가 말한 필요의 원칙은 공공 담론에서 사라지지 않았다. 그것이 갖는 도덕적 호소력에 힘입어, 필요의 원칙은 그 이후로 계속해서 논쟁에 등장했다. 그것이 단기적으로 현실 가능성이 없다는 문제를 정면돌파하고자 했던, 대담하지만 재앙으로 귀결된 시도도 있었다. 일례로, 마오쩌둥의 소위 '대약진 운동'은 더 협업 지향적이고 덜 자기중심적인 문화가 등장할 미래의 언젠가를 기다리지 않고 필요의 원칙을 당장 적용하려는 시도였다. 그것이 잘 되지 않자(단기적인 실현 가능성에 대한 마르크스의 예상대로, 대약진 운동은 실패했다) 마오쩌둥은 대대적인 '문화혁명'을 추진했다. 이 역시 마르크스가 말한대로 시기가 무르익을 때를 기다리기보다 문화적 전환을 지금 당장 만들어내려 한 시도였다. 마르크스주의를 마르크스보다 더 밀어붙이려 한 마오쩌둥의 시도는 지속되지 못했고 어떠한 명백한 성공도 거두지 못한 채 실패했다.

필요의 원칙이 사회 전체를 통째로 바꾸는 종합적인 정책으로서 실현 가능성이 없다는 말은 단기적으로 그러한 종합적인 목표는 폐기되어야 한다는 뜻이었다. 하지만 필요의 원칙을 그보다 덜 종합적인 형태로 도입하는 것의 가능성과 중요성은(여기에서 마르크스주의적 윤리를 두드러지게 볼 수 있다) 빠르게는 아니었어도 현대 세계의 많은 나라에서 정치적 열망과 지향에 탄탄히 자리 잡았다. 예를 들어 영국이 1948년에 도입한 전국민의료서비스National Health Service, NHS(내가 영국에 도착하고 얼마 뒤부터 완전하게 운영되기 시작했다)는 필요의 원칙의 핵심 요소들을 의료 영역에 실제로 도입해낸 혁신적이고 영웅적인 시도였다. 초창기에 NHS 도입을 강력히 주창하고 현실화하는 데 주된 역할을 한 어나이린 베번Aneurin Bevan은 "아픈 사람이 단지 지불 수단이 없다는 이유로 의료적 도움을 거부당하는 사회는 정당하게 스스로를 문명사회라고 부를 수 없을 것"이라고 말했다.[4] 그는 런던 중앙노동대학Central Labour College in London을 나왔고 그곳에서 마르크스의 저술을 공부했다. 더 나아가면, 유럽의 복지국가 개념 전체가 필요의 원칙을 실현 가능한 정도까지 최대한 적용하려 한 시도라고 말할 수 있다.

마르크스가 "능력에 따라 일하고 필요에 따라 분배받는" 사회를 주창한 것(이것은 굉장히 자주 인용되는 마르크스의 구절이다)과 가까운 미래에는 이것이 실현 불가능하다고 보았다는 점이 상충하는 것은 사실이지만, 마르크스주의에서 볼 수 있는 필요와 자유에 대한 윤리적 개념이 전쟁으로 폐허가 된 유럽이 그 이후의 경로를 모색할 때 근본적으로 영향을 미친 계몽적이고 진보적인 원칙에서 중요한 일부였다는 것 또한 사실이다.

반면, 최근(특히 2007년과 2008년의 금융위기 이후)에는 많은 유럽 국가가 긴축 정책을 펴면서 재앙적인 결과가 나타났는데, 이것은 '인식된 절박성'(종종 잘못된 이론의 결과였고 특히 케인즈의 통찰을 무시한 이론의 결과였다)에 떠밀려 필요의 원칙을 저버리고 경제 관리상의 즉각적인 요구사항(특히 높은 공공 부채 관리)을 다루는 데 우선순위를 두면서 벌어진 일이었다. 필요의 원칙과 인센티브의 원칙(노동 기반의 권리) 사이의 싸움은 마르크스가 고타 강령에 중대한 비판을 제기했던 시절 못지않게 지금도 현재진행형이다.

마르크스가 분배에 관한 일반 원칙을 이야기했을 때 인간이란 다층적인 정체성을 가지며 인간의 정체성을 한 가지로 규정할 수 없다는 점을 언급했다는 사실도 짚어두어야 할 것 같다. 마르크스는 인간을 다양한 측면에서 보아야 한다고 생각했다. 독일사회주의노동자당에 대한 그의 비판 지점 중 하나는 그들이 '사회 구성원 모두의 동등한 권리'의 의미를 해석할 때 노동자로서의 측면, 즉 '생산하는 사람'이라는 측면만 고려하고 노동자 이외의 측면과 정체성은 고려하지 않았다는 점이었다. 노동자라는 것은 어떤 사람의 유일한 정체성이 아니다. 마르크스는 고타 강령이 노동자의 권리와 비착취의 원칙에만 배타적으로 집중함으로써 인간을 "**오로지 노동자로서만** 보고 그 외의 측면은 모두 무시하는" 결과를 가져왔다고 지적했다. 마르크스가 1848년에 「공산당 선언Communist Manifesto」에서 "만국의 노동자여 단결하라"고 촉구했을 때, 이것은 노동자가 노동자 이외의 수많은 측면도 갖는 인간이라는 사실을 지워버리라고 촉구한 것이 아니었다.

"그 외의 측면은 모두 무시"하고 인간에게 하나의 정체성을 부여하는 추세가 전 세계에서 횡행하는 오늘날, 인간을 일차원으로 환원하는 것을 단호히 거부한 마르크스의 태도는 중요한 시사점을 갖는다. 1875년 당대의 논쟁 속에서는 지나가면서 한 언급이었지만, 마르크스의 이 언급은 우리 시대의 전투를 너무나 강하게 지배하고 있는 정체성 기반의 분쟁과 관련해 오늘날 유의미성이 더 크다고도 말할 수 있을 것이다.

⟨5⟩

마르크스의 독특한 사상 중 내 관심을 사로잡은 부분은 이것 말고도 더 있었다. 그중 흥미롭기도 하고 생각에 큰 자극도 준 것 하나는 '객관적 착각objective illusion'이라는 매우 독창적인 개념과 이와 관련된 '허위 의식'에 대한 논의였다. 객관적 착각이란, 특정한 관점에서 보면 명백하게 객관적인 진리로 보이지만 다른 관점에서의 관찰로 보충해야만 비판적으로 살펴볼 수 있고 그렇게 조사를 거쳐야만 처음에 참으로 보였던 것이 정말로 참인지 아닌지 알 수 있는 종류의 현상을 말한다. 예를 들어, 지구에서 보면 태양과 달은 크기가 같아 보인다. 하지만 이 관찰만으로 태양과 달이 물리량이나 부피 면에서 실제로 동일하다고 말하는 것은 잘못이다. 그렇다고 지구에서 태양과 달이 동일한 크기로 보인다는 점을 부정해서도 안 된다. 객관적 착각(마르크스는 이것을 '사물의 외부 형태'라고 불렀다) 개념은 위치 의존적인 관찰과 관찰 기반 사고의 인식론적 의미를 이해하는 데 개척적인 기여를 했다.

객관적 착각 개념은 마르크스의 사회적, 경제적 분석에서 매우 중요했다. 어떤 진리는 특정한 위치에서만 보아서는 곧바로 드러나지 않고 비판적인 고찰을 통해 다른 지점에서의 관찰들을 결합해야만 이야기할 수 있다. 마르크스는 노동자와 자본가 사이의 관계를 객관적 착각의 사례로 들었다. 자유로운 교환이라는 형태 덕분에 공정하고 동등한 관계처럼 보이지만 실제로는 노동자에게 협상력이 없기 때문에 경제적 착취의 관계다. 노동자들은 시장의 작동 방식과 생산수단 소유의 막대한 불평등 때문에 자신이 생산한 것의 가치를 온전히 받지 못한다. 따라서 마르크스는 공정한 교환의 조건을 생각하는 데에 더 나은 방법이 필요하다고 주장했다.

노동 기반의 설명을 통해 마르크스는 시장에서 관찰되는 현상, 즉 '등가'의 것들이 동등하게 교환되는 것처럼 보이는 현상에 대해 그와는 매우 다른 측면을 드러낼 수 있었다. 이와 관련해 모리스 돕이 제시한 사례도 생각해보자. 만약 당신이 어떤 관문을 소유하고 있는데 (아마도 소송 같은 것을 통해) 공장의 한쪽에서 다른 쪽으로 가는 통행을 허락하거나 막을 수 있다면, 당신은 문을 열어주는 것이 가져올 '생산성'을 이유로 그 문을 사용하려는 사람에게 막대한 통행료를 물릴 수 있을 것이다. 하지만 우리는 이 '생산성'의 의미를 더 조사해보아야 하고 비판적인 조사를 거치면 이 생산성 개념은 해체될 수도 있다. 중요한 위치에 자리 잡은 관문은 생산을 교란할 수 있는 역량 이외에는 사실 아무것도 생산하지 않는다. 그것의 사용을 **막는 데서 나오는** '한계생산성'을 이야기할 수 있다고 해도 실제로 이 자산은 생산적인 자산이 아니다. 생산성이라는 착각을 불러일으킬 수는 있지만 이 착각은 합리적 논증을 통해 거부할 수 있다.

객관적 착각 개념은 마르크스가 사용한 것을 넘어서도 적용 가능성이 많으며 계급과 젠더 불평등 이슈를 포함해 젊은 시절 나의 사고에 큰 영향을 미쳤다. 노동자와 자본가, 여성과 남성 등의 관계에서 특정 집단이 미묘하지만 매우 강하게 차별적인 대우를 받는 경우에도 겉으로는 비슷한 대우를 받는 것처럼 보일 수 있기 때문에 진지한 정치적 논의가 없으면 이러한 불평등은 간과되기 쉽다. 대학 시절 동안 나는 평등을 증진하는 정치에 관심이 더 커졌고, 불평등한 사회에서 노동자들이 자신이 당하는 착취의 본질을 명백하게 보지 못하는 현상 등 객관적 착각의 사례들을 조사하는 데 꽤 많은 시간을 들였다.

〈6〉

마르크스의 저술에서 얻을 수 있는 것은 아주 많았고, 명백히 마르크스의 사상은 대안 경제학의 강력한 원천으로 여겨질 수 있다. 하지만 마르크스를 일종의 공식처럼 협소한 용어로 규정하게 될 위험도 있다. 마르크스가 관념과 믿음의 중요성을 부정하고 세계를 물적 조건을 통해서만 해석했다는 듯이 그를 '유물론자'라고 규정해버리는 식으로 말이다. 흔히 그렇게 일컬어지지만 이는 마르크스를 심각하게 잘못 이해하는 것이다. 마르크스는 관념과 물적 조건 사이의 쌍방향적 관계를 강조했다. 사회의 작동에서 관념이 차지하는 광범위한 역할을 이해하는 데 마르크스가 제공한 커다란 통찰을 잊는다면 너무나 안타까운 일일 것이다.

내가 케임브리지로 갔을 무렵 역사학계에서 벌어졌던 논쟁 하나가 이를 잘 보여준다. 1955년에 에릭 홉스봄Eric Hobsbawm은 『계간 마르크스주의Marxist Quarterly』에 게재된 「영국 역사학자들은 어디로 가고 있는가Where Are British Historians Going」(그의 저술 중에서는 상대적으로 덜 알려진 논문이다)에서 관념과 물적 조건이 양방향적 관계라는 마르크스의 고찰이 20세기에는 마르크스 본인의 시대였던 19세기에서와 다른 시사점을 갖는다고 설명했다. 헤겔 및 헤겔주의자들에게서 대표적으로 볼 수 있듯이 당대에는 관념이 물적 조건에 미치는 영향에만 일방적으로 초점을 두는 분위기였다. 이러한 오해에 대한 반응으로, 또한 그에 저항하기 위해 마르크스는 자신이 참여했던 실증적 논쟁에서 반대의 방향, 즉 물적 조건이 어떻게 관념에 영향을 미치는지에 훨씬 더 초점을 두었다. 하지만 홉스봄은 마르크스가 당대의 지배적인 편향(관념이 물적 조건에 미치는 영향만 강조하고 반대 방향은 무시한 것)을 바로잡기 위한 '교정적인' 목적에서 사용한 접근 방식은 이제 우리 시대(20세기 중반)에는 적합하지 않으며 양방향적 관계를 인식하고 있었던 마르크스에게 부당한 일이기도 하다고 언급했다.

홉스봄의 시대에는 지배적인 편향이 달라졌기 때문이다. 20세기 중반에 역사학계의 주류는 인간의 행동이 거의 전적으로 물질적 이해관계로만, 특히, 좁게 규정한 이기심으로만 동기부여된다고 보는 유물론[물질주의]을 받아들이고 있었다(그는 굉장히 영향력 있었던 루이스 네이미어Lewis Namier의 저술을 주로 인용했다). 홉스봄은 이렇게 그의 시대[20세기 중반]에는 헤겔 등 마르크스의 시대에 영향력 있었던 사상가들이 보인 관념론적 편향과 정반대인 완전히 다른 편향이 존재한다는 점을 생각할 때, 균형 잡힌 양방향적 견해가 되려면 이제 관념이 물적 조건에 미치는 영향을 강조해야 한다고 주장했다. 이 시대에는 크게 간과된 부분이 이 부분이기 때문이다. 즉 20세기에 걸맞은 마르크스주의적 분석은 물적 조건과 관념이 양방향적으로 상호작용을 한다는 마르크스의 개념을 벗어나지 않으면서도 마르크스가 본인의 시대에 수행한 실증 분석과는 방향이 달라야 했다.

예를 들어 동인도회사 사장 워런 헤이스팅스가 인도에서 저지른 잘못에 대해 에드먼드 버크가 헤이스팅스의 탄핵을 요구하며 의회에서 한 연설은 정의와 공정에 대한 버크의 관념과 직접적으로 관련이 있었고, 우리는 이를 간과하지 말아야 한다. 그런데 네이미어처럼 인간의 행동을 이기심에만 기반해 설명하는 유물론적[물질주의적] 역사학자들은 헤이스팅스에 대한 버크의 불만을 동인도회사의 경영 성과와 관련된 버크 본인의 금전적 이해관계 때문이라고만 해석했다. 홉스봄은 이와 같은 물질주의, 특히 협소한 종류의 물질주의가 과도하게 강조되는 추세는 더 폭넓은 마르크스의 관점으로 교정될 필요가 있다고 주장했다.

네이미어 이전 시대의 마르크스주의자들은 역사학의 주된 의무가 정치의 물적 기반에 관심을 기울이는 것이라고 생각했다. … 하지만 이제는 부르주아 역사학자들이 조악한 형태의 유물론을 받아들였으니 마르크스주의자들은 역사가 물적 조건만 반영하는 것이 아니라 서로 다른 관념을 가진 사람들 사이의 투쟁이라는 점을 다시 상기해야 한다. 트레버 로퍼_{Trevor-Roper}〔유명한 보수주의 역사학자〕가 개진한 논리는 잉글랜드 혁명이 농촌 젠트리의 재산이 줄어들던 상황을 반영한 것이라고 본 데서도 잘못되었고 청교도주의가 그저 임박한 파산에 대한 그들의 반응이었다고 본 데서도 잘못되었다.[5]

캘커타에서 공부하면서 나는 버크가 워런 헤이스팅스 탄핵 연설에서 제시한 개념에 관심이 많아졌는데, 네이미어 등이 이와 관련해 개진한 '똑똑한' 역사학적 분석은 버크가 가졌던 윤리적 개념이 수행한 역할에 여지를 많이 주지 않는 것 같았다. 헤이스팅스를 공격하는 동시에 로버트 클라이브에게는 찬사를 보냈다는 면에서 버크의 생각에 일관성이 없긴 했다(내가 보기에 클라이브는 헤이스팅스보다 훨씬 더 형편없었고 훨씬 더 제국주의적이었다). 하지만 나는 영국의 인도 통치 초창기에 버크가 인도의 신민들에 대해 넓은 마음으로 공감을 표한 것에 감명받았고, 그의 유려한 반제국주의적 비판이 단순히 금전적 이해관계 때문만이라고는 보이지 않았다. 케임브리지에서 네이미어와 버크에 대해 홉스봄이 쓴 글을 읽었을 때, 나는 무언가를 이해한 것 같은 느낌이 들었다.

〈7〉

캘커타에서, 이어서 케임브리지에서 주류 경제학을 공부하면서, 우리는 인간의 관심과 의사결정에 영향을 미치는 다른 가치들은 고려하지 말고 모든 인간이 이기심을 우선순위에 놓는다고 가정하도록 강하게 독려받았다. 하지만 이것은 조악할 뿐 아니라 오류가 있는 접근으로 보였다. 마르크스도 인간의 행동에 대한 매우 협소한 가정에 문제를 제기하기보다 동일하게 협소한 가정을 해서 주류 경제학 이론이 가진 왜곡된 버전의 인간상을 흡수한 것이었을까?

서서히 내 생각 속에 자리 잡게 된 결론은, 인간 행동에 대해 마르크스가 제시한 폭넓은 가르침에 적절한 관심을 기울일 필요가 있다는 점이었다. 마르크스의 사상을 유물론에 지나치게 방점을 두어서, 그것도 누구나 이기심에 의해 추동된다는 가정에 바탕한 유물론에 방점을 두어서 협소하게 만들지 말아야 했다. 그러한 협소화는 마르크스가 인간 동기의 다양한 형태를 논했고(예를 들어 『독일 이데올로기』에서) 미래에는 협업적인 가치와 문화가 생겨나리라고 감동적으로 언급했다는 사실(예를 들어 『고타 강령 비판』에서)로 금세 반박된다. 마르크스에 대한 홉스봄의 논문은 내게 이 이슈도 명쾌하게 정리해주었다.

홉스봄의 그 논문은 내가 케임브리지를 졸업할 무렵에 게재되었다. 나는 케임브리지에 가기 전에 그의 더 이른 연구를 접해보았기 때문에 케임브리지에 도착했을 때 그를 무척 만나보고 싶었다. 기쁘게도 그를 만나는 것은 어렵지 않았다. 킹스 칼리지의 젊은 펠로우였던 홉스봄은 다가가기 어려운 사람이 아니었고, 마침 나는 킹스 칼리지에 프랄라드 바수Prahlad Basu라는 친구가 있었다. 그래서 나는 바수에게 나와 홉스봄을 함께 초대해 자리를 만들어달라고 부탁했다(E. M. 포스터도 함께 해서 대화가 더 풍성해졌다). 마르크스 사상의 학문적 범위에 크게 감동받았던 시기에, 케임브리지에 도착하고 얼마 안 되어 가진 모임들에서 느꼈던 흥분이 지금도 생생히 기억난다. 하지만 마르크스주의자가 될 생각은 없었다. 내게 아이디어를 제공해주는 지적 원천은 많았고 그것들이 다 마르크스주의적 신조에 부합하는 것은 아니었다. 하지만 일반적으로 말해서, 문학, 경제학, 역사학의 주제들을 '정통' 마르크스주의라고 여겨지는 지나치게 정형화된 방식에 따라 분석하는 데 치중하느라 과거에 매우 창조적이었던 위대한 마르크스주의 전통이 1950년대 무렵이면 퇴락해버린 것 같아 마음이 아팠다. 홉스봄은 견고한 마르크스주의자였지만 이러한 지적 퇴락과는 거리가 멀었고, 모리스 돕, 피에로 스라파 등 케임브리지의 여러 훌륭한 학자들도 그랬다. 곧 나는 홉스봄과 매우 친한 사이가 된다. 나는 기계적인 마르크스주의자들의 접근은 받아들이지 않으면서 마르크스의 저술에서 발견할 수 있는 사상의 풍성함에서 배울 점을 발견하는 것이 즐거웠다.

〈8〉

최근에 개러스 스테드먼 존스Gareth Stedman Jones라는 훌륭한 역사학자가 마르크스를 뛰어나게 재조명한 저서 『카를 마르크스: 위대함과 환상 사이Karl Marx: Greatness and Illusion』를 펴냈다. 그는 19세기 말부터 20세기에 걸쳐 마르크스에 대한 이해가 왜곡된 이유를 짚어내면서 그 과정에서 마르크스가 무오류의 사상적 지도자이자 어떤 문제 제기도 할 수 없는 정치적 현자로 자리매김되었다고 지적했다.

이러한 담론에서 만들어진 인물은 수염이 덥수룩한 험악한 얼굴의 가부장이자 법을 내리는 사람이고 가차없는 논리적 일관성으로 한치의 오류도 없이 미래를 내다보는 사상사가 되어 있었다. 이것이 20세기가 (상당히 그릇되게) 알고 있는 마르크스였다.[6]

스테드먼 존스가 이 책을 쓴 목적은 마르크스를 19세기 맥락으로, 즉 그의 사후에 그를 두고 "마르크스는 어떤 인물이며 그가 이룩한 성취는 무엇인가"에 대해 온갖 해석이 만들어지기 전으로 다시 가져다놓는 것이었다.

물론 마르크스의 글을 이해하고 해석하려면 그를 그가 살았던 맥락에 둘 필요가 있고, 스테드먼 존스는 이 작업을 매우 통찰력 있게 수행했다. 그는 마르크스의 숙고와 논쟁, 그리고 정치 활동에서의 선택을 둘러싼 모든 조건과 우연들을 살펴보았고, 또한 (내가 덧붙이자면) 마르크스의 분노와 기쁨도 살펴보았다. 하지만 우리는 여기에 홉스봄이 제기한 지점을 더해야 한다. 마르크스를 이해하려면 그를 당대의 맥락에 놓는 스테드먼 존스의 작업과 더불어 마르크스가 초점을 두었던 것과는 다른 강조점과 동기를 짚어낼 필요도 있다. 즉 마르크스의 개념이 그가 살았던 시대가 아닌 시대, 특히 우리 시대인 20세기와 21세기에도 유의미성이 있다는 것을 인정해야 하며 이러한 유의미성은 마르크스 본인이 19세기 맥락에서 자신의 사상을 어떻게 적용했는지만 보아서는 온전히 이해할 수 없다. 어떤 목적을 위해 맥락화를 할 필요가 있다면, 상황이 바뀌었을 때 탈맥락화를 하거나 맥락을 바꾸어야 할 필요도 있다. 마르크스주의의 분석력과 범위를 마르크스가 살았던 당대의 맥락이 아닌 맥락에서 이해하려면 적절한 유연성을 발휘해야 한다.

홉스봄이 보여주었듯이 관념이 물적 조건에 미치는 방대한 영향을 인식하는 것은 전적으로 마르크스주의적이다. 하지만 마르크스 본인이 관심을 둔 초점은 아니었다. 만약 그가 당대에 관념론 사상들과 전투를 해야 하지 않았더라면 여기에 관심을 둘 수도 있었을 것이다. 나는 오늘날 우리 세계에서 가장 유용하게 사용할 수 있는 마르크스의 사상(경제의 작동에 대한 일관성 있는 묘사, 객관적 착각이라는 개념, 분배 원칙의 다원성, 관념과 물적 조건 사이의 쌍방향적 관계 등)은 그의 글에 내비쳐지는 더 일반적인 숙고에서 더 많이 도출할 수 있다고 생각한다. 때로는 지나가는 언급으로 간략하게만 서술되어 있고 마르크스 본인이 더 깊이 고찰하지 않은 부분들에서도 말이다.

마르크스에게서 가장 많은 것을 얻으려면 마르크스 본인이 자신의 저술에서 제시한 우선순위를 넘어서야 한다는 생각이 점점 더 분명하게 들었다. 칼리지 가의 커피하우스에서 우리가 나눈 많은 논쟁은 이런 식으로 폭넓게 철학을 탐구하려는 시도였다. 우리의 재해석이 늘 성공적이지는 않았지만, 날마다 커피와 함께, 우리는 마르크스에 집착했던 당시의 세계에서 우리가 어디까지 나아갈 수 있는지 보고자 했다.

(14장)   # 초기의 전투

⟨1⟩

오랫동안 나는 건강 염려증과 친구였다. 하지만 이 우정이 내 목숨을 구할 날이 올 줄은 몰랐다. 열여덟 번째 생일을 앞두고 있었을 때 입천장에서 완두콩 반 정도 크기의 물렁물렁한 무언가가 느껴졌다. 딱히 통증이나 불편한 점은 없었지만 이제까지 겪어본 어떤 것과도 달랐기 때문에 걱정이 되었다.

그날은 1951년 11월이었고 그때쯤이면 캘커타의 YMCA 기숙사에 잘 정착한 상태였다. 그래서 나는 YMCA 기숙사 학생들을 담당하는 보건소에 찾아갔다. 보건소 의사는 별거 아니라며 저절로 없어질 테니 걱정 말라고 했다. 그런데 그가 너무 대수롭지 않게 말해서 더 걱정이 되었다. 종양의 정체가 무엇이고 왜 생겼는지 아무 설명도 없었기 때문이다. 이런 게 왜 생긴 것 같은지 알려달라고 했더니, "우리 의사들은 신이 우리에게 창조하신 세계의 사소한 것들까지 세세하게 다 알지는 못하지만 그것 때문에 어쩔 줄 모르고 공황에 빠지지는 않는다"고 했다. 그가 너무 세게 말해서 내 걱정은 더 깊어졌다. 나의 오랜 학문적 동반자인 고대의 유

338

물론 학파 로카야타 파가 떠올랐는데, 로카야타 파의 핵심 명제 중 하나는 '물질적 사건은 물질적 원인을 가지며 그것을 찾기 위해 물질 이상의 세계를 보지 말라'는 것이었다. 나는 기원전 6세기에 나온 이 조언을 무시해야 할 이유를 찾을 수 없었다.

크리스마스 방학이 끝나고 1월에 기숙사에 돌아왔을 때도 종양은 그대로 있었고 사실 약간 더 커진 것 같았다. 나는 이 문제를 더 확실히 알아보기로 결심했다. '성장'이라는 단어가 머릿속을 계속 맴돌았고, 마음을 진정시키기 위해 대학 도서관에 가서 암에 대해 몇몇 유명한 책을 살펴보았다. 하지만 마음이 진정되기는커녕 역효과가 났고 '암종'이라는 이상한 것이 계속 머릿속을 맴돌기 시작했다. 나는 이것을 뿌리까지 알고 싶었지만 비싼 진료를 받을 수는 없었기 때문에(부모님은 델리에 계셨고 이 상황을 모르셨다) 캘커타의 큰 공공 병원인 카마이클 병원(나중에 R. G. 카르 의대 및 병원과 병합된다)에 외래 진료를 받으러 갔다. 의료진이 뛰어나고 가난한 환자도 존엄하게 대하는 병원으로 알려져 있었다.

기다란 줄에서 두 시간을 기다렸다. 마침내 순서가 되어 인상적으로 보이는 의사에게 다가갔더니 그가 친절하게 미소를 지었다. 나는 입천장에 종양이 있는데 암종인 것 같다고 말했다. 그러자 의사는 활짝 웃으면서 매우 친절하게 맞장구를 쳐주기 시작했는데, 경제학과 학부생이 내린 의학적 진단을 기각하기 위한 것임이 분명했다. "아아, 그렇군요. 암종인 것 같다는 말이지요? 음, 내가 자세히 살펴볼게요. 하지만 그 전에, 심각한 또 다른 질병에 대해서는 의구심이 떠오른 게 없었나요?"

"아니요, 암종만이요." 나는 단호하게 말했다. 그가 밝은 램프로 내 입천장을 비추고 진찰을 했다. 하지만 별 말을 하지 않길래

"조직 검사를 해야 할까요?"라고 물어보았다. 그러자 그는 이렇게 대답했다. "아니요. 그건 의미가 없어요. 거기에서는 아무런 결과도 나오지 않으니까요. 이건 그냥 좀 부은 거예요. 금방 없어질 겁니다. 빨리 없애고 싶으면 항생제로 양치를 하세요. 데톨로 입을 헹구면 좋을 거예요."

그러더니 잠시 멈추었다가 다시 말했다. "하지만 더 좋은 생각이 있어요. 오후 늦게까지 기다릴 수 있으면, 내가 예정된 간단한 수술 몇 개를 마치고 나서 국부 마취를 하고 종양을 제거해줄 수 있어요." 그러면 종양은 사라질 것이고 나의 "걱정과 공포도" 사라지리라는 것이었다. 하지만 조금이나마 암에 대해 읽은 내용들로 비추어볼 때, 암일 가능성을 전혀 고려하지 않는 누군가가 종양을 대충 잘라낸다는 것은 매우 안 좋은 생각 같았다. 그래서 나는 감사하다고 인사를 하고 병원에서 나왔고, 안심이 아니라 낙담을 한 채 기숙사에 돌아왔다. 암일지도 모른다는 생각, 그런데 진단조차 명료하게 받지 못했다는 생각이 들자 공부에 집중할 수가 없었고 커피하우스에서 느긋한 대화도 하기 어려웠다.

내가 멍청하게 구는 게 아닐까 하는 생각을 안 해본 것은 아니었다. 이미 두 명의 의사에게 내 걱정의 원인을 보여주었고 둘 다 걱정할 필요 없다고 했으니 말이다. 내가 늘 큰 병에 걸렸을 가능성을 생각하는 고질적인 버릇이 있다는 것도 알고 있었다. 그것 때문에 친구들 사이에서 놀림감이 되기도 했고 산티니케탄의 양호 선생님에게 '구제 불능의 걱정꾼'(벵골어로 말해야 더 맛깔스러운데, 점잖은 지면에서 승인되기 어려운 표현이라 생략하겠다)이라는 말을 듣기도 했다. 양호 선생님의 그 말씀은 내가 최악으로 굴었던 한 사건에 대해 충분히 정당한 반응이었다. 어느 날 배가 아팠던 나는 콜레라의 초기 증상인 것 같다는 생각이 들었다. 여기에서 그 증상을 구체적으로 묘사하지는 않겠다. 다만 영국의 제국주의자들이 인도에서 배탈이 나서 사면초가에 몰렸을 때 그것을 '델리벨리Delhi belly'라고 불렀는데, 그것과 비슷한 증상이었다고만 해두자. 양호 선생님은 콜레라가 아니니 안심해도 된다며, 추가로 매우 흥미로운 관찰 결과도 말해주셨다. 이제까지 환자들을 보신 바에 따르면 콜레라 환자들은 대체로 매우 낙관적이라는 것이었다. 따라서 내가 걱정으로 공포에 빠졌다는 것은 콜레라가 **아니라는** 증거였다.

매우 안심이 되어서 나는 공포에 빠져 있던 것을 멈추고 낙관적이 되었다. 하지만 곧 새로운 공포에 사로잡혔는데, 양호 선생님의 관찰에 따르면 내가 낙관적이 된 것이 콜레라가 안 걸려서가 아니라 콜레라에 걸려서 나타난 증상일 수도 있었기 때문이다. 그래서 양호 선생님께 다시 여쭈어보았고, 좌절한 양호 선생님은 이렇게 말씀하셨다. "아마르티아, 우리가 너를 안심시키는 건 불가능할 것 같구나. 제발 그 걱정하는 버릇 좀 멈춰라!" 몇 년 뒤 캘커타에서 양호 선생님의 조언을 떠올려보았지만, 건강 염려증은 누그러들지 않았고 내 결심도 더 굳어졌다. 나는 아무리 가능성이 낮더라도 내 입에 심각한 질병이 발생했을 가능성에 대해 우려할 만한 이유가 있다고 생각했다. 걱정을 몰아내기 위해서라도 그것을 반드시 알아내야 했다.

⟨2⟩

YMCA 기숙사에 캘커타 대학 의과대학에 다니는 똑똑하고 친절한 학생이 있었다. 이름이 기억나지 않아서 너무 아쉽지만,

68년 전 일이니 그러려니 해주시기 바란다. 나는 그에게 내 곤경을 구구절절 설명하고 입속의 덩어리를 봐달라고 부탁했다. 그는 "나는 아직 의학 공부를 다 마치지 못했는데"라면서도 내 입을 보더니 "하지만 악성 종양 모양이랑 비슷한 것 같아"라고 말했다. 그는 내 걱정에 반응을 해준 첫 번째 사람이었다. 다음 날 오전에 그는 의과대학 도서관에서 암에 대한 책 두 권을 빌려다주었다.

나는 저녁을 먹고 나서 커다란 책 두 권을 들고 침대에 자리를 잡았다. 그 책을 맹렬히 읽고 나서 자정 즈음에 나는 순전히 모양을 기준으로 내게 '편평세포암종'이 생겼다고 완전히 확신했다. 지체 없이 암 전문의를 찾아가야 할 것 같았다. 하지만 누구를? 어머니의 사촌 아미야 센Amiya Sen(나는 아미야마마Amiyamama라고 불렀다)이 유명한 외과 의사였고 캘커타 남쪽 끝에 있는 발리군지에 살고 있었다. 아미야마마에게 전화를 걸어 조언을 구하고자 한다고 알리고서 2층 버스를 타고 내가 있는 북쪽에서 그의 집을 향해 도시를 가로질러 내려갔다. 화창한 날에 2층 버스의 위층에서 캘커타를 보면서, 하필이면 이토록 아름답게 반짝이는 날에 내 앞에 드리웠을지 모르는 어두운 세계에 대해 끔찍한 확답을 듣게 될지도 모른다는 생각이 들었던 것이 기억난다.

아미야마마는 종양이 심각한 것일 수 있다고 보았고 조직 검사가 필요하다고 했다. 하지만 암이 아닐 수도 있었으므로 국지 소독제를 먼저 써보라고 권했다. 내게 주신 약이 빨간약이라고 흔히 불리는 머큐로크롬이었던 것 같다. 입천장의 움푹 들어간 곳에서 약이 조금씩 새어 나오는 바람에 입술에 붉은색이 비쳤고, 학생들 사이에서 내가 립스틱을 짙게 바르는 여성들과 끊임없이 키스를 하는 모양이라는 이야기가 돌았다. 한 친구는 "적어도 한 명하고

만 하라"며 자신은 정치에서도 극단주의는 반대하는 사람이라고 말했다.

빨간약을 발라도 없어지지 않자 아미야마마는 새로 문을 연 캘커타의 치타란잔 암 병원에 당일치기 수술과 국부 마취 조직 검사를 예약하라고 했다. 어느덧 5월 초였고 캘커타의 날씨가 더워지고 있었다. 아미야마마가 직접 종양을 절개하고 뿌리 부분을 투열 장비로 지혈한 뒤 샘플을 실험실로 보냈다. 하지만 그는 이틀 뒤에 콘퍼런스가 있어서 런던으로 출발해야 했고 그다음에는 몇 달을 영국에 있어야 했다. 그래서 진단이 나왔을 때는 그와 연락을 하기 어려웠다. 몇 번 시도해보았지만 연락이 닿지 않았다.

이 모든 일이 벌어지고 조직 검사 결과를 기다리는 동안, 부모님이 델리에서 캘커타로 이사를 오셨다. 내가 종양 이야기를 한 것은 아니었고 부모님이 이때 캘커타로 오신 것은 순전히 우연이었다. 아버지가 마침 이곳에서 새 일자리를 구하신 것이다. 아버지는 서벵골 공공서비스국에서 공직 지원자를 면접하고 채용하는 일을 맡으셨고 그 일을 좋아하셨다. 또한 부모님과 여동생 만주까지 모두가 캘커타를 좋아했다. 나도 기숙사에서 나와서 우리 가족의 새집으로 들어가서 좋았다. 모든 것이 기뻤다. 조직 검사 결과 통보가 늦어져서 걱정되는 것만 빼면 말이다. 마침내 나는 최대한 쾌활함을 짜내면서 부모님께 이제까지 있었던 일을 말씀드렸다. 부모님은 즉시 아미야마마와 연락을 취하고 싶어하셨지만 아미야마마는 아직 영국에 있었고 연락이 닿지 않았다.

병원에서 검진 결과는 우편으로 발송될 것이고 급히 알려야 할 사항이 있으면 전화를 할 것이라고 했었는데, 어느 쪽으로도 연락이 오지 않았다. 직접 가서 확인해야 할 것 같았다. 하지만 치타란잔 병원은 담당하는 곳을 찾아 접촉하기가 쉽지 않았고, 또한 나는 병원이 환자에게, 특히 나이가 어린 환자에게 검사 결과를 직접 알려주기를 꺼린다는 것을 알고 있었다. 가족회의를 거쳐, 아버지의 사촌인 아쇼크 센Ashoke Sen(나는 치니카카라고 불렀다)이 결과지를 찾아서 집으로 가져다주기로 했다.

부모님이 나보다 먼저 결과지를 보셨다. 수업을 마치고 와보니 초상집 분위기였다. 엄마는 숨기려고 하셨지만 분명히 울고 계셨다. 아버지도 침울해하셨고, 여동생은 끔찍하게 충격을 받은 것 같았으며, 치니카카는 어두운 얼굴로 앉아 계셨다. 아버지가 이렇게 말씀하셨다. "검진 결과가 나왔는데 너무 안타깝게도 편평암이라는구나." 물론 나는 끔찍하게 절망했다. 하지만 한편으로는 의기양양했다. "그럴 줄 알았어요. 제가 먼저 그렇게 진단했어요." 나는 약간의 과학적 자긍심을 느끼며 이렇게 말했다.

그렇더라도 절망스러웠다. 우리는 말없이 저녁 식사를 했다. 아버지가 내일 오전 시간으로 암 병원 예약을 했다고 하시면서, 직장에서 곧바로 가실 것이고 내가 듣는 자리에서는 말하기 저어될 만한 것을 의사가 자유롭게 말할 수 있게 나는 오지 않아도 된다고, 아니, 오지 말라고 하셨다.

그날 밤 침대에 누워 있는데(침대 주위가 온통 책장이라 침실보다는 서재 같았다) 내가 처한 곤경과 가장 먼저 내 병을 진단한 사람이 나라는 두 가지 사실이 마음속을 여러 번 지나갔다. 나는 내가 사실 두 사람이라고 생각했다. 하나는 '환자인 나'로, 이 환자는 지금 막 너무나 끔찍한 소식을 들었다. 또 하나의 나는 그 환자를 책임지고 있는 '에이전트인 나'였다. '에이전트인 나'는 책들을 찾아보며 환자가 겪고 있는 곤란을 신중하게 진단했고, 조직 검사를

해야 한다고 주장했으며, 운이 좋으면 환자를 살릴 수도 있을 검
사 결과를 얻어냈다. '에이전트인 나'가 사라져버리고 '환자인 나'
가 그 역할까지 해야 하는 상황이 되게 두어서는 절대로 안 되었
다. 물론 이런 생각이 위로가 되지는 않았다. 무엇으로도 위로가
될 수는 없었을 것이다. 하지만 약간이나마 힘이 나는 생각이기는
했고, 다가올 몇 달간의 전투에 그러한 힘이 꼭 필요하리라고 생
각했다(몇 달이 아니라 몇십 년의 전투가 될 줄은 몰랐다). '에이전트인
나'는 '환자인 나'에게 첫 번째 과제는 가장 좋은 치료법이 무엇인
지와 우리에게 어떤 기회들이 있는지 알아내는 것이라고 말했다.

마침내 까무룩 잠이 들었을 때는 동이 트고 있었다. 가난한 행
상인이 목청껏 물건을 파는 소리가 들렸다. 아마도 텃밭에서 직
접 기른 야채일 것이다. 삶에 온갖 어려움이 있을 텐데도 그의 목
소리에는 결기가 가득했다. 그의 목소리가 들리고 그가 생존하려
고 싸우고 있다는 사실이 느껴지자 왠지 모르게 용기가 났고 나도
결기를 가져야겠다고 마음을 다잡았다. 또한 환한 햇빛과 함께 또
하루가 시작된다는 사실에도 묘하게 안심이 되었다. 나는 자야 했
지만 길게 자거나 영원히 자고 싶지는 않았다.

⟨3⟩

1952년 5월 14일 자로 나온 조직 검사 결과는 '편평세포암종
2기'였다. 그때쯤이면 나는 '2기'가 무엇을 의미하는지 알고 있었
는데, 좋은 숫자는 아니었다. 1기에는 암세포가 일반 세포와 꽤
비슷해 보이며, 조직 검사실의 설명으로는 정상 세포처럼 "형태가
뚜렷하게 구별된다". 3기와 4기는 세포들이 뚜렷하게 구별되지
않는데 이는 암세포가 강하고 끔찍해졌다는 뜻이다. 내 암종 상태

는 "중간 정도로 구별되어" 있었다. 꼭 죽는다는 말은 아니었지만 걱정해야 할 이유와 서둘러야 할 이유는 충분했다. 치타란잔 암 병원도 아버지에게 그렇게 말했다. 그들은 내가 되도록 빨리 방사선 치료를 받아야 한다고 했다.

아버지와 함께 병원에 가서 병원장 수보드 미트라Subodh Mitra를 만났다. 그는 전반적으로는 암에 대해 잘 알았지만 구강암에 특별히 전문성이 있지는 않았다. 사실 그는 질 수술에 혁신적인 공헌을 한 산과 전문의였고(나에게 필요한 분야는 아니었다) 당시에 '미트라 수술'(더 일반적인 이름은 질식근치자궁적출술)로 유명한 인물이었다. 그는 미트라 수술과 관련해 몇몇 의학 저널에 출판을 했고 내가 그의 병원에서 치료를 받던 시기에 비엔나에서 상도 받았다.

나는 이 병원의 구강암 전문의가 누구냐고 물어보았지만 만족스러운 답을 듣지 못했다. 여러 이름이 나오긴 했는데 특정한 전문 분야는 언급되지 않았다. 그저 방사선 의사가 나를 치료할 것이니 걱정할 것 없다는 이야기만 들었다. 아버지는 이 모든 것을 어떻게 판단해야 할지 불확실해하고 계셨다. 하지만 내 병에 대해 몹시 괴로워하셨고 최대한 빠르게 조치를 취하고 싶어하셨다. 평소에는 내성적인 아버지가 의사들('종양 클리닉'에서였던 것 같다) 사이에서 의료적인 대화가 오가는데 불쑥 끊고 들어가기까지 하면서 말을 많이 하시는 것을 보고 깜짝 놀랐다. 평소 같았으면 진지하게 받아들여졌을 아버지의 지적인 질문이 무시당하는 지경까지 가면서 말이다.

구강암에 대해 이것저것 읽어본 바로는 먼저 수술을 하고 나서 방사선 치료를 해야 할 것 같았다. 하지만 병원에서 내린 처방은 수술 없이 다량의 방사선 조사만 하는 것이었다. 나는 그것

도 걱정이었지만, 치타란잔 암 병원이 너무 신생 병원이라는 점
도 걱정이 되었다. 이곳은 내가 그 병원에 찾아가기 불과 2년 전
인 1950년에 세워졌는데, 의사 중 한 명이 마리 퀴리Marie Curie가
이 병원을 세웠다고 말했다. 노벨상을 두 개나 받은(물리학상과 화
학상) 그 사람 말이다. 하지만 그 말에 안심이 되지는 않았다. 상
을 받았다고 해서 치료 전문가라는 말은 아니거니와, 마리 퀴리가
1934년에 사망했다는 사실을 알고 있었기 때문이다(마리 퀴리는 방
사성 물질로 실험하다가 백혈병의 일종인 재생불량성빈혈로 숨졌다). 그
러니 1950년에 마리 퀴리가 캘커타에 있었을 리도, 이곳에 병원
을 열었을 리도 만무했다.

조금 더 알아보니 치타란잔 병원을 세운 사람은 마리 퀴리의 딸
이고 역시 노벨 화학상을 받은 이렌 졸리오 퀴리Irene Joliot-Curie였
다. 이 정보는 감사했지만 여전히 질문은 남아 있었다. 누가 구체
적으로 내 치료를 지휘하고 판단을 내릴 것인가? '뺄셈법'을 적용
해 내 담당의가 될 수 없을 사람들을 빼보니 남는 사람은 레지던
트인 방사선 의사였다. 나는 집요하게 주장해서 그와 몇 차례 약
속을 잡았다. 매우 똑똑해 보였고 벵골 사람들에게는 흔치 않은
약간 붉은 머리인 것이 특이했다. 내 인생에 이름이 각인되기에
충분히 중요한 사람인데도 이름이 기억나지 않아 부끄럽다.

아무튼 그 방사선 레지던트의 말은 꽤 설득력이 있었다. 구강암
은 제거하기 어렵고 내 암은 2기라서 더욱 어렵다고 했다. 치료의
성공 가능성에 대한 통계를 알려달라고 계속 조르자 처음에는 꺼
리더니 마지못해 예상 확률을 말해주었는데, 나의 상태를 보아 그
들이 예상하기로 5년 생존 확률이 15퍼센트 정도라고 했다. 그는
각각의 암은 다 다르다며 내 경우에는 생존 확률이 그것보다 훨

씬 높을 것이고(그에 대해 이유를 듣지는 못했다) 그 병원이 시도하려고 하는 공격적인 치료법이 분명히 효과가 있을 것이라며 안심시켜주려 했다. 하지만 15퍼센트라는 숫자를 들으니 매우 낙담이 되었다.

수술을 하지 않는 이유에 대해서는, 수술을 하면 암이 더 퍼질 가능성이 있으며 방사선을 조사하기 시작할 시점이 늦어지기 때문이라고 했다(방사선과 레지던트는 치료를 빠르게 진행하는 것이 중요하다고 강조했다). 그리고 대부분의 유형의 구강암은 강한 방사선에 잘 반응한다고 했다. 내 구강암이 대부분의 유형과 달리 방사선에 잘 반응하지 않으면 어떻게 하느냐는 질문에는 논리적으로 들리는 설명을 듣지 못했는데, 어쨌든 그는 내 구강암도 방사선에 잘 반응하는 유형이라고 믿고 있었다. 그 병원은 구강암 치료에 사용할 라듐 몰드를 최근에 막 들여온 상태였다. 구강 내의 다른 세포 조직이 영향을 받지 않도록 〔방사성 물질을 차폐할 수 있는〕납 케이스에 라듐이 들어 있었다. 몰드를 내 입에 맞추는 데 시간이 꽤 걸렸다. 몰드 뒤쪽에 움푹 들어간 작은 공간이 있고 거기에 방사성 물질을 넣게 되어 있었다.

나는 굉장히 다량의 방사선을 쬐어야 한다는 말을 들었다. 8000래드Rad였는데, 내가 알기로 이것은 지극히 높은 수준이었다. 왜 그렇게 강하게 쬐어야 하느냐고 물었더니 그는 이렇게 대답했다. "이 치료를 또 할 수는 없어요. 나는 당신이 견딜 수 있는 최대한을 할 겁니다. 나는 암을 죽이는 데 필요한 최소한을 찾고 있지만 그것은 당신이 견딜 수 있는 최대한이기도 합니다." 나는 수학에서 배워서 알고 있는 또 다른 '최대 최소' 문제를 횡설수설 주절거리다가 용기와 걱정을 함께 안고 집으로 돌아왔다. 나중에 알게 된 것인데, 라듐(마리 퀴리가 발견한 물질이다. 퀴리는 폴로늄도 발견했는데 이 이름은 퀴리가 폴란드 태생임을 기린 것이다)으로 방사선을 조사하는 방식은 침투율이 좋지 않으며 더 침투율이 좋은 엑스레이가 개발되었기 때문에 곧 사용되지 않게 된다. 그때 나는 방사선 치료에 사용되는 선형가속기linear accelerator가 있다는 것을 몰랐다. 이것은 특정 부위에 조준하기도 더 쉽고 침투력도 더 좋으며 내가 옛날 방식대로 라듐 몰드를 입에 물고 치료를 받고 있던 1950년대 초에 막 쓰이기 시작하고 있었다.

나는 7일 동안 옛날 방식으로 방사선을 쬐었다. 질병을 죽이기 위해 필요한 만큼, 하지만 나를 죽이지는 않을 만큼. 그 병원으로서는 내 치료가 새로운 시도였다. 나는 그들이 새로 입수한 라듐 몰드로 다량의 방사선을 조사하는 치료법을 적용한 초창기 사례에 속했고, 그들이 매우 관심을 가지고 예의주시하고 있다는 말을 들었다. 물론 나도 그랬다.

〈4〉

장마가 시작된 6월 26일에 나는 치타란잔 암 병원에 입원했다. 매우 번화한 거리인 S. P. 무케르지 로와 하즈라 로의 교차점에 있었고 병원 맞은편에는 작은 공터가 있었다. 너무 좁아 보이는 공터에서 아이들이 너무 바람 빠진 공으로 축구를 하고 있었다. 부모님이 함께 병원에 오셔서 내가 병원 생활에 적응하게 챙겨주셨고 친구 몇 명과 아주 많은 친척도 찾아왔다. 아버지의 누나(나에게는 '피시마'[고모])는 붉은 마크가 찍힌 은제 물건을 보내주셨는데 그것이 복과 행운을 내려준다고 하셨다(어떻게 해서 복과 행운이 오는지는 알 수 없었지만 말이다).

가뜩이나 마음이 무거운데 같은 날 저녁에 '최후의' 치료를 시도해보기 위해 다카에서 이곳으로 온 매우 쇠약한 상태의 암 환자를 보았다. 그는 다음 날 내 치료가 시작되기 전에 사망했다. 다음 날 오전에 병동 여기저기를 돌아다니면서 각종 암으로 고통받는 어리고 젊은 사람들을 많이 보았다. 어린아이들도 있었고 열여덟 살인 나는 비교적 나이가 많은 축에 속하는 것 같았다.

방사선 치료는 끔찍했다. 통증 때문이 아니라(통증은 없었다) 끔찍하게 지루한 감옥에 갇힌 것 같았기 때문이다. 7일 동안 날마다 입에 라듐이 든 납 몰드를 꽉 물고서 삐걱대는 금속 의자에 다섯 시간씩 가만히 앉아 있어야 했다. 조금 떨어진 곳에 창문이 하나 있었고 창밖으로 쓰레기통 여러 개와 잎이 다 떨어진 나무 한 그루가 외롭게 서 있는 황량한 병원 경내가 보였다. 나는 그 나무가 고마웠고, 과거에 영국 통치자들에게 '예방적 수감'을 당해 이 감옥 저 감옥을 옮겨다니던 삼촌 칸카르마마가 창문 없는 감방에 있다가 창문 있는 감방으로 옮겼을 때 창밖으로 나무가 보여서 너무 기뻤다고 말한 것이 기억났다.

날마다 다섯 시간을 꼼짝하지 않고 앉아 있는 것이 지루할까봐 책을 몇 권 가지고 갔다. 경제학 책보다는 아직 읽지 않은 조지 버나드 쇼의 연극과 소설이 대부분이었다. 또 아직 읽지 않은 셰익스피어의 희곡도 가지고 갔고, 『코리올라누스Coriolanus』는 한 번 더 읽었다. 나는 나에게도 코리올라누스의 해법, 즉 반란이 필요하다고 생각했다. 하지만 그것이 다른 모든 사람을 무시하는 듯한 그의 태도와 근거 없는 자기 우월감 없이도 성취될 수 있는 것일지 궁금했다. 셰익스피어의 희곡이 다 그렇듯이 그 기저의 긴장이 내 마음속에 계속해서 되돌아왔다. 이에 더해 에릭 홉스봄의 초기 저술도 읽었고, 그때 막 영국에 새로 생긴 역사학 저널 『과거와 현재Past & Present』와 관련된 현지 좌파 학자들의 글도 읽었다.

방사선 치료 첫날, 친절하신 피시마[고모]가 당신이 아시는 방식으로 신의 은총을 빌어주셨다. 나는 고모가 정말로 행운을 불러오는 방법을 알고 계시면 좋겠다고 생각했다. 내게는 행운이 아주 많이 필요했기 때문이다. [기적에 대한] 쇼의 단편도 읽었다. 소설에서 런던의 한 신참 기자(『더 타임스』 기자라고 되어 있었던 것 같다)가 듣기를, 어느 외진 마을에 사는 종교적으로 독실한 사람들이 죄지은 술주정뱅이를 강둑 옆에 있는 교회 뜰에 묻었는데 밤사이에 교회가 죄인과 거리를 두기 위해 스스로 강을 건너갔다고 믿는다는 소식을 듣게 되었다. 그는 무지한 사람들이 미신에 사로잡혀 있는 것을 취재하러 그곳에 파견되었다. 그런데 그 마을에 도착한 기자는 난감한 상황에 처했다. 가보니 정말 마을 사람들의 말대로 교회가 스스로 강을 건너 반대편에 가 있었던 것이다. 그래서 그렇게 기사를 송고했더니, 마을 사람들이 얼마나 불합리한지를 취재하라고 보낸 것이지 그들의 미친 신념을 확증하라고 보낸 것이 아니라며 미신에 빠져서 돌아온다면 일자리를 유지하지 못할 줄 알라는 엄포가 돌아왔다. 일자리를 잃을지 모른다는 생각에 기자는 자신이 할 수 있는 유일하게 합리적인 행동을 했다. 한밤중에 옛 교회 자리에 있는 술주정뱅이의 관을 파내서 교회가 가 있는 강 건너편에 옮겨 묻었다. 그랬더니 교회는 죄지은 술주정뱅이를 피하려고 곧바로 강을 건너 옛 자리로 돌아왔다. 그다음에 기자는 교회가 예전부터 늘 있던 곳에 여전히 있다고 기사를 쓰면서 마을 사람들의 미신을 일축했다. 내게도 과학을 부정하는 작은 기적이 와준다면 좋겠다는 생각이 절로 들었다.

7일간 방사선 치료를 받고 7월 초에 집으로 돌아왔다. 방사선을 쬔 부작용이 곧바로 나타나지는 않았다. 거울로 입천장을 보니 종양이 있던 자리도 다른 곳과 똑같아 보였다. 하지만 이틀쯤 지나자 입에서 지옥이 펼쳐졌다. 전체가 부어올랐고 곤죽처럼 물컹한 느낌이 났다. 아무것도 먹을 수가 없었고 얼굴에 손을 댈 수도 없었다. 거울 속의 모습에서 내 얼굴을 도무지 찾아볼 수 없었다. 말하거나 웃을 수도 없었다. 말하거나 웃으면 입 밖으로 피가 나왔고 그 모습에 엄마는 계속 우셨다. 통증도 있었다. 통증에 대해서는 주의를 미리 들었지만(충분히 들었는지는 모르겠다), 내가 느낀 괴로움의 대부분은 어떤 주의나 경고를 미리 들었더라도 상상할 수 없었을 만큼 기이했다.

나는 불과 7년 전에 일어났던 히로시마와 나가사키 원폭 투하에 대해 이것저것 많이 읽어서 꽤 잘 알고 있었는데, 갑자기 나 자신도 비슷한 공격을 받은 사람 중 하나가 되었다는 생각이 들었다. 일본의 피해자들에게 전에도 공감하고 있었지만 훨씬 더 동지애가 느껴졌다. 내 인생은 이제 끝이라는 생각이 드는 것을 어쩔 수가 없었다. 방사선 의사가 내가 견딜 수 있는 최대 피폭량을 잘못 계산한 것만 같았다. 나중에 실제로 부작용 예측에서 문제가 있었다는 말을 그에게 들었다. 후유증이 심하리라는 것은 알고 있었고 그것은 치료 과정의 어쩔 수 없는 일부이지만, 반응의 강도가 이렇게 셀 줄은 몰랐다는 것이다. 방사선은 상대적으로 젊은 세포 조직에 더 파괴적으로 작용함으로써 암세포를 죽인다. 암세포가 우리 몸에 새로 생긴, 상대적으로 젊은 세포이기 때문이다. 하지만 나 자체가 젊은 사람이었으니 내 모든 세포가 상대적으로 젊은 세포였고, 따라서 예상치 못했던 과도한 후유증이 나타난 것이었다. 나는 내 입에서 벌어지고 있는 끔찍한 사건이 신생 병원인 치타란잔 암 병원이 젊은 환자에게 방사선 조사를 할 경우 발생할 수 있는 일에 대한 의학적 지식을 확대하는 데 기여하고 있다는 것을 알 수 있었다. 하지만 학문에 기여한다는 긍정적인 생각이 내 마음속에서 그리 비중 있었다고는 말하지 못하겠다. 겨우 삼킬 수 있는 묽은 액체 음식만 고통스럽게 넘기고 있는 처지였으니 말이다.

2주 뒤에 검사를 해보고서 의사들은 내 입에서 종양이 완전히 사라졌다고 기뻐했다. 물론 나도 기뻤다. 하지만 내 몸에서 종양과 함께 또 무엇이 재앙적으로 사라졌을지 생각하지 않을 수 없었다. 부모님과 여동생은 정말 많은 배려를 해주면서 최선을 다해 내가 낙관을 유지할 수 있게 해주었다. '곧, 아주 곧' 모든 게 괜찮아질 거라고 말이다. 실제로 내 입은 서서히 되살아났고 두 달 뒤에는(끔찍한 두 달이었지만) 치타란잔 병원에 입원하기 전의 내 모습과 비슷하게 보이기 시작했다. 용감하게 집 밖으로 나가서 잔디에 누워 있을 수 있었던 첫날, 물리학자인 사티엔 보스 교수님이 우리 집에 들르셨다. 나는 잔디에 눕고 그는 내 옆에 의자를 두고 앉아서 우리는 아주 다양한 주제에 대해 이야기를 나누었다. 사티엔 보스 교수님은 당신이 물리학 연구를 하게 된 이야기를 하시면서 나더러 "물리학을 떠나지 말았어야 했다"고 하셨다. 또한 때로는 역경이 자신의 일을 계속해 나가도록 결심을 더 강하게 다져준다고도 하셨다.

강제로 대학 생활에서 떨어져 있다 보니 공부에 대한 내 마음가짐과 살아남는다면 무엇을 할 것인가에 대해 생각할 시간이 많았다. 또한 인도의 빈곤과 문맹에 대해 무언가를 하겠다는 나의 계획과 희망과 노력에 대해서도 많이 생각했다. 프레지던시 칼리지와 친구들에게 돌아가고 싶은 마음이 점점 더 간절해졌다. 수업을 많이 놓쳤지만 친구들이 강의 노트를 가져다주었고 학교가 어떻게 돌아가고 있는지도 알려주었다. 특히 사미르다는 거의 매일 찾아와서 이것저것을 설명해주었다. 한때는 학교에 내가 죽어간다는 소문이 돌았다고 한다. 내가 다시 일어나서 그 소문을 불식시켰을 때, 나도 친구들도 너무나 기뻤다.

〈5〉

9월에 나는 칼리지 가로 돌아왔다. 정말로 즐거운 귀환이었다. 내 세계가 복원되었다. 친구들과 이야기하고 정치에 대해 열정적으로 토론하는 생활이 되돌아왔다. 여학생들은 여전히 똑똑하고 매력적이었다. 커피하우스는 전과 다름없이 활기찼다. 시 낭송 모임에서도 환영받았다. 조티르모이는 흥미로운 시가 담긴 구하기 어려운 시집을 선물해주었다.

얼마 뒤에는 장래의 저명한 역사학자이자 인간적으로도 훌륭한 파르타 굽타와 팀을 이뤄 캘커타에서 약 200킬로미터 떨어진 바하람푸르에 가서 전 벵골 차원에서 열린 토론 대회에 참가해 꽤 성공적으로 대회를 마쳤다. 기차 안에서 파르타와 예전에 했던 정치 토론을 다시 할 수 있어서 좋았다. 우리가 이야기한 우울한 주제 중 하나는 소련이 동유럽을 대하는 방식과 소련에서 벌어지고 있는 숙청과 전시용 재판이었다. 우리 둘 다 속해 있었던 좌파 진영에서 이것은 매우 논쟁적일 수 있는 주제였다. 파르타는 미국 저널리스트 존 건서John Gunther가 『유럽의 내부에서Inside Europe』라는 책을 썼는데, 자신이 공개 재판에 가보니 니콜라이 부하린

Nikolai Bukharin 및 재판을 받은 사람들이 건강해 보였고 전혀 고문받은 것처럼 보이지 않았다고 썼더라고 했다.[1] 하지만 나는 파르타에게 건서의 그 설명을 믿을 수 있다면 무엇이라도 믿을 수 있다는 말이나 다름없다고 대답했다.

사실 파르타를 설득하는 데는 시간을 많이 들일 필요가 없었다. 나처럼 파르타도 공산주의가 원래 선언했던 자유의 약속을 스탈린주의(아직은 이 용어가 사용되고 있지 않았지만)가 없애버리고 있는 것 아닌가를 안 그래도 굉장히 우려하고 있었기 때문이다. 방사선 치료를 마치고 다시 돌아온 칼리지 가는 특히나 정치 논쟁으로 열기가 가득했고 따라잡아야 할 이슈가 많았다.

방사선 치료의 후유증에서 회복되는 동안 내가 핵심적으로 관여할 수밖에 없었던 또 다른 논쟁도 있었다. 이것은 더 개인적인 논쟁이었는데, 내가 캘커타의 대학가에서 꽤 알려진 사람이었기 때문에 내 치료는 많이 회자된 주제였고 내가 진단을 잘못 받아서 치료도 잘못 받았다는 소문이 돌았다. 치타란잔 암 병원 당국이(공공 병원인데도) 아버지가 많은 돈이 드는 방사선 치료에 급하게 동의하게 만들었고, 새로 들여오 왔는데 아직 호구인 환자를 찾지 못해 기다리고 있던 라듐 몰드를 써볼 대상으로 나를 선택한 것이라는 말까지 돌았다. 심지어 소문은 내가 치명적인 방사선 조사를 받아야 할 질병이 애초에 없었는데 방사선 치료를 받는 바람에 거의 죽게 되었다고까지 발전해 있었다.

이 소문들 모두 사실이 아니다. 방사선 치료를 받기로 한 결정이 다소 급하게 내려지기는 했다. 캘커타에서 우리 집 주치의인 카마키아 무케르지Kamakhya Mukherjee는 치료 방법을 정할 때 없었는데, 나중에 이야기를 듣고는 결정된 내용에 동의하지 못했고 보고서에 이렇게 적었다. "시리 센의 부모는 검진 결과를 듣고 너무 걱정이 된 나머지 다른 이의 견해를 듣지도 않고 추가 검진으로 재차 확인함도 없이 1952년 6월에 서둘러 방사선 치료를 시작했다." 검사도 더 받아보고 다른 견해도 더 들어보았어야 했다는 주장도 일리는 있지만, 명백한 긴급성이 존재했다는 사실을 간과해선 안 된다. 암이라고 진단이 나왔으니 빠르게 결정해야 했다. 어려운 결정이긴 했지만 나는 우리가 내린 결정에 문제를 제기해야 할 이유를 찾을 수 없었다. 나는 부모님이 현명하게 행동하셨다고 생각했고 병원도 (그들의 열정적인 방사선 레지던트의 활약과 함께) 최선을 다했다고 생각했다(그 레지던트는 부족한 실전 경험을 방대한 공부로 메운 사람이었을 것이다). 그리고 치료 이후에는 이미 벌어진 일에 대해 괜히 다시 생각해야 할 필요를 느끼지 못했다. 설령 의료 과실로 불필요한 치료를 받았다 한들, 내가 겪은 고통에 이유가 있었구나 하는 생각이 들기보다는 괴로움만 막대하게 더 커질 게 분명했으니 말이다.

⟨6⟩

내가 방사선 치료를 받은 지 12년쯤 뒤에 J. B. S. 홀데인이 캘커타의 또 다른 병원에서 직장암으로 치료를 받았지만 결국 사망했다. 그는 1960년대 초에 인도 시민이 되었고 아내 헬렌 스퍼웨이 Helen Spurway와 부바네스와르에 살고 있었다. 나의 암과 그의 암 사이의 어느 시점에 나는 그를 만난 적이 있고, 그와 약간이나마 아는 사이가 되었다는 사실이 몹시 감격스러웠다. 학창 시절부터 그의 저술을 읽었고 그의 저술이 내게 큰 영향을 주었기 때문이다. 그가 투병 중이었을 때 나는 델리에서 일하고 있었는데, 어떻게든 시간을 내어 병문안을 가보지 않은 것이 후회된다.

홀데인은 캘커타의 병원에 누워서 암에 대해 놀라운 시를 썼고 그것이 1964년 2월 21일에 『뉴 스테이츠먼』에 게재되었다. 그의 성향으로 미루어 보건대, 맹목적인 낙관이 아니라 비판적인 이성을 가지고 정신에 기운을 북돋우기 위해 이 시를 썼을 것이다. 그의 시는 암의 발병률이 높다는 언급으로 시작한다.

「암이란 우습기도 하지」
직장암에 대해 노래할 수 있게
내게 호머의 목소리가 있으면 좋을 텐데
직장암이 트로이가 공격당했을 때보다 사람을 더 많이 죽이니까
…
암이 사람을 자주 죽인다는 걸 나는 알아
하지만 자동차도 그렇고 수면제도 그렇지
그리고 암도 그가 땀을 흘리는 동안에만 상처를 줄 수 있어
충치나 갚지 못한 빚도 그렇지
확신하건대,
한바탕의 웃음이
낫는 과정을 북돋울 수 있어
그러니 우리를 건강하게 만들려고 애쓰는 의사의 일을 돕기 위해
우리 환자들은 우리 몫의 일을 하자고.

환자의 긍정적인 태도가 의료적으로 치료에 크게 효과를 줄 수 있다는 홀데인의 판단은 아마도 과장일 것이다. 이 문제에 대한 실증 연구들은 결론이 매우 분분하다. 1952년에 나는 아직 홀데

인의 시는 읽지 못했지만(그가 그 시를 쓰기 전이었다) 홀데인이 조언했을 법한 유쾌함을 유지하려고 노력했다. 그것이 의료적 결과에는 차이를 가져오지 않았을지 모르지만 어느 정도의 유쾌함을 의도적으로 북돋우지 않았다면 치명적인 수준의 방사선 치료를 견딜 수 없었을 것 같다. 환자로서 "내 몫의 일을 한" 것은, 역경 속에서도 아무튼 꾸려는 가야 할 삶이 조금이나마 더 나아지게 하는 데는 분명히 효과가 있었다.

환자의 긍정적인 태도가 치료에 도움이 되리라는 홀데인의 기대가 의학적으로 맞는 것이었든 아니었든 간에, 그러한 태도가 치료와 회복의 과정을 더 견딜 만한 경험이 되게 해주는 것은 사실이며, 이것은 비관적인 태도로는 달성할 수 없는 일이다. 그리고 이것은 흔히들 생각하는 것처럼 사소한 일이 아니다. 우리의 삶은 일련의 경험으로 구성되며 치료를 받는 시기도 삶의 경험 중 일부다. 따라서 '최종 결과'만 볼 것이 아니라, 즉 그 질병으로 죽느냐 아니냐만을 볼 것이 아니라, 그 질병과 싸우고 있는 동안에 겪는 경험도 보아야 한다. 우리는 전투 이후의 삶만이 아니라(물론 전투 후에 삶이 있을 때 말이지만) 전투 **도중의** 삶에도 관심을 기울여야 하며, 암의 경우 전투 도중의 삶은 꽤 긴 기간이 될 수도 있다.

완화 치료는 중요하다. 의사들이 매우 강조해서 말하곤 하는 의학적 판단, 즉 이것은 '완화 치료일 뿐이고 결과에는 차이를 가져오지 않는다'는 판단보다는 우리의 지식과 우려, 두려움과 희망(때로는 가능성이 없는 희망까지도)을 모두 포함하는 전반적인 경험에 관심을 갖는 것이 삶을 더 나아지게 하는 데 더 유용할지 모른다. 나는 한바탕의 유쾌한 웃음이 암과 벌이는 전투의 일부라고 본 홀데인이 옳았다고 생각한다.

〈7〉

프레지던시 칼리지와 커피하우스로 돌아온 나는 읽고 논쟁하고 토론하는 칼리지 가에서의 예전 생활을 거의 복원했다. 나는 완전히 행복했다. 암의 위협은 사라지지 않을 것이고 뼈와 조직에 남은 방사선의 흔적도 앞으로 수십 년간 관리해야겠지만, 지금으로서는 건강 염려증을 누그러뜨릴 수 있었다. 이제 나는 다시 삶을 잘, 그리고 맹렬히 꾸리고 싶다는 강렬한 욕구를 느꼈다. 이제 다시 나는 나에게만 중요한 것이 아니라 세상에 중요한 주제들에 대해 논쟁하고 있었다(암은 나에게만 중요한 주제다). 나는 암이 부여하는 불가피한 자기 중심성을 극복한 승리를 기념하고 싶었다.

나는 1952년 10월 초의 어느 날 프레지던시 칼리지의 베란다 가장자리에 앉아서 한 세기도 더 전에 교육에 대한 비판적이고 거침없는 견해로 캘커타에서 학문 공동체가 시작되는 데 막대한 영향을 미친 헨리 드로지오에 대해 생각했다. 벅차오르는 환희가 걱정을 압도한 내 마음 상태를 그라면 충분히 이해할 것 같았다. 칼리지 가에 줄줄이 들어선 서점과 책 매대에 쌓여 있는 책들이 나와 커피하우스 사이에 존재하는 것을 제외하면, 지적인 숙고의 즐거움, 친구들과 길 건너의 커피하우스에서 커피를 마시는 즐거움과 나 사이를 가로막는 장애물은 없었다. 진정한 환희의 순간이었다.

15장

영국으로

〈1〉

내 영국 유학 아이디어를 먼저 낸 사람은 아버지였다. 아버지
도 런던 대학에서 농화학 박사 과정으로 3년간 유학을 하셨고 그
기간을 굉장히 좋게 기억하고 계셨다(그때 아버지는 하트퍼드셔의 하
르펜덴에 있는 로텀스테드 연구소에서 주로 일하셨다). 내가 암으로 방
사선 치료를 받던 동안 부모님은 격동의 투병 생활이 지나가고 무
엇을 할지에 대해 무언가 기대를 품을 만한 일을 내게 만들어주고
싶어하셨다. 아버지는 런던 정경대학이 아주 좋은 학교라고 들으
셨다며 거기에서 공부를 해보는 게 어떻겠냐고 하셨다. "정말 좋
을 것 같아요. 그런데 아버지, 돈은요?" 당연한 질문이었다. 우리
는 집안이 부자도 아니었고 오랫동안 대학 교수로 일하면서 아버
지가 번 돈도 그리 많지 않았다. 아버지는 대충 계산해보니 학비
포함해서 딱 내가 3년 정도 런던에 있을 만큼은 돈을 댈 수 있을
것 같다고 하셨다. 당시에는 영국으로 가는 유학생이 받을 만한
장학금이 거의 없었고, 더욱이 내가 지원해볼 만한 것은 전혀 없
었기 때문에 학비를 준비해야 했다. 하지만 다행히도 학비가 매우

낮았다(인플레를 감안해도 오늘날과는 비교도 안 되게 낮았다).

그래서 다량의 방사선을 쬔 것의 후유증이 잦아들면 무엇을 해야 할지 조금 더 고민해보았다. 아미야 다스굽타와도 상의했는데, 그도 내가 영국으로 가면 좋겠다고 생각했지만 런던 정경대학(그도 1930년대 초에 여기에서 박사 학위를 했다)말고 케임브리지 대학을 권했다. 여기가 세계적인 경제학과가 있는 곳이라고 했다.

나는 영국문화원 도서관에 가서 영국의 대학 정보를 찾아보았다. 이 도서관은 매력적이고 사용하기 편해서 내가 즐겨 가는 곳이었다.[1] 케임브리지 대학에 속한 여러 칼리지들을 살펴보는데, 트리니티가 눈길을 확 끌었다. 이런저런 경로로 이야기를 들어서 트리니티 칼리지에 대해 알고 있는 것들이 있었다. 사촌 붓다가 독립 직후에 인도 고급공무원 연수 프로그램으로 거기에서 6개월을 보낸 적이 있었다. 나는 영어를 읽지 못하던 어린 시절에 그가 들려주는 셰익스피어 희곡 이야기를 들었을 때부터 붓다를 아주 좋아했다. 내게 그는 C. 램C. Lamb의 〔어린이용〕『셰익스피어 이야기』의 사람 버전이나 마찬가지였다. 더 커서 열여섯이 되었을 때는 붓다가 트리니티 칼리지를 존경하는 마음으로 좋게 기억하고 있는 것을 인상적으로 본 바 있었다. 그때는 그가 연수에서 돌아온 직후였는데, 그레이트 코트에 있는 시계가 남자 목소리와 여자 목소리로 번갈아가면서 시간을 알려준다는 그의 이야기도 흥미로웠다(한 번은 높은음으로, 한 번은 낮은음으로 소리가 나온다).

또한 뉴턴, 베이컨, 러셀, 화이트헤드, 무어, 비트겐슈타인에 대해서도 알고 있었고, 트리니티의 시인들(내가 가장 좋아하는 드라이든을 포함해 마벌, 바이런, 테니슨, 하우스먼 등)과 트리니티의 수학자들(하디, 리틀우드, 그리고 빼놓을 수 없는 라마누잔), 그리고 트리니티의 물리학자들와 생리학자들도 알고 있었다.

결정적인 순간은 모리스 돕과 피에로 스라파가 트리니티에 있다는 사실을 발견했을 때 왔다. 나는 20세기의 가장 창조적인 마르크스주의 경제학자라고 말해도 과언이 아닐 돕의 글 몇 편을 읽은 적이 있었다. 피에로 스라파는 경제학과 철학 모두에서 중요한 사상가였고 위대한 마르크스주의 사상가 안토니오 그람시Antonio Gramsci의 친한 친구이자 동료이기도 했다. 데니스 로버트슨Dennis Robertson도 빼놓을 수 없었다. 그는 저명한 효용주의 경제학자이자 보수주의 사상가로, 훗날 존 메이너드 케인즈의 아이디어로 여겨지기도 하는 개념들을 예고하면서 총계적 경제학에 대해 엄청나게 획기적인 연구를 하고 있었다. 돕, 스라파, 로버트슨 밑에서 공부할 수 있다는 것은 생각만으로도 흥분되었다. 트리니티에 가겠다는 결심이 너무나 확고해서 다른 칼리지에는 지원도 하지 않았다. 트리니티든지 아니면 꽝이든지였다.

〈2〉

그리고 곧바로 꽝이 나왔다. 트리니티는 매우 빠르게 불합격 소식을 알려왔다. 판에 박힌 공식 설명은 '올해는' 인도에서 훌륭한 지원자가 너무 많이 지원했다는 것이었다. 속상했다. 할 수 없이 나는 캘커타 대학에서 공부를 계속하기로 했다. 프레지던시 칼리지에서 2년 차가 끝나가고 있어서 그해 말이면 일종의 학사 학위를 받을 예정이었지만(그 학위를 받았을 때 열아홉 살이었다), 제대로 '마스터 학위'라고 불리는 것을 받으려면 2년이 더 필요했다. 이름은 마스터[석사] 학위지만 이것이 케임브리지의 학사 학위에 해당했다. 나는 트리니티에는 나중에 대학원생으로 가면 되고, 지금은 캘커타에서 친구들과 2년 더 즐겁게 보낼 수 있게 된 거라고 생각하며 속상함을 달랬다. 아직 수카모이 차크라바티, 므리날 닷타 초두리, 조티르모이 닷타, 미낙시 보스, 바룬 데, 자티 센굽타, 수니티 보스 등 많은 친구들이 캘커타에서 다양한 전공을 공부하고 있었다(하지만 또 다른 친한 친구인 파르타 굽타는 캘커타에 없을 예정이었다. 그는 옥스퍼드에 합격해서 출국 준비를 하고 있었다). 더위를 식혀주는 장맛비가 내리던 1953년의 여름에 트리니티에서 불합격 통보를 받은 것은 결과적으로 크게 나쁜 소식으로는 들리지 않았다.

그런데 8월의 어느 날 아침에 갑자기 트리니티에서 전보가 왔다. 합격한 인도인 중 몇 명이 입학하지 않기로 해서 내가 학기 시작인 10월에 맞출 수 있게 케임브리지에 도착할 수 있다면 입학할 수 있다는 것이었다. 서둘러야 했다. 나는 아버지와 영국항공의 전신인 BOAC 사무실로 갔는데 그들은 매우 예의 바르게 대해주었지만 티켓이 너무 비싸서 살 수 없었다. 대신 우리는 봄베이에서 런던까지 배로 가는 경로를 발견했다. 19일이나 안락한 숙박을 제공하는데도. 가장 싼 항공편보다도 훨씬 더 쌌다. 식사와 와인도 무료 제공이었고(술은 아직 마시지 않았지만 말이다. 물론 술에 관심은 많았다), 갑판에서 공짜로 제공되는 자질구레한 물건들도 있었으며, 매일 저녁 공짜 빙고 게임도 있었다(세상 지겨운 이 게임을 하고 싶어하는 사람이 있어야 말이긴 하지만). 아버지는 P&O 해운회사에서 SS 스트래스네이버호 표를 구매하셨고 이것을 타고 가면 시간에 맞게 영국에 도착할 수 있었다.

그다음에는 재킷, 넥타이, 코트 등 캘커타에서는 필요하지 않던 것들을 사야 했다. 아버지는 당신이 영국 대학에 다시 가시는 것처럼 들떠 있으셨다. 한밤중에 일어나 앉아 나에게 필요할 것 같은 물건의 목록을 적어두시곤 했다. 이윽고 우리는 배가 출발하는 봄베이로 가기 위해 기차에 올랐다. 부모님과 여동생 만주까지 가족 모두 함께였다. 캘커타 기차역(공식적인 이름은 하우라 역이다)에서 같은 배를 타기 위해 봄베이로 가는 사람을 몇 명 더 만났다. 역사학과의 타판다가 내게 따뜻하게 인사를 했다. 봄베이까지 가는 이틀 동안 학생들이 와글거리는 객차 안은 축제 분위기 같았다. 그런데 다소 불길하게도 1949년작 이탈리아 네오리얼리즘 영화 「쓰디쓴 쌀Riso Amaro」 앞부분에 나오는 기차 분위기를 연상시켰다(이 영화는 칼리지 가의 학생들 사이에서 인기가 많았는데 꼭 실바나 망가노Silvana Mangano가 나와서만은 아니었다). 영화에서는 2차 대전 후 이탈리아의 가난한 젊은 여성들이 포 밸리에서 논일을 하는 일꾼으로 채용되는데, 종국에 비극이 닥칠 줄 모르는 채로 왁자하고 유쾌하게 기차를 타는 장면이 나온다.

〈3〉

봄베이에서 우리는 어머니의 이종사촌인 아자이 굽타Ajay Gupta(나는 아자이마마라고 불렀다)의 집에 사흘간 묵었다. 그의 어머니 툴루디와 우리 외할머니가 자매지간이다. 어렸을 때 툴루디는 무한해 보이는 수수께끼로 나와 즐겁게 놀아주시곤 했다. 나는 아자이마마도 매우 좋아했고 특히 인도 제약회사 CIPLA의 초창기에 크게 기여한 그의 장기적인 안목에 감탄했다. CIPLA는 인도의 민족주의자이자 뛰어난 과학자였던 흐와자 압둘 하미에드Khwaja Abdul Hamied가 1935년에 세운 회사다. 그는 서구 기업에 필적할 제약회사를 세운다는 목적에서 CIPLA를 설립했는데, 오늘날 그 야망은 거의 성취되었다고 볼 수 있고 그 여정의 초창기에 아자이마마도 함께했다.

이 회사의 커다란 성공 사례 중 몇몇은 아자이마마가 사망한 뒤인 최근의 일이다. CIPLA가 에이즈 치료에 필수적인 항레트로 의약품 생산에서 글로벌 카르텔을 깨는 데 성공했다는 뉴스를 보았을 때 그가 떠올랐다. CIPLA가 복제약 개발에 성공함으로써 항레트로 의약품의 국제 가격이 크게 떨어졌다. CIPLA의 새 복제약은 아프리카부터 라틴아메리카까지 개도국들에서 예전 가격보다 훨씬 낮은 가격에 판매되었고, 전 세계에서 항레트로 의약품을 통한 에이즈 치료가 많은 사람에게 금전적으로 감당 가능하게 되었다. CIPLA는 구매 능력이 없다는 이유만으로 의약품을 사용할 기회를 박탈당하는 사람들을 위해 일한다는 설립 취지를 계속 이어가고 있다. 오늘날 약물 저항성 요로 감염에 사용되는 특수 항생제 젬드리Zemdri를 구하려는 사람은 미국에 있는 사람이더라도 인도 회사인 CIPLA가 생산한 약을 사게 될 것이다. 젬드리는 아카오젠이라는 제약회사가 개발했는데, 이 회사는 현재 존재하지 않지만 CIPLA가 계속해서 이 약을 생산하고 있다.

배에 타기 전에 아자이마마와 몇 차례 이야기를 나누었다. 그는 인도를 경제적으로 성공한 국가로 만들기 위해 자신이 할 수 있는 일을 하고 싶다고 했다. 어느 면에서는 민족주의적인 생각이었지만 그가 말한 것은 배타적인 민족주의가 아니었다. 그는 하미에드의 능력과 재능뿐 아니라 넓은 마음도 존경했다. 본인은 무슬림인데 유대인 여성과 결혼한 것이 하미에드의 열린 비전을 보여주는 한 단면일 것이다. 훗날 나는 그의 아들 유수프도 알게 되었는데, CIPLA를 이어받아 뛰어나게 경영하고 있었다. 또한 아자이마마는 서구 제약회사들의 식민주의적 지배에 맞서기 위해 하미에드가 택한 것이 정부 규제를 통해 경쟁을 닫아거는 것이 아니라 상업과 제조업을 발달시켜 서구 회사들을 능가하는 것이었다는 점에도 깊은 인상을 받았다. 그는 자신도 좌파지만 인도 좌파들이 국제 교역을 나쁜 것으로 여기는 게 놀랍다고 했다. 나도 좌파의 그러한 견해는 학문적으로 크게 결함이 있다는 데 동의했다.

우리의 대화 중에는 아자이마마가 친척 아저씨로서의 의무감에서 말해주는 실생활에 대한 조언도 있었다. 기억에 남는 것 하나는, 할 수 있다고 합리적으로 판단되는 것 이상으로 약속을 해서 혼란을 만들지 말라는 것이었다. 그는 그렇게 못 하는 것이 영국에서 공부하는 인도 학생들의 고질적인 문제라고 했다. 여자친구와의 관계에서도 마찬가지라며, 그는 내가 파트너와 진정으로 맺는 관계와 생각 없이 그저 재미를 추구하는 경박한 관계 사이의 커다란 차이를 구별하길 원했다. 나는 이 건전한 인식론상의 구분을 받아들였지만, 그가 생각 없이 그저 재미를 추구하는 충동적인 행동이라고 생각하는 것도 정상적인 삶에서 무언가 긍정적인 역할을 하지 않을까에 대한 논의로까지 그를 끌고 오지는 못했다.

정치적, 경제적 견해 외에는 그에 대해 잘 모르고 있었다는 생각이 들었다. 봄베이에서 그의 삶은 외로워 보였고 그가 외국에서 공부하는 동안 개인적인 삶이 어떠했는지는 전혀 몰랐다. 이 궁금증은 그의 스코틀랜드인 여자친구 진이 봄베이에 와서 그와 함께 살게 되었을 때 멋지게 해소되었다. 두 사람은 곧 결혼했고 세 아이를 낳았다. 하지만 그들과 자주 연락하기는 어려워졌는데, 봄베이에서 몇 년을 살다가 호주로 이주했기 때문이다. 이 모든 일은 내가 케임브리지로 출발하기 전날 그와 대화를 나누었을 때로부터 한참 뒤에 벌어진 일이다.

⟨4⟩

런던으로 항해할 준비를 마치고 SS 스트래스네이버호에 올랐을 때는 맑은 날 저녁이었다. 식구 모두 항구에 나와 작별 인사를 했다. 신나고 흥분되면서도 뭔지 모를 걱정이 뒤섞인 묘한 마음이었다. 나는 대륙을 가로지르는 여행이 매우 비싸기 때문에 케임브리지에서 학위를 마치기 전까지는 인도에 돌아오지 못하리라는 것을 알고 있었다. 그리고 어려운 날들과 즐거운 날들을 함께했던 소중한 사람들을 남겨놓고 떠나고 있다는 것도 알고 있었다.

석양 속에서 갑판에 서서 인도가 멀어지는 것을 보노라니 막심 고리키가 회고록에서 모스크바 대학에 입학하기 위해 아버지와 함께 도착했을 때를 쓴 구절이 떠올랐다. 그는 아버지의 손을 꼭 잡고 모스크바 대학의 유명한 정문 계단을 올라갔다. 그리고 작별 인사를 하고서 혼자 서 있는데, 전에는 몰랐던 고립감이 들었다고 한다. 나는 왠지 고리키를 더 잘 이해하게 된 것 같았다. 인도 밖의 세계는 버마밖에 몰랐고 그나마도 매우 어렸을 때였다. 새로운 장소로, 영국으로, 케임브리지로 간다는 스릴과 내가 강하게 소속감을 느끼는 나라를 떠난다는 슬픔이 뒤섞였다.

그에 못지않게 중요한 점으로, 이제까지 맞서도록 배웠던 제국의 대도시로 가는 것도 걱정이 되었다. 독립한 뒤 6년밖에 되지 않은 시점이었고 제국과 예전 식민지 사이의 관계는 아직 정상화된 상태가 아니었다. 영국령 인도 감옥에 '예방적 수감'으로 갇혀 있던 친척들을 면회하러 가서 대기실에 앉아 있었던 기억이 아직 생생했다. 배 안을 돌아다니면서 우리가 질서를 잘 지키는지 관리하려 하는 백인 직원들을 보면서, 1920년대에 아버지가 런던에서 박사 과정을 밟던 시절에 경험하셨다는 작은 사건이 하나 떠올랐다. 아버지는 영국에 머무는 것을 매우 즐기셨지만 지배자-피지배자 관계의 비정상성을 상기시키는 상황에 종종 직면하셨다고 했다. 한번은 인도의 집으로 편지를 보내려는데 가지고 계신 우표가 맞는 우표인지가 긴가민가하셨다고 한다. 그래서 옆에 있는 사람에게 물어보았는데 시끄러운 기차역이라서 그 사람이 알아듣지 못했다. 그러자 (아버지 생각으로는 열 살이 아직 안 되었을 것 같은) 한 아이가 급히 다가오더니 이렇게 알려줬다고 한다. "네, 그거 맞아요. 우리 제국 어디에서든지 우편 요금은 같아요." 물론 아이는 도와주려고 한 것이었지만 아버지는 이 어린아이의 머릿속에도 제국이라는 개념이 있다는 사실에 묘한 기분이 드셨다고 한다.

SS 스트래스네이버호에는 항해하는 동안 길동무로 삼을 사람이 많았다. 일단 내가 아는 사람들이 이 배에 많이 타고 있었다. 영국으로 공부하러 가는 인도 학생들이 스무 명 정도 있었는데, 그중에서 타판 라이초두리와 파르타 굽타는 옥스퍼드로 가는 길이었다. 영국으로 떠나기 직전 여름에 파르타와 나는 다르질링의 고원 마을로 여행을 간 적이 있었다. 우리는 아름다운 산길을 오래 걸으면서 방대한 주제에 대해 이야기를 나누었는데, 좌파 정치의 문제점도 그중 하나였다. 우리 둘 다 대체로는 스스로를 좌파라고 생각했지만 세계 거의 모든 곳의 공산당에게 줄 수 있는 민주주의 점수에는 회의적이었다. 소련의 저명한 레닌주의 철학자 부하린은 결국 강요에 의해 반역을 거짓 자백하고 처형되었다. 캘커타에는 이오시프 스탈린Iosif Stalin을 존경하는 사람이 많았지만, 파르타와 나는 스탈린이 정말로 실현하고자 하는 바가 무엇인지 알 수가 없었다.

타판은 나보다 몇 살 위여서 나는 그를 타판다라고 불렀다. 영국으로 출발하기 전에 캘커타에서는 한 번밖에 만난 적이 없었다. 훗날 그는 인도의 토지 소유 제도에 대한 명저를 저술하는데(8장 참고), 이것은 그가 델리와 옥스퍼드에서 전설적인 역사학과 교수로서 갖게 되는 명성을 뒷받침하는 수많은 근거 중 하나일 뿐이다.

그 배에 탄 사람 중에는 로밀라 타파르Romila Thapar라는 지극히 뛰어난 여류 역사학자도 있었다. 로밀라는 델리 사회의 고위층에 속하는 상류 계급 출신이었다. 로밀라는 빠르게 높아지고 있는 학문적 명성을 우아한 삶의 양식과 관련된 다른 재능들(가령 수준급의 사교댄스)과 결합하고 있었다. 전에도 아는 사이가 아니었고 배에서도 이야기를 나누지 못해서 아쉬웠다. 우아한 사리[인도의 전통 여성 의상]를 입고 돌아다니는 것을 배에서 몇 번 보긴 했지만 우리는 다른 세계에 속해 있었다(나는 상대방의 발을 밟아서 비명을 지르게 하지 않고 춤을 추는 법을 몰랐다). 하지만 아주 오랜 뒤에 델리에서 로밀라와 나는 친구가 된다.

아라비아 해로부터 지중해로 해협을 건너는 동안 타판다, 파르타 굽타와 흥미로운 대화를 나누었다. 대부분은 시사에 대한 것이었다. 항해의 여정이 지나가면서 타판다는 영국인과 호주인인 선원들, 특히 식당 웨이터들이 인도 학생들을 고압적으로 대하는 것에 마음이 상한 듯했다. 그는 배의 관리자 중 한 명에게 이의를 제기해보았는데, 관리자가 인내심 있게 듣기는 했지만 달라진 것은 없었다.

영국에서 열릴 국제 대회에 나가는 인도의 여성 하키팀도 있었다. 대부분 친절해서 다가가기 어렵지 않을 것 같았고 너무나 멋져 보였다. 내가 그들과 많은 시간을 보내는 걸 보더니 파르타가 식자층다운 궁금함으로 이렇게 물었다. "여자 하키 선수들이랑 몇 시간이나 수다 떠는 거 안 힘들어?"

특히 매력적이었던 하키 선수 한 명은 나와 커피를 마시면서 대화를 나누는 게 즐거워 보였는데, 내게 이렇게 물었다. "공부하러 영국에 가시는 거예요?" 그렇게 평범한 목적을 이야기하기가 약간 부끄러웠지만 그렇다고 했다. 그러자 하키 선수가 말했다. "정말요? 저는 늘 학교가 싫었거든요. 교육의 쓸모가 대체 뭐예요?" 이 근본적인 회의에 무어라고 답해야 할지 몰랐지만 뭔가를 둘러대긴 했다. "제가 하키를 칠 줄 몰라서요. 그래서 공부를 하기로 했어요." 그러자 하키 선수가 말했다. "하키는 쉬워요. 가르쳐드릴게요." 내가 "그것도 교육인데요? 저를 가르쳐주시는 거잖아요"라고 대답하자 하키 선수는 이렇게 말했다. "그렇네요. 하지만 이건 재미있어요. 책상에 오후 내내 앉아서 지루한 수학을 하는 것보다 더 재밌죠." 나는 패배를 인정해야 했다.

〈5〉

배에는 인도와 파키스탄 사람이 꽤 많았고 나는 그들과도 많은 이야기를 나누었다. 배에서 만든 새로운 인연 중 가장 보람 있는 인연이라면 동파키스탄 출신의 젊은 벵골인인 카이저 무르셰드Kaiser Murshed일 것이다. 무르셰드 집안은 캘커타의 학문 공동체 중 영국화된 쪽에서 잘 알려진 집안이었다. 카이저의 아버지인 K. G. 무르셰드K. G. Murshed는 되기 어렵기로 유명한 인도의 고급 공무원ICS이었고 영국 통치기에 인도의 행정을 많이 담당했다. 나는 K. G.가 머리 좋은 ICS들 중에서도 발군이었으며 브리티시 라지가 위임한 권력을 행사할 때 최대한 인본주의적으로 임하려 애썼다는 말을 들었다.

어느 날 아침에 갑판에 서서 아라비아 해가 요동치는 것을 구경하고 있는데 카이저가 내게 다가왔다. 그는 내게 인사를 건네더니 들고 있던 잘 포장된 초코바를 내밀며 이렇게 물었다. "초콜릿, 좋으세요?" 나는 무언가를 권할 때 "좋으세요?"라고 말하는 것을 들어본 적이 없었다. 내게 영어는 여전히 벵골어와 산스크리트어에 이어 세 번째 언어였고, 그가 나의 취향을 묻는 것인지('소비 대상으로서 초콜릿을 선호하는가?') 아니면 초콜릿을 나눠주겠다는 것인지('조금 먹어볼 생각이 있는가?') 몰라 당황했다. 사실 초콜릿을 별로 좋아하지는 않았지만 이 친절한 사람과 대화를 나누고 싶어서 "네, 고마워요"라고 대답했다. 그러자 그가 곧바로 한 조각을 주었는데 아주 맛있는 스위스 초콜릿이었다. 나는 이 놀랍도록 영리한 사람과 자주 대화를 나눌 수 있게 된 기회를 즐겼고 우리의 우정은 이 여정을 넘어서도 계속되었다.

카이저는 캘커타에서 영어 사용자들이 선호하는 세인트 하비에르 칼리지를 다녔고 법을 공부하러 옥스퍼드로 가는 길이었다. 그 진로를 대체로 좋아하는 것 같았지만 정확히 무엇이 그가 법을 공부하도록 동기를 부여했는지에 대해서는 듣지 못했다. 나중에 나는 그가 옥스퍼드에서 학업 성적도 우수했고 링컨스 인Lincoln's Inn[영국에서 변호사 수련을 하는 법학원 네 개 중 하나]에서 자격시험도 통과했으며 하버드 로스쿨도 나왔지만 계속해서 법조 경력을 추구하지는 않았다는 사실을 알게 되었다. 그는 파키스탄의 고급 공무원이 되었고 처음에는 동파키스탄, 나중에는 방글라데시의 공직에서 활약하면서 방글라데시 외무장관까지 지냈다. 그는 사회에 많은 기여를 했지만, 학계에 있는 사람으로서의 내 이기적인 생각으로는 그렇게 뛰어난 역량을 가진 사람을 학계가 놓쳐서 너무 아쉽다.

오디샤에서 온 릴리라는 쾌활한 여성도 있었다. 릴리는 어머니와 함께 항해하고 있었는데 어머니도 딸 못지않게 쾌활한 분이셨다. 릴리도 영국에서 법학 공부를 할 예정이었는데 왜 그렇게 결정했는지는 자신도 완전히는 알 수 없다고 했다. 나는 영국에 가서 무엇을 할지 꽤 확실하게 알고 있었기 때문에(트리니티 칼리지에서 모리스 돕과 피에로 스라파 밑에서 공부하겠다는 목표가 확실했다), 릴리의 이야기를 들으면서 릴리의 열린 태도가 신기했다.

릴리의 매력적인 성찰과 카이저의 깊은 숙고를 거친 불확실성을 접하면서, 무엇을 하고 싶은지에 대해 내가 가지고 있는 확신이 이제까지 믿었던 것만큼 당연한 것인지 다시 생각하게 되었다. 아라비아 해의 푸른 바다를 지나가면서, 내가 어디로 가고 있는지를 [인도로 간다고 생각했던] 콜럼버스보다 확실하게 알고 있다고 말할 수 있을지 의문이 들었다.

⟨6⟩

아라비아 해를 지나서 배의 첫 기착지는 예멘의 아덴이었다. 그때는 잘 알려지지 않은 나라였는데, 슬프게도 이제는 외국 세력의 파괴적인 폭격도 포함해 끔찍한 고난과 어려움으로 잘 알려진 나라가 되었다. 하지만 1953년에는 여전히 평화로웠고, 우리는 버스를 타고 세계에서 아름답기로 손꼽히는 이곳의 놀라운 사막을 볼 수 있었다. 이어서 SS 스트래스네이버호는 걸프 만과 홍해를 지나 수에즈 항에 도착했다. 여기에서 하루를 정박할 예정인데 이

집트 당국이 허락해주면 배에서 내려 이집트를 구경할 수 있다고
했다. 이집트 당국의 답을 기다리는 동안 매우 상류층으로 보이는
몇몇 영국인이 이집트의 행정이 엉망이라며 강한 비판을 쏟아내
는 것이 들렸다. 이집트에서는 서구에 충성스럽던 파루크 왕이 그
전해에 권좌에서 쫓겨나고 나기브 대통령이 이끄는 혁명 정부가
들어서 있었다. 과도 정부 내부에서는 가말 압델 나세르Gamal Abdel
Nasser가 이미 강한 세력을 형성하고 있었고, 1년 뒤에 그가 대통령
이 된다. 또한 당시에 수에즈 운하의 사용과 통제를 둘러싸고 국
제적으로 분쟁의 기미가 끓어오르고 있었는데, 전쟁이 터지는 것
은 3년 뒤이지만 영국-이집트 사이의 긴장은 그때도 이미 상당히
높았다.

그래서 이집트 관리들이 오기를 갑판에서 기다리고 있는 동안
이런저런 불만과 갈등이 불거졌고, 마침내 그들(모두 빳빳하게 풀을
먹인 흰색 유니폼을 각 잡히게 입고 있었다)이 왔을 때는 땅에 내리는
갑판에서부터 거의 배 꼭대기까지 길게 줄이 늘어서 있었다. 내
앞과 뒤에는 이집트가 엉망이라고 언성을 높이면서 T. E. 로렌스T.
E. Lawrence와 인류학자 레너드 울리Leonard Woolley처럼 순진하게 이
집트를 좋아하는 영국인에게 비난을 쏟아내는 시끄러운 두 집단
이 있었다.

이집트 관리 한 명이 계단을 올라와서 나를 보더니 어디에서 오
는 것이냐고 했다. 인도라고 대답하자 곧바로 나를 배 밖으로 데
리고 나가서 버스로 안내해주었다. 나는 그리로 가서 버스에 오르
고 있는 유색인종 사람들에게 합류했다(당시에는 유색인종이라는 말
이 쓰이지 않았지만 요즘 말로 하자면 그렇다). 내 인생 통틀어 인도 시
민권으로 국경에서 우대를 받은 유일한 경우였다. 나는 지금도 인

도 시민권만 있기 때문에 어느 나라에 가든 입국 심사대에서 긴 줄을 서야 하고 방문하는 나라에 눌러앉으려는 건 아닌지 확인하려는 긴 질문에 대답해야 한다. 하지만 당시에는 내가 인도인이어서 받은 우대가 얼마나 예외적인 일인지 알지 못했다.

버스가 한 대씩 출발했고 훌륭한 관광을 마치고 다음 날 배로 돌아오니 이집트 국경 초소에서 시간을 너무 잡아먹어서 관광 시간이 부족했던 영국인들과 호주인들이 자신이 받은 모욕적이고 무시하는 듯한 대우에 큰 소리로 불평하는 소리가 들렸다. 그중 두드러진 성량을 가진 누군가가 "수에즈 운하를 이 사람들 손에서 반드시 빼앗아야 한다"고 말했다. 몇 년 뒤에 케임브리지에서 이집트 친구(사실은 그리스도교도인 이집트인이었다)에게 이 이야기를 했더니, "그 영국인들이 정말로 화가 났느냐"고 물었다. 내가 "그런 것 같았다"고 하자 그 이집트 친구는 이렇게 말했다. "좋아, 아주 아주 좋아."

〈7〉

우리는 천천히 포트사이드〔이집트의 수에즈 운하 북쪽 끝에 있는 도시〕에 잠시 들렀다가 지중해를 가로질러 항해를 계속했다. 때때로 유럽 땅을 볼 수 있었고 어느 날 밤에는 스트롬볼리 화산이 '지중해의 등대'라는 별명에 걸맞게 불을 뿜고 있는 것이 보였다. 우리는 지브롤터 해협을 지나 비스케이 만을 건너 브르타뉴를 향해 나아갔고 프랑스 셰르부르의 해변에 비공식적으로 잠시 정박했다. 프랑스에 있다는 것이 너무 흥분되어서 밖을 보려고 계단을 내려갔다. 배에 있는 사람들과 뭍에 있는 정체 모를 사람들이 작은 옆문을 통해 물건을 사고파는 모습이 보였다. 흥미롭게 구경하고 있으려니 배의 관리인이 와서 "여기서 뭐하는 거냐"고 물었다. 유럽을 구경하고 싶어서 내려왔다는 내 답변이 완전히 부적절하게 들렸는지, 얼른 올라가라고 했다.

얼마간 항해를 더 하고서 우리는 런던 틸버리 항에 도착했다. 습했고 때때로 비가 왔다. 인도 고등위원회 관리(외교관)가 배에 올라와서 인도 학생들에게 영국 사람들의 행동 양식(큰 소리로 이야기하지 않는 것 등)을 이야기하면서 우리도 그렇게 해야 한다고 일장 연설을 했다. [원주민에게 살해당한 1700년대의 영국 탐험가] 쿡 선장이 제때 들었다면 그의 목숨을 구했을 조언이겠지만, 여기에서는 매우 부적절하게 들렸고 빨리 배에서 내려 런던으로 가고 싶은 우리들에게는 너무 길기도 해서 도무지 참고 듣기가 힘들었다.

얼마 후, 드디어 우리는 런던으로 가는 완행열차에 올랐다. 세인트 판크라스 역에 도착했을 때는 부드러운 오후 햇빛이 빛나고 있었고, 우아한 역사 건물과 역사 안 곳곳에 들어오는 햇빛이 황홀한 광경을 만들어내고 있었다.

아버지의 사촌이고 우리 식구들 사이에서는 햐파 쟈타Khyapa Jyatha('미친 삼촌'이라는 뜻이다. 좋은 의미는 아니지만 벵골에서 별명은 악의는 없는 조롱 조로 붙여지는 경우가 많다)라고 불리던 분이 계셨는데, 그가 그의 회사 직원인 젊은 인도인과 함께 플랫폼에 마중을 나와 계셨다. 차를 타고 런던을 가로질러 햄스테드에 있는 그의 집으로 저녁을 먹으러 가는 동안, 석양이 꿈결 같은 분위기를 자아내며 건물과 공원을 비추었다. 내 나라를 포함해 세계의 상당 부분을 지배했던 제국의 수도인 거대 도시를 마침내 보게 되었을 때에 대해 상상했던 것과는 굉장히 대조적으로 조용한 모습이었다.

햐파 쟈타의 가족과 저녁을 먹고 나서 킬번에 있는 하숙집으로 갔다. 산티니케탄의 학생이었던 나라얀 차크라바티Narayan Chakravarty가 찾아봐준 숙소였다. 잠자리에 누워 뒤척이면서, 런던에 도착한 것이 생각만큼 흥분되지는 않는다는 것을 깨달았다. 실망했다기보다는, 내게는 더 요란스럽게 도시다운 시끌벅적함이 더 잘 맞는 것 같았다. '그건 내일 보면 되지'라고 생각하면서 잠이 들었는데, 정말로 다음 날 길거리에서 시끌벅적하게 떠드는 아이들 소리에 잠에서 깨어 무척 신이 났다.

⟨8⟩

아침에 거한 영국식 아침 식사를 경험하면서 하숙집 주인아주머니와 유쾌한 대화를 나누었다. 나는 익힌 토마토를 존경으로 대해야 한다는 사실을 처음 알았다. 익힌 토마토는 끓는 물이 담긴 주전자 같은 상태여서 칼로 공격하려 하면 끓는 액체가 당신을 향해 터져나올 수 있다. 그날 나는 언더그라운드[지하철] 타는 법을 알게 되었고 옥스퍼드 가에 있는 백화점에 가서 얼마 안 되는 예산을 내내 신경 쓰면서 필요한 것들을 샀다. 물론 관광도 했다. 블룸스버리와 리젠츠 파크에서 도시의 아름다움을 만끽하면서 시간을 보냈다. 한참 나중에 나는 런던에서 20년 이상을 매우 행복하게 살게 되는데, 이날의 첫인상이 이미 내게 무언가를 말해주었다는 생각이 든다.

그날 저녁에 위니프리드 헌트Winifred Hunt라는 이름의 여성분이 찾아왔다. 영국으로 오기 전에 부모님께 이야기를 들은 적이 있는 분인데, 수십 년 전 아버지가 영국에서 공부할 때 여자친구였다고 한다. 위니프리드는 무척 친절한 분이었고 온갖 유용한 조언을 해주셨다. 내가 묵는 곳에서 저녁을 함께 먹으면서 아버지의 젊은 시절에 대해서도 이야기해주셨는데, 몰랐던 이야기여서 정말 재미있었다. "그의 오토바이 뒤에 타고 여기저기 다녔지. 하지만 아슈에게 너무 빨리 달리는 경향이 있다고 주의를 주는 건 안 먹혔어." 한두 해 뒤에 집안끼리 잘 아는 아닐 찬다Anil Chanda(역시 아버지와 영국에서 알던 사이였다)도 속도에 대한 아버지의 열정을 재확인해주었다. "영국 도로에서 시속 70이나 80〔마일, 110~130킬로미터〕은 상당히 빠른 거거든."

나중에 나는 배우인 나의 딸 난다나(어린이 책 작가이기도 하다)에게 가족의 전통을 엄격하게 따르라고 주의를 주어야 할 일이 생겼다. 난다나는 액션 영화를 찍는 중이었는데('액션'이라는 표현이 정말 잘 들어맞는 영화였다), 한 건물의 22층에서 바로 붙어 있는 옆 건물의 22층으로 건너뛰어야 했다. 나는 난다나에게 우리 가족의 전통은 엘리베이터를 타고 첫 번째 건물에서 내려와서 두 번째 건물까지 걸어간 뒤 다시 엘리베이터를 타고 22층까지 올라가는 것이며 다른 어떤 경로도 허용되지 않는다고 말했다. 하지만 이렇게 말하면서도 위니프리드의 말이 계속 생각났다. 에너지 넘치시는 아버지가 젊었을 때였다면 그렇게 하셨을지 확신할 수 없었다.

위니프리드는 퀘이커교 모태신앙이었고 나와 만났을 때도 퀘이커교도였다. 그의 가족, 특히 남자 식구들은 1차 대전 때 참전을 거부해 크게 비난받았다. 비판하는 사람들은 지속적으로 그들의 집 밖에 '콘샤이conshy'라고 큼직하게 적어놓았다. '양심적 병역 거부자conscientious objector'라는 뜻이지만, 모욕의 의미에서 이렇게 불렸을 때는 정말 안 좋은 상황일 수 있었으리라고 생각한다. 위니프리드 본인도 그 다음번 전쟁(2차 대전) 때는 도덕적으로 무엇이 마땅한 일인지에 확신이 덜 갔다고 한다. 나치의 절멸 수용소와 공포 정치를 알고 있었으니 말이다. 하지만 이렇게 덧붙였다. "그 래도 나는 내가 여전히 콘샤이라고 생각해."

위니프리드의 방문은 런던에서 일정이 없던 첫 저녁을 보내는 방식으로는 다소 예기치 못한 일이었다. 하지만 중요했다. 런던 이, 사실은 영국이, 그렇게 낯선 곳이 아니라는 느낌을 주어서이 기도 했고, 아무리 좋은 대의를 위해서라도 폭력은 받아들일 수 없다는 점에 대해 이야기를 나눴기 때문이기도 했다. 이것은 브 리티시 라지에 맞서 싸울 때 인도에서 일었던 매우 논쟁적이고 또 분열적인 이슈였다. 나는 제국의 한복판인 이곳에서(정확히 말하자 면 이곳은 킬번일 뿐이지만) 비폭력의 보편적인 필요성에 대해 논의 하고 있었고, 이것은 간디의 지도하에서 인도의 독립을 위해 싸운 사람들이 가졌던 것과 동일한 신념이었다. 나는 킬번은 잘 모르지 만 왜 어떤 사람들은 콘샤이가 되는지는 안다고 생각했다.

4부

1958년경, 트리니티 칼리지의 그레이트 코트에서.

16장

트리니티의 문

〈1〉

1953년 9월, 런던에 도착하고 사흘째 아침에 킹스크로스에서 완행열차를 타고 케임브리지로 향했다. 리버풀 가에서 출발하는 급행을 타면 더 빨리 갈 수 있었지만 무거운 짐을 들고 가기에는 킹스크로스가 더 편했다. 내 짐에는 아버지가 학생으로 런던에 오셨을 때 사용했던 커다란 트렁크도 있었다. 이제 이 트렁크에는 옷가지, 개인 소지품과 필요할 것 같아서 가져온 경제학 책과 수학 책이 잔뜩 들어 있었다. 완행으로 케임브리지까지 가는 데는 두 시간이 걸렸다. 가는 내내 지나가는 기차역 이름을 초조하게 살폈다. 드디어 케임브리지 표지판이 보였다. 고맙게도 짐꾼이 나를 도와서 짐을 택시에 실어주었고 나는 미리 찾아두었던 파크 퍼레이드의 숙소로 갔다.

트리니티는 나를 칼리지의 기숙사 방이 아니라 하숙방에 배정했다. 당시에는 그게 관습이어서 1년 차 때는 하숙을 해야 했고 연차가 올라가야 칼리지 내에서 살 수 있었다. 나는 이것이 끔찍한 시스템이라고 생각했다. 새로 온 학생이 낯선 도시의 익숙하지 않은 데서 살아가는 게 훨씬 더 어려울 것이기 때문이다. 내가 배정받은 하숙집은 헌팅던 로에서 갈라지는 프라이오리 가에 있었고 트리니티에서 꽤 멀었다. 그리고 하숙방에는 10월이 시작되어야 들어갈 수 있었는데 아직 9월 29일이었다. 그래서 일단 파크 퍼레이드에 숙소를 잡게 된 것이었다. 케임브리지 중심가와 멀지 않았고 여름에 영국의 많은 공원과 풀밭이 그렇듯이 유혹적으로 푸르른 공원이 있는 곳이었다.

파크 퍼레이드의 숙소는 다카 출신 지인으로 케임브리지에서 법을 공부하고 있던 샤하붓딘Shahabuddin이 흔쾌히 도와주어서 잡을 수 있었다. 샤하붓딘은 새 하숙집으로 이사할 참이었는데, 일단 이틀 동안 그의 현 하숙집에서 내가 방 하나를 쓸 수 있게 주선해주었다. 런던 숙소의 유쾌했던 주인아주머니와 달리 이곳 주인아주머니는 불만이 가득했다. 다음날 아침 샤하붓딘은 아침 일찍 로스쿨 도서관에 갔고, 주인아주머니는 나더러 "네 친구"에게 위반 사항에 대해 이야기를 전하라고 했다. "자, 욕실 사용료는 1실링이야. 더운물이 비싸니까." 내가 말했다. "네, 알겠습니다. 지난밤에 제가 쓴 욕실 값은 물론 낼 거예요." 그러자 아주머니는 그 이야기가 아니라며 이렇게 말했다. "네 친구가 거짓말을 했어. 하루에 네 번이나 목욕을 하고서는 안 했다고 거짓말을 했다고. 자기는 하루에 한 번만 하고 다른 때는 발만 씻는다는 거야. 거짓말쟁이 같으니!" 나는 무슬림 기도 전에는 그렇게 해야 한다는 것을 아주머니에게 설명해야 했다.

하지만 아주머니는 요지부동이었다. "발을 왜 그렇게 자주 씻지?" 나는 기도 전 정화 의식의 필요성에 대해 약간 설명했다. "너도 그걸 하겠다고?" 매우 공격적인 어투여서 나는 아주머니를

384

안심시키려고 노력했다. "아니요, 저는 무슬림이 아니고 기도를 하지 않아요. 저는 신을 믿지 않아요." 하지만 이 말은 프라이팬에서 불로 뛰어든 격이었다. "신을 믿지 않아?" 공포에 질려서 아주머니가 소리쳤고 나는 당장 짐을 챙겨서 나가야 하나 싶었다. 하지만 이 위기는 사업적 관심이 아주머니의 이성을 다시 지배하면서 지나갔다. 아주머니는 나더러 친구에게 욕실을 한 번 쓸 때마다 1실링이라고 말해달라고 재차 당부했고 나는 그러겠다고 약속했다. 그날 저녁에 샤하붓딘을 만났을 때 나는 아주머니와 제대로 이야기를 해보는 게 어떻겠냐고 말했다. 그러자 샤하붓딘은 이렇게 대답했다. "그분 좀 이상해. 나는 내일 그 집에서 나갈 거야." 사실 우리 둘 다 다음 날 파크 퍼레이드의 그 하숙집을 떠났다. 그 아주머니도 거짓말쟁이거나 신을 믿지 않거나 혹은 둘 다인 사람이 나가서 다행이라고 생각했을 것 같다.

⟨2⟩

내가 장기간 묵을 프라이오리 가의 하숙집 아주머니는 매우 달랐다. 행어Hanger 부인은 매우 친절하고 세상에 대해 관심이 많은 분이었다. 하지만 행어 부인이 고백하기를 (기차나 버스에서 말고는) 백인이 아닌 사람을 본 적이 없었기 때문에 나를 받을 때 매우 걱정이 되었다고 한다. 사실 행어 부인은 트리니티 칼리지 측에 유색인종이 아닌 학생을 받고 싶다고 의사를 밝혔었다. 그런데 칼리지 측이 그렇다면 하숙생을 받을 수 있는 명단에서 이 집을 아예 빼겠다고 했고, 행어 부인은 깜짝 놀라서 누가 배정되어도 반대하지 않겠다고 했다. 숙소 배정 담당자는 유색인종임이 분명해 보이는 사람을 재빨리 행어 부인에게 배정하면서 살짝 재밌다고 생각했을 것 같다.

행어 부인이 유색인종에 대해 느낀 두려움은 본인이 이해하고 있는 과학 지식에 기반한 면이 없지 않았다. 행어 부인은 첫날 나를 따뜻하게 맞아주고서 갑자기 이렇게 물으셨다. "목욕을 하면 피부에서 물이 빠지니? 그러니까, 아주 뜨거운 물로 하면 말야." 나는 내 피부색은 매우 견고하고 내구적이라고 안심시켜드렸다. 그러자 행어 부인은 전기 작동법을 알려주고 커튼을 닫지 않고 불을 켜면 내가 밖을 볼 때는 어두워 보이더라도 밖에서는 방이 훤히 다 보인다는 등등의 몇 가지 사항을 알려주셨다. 이러한 일들이 정리되자 행어 부인은 내 생활을 더 편안하고 행복하게 만드는 데 온 노력을 집중했다. 며칠 뒤에 행어 부인은 내가 너무 말랐고 (오늘날에는 '너무 말랐다'고 걱정하는 것은 얼마나 향수를 불러일으키는 생각인지!) 영양 부족이라고 생각해서 나를 위해 지방을 빼지 않은 우유를 주문했다. "센, 매일 아침에 이거 마셔야 해. 내 생각 해서 한 잔이라도 마셔. 나는 네 몸을 좀 만들어야겠다고."

⟨3⟩

케임브리지에서의 첫날(아직 파크 퍼레이드 가에 묵고 있었다), 내가 속한 트리니티 칼리지를 찾아나섰고 트리니티 칼리지의 그레이트 게이트 앞에 도착했다. 사진으로 본 것처럼 거대하고 장엄한 문이었다. 나는 그레이트 게이트가 트리니티 칼리지가 생기기 전부터 있었다는 이야기를 어디선가 들은 적이 있었다. 킹스 홀 칼리지 시절에 세워진 문이기 때문이다. 1317년에 설립된 킹스 홀 칼리지는 피터하우스 칼리지에 이어 케임브리지에서 두 번째로 오래된 칼리지였다. 트리니티 칼리지는 헨리 8세 때인 1546년에 킹스 홀 칼리지와 마이클하우스 칼리지가 합병되면서 생겼고, 이 합병으로 킹스 홀 칼리지의 문이 트리니티 칼리지의 그레이트 게이트가 되었다. 이 커다란 문의 위용을 처음 보았을 때 그것의 독특한 역사(그레이트 게이트에는 라틴어로 킹스 홀이라고 새겨져 있다)뿐 아니라 우아한 아름다움에도 깊은 인상을 받았다.

나는 그레이트 게이트에 있는 문 두 개 중 작은 문을 통해 안으로 들어가서 바로 안쪽에 있는 관리실로 갔다(큰 문은 평소에는 닫혀 있다). 관리인들은 반갑다고 인사하면서 굉장히 따뜻하게 맞아주었다. 그리고 중국인일 줄 알았는데 아니어서 놀랐다고 했다. "중국에서 온 학생 중에 '센'이라는 성을 가진 학생이 몇 명 있거든요. 하지만 그분들은 다 자신들을 성 말고 이름으로 부르기를 원했어요." 부관리인의 설명에 내가 "저도 이름으로 부르셔도 돼요. '미스터'도 붙이지 않으셔도 되고요"라고 말했더니 그는 고개를 저으며 웃었다. "그건 안 됩니다. 또한 당신 이름을 보니 '미스터 센'으로 부르는 편이 저희에게 훨씬 더 쉬울 것 같습니다." 그리고 칼리지의 지도를 주면서 무엇이 어디에 있는지 알려주었다.

그다음에 채플로 갔고, 내 앞에서 이 칼리지의 역사가 삼차원으로 펼쳐지는 것을 보았다. 아이작 뉴턴, 프랜시스 베이컨, 토머스 매콜리의 동상이 있었고 그 밖에도 기라성 같은 트리니티 출신 명사를 기리는 조형물들이 있었다. 하지만 가장 중요한 건 1차 대전에 나가서 목숨을 잃은 트리니티 칼리지 학생들의 이름이 모두 새겨져 있는 벽면이었다. 나는 이 벽면이 드러내는 사상자의 규모에 충격을 받았다. 이렇게 많은 트리니티 학생이 목숨을 잃었다니 믿기지 않았고, 이 많은 사람이 '단지 하나의 칼리지에서, 단지 하나의 연령 집단에서, 단지 4년 동안의 전쟁에서' 숨졌다는 사실의 무게가 감히 잘 가늠되지 않았다. 1914~1918년의 사망자가 하도 많아서 2차 대전 사망자를 위한 자리는 채플 전실에 따로 내야 했다. 숫자로는 알고 있었지만 이제까지 살육의 규모를 온전히 깨닫지는 못하고 있었다. 나는 여기에 관여된 야만을 생각해보려 애쓰면서 채플의 나무 벤치에 잠시 주저앉아야 했다. 시간이 더 지나 2차 대전 시점이면 이쪽저쪽 모두에서 대부분의 참전국 지도자들이 인명 피해의 상당 부분을 군인에게서 민간인에게로 넘기는 방법을 알아내게 된다. [독일군의 폭격을 받은 영국의] 코번트리와 [영국의 폭격을 받은 독일의] 드레스덴부터 [원자폭탄이 떨어진 일본의] 히로시마와 나가사키까지 말이다.

다소 충격을 받은 상태에서, 그레이트 코트로 돌아와 철망 담장을 지나서 크리스토퍼 렌Christopher Wren이 디자인한 네빌스 코트의 숨 막히는 아름다움을 처음 보았다. 네빌스 코트의 한쪽에 렌 도서관이 있는데, 내가 본 중 가장 멋있는 건물이었다. 안으로 들어가니 옛 책들의 서가가 보였고 높은 창문을 통해 위에서 햇빛이 들어오고 있었다. 이렇게 놀랍도록 아름다운 장소를 일상적인 직장으로 여기는 것이 정말로 가능할까 싶었다.

"새로 온 학생인가요?" 유쾌한 젊은 여성이 물었다. 도서관 직원 같았다. "여름이 끝나서 학기가 곧 시작한다는 것을 깜빡하고 있었어요. 둘러볼 수 있게 안내를 좀 해줄게요." 그러고는 매우 효율적으로 안내를 해주었다. 이런 곳에서 (그리고 자신이 원하는 타이밍에) 일할 수 있다는 것보다 더 매력적인 일은 없을 것 같았다. 나는 렌 도서관에 아주 자주 오게 될 것 같다고 생각했다. 내 예측은 대개 틀리지만 이것만큼은 확실히 맞았다.

〈4〉

다음 날 아침에 나는 나를 담당해주실 '튜터'인 존 모리슨John Morrison을 찾아갔다. 정말 유쾌한 분이셨고 따뜻하게 환영해주셨다. 케임브리지 대학에는 칼리지 튜터 제도가 있다. 튜터는 해당 학생을 직접 가르치지는 않지만 칼리지 생활을 도와주고 공부할 때 누구를 찾아가야 할지 조언해주는 사람이다. 모리슨은 경제학자가 아니라 뛰어난 고전학자였고 특히 고대 그리스 연구로 명성이 있었다. 그는 나에게 어떻게 왔는지, 적응은 잘 하고 있는지 묻고 나서 스라파가 나의 '학업 담당 디렉터'가 될 거라며 그를 찾아가보라고 했다. 학업 담당 디렉터는 학생의 학업과 관련된 진행 상황을 챙기는 사람으로, 학생의 연구를 지도해줄 사람들을 알려주고 연결하는 역할을 한다.

모리슨은 환영의 의미로 셰리주를 권했지만 나는 사양했다. "그래 괜찮아. 오늘은 할 일이 더 있겠지. 하지만 며칠 뒤에 내가 여는 셰리주 파티에는 오게나. 초대장을 보낼게." 나는 파티에 갔고 그의 지도를 받는 다른 사람들을 만났다. 하지만 나는 두 번째로 음료 회피의 난제에 봉착했다. 첫 번째는 행어 부인이 권한 지방이 가득 든 우유를 마셔야 하는 난감함이었고, 이번에는 모리슨이 달콤한 셰리주를 커다란 잔에 부어 권한 것이었다. 나는 셰리주를 정말 싫어하고 달콤한 셰리주는 더 싫어한다. 하지만 차마 어떻게 말해야 할지 몰라서, 슬그머니 두 방 사이의 통로에 있는 화분 쪽으로 갔다. 모리슨은 내 잔이 빈 것을 보더니 곧바로 한 잔을 더 채워주셨다. 나는 잔을 들고 엉거주춤 시간을 보내다가 다시 그 통로로 갔다. 그러고는 마침내 용기를 내서 "감사하지만 더 이상은 사양하겠다"고 말씀드렸다. 다음에 그곳에 갔을 때 조마조

마한 마음으로 화분이 살아 있는지 살펴보았는데 다행히 멀쩡하게 잘 자라고 있었다.

트리니티에서의 둘째 날, 학업 담당 디렉터인 피에로 스라파를 찾아갔다. 스라파의 연구실은 네빌스 코트에 있는 건물에 있었다. 내가 갔을 때는 오전 10시였는데, 그는 아침 식사를 마쳤지만 아직 완전히 깰 준비가 안 되었다며 한 시간 뒤에 다시 와달라고 했고, 나는 그렇게 했다. 스라파는 내 공부를 직접적으로 도와줄 지도교수는 케네스 베릴Kenneth Berrill이 될 거라고 알려주셨다. 베릴은 세인트 캐서린 칼리지의 젊은 펠로우였다. 나는 베릴의 지도로 연구하는 것을 굉장히 즐기게 되고 그와 멋진 우정도 쌓게 되지만, 처음 그 이야기를 들었을 때는 실망했다. 모리스 돕과 스라파에게 직접 지도를 받고 싶어서 트리니티에 온 것이었기 때문이다. 실망이 얼굴에 드러났는지, 스라파는 이렇게 달래주셨다. "켄 베릴을 좋아하게 될 거야. 매우 영민한 경제학자이고 뛰어난 경제사학자거든. 하지만 모리스 돕도 찾아가 이야기를 나누도록 하게. 그리고 나에게 언제든지 와도 된다는 것도 잊지 말고."

켄 베릴에게 매주 연구 지도를 받는 모임은 예상했던 대로 잘 진행되었다. 하지만 나는 모리스 돕도 자주 찾아갔다. 그의 저술 상당수를 내가 아주 열심히 읽었다는 사실을 그가 얼마나 좋아하셨는지는 잘 모르겠다. 돕은 내가 먼 캘커타에서 자신의 글을 읽을 수 있었다는 데 매우 놀라신 듯했다. 트리니티에서 지내는 여러 해 동안 모리스 돕과 나는 가까운 사이가 되는데, 그는 종종 "자네의 희한한 독서 취향"에 놀랐다고 하셨다. 2년 차 때는 돕이 나의 주 지도교수가 되었다. 하지만 트리니티 칼리지는 영국 경제 전문가인 오브리 실버스톤Aubrey Silberston도 찾아가서 영국 경제에 대한 공부 일정도 잡도록 했다(내가 영국 경제 공부를 등한시하고 있었던 것이 모두에게 명백하게 보였던 모양이다). 나는 오브리와도 가까운 사이가 되며, 우리의 친밀한 관계는 2015년에 그가 돌아가실 때까지 계속되었다. 가끔 나는 내가 지도교수님들을 확보한 속도에 놀라곤 한다.

〈5〉

피에로 스라파가 언제든지 와서 이야기해도 좋다고 했을 때 내가 정말로 그렇게 자주 갈 줄은 모르셨을 것이다. 나는 그를 사실상 나의 추가적인 지도교수로 삼았다. 경제학 외에도 그는 내게 많은 유쾌한 것들을 소개해주었는데, 그중 하나는 리스트레토다. 에스프레소를 뽑을 때 처음 몇 초 동안 나오는 것을 일컫는데(그 이후로는 추출을 멈추어야 한다) 내게는 맛의 일대 혁명이었다. 이것은 케임브리지 경제학의 적어도 일부분에 대해서는 왜 회의적이어야 하는지에 관한 그의 첫 조언만큼이나 머리를 깨우쳐준 새로운 지식이었다.

그의 첫 조언, 케임브리지의 경제학에 대한 조언은 다음과 같았다. "자네는 경제학자들이 새로운 이론을 제기하기를 엄청나게 좋아하는 곳에 와 있는 거라네. 그 이론 중에는 좋은 것도 있고 나쁜 것도 있지. 하지만 케임브리지 경제학자들은 자신의 이론이 한 줄짜리 **슬로건**으로 요약되기 전까지는 아무도 자신의 일이 끝났다고 생각하지 않는다는 것을 알아야 해. 그런데 바로 그게 자네가 피해야 하는 일이라네. 케임브리지에서는 피하기가 쉽지 않지만." 케임브리지 경제학과에 존재하는 슬로건들의 지뢰밭을 헤쳐가는 데 매우 유용한 조언이었다.

나중에 나는 4년간 트리니티에서 '프라이즈 펠로우Prize Fellow'로 지내게 되는데, 그때 스라파와 이야기 나눌 기회를 많이 가질 수 있었다. 나는 스라파가 언어의 규칙과 관련해 비트겐슈타인이 『논리철학논고Tractatus logico philosophicus』에서 개진한 초기 입장에 문제를 제기해서 비트겐슈타인이 후기 이론에서 새로운 길을 개척하는 데 지대한 역할을 했다는 사실을 알게 되었다. 이 이야기는 스라파의 친구인 안토니오 그람시와도 관련이 있는데, 이에 대해서는 뒤에서 다시 이야기할 것이다.

스라파는 자기성찰에 대한 교훈도 주셨다. 학부생 시절에 유수의 경제학 학술지 『이코노믹 저널Economic Journal』에 실린 유명한 경제학자의 논문을 읽다가 명백한 오류를 발견했다. 나는 꽤 신이 나서 반박 논문을 작성해 스라파에게 보여주면서 그 저널이 이 논문을 게재해줄 것 같은지 여쭈어보았다. 피에로는 원래의 논문과 나의 반박 논문을 보고 "틀림없이 게재해줄 것 같은데, 그래서 걱정이구나"라며 이렇게 덧붙이셨다. "나는 이 논문을 투고하지 말아야 한다고 생각해. 자네의 첫 학술 논문 출판이 이렇게 사소한 문제에 대해 누군가의 잘못을 교정하는 것으로 시작되기를 원하나?" 유수의 학술지에 첫 논문을 게재하려던 나의 시도는 이렇게 무산되었다. 하지만 어떤 것을 합당하게 출판할 수 있는지와 관련해 심각한 판단 착오를 하지 않게 해주셔서 그에게 감사드린다.

⟨6⟩

트리니티의 선생님들은 모두 매우 훌륭한 경제학자였고 각자의 방식으로 독창적인 연구를 하셨다(그리고 각자의 방식으로 학생들에

392

게 많은 영감을 주었다). 하지만 그들 서로는 의견이 일치하지 않았다. 데니스 로버트슨은 토리당에 공감하지만 자유당에 투표했다고 말했다. 스라파와 돕은 상당히 좌파 성향이었고 돕은 사실 영국 공산당원이었다. 그렇지만 이 세 학자는 서로 매우 잘 지냈다.

나중에 스라파에게 들은 이야기인데, 로버트슨이 돕에게 트리니티에서 채용하겠다는 의사를 알렸을 때 돕은 곧바로 수락했지만 다음 날 로버트슨에게 이렇게 밝혀야 할 것 같다는 생각이 들었다고 한다. "저에게 이 일자리를 제안하셨을 때 곧바로 알려드렸어야 했는데 늦게 말씀드려 죄송합니다. 저는 영국 공산당원입니다. 이 때문에 저에게 제안해주신 친절한 채용 기회를 철회해야겠다고 판단하셔도 저는 그에 대해 아무런 불만이 없음을 말씀드립니다." 그리고 다음과 같은 간략한 답신을 받았다. "친애하는 돕, 채플을 날려버릴 계획을 세우셨을 때 실행 2주 전에만 알려주신다면 괜찮습니다."

나는 원래 2년만 머물면서 학사 학위만 딸 생각으로 이곳에 왔는데(캘커타에서 학부 과정을 어느 정도 밟았기 때문에 2년에 학부 졸업이 가능했다) 처음에는 학부생으로, 그다음에는 대학원생으로, 그다음에는 '프라이즈 펠로우'로, 그다음에는 강사로, 그다음에는 정식 펠로우로, 1953년부터 1963년까지 10년을 머물게 되었고 1963년에 트리니티를 떠난 다음에도 케임브리지에 올 때면 늘 이곳을 근거지로 삼았다.

그리고 트리니티의 그레이트 게이트의 작은 문을 처음 지나간 지 45년 뒤에, 나는 공식적인 복식을 하고서 굳게 닫힌 그레이트 게이트 앞에 다시 서게 된다. 나는 그레이트 게이트의 한쪽에 있는 작은 문을 세 번 노크할 것이고 그러면 관리소장이 작은 문을 열고 이렇게 물을 것이다. "누구십니까?" 나는 끌어낼 수 있는 최대한으로 자신감 있는 말투로 이렇게 대답할 것이다. "새로 부임한 트리니티 칼리지 학장입니다." 그러면 관리소장이 이렇게 물을 것이다. "공식 서신을 가지고 오셨습니까?"(트리니티의 학장으로 임명한다는 여왕의 서신을 말한다.) 나는 "그렇습니다"라고 대답하고 서신을 그에게 건넨다. 관리소장은 나에게 펠로우들이 그레이트 코트에 모두 모여서 내 서류의 진실성을 검토할 것이라고 말하고 작은 문을 닫는다. 서신이 펠로우들에게 넘어가고 그들의 확인을 거치는 동안, 나는 그레이트 게이트 밖에 서서 기다린다. 왕실의 문서가 진짜임이 확인되면 그레이트 게이트의 큰 문이 열리고 부학장이 앞으로 나와 모자를 벗고 나에게 말한다. "환영합니다. 학장님." 그가 펠로우들에게 나를 소개하고(물론 그들 중 많은 수를 나는 이미 알고 있다), 나는 천천히 채플로 들어가 멋진 취임 의례를 이어간다.

펠로우들의 서류 확인이 끝나기를 기다리며 그레이트 게이트 밖에 서 있노라니 1953년 10월에 여기를 처음 지나간 날이 떠오르지 않을 수 없었다(그때는 작은 문으로 들어갔다). 그리고 취임식이 진행되는 채플에서 채플 벽에 새겨진 이름들을 다시 보았다. 이제 전장에서 목숨을 잃은 트리니티 사람들과 나 사이에는 유대가 있었다. 전적으로 불필요한 유럽의 전쟁에서 목숨을 잃은 사람들, 내가 태어나기 한참 전에 내가 있던 곳과는 아주 먼 곳에서 목숨을 잃은 사람들과 말이다.

우리가 가지고 있는 정체성이 다층적이고 복잡하다는 사실은 나와 트리니티와의(그리고 영국과의) 관계가 확장되면서 더욱 분명하게 다가왔다. 나와 트리니티의 관계는 캘커타의 극장 가에 있었던 영국문화원에서 시작되었고, 이것은 봄베이에서 흥분된 마음으로 SS 스트래스네이버호에 오르는 데로 이어졌다. 그리고 트리니티 칼리지의 문을 들어서면서 나는 트리니티와의 관계가 더 깊어졌다는 느낌과 함께 강한 애착과 소속감도 느낄 수 있었다.

17장

친구들과 동아리들

〈1〉

케임브리지에 도착해서 장만한 첫 번째 자산이자 한동안 유일했던 자산은 자전거였다. 프라이오리 가에서 케임브리지 중심가에 있는 트리니티까지 걸어서 가기에는 시간이 너무 오래 걸렸고, 다른 칼리지들에 가서 강의도 듣고 도서관도 가고 친구들도 만나고 정치, 사회, 문화 모임들에 참여하려면 도시 여기저기를 다닐 수단이 필요했다. 내 예산으로는 기어가 있는 자전거를 살 수 없어서 중고 시장에서 기어 없는 단순한 모델을 구입했다. 프라이오리 가의 방으로 돌아오려면 캐슬 힐 언덕을 올라가야 했는데, 이 낡은 기계를 순전히 내 힘으로 굴려 오르막길을 가면 좋은 운동이 될 거라고 스스로를 위안했다.

그 자전거조차 마련하기 전에, 파키스탄에서 온 마붑 울 하크 Mahbub ul Haq를 알게 되었다. 그는 트리니티에서 걸어서 금방인 킹스 칼리지에 있었고, 학기가 막 시작한 시점에 케임브리지에서의 첫 수업을 들으러 가다가 그를 만났다. 맑은 가을날 아침에 나는 조앤 로빈슨Joan Robinson 교수님의 강의를 듣기 위해 킹스 퍼레이드를 따라서 걸음을 재촉하고 있었다. 로빈슨은『불완전경쟁 경제학The Economics of Imperfect Competition』(1933)을 쓴 유명한 여류 경제학자로, 캘커타에서 그 책을 매우 감탄하면서 읽은 적이 있었기 때문에 그분의 강의가 너무 듣고 싶었다. 그런데 우아한 복식을 한 마눕이(정말로 말쑥했다) 서둘러 킹스 퍼레이드를 걸어가고 있는 모습이 보였다. 그도 나처럼 조앤 로빈슨의 강의를 들으러 가는 길이었다.

우리 둘 다 약간 늦었기 때문에 빠른 속도로 걸으며 대화를 나누기 시작했다(다행히 교수님이 더 늦게 오셨다). 1953년 10월에 숨도 제대로 못 고르면서 우연히 시작한 그와의 대화는 평생의 우정으로 이어졌고 우리의 대화는 1998년에 마눕이 갑작스럽게 숨질 때까지 계속되었다. 강의실 밖에서 이야기를 나눌 때(캠 강 옆의 더 백스 공원을 걸으면서, 아니면 그의 방이나 내 방에서 자주 대화를 나누었다) 우리는 주류 경제학에 대해 불평하곤 했다. 왜 주류 경제학은 인간의 삶에 관심을 거의 갖지 않는가? 마눕과 나는 친구로서도 죽이 잘 맞았지만(나중에는 마눕의 에너지 넘치는 아내 바니[카디자]와도 잘 지냈다. 바니는 동파키스탄에서 온 뱅골 사람이었다) 학문적인 관심사도 비슷했다. 마눕의 개척적인 연구는 1990년부터 유엔이『인간개발보고서Human Development Reports』를 펴내는 데로 이어지는데, 경제학이 포괄하는 범위를 넓히려 했던 마눕의 열정이 맺은 결실이다. 그 열정이 학문적, 논리적으로 엄정하게 뒷받침되었음은 물론이다.

스리랑카에서 온 랄 자야와데나Lal Jayawardena도 킹스 칼리지에 있었다. 랄과의 우정도 평생 이어졌으며, 친구로서 잘 맞는 것에 더해 둘 다 경제학적 사고가 닿을 수 있는 범위를 넓히겠다는 목적을 가지고 있어서 우정이 더 깊어졌다. 먼 훗날인 1985년에 랄은 그 목적을 헬싱키에 있는 유엔 대학에 연구소를 세우고 초대 소장으로서 활동을 통해 구체화했다. 한동안 나는 그곳에서 그와 함께 일했고, 그곳에서 일을 시작하기 전에도 랄이 새 연구소 이름 짓는 것을 도왔다. 최종적으로 정해진 이름은 '세계개발경제학연구소World Institute for Development Economics Research'인데 머리글자를 따서 약어로 '와이더WIDER'〔'더 폭넓은'이라는 뜻이 된다〕로 불린다. 이 약어는 랄이 경제학과 사회과학으로 하고자 했던 바를 실로 잘 말해준다. 내가 관여했던 몇몇 글로벌 기관의 활동을 돌아볼 때면 그것을 설립하고 이끈 사람들을 학부 시절에 알게 된 것이 얼마나 행운이었는지 새삼 느끼게 되는데, 마붑과 랄이 특히 그렇다.

첫 몇 주 동안 킹스 칼리지에 자주 간 또 하나의 이유는 이스라엘에서 온 마이클 브루노Michale Bruno를 만나기 위해서였다. 그때는 수학을 공부하고 있었지만 경제학으로 진로를 바꾸었다. 유대인인 그의 가족은 그가 한 살이었던 1933년에 독일을 탈출해 그 후에 벌어진 대학살을 아슬아슬하게 피할 수 있었다. 브루노는 뛰어난 경제학자가 되었고, 이스라엘 중앙은행 총재직을 굉장히 성공적으로 수행한 것을 비롯해 여러 가지 중요한 일을 맡았다. 국제경제학회 회장이었을 때는 용감하게도 이 학회의 국제 콘퍼런스를 아랍 국가인 튀니지에서 개최했다. 유럽과 미국에서도 몇몇 도시들이 개최 제안서를 냈었는데도 말이다. 그도 민주주의적이고 좌파적인 정치적 견해를 가지고 있었으므로 세계의 많은 문제에 대해 우리는 의견이 일치했는데, 팔레스타인의 아랍인들에게 앞으로 어떤 일이 벌어질지에 대한 예상은 일치하지 않았다.

마이클은 평화와 관용에 대한 의지는 강했지만 이스라엘-팔레스타인 상황을 너무 낙관했다. 1940년대에 힌두-무슬림 유혈 사태를 목격한 나로서는 인위적으로 만들어진 정체성 사이에 대치와 분열의 불이 붙으면 얼마나 빨리 적대와 폭력으로 비화하는지를 너무나 잘 알고 있었다. 1950년대에 마이클과 팔레스타인에 대해 말하면서 나는 그의 낙관주의가 옳다고 판명되기를 바랐고, 훗날 나의 비관주의가 옳았다고 판명된 것이 전혀 기쁘지 않았다.

⟨2⟩

트리니티 칼리지 밖의 사람들도 많이 사귀었지만 1년 차 때 자주 어울린 친구들은 주로 트리니티 칼리지 학생들이었다. 우선 흥미로운 수학 전공 학생들이 있었는데, 특히 남아프리카 공화국에서 온 데이비드 엡스타인David Epstein과 앨런 헤이스Allan Hayes와 즐거운 대화를 나누었다. 역사학과에도 친한 친구들이 있었고, 특히 사이먼 딕비Simon Digby와 친했다. 그는 나중에 이슬람 연구 분야의 저명한 학자가 되며 인도와 파키스탄에서 많은 존경을 받는다(그의 할아버지 윌리엄 딕비William Digby도 인도에서 빈곤을 일으킨 데 대해 영국 통치 체제를 맹비난한 것으로 유명했다). 또한 거의 도착하자마자 알게 된 이언 해킹Ian Hacking과도 평생 우정이 이어졌는데, 그는 나중에 저명한 철학자가 된다.

나는 트리니티에 새로 온 일군의 외국인 학생들과 자주 어울렸다. 노르웨이에서 온 살베 살베센Salve Salvesen, 필리핀에서 온 호세 로메로Jose Romero, 일본에서 온 오카자키 히사히코岡崎久彦(우리는 '차코'라고 불렀다) 등이 정기적으로 모여 활발히 대화를 나누었고, 이중 딱히 조용한 타입인 사람은 아무도 없었다. 또 다들 자신의 학업에는, 가장 완화해서 말하자면, 굉장히 열중하는 편이라고는 말할 수 없었는데(아마도 차코만 예외였을 것이다), 이 분위기도 내게 잘 맞았다. 우리는 크고 작게 모여 대화하면서 많은 시간을 보냈고, 때때로 우리보다 1년 먼저 온 태국인 아난 빠야라춘Anand Panyarachun도 합류했다. 빠야라춘은 훗날 지극히 뛰어난 사상가로 명성을 날린다.

훗날 이들 모두 굉장히 성공적인 커리어를 구가했다. 아난은 태국 총리를 두 번이나 지냈다. 차코는 저명한 외교관으로 일본의 외교를 이끌었고 은퇴 후에는 도쿄에서 그의 이름을 딴 '오카자키 연구소'의 소장이 되었다. 호세 로메로는 대사가 되었다. 내가 트리니티의 학장이 되었을 때 학장 숙소로 나를 찾아온 로메로는 트리니티에서의 내 새로운 역할에 잘 적응이 안 된다고 했다("규칙과 규정에 대한 회의주의는 다 어디로 간 거야?"). 로메로는 공식적으로 은퇴한 뒤에도 교육, 커뮤니케이션, 사회 활동과 관련해 필리핀의 여러 기관에서 활발하게 활동했다.

1953년 시점에 2차 대전은 모두의 마음속에 여전히 생생했고 아시아 친구들 사이에서, 가령 필리핀인과 일본인 사이에서 2차 대전에 대한 관점은 상당히 달랐다. 물론 놀랄 일은 아니다. 차코는 우리 친구들 사이에서 '보수주의자'로 통했다. 하지만 나는 전후에 미군정하에 들어간 일본에서 '보수주의'가 무엇을 의미하는지 명확히 알기 어려웠다. 우리가 트리니티 칼리지의 학부생 휴게실에서 처음으로 긴 대화를 나누었을 때 차코는 일본 전범에 대한 극동국제군사재판에 판사로 참여했던 인도 판사 라다비노드 팔 Radhabinod Pal의 반대 의견에 대해 아느냐고 물었다.

인도에서 상당히 논쟁이 일었기 때문에 나는 팔 판사의 반대 의견을 잘 알고 있었다. 팔 판사는 그 재판에 참여한 판사들 중에서 유일하게(프랑스와 네덜란드 판사가 그의 의견 중 일부에 공감을 표하기는 했지만) A급 전쟁 범죄 기소 내용 대부분에 대해 피고들의 유죄가 성립되지 않는다고 판단했다. 팔은 이긴 쪽이 "사후적으로" 규정한 별도의 "A급" 전쟁 범죄 혐의를 걸어 진 쪽의 군사 지도자를 재판하는 이 법정 자체의 정당성에 문제를 제기했다. 그는 난징 대학살 등 일본이 저지른 몇몇 행동이 끔찍한 만행이었다는 것은 부정하지 않았고 일본군이 "악마적이고 사악했다"고도 표현했다. 하지만 그는 이러한 행위가 대부분의 전쟁에서와 공통되는 '일반적인 전쟁 범죄' 범주로 다루어져야 한다고 보았다. 또한 그는 연합군이 히로시마와 나가사키에 원폭을 투하한 것도 심각한 전쟁 범죄라고 생각했다.

팔 판사의 반대 의견은 인도 독립 직전인 1946년에 나왔고 영국령 인도제국의 황혼기에 즉시 유통이 금지되었다. 전체가 다 출간된 것은 브리티시 라지 통치가 끝난 다음이었다. 전체를 다 읽어본 적은 없지만(전체 분량이 1235페이지에 달해서 포기하고 요약만 보기로 했다), 캘커타에서 대학을 다니던 시절에 팔 판사의 반대 의견은 언론 보도를 통해 주요 내용이 알려져 있었고 칼리지 가의 커피하우스에서 열띤 논쟁이 벌어지곤 했다. 차코는 내가 팔 판사의 주장을 알고 있어서 놀랍고 반갑다고 했다. 하지만 나는 팔 판사의 의견 중 연합군이 히로시마와 나가사키에서 저지른 일의 범죄성 등 일부 내용에 대해서만 동의할 뿐이라고 말해야 했다.

팔 판사의 반대 의견에 대한 기억이 그때까지도 내게 생생했다면, 인도에서 그것이 매우 논쟁적이고 분열을 일으키는 주제였기 때문이었을 것이다. 인도 사람들은 일본이 아시아의 강대국으로 부상해 유럽의 식민주의자에 대적하는 것을 반겼다. 또한 네타지 수바스 찬드라 보스가 영국령 인도군으로 징발되었다가 일본에 포로로 잡혔던 사람들을 규합해 결성한 인도국민군은 일본 편에서 싸웠지만 인도 사람들의 정치적 상상 일각에서는 [영국에 맞선 독립군으로서] 긍정적으로 여겨지고 있었다. 마지막으로, 연합군이 일본에 원폭을 투하한 것은 대부분의 인도인에게 두렵고 경악스러운 일이었다.

일본인들도 팔 판사의 반대 의견을 진지하게 받아들였다. 1953년에는 팔 판사의 의견에 대한 지지가 가시적으로 많이 이야기되지 않았지만 1966년에는 일왕이 그에게 서보장瑞宝章을 수여했고 현재 일본에 있는 두 신사(야스쿠니 신사와 교토의 료젠고코쿠 신사)에 그의 기념물이 세워져 있다. 또한 2007년에는 아베 신조 총리가 인도를 방문했을 때 캘커타에서의 하루 일정 중에 팔 판사의 아들 프라산타(그도 저명한 변호사였다)를 만났다.

차코와 나는 학구적인 이야기(가령 간혹 오해되는 바와 달리 불교가 중국을 통해서가 아니라 한국을 통해서 일본에 전파되었다는 이야기)와 시시콜콜한 이야기(아는 사람들에 대한 품평 같은 것) 모두 포함해 다른 주제에 대해서도 많은 이야기를 나누었다. 그때 차코는 외교관으로서의 경력을 시작한 초창기였는데, 나는 그가 민족주의적인 관점을 견지하기는 하겠지만 날카로운 지성을 동원해 업무를 수행하리라는 데 의심이 없었다.

⟨3⟩

노르웨이에서 온 살베 살베센은 유머 감각이 뛰어나서 그와의 대화는 예외 없이 재미있었고 때로는 큰 교훈을 주기도 했다. 그는 학업에는 놀라울 정도로 시간을 적게 쏟았고(학업에 치중하는 것이 '책벌레'의 바보짓이라고 생각했다), 본인 전공인 경제학을 그닥 즐기지 못하고 있었다. 한번은 아들을 보러 온 살베의 어머니(성함은 실비아Sylvia였다)가 우리를 근사한 레스토랑으로 데리고 가서 맛있는 저녁을 사주셨다. 칼리지 구내식당과 어찌나 대비되던지! 실비아에게 우리는 정말 재미있는 이야기를 많이 들었다. 살베센 집안은 노르웨이 사회의 최상류층이었고 왕실과도 가까웠다. 하지만 실비아의 정치 활동은 급진주의적이고 용감했으며, 이는 2차 대전 동안 나치가 노르웨이를 점령했을 때 두려움 없는 저항 운동으로 표출되었다. 실비아는 독일의 점령에 맞서 싸우다가 자주 체포되었는데, 마지막으로 체포되었을 때는 함부르크를 지나 독일의 라벤스브뤼크 수용소로 보내졌다고 한다. 천만다행으로 그곳에서 살아남았고 함부르크에서 라벤스브뤼크 재판이 열렸을 때 증인이 되어 전쟁 말기의 범죄에 대해 증언할 수 있었다.

나는 그날 들었던 이야기가 실린 실비아의 저서 『용서하되 잊지는 말라Forgive—But Do Not Forget』를 찾아서 읽어보았고 크게 감동받았다. 이 책은 평범한 사람들의 삶을 끔찍한 공포에 빠트린 과거의 가해자를 어떻게 다룰 것인가와 관련해 매우 현명한 논의를 담고 있었다. 직접적인 비교는 불가능하지만 실비아의 사상은 브리티시 라지의 제국주의적 통치가 끝난 뒤의 인도에도 시사점이 있었다. 1950년대가 인도와 (과거의 식민 지배 세력) 영국이 관계를 재구축하기 시작하던 때였기 때문이다. 또한 나중에 나는 아파르트헤이트 이후에 남아프리카 공화국이 넬슨 만델라와 데스몬드 투투의 리더십하에서 취한 방향성에도 실비아의 사상과 공명하는 점이 (심지어 더) 많다는 것을 알 수 있었다.

반나치 운동을 하던 동안에 실비아 살베센이 사회주의자는 아니었고 전후에도 사회주의 사상이 노르웨이에 영향을 미치는 것을 굉장히 우려했다. 실비아는 "아들을 노르웨이 사회주의자로부터 멀리 떼어놓으려고 안전하게 귀족적인 트리니티 칼리지에 보냈더니만 영국 공산당의 누군가가 아들을 가르치고 있다"며 크게 웃었다. 이 이야기를 모리스 돕에게 했더니 매우 재미있어하면서 이렇게 말했다. "실비아에게 나와 살베가 표준적인 신고전파 경제학을 논의하고 있다는 사실을 분명히 알려드려야겠구먼."

〈4〉

트리니티에서의 학생 시절에 가장 친한 친했던 친구를 꼽으라면 단연 마이클 니컬슨Michael Nicholson이다. 그와는 1년 차 때 만났고 2년 차 때 훨씬 더 친해졌다. 친근한 성격과 뛰어난 지성도 너무 좋았지만, 무엇보다 나는 마이클의 인본주의와 보편주의에 감동받았다. 둘 다 학부생이던 시절에 우리는 공통의 관심사에 대해 많은 이야기를 나누었고, 행복하게도 그와의 교류는 이후 수십 년간 지속되었다. 나중에 그는 분쟁의 원천과 속성에 대한 심도 있는 분석을 통해 국가 간, 집단 간 분쟁의 해결 방법을 찾는 연구로 저명한 국제관계학자가 된다. 1998년 초에 내가 트리니티 학장이 된 뒤 그가 학장실로 찾아와서 너무 기뻤다. 그 이후로도 몇 차례 더 찾아왔는데, 슬프게도 마지막으로 학장실에서 만나고 얼마 지나지 않은 2001년에 암으로 갑작스럽게 사망했다.

마이클도 나처럼 종교가 없었지만, 요크셔 주 베벌리의 독실한 그리스도교 집안 출신이었다. 나는 베벌리의 유명한 성공회 대성당 근처에 있는 그의 집에 놀러간 적이 있는데, 부모님이 너무나 친절하셨고 그리스도교의 인본주의가 얼마나 감동적이고 깊은 통찰을 줄 수 있는지 그분들을 보니 너무나 잘 알 것 같았다. 다만, 마이클의 부모님이 독실한 종교인이셨다는 점의 한 가지 부작용으로, 베벌리에도 술집이 있었지만 마이클은 술을 마실 때마다 나를 옆 동네로 데려가야 했다. 나는 그렇게 멋진 부모를 두는 것에 대해 이 정도는 큰 비용이 아니라고 생각했다. 마이클의 부모님은 마음에서 우러나는 따뜻함을 가지고 계셨고, 만나는 모든 사람에게, 아니 사실은 세계의 많은 사람에게, 강한 공감과 연민을 느끼셨다. 그리고 마이클의 어머니는 내가 먹어본 중 최고의 요크셔 푸딩을 만들어주셨다. 물론 코스 요리의 본 식사가 나오기 전에 먼저 먹었다[요크셔 푸딩은 먹을 게 넉넉하지 않았던 시절에 본 요리 전에 미리 배를 채우기 위해 먹기 시작했다는 유래가 있다.—옮긴이].

트리니티 시절에 매우 가까웠던 또 다른 친구로 이탈리아에서 온 마르크스주의자 피에란젤로 가레냐니Pierangelo Garegnani가 있다. 그는 피에로 스라파 밑에서 공부하기 위해 트리니티에 왔고, 나와 비슷한 시기에 왔지만 학부생으로 온 나와 달리 그는 대학원생이었다. 나도 이탈리아 마르크스주의에 대해 관심이 많았기 때문에 우리는 이야기를 많이 나누었다. 피에란젤로는 그람시를 추종했고 그 헌신을 다소 가톨릭적 방식으로 드러냈다. 마치 그람시가 자신의 사도가 연구하는 모습을 지켜보고 있는 것처럼 그람시의 사진을 책상 앞에 붙여놓은 것이다. 나도 스라파를 너무나 존경했지만 피에란젤로는 그 이상이었다. 그는 스라파의 경제학에 대해서는 어떤 비판에도 일절 동의하지 않았다. 그 비판이 역시 스라파를 막대하게 존경하는 사람에게서 제기된 것일 때(가령 내가 스라파에 대해 약간의 비판을 제기했을 때)도 그랬다.

루이지 파시네티Luigi Pasinetti와의 우정도 빼놓을 수 없다. 그는 원래 옥스퍼드에서 공부하다가 나보다 약간 나중에 케임브리지에 도착했다. 그와 나는 지금까지도 가까운 사이다. 그는 자본 이론과 경제성장론에 주된 기여를 했으며 신케인즈주의 경제학을 크게 발달시켰다. 신케인즈주의는 케인즈의 개념으로부터 시작되었지만 케인즈 본인의 아이디어에서 훨씬 더 멀리 나갔다. 파시네티는 마르크스의 사상에 관심이 있었지만(당시 대부분의 이탈리아 경제학자가 그랬다) 어느 면으로 보아도 마르크스주의자는 아니었다. 또한 그는 명백히 스라파에게 영향을 받았고 더 많은 사람들이 스라파의 경제학을 이해할 수 있게 하는 데도 많은 기여를 했다(스라파의 경제학에 대해서는 뒤에서 설명할 것이다).

⟨5⟩

또 다른 이탈리아 경제학자 니노 안드레아타Nino Andreatta(베니아미노)는 스라파주의자도 마르크스주의자도 심지어 케인지언도 아니었다. 그는 방문학자로 케임브리지에 와 있었는데, 더 전통적인 주류 경제학을 추구했다. 정치적으로도 활발해서 나중에 이탈리아의 중도 우파 정부에서 고위 각료가 되고 더 나중에는 이탈리아의 중도파 총리 엔리코 레타Enrico Letta의 정책에 많은 영감을 주게 된다. 그는 1996년에 로마노 프로디Romano Prodi와 함께 중도파-좌파 연합인 '올리브 동맹'이 결성되는 데 핵심 기획자였고, 베를루스코니가 권력자로 부상하는 것을 막으려고 노력했다.

나는 니노와 나누었던 대화를 따뜻하게 기억하고 있다. 그는 좌파적 대의에 공감했지만 그것 자체는 너무 경직적이라고 생각했다. 유머 감각이 풍부했던 그는 이러한 의구심을 늘 재미있는 일화로 설명하곤 했다. 또한 인도에도 관심이 아주 많아서, 나중에 자와할랄 네루의 계획위원회에 자문을 하기 위해 MIT를 대표해 인도를 방문하기도 했다.

그가 델리에 왔을 때도 우리는 계속 만났다. 내가 그에게 인도의 가내 하인들이 그가 보기에는 너무 굴종적으로 보일 수 있을 거라고 했더니, 잔뼈 굵은 우상 파괴자답게 내 생각에도 의구심을 적용했다. "늘 그렇지만, 네가 틀렸어, 아마르티아." 며칠 뒤에 니노는 [내가 틀렸다는 사실을] "하인들이 지내는 방에 호출 벨을 설치하려고 했을 때 확인할 수 있었다"며 이렇게 말했다. "지아나[니노의 아내]와 내가 밖에 나간 동안 설치가 끝날 예정이었어. 집에 돌아와서 전기 작업이 다 마무리되었냐고 물었더니, 전기공이 원래 하라고 한 것도 완료했고 그것 말고도 더 했다는 거야." 알고 봤더니, 하인인 프라딥의 요청으로 하인이 벨을 누르면 안드레아타 부부가 쓰는 거실에 울리도록 호출 벨이 추가로 설치되었다는 것이었다. 프라딥은 니노의 아내에게 이렇게 말했다고 한다. "마님, 이거 정말 편리합니다. 마님이 저를 부를 일이 있으시면 거실에서 흰 벨을 누르시고요, 제가 마님에게 드릴 말씀이 있으면 제 방에 있는 흰 벨을 누르는 거예요." 나는 내 친구 니노가 엄청나게 출세한 다음에도 여전히 유머 감각을 잃지 않았다는 것을 확인해서 기뻤고, 그가 해준 호출 벨 두 개 이야기가 변화하고 있는 인도의 미래에 대해 희망을 보여준다고 느껴져서도 기뻤다.

⟨6⟩

내가 학부생이던 시절에 남아시아 사람들은 케임브리지에서 꽤 두드러진 그룹을 형성하고 있었다. 나는 캘커타에서 케임브리지의 인도인 학생 두 명을 (그들이 캘커타에 방문했을 때) 이미 만난 적이 있었다. 프랄라드 바수와 디팍 마줌다르Dipak Mazumdar(하판)인데, 그들은 나보다 한 해 먼저 케임브리지에 왔다. 나는 도착하자마자 그들을 찾아갔고 두 사람 모두와 친한 친구가 되었다. 프랄라드는 나중에 행정 쪽으로 진출해 인도의 저명한 공직자가 된다. 디팍은 나처럼 학계에 남았고 우리는 1970년대에 런던 정경대학에 같이 재직하기도 했다. 나는 디팍 부부와 자주 만났는데, 디팍의 아내 폴린은 의학 연구자였고 우아한 유머 감각을 가지고 있었다.

또한 나는 많은 인도인과 파키스탄인을 새로 알게 되었고 그들과 주로 저녁 시간에 캠퍼스에서 자주 만났다. 나중에 프랄라드와 결혼하는 아파르나 메흐타Aparna Mehta와는 가족이나 다름없는 든든한 친구가 되었다. 메흐타는 어린 시절에 캘커타에서 살았던 적이 있어서 벵골어를 잘했다. 우리는 자주 서로에게 문제를 털어놓고 상담했다. 친구들은 우리를 '상호 존중의 2인조 회합'이라고 불렀다. '상호 조언의 회합'이라고 부르는 것이 더 정확한 표현 같지만 말이다.

잘 알게 된 또 다른 인도인으로는 영민한 법학도이던 디판카르 고시Dipankar Ghosh가 있다. 그의 아버지 드와카나트 고시Dwarkanath Ghosh는 인도의 저명한 경제학자였다. 그의 집안은 알고 있었지만 디판카르 본인은 케임브리지에 오고서야 만나게 되었다. 캘커타에서 그는 나의 교육적 배경에서 얻을 수 있는 정도보다 훨씬 영어를 잘하는 학생들이 많이 가던 라 마르티니에르 칼리지에 다녔다. 나는 학기 첫날 그를 찾아갔고 우리는 트리니티의 그레이트 게이트 맞은편께에 있는 인도-파키스탄 식당에서 밥을 먹었다(식당 이름은 당연히 '타지마할'이었다). 디판카르는 케임브리지에서 뛰어난 법학도로 이름을 날리고 있었는데, 대체 언제 공부를 하는지가 정말 미스터리였다. 우리는 함께 아는 친구가 많았고 꽤 자주 같이 만났다.

저명한 인도 경제학자의 아들인 딜립 아다카르Dilip Adarkar도 이 그룹에 속해 있었다. 2년 차가 되기 전에는 그를 만나지 못했지만 2년 차와 3년 차 시기에 빠르게 친해졌다. 그때 우리는 많은 것을 함께 했는데, 그중 하나는 노르웨이, 스웨덴, 덴마크, 독일, 네덜란드로 여행을 간 것이었다. 1961년 여름에 나와 아내 나바니타가 스탠퍼드를 방문하게 되었을 때도 그와의 우정에 의지할 수 있었다. 그때 딜립과 그의 아내 치트라는 스탠퍼드에서 대학원 과정을 마쳐가는 중이었다.

〔이들은 케임브리지의 다른 칼리지에 속해 있었고〕 트리니티 칼리지에도 내가 잘 아는 인도 사람들이 있었다. 특히 쿠마르 샨카르다스Kumar Shankardass와 친했는데, 훗날 그는 델리에서 대법원에서 변론하는 변호사가 되며 1980년대에는 세계변호사협회 회장도 지냈다. 그는 내내 나와 가까운 친구였다. 사미르 무케르지Samir Mukherjee와는 당시 도시 곳곳에 있는 재즈 클럽에서 재즈를 들으며 많은 시간을 보냈다. 그와 마지막으로 이야기를 나눈 것은 캘커타에서였는데(한 20년쯤 전일 것이다), 소아마비성 질환에 걸렸다가 회복되고 나서는 주로 캘커타의 극장에서 상연될 좌파적 연극을 쓰고 있다고 했다. 그가 영국화된 상류층 기업가 집안 출신임을 생각할 때 놀라운 일이었다. 그의 형 프라비르도 트리니티에 있었는데(그 역시 사람 좋고 유쾌한 인물이었다), 그는 우리가 논의한 모든 정치적 개념에 대해 회의적이었다.

〈7〉

당시에 케임브리지에서 인도인과 파키스탄인은 서로 매우 잘 지냈다. '인도 소사이어티'나 '파키스탄 소사이어티'는 별도로 없었지만 융성하던 '마즐리스Majlis'가 있었다. 페르시아어로 모임, 회합이라는 뜻인데, 모든 남아시아 사람을 환영했다. 내 친한 친구들 중 동파키스탄(나중에는 방글라데시) 출신의 레흐만 소반, 서파키스탄 출신인 마붑 울 하크와 아리프 이프테카르Arif Iftekhar(내가 본 중 가장 뛰어난 논쟁가일 것이다) 등 다수가 여기에 속해 있었다. 2년 차 때 마즐리스는 내 삶의 중심이 되었고 나는 레흐만을 따라 그가 회장일 때 재정 담당(영문 직함은 'Treasury'였다. 존재하지 않는 보물treasure을 지키는 금고 담당이었달까)을 맡았다가 그다음에는 그의 후임으로 회장이 되었다. 레흐만은 나의 가장 친한 평생지기가 되는데, 1950년대 중반에 우리가 늘 붙어다니면서 친해지는 데는 마즐리스가 지대한 공헌을 했다.

우리는 옥스퍼드 마즐리스에서 옥스퍼드-케임브리지 합동 모임을 몇 차례 열었다. 그중 하나에서 레흐만과 나는 옥스퍼드 팀과 벌이는 토론 대회에 참여했다. 주제는 냉전이었고 옥스퍼드의 대표는 법학도이자 나중에 방글라데시 건국에 매우 적극적인 역할을 하게 되는 카말 호사인이었다. 그는 1971년에 수립된 방글라데시 정부에서 초대 외무장관이 된다. 나중에 카말은 나에게 케임브리지 마즐리스에서 맹렬한 좌파 연사 두 명이 온다는 말을 듣고 단단히 준비를 했는데 레흐만과 내가 그리 맹렬한 연사가 아니어서 다소 실망했다고 말했다.

⟨8⟩

케임브리지 마즐리스는 매년 10월이면 새로 온 학생을 가입시키기 위해 맹렬한 홍보 활동을 전개했다. 레흐만은 어떤 남아시아 출신 신입생이라도 눈에 띄면 즉시 이야기할 수 있도록 완벽하게 모임 소개말을 준비해두었다. 1955년 10월에 파키스탄에서 인상적인 여학생 살마 이크라물라Salma Ikramullah가 뉴넘 칼리지에 도착했을 때 레흐만은 살마가 마즐리스에 들어오게 하는 데 이례적으로 큰 관심을 보였다. 그는 용기를 그러모아서 마즐리스에 들어오라고 살마를 설득하러 가는 길인데 나더러 같이 가자고 했다. 레흐만이 남아시아 학생이 케임브리지에 오면 곧바로 마즐리스에 들어와야 하는 이유에 대해 수없이 연습한 일장 연설을 하면서 그렇지 않으면 문화적, 정치적으로 빈약한 삶을 살게 될 거라고 하자, 살마는 미소를 지었다. 레흐만이 애쓰는 동안 살마는 재밌게 듣긴 했지만 그리 설득되는 것 같지는 않았다. 살마의 눈에 흥미롭지만 미심쩍어하는 낌새가 비쳤다. 하지만 어쨌든 마즐리스에 가입은 하겠다고 했다.

그날의 만남이 레흐만 자신의 삶과 아대륙 및 전 세계 수많은 사람들의 삶에 얼마나 기념비적인 순간이었는지 그때는 미처 몰랐다. 살마는 나중에 레흐만과 결혼하며, 그와 함께 케임브리지의 작은 모임인 마즐리스의 범위를 훨씬 넘는 큰일을 하게 된다. 살마는 전반적으로는 사회적 불평등에 대해, 구체적으로는 젠더 불평등에 대해 싸우기로 결심하고 개척적인 인권 활동가가 되어 방글라데시에서 진보적 대의를 크게 진전시켰다. 살마는 엄청나게 존경받는 다카 대학 법학부 교수로서 인권(여성의 권리도 포함해서)의 중요성과 관련해 광범위한 영향력을 갖는 이론적 개념들을 발달시켰다. 그와 더불어, 현실에서 사회적 불의에 맞서 싸우는 실천적인 방법에 대해서도 많은 아이디어를 가지고 있었다. 또한 살마는 방글라데시를 비롯해 많은 지역의 사회적 불평등을 젠더 관점과 페미니즘적 시각에서 이해하는 데도 큰 영향을 미쳤다. 살마가 세운 여러 중요한 기관 중 하나인 '아인 오 살리시 켄드라Ain O Salish Kendra'(법과 사법적 교정 센터)는 젠더 불평등과 관련해 일반적인 방식으로는 법적 지원을 거의 받지 못하는 사람들의 권리를 위해 싸운다.

이러한 활동의 기저에는 박탈의 근원에 대한 깊은 학문적 분석이 있었다. 공식적으로 인정되는 권리 자체가 매우 적은 사람들을 보호하려면 물론 입법이 필요하지만, 존재하는 법률조차 어떤 사람들에게는 문맹이나 극빈곤 등의 장애물 때문에 도움이 되지 못할 수 있다. 그 때문에 가난한 사람들은 법이 있어도 법의 보호를 받지 못한다. 법이 말하는 바를 읽지 못한다면 그것을 사용하는 데 장벽이 있을 수밖에 없다. 술타나 카말Sultana Kamal, 하미다 호사인Hameeda Hossain 등 이러한 대의에 매우 헌신적이었던 동료들과 함께 살마는 인권 침해에 저항하고 사회에서 가장 불리한 위치에 놓인 사람들의 권리를 옹호하는 일에 대해 종합적인 접근의 토대를 놓았다. 살마는 2003년 12월에 갑자기 사망했지만, '아인 오 살리시 켄드라'는 학문적인 연구와 실용적인 실천을 이어가면서 살마의 비전과 운동이 남긴 영구적인 유산이 되었다.

⟨9⟩

2년 차가 시작되었을 때 경제학과의 클레어 로이스Claire Royce를 알게 되었다. 당시 다우닝 가에 있었던 경제학과 도서관인 마셜 도서관에서 클레어의 외모와 지성은 매우 눈에 띄었다. 나는 도서관 건물 밖에서, 또 커피를 마시면서 클레어와 즐거운 대화를 많이 나뉘었고, 내 친구 마이클 니컬슨이 클레어를 짝사랑하고 있다는 것도 알고 있었다. 처음 만나고 얼마 안 되어서 클레어가 나에게 명절에 계획이 있느냐고 물으면서 없다면 코번트리에 있는 자신의 가족과 시간을 보내겠냐고 하길래 나는 기쁘게 초대에 응했다. 클레어의 남자친구 베브 풀리Bev Pooley도 올 예정이었고, 남아프리카 공화국에서 온 켄 폴락Ken Pollak과 내 친구 랄 자야와데나도 초대를 받았다. 우리는 꽤 코즈모폴리턴적인 그룹이었다. 엄청나게 활기차고 매력적인 클레어의 여동생 다이애나도 있었다.

나는 영국 크리스마스의 불빛과 소리에 익숙했지만 그것의 유쾌하고 재미있는 측면은 잘 모르고 있었는데, 그 부분을 코번트리에서 채울 수 있었다. 클레어의 부모님 헨리와 엘리너는 굉장히 따뜻하게 우리를 맞아주셨고 대화 상대로서도 너무 좋은 분들이셨다. 인도에도 관심이 많으셨고 집에서 멀리 떨어져서 지내는 게 어떤지에도 관심을 보여주셨다. 나는 로이스의 본가에서 굉장히 편하게 머물 수 있었고 굉장히 즐거운 명절을 보냈다.

랄 자야와데나와는 물론 이미 아는 사이였지만 로이스의 집에서 그와 삶과 관심사에 대해 더 편하게 이야기할 수 있었다. 랄은 좌파가 되는 것에 '관심이 많았다'. 이렇게밖에 표현하지 못할 것 같은데, 그가 물려받은 본능이나 삶의 방식에는 좌파적인 면모가 있기 어려워 보였기 때문이다. 그는 콜롬보의 매우 부유하고 성공한 은행 가문 출신이었고 엄청난 부자 동네인 콜롬보 7구역의 매우 큰 집에서 자랐다. 하지만 그의 인본주의와 평등주의는 계속해서 그를 다른 방향으로 끌어당기고 있었다. 그리고 이 시점에 마르크스에 대해 흥미로운 글을 쓰고 있었다. 지금 기억하기로는 제목이 '마르크스—많은 비방에 시달린 사람Marx—a Much Maligned

Man'이었던 것 같다. 나중에 그는 정치적 열정과 눈부신 아름다움이 결합된 좌파 지식인이자 정치 활동가 쿠마리와 결혼한다.

그때 코번트리에서 랄은 자신이 꿈을 영어로 꾸는데 왠지 스리랑카 사람들에게서 멀어지는 것 같아 속상하다고 했다. 그리고 내게 "어떤 언어로 꿈을 꾸느냐"고 물었다. 내가 "대부분은 벵골어"라고 하자 그가 "나도 그랬으면 좋겠어"라고 말했다. 내가 "안 될걸? 너는 벵골어를 모르잖아"라고 했더니 랄은 이렇게 말했다. "내 말은, 싱할라어 말야. 하지만 쉽지 않아. 꿈을 통제할 수는 없으니까." 1980년대에 랄은 헬싱키에 세워진 '세계개발경제학 연구소WIDER'의 초대 소장을 맡았고, 중요한 글로벌 어젠다와 관련해 개발경제학 연구에 도약을 가져왔다. 그의 관심사와 열정은 평등에 대한 헌신과 의지에서 나오는 것이었고, 이러한 주제들에 대해 그와 함께 일할 수 있었다는 사실이 영광스럽다. 우리는 2004년에 그가 숨질 때까지 평생지기였다.

코번트리에서 크리스마스 명절을 보내고서 클레어의 동생 다이애나 로이스와도 친해졌고 다이애나가 케임브리지를 방문하기도 했다. 우리는 친밀한 우정을 즐겼고 그 친밀함은 많은 방식으로 나의 삶을 풍성하게 해주었다. 다이애나는 나중에 지역의 보수당 정치에 관여하게 되지만, 사회적 대의를 위해 자신의 전문성을 활용해 봉사하는 자원 활동에 대부분의 시간을 썼다. 트리니티의 내 친구 존 브래드필드John Bradfield가 내게 케임브리지의 아덴브룩 병원 개혁에 다이애나가 크게 일조했다고 알려주었다. 다이애나가 보수당 정치인이 된 것은 놀라웠지만(적어도 내게는 그랬다) 일반적인 의미에서 사회적 후생에, 구체적인 영역에서 의료적 돌봄에 계속 관심을 기울였다는 것은 놀랍지 않았다. 다이애나는 케임브리지에서 가장 사람 좋은 인물로 통하던 조지 애벗George Abbott과 결혼했다. 애벗은 케임브리지에서 공부를 마치고 나서 케임브리지 중심가에 작지만 친근한 여행사를 세웠다.

클레어와는 계속 친한 친구로 지냈고 클레어의 다채로운 인생의 여러 국면에서 내가 중요한 역할을 하기도 했다. 가령, 삶이 꼬였을 때 조언을 해주는 '엄한 삼촌' 역할을 했다. 하지만 뭐니 뭐니 해도 내가 클레어의 삶에 가장 크게 도움을 준 것이라면, 클레어가 나를 통해 루이지 스파벤타Luigi Spaventa를 만나게 되었다는 점일 것이다. 놀랍도록 뛰어난 경제학자인 루이지는 내 첫 대학원생이었다(나는 이 점을 매우 자랑스럽게 생각하고 있다). 1957년에 그가 로마의 라사피엔자 대학에서 공부를 하고서 케임브리지 대학원에 진학했을 때 나는 트리니티의 프라이즈 펠로우였다. 그 다음해에 캘커타에 있다가 트리니티로 돌아왔을 때 내 연구를 하는 것 외에 강의도 몇 개 맡게 되었는데, 그때 루이지가 내게 지도교수가 되어달라고 했다. 그는 이탈리아 남부의 '메조조르노Mezzogiorno'라고 불리는 가난한 지역의 빈곤 문제에 관심이 있었다. 그와 나는 나이 차이가 그리 많지 않았고 내가 그에게 가르칠 것이 얼마나 있었는지는 모르겠다. 아무튼 그와 논의하면서 내가 그에게 가르치는 것 이상으로 나도 그에게서 많은 것(경제학, 철학, 이탈리아 와인, 유럽의 사회 문제 등등)을 배웠다. 하지만 루이지는 케임브리지에 박사 논문을 제출하지 않기로 했다. 약간만 더 노력했으면 충분히 작성할 수 있었을 텐데, 그는 "이탈리아에서는 내게 그리 소용이 없을 것 같다"고 했다. 그는 여러 이탈리아 대학에서 교수로 일했고(이탈리아의 고등교육 시스템에서는 여러 대학에서 강의를 거치는 경우가 많다) 로마의 모교에서 교수가 되었다. 나중에는

415

정치적으로도 활발한 활동을 벌였고 1976년부터 1983년까지 이탈리아의 공산당 의원을 지냈다(공산당은 이 시기에 좌파민주당이 된다). 또한 한때 각료도 지냈으며 기업 활동을 감독하고 증권거래소를 규제하는 정부 기관 CONSOB[이탈리아 증권감독위원회] 위원장 등 경제 분야의 여러 공직도 맡았다.

1960년(연도가 아주 확실하지는 않다)의 어느 날 아침에 클레어가 트리니티의 뉴코트에 있는 내 연구실에 들렀다. 캠 강이 굽어보이는 연구실에서 그때 나는 루이지의 연구를 지도하고 있었다(적어도 지도하는 척을 하고 있었다). 딱 보기에도 두 사람이 서로 한눈에 반한 것이 분명했는데 둘 다 처음에는 이를 인정하지 않았다. 클레어가 떠나자 루이지는 "너무 반듯한 영국 여성" 어쩌고저쩌고하며 투덜댔고, 얼마 뒤에 클레어도 내 친구가 "너무 '바르게' 행동하고 너무 아는 것이 많다"며 "겨드랑이에 『맨체스터 가디언』을 끼고 태어난 모양"이라고 비슷하게 투덜댔다. 1년쯤 뒤 그들이 결혼할 거라고 말해서 나는 유쾌하게 놀랐다. 그들은 결혼했고 상호 보완적이고 상호 지원적인 관계로 오래오래 멋진 삶을 살았다.

⟨10⟩

새로 사귄 인연 중에는 내 질병 때문에 알게 된 사람들도 있었다. 나는 구강암으로 매우 많은 양의 방사선을 조사하는 치료를 받은 지 불과 1년 만에 케임브리지로 와야 했다. 암이 재발할 가능성도 높았고 방사선 조사로 인한 후유증 위험도 높았다. 캘커타에서 나를 치료한 치타란잔 병원은 운영이 꽤나 무질서해서 케임브리지로 가져올 병원 기록을 뗄 수 없었다. 여러 해 뒤에 무엇이건 그 병원이 가지고 있는 내 진단 기록과 치료 기록을 달라고 했는데 기록을 찾을 수 없다는 말을 들었다.

다행히도 아버지는 매우 체계적인 분이셔서 진단, 의료적 처치, 그리고 채택은 되지 않았으나 논의되었던 다른 처치 방법까지 꼼꼼히 기록해둔 수많은 페이지의 노트를 가지고 계셨다. 무엇보다, 방사선이 정확히 얼마나 조사되었는지, 그리고 방사선 치료 이후에 내가 어떤 후유증을 보였는지도 기록해두셨다. 내가 회복된 것 같아 보였을 때 아버지는 그 기록을 파일에 깔끔하게 정리해서 붉은 끈으로 잘 묶어두시고는(그 모습이 생생하게 기억난다) 이렇게 말씀하셨다. "이걸 다시 열 일이 없었으면 좋겠다. 아마 분명히 없을 거야." 하지만 그 파일을 다시 열 일이 생겼는데, 치타란잔 병원이 기록 관리를 제대로 하지 않은 것을 생각하면 그것은 정말 귀중한 자료였다. 처음 내 병을 진단했던 어머니의 사촌 아미야마마도 방사선 치료 결정이 내려졌을 시점에는 캘커타에 안 계셨지만 엄마에게 한 페이지 반짜리의 간단한 의료 기록을 적어주셨다.

그래서 기록은 가지고 있었는데, 케임브리지에서 누구에게 그것을 가지고 가야 할지를 알 수가 없었다. 한동안은 방사선 치료를 받은 입 안에 아무런 변화가 없었다. 내 담당 일반의인 심슨 선생님은 아버지의 노트와 잘 치료된 내 입속을 살펴보고서 일단 아무것도 하지 않기로 했다. 하지만 케임브리지에 도착하고 몇 달 뒤에 입천장 가장자리가 꺼진 것 같은 느낌이 들었고 윗니가 헐거워졌다(방사선 치료의 일반적인 후유증이다). 통증도 상당했다. 그래서 치과에 갔더니 치과 선생님은 곧바로 국부 마취를 하고 이를 뽑고 싶어 했다. 하지만 아미야마마가 방사선 조사의 후유증이 있을 수 있기 때문에 전문가의 소견 없이는 입에 아무것도 하면 안 된다고, 특히 어떤 국부 마취도 하지 말아야 한다고 신신당부하신 바 있었다. 치과 의사는 이러한 조심스러운 접근에 별로 귀 기 울이는 것 같지 않았지만 내가 걱정하는 것을 보더니 아덴브룩 병원에 있는 자신의 치과 진료소에서 이를 뽑을 수 있게 해주겠다며 미지의 위험이 우려된다면 그 병원의 방사선 치료 센터 의사와 이 야기해보면 될 거라고 했다.

나는 예약된 수술 시간보다 조금 일찍 아덴브룩 병원에 도착했고 이를 뽑기 **전에** 방사선 치료 센터 의사를 먼저 만나야겠다고 주장했다. 치과 선생님은 짜증이 난 게 분명해 보였지만 어쨌든 내 주장은 관철되었고 방사선 치료 센터의 누군가가 나를 보러 왔다. 그런데 그가 깜짝 놀라더니 나더러 아무것도 하지 말고 기다리라고 했고, 곧이어 방사선 치료 센터의 선임 암 전문의가 치과 진료소에 도착했다. 그는 빠르게 나에 대한 책임을 인계받아서 (사실은 가져가서) 내가 당장 그와 함께 가야 한다고 말했다. 그는 왜 더 일찍 연락하지 않았냐고 치과 의사를 질책했고 나에게는 앞으로는 반드시 방사선 치료 센터와 먼저 이야기를 하고 치과에 가야 한다고 주의를 주었다. "강하게 방사선을 쬔 입에 무언가를 하면 큰 문제가 생길 수 있습니다." 그는 "이렇게나 다량의 방사선이 조사된 부위에서 무슨 일이 벌어질지에 대해서는 알려진 것이 매우 적다"며 "입 안에 무언가를 하고 싶다면 반드시 방사선 치료 센터에 먼저 와서 체크를 받아야 한다"고 말했다.

그때 이후로 나는 방사선 치료 센터 환자가 되었고, 정기적으로 그곳에 가서 정기검진과 정밀 검사를 받았다. 작지만 매우 신중하게 계획된 수술도 몇 번 받았다. 영국의 NHS에 대해 얼마나 감탄했는지 모른다. 치료와 돌봄의 질, 의료에 임할 때의 신중함, 그리고 인본주의적인 철학도 감탄스러웠다.

　방사선 치료 센터와의 관계는 내 삶에서 매우 중요한 인간관계의 원천이었다. 케임브리지에 살았던 1953~1963년 동안 의심스러운 종양을 확인하기 위해 때로는 한 달에도 몇 차례씩 그곳에 가야 했다. 나를 담당한 첫 번째 암 전문의는 레비슨Levison이라는 젊은 선생님이었는데, 굉장한 실력과 세심한 태도로 나를 살펴주셨다. 그가 런던의 병원으로 옮기고 난 다음에는 레지우스 의학교수Regius Professor of Physic인 J. S. 미첼J. S. Mitchell이 나를 맡았다. 그는 뛰어난 과학자였고 친절한 의사였다. 내 입에서 벌어지고 있는 일을 다루는 것에 더해, 미첼 교수님은 (그의 직함에 걸맞게도〔physic은 좋은 건강, 치료 등을 뜻하는 고어다.—옮긴이〕) 내가 6개월에 한 번씩 전체적인 신체검사도 받게 했다. 그는 내 몸의 다른 곳에서 뜻밖의 질병이 생기지 않는 것이 가장 좋다고 설명했다. 나는 이렇게 집중적인 돌봄을 받아본 적이 없다. 교수님은 앞에서 설명한 일반적인 건강 체크 목적 외에도, 행여나 다른 곳에서 2차적인 암이 생기지 않게 확실히 하고 싶어하셨다(구강암은 전이되는 경우가 드물긴 하지만 말이다. 구강암은 주로 국지적으로 퍼지다가 궁극적으로는 질식을 일으키는 경향이 있다).

　미첼 교수님은 식습관과 음주에 대해서도 확고한 견해를 가지고 계셨다. 튀긴 음식을 멀리 해야 했고 차는 연하게, 그리고 우유를 많이 타서 마셔야 했다. 내가 "그러면 암이 재발하는 것을 막을 수 있나요?"라고 물었더니 그는 이렇게 대답했다. "아니. 이것은 안 좋은 식습관을 가질 때 생길 수 있는 다른 병을 막기 위한 겁니다." 진한 차를 마시지 말아야 한다는 것은 인도 사람으로서는 따르기 어려웠다(미첼 교수님은 진한 커피에 대해서는 더 큰 의구심을 가지고 계셨다). 그리고 내가 술을 (완전히) 끊게 만들려던 그의 시도도 내게서 내면의 저항에 부닥쳤다.

나는 좋은 삶에 대한 미첼 교수님의 지침이 흥미로웠다. 그리고 그의 뒤를 이어 나를 담당하게 된 데이비드 브래더튼David Bratherton 선생님에게 이에 대해 물어보았다. 브래더튼 선생님은 레지우스 의학 교수가 내린 매우 엄격한 식생활 조언에 대해 미소를 지으며 이렇게 말했다. "미첼 교수님 본인이 술을 전혀 안 하시는 분이라는 것을 기억해야 해요." 내가 "그건 그분의 과학적인 조언과는 관련이 없겠죠?"라고 묻자, 브래더튼 선생님은 그저 미소만 지으셨다. 나는 그것이 인식론적으로 상당히 심오한 관찰이라는 것을 깨달았다.

방사선 치료 센터의 모든 분이 베풀어주신 관심과 돌봄을 어떻게 표현해야 할지 모르겠다. 가장 오래 나를 담당한 브래더튼 선생님과는 가족이나 마찬가지가 되었다. 댁에 여러 차례 방문했고 내가 1957년에 프라이즈 펠로우가 된 이후에는 브래더튼 선생님도 트리니티에 오셔서 나와 식사를 했다. 식사 후에도 오랜 시간 동안 머무시면서 인도에서의 생활과 영국에서의 경험에 대해 물어보셨다. 한참 훗날 그분의 아내가 숨지고 나서 선생님은 그랜트체스터 메도스의 큰 집에서 혼자 사셨는데, 한번은 아름답게 피아노를 쳐주셔서 황홀한 시간을 보냈던 기억이 난다. 음악은 훌륭했지만 선생님의 심경을 표현하는 듯한 슬픈 곡조가 많아서 서글펐다.

브래더튼 선생님은 1963년에 내가 케임브리지를 떠난 뒤에도 내 건강 문제를 계속 챙기셨을 뿐 아니라 나의 직업적, 학문적 삶에 대해서도 계속 관심을 가져주셨다. 슬프게도 선생님은 1997년에 세상을 떠나셨다. 내가 하버드에 있다가 케임브리지로 돌아오기 한 해 전이었기 때문에 학장실로 모셔서 시간을 보내려던 내

계획은 실현되지 못했다. 건강이 매우 위태롭던 학생이 (그래서 그가 그토록 세심하게 돌보았던 학생이) 이렇게 오래 잘 살아가는 것을 보았다면 브래더튼 선생님도 기뻐하셨으리라고 생각한다.

오늘날 그랜트체스터 메도스를 지나면서 선생님이 사셨던 집을 볼 때면 커다란 상실감이 들지만 동시에 어마어마한 감사의 마음이 상실감을 압도한다. 틸버리 항에 도착했을 때 나는 누가 새 친구가 될지 전혀 알지 못했다. 몇몇 친구는 물리적으로 가까운 거리 덕분에, 몇몇 친구는 고향 사람이어서, 몇몇 친구는 정치적인 친밀성 덕분에, 또 몇몇 친구는 개인적으로 좋아해서 가까워졌다. 그리고 방사선 치료 센터 의사 선생님들처럼 어떤 경우에는 나의 심각한 취약성 덕분에 우정이 생겨나기도 했다. 케임브리지에서의 삶을 돌아보니, 강함만이 아니라 취약성도 사람들을 가깝게 묶어주는 데 훌륭한 역할을 한다는 것이 정말 멋진 일이라는 생각이 든다.

18장

어떤 경제학인가?

⟨1⟩

1954년 여름에 나는 위웰스 코트에 있는 트리니티 칼리지의 숙소를 배정받았다. 위웰스 코트는 트리니티 가에서 그레이트 게이트 쪽이 아니라 반대쪽에 있다. 방은 널찍했고 좋은 침실과 큰 거실이 있었다. 하지만 당시 대부분의 칼리지가 그랬듯이 샤워를 하려면 수건을 들고서 위웰스 코트를 가로지르고 트리니티 가를 건너 그레이트 코트까지 가야 했다. 방에는 더운물이 안 나왔기 때문에(수도 자체가 없었다) 침실 담당 심부름꾼이 세수와 면도를 할 수 있게 매일 아침 커다란 주전자 두 개에 담긴 더운물과 찬물, 그리고 하얀 대야를 가져다주었다.

드디어 칼리지 안에 살게 되어서 너무 기뻤다. 프라이오리 가에 있는 행어 부인 하숙집을 떠나는 것은 아쉬웠지만 말이다. 나는 행어 부인을 정말 좋아하게 되었다. 원래 늘 친절한 분이었지만, 내가 있었던 해에는 급진적인 인종 평등의 주창자로까지 변모하셨다. 내가 막 도착했던 1953년 10월에는 내 피부색이 욕실에 문제를 일으킬까봐 걱정했지만 내가 떠날 무렵에는 이웃 모두에게 "모든 사람은 동등하다"고 설파하고 계셨다.

1954년 6월에 작별 인사를 드리러 갔더니 차 한 잔과 직접 구운 케이크를 내어주면서 내가 보고 싶을 거라고 하셨다. 그리고 인종 관계와 관련된 매우 진보적인 일화를 이야기하기 시작했다. 즐겨 가는 댄스 클럽이 있는데, 파트너를 찾지 못해 기다리고 있던 흑인 남성이 있었다고 한다. 그런데 웬 여성이 그와는 절대로 춤을 추지 않겠다고 하길래 자신이 그 여성의 코를 납작하게 해주었다는 이야기였다("내가 진짜로 화가 났거든. 그래서 그 남자 손을 잡고서 그가 집에 가야겠다고 말할 때까지 한 시간도 넘게 그와 춤을 췄어").

세월이 흘러 1998년 1월에 케임브리지에 다시 오게 되었을 때 행어 부인을 찾아뵙고 싶었다. 학장실로 초대해 차를 대접하며 이야기를 나누면 좋아하실 것 같았다. 하지만 전화번호부에서 행어 부인의 이름을 찾을 수 없었다. 프라이오리 가로 가보기도 했지만 행어 부인이 어디로 가셨는지 아는 사람이 아무도 없는 것 같았다. 마지막으로 뵌 지 44년이 지났으니 거기에 아직 계시리라고 기대한 게 잘못이긴 했다. 따뜻하고 친절했던 하숙집 아주머니를 잠깐이라도 뵙지 못해서 너무나 아쉬웠다.

⟨2⟩

위웰스 코트로 이사한 날, 이곳에 사는 또 다른 학부생인 사이먼 딕비가 나를 반겨주었다. 그는 나보다 2년 먼저인 1951년에 트리니티에 들어왔고, 기숙사 이웃이 되기 전까지는 서로 잘 몰랐지만 우리가 함께 아는 친구들이 있었다. 사이먼이 내가 위웰스에 온 것을 환영해주기 위해 음식을 준비한 것을 보고 감동했다. 이

423

1955년 케임브리지 트리니티 칼리지의 공부방에서. 사진은 사촌인 바렌 센이 찍었다.

사가 늦어져서 자정께야 도착했는데, 사이먼이 새우 카레를 해놓고 기다리고 있을 줄은 꿈에도 몰랐다. 우리는 맛있게 식사를 했다. 그날의 두 번째 저녁이었지만, 내 생각에는 그에게도 두 번째 저녁이었을 것 같다.

사이먼은 인도 역사에 관심이 많았고 학문의 깊이도 계속 깊어지는 중이었는데, 특히 무굴 제국 이전의 이슬람 역사에 대한 그의 지식은 이미 굉장히 높은 수준이었다. 그와의 대화는 공짜 강의나 다름없었다. 하지만 현대의 정치에 대해서는 종종 의견이 일치하지 않았다. 사이먼은 파키스탄을 이슬람 국가라고 묘사할 수 있는 것과 같은 방식으로 인도를 힌두 국가라고 생각하려 했다. 그가 싫어하는 사람 중 한 명이 자와할랄 네루였는데, 특히 그는 네루가 역사학자 행세를 한다고 질색했다(그는 "네루가 쓴 『세계사 편력Glimpses of World History』보다 더 안 좋은 책은 쓰기 어려울 것"이라고 말했다). 사이먼은 네루의 정치에도 매우 비판적이었다. 세속 민주주의 국가가 되는 것에 중대한 장점이 있다는 내 주장은 적어도 당시에는 그에게 받아들여질 수 없는 주장이었다. 나중에 그는 어떤 이유에선지 파키스탄에서 배척받은 다음에 인도에서는 이슬람 연구를 할 수 있었는데, 이를 통해 생각이 어느 정도 바뀌게 되었으리라고 짐작해본다. 슬프게도 사이먼은 이제 세상을 떠났지만 다른 사람들이 인도에서 그의 연구를 계속 이어가고 있다.

⟨3⟩

캘커타의 프레지던시 칼리지에서 배운 것이 있어서 케임브리지 경제학과에서 첫해를 무사히 보내는 데 도움이 되었다. 하지만 캘커타에서 공부해보지 못한 것들도 있었는데, 일례로 조앤 로빈슨 교수님이 막 집필을 마무리 중이시던 『자본축적론The Accumulation of Capital』의 내용이 그랬다. 내가 케임브리지에 와서 가장 먼저 들은 강의가 로빈슨 교수님의 강의였다. 개인적으로는 로빈슨 교수님과 친밀하고 따뜻한 관계였고 가족끼리도 시간을 많이 보냈지만, 우리 사이에 학문적인 유대는 형성되지 않았다. 이 문제는 늘나를 괴롭혔는데, 내가 로빈슨 교수님을 굉장히 좋아했기 때문이다. 로빈슨 교수님은 내게 늘 친절했고 언제나 기꺼이 대화를 나누어주셨으며 많은 지지와 지원도 베풀어주셨다.

로빈슨 교수님은 인도와도 강한 연결고리가 있으셨다. 젊은 시절에 인도에 가본 적이 있었고 1920년대 말에 인도 왕자(괄리오르의 마하라자의 아들)의 가정교사였던 오스틴 로빈슨Austin Robinson과 결혼했다. 이때는 오스틴이 케임브리지에 와서 저명하고 모두가 좋아하는 교수가 되기 한참 전이었다. 로빈슨 교수님은 인도에서 (때로는 오스틴과 함께) 여러 역사적인 장소를 다니면서 많은 친구를 사귀었던 시간을 행복하게 기억하고 계셨다. 인도에 대한 것이라면 거의 모든 것을 무차별적으로 좋아하신 것과 대조적으로 (인도 전통 옷도 자주 입으셨다), 경제학 이론들에 대해서는 훨씬 더차별적인 태도를 가지고 계셨다. 로빈슨 교수님은 경제학에서 무엇이 맞고 무엇이 틀린지에 대해 확고한 견해가 있었고 맞는 쪽이 승리하는 데 일조하는 것이 자신의 의무라고 생각하셨다. 표준적인 경제학(흔히 '주류 경제학' 또는 '신고전파 경제학'이라고 불리는 것)은 확고하게, 그리고 통째로 거부했고, 당대의 마르크스주의 경제학은 전망이 없는 것은 아니었지만 가망 없게 잘못되었다고 생각하게 되신 것 같았다. 특히 케임브리지 동료이자 당대에 영국에서 가장 선도적인 마르크스주의 경제학자였던 모리스 돕을 맹렬히 비판(심지어는 조롱)했다.

솔직히 고백하자면, 나는 로빈슨 교수님이 마르크스를 이해하는 방식이 설득력 있다고 여겨지지 않았다. 또한 내가 케임브리지에 막 도착했을 당시에 경제 성장과 자본 이론에 대해 로빈슨 교수님이 새로이 진행 중이던 연구도 그리 설득력 있게 다가오지 않았다. 하지만 로빈슨 교수님의 아이디어에 호기심이 있었고 교수님도 더 잘 알고 싶었기 때문에 학부 때 돕 교수님과 더불어 로빈슨 교수님을 지도교수로 삼았다. 이때는 1954~1955학년도였고 케임브리지에서 보낸 2년간의 학부 기간 중 두 번째 해였다.

로빈슨은 그때 『자본축적론』의 집필을 막 마무리하고 있었고 (이 책은 1956년에 출간된다) 자신이 '그들〔주류 경제학〕의' 경제 성장 이론뿐 아니라 자본 이론도 결정적으로 기각했다고 생각하셨다. 그는 자신의 이론을 통해 자본과 성장을 생각하는 방식이 새로이 구축되기를 원했다. 매주 지도교수에게 짧은 에세이를 써서 제출하면 지도교수가 그것에 대해 코멘트를 주는 것이 케임브리지 교수법의 전통이었는데, 로빈슨 교수님은 그 대신 매주 자신이 집필 중인 새 책의 챕터를 읽고 그것에 대해 내 의견을 발표하는 식으로 진행하면 어떻겠냐고 제안하셨다. 나는 호기심이 생겨서 그렇게 하기로 했다. 원고를 읽는 것도, 그 이후의 모임도 즐거웠다. 로빈슨 교수님이 제시하고 있는 개념들은 (그리 설득력 있다고 여겨지지는 않았지만) 분명히 독창적이고 흥미로웠다.

하지만 로빈슨 교수님의 새 책 원고를 읽고 검토하는 일에 참여하면서, 그를 존경하긴 하지만 그의 '학파'가 될 수는 없겠다는 확신이 점점 강해졌다. 사실 로빈슨 교수님은 내가 본인의 접근 방식을 따라서 연구하기를 바라고 계셨던 것 같았다. 나를 신뢰해주신 것은 영광스러웠고 실제로 나는 로빈슨 교수님을 매우 존경했지만, 로빈슨 교수님이 취한 이론적 접근 방식이 올바른 경로에 있다고는 납득이 잘 되지 않았다. 몇 차례 논쟁도 해보았지만, 논쟁은 어떤 진전으로도 이어지지 않았다. 로빈슨 교수님은 듣기보다는 말하는 데 더 능한 분이셨다. 사실, 자신의 생각을 강하게 고수하는 정도가 아니라 반대되는 주장은 고려 자체를 하지 않기로 작정하신 듯했다. 그렇게 존재 자체를 부정해버리면 그러한 주장들이 사라지리라는 듯이 말이다. 나는 인도의 철학이 오랜 세월 주창해온 '논쟁을 통해 배우는' 전통(여기에서는 주의 깊게 듣는 것도 매우 중요하다)이 '무엇이 강력한 이론을 구성하는가'에 대한 로빈슨 교수님의 관점에 조금 더 영향을 미칠 수는 없었을까 하는 생각이 들었다. 주류 경제학을 통째로 거부하는 것도, 돕, 스라파, 홉스봄이 신중하게 발달시킨 마르크스주의적 관점을 빠르게 기각하는 것도, 내게는 합리적인 근거로 뒷받침되기 어려워 보였다.

⟨4⟩

연결고리가 늘 명확한 것은 아니지만 로빈슨의 저술은 존 메이너드 케인즈가 시장경제의 적절성에 대해 문제를 제기한 부분(특히 경기 침체와 불황에 대한 케인즈의 이론)에서 영향을 많이 받았다. 케임브리지에서 벌어졌던 정치경제학 논쟁은 케인즈의 이론(및 케인즈의 영향을 받은 이론들)에 대한 찬반 논쟁처럼 펼쳐지는 경향이 있었다. 케인즈를 따르는 사람들(조앤 로빈슨을 포함해 리처드 칸 Richard Kahn, 니컬러스 칼도어Nicholas Kaldor 등이 여기에 속했다)과 소위 '신고전파' 경제학이라고 불리는 반대 진영(각기 다른 방식으로 이론을 개진하긴 했지만 데니스 로버트슨, 해리 존슨Harry Johnson, 피터 바우어

Peter Bauer, 마이클 패럴Michael Farrell 등이 이쪽으로 묶일 수 있었다) 사이에는 선명한 차이가 있었고, 그 차이가 목청 높여 주장되곤 했다.

신케인즈주의자 중 가장 호전적인 사람이 리처드 칸이고 주장을 가장 잘 정식화하고 목소리를 가장 많이 내는 사람이 조앤 로빈슨이었다면, 가장 독창적이고 창조적인 사람은 니키〔니컬러스〕칼도어였다(그가 간명하게 제시한 자본 이론은 자본 이론을 케인즈의 접근과 더 가깝게 일치시켰다). 그는 피아가 뚜렷한 학파들 간의 전투를 아이러니와 유머로 관전했는데, 이러한 싸움이 우리가 경제학을 이해하는 방식에 장기적으로는 아무런 흔적도 남기지 않을 사소한 싸움이라고 보는 듯했다. 내가 속한 트리니티 칼리지는 이 지속되는 반목과 싸움에서 오아시스 같았다. 매우 다른 정치적 견해를 가진 세 명의 저명한 경제학자가 서로 자주 소통하면서 만족스럽게 공존하고 있었기 때문이다. 마르크스주의자인 모리스 돕과 보수주의적 신자유주의자인 데니스 로버트슨은 공동으로 세미나 수업을 진행했고, 모든 경제 사상 학파에 회의주의적 잣대를 적용하는 듯한 스라파도 종종 동참했다.

당시에 케임브리지 경제학과에서 벌어지던 논쟁은 경제 변수들의 '총계'를 둘러싼 논쟁이 많았고 특히 자본량 총계에 대해 많은 논쟁이 벌어졌다. 신케인즈주의자(헷갈리게도 때로는 신리카도주의자라고 불리기도 한다)라고 불리는 사람들은 경제 모델을 세울 때 자본량 총계 개념을 사용하는 것을 단호하게 반대했다. 그들은 자본을 생산요소의 하나로 보고 그것의 '총계' 개념을 사용하는 것은 표현의 편의를 위해 고안한 도구일 뿐이며 그것을 사용하는 것이 좋은지 아닌지는 상황에 달려 있다고 보았다. 스라파가 더없이 명료하게 보여주었듯이, 자본을 '생산요소'로 보는 것도, 그것의 양을 측정해 자본량 '총계'를 낼 수 있다는 접근도, 다루기 매우 까다롭고 심지어는 내재적으로 모순도 있었다. 그리고 이 문제를 에둘러 가려는 시도도 이미 성공적이지 못한 것으로 판명되었다. 당시에 나와 함께 공부하던 학생 중 몇 명이 이에 대해 연구하고 있었고, 특히 루이지 파시네티와 피에란젤로 가레냐니가 이와 관련해 매우 결정적인 이론적 기여를 했다.

케임브리지의 경제학은 이러한 주제에는 맹렬한 관심을 보인 반면 불평등, 빈곤, 착취 등 굉장히 중요한 다른 이슈들에 대해서는 관심이 적었다. 케임브리지 경제학자들은 정치적으로 좌파이고자 했고 어느 면에서 좌파적 대의에 실제로 헌신하기도 했지만, 나는 자본주의의 몰락이(그런 일이 벌어진다면 말이지만) 자본주의가 사람을 대하는 문제적인 방식 때문이 아니라 어렵고 복잡한 자본 이론에서의 오류로 인해 오리라고는 믿을 수 없었다. 일찍이 1920년에 A. C. 피구A. C. Pigou가 저술에 쓴 다음과 같은 말이 현실의 진짜 문제들에 대해 더 나은 이해를 보여주는 것 같았다 (1950년대에 그는 아직 생존해 있었고 케임브리지에 살고 있었는데, 그가 케인즈의 거시경제학 주장을 많은 부분에서 비판했기 때문에 신케인즈주의자들에게 구닥다리 신고전파 경제학자로 치부되고 있었다). "경제학이라는 학문의 시작은, 경이로움이 아니라 비참한 거리의 불결함과 생기 없고 기쁨 없는 삶에 분노하게 하는 사회적 열정이다."[1]

이러한 현실의 문제들에 대해, 조앤 로빈슨은 더 먼저 집중해야 할 우선순위는 경제 성장의 극대화라는 입장을 가지고 있었다 (이 입장은 인도에서 점점 더 많은 지지를 얻고 있는 입장이기도 했다). 일단 성장해서 부유해지면 그다음에 의료, 교육, 기타 등등에 관심을 가질 수 있으리라는 것이었다. 나는 이 접근이 발전에 대한 사고의 근본적인 오류 중 하나라고 생각한다. 좋은 건강과 좋은 교육은 어떤 나라가 가난할 때 가장 많이 필요하기 때문이다.

게다가 아무리 경제 성장이 중요해도 교육, 건강, 영양 등을 무시하고 경제 성장만 추구하는 것은 삶의 질을 저하시킬 뿐 아니라 자기 패배적인 전략이기도 하다. 오래전에 애덤 스미스도 지적했듯이, 존엄한 인간으로 사는 데 필수적인 요소인 교육, 건강, 영양 등은 인간의 생산성에도 중요한 요소이기 때문이다. 어째서인지 조앤 로빈슨은 경제 발전에 대한 애덤 스미스의 통합적인 이해에는 거의 공감하지 못했다. 일례로 스리랑카가 영양학적 근거를 바탕으로 공중 보건의 향상을 위해 모든 이에게 식량 보조를 실시하자 이를 매우 비판했다. 경제 성장에도 기여하는 정책이었는데도 말이다. 로빈슨은 이러한 혼합적 정책 전략을 다음과 같이 매우 오도의 소지가 있는 비유를 들어서 기각했다. "스리랑카는 나무를 키우지는 않고서 과일을 맛보려고 한다."

케임브리지의 화법에서 경제학 학파 사이의 분열은 경제학자들을 두 개의 뚜렷한 범주 중 이쪽 아니면 저쪽으로 구분하는 데서 모종의 신비로운 효과를 내는 것 같았다. 아군이냐 적군이냐로 말이다. 이는 흔히 '신고전파 대 신케인즈주의'의 구도로 이야기되었는데, 경제학에서 쓰이는 '신고전파'라는 말은 이러한 논쟁에서 새로운 의미를 획득해 널리 쓰이게 된, 사실상의 신조어다. 나는 케임브리지에 오기 전까지 경제학에서 말하는 신고전파의 개념을 몰랐다. '신고전파'가 경제학에서 의미하는 바를 이 단어가 더 일반적으로 쓰이는 미술, 조각, 건축 분야에서의 의미를 통해 유추하는 것은 완전히 불가능했다. 신고전파 예술 작품, 가령 자크 루이 다비드의 회화 「호라티우스 형제의 맹세」라든가 안토니오 카

노바의 조각 「큐피드의 키스로 환생한 프시케」 등은 경제학에서 신고전파가 의미하는 바가 무엇인지에 대해 아무런 실마리도 주지 않았다.

조사를 해보니, '신고전파'라는 말이 경제학에서 사용된 것은 1900년 소스타인 베블런Thorstein Veblen에 의해서였고 이는 '신고전파'라고 지칭된 것을 비판하려는 취지로 이 단어를 사용하는 용례의 전조가 되었다. 현재도 '신고전파'라는 말에서 원래의 경멸적인 뉘앙스를 완전히 떼어내기는 어렵다. 나는 신고전파를 '무언가의 극대화를 추구하는 행위자들[자본자, 노동자, 소비자 등]이 수학 공식상의 한계 어쩌고와 한계 저쩌고가 일치하는 곳에서 극대값을 찾는 기계적 규칙을 따라 행동한다고 전제하는 주류 경제학'이라고 생각하는 편이 더 쉽다는 것을 깨달았다.

베블런은 매우 생산적인 사상가였고 (신고전파 경제학의 의미를 혼란스럽게 규정한 것을 빼면) 많은 주제에 대해 명료한 논지의 독창적인 이론을 전개해 경제학에 크게 기여했다. 특히 그가 제시한 '유한계급'과 '과시적 소비' 개념은 매우 중요하다.[2] 나는 베블렌이 말한 유한계급과 마르크 블로크가 '다른 사람들의 노동에 의해 살아가는 사람들'이라고 규정한 계급(노동가치설에 대한 해석과 관련한 이 책의 13장을 참고하라) 사이의 유사성에 깜짝 놀랐다. 표준적인 경제학에 대한 비판에서 진정으로 더 명료한 분석을 발견하려면, 흔한 비판('신고전파'라는 말 자체가 비판적인 뉘앙스로 쓰일 때의 암묵적인 비판도 포함해서)으로 과도하게 사용되어 반질반질하게 닳아버린 길에서 멀어져야 했다.

〈5〉

학파 간의 맹렬한 싸움에 관여하지 않은 뛰어난 교수도 케임브리지에 다수 있었지만(리처드 스톤Richard Stone, 브라이언 레다웨이Brian Reddaway, 로빈 매튜스Robin Matthews, 케네스 베릴, 해리 존슨, 오브리 실버스톤, 로빈 매리스Robin Marris, 리처드 굿윈Richard Goodwin 등이 그랬다), 일반적으로는 정치적 입장에 따라 꽤 분명하게, 하지만 꽤 이상하게 경계선을 그을 수 있었다. 케인지언들은 신고전파 경제학자들에게는 좌파로 여겨졌지만, 이는 '지금까지는 그랬고 더 이상은 아니다'에 가까웠다. 신케인지언들이 마르크스주의자 및 기타 좌파 성향 학자들에 대해 강하게 반대했기 때문이다.

곧 나는 경제학자들을 좌냐 우냐의 1차원 스펙트럼에 깔끔하게 위치 지을 수 없다는 것을 분명히 알게 되었다. 명민한 마르크스주의 경제학자인 돕을 두고 종종 케인지언과 신케인지언 학자들은 그가 신고전파 경제학에 대해 너무 '무르다'고 평가했다. 그가 무른 것이었든 아니었든 간에, 내가 관찰한 바로 신케인즈주의와 신고전파 사이보다는 마르크스주의와 신고전파 사이에 우정이 들어설 여지가 더 많았다. 예를 들어 모리스 돕은 피터 바우어와 친했는데, 돕은 마르크스주의자이자 당시 케임브리지에서 후생경제학에 관심이 있었던 몇 안 되는 경제학자 중 한 명이었고 바우어는 나중에 귀족 작위를 받고 토리당 상원의원이 되며 마거릿 대처의 경제 자문으로도 활동하게 되는 보수적인 신고전파 경제학자였다.

나 자신은 좌파 성향이었지만, 케임브리지에 오고 얼마 뒤에 우파 성향인 바우어가 개발경제학을 뛰어나게 강의할 뿐 아니라 케임브리지 대학에서 이 주제에 대해 필적할 상대가 없을 정도로 많은 성취를 이룬 학자라는 사실을 알게 되었다. 나는 그가 세상에서 가장 독창적인 개발경제학자 중 한 명이라고 생각하며, '개발과 발전이 어떻게 일어나는가'에 대해 내가 알게 된 것은 많은 부분 그와 나눈 대화에서 나왔다. 나는 젊은 학생 시절에 바우어 교수님과 (그의 표현을 빌리면) "만나서 논쟁하기 위해" 거의 매주 커피를 마시며 가까운 사이가 될 수 있어서 영광이라고 생각한다. 그러한 대화에서 많은 것을 얻었고, 바우어 교수님과의 우정은 그가 작고하실 때까지 내내 이어졌다. 나는 신케인즈주의자들이 바우어의 연구를 거의 보지 않은 것은 잘한 일이 아니라고 생각한다.

⟨6⟩

다양한 경제 학파들의 연구가 흥미롭기는 했지만, 후생경제학에 대한 나의 강한 관심은 여전히 줄지 않았다. 여기에는 사회가 얼마나 잘 작동하고 있는지를 어떻게 평가할 것인가의 문제도 포함되는데, 가령 후생경제학은 사회 구성원 개개인의 후생을 직접적으로 산정하고 그것의 총계로서 사회 전체의 후생을 계산한다. 나는 내가 후생경제학에 특히 관심이 끌리고 있다는 사실을 꽤 분명하게 알 수 있었다.

사회가 잘 굴러가고 있는지를 우리는 어떻게 알 수 있는가? 후생이라는 용어를 사용해서 이 질문을 다시 표현하자면, 우리는 사회적 후생을 어떻게 판단할 수 있는가? 사회의 후생이 진전되었는지 아닌지를 어떻게 합리적으로 이야기할 수 있는가? 사회는 많은 사람으로 구성되어 있으므로 사회 전체의 후생은 그 사회를 구성하는 개인의 후생과 이런저런 방식으로 연관되어 있을 수밖에 없다. 그렇다면 사회적 후생을 비교하려는 모든 시도는 수많은 개인을 포괄하는 총계적 분석을 할 수밖에 없고, 어떤 형태로든 이것은 사회선택 이론에 포함되어야 한다.

개개인이 모인 사회의 **집합적** 후생을 어떻게 산정할 것인가는 사회선택 분야에서 제기되는 중요한 주제 중 하나다. 제러미 벤담이 주장한 공리주의[효용주의]적 방식은 분배를 생각하지 않고 총계 수준의 효용 값에 우선순위를 둔다. 대조적으로, 유명한 철학자 존 롤스John Rawls가 주창한 정의론은 불평등에 더 관심을 기울이고 자유 등 여타의 고려 사항까지 감안함으로써 효용에만 배타적으로 초점을 두는 접근을 기각한다. 사회적 후생이 무엇인지를 규정하는 데는 많은 방법이 있을 수 있고, 그것의 총계를 측정해 비교하는 데도 많은 방법이 있을 수 있다.

사회적 선택의 또 다른 방식으로는 투표가 있다. 서로 다른 후보가 우리의 지지를 얻기 위해 경쟁할 것이고 우리는 경합하는 대안 중에서 어떻게 선택할지(가령 여러 후보 중에서 누가 사회의 지도자가 되느냐를 어떤 방식으로 정할지)에 대해 모종의 규칙을 가지고 있을 것이다. 다수결은 잘 알려진 사회적 선택 규칙의 한 사례다. 이밖에도 사회적 선택과 관련된 주제는 굉장히 다양하다.

각각의 사회적 선택 방식은 나름의 문제점에 봉착할 수 있다. 널리 인정받는 다수결도 '다수의 순환majority cycles'이라고 불리는 비일관성을 일으켜 사회적으로 선택되는 안이 존재하지 않는 상황을 가져올 수 있다. 12장에서 간단하게 설명했듯이, 일관성의 조건을 포기해야만 사회적 선택이 가능한 경우를 다음의 다수결 상황에서 볼 수 있다. 세 명의 투표자 1, 2, 3이 세 가지 대안 x, y, z에 대해 투표를 하는데 각각의 우선순위가 [x, y, z], [y, z, x], [z, x, y]라고 해보자. [여기에서 일관성 조건을 요구하게 되면] 다수결에서 x가 y를 이기고 y가 z를 이기고 z가 x를 이기게 되어 전체적으로 다수표를 얻는 승자가 발생하지 않게 된다. 즉 다수결을 통해서는 일관성 조건을 만족시키는 해법을 찾는 것이 불가능하다. 이 문제는 18세기에 콩도르세가 짚어낸 바 있고, 1950년에 케네스 애로우가 다양한 사회적 선택 방식에 널리 존재하는 문제로서 정식화하기도 했다. 애로우의 정리에 따르면 몇몇 일관성의 조건을 강하게 부과하는 한 민주적 선택은 불가능하다. 따라서 사회선택 이론가들은 비일관성이라는 일반적인 문제, 그리고 이와 관련된 불가능성의 문제를 해소할 수 있는 합리적인 방법을 찾기 위해 노력해 왔다. 이러한 연구는 투표 의사결정의 문제에뿐 아니라 사회적 후생을 어떻게 합리적으로 평가할 것인가의 문제에도 잘 적용된다.

⟨7⟩

인도에서 영국으로 오면서, 캘커타에서 가지고 있었던 경제학적 관심사와 앞으로 케임브리지에서 공부하면서 초점을 두었으면 하는 내용 사이에 학문적인 연결을 지을 수 있을지 궁금했다. 막상 와보니 생각보다 굉장히 어려운 일이었다. 캘커타에서 애로우의 저서 『사회적 선택과 개인적 가치』를 읽고서, 또 그 외에도 떠오르고 있는 이 분야의 다른 문헌들을 접하고 나서, (그리고 나 스스로도 사회적 선택이라는 새로운 주제에 대해 많이 생각해보고 나서), 나는 사회선택 분야에 내 관심이 점점 강해지고 있음을 명확히 알 수 있었다. 하지만 케임브리지의 교수님들 중 어느 분도 사회적 선택에 관심을 가지시도록 설득할 수 없었다. 그분들 본인이 관심을 가지시도록 설득하는 것은 고사하고 내가 사회적 선택과 관련된 연구를 하는 것을 응원해달라고 설득하는 것조차 할 수 없었다.

후생경제학을 사용해서 사회선택 이론을 케임브리지가 인정하는 표준적인 경제학과 연결할 방법이 있을 수도 있었겠지만, 당시 케임브리지에서 후생경제학은 경제학의 한 분야로 여겨지지 않고 있었다. 내가 도착하고 얼마 되지 않아서 남아프리카 공화국에서 온 뛰어난 경제학자 요하네스 데 빌리에 그라프Johannes de Villiers Graaff('얀'이라고 불렸다)가 사회적 후생에 대한 개인의 가치 판단을 평가하지 않고는 후생경제학에서 이야기할 수 있는 것이 많지 않다는 흥미로운 논지의 저술을 발표했다.[3] 물론 어쩌면 이것이 사회적 판단이 개개인의 평가(혹은 개개인의 가치 판단)와 어떻게 연결되는지에 대해 면밀히 따져보는 후속 연구를 촉발하는 출발점이 될 수도 있었을 것이다(애로우가 사회선택 이론의 합리적인 공리들을 가지고 시도했던 것도 바로 그 연결을 살펴보려는 것이었다). 하지만 실제로는 그렇게 되지 않았고 얀 그라프의 결론은 이 주제 자체를 종결시켜버린 것으로 여겨졌다. 더구나 케임브리지 경제학자 대부분이 애로우의 불가능성 정리가 갖는 본질적인 함의를 제대로 이해하지 못했기 때문에 더욱 그랬다. 애로우의 정리는 이 분야를 종합적으로 파괴한 것으로 여겨졌지 그 정리에 제시된 공리나 그것들의 결합을 더 면밀히 살펴보도록 후속 연구를 독려하는 초대로 여겨지지는 않았다. 그래서 얀 그라프 이후로 후생경제학은 경작을 하면 유용하게 결실을 맺을 수 있는 논밭이 아니라 가망 없는 폐허로 취급되었다.

조앤 로빈슨 교수님에게 후생경제학을 연구하고 싶다고 했더니 "이미 논파된 주제인 줄 모르느냐"는 반문이 돌아왔다. 로빈슨 교수님은 모든 똑똑한 경제학자들이 후생경제학을 시도했지만 "그중에서 가장 똑똑한 사람인 얀 그라프가 그것이 다 난센스라는 것을 증명했다"고 하셨다. 나는 로빈슨 교수님이 얀 그라프의 연구를 잘못 해석했을 가능성에 대해 조심스럽게 이야기해보았다. 첫째, 얀 그라프는 후생경제학이 난센스라는 것을 증명한 바가 없다. 둘째, 얀 그라프 본인이 자신이 그렇게 증명했다고 주장한 적도 없다. 로빈슨 교수님은 내 말에 설득되지 않았을 뿐 아니라 이 주제에 대해 내 생각을 듣는 데도 관심이 없으셨다. 교수님은 나더러 더 유용한 다른 것을 연구하는 게 좋을 거라고 권하셨다.

케임브리지에서 사회선택 이론에 관심을 가져주실 만한 교수님을 한두 분이라도 찾아보려고 노력해보았지만 성공하지 못했다. 내가 그 분야를 연구하도록 독려할 만한 이유를 발견하신 분이 아무도 없는 듯했다. 리처드 칸 교수님도 로빈슨 교수님처럼 딱 잘라 일축했다. 니컬러스 칼도어 교수님은 늘 그렇듯이 독려해주시긴 했는데, 해보고 스스로 어리석음을 깨닫는 것이 성장하는 데 필요하다는 취지에서였다. 케임브리지 경제학과 교수 중 후생경제학을 강의한 교수는 모리스 돕 교수님이 유일했는데, 좌파 성향 학자들은 돕이 후생경제학을 강의하는 것이 큰 실수라고 생각했다(돕이 "우파로 변절했다"고 어리둥절한 평가를 하는 경우도 있었다). 돕 교수님은 당시에 경제학 교수 상당수가 그랬듯이 수학적 논증에 다소 알레르기 반응이 있었지만, 나에게 애로우 정리의 내용과 그것이 흥미로운 이유를 설명해달라고 하셨다. 주의 깊게 내 이야기를 들으셨지만 본인이 직접 나와 함께 연구를 하기에는 이 주제가 너무 수학적이라고 하셨다. 그렇더라도 사회선택 이론 중 본인이 이해할 수 있는 부분에 대해서는 얼마든지 나와 이야기할 용의가 있으셨고, 사실 굉장히 열정적으로 이야기하고자 하셨다. 돕 교수님은 "내게는 다른 분야로의 꽤 좋은 나들이가 될 거야"라고 하셨다.

사회선택 이론을 연구하고 싶다는 내 생각에 약간이나마 관심을 보여주신 또 다른 교수님도 (조금 다른 종류이긴 했지만) 마르크스주의자였는데, 바로 피에로 스라파다. 스라파는 앞에서 말했듯이 안토니오 그람시와 친했고 이탈리아 공산당을 창립한 위대한 좌파 지식인이다. 스라파 교수님은 사회선택 이론이 반드시 다루게 될 수밖에 없는 사회적 커뮤니케이션의 속성(애로우는 이 부분을 다소 간과한 면이 있었다)에 대해 나와 논의하고 싶으시다고 했다. 나중에 나누게 될 스라파 교수님과의 대화는 매우 흥미로운 학문적 도전이었다.

⟨8⟩

학부 때 견뎌야 했던 재정적 궁핍은 학부를 졸업하고 대학원생이 되면서 거의 사라졌다. 두 개의 장학금을 받아서 생활에 필요한 것은 거의 완전히 충당되었다. 렌베리 장학금은 학부 시험 성적을 기준으로 수여되는데, 희한한 조건이 있었다. 케임브리지의 '정치경제학 프로페서Professor of Political Economy'[경제학과 선임 학과장 격]인 데니스 로버트슨이 매 학기 나의 진전 상황에 대해 몇 줄의 보고서를 써야 했다. "자네가 무엇을 하고 있는지를 3인칭으로 적어오게나. 내가 그걸 제출할 수 있게 말이야. 절대 유머는 시도하지 마! 대학 본부는 유머를 좋아하지 않으니까."

그때 내가 나 자신의 학업 진전 상황에 대해 보고서를 쓰면서 유머를 구사하기는 어차피 어려웠을 것이다. 리서치를 어디에서 시작해야 할지도, 박사 논문 주제로 무엇을 정해야 할지도 여전히 막막해서 어려움을 겪고 있었기 때문이다. 조앤 로빈슨 교수님은 자본 이론에 대한 본인의 연구에 내가 합류하기를 원하셨다. 로빈슨 교수님은 "이 부분이 정말로 독창적인 연구가 나올 수 있는 영역"이라며 "함께 신고전 경제학의 관짝에 마지막 못을 박자"고 했다. 모리스 돕 교수님에게 이 이야기를 했더니 그는 이렇게 말했다. "관짝에 못 박는 건 조앤에게 맡기고 자네는 자네가 정말로 관심 있는 것을 하게."

나는 내가 정말 하고 싶은 것은 케네스 애로우가 『사회적 선택과 개인적 가치』에서 논의한 것을 더 확장해 사회선택 이론 분야의 몇몇 쟁점을 연구하는 것이라고 말씀드렸다. 그러자 돕 교수님은 "그것은 그 주제에 관심 있는 또 다른 사람들이 주위에 있을 때하는 게 좋겠다"며 이렇게 덧붙이셨다. "언제든지 원할 때면 사회적 선택에 대한 아이디어를 내게 가지고 와서 이야기해도 좋지만, 박사 논문 주제로는 다른 것을 찾게. 그 분야에 대해 전문성과 지식과 관심이 있는 사람들을 주위에서 찾을 수 있을 만한 주제로 말이야."

그래서 나는 '기술의 선택'이라는 주제로 마음을 정했다. 실업과 저임금이 만연한 경제에서 생산 조직이 어떻게 적합한 기술을 선택하는지를 사회적 관점에서 평가하는 것이 내 박사 논문 주제가 될 것이었다. 부분적으로는 로빈슨 교수님의 뜻에 부응하기 위해(로빈슨 교수님이 내 논문의 지도교수였다) 논문 제목에 '자본'이라는 단어를 넣었다. 제목을 그렇게 조정하는 것은 어렵지 않았다. 노동력의 가격이 싼 경제에서 어떻게 자본 집약적인 생산 기법이 적합한 선택지가 되는지가 내 관심사였기 때문이다. 기술의 선택이 소비와 저축에 미치는 영향이라는 주제와 관련해, 얼핏 보면 답이 명백해 보이지만 사실은 그렇지 않은 복잡한 문제들이 있었다. 나는 논문 제목을 '개발 계획에서 자본 집약의 선택Choice of

Capital Intensity in Development Planning'이라고 정했다. 피에로 스라파 교수님께 제목을 말했더니 그는 웃으며 이렇게 말씀하셨다. "제목을 보고 내용이 뭔지 감을 잡을 수 있는 사람은 아무도 없을 거야." 나중에 내가 그 논문을 책으로 출판하게 되었을 때는 제목을 바꾸라고 강하게 권고하셨지만, 박사 과정 용도로는 "적절하게도 알쏭달쏭한" 제목이라며 "박사 학위 논문 제목으로는 완벽하다"고 하셨다.

19장

유럽은 어디인가?

〈1〉

케임브리지에 도착하고 처음 맞는 가을에 충격받은 것을 하나만 꼽으라면 해가 너무 빨리 진다는 점이었다. 점심을 먹고 나면 벌써 대낮이라고 보기 어려웠다. 주변 사람들과의 만남을 점점 더 즐기게 되어가는 한편으로 내가 살고 있는 도시는 점점 더 뚜렷이 보기가 어려워졌다. 해가 3시 30분에 지는 것은 누구에게라도 가혹한 경험이지만 인도-갠지스 평원에서 온 사람에게는 더욱 그랬다. 영국이 해가 지지 않는 제국을 소유하고자 집착한 것도 그럴 만하다는 생각이 들었다.

이탈리아에 가보고 싶다는 생각은 인도를 떠나기 전부터도 있었다. 산티니케탄과 캘커타에서 르네상스 시기 그림들에 반하면서부터 나는 내내 이탈리아에 매혹되어 있었다. 몇 년 동안 나는 이른 시기의 지오토, 프라 안젤리코, 보티첼리부터 더 나중의 대가인 레오나르도, 미켈란젤로, 티치아노까지 이탈리아 미술 작품이 담긴 책을 사 모았고 언젠가는 실물로 보리라고 마음먹었다. 1953년 9월에 영국으로 가는 SS 스트래스네이버호에서 이탈리아 연안을 보면서 그 소망이 다시 생각났다. 성난 스트롬볼리 화산도 배에서 보니 이탈리아에 가보고 싶다는 열망만 더욱 높여줄 뿐이었다.

그 열망은 프레지던시 칼리지에 있던 동안 영화가 어떤 방식으로 소통하는지를 완전히 새로이 알게 해준 이탈리아 네오리얼리즘 영화들을 보면서 한층 더 증폭되었다. 이에 더해 유럽 정치에 대해 커피하우스에서 벌였던 토론은 파시스트 정권에 맞서 싸우고 궁극적으로 승리한 이탈리아 레시스텐차 운동에 대한 호기심을 자아냈고, 그래서 이탈리아와 관련된 더 많은 자료를 찾아보게 되었다. 그때만 해도 이탈리아 레시스텐차 운동에 참여했던 사람들을 실제로 만나고 그들과 친한 사이가 될 줄은 꿈에도 몰랐다.

이탈리아와 영국은 매우 가깝지만 이탈리아 여행에 나서기에는 중대한 장애물이 있었다. 아버지는 케임브리지에서 보낼 첫해에 쓸 돈으로 600파운드를 마련해주셨다. 등록금도 포함해서 1년간 일반적인 지출을 하기에는 그럭저럭 나쁘지 않았지만 그 이상의 여유는 없었다. 나는 기본적인 지출까지도 더 줄여서 최대한 돈을 쓰지 말아야겠다고 생각했다. 해외에 가는 것을 연구 목적으로 정당화할 수도 있었겠지만, 그때는 내가 좋아하는 그림, 조각, 영화, 아름다운 건축물(전 세계 등록 문화재 목록에 있는 건물 절반이 이탈리아에 있다) 등을 보고 싶다는 유희적 열망이 여행을 하고 싶은 이유였다. 3월에 날이 풀릴 무렵 나는 돈 계산을 해보기 시작했다. 그때 현대 문학을 공부하던 학생 로버트(그리 가까운 사이는 아니었지만 나는 그를 아주 좋아했다)가 대학연합총학생회NUS 주관으로 이탈리아 예술 투어를 할 수 있는 저렴한 티켓이 있어서 그걸 사러 갈 거라고 했다. 이탈리아 왕복 비행기표와 밀라노, 베네치아, 베로나, 피렌체, 페루자, 로마 등 여섯 개 도시에서의 여행, 숙박, 식사가 포함되는 티켓이라는 것이었다. 나는 곧바로 가장 중요한 질문을 했다. "얼마야?" 그가 대답했다. "다 포함해서 50파운드야."

나는 집으로 가서 돈을 다시 계산해보고 NUS 사무소로 달려가 티켓을 샀다. 다른 데서 절약해야겠다고 생각하고 있었는데, 무슨 행운인지 여행을 떠나기 조금 전에 트리니티 칼리지에서 내가 '시니어 스칼라'로 뽑혔다는 소식이 왔다. 여기에서 주는 보수는 큰 액수는 아니었지만(영국 시민은 더 받을 수 있었다. 영국인이 칼리지의 스칼라로 뽑히면 지역 카운티가 보수를 지원했다) 기본적인 수준인 이 장학금도 NUS 여행 사무소에서 쓴 돈보다는 훨씬 많았다. 그리고 시니어 스칼라가 되면 칼리지 등록금을 내지 않아도 되고 방학도 포함해서 연중 칼리지 기숙사에 무료로 묵을 수 있었다. 런던 공항에서 밀라노행 비행기에 오르면서 나는 부자가 된 것 같았다.

〈2〉

이탈리아 여행은 대성공이었다. 함께 간 일행은 매우 유쾌한 사람들이었다. 열여덟 명이 젊은 여성이고 세 명이 남성인 것은 문제가 되지 않았다(남성은 로버트와 나, 그리고 친절한 40대 후반의 학교 선생님이었다). 우리가 묵은 소박한 호텔들은 안락했고 음식이 정말 훌륭했다. 이탈리아에서 먹은 적절한 알덴테 파스타와 맛도 향도 색도 다 사라지고 없는 트리니티 구내식당의 푹 무른 양배추와 콩나물 요리 사이의 간극이란! 뮤지엄들은 늘 어서 오라고 환영하는 듯했고 전적으로 신성하게 느껴졌다. 나는 우피치, 피티 궁전, 바티칸 등의 여러 뮤지엄과 끝없이 아름다운 도시를 종일 돌아다녔다.

이탈리아인들이 살아가는 방식이 내뿜는 생기와 친근함과 소음도 힘이 나게 해주는 것 같아서 좋았다. 그에 비하면 케임브리지의 삶은 너무 제약적이라고 느껴졌다. 한번은 (아마도 페루자에서였던 것 같다) 밤에 내 창문 바로 아래쪽 길에서 너무 말소리가 크게 들려서 잠에서 깼다. 잠을 설쳤지만 나는 삶의 증거와도 같은 그런 일들이 좋았다. 다음 날 아침식사 때 간밤의 소음에 대해 불평하지 않는 사람은 나밖에 없었다. 하지만 나는 그런 것이 억눌리지 않는 이곳의 분위기가 좋았다.

나는 셰익스피어 전집 한 권을 가지고 갔다. 캘커타에서 대학에 다니던 시절에 셰익스피어도 내게 이탈리아에 대한 환상을 불어넣어준 바 있었다. 나는 책에 나오는 것과 눈으로 보고 있는 것을 연관지어보려고 했다. 개선장군 오델로는 베네치아의 어디에 도착했을까? 『베로나의 두 신사』에서 프로테우스가 나머지 한 사람에게 "불안한 4월의 영광"에 대해 이야기한 곳은 어디였을까? 나는 셰익스피어가 이탈리아를 둘러보고 받은 인상을 기록한 일기를 읽을 수 있으면 얼마나 좋을까 하고 생각했다. 그래서 나중에 셰익스피어가 이탈리아에 가본 적은 없을 가능성이 크다는 것을 알게 되었을 때 굉장히 실망했다.

〈3〉

마법 같은 여행이 끝날 날이 다가왔다. 하지만 나는 곧바로 런던으로 돌아가지는 않기로 마음먹고 있었다. 케임브리지 대학이 방학이었기 때문에 날짜에 여유가 있었다. 로버트도 비슷한 생각이어서 그는 이미 로마에 도착하기 전에 일행과 헤어져 스위스로 출발했다. 나는 로마에서 비행기로 런던에 돌아갈 사람들에게 작별 인사를 했다. 다들 앞으로도 계속 연락을 하자고 약속했지만 실제로 연락을 한 사람은 없다.

나는 혼자 북쪽으로 천천히 올라가 돌로미티까지 이동했다. 잠은 유스호스텔에서 잤고 이동은 주로 히치하이킹으로 했다. 히치하이킹이 어려울 때는 학생 할인 요금으로 기차를 탔다. 수중에 20파운드가 있었는데, 로마에서 케임브리지까지 숙박과 음식을 해결하기에 충분해 보였다.

돌로미티의 발치에 있는 트렌토에서 지나가는 행인에게 유스호스텔에 가는 길을 물어보았다(내 여행 책자에 따르면 이 근처에 유스호스텔이 있다고 되어 있었다). 그는 산꼭대기를 가리키면서 가파른 오르막길로 걸어서 두 시간쯤 걸릴 거라고 했다. 그래서 나는 배낭을 매고 스태미나를 키워주는 등반을 시작했다. 그렇게 도착했는데, 아직 짓고 있는 중이었다. 가령 화장실과 욕실은 있었지만 당황스럽게도 문이 없었다.

나는 이탈리아를 떠나기가 싫었고, 호스텔에서 만난 영국 학생들이 산길의 아름다운 경관을 보여주겠다고 약속하길래 그들과 등산을 하느라 하루이틀을 더 머물렀다. 그래도 결국에는 이탈리아를 떠나야 했고, 알프스를 넘어 오스트리아의 인스브루크에 도착했다. 오스트리아를 지나 스위스에서 로버트와 다시 만나 이틀 정도 시간을 보내고 다시 혼자 파리로 가서 칼레를 경유해 영국으로 돌아왔다. 아직도 잔돈이 조금 남아 있었다. 나는 빵, 치즈, 커피, 히치하이킹, 유스호스텔로만 생존에 성공한 것이 뿌듯했다. 해협을 건너는 배 안에서, 대륙 여행이 끝난 것이 너무 아쉬운 한편으로 익숙한 대학가로, 이제 나의 집이 된 곳으로 돌아간다는 생각에 매우 행복하기도 했는데, 이 행복감은 상당히 뜻밖이었다.

〈4〉

이탈리아에서 히치하이킹과 유스호스텔을 이용해 쉽게 돌아다니며 여러 곳을 보는 경험을 하고 나니 프랑스, 벨기에, 네덜란드, 독일 등 유럽의 다른 곳도 다녀보고 싶어졌다. 그리고 하나씩 실현되었다. 때로는 친구들과 함께, 때로는 혼자 여행을 했다. 이탈리아에 다녀온 1955년 여름에는 케임브리지에서 공부하고 있는 남아시아 친구 몇 명과 노르웨이를 거쳐 스웨덴으로 가기로 의기투합했다. 우리 일행 중에는 인도 사람도 있었고 파키스탄 사람도 있었다. 우리는 하리치에서 배를 타고 노르웨이의 베르겐에 도착해 산의 경치를 즐기면서 히치하이킹으로 노르웨이 곳곳을 돌아다녔다.

하지만 오슬로 이후에는 히치하이킹이 급격히 힘들고 불편해지기 시작했다. 우리는 스웨덴으로 들어가 스톡홀름으로 가려는 중이었는데, 여름이 끝나가는 9월 초에 비가 내렸고 지나가는 차들은 설 생각이 없어 보였다. 나의 히치하이킹 파트너는 동파키스탄 출신 레흐만 소반이었다. 나는 그의 긴 수염 때문에 차 운전자들이 우리를 태우길 꺼리는 것 같다고 말했다. 하지만 레흐만은 면도기를 좀 사용해보는 게 어떠냐는 내 강한 제안에도 꿈쩍하지 않았다. 그리고 마침내 지나가던 차 한 대가 섰을 때, 그가 옳았음이 입증되었다. 그 차를 몰던 사람은 뒷좌석에 타고 있던 아이가 레흐만의 수염이 신기해서 더 자세히 보고 싶어했다고 말했다.

차의 주인은 긴 거리를 태워주었을 뿐 아니라 그의 집에서 저녁 식사까지 대접해주었다. 우리는 남아시아에 대한 많은 주제로 대화를 나눴다. 아대륙에서 적용되는 다양한 식생활 규칙과 금기에 대한 이야기도 있었는데, 그가 우리 중 한 명은 쇠고기를 안 먹고

447

다른 한 명은 돼지고기를 안 먹는 것이 사실이냐고 물었다. 레흐만은 아마르티아는 규칙을 신경 쓰지 않는 사람이어서 어떤 음식 제약도 따르지 않지만 일반적으로는 집주인이 한 말이 맞다고 알려주었다. 힌두는 쇠고기를 먹지 않고 무슬림은 돼지고기를 먹지 않는다고 말이다. 그리고 행위의 인류학에 대해 더 많은 지식을 알려주고자 이렇게 덧붙였다. "하지만 그 두 제약은 비교가 가능한 대상이 아닙니다. 힌두는 소가 신성하다고 생각해서 쇠고기를 피하는 것이고 무슬림은 돼지가 불결하다고 생각해서 돼지고기를 피하는 것이니까요."

우리는 얼마간 시간을 들여 이 미묘한 차이를 설명했다. 레흐만은 훌륭한 교사로서의 교육적 자질을 열정적으로 내보였다. 이윽고 우리가 집주인에게 감사 인사를 하고 집을 나서려 했을 때 집주인은 지식을 넓혀주어서 고맙다며, 언젠가는 무슬림이 왜 돼지고기를 신성하다고 생각하게 되었는지에 대해 대화를 더 이어가고 싶다고 했다. 레흐만은 그의 인류학 강의가 빈약한 결과를 산출해서 슬픈 것 같았다. 나는 경제학을 아주, 아주, 열심히 공부한다면 경제학을 가르치는 것으로 일자리를 잡을 수 있을 테니 인류학 선생님은 되지 않아도 될 거라고 그를 위로했다.

차차 우리는 히치하이킹으로 이동하는 것이 너무 느리다고 결론 내리고서 버스로 기차역에 가서 코펜하겐행 기차에 올랐다. 코펜하겐은 비가 오지 않았고 낮이 더 길었다. 우리는 다시 히치하이킹을 해서 덴마크, 독일(함부르크에서 우리는 10년도 안 지난 가까운 과거에 연합국의 폭격으로 새 상흔이 새겨진 옛 장소들을 보았다)을 거쳐 네덜란드(암스테르담의 우아함과 매력을 즐겼다)로 왔고, 훅반홀란트 항구에서 배를 타고 하리치로 돌아왔다.

〈5〉

유럽에서 생각할 거리를 얻은 또 다른 경험도 있었다. 1958년
에 바르샤바 대학에서 2주간 경제학 강의를 해달라는 초청을 받
았다. 아직 케임브리지에 박사 논문을 제출하지도 않은 상태라 자
격은 전혀 충분하지 못했지만, 나는 매우 들떴다. 폴란드에 가서
폴란드 사람들을 만나볼 기회는 저항하기 힘들었다. 바르샤바에
서 나를 초청한 측은 외국환으로 지불하기가 어렵다며 일단 내가
폴란드에 오면 폴란드 돈으로 환율을 잘 쳐서 보수를 지급하겠다
고 했다. 또 바르샤바의 훌륭한 호텔에 묵게 해주고 그 밖에 필요
한 것들도 잘 챙겨주겠다고 약속했다.

나는 빈털터리였지만 충분히 위험을 감수할 만큼 매력적인 제
안 같았다. 약간 주저하긴 했지만 런던에서 베를린을 경유해 바르
샤바로 가는 장거리 기차표를 내 돈으로 장만했다. 여정의 첫 구
간은 별 문제가 없었다. 하지만 베를린에 기차가 너무 늦게 도착
하는 바람에 바르샤바 연결 편을 놓치고 말았다. 서유럽에서 동유
럽으로 가는 하루에 한 번뿐인 기차였다. 그래서 커다란 동베를린
역에서 24시간 동안 숙소를 잡기는커녕 커피 한 잔 마실 돈도 없
이 발이 묶여버렸다.

이 작은 위기에 어떻게 대처해야 할지 고민하면서 플랫폼을 어
슬렁거리고 있는데 갑자기 인도인처럼 보이는 사람이 나타났다.
그는 내게 다가와서 자신이 캘커타 사람이며 베를린에서 전기공
학을 공부하고 있는 시암 순다르 데Shyam Sundar De라고 소개했다.
여자친구가 이곳 시설을 사용하려고 해서 기차역에 왔다가 나를
보았다며, 내게 베를린에는 왜 왔느냐고 물었다. 나는 딱히 신뢰
를 줄 만하지는 않을 것 같은 내 이야기를 했다. 그런데 아마도 내

가 꽤 절박해 보였던 모양이다.

그다음에 놀라운 일이 벌어지기 시작했다. 시암은 나를 위해 동독을 돌아다닐 수 있는 교통패스와 서베를린을 자유롭게 다닐 수 있는 교통패스도 마련해주었다. 그리고 나를 어느 공과 대학에 있는 식당으로 데리고 갔다. 우리는 함께 저녁을 먹었고 시암의 독일인 여자친구가 그날 저녁 메뉴 중 무엇이 맛있는지 알려주었다. 여자친구도 매우 친절했다. 그리고 나는 시암이 공부하고 있는 공대의 좋은 손님용 방에 묵을 수 있었다. 다음 날 시암과 여자친구가 수업을 듣는 동안 나는 동베를린의 한 구역과 서베를린의 더 넓은 부분을 돌아다녔다.

그날 저녁에 그들은 기차역까지 배웅을 나와서 내가 바르샤바행 기차에 무사히 오르는 것을 지켜봐주었다. 그는 내가 베를린과 바르샤바 사이의 어딘가에서 또 어려움에 처할지 모른다고 생각했는지 내 셔츠 주머니에 돈까지 찔러넣어 주었다. "이 돈을 어떻게 돌려드리죠?"라고 내가 묻자 시암은 14일 뒤 베를린에서 돌아오는 내 연결편 시간을 수첩에 적고서 이렇게 말했다. "여기서 기다리고 있을게요."

바르샤바 여행은 잘 풀렸다. 학생들을 만난 것도, 마침 근처였던 아름다운 쇼팽의 집 구경을 한 것도 좋았다. 한번은 좌파 성향인 한 친구가 이야기가 하고 싶다며 나를 화장실로 데려가더니 아무도 엿듣지 못하게 수도를 다 틀어놓은 뒤에 정권에 대해 비판적인 말을 했다. 돌아오는 길에 베를린역에 내렸더니 플랫폼 벤치에서 시암이 기다리고 있었다. 그가 큰 소리로 인사를 해서 대번에 찾을 수 있었다. "바르샤바는 어땠어요?" 얼마나 고마웠는지는 말로 다 표현할 수 없을 정도다.

이 일화를 되짚어보니, (내가 얼마나 운이 좋았는지는 물론이고) 인간이 얼마나 넓은 범위까지 친절함과 도움을 베풀 수 있는지를 새삼 생각하게 된다. 어려움에 처한 사람을 도우려는 마음이 시암이 가진 가치관의 한 측면이었다면, 전혀 모르는 사람을 (심지어 장학금으로 살아가는, 부자일 리가 없는 학생을) 자기 돈을 써가면서까지 신뢰하는 마음가짐이 또 하나의 측면이었을 것이다. 일찍이 이마누엘 칸트Immanuel Kant는 (그리고 나중에 아이제이어 벌린Isaiah Berlin도) "인류라는 구부러진 나무에서 곧은 것은 만들어질 수 없다"고 말했는데, 구부러진 나무에서 곧은 것이 만들어질 수 없다는 말은 옳지만, 인류는 '곧은 나무'를 가지고 있기도 해서 경탄할 만한 선함을 보이기도 한다. 배신, 폭력, 학살, 기근도 있지만 너그러움과 친절함의 놀라운 행동도 있다.

〈6〉

내가 가본 곳 중에서 특히 계속해서 다시 가보고 싶었던 곳은 파리였다. 풍성한 문화적 볼거리가 있었고, 루브르는 늘 최고였으며, 놀라운 고딕 양식의 샤르트르 대성당 등 그 외에도 볼 것이 많았다. 나는 고딕 건축물을 원래 그리 좋아하지 않는데 샤르트르 대성당이 너무 좋아서 스스로도 놀랐다. 곧 파리를 매우 자주 가게 되었고, 영국에서 파리를 히치하이킹으로 갈 수는 없는 노릇이었으므로 비용이 많이 들지 않는 또 다른 경로를 찾아냈다. 런던-도버-칼레-파리의 고전적인 경로를 택해야 한다는 생각을 버렸더니 다양한 가능성이 나타났다. 하나는 버스로 영국해협 시작점까지 가서 털털거리는 비행기에 탄 뒤, 거의 타자마자 해협 건너편에 내려서, 거기에서부터 다시 버스로 파리에 가는 것이었다.

이것은 (영국과 대륙을 나누는) 영국해협의 진지한 무게를 부인하기 위해 만들기라도 한 여정 같았다. 한참 뒤에 영불해협 터널이 개통되었을 시점이면, 나는 영국에서 파리로 가는 저비용 경로에 대해 전문가가 되어 있었다.

내가 고려하지 않은 방법 하나는 영국과 프랑스의 몇몇 용자를 흉내 내 영국해협을 헤엄쳐 건너는 것이었다. 인도 사람 중에도 이 위업을 시도한 사람이 있었다. 나는 어느 결연한 캘커타 출신 벵골 사람이 도버 해협을 수영으로 건너려고 준비 중이라는 기사를 보았다. 그리고 준비 과정에 대해 주기적으로 그가 밝히는 이야기를 포함해 후속 기사를 계속 찾아보았다. 마침내 디-데이가 왔고, 나는 다음 날 그가 성공했는지 보려고 신문을 펼쳤다. 신문에는 그가 절반만 가서 포기했다고 나와 있었다. 그를 구조한 사람이 그에게 지쳐서 그랬는지, 아픈 데가 있는지 물었더니, 그는 포기한 이유는 "그런 것이 아니"라고 대답했다. 그보다는, 수영하는 동안 이걸 왜 하고 있나 하는 생각이 계속 들었다고 한다. '정확히 이게 무슨 의미가 있지?'라고 말이다. 나는 벵골의 영웅이 해협 한가운데에서 발휘한 회복탄력성 있는 삶의 지혜에 무척 안도감을 느꼈다.

파리에서 나는 셀렉트 호텔이라는 곳을 발견했다. 위치가 아주 좋았다. 생미셸 가에서 소르본 캠퍼스 뒷문까지 약 30미터 정도에 걸쳐 있는 소르본 플레이스에 있었다. 셀렉트 호텔에서 제공되는 서비스는 최소 수준이었지만(아침 식사도 없었다) 방값도 최소 수준이었다. 나는 이곳 단골이 되었다. 이 낡은 호텔에서 내가 주로 묵는 방은 매우 짧은 길이 내려다보이는 곳이었는데, 그 길은 복닥대는 생미셸 가에서 시작해 조용한 소르본의 닫힌 철문에서 끝났다. 오랜 시간이 지난 뒤, 소르본은 너그럽게도 매우 화려한 기념식과 함께 내게 명예 박사 학위를 수여해주었다. 나는 내가 소르본 플레이스와 오랜 관계가 있다는 말을 하고 싶은 유혹을 참을 수 없었다. 당황스럽게도, 닫힌 문이 몇 분이라도 열리는 것을 보고 싶다고 지나가는 말로 말했는데 정말 그렇게 되었다. 그래서 옛 장소를 반대편의 시각에서 볼 수 있었다. 하지만 익숙한 옛 숙소는 지극히 현대적인 호텔로 근사하게 바뀌어 있었다.

당시에 셀렉트 호텔에 묵는 것의 중요한 장점 중 하나는 호텔 바로 아래의 카페였다. 큰 컵에 주는 카페오레와 믿을 수 없게 맛있는 크루아상을 즐길 수 있었다. 때때로 케임브리지의 친구들과 파리에 가면 나는 이 매력적인 도시에서 어떻게 돌아다녀야 하는지를 꿰고 있는 전문가 대접을 받았다. 친구들에게 가이드 역할을 하면서 셀렉트 호텔에서 가격대가 괜찮은 방들을 알려주고 샤르트르의 숨이 멎을 듯한 아름다움을 소개해주었다. 경제학자가 되지 못했다면 아마 여행사를 차렸을 것 같다.

〈7〉

당시에 내가 했던 유럽 여행 대부분은 그 도시와 뮤지엄들을 잠깐 맛보고 다음 곳으로 이동하는 짧은 여행이었다. 하지만 1962년에 오스트리아의 매력적인 언덕 도시 알프바흐에서는 3주간을 머물게 되었다. 그곳에서 열린 범유럽 여름학교에 강사로 참여하게 된 덕분이었다. 이때쯤이면 꽤 시간이 지나서 나는 결혼을 했고 아내 나바니타와 함께 왔다. 우리 둘 다 알프바흐의 수수한 아름다움이 너무 좋았다. 에릭 홉스봄도 그해 여름학교에 강사로 참여했다. 케임브리지에서부터 우리 부부와 홉스봄까지 모두 함께 우리 차로 이동했다. 그리고 알프바흐 일정이 끝난 뒤에 엑상 프로방스로 갔다. 홉스봄과 나 둘 다 이곳에서 열리는 제2차 국제 경제사 콘퍼런스에서 논문을 발표하기로 되어 있었다. 그는 매우 저명한 학자였으니 그럴 만했지만, 콘퍼런스 주최자가 나를 발표자로 고른 것은 일종의 실험이자 모험이 아니었을까 싶다.

전반적으로 우리의 여정은 정말 근사했다. 홉스봄은 벨기에, 독일, 오스트리아, 이탈리아, 프랑스 등 지나는 경로에 있는 모든 장소를 잘 알고 있었고 우리가 멈추는 데마다 그곳과 관련된 역사적 사실을 알려주었다. 그는 나의 사고에 큰 영향을 미친 인물이었는데, 나는 우리 시대의 가장 뛰어난 마르크스주의 역사학자가 그리스도교의 역사에 대해서도 무척 잘 알고 있어서 깜짝 놀랐다. 하나의 아름다운 대성당에서 또 하나의 아름다운 대성당으로 이동할 때마다 그에게서 딱 맞는 지식이 뿜어져나왔다.

홉스봄과 그의 여자친구 마를레네 슈워츠Marlene Schwartz는 그 유럽 여행 후 곧 결혼하기로 되어 있었다. 여행 중간중간에 홉스봄은 마를레네가 적어준 목록에 있는 가정용품들을 구매했다(나중에 나는 마를레네와도 친한 사이가 되었다). 그때 우리 대화의 큰 주제 중 하나는 당시에 유럽 통합을 위해 이루어지고 있던 노력들이 유럽을 어떻게 바꾸게 될지였다. 하지만 앞으로 유럽 정치의 발달에서 이것이 얼마나 중요한 문제가 될지는 미처 알지 못했다.

⟨8⟩

산티니케탄과 캘커타 친구들 몇 명이 쾰른, 뒤스부르크, 아헨 등 독일에서 공부하고 있었고 나는 모두를 방문하려고 노력했다. 산티니케탄 친구 시브 크리슈나 카르가 잘 아는 차고 주인에게 차를 빌려서 나하고 내 사촌 박추다를 태우고 여러 곳을 돌아다녔는

데, 그러다 작은 사고가 났다. 다친 사람은 없었지만 차가 찌그러졌다. 시브는 어쩔 줄을 몰라 했지만 친절한 차고 주인이 "엔진을 떨어뜨렸다면 훨씬 문제였겠지만" 자신이 수리점도 하고 있으니 쉽게 고칠 수 있다고 말해주셔서 우리 모두 안심할 수 있었다.

독일에 처음 가본 것은 한참 더 전인 1955년이었다. 1950년대에는 전쟁의 기억이 사람들의 마음속에 여전히 생생했으므로, 나는 더없이 유쾌하고 친절해 보이는 독일 사람들이 나치 시기의 만행, 특히 수용소에서의 만행에 대해 어떻게 생각하는지 궁금했다. 또한 연합군이 독일 도시들에 무차별 폭격을 가한 것에 대해 어떻게 생각하는지도 궁금했다. 박추다와 시브는 내가 주변에 다 들리게 정치 이야기를 할까봐 안절부절 못했다. "제발, 제발, 정치 이야기는 하지 마." 박추다가 신신당부했다. "아직 히틀러를 존경하는 사람들이 있어. 그래서 우리는 대중교통을 타면 '나치'라는 단어나 그 밖에 외국어로 말해도 쉽게 판별이 가능한 이름은 말하지 않아." 내가 물었다. "그러면 벵골어로 말할 때 히틀러에 대해 이야기해야 하면 어떻게 해? 히틀러는 어느 언어로나 히틀러잖아." 그러자 박추다가 대답했다. "우리는 그를 히투 바부라고 불러"('바부'는 벵골어의 호칭 중 하나다). 나는 절묘한 벵골어식 이름 바꾸기가 마음에 들었다. 히틀러라는 인간에게는 너무 친근하게 들리는 호칭 같긴 했지만 말이다.

그날 밤, 히투 바부가 이것을 보았다면 어떻게 생각했을지 궁금해하면서 잠자리에 들었다. 또한 20세기의 첫 절반 동안 유럽이 민족적 자긍심과 정체성을 끔찍한 방식으로 사용했던 정치적 분열을 어떻게 극복할 수 있을지에 대해서도 생각해보았다. 케임브리지에 도착한 다음 날 트리니티 채플의 벽에서 너무나 많은 전사자의 이름을 보고 받았던 충격이 유럽 곳곳을 여행하는 동안 떠나지 않았다. 그들 각자의 나라들은 아주 최근까지도 서로를 죽여야 할 적으로 여기고 있었다.

유럽에서 두 차례의 대전이 일으킨 살육은 실로 경악스러웠다. 그렇게 오랫동안 문화적, 예술적, 과학적, 문학적 상호작용을 해온 이웃 나라들이 어떻게 그렇게 거리낌 없이 서로에게 살육을 저지를 수 있었는지 정말 이해하기 어렵다. 이 글을 쓰는 2021년에는 정체성 분쟁이 대개 종교 간의 구분선을 따라 벌어지고 있다. 알카에다, 보코하람, IS, 강력한 반유대주의, 또 중동과 아프리카에서 넘어온 난민들에 대해 조직적인 적대를 표출하는 이슬람 혐오 집단 등처럼 말이다. 한 세기도 안 지난 과거에는 유럽인들이 종교적 정체성이 아니라 국가적 정체성을 토대로 맹렬히 싸움을 벌였다는 사실이 믿기지 않을 정도다. 영국인인지, 독일인인지, 프랑스인인지의 차이는 그리스도교라는 형태의 종교적 공통성으로 쉽게 극복되었다.

어린 시절에 힌두-무슬림 폭동이 갑작스럽게 분출하는 것을 본 내게, 이것은 정체성이 수행하는 파괴적인 역할을 이해하려는 노력에서 또 하나의 국면이 되었다. 어떻게 독일인과 영국인이 그렇게 파괴적인 전쟁을 벌이며 서로를 도륙할 수 있었을까? 그리고 또 어떻게 불과 몇 년 뒤에 다시 가장 친한 친구가 될 수 있었을까? 1930년대에 서로 평화롭게 살던 인도 사람들은 1940년대에 어떻게 갑자기 호전적인 힌두와 무슬림으로 바뀌어 막대한 커뮤널 폭동을 저지를 수 있었을까? 그리고 어떻게 해서 그것이 시작되었을 때만큼이나 빠르게 갑자기 멈춰질 수 있었을까? 우리가 명료한 정신으로 성찰한다면 이러한 폭력의 분출을 극복할 수 있을까?

⟨9⟩

퀼른, 뒤스부르크, 아헨의 친구들을 방문하는 것 외에 독일의 다른 지역들도 가보고 싶었다. 라인 강을 따라 강 크루즈를 한다는 아이디어가 매우 솔깃했고 친구들을 만나러 가본 적이 있는 퀼른에서 출발할 수 있다는 사실을 알게 되었다. 퀼른에서 배로 출발해 린츠와 코블렌츠 등 여러 매력적인 강 항구 도시들을 거쳐 마인츠까지 여행하면서, 자연 경관의 아름다움에 매료되었다. 크루즈의 규칙은 매우 사용자 친화적이었고 가격대도 감당할 만한 수준이었다. 마인츠까지 가는 티켓 하나를 가지고 배로 항해하는 도중에 아무 도시에서나 내릴 수 있었고 다음번 배를 타고 여행을 이어갈 수 있었다. 이때의 경험이 너무 좋아서 같은 여행을 두 번이나 더 했다. 나는 라인 강의 풍광을 너무나 좋아하게 되었다.

한번은 배에서 내 옆에 앉아 있던 몇몇 영국 학생이 이제 막 시작된 뤼데샤임의 와인 축제에 갈 예정이라며 나더러 함께 가자고 했다. 그리하여 와인 축제장을 돌아다니다가, 독일의 상류층으로 보이는 대학생들과 잠시 이야기를 나누게 되었다. 그들은 내가 어디에서 왔는지 궁금해했고 내 대답에 '인도'와 '벵골'이라는 단어가 들어가 있었기 때문에 호기심 많은 한 학생이 벵골의 더 옛날 이름은 무엇이냐고 다시 물었다. "역사적으로 그렇게 불렸던 것인가요?" 통합된 벵골은 한두 세기 전에야 생겼으므로 나는 벵골 통합 이전에 중요한 지역이었다가 벵골의 일부가 된 '봉고'라고 대답하기로 했다.

그러자 독일 대학생 중 한 명이 봉고가 콩고 옆일 것 같은데 맞느냐고 물었다. 나는 그를 실망시켜서 안타까웠지만 아니라고 대답하고 종이 냅킨에 세계 지도를 그려서 콩고가 있는 아프리카와 봉고가 있는 인도 대륙을 표시하고 그 사이에 최대한 많은 나라를 표시했다. 둘 사이의 거리에 충격을 받은 독일 여학생 한 명이 관심을 보이면서 이렇게 선언했다. "그들과 함께해야 해요. 반드시 그래야 해요." 내가 "그건 쉽지 않아요. 지리는 쉽게 달라지지 않으니까요. 나라들이 자리를 옮길 수는 없잖아요"라고 말했더니 그 여학생이 힘주어 이렇게 말했다. "제 말을 잘못 알아들으셨어요. 전 세계가 함께해야 한다는 뜻이었어요." 그리고 다시 반복해서 말했다. "모두 함께이면 좋겠어요. 아시죠?" 내가 그 여학생이 나에게 말하려 한 바가 무엇이었을지 알아내려 고민하는 동안 그 여학생은 또 하나의 거대한 이야기를 했다. 아마도 내가 잘 이해하도록 도와주기 위해서 한 말 같았다. "우리는 모두 이웃이에요."

나는 이 간단한 관찰이 「누가복음」에 나오는 착한 사마리아인 이야기에서 율법학자의 질문에 예수가 한 대답과 너무 비슷해서 깜짝 놀랐고, 그래서 다시 물어보았다. "누구나 누군가의 이웃이 될 수 있어요? 방금 그렇게 말했나요?" 그러자 그 여학생이 대답했다. "그래요. 하지만 그러기 위해 노력을 해야죠." 그 여학생이 이 말을 매우 힘주어서 했기 때문에, 당장이라도 밖으로 나가서 글로벌 운동을 시작할 것 같아 보였다.

그날 밤 작은 숙소 방에서 자려고 누워서 예기치 않았던 그 대화를 생각하다 보니, 어쩌면 이것이 전후 독일 젊은이들의 생각이 수십 년 동안 독일을 지배했던 민족주의적 사고 틀에서 멀어져서 숙고와 성찰을 통해 어떻게 변화하고 있는지 보여주는 것일지 모른다는 생각이 들었다. 최근[2015년]에 앙겔라 메르켈 총리가 시리아 위기와 관련해 독일이 많은 난민을 받아들이겠다고 발표하는 것을 보면서, 1950년대에 그 독일 여학생이 했던 말이 다시 생각났다. 독일이 '우리의 글로벌 이웃'들에 대해 합리적, 이성적으로 판단한 헌신을 실천하는 것 같아 보였다.

그 독일 여학생이 말하려 한 바를 내가 옳게 해석했을까? 확실히는 알 수 없었지만 그랬으리라고 생각했다. 독일이 주된 행위자였던 끔찍한 전쟁이 있은 지 10년도 안 된 시점에, 분명히 독일은 많은 변화의 징후를 보이고 있었다. 뤼데샤임의 작은 숙소 방에 자려고 누워서, 나는 이러한 글로벌한 친밀함을 마주했다는 것이 매우 놀랍게 느껴졌다. 라인의 와인 축제에서 내가 본 것이 정말로 그런 것이었다면 말이다.

이런 생각을 하느라 시간을 너무 보내서 잠을 자기는 이미 틀려버렸다. 새벽이 뤼데샤임에 빛을 드리웠다. 나는 피곤했고 흥분되었다. 그리고 희한하게도 행복했다.

20장

대화와 정치

〈1〉

캘커타의 좌파 성향 지식인들이 국제적으로도 연결되어 있었다는 것을 생각하면, 케임브리지에 도착하자마자 케임브리지의 좌파 지식인들로부터 환영 인사를 받은 것은 놀랄 일이 아니었어야 할 것이다. 올드리치 브라운Aldrich Brown(뛰어난 수학자로, '리키Ricky'라고 불렸다)이 남긴 따뜻한 편지가 관리실에서 나를 기다리고 있었다. '케임브리지 대학 사회주의자 클럽' 명의로 보낸 것이었는데, 캘커타로부터 내가 여기에 온다는 '경고'를 들었다며 이 클럽이 여는 신입생 환영회에 초대한다는 내용이 담겨 있었다. 나는 환영회에 갔고 케임브리지 사회주의자 클럽에 들어가기로 했다. 여기 활동가들 중에는 스스로를 마르크스주의자라고 칭하는 사람도 많았는데, 칼리지 가에서 온 '지적 과시 대장'인 나로서는 정작 그들이 마르크스 본인의 저술도 포함해서 마르크스주의의 고전을 그리 많이 읽지 않은 것이 좀 충격적이었다.

또한 나는 이 클럽의 지도부인 사람들이 소련 및 소련의 영향력하에 있는 동유럽 국가들의 심각한 권위주의를 그리 문제라고 생각하지 않는 듯 보여서도 놀랐다. 물론 이때는 1956년 2월 제20차 소련 공산당대회에서 흐루쇼프가 스탈린 정권의 실상을 폭로하기 한참 전이고 1956년의 헝가리 봉기보다도 한참 전인 1953년이긴 했다. 하지만 소련에서 벌어지고 있는 정치적 압제에 대한 증거는 꽤 한동안 쌓여오고 있었기 때문에, 나는 자유에 관심 있는 사람이라면 숙청과 '전시용 재판'(이때도 이미 이렇게 불리고 있었다)을 심각하게 여기지 않을 수 없을 거라고 생각했다. 영국으로 오기 직전에 파르타 굽타와 나는 다르질링에서 방학을 보내면서 이러한 이야기를 길게 나눈 바 있었다.

전쟁 중에 영국 군인들은 탱크에 이렇게 적었다. "조, 이것을 가져. 우리는 오래 못 버텨." 1953년이 되면 이러한 유대는 잊힌 지 오래였고, 1945년 1월에 붉은 군대가 아우슈비츠를 해방시킨 놀라운 순간도 잊힌 지 오래였다. 소비에트의 권위주의를 말해주는 이야기들은 잘 알려져 있었고, 미국의 프로파간다가 이러한 이야기를 퍼뜨린 면도 있겠지만 꼭 그것 때문만은 아니었다. 그런데도 영국에서 소련의 압제는 공산당원들 사이에서뿐 아니라 더 폭넓은 좌파 성향 사람들 사이에서도 부정되고 있었고, 이는 케임브리지 사회주의자 클럽도 마찬가지였다.

케임브리지 대학 사회주의자 클럽은 영국에서, 또 세계에서 평등주의 이슈들에 관심을 불러일으키는 데 건설적인 역할을 했고, 핵무장 해제를 주장하며 냉전 시기의 호전성에 대해 문제 제기하는 데도 중요한 역할을 했다. 하지만 이러한 이슈들은 현실 정치와 긴밀하게 관련된 것들이었고, 마르크스주의적 분석을 이론적으로 사용하는 데서 사회주의자 클럽이 한 역할은 그보다 훨씬 미미했다.

케임브리지 대학 사회주의자 클럽의 핵심 인물들은 대체로 다소 극단적인 좌파 성향으로 보이는 노동당 좌파 쪽 활동가였다. 하지만 이론가들도 없지는 않았는데, 그중 한 명인 피에란젤로 가레냐니('피에로'라고 불렸다)는 이 클럽이 실망스럽게도 수준이 낮다고 말했다(그람시 학자가 충분히 할 만한 말이었다고 생각한다). 반면 찰스 파인스타인Charles Feinstein은 남아프리카에서 공산당 활동을 한 배경이 있었고 역사를 공부하러 케임브리지에 왔는데, 이 클럽이 지적으로 수준이 떨어진다는 류의 언명을 몹시 거슬려 했다. 찰스는 좌파의 학문적 활동가로 계속 활동했고 내가 스탈린의 글을 일축하는 것에 대해 질책했다(심지어는 내가 책장에 스탈린의 책을 뒤집어 꽂아두었다고도 뭐라고 했다). 하지만 나중에 찰스는 견해를 확 바꾸어서 정치에 거리를 두고 전혀 좌파적 성향을 나타내지 않게 되었으며 영국의 저명한 역사학자가 되었다. 그는 옥스퍼드의 경제사 교수가 되었고 일찍이 1953년에도 분명히 볼 수 있었던 날카로운 지성과 인간적인 공감을 여전히 가지고 있었다. 하지만 이제 정치색은 분명히 없어져서, 요하네스버그의 비트바테르스란트 대학을 떠나 케임브리지에 갓 도착한 시절에 볼 수 있었던 급진주의자의 면모는 온데간데없었다.

가레냐니가 사회주의자 클럽의 지적 수준에 실망하긴 했지만, 이곳에 학문적, 지적으로 뛰어난 일원들이 없지는 않았다. 에릭 홉스봄도 모임에 자주 왔고, 저명한 법학자가 되어 나중에 영국의 선도적인 판사로 활동하게 되는 스티븐 세들리Stephen Sedley도 그랬다. 세들리는 1963년에 내가 델리로 떠날 무렵에 사회주의자 클럽에 들어왔다. 한편, 나중에 세계적으로 유명한 국제법 변호사가 되는 이언 브라운리Ian Brownlie는 옥스퍼드 학생이었고 (케임브리지 사회주의자 클럽의 자매 격인) 옥스퍼드 사회주의자 클럽에 속해 있었다. 그는 공산당원이었는데, 1968년에 소련이 체코를 침공했을 때 공산당을 탈퇴했다. 학생 때는 이언이 케임브리지에 자주 찾아왔고 나중에는 나와 올 소울스 칼리지에서 동료로 일하게 되어서 (그는 이곳의 국제법 교수가 되었다) 그와 가까워질 수 있었다.

〈2〉

정치 모임에서 만난 가장 놀라운 사람을 꼽으라면 도로시 콜Dorothy Cole이다(나중에는 도로시 웨더번Dorothy Wedderburn이 된다). 케임브리지 대학 사회주의자 클럽의 첫 모임에서 리키 브라운이 도로시가 자신의 집에서 파티를 열 예정인데 나도 오라고 했다고 초대의 말을 전했다. 태어났을 때 이름은 도로시 버나드Dorothy Barnard였고, 급진 성향을 가진 성공한 목수의 딸이었다. 케임브리지에서 내가 초대를 받았을 당시에는 역사학자인 남편 맥스 콜Max W. A. Cole과 파커스 피스에 있는 집에 살고 있었다. 나는 도로시의 우아하고 친절한 얼굴에서 빛나는 지성의 빛에 매혹되었다. 대화 상대로 유쾌한 사람이기도 했다. 이것은 평생에 걸친 우정의 시작이었고 우리의 우정은 2012년에 도로시가 87세로 사망할 때까지 이어졌다.

도로시는 엄청난 성취에 비해 놀랍도록 겸손했다. 에릭 홉스봄은 『가디언』에 쓴 도로시의 부고 기사에서 도로시를 "자기를 드러내고 내세우려 하는 모든 것의 적"이라고 표현했는데, 1953년에 케임브리지에서 내가 도로시를 처음 보고 놀랐을 때의 느낌을 실로 잘 표현한 말이다. 비판을 할 때도 도로시는 강변하는 말투를 전혀 쓰지 않았고 때로는 자기 의구심도 내비치면서 조심스럽게 표현했다. 주류 경제학을 비판할 때도 마찬가지였다. 도로시는 자신은 "너무 멍청해서 [주류 경제학을] 잘 알지는 못한다"면서도 주류 경제학의 중요 부분 중 잘못된 점에 대해 매우 통찰력 있는 비판을 가했다.

우리가 만나고 몇 년 뒤에 도로시는 맥스 콜과 이혼하고 저명한 변호사이자 법학 사상가인 빌 웨더번Bill Wedderburn(나중에 경Lord 칭호를 받는다)과 재혼했다. 그도 영국 정치에서 좌파 쪽이었다. 몇 년의 행복한 세월을 보냈지만 이들의 결혼도 이혼으로 끝났고 그 다음에 도로시는 수십 년을 대체로 혼자 살았다. 늘 밝고 쾌활하고 다른 이들을 챙겼지만 외롭기도 했을 것이다. 도로시의 삶에는 기쁨과 고통이 번갈아 있는 것 같아 보였다. 도로시는 친한 친구들이 있었지만, 그들을 만날 때도 홉스봄 부부나 매리언 밀리밴드 Marion Miliband 같은 옛 친구들에게 종종 의존했다. 뛰어나고 명료한 사상가인 매리언은 내 친구 랠프 밀리밴드Ralph Miliband(현재는 세상을 떠났다)와 결혼해 두 자녀 데이비드와 에드를 두었는데 둘다 훗날 영국의 유명한 정치인이 된다.

내가 도로시를 처음 만났을 때는 케임브리지에 아직 사회학이 학과로 정립되어 있지 않았고 도로시는 주로 응용경제학자라고 불렸다(물론 응용경제학자이기도 하다). 그러다가 사회학이 학계의 창고에서 나왔을 때 도로시는 영국의 저명한 사회학자로 명성을 남기게 된다. 그는 영국 노년의 삶에 대한 연구와 요양원 및 구급대원에 대한 연구 등 통찰력 있는 (그리고 마음 아픈) 연구를 많이 수행했다. 도로시는 런던 베드퍼드 칼리지의 학장이 되었으며 베드퍼드 칼리지와 로열 홀러웨이 칼리지가 합병된 뒤에는 합병된 학교의 학장이 되었다. 도로시는 여성 제소자의 수감 환경을 조사하는 위원회에도 참여했고, 중요한 페미니즘적 통찰을 설득력 있게 담은 『여성을 위한 사법: 개혁의 필요성Justice for Women: The Need for Reform』도 집필했다. 나는 도로시의 연구에서 많은 것을 배웠고 특히 경제적 관계의 사회적 측면을 탐구하는 것이 왜 중요한지에 대해 많은 통찰을 얻었다. 또한 도로시가 사회적 소외의 연구에 기여한 바도 존경스러웠다.

슬프게도, 여성이 겪는 박탈의 한 가지 특징이 도로시에게서도 나타났다. 사회적 관습을 따라서 도로시는 결혼 후 두 번 다 성을 바꾸었다(나는 이것이 박탈이라고 생각한다). 그래서 도로시의 대표 저술이 이미 이혼한 두 번째 남편의 성으로 출판되었다. 급진주의 여성 도로시 버나드가 자신의 모든 책과 논문을 결혼 후 바뀐 이름으로 내놓은 것이다. 파커스 피스에서 처음 만났을 때 이에 대해 그에게 이야기한 적이 있다. 그때부터도 나는 여성이 결혼 후 성을 바꾸는 게 커다란 사회적 잘못이라고 생각했다. 도로시는 새로 온 인도 출신 학부생 이야기를 인내심 있게 듣더니 웃으면서 이렇게 말했다(내 말이 그리 인상적으로 들린 것 같지는 않았다). "무슨 말씀인지 알겠어요. 하지만 더 먼저 다루어야 할 중요한 문제들이 있어요."

⟨3⟩

정치에 대한 내 관심 반경은 케임브리지 대학 사회주의자 클럽에 참여하는 것보다 훨씬 넓었다. 나는 정치 논쟁과 토론에 참여하는 것을 좋아했는데, 비용 면에서 가장 좋은 방법은 회원에게는 토론 모임에 공짜로 참가할 수 있게 해주는 클럽의 회원이 되는 것이었다. 나는 리버럴 클럽[자유주의자 클럽]과 보수주의자 클럽

둘 다에 가입했고, 때로는 외계인의 모임에 온 것처럼 느끼기도 하면서 그곳에서 벌어지는 논쟁을 즐겼다. 내 정치 성향을 생각하면 당연히 케임브리지 노동 클럽에도 가입했어야 할 법하지만, 당시 노동 클럽에는 사회주의자 클럽 회원은 들어올 수 없다는 희한한 규칙이 있었다. 사회주의자 클럽의 공산주의자들이 노동 클럽을 훼손할지 모른다고 우려했기 때문인 것 같다. 이 규칙의 반자유주의적인 속성에 필적할 것이라곤 그 규칙의 멍청함밖에 없을 것이다. 내가 사람들에게 노동 클럽만 빼고 케임브리지 모든 정치 클럽의 회원이라고 말하면 다들 내 정치적 견해를 실제와 매우 다르게 생각하곤 했다. 사실 나는 노동 클럽의 모임에도 종종 참석했다. 하지만 여기에는 6펜스의 입장료를 내야 했다.

보수주의자 클럽에 들어간 것이 가져다준 예기치 못한 결실 하나는 탬 디엘Tam Dalyell을 알게 된 것이었다. 그는 스코틀랜드의 상류층 출신으로, 이튼을 나왔고 준남작 지위를 물려받은 사람이었는데, 토리당 정치에 의구심을 느끼기 시작하고 있었다. 디엘은 케임브리지 대학의 주요 토론 모임인 '케임브리지 유니언 소사이어티' 회장에 출마하면서 내게 도와달라고 했다(잘 되었더라면 내가 그의 임명에 재청자 역할을 했을 것이다). 나는 좌파 쪽 표를 모으는 것을 도왔다. 이쪽 일은 꽤 잘 되었는데, 당시 케임브리지의 학생들의 다수였던 보수주의자들이 탬을 지지하지 않아서 그는 낙선했다.

탬은 점점 더 보수주의자들에게서 멀어졌고, 나중에는 (스코틀랜드 웨스트로디언 주 지역구의) 저명한 노동당 하원의원이 되었으며 노동당 내에서도 좌파 성향이 되었다. 그는 의회에서 매우 맹렬히 연설하는 논쟁가였고 마거릿 대처의 토리당 정부에 큰 골칫

거리였다. 유명한 일을 몇 가지 꼽자면, 토리당 정부가 포클랜드 전쟁 중에 아르헨티나 해군의 순양함 제너럴 벨그라노호가 침몰한 사건에 대해 (거짓 선언을 발표함으로써) 책임을 회피했을 때 이에 대해 지적한 것을 들 수 있다. 또한 그는 미국이 취약한 정보와 더 취약한 논리로 이라크를 침공하는 데 동참한 토니 블레어의 노동당 정부도 비판했다. 그리고 스코틀랜드 의원은 스코틀랜드가 자치권을 이양받은 뒤 영국 의회에서 잉글랜드의 지역 현안에 대해 발언권을 갖는 반면, 잉글랜드 의원은 스코틀랜드의 지역 현안에 대해 그럴 수 없다는 비대칭 문제를 제기해 유명해지기도 했다. 이는 '웨스트로디언 문제'라고 불린다. 그는 의원직에서 은퇴하기 전에 가장 오래 연임한 의원에게 주는 '하원의 아버지Father of the House' 칭호를 얻었다.

따뜻함, 용기, 정치적 지혜와 같은 탬의 특징은 학생 시절부터도 명확했다. 그러한 정치적 지혜에는 다른 이들로부터 다르게 생각하는 법을 듣고자 하고 기꺼이 어려운 질문을 하고자 하는 의지가 포함되어 있었다. 그는 자서전에서 자신의 우선순위를 유려하게 논했는데, 그 자서전의 제목은 『어색한 사람이 되는 것의 중요성The Importance of Being Awkward』이었다.[1]

나는 탬 집안의 멋진 고택에서 며칠을 보낸 적이 있다. 그 고택은 에딘버러에서 멀리 떨어지지 않은 곳에 있으며 '빈스Binns'라고 불린다. 그때 그의 어머니를 알게 되었고 우리는 매우 따뜻하고 깊은 통찰을 주는 대화를 나누었다. 탬의 어머니는 무척 사랑스러운 분이셨고, 엄청난 기억력과 스코틀랜드 역사와 전통에 대해 상세한 지식을 가지고 계셨다. 여기에는 탬의 조상으로 17세기에 로열 스코틀랜드 그레이스Royal Scots Greys 기병 연대를 일으킨 것으로 지금도 존경받는 '피의 탬 디엘' 이야기 같은 가족사도 포함된다. 탬의 친절함은 타고난 천성인 것 같지만 어머니의 그리스도교적인, 그리고 인도주의적인 신앙에서 영향을 받아 그러한 천성이 한층 더 강해진 것 같았다.

마이클 니컬슨의 본가를 방문했을 때 그가 술 마실 때는 다른 마을로 가서 마셔야 한다고 신신당부했듯이, 탬은 자신의 어머니와 이야기할 때는 내가 무신론자라는 이야기를 하면 안 된다고 신신당부했다. 그것 자체는 어렵지 않았는데, 탬이 나를 신실한 힌두교도라고 소개해서 일이 조금 꼬였다. 빈스에 묵은 둘째 날 팀의 어머니가 에든버러 대주교님이 힌두이즘의 몇몇 복잡한 부분에 대해 나와 이야기하기를 너무 원하셔서 그분을 초대하셨다는 것이다. 다행히 대주교님의 질문은 주로 힌두 철학의 토대에 대한 것이었고 종교 의례나 신앙에 대한 것은 아니어서, 나는 답변 비슷한 것을 주워섬길 수 있었다.

⟨4⟩

같은 수업을 들었던 경제학도 중 친한 친구가 된 사람 중에는 앞에서 이야기했듯이 마뉩 울 하크가 있다. 또한 지저스 칼리지의 새뮤얼 브리턴Samuel Brittan과도 가까워졌다. 졸업 후에 샘〔새뮤얼〕은 저널리스트가 되어서 처음에는 『옵저버The Observer』의 경제 에디터로, 그다음에는 수십 년 동안 『파이낸셜 타임스Financial Times』의 선임 논설위원으로 일했다. 우리가 졸업을 하자마자 샘의 글이 『옵저버』에 실리기 시작했는데 그의 사진도 같이 실려 있었다. 사진 속의 그는 매우 현명하고 진지해 보였고(물론 실제로도 그랬다) 실제보다 나이 들어 보였다. 학생이던 샘을 알고 계셨던 데니스 로버트슨 교수님은 샘이 일부러 더 성숙한 사람처럼("한 쉰 살쯤으로") 보이려고 한 것 같은데 어떻게 생각하냐고 내게 물으셨다. 우리는 이 가설에 대해 논의했지만 나는 샘이 단지 학식 있고 건전한 사람으로 보이려 했을 뿐이고 나이는 수많은 요인 중 하나에 불과했을 것이라는 원래의 의견을 고수했다. 이 논쟁에서 내가 이겼는지 어쨌는지는 잘 모르겠다.

샘 브리턴은 늘 기자 이상이었고 사회적, 정치적, 경제적 주제들에 대해 탄탄하게 논증된 책도 여러 권 집필했다. 놀랍도록 독창적인 그의 에세이들을 담은 『도덕적 정치적 경제학적 에세이들 Essays: Moral, Political and Economic』(1998)에서는 다양한 주장들에 대해 합리적으로 논증된 찬사를 보냈고 종합적으로 큰 도약을 하지는 않았다. 하지만 『경제적 자유주의를 재천명하다A Restatement of Economic Liberalism』(1988)와 『인간의 얼굴을 한 자본주의Capitalism with a Human Face』(1995)에서는 경제와 정치에 대한 그의 일반적인 접근을 볼 수 있으며, 후자의 제목은 그를 추동한 기본적인 동기를 잘 말해준다.

나는 학부 시절이던 1954년 가을에 샘을 처음 만났다. 그는 막 러시아에 갔다가 돌아온 참이었는데, 그곳에서 소련에 대해 일었던 최악의 의구심이 사실임을 확인했다고 한다. 그는 전에 노동 클럽 회원이었는데 러시아를 다녀오고 나서 노동 클럽을 탈퇴하고 리버럴 클럽에 들어가기로 했다고 말했다. 나는 그와의 대화를 즐겼고 그의 잘 숙고된 친시장주의 경제 사상에서 많은 것을 배웠다. 그러면서도 그는 사람들이 스스로의 삶을 꾸려갈 수 있어야 한다는 점에서는 보수주의적이기보다 리버럴한 열정을 가지고 있었다. 나는 시장경제의 필요성이나 정치, 경제적 사고에 시장이 고려되어야 한다는 점, 혹은 시장이라는 제도에 대한 그의 (보수적이기보다는) 리버럴한 접근 중 어느 것에서도 그와 강하게 의견이 불일치하는 지점을 찾을 수 없었다.

우리의 차이라면 시장의 결함이나 시장이 할 수 없는 영역, 특히 시장 외부에서 개인과 사회에 미치는 영향을 시장이 제대로 다룰 능력이 없다는 점에 대해 그보다 내가 심각성을 더 크게 느꼈다는 점이었다. 경제학자들은 그러한 외부적 영향을 '외부성'이라고 부른다. 오염, 범죄, 도시의 불결한 환경, 감염병의 확산 등이 외부성의 사례이며, 이미 1920년에 A. C. 피구가 저서 『후생경제학The Economics of Welfare』에서 다양한 종류의 외부성에 대해 논의한 바 있었다.[2]

내가 샘, 마붑, 또 그 밖의 친구들과 학부생으로 경제학을 공부하고 있었던 1954년에도 이미 위대한 경제학자 폴 새뮤얼슨이 「공공 지출에 대한 순수 이론The Pure Theory of Public Expenditure」이라는 설득력 있는 논문에서 시장이 안보, 국방, 보건 등 소위 '공공재'를 생산하고 분배하는 일은 잘 못하는 경향이 있음을 밝힌 바 있었다. 칫솔은 온전한 사적 재화다. 만약 이것이 내 칫솔이라면 당신은 사용할 수 없다. 그리고 사적 재화를 다루는 일은 시장이 꽤 잘한다. 하지만 길거리에 범죄가 없는 것은 한 사람이 그것을 사용해도(즉 낮은 범죄율로 삶의 질이 높아져도) 동일한 재화(낮은 범죄라는 재화)의 유용성을 다른 사람에게서 제거하지 않는다는 점에서 공공재다. 새뮤얼슨은 공공 서비스의 경우 자원 배분을 시장에만 맡겨둔다면 매우 심각한 한계가 생기리라는 점을 보여주었고, 이 논의는 나의 근본적인 고민에 큰 영향을 미쳤다. 나는 샘도 이 생각에 동의하도록 설득해보려 했다. 그는 사적 재화와 공공재를 구별하는 새뮤엘슨의 범주 구분이 적절하다는 데는 동의했지만 경제적 의사결정에서 공공재가 차지하는 중요성의 정도에 대해서는 계속해서 나와 의견이 달랐던 것 같다. 이것이 그와 나 사이의 의견 차이 중 하나였다면, 또 하나의 차이는 심각한 경제적 불평등을 피하는 것을 얼마나 중요하게 여기느냐와 관련이 있었다(나는 여기에 늘 관심이 많았다). 강하게 의견이 일치하는 부분과 약간의 의견 차이를 보이는 부분들이 있었던 덕분에 샘과의 대화는 늘 지적으로 자극적이고 생산적이었다.

그 밖에도 경제학과를 같이 다닌 학생 중 친한 친구가 된 사람들이 몇 명 더 있다. 월터 엘티스Walter Eltis는 엑서터 칼리지의 펠로우로 옥스퍼드 교수가 되며 영국의 여러 정권에서 경제 자문도 맡았다. 스리랑카 출신의 뛰어난 경제학도 란지 살가도Ranji Salgado는 무척 조용했고 자신의 의견을 강변하는 법이 없었다. 훗날 그는 국제통화기금에서 성공적인 커리어를 쌓는다. 학생 시절에 명상 같은 불교 수행에도 열심이었는데, 나중에 그는 워싱턴 불교 비하라Washington Buddhist Vihara의 회장이 된다. 정치적으로는 중도적이었고 아주 사람 좋은 성격이어서 좀처럼 논쟁으로 끌고 들어가기가 어려웠다. 란지와 나는 두 번째 부활절 방학 때 함께 여행을 가서 일주일을 웰윈 가든 시티에서 보냈다. 이름만 보고 유명한 정원들이 있는 곳이겠거니 생각한 것이다. 당시에 케임브리지는 꽤 외진 곳이었기 때문에 우리는 그저 비싸지 않게 여행을 좀 하고 싶었다. 하지만 웰윈의 기차역에 내려 둘러보니 온통 인공적으로 세워진 도시가 있었고 정원이라고는 눈에 보이지 않았다. 란지가 말했다. "우리, 이거 맞아?"

⟨5⟩

원래는 대중적으로 알려지지 않은 비밀 조직이어야 하지만 케임브리지에서 가장 잘 알려진 토론 모임인 사도회Apostles 이야기를 빼놓을 수 없을 것이다. 정식 이름은 케임브리지 좌담회Cambridge Conversazione Society이고 꽤 오랜 역사가 있다. 1820년에 케임브리지 학생이었던 조지 톰린슨George Tomlinson의 주도로 시작되었는데, 사도회가 다소 이단을 연상시키는 명성을 가진 것을 생각하면 신기하게도 그는 나중에 지브롤터의 대주교가 되었다. 톰린슨은 다른 열한 명의 케임브리지 학생들(모두 세인트 존스 칼리지 학생들이었다)과 함께 좌담회를 시작했고, 나중에는 존스 칼리지, 트리니티 칼리지, 킹스 칼리지의 학생들이 주로 가입했다. 이름에 걸맞게 한 번에 열두 명 이상의 사도가 활동할 수는 없었다. 하지만 사도회에서 은퇴하면 '에인절Angel'〔wings have grown(날개가 커진다)에는 나이가 들고 성숙해진다는 뜻이 있다.—옮긴이)이라는 영구 회원이 되며, 에인절 중에서 뽑히는 회장은 연례 만찬을 준비한다(지금은 다소 불규칙하게 열리는 것 같긴 하다).

사도회 회원 중에는 위대한 과학자, 철학자, 수학자, 문학 이론가, 작가, 역사학자, 또 그 밖에 학문적이고 창조적인 영역에서 비범한 성취를 이룬 사람들이 많다. 철학 분야만 보더라도 헨리 시지윅Henry Sidgwick, 버트런드 러셀, G. E. 무어G. E. Moore, 루트비히 비트겐슈타인, 프랭크 램지Frank Ramsey, 리처드 브레이스웨이트Richard Braithwaite 등이 사도회 회원이었다. 많은 면에서 사도회는 "케임브리지에 있는 학문적 귀족들의 소규모 사교 모임"이라는 윌리엄 코리William Cory의 묘사와 잘 맞아떨어진다.

선발 절차는 기존 회원들이 후보자와 한두 번 저녁을 먹으면서 대화를 나누고 그다음에 투표를 하는 것인데, 그 후보자에게 강한 지지자와 강한 반대자가 있으면 격렬한 찬반 논쟁이 벌어지기도 한다. 사도회 회원이 되는 것은 종종 굉장한 영예로 여겨진다. 굉장히 많은 성취를 한 사람인 리턴 스트레이치Lytton Strachey조차 사도로 뽑히고서 1902년 2월 2일에 신이 나서 어머니에게 이렇게 편지를 보냈다. "저는 이제 사도회 회원이에요." 그리고 이렇게 덧붙였다. "정말로 어제 뽑혔어요."

한편 참여하지 않고 모임에서 나가기를 택한 몇몇 부적응자도 있었다. 저명한 시인 앨프리드 테니슨Alfred Tennyson이 아마도 가장 유명할 것이다. 그는 사도회가 생긴 지 10년밖에 안 되었던 1830년에 이곳에서 나갔다. 동료 사도들은 사실 그가 제 발로 나간 게 아니라 쫓겨난 것이라고 생각하는 경향이 있었다. 제임스 피츠제임스 스티븐James Fitzjames Stephen은 약간의 비웃음을 담아 "알고 보니 [테니슨이] 구제 불능으로 게을러서 자신의 차례에 맞게 에세이를 쓰지 못했다"고 말했다. 몇 년 뒤에 사도들은 테니슨을 '명예 회원'으로 받아들이는 방식으로 문제 해결을 시도했다. 하지만 테니슨은 이러한 제스처에 응하지 않았다. 그는 연례 만찬에 오라는 회장 윌리엄 프레더릭 폴록William Frederick Pollock의 초대에 이렇게 답장했다고 한다. "P. 귀하. 저는 못 갑니다. A. T." 더 나중 시대의 부적응자로는 루트비히 비트겐슈타인이 있다. 그는 버트런드 러셀과 존 메이너드 케인즈 등의 지지로 사도가 되었는데, 사도회 모임이 시간 낭비라고 생각했고 참가에 열의가 있었던 적이 한 번도 없었다. 하지만 그가 사도회에서 나가는 일은 G. E. 무어와 리턴 스트레이치가 뜯어말려서 피할 수 있었다.

〈6〉

　사도회의 모든 일은 비밀 유지가 원칙이었고, 사도회의 비밀주의는 학계에서 잘 알려져 있었다. 사실, 사도회는 긍정적인 측면들보다 몇몇 존경할 만하지 못한 특징이 더 많이 알려져 있는 경향이 있었다. 사도회는 사도였던 케임브리지의 가이 버제스Guy Burgess와 앤서니 블런트Anthony Blunt가 스파이 활동을 했다는 것이 알려지면서 대대적으로, 그리고 부정적으로, 언론의 주목을 받았다. 하지만 끈질기게 반복되는 소문과 달리 사도회가 소련을 위해 방대한 스파이 활동을 했다는 이야기는 전혀 사실이 아니다. 사도회 회원들의 정치적 성향이 대체로 좌파였다고 말할 수는 있겠지만(적어도 20세기에는 그랬다), 좌파가 다 소련 스파이가 되고 싶어하는 것은 아니다.

　사도회의 오랜 역사 대부분에서 비밀주의 원칙 때문에 사도회에 대한 세세한 내용은 대중에게 드러나지 않고 있었는데, 최근에 사도회의 속성과 절차에 대한 억측성 보도들이 있었다. 그리고 잘못 알려진 채 유통되는 정보를 바로잡고 싶은 유혹은 저항하기 어려운 법이다. 사도회에 대해 대중적으로 잘못 알려진 점을 바로잡고자 했던 사람 중 한 명이 나와 거의 비슷한 시기에 사도였던 퀜틴 스키너Quentin Skinner(나중에 케임브리지의 역사학과 레지우스 석좌교수가 된다)였다. 그가 사도회 회장이었을 때 연례 만찬 전에 『가디언』 기자에게 전화를 한 통 받았다고 한다. 연례 만찬에서 스키너는 그 기자와 있었던 대화를 사도회 사람들에게 이야기해주었다. 기자는 그에게 이 '비밀 모임'에 대해 모든 것을 알려달라고 청했다. 사도회가 교활하고 능숙한 스파이들이 가득한 비밀 모임이라는 이미지가 기자적 호기심을 자극한 것이 틀림없었다. 스키너는 기자에게 사도회에는 스파이가 없을 뿐 아니라 있다 해도 별로 현명한 일은 못 되었을 거라며 다음과 같이 말했다고 한다. "여기 회원들 중에는 사적인 저녁식사조차 비밀로 두지 못하는 사람들이 많거든요."

내가 있던 몇 년 동안 활발하게 모임에 참여했던 사도로는 조너선 밀러Jonathan Miller, 노엘 애넌Noel Annan, 마일스 버니엇Myles Burnyeat, 존 던John Dunn, 퀜틴 스키너, 프랜시스 해스컬Francis Haskell, 마이클 자페Michael Jaffé, 제프리 로이드Geoffrey Lloyd, 프랭크 한Frank Hahn, 게리 런시먼Garry Runciman, 제임스 멀리스James Mirrlees, 랄 자야와데나 등이 있다(여성은 회원으로 받기 전이었다). 이들 외에도 많은 사람이 학계에서, 또 여타의 영역에서 훌륭한 성취로 이름을 날렸다. 매주 저녁 열린 토론 모임을 내가 매우 즐겼다는 점을 고백해야겠다. 대개 모임의 진행은 사도 중 한 명이 흥미로운 논문을 발표하면 토론이 이어지고 관련된 몇몇 논제에 대해 투표가 이루어지는 방식으로 진행되었다. 투표 결과에는 아무도 신경 쓰지 않았지만 토론의 질에는 모두가 진지하게 관심을 기울였다.

〈7〉

일반적으로는 자신이 하는 학문적 연구와 사도회 모임에 참여하는 것 사이에는 별로 관련이 없었다. 하지만 어떤 논문은 사도회에서 발표할 용도로 준비되었다가 나중에 학계에 알려지고 학계에서 상당한 영향력을 갖게 되기도 했다. 프랭크 램지가 1925년 저녁에 사도회에서 발표한 「논의할 것이 무엇이라도 있는가?Is There Anything to Discuss?」라는 제목의 논문은 논쟁이 불가능한 차이 등에 대한 중요한 내용을 담고 있었는데, 나중에 철학 학계에서도 중요한 논문으로 자리매김된다.

또한 사도회 모임에서 일반적인 이론이나 문헌에 대해 이야기를 하다가 그 논의가 공식 학술지에 실리는 결과물로 발달하는 경우도 있었다. 나도 그런 식으로 사도회에서의 논의가 학계의 논문으로 이어진 경험이 있다. 1959년에(연도는 정확하지 않다) 나는 루소의 '일반의지' 개념과 게임 이론(특히 당시에 존 폰 노이만과 존 내시가 발달시키고 있었던 게임 이론)에서 이끌어낼 수 있는 통찰의 관련성에 대한 논문을 발표했는데, 그 이후로 흥미로운 전개가 벌어졌다.

이때는 내가 게임 이론에 막 관심이 생기기 시작하던 시기였는데(나중에 나는 델리 정경대학에서 게임 이론을 강의했다), 약간의 게임 이론을 사용해서 루소의 일반의지(집합적으로 사회 구성원 전체가 선호하는 것)와 각각의 사람이 선택하는 것의 합(일반의지 개념과 구별하기 위해 '모든 이의 의지'라고 표현하기도 한다)의 차이를 쉽게 설명할 수 있을 것 같았다. 사도회 모임에서 그것을 발표했더니 매우 뛰어난 고전학자였다가 나중에 사회학자가 되는 게리 런시먼이 내가 제시한 논증이 당시 떠오르고 있던 철학자 존 롤스(그는 곧 우리 시대의 선도적인 도덕철학자 겸 정치철학자로 명성을 날리게 된다)의 정의론에도 시사점을 줄 수 있을 것 같다며 그의 의견을 설명했다.

이어서 우리는 사도회에서 논의한 개념을 확장해 공동으로 논문을 썼고, 그것을 저명한 철학 학술지 『마인드Mind』의 편집자 길버트 라일Gilbert Ryle에게 보냈다. 그 논문에서 우리는 롤스가 당시에 발달시키고 있었던 정의론을 뒷받침했다. 하지만 불편부당성이 충족되는 조건에서 선택할 경우에는 단 한 가지 안만 모두가 선호하는 안으로 나타나게 된다는 롤스의 가정에 대해서는 반론을 제기했다. 불편부당한 해법이 복수로 존재할 수 있다면(우리는 반드시 그럴 것이라고 주장했는데) 롤스의 체계는 심각한 난점에 부닥치게 된다.

그 논문은 비밀스러운 은둔의 사도회에서 넓은 세계로 나왔고, 라일이 곧바로 수락 의사를 전해와서 우리는 매우 기뻤다. 하지만 몇 년 동안 더 이상의 이야기가 들리지 않았다. 그래서 우리는 라일에게 동일한 논문을 한 번 더 보내면서 전에 보냈던 것이 어떻게 되었는지 물어보기로 했다. 물론 라일이 전에 손글씨로 썼던 게재 수락 편지의 사본을 가지고 있지 않으리라는 것은 알고 있었지만, 그의 답장을 보니 일이 그것보다 더 복잡해져 있었다. 우리가 다시 보낸 논문을 실수로 최초 투고로 간주해서 다시 게재 심사를 한 것이다. 그가 이번에 해온 연락은 게재 수락을 알리는 연락이었다. 게리와 나는 라일의 일관성은 높이 샀지만 이미 3년 전에 그가 바로 그 논문의 게재를 수락했으며 우리는 그것이 빠른 시일 안에 게재되기를 원한다는 점을 상기시켜야 했다. 아무튼 이야기는 해피 엔딩이었다. 그 논문은 1965년에 『마인드』에 「게임, 정의, 일반의지Games, Justice and the General Will」라는 제목으로 게재되었고[3] 학계에서 꽤 관심을 받았다.

몇 년 뒤 하버드에 방문교수로 갔을 때 나는 존 롤스, 케네스 애로우와 공동으로 정치철학을 강의했다. 롤스는 런시먼와 내가 개진했던 주장을 논의했고 그에 대해 본인의 통찰력 있는 의견을 제시했다. 나는 롤스를 매우 존경했고 우리는 수십 년 동안 그 주제에 대해 논의를 이어갔다(나는 2009년에 펴낸 책 『정의의 아이디어』에도 이 논의를 담았다).[4] 사도회에서의 토론에서 학계의 마당으로 나왔다는 면에서는 흔치 않은 전개였지만, 논쟁과 반박을 독려하는 사도회의 전통과는 매우 잘 부합했다고도 말할 수 있을 것이다.

하버드 대학의 에머슨 홀에서(우리의 합동 세미나 수업이 이곳에서 열렸다) 롤스가 이야기할 때 뿜어져 나오는 논증의 힘에 감탄하면서, 또 그가 말할 때 그의 우아한 얼굴이 밝게 빛나는 것을 보면서, 나는 톰린슨의 유령이 하버드의 이 유명한 철학자가 학부 때 영국 케임브리지 대학을 다니게 해서 사도회에 들어오게 만들었다면 얼마나 좋았을까 하고 생각했다. 하지만 테니슨이 사도회 모임용으로 쓰기를 거부하고 차라리 사도회를 나가겠다고 했던 글이 유령에 대한 것이었음을 생각하면, 아마도 그는 나의 꿈을 승인하지 않았을 것이다.

〈8〉

사도회의 토론 모임은 학기 중 매주 1회, 고정된 요일에 고정된 장소에서 열렸다. 전에는 토요일이었던 것 같은데 내가 있었을 때는 일요일 저녁에 킹스 칼리지에 있는 E. M. 포스터의 방에서 열렸다. 포스터의 연구를 매우 존경했던 나는 에인절 신분인 그가 때때로 직접 토론에 참여하셔서 너무 좋았다. 일요일에 킹스 채플에 (주로 음악을 들으러) 가시느라 사도회 모임에 못 오실 때도 있었지만 말이다.

나는 포스터를 사도회에 들어가기 한참 전에 만났고 다른 모임에서도 꽤 자주 만났다. 그는 인도와 강한 연결고리를 가지고 있었다. 1960년의 어느 저녁에 그가 「인도로 가는 길A Passage to India」 초연을 보자고 초대해주셔서 나는 신이 났다. 산타 라마 라우Santha

Rama Rau가 연극으로 각색해서 케임브리지 아트 시어터에서 공연되고 있었다. 조앤 로빈슨, 리처드 칸도 동참했고 칸이 우리 모두에게 공연 전에 저녁을 대접했다. 포스터는 그 연극이 그 자체로 아주 좋은 공연이었지만 원작 소설을 잘 아는 사람이라면 취약점을 그냥 넘기기 어려울 것 같다고 말했다. 아마도 이것은 혹평이었을 것이다. 유명한 책을 연극으로 각색했을 때 만족스럽게 되는 경우는 드무니 말이다. 하지만 나는 포스터가 잘 알려지지 않은 번역가에게 친절하기로 마음먹으신 것을 느낄 수 있었다. 그리고 나중에 라마 라우를 만났을 때, 라마는 포스터가 연극이 좋았다고 해주어서 너무 기뻤다고 말했다.

포스터가 인도에 대해 가지고 있는 깊은 관심은 계속해서 놀라움을 자아냈다. 그를 처음 만난 1953년에(킹스 칼리지의 프랄라드 바수의 방에서 함께 차를 마셨다) 그는 매우 친절하게 나의 배경에 대해 물어보셨다. 내가 산티니케탄에서 왔다고 하자 그는 라빈드라나트 타고르의 사상과 그가 선택한 주제들이 매우 좋았다며, 하지만 타고르의 글쓰기 스타일에는 그러한 장점이 다 담기지 못한 것 같다고 하셨다. 또한 포스터는 타고르가 늘 자신의 영어 글쓰기를 실험하고 있는 것 같았는데 그 실험의 많은 부분이 그리 성공적으로 보이지 않았다며, 하지만 타고르의 포기하지 않는 정신을 높이 산다고 덧붙이셨다.

나는 사도회에서 포스터를 더 잘 알게 되기 전까지는 그가 4세기 산스크리트어 고전 극작가인 칼리다사를 얼마나 존경하는지 몰랐다. 나는 멋도 모르고 "그것에 대해 무언가 쓰신 것이 있으세요?"라고 여쭈어보았다. 그러자 포스터는 "대단한 건 아니지만, 셰익스피어에 사람들이 열광하는 것과 달리 인도 사람들이 칼리다사의 글에 별로 관심이 없는 것에 대해 조금 한탄을 했다"고 하셨다. 그 말을 듣고 1936년에 그가 펴낸 모음집 『어빙저에서의 수확Abinger Harvest』을 찾아보았다. 매우 훌륭한 문학 평론이 담겨 있었는데, 그중 하나인 「인도에서 표류하며: 우자인의 아홉 가지 보물Adrift in India: The Nine Gems of Ujjain」이라는 글에서 포스터는 사람들이 칼리다사에 관심이 없는 것을 우아하게 한탄했다.

이 글에서 포스터는 칼리다사의 고향이고 그 왕국의 수도였던 소도시 우자인의 매력을 우아하게 묘사한다. 그곳은 "사람들이 거리에서 유쾌하게 웃으며 노래하고" 저녁에는 "여성들이 바늘 하나로도 가를 수 있을 어둠을 가로질러 연인에게 시간을 훔치는" 곳이다. 칼리다사가 가장 좋아했던 강(시프라 강)에 다가가면서 신이 난 포스터는 신발과 양말을 벗지도 않고 첨벙첨벙 강으로 들어간다. 시프라와 이곳 사람들에 대해 칼리다사가 적은 것을 기억하면서, 그는 이것이 언젠가 오기를 바랐던 엄청난 순간이라고 생각한다. 즐거운 몽상이 끝나고 나서 포스터는 기차 시간 전에 양말과 신발이 마를지를 걱정한다. 그리고 더 중요하게, 현대의 우자인 사람들이 역사적인 건물들로 둘러싸여 있으면서도 칼리다사에 대해 관심이 많지 않은 것을 의아해한다. 그는 다소 슬프게 결론을 내린다. "옛 건물은 옛 건물이고 폐허는 폐허다." 흥분했던 방문의 힘 빠지는 마무리였지만, 그는 "인도에서 표류하면서" 자신이 너무나 사랑하는 이 나라에서 무엇을 기대하고 무엇을 기대하지 말아야 하는지 많은 것을 알게 되었다고 나에게 말했다.

〈9〉

나의 학부 시절은 1955년 6월에 폭탄과 함께 끝났다. 그 폭탄은 내가 졸업 시험이 끝났다고 생각한 다음 날 아침에 트리니티 칼리지의 친절한 심부름꾼이 나를 깨우러 오면서 시작되었다. 당시에 경제학과의 모든 학생은 학부를 마치려면 경제학 과목들 외에 추가로 두 개의 주제에 대해 시험을 보아야 했다. 그런데 시험 자체는 세 개를 볼 수 있었고 그 중에서 잘 본 두 개가 고려된다는 것을 다들 알고 있었다. 나는 통계, 정치철학, 영국 경제사를 선택했다. 그 세 과목을 어떤 순서로 보았는지는 기억이 나지 않는데, 어쨌든 앞에 두 개를 꽤 잘 보았기 때문에 세 번째 것은 볼 필요가 없다고 생각했다. 그래서 시험이 끝난 기쁨을 만끽하면서 새벽 4시에야 잠이 들었다.

하지만 세 번째 과목(무엇이었는지는 기억이 안 나지만) 시험 대상자 명단에 여전히 내 이름이 있었고, 9시가 조금 넘은 시각에 시험장Exam Hall에서 기숙사로 연락을 해서 내가 시험장에 오지 않았으니 즉시 내 방에 가보라고 했다. 그리하여 9시 20분에 친절한 심부름꾼 마이클이 나를 깨우는 어려운 임무를 띠고 내 방에 오게 된 것이었다. 그는 어찌어찌 나를 깨우긴 했지만 그다음에는 나로부터 별 반응을 끌어내지 못했다. 그가 말했다. "홍차 한 잔 타다 드릴게요. 달콤한 비스킷하고요. 제발 그동안에 침대 밖으로 나오세요." 그가 차와 비스킷을 가지고 돌아왔을 때 나는 거실 소파까지는 간신히 이동해 있었다. 나는 그에게 말했다. "저는 시험을 다 봤는데요?" 그러자 마이클이 대답했다. "아니에요. 다 보시지 않았어요. 그분들이 다우닝 가의 시험장에서 부르고 계세요. 제발 저 좀 도와주세요. 이 차 드시고 바지랑 셔츠 입고 뛰어가세요."

나는 그에게 남은 시험을 정말로 볼 필요가 없다고 설명하려고 노력했다. 이미 두 개의 답안을 제출했고 세 번째는 필요가 없다

고 말이다. "정말로 내 시험은 끝났어요." 완전히 질렸을 마이클
은 이렇게 말했다. "미스터 센, 시험 도중에는 다들 그렇게 생각
하지요. 있을 법하지 않은 이야기로 스스로를 설득하고요. 하지만
미스터 센, 굳건하게 가서 시험을 마쳐야 해요." 나는 적어도 뛰어
가지는 않겠다고 그와 실랑이를 했고 그러느라 시간을 더 잡아먹
었다. 나중에 나와 마주칠 때면 마이클은 크게 웃으며 이렇게 말
하곤 했다. "아시지요? 여전히 다우닝 가에서 그분들이 미스터 센
을 기다리고 계세요."

⟨10⟩

부모님과 여동생 만주가 평의회 회관Senate Hall에서 열리는 학위
수여식을 보러 왔다. 내가 해야 할 일이 별로 없어서 마음 편하게
즐길 수 있는 행사였다. 몇 년 뒤에 트리니티 칼리지의 학장으로
서 학위 수여식에 참석했을 때는 졸업생 각각에게 그들의 손을 잡
고 그들이 받는 것이 무슨 학위인지를 라틴어로 말해주어야 했는
데, 졸업식이란 학장이 졸업생보다 훨씬 힘든 행사구나 하는 생각
이 들었다. 내가 학장이 되었을 무렵이면 학생들 스타일도 달라져
있었다. 학장 된 첫해의 졸업식에서 한 학생이 함박웃음을 지으
면서 "감사합니다, 친구"라고 말해서 재미있었다. 라틴어로 시작
된 대화의 적절한 엔딩 같았다.

아버지는 내 졸업식 무렵에 마침 런던에 강연 일정이 있으셔서
가족 여행을 하기에 좋은 계기가 되었다. 우리는 노팅힐에 작은 아
파트를 빌려 모두 함께 행복하게 한 달 가까이를 지냈다. 런던의
뮤지엄들을 늘 보고 싶어 했던 만주가 특히 즐거워했고 나도 종종
함께 갔다. 몇몇 내 친구들도 노팅힐의 아파트에 놀러왔다. 딜립

아다카르가 왔던 것이 특히 기억에 남는다. 그는 우리 부모님과 동생에게 굉장히 좋은 인상을 주었고, 덕분에 부모님이 내가 좋은 친구들과 어울리고 있다고 생각하시게 하는 데 도움이 되었다.

새로운 학생들이 들어오는 것은 좋았지만 케임브리지의 친구들 상당수와 헤어져야 해서 슬펐다. 그래도 3년 차 과정을 밟게 될 레흐만 소반과 딜립, 그리고 박사 과정인 랄 자야와데나 등 계속 케임브리지에 남아 있는 친구들도 있었다. 마붑은 예일에서 박사 과정을 밟기 위해 케임브리지를 떠났다. 1955년에 새로 들어온 학생 중 한 명은 라메시 강골리Ramesh Gangolli였는데, 수학자인 그와 나는 평생 친구가 되었다. 그의 비범한 지적 역량은 대번에 알 수 있었다. 수학에서 '리 군Lie group'이라고 불리는 위상군에 대한 어려운 연구부터 인도 고전 음악의 이론과 연주까지 방대한 관심사를 가지고 있던 라메시는 다양한 방향에서 우리의 대화를 생기 넘치게 만들어주었다. 그는 케임브리지 졸업 후에 MIT로 가서 박사 과정을 밟았고, 1960년에 내가 MIT에 1년간 방문교수로 가게 되었을 때 나는 그와 그의 멋진 아내 샨타를 다시 만났다.

나중에 인도 총리가 되는 만모한 싱Manmohan Singh도 1955년에 세인트 존스 칼리지의 학부생으로 케임브리지에 도착했다. 나는 곧 그를 만나러 갔다. 만모한은 늘 따뜻하고 친절하고 쉽게 다가갈 수 있는 사람이었고, 이런 성격은 그를 알게 되자마자 바로 파악할 수 있었다. 총리가 되어 2004년부터 2014년까지 나라를 이끌면서도 한결같았다. 델리를 방문하면 늘 그와 공식적인 홀에서 저녁을 먹는 자리가 있었는데, 총리가 되어서도 자신이 말하기보다 다른 사람들이 먼저 말하기를 기다리는 것을 볼 때면 옛날 생각이 나서 재미있었다.

만모한의 겸손함은 사실 총리로서는 단점일 수도 있었다. 겸손함은 사회적으로는 미덕이지만 활동하는 정치인으로서는 불리한 점일 수 있고 특히 화염을 던지고 받는 것 같은 인도 정치의 틈바구니에서는 더욱 그렇다. 어쩌면 이것이 만모한이 대중에게 자신의 주장을 알리는 것을 꺼린 이유였을지 모른다. 때로 그는 너무나 놀랍게 조용했다. 이렇게 그는 되도록 자신의 주장을 내세우지 않았고 정적들의 비판에도 큰 소리로 맞대응을 하기보다는 비교적 침묵하는 편이었지만, 그럼에도 매우 뛰어난 정치인이었고 많은 것을 성취했다. 그러한 성취 중 하나는 전무후무하게 빠른 속도의 경제 성장이었다. 두 번째 임기(2009~2014) 때는 성장률이 약간 둔화되었지만 그래도 세계에서 가장 높은 수준이었다. 그 밖에도 정보권리법 입안, 농촌고용보장사업시행 등 많은 성과를 냈다.

⟨11⟩

1955년에 새로 온 학생도 있었지만 다시 돌아온 사람도 있었다. 인도 농업사를 연구하던 경제사학자 다르마 쿠마르Dharma Kumar는 몇 년 전에 박사 연구를 시작했지만 인도로 돌아가서 인도 중앙은행에서 좋은 평판을 얻으며 일하다가 1955년에 다시 돌아왔다. 다르마는 매우 아름답고 매력적인 여성이었고, 나는 늘 준비되어 있는 듯한 그의 유머와 날카로운 지성을 매우 존경했다. 우리는 곧 친해졌고 거의 매일 대화를 나누었다. 코톤, 그랜트체스터 등 인근 마을로 산책도 가고 런던에 연극도 많이 보러 갔다.

빠른 판단력과 부족한 인내심이 합쳐진 성격의 다르마는 늘 머뭇거리는 내 성격과 극명하게 대조적이었다. 처음에는 연극을 함께 보러 갔다가 다르마가 20분만 보고 나가려고 해서 깜짝 놀랐다. 다르마는 재밌어질 것 같지 않아서 더 볼 필요가 없겠다고 판단되면 늘 20분 만에 나갔다(반면, 나는 설령 재미가 없더라도 커튼콜과 인사까지 다 보면서 어디엔가 볼 만한 것이 있지 않을지 하나라도 더 찾아내려 하는 스타일이다). 1955~1956년 시즌에 다르마와 웨스트엔드에서 훌륭한 연극을 많이 함께 보았는데, 다르마는 내가 연극을 가장 많이 함께 본 사람은 아닐지라도 첫 20분을 가장 많이 함께 본 사람임에는 틀림없다.

영국 통치 이전의 인도 농업사에 대한 다르마의 획기적인 연구는 영국 통치하에서 무슨 일이 일어났는지 이해하는 데 도움을 주었다. 역시 저명한 역사학자인 산자이 수브라마냠Sanjay Subrahmanyam이 말했듯이, 학계에서 잘 확립된 이론에 대한 안전한 합의를 폭발시키는 데 다르마보다 더 능한 사람도 없을 것이다. 다르마의 개척적인 책 『남부 인도에서의 토지와 카스트Land and Caste in South India』는 면밀하고 독창적인 경제사 저술로, 지금까지도 고전 반열에 올라 있다. 그는 영국 통치가 농업에 미친 영향에 대한 통찰을 제시했을 뿐 아니라 영국 통치 이전에 남부 인도의 토지 제도가 기존에 여겨졌던 것보다 훨씬 불공정했음을 밝히면서 이 시기 인도 토지제의 속성에 대한 우리의 이해를 완전히 바꿔놓았다.

나는 2001년 말에 다르마를 보았는데 그때 다르마는 뇌종양으로 투병 중이어서 말을 할 수 없었다(어쩌면 말을 하려는 의지도 없었을 것이다). 다르마가 숨지기 얼마 전에 다르마를 방문했을 때 곁을 지키던 딸 라다 쿠마르Radha Kumar가 엄마에게 옛 친구분이 오셨으니 몇 마디라도 하시라고 간청했지만 다르마는 아무 말도 하지 않았다. 하지만 눈을 크게 뜨고 나를 보았고, 거기에는 익숙한 따뜻함이 있었다. 하지만 한 마디도 하지 못하는 것을 보면서, 유머와 위트의 화신이던 시절과 너무나 대조적인 다르마의 모습에 마음이 먹먹했다.

케임브리지와 캘커타 사이에서

(21장)

〈1〉

대학원생으로서의 첫해가 끝나가던 1956년 6월 무렵이면 나는 박사 논문의 형태로 만들 수 있겠다 싶은 챕터를 몇 개 쓴 상태였다. 이때는 많은 대학에서 상당수의 경제학자들이 상이한 생산 기법들 사이에서 선택을 내리는 여러 가지 방법을 연구하고 있었다. 어떤 사람들은 산출의 총가치를 극대화하는 데 초점을 맞추었고 어떤 사람들은 창출되는 잉여를 극대화하는 데 관심을 두었으며 또 어떤 사람들은 이윤을 극대화하는 데 초점을 맞추었다. 다양한 접근을 분석하면서, 또한 재투자가 된다면 더 많은 잉여는 더 높은 성장률로 이어질 수 있고 이를 통해 미래에 더 높은 산출을 가져올 수 있다는 사실에 주목하게 되면서, 각각의 접근에 대해 산출과 소비의 시계열 변화를 분석해 그것들을 서로 비교함으로써 다양한 선택 방법을 하나의 틀로 평가할 수 있을 것 같다는 생각이 들었다.

나는 복잡해서 정리하기 어려운 기존 문헌들을 시계열 변화를 비교 분석함으로써 깔끔하게 분류할 수 있다고 확신했고, 그 작업은 재미도 있었다. 나는 여기에 '시계열 접근'이라는 이름을 붙였다. 여러 가지 안이 제시되었을 경우에 그 안들을 어떻게 평가할 것인가를 쉽게 논의할 수 있는 일반적인 방법론을 만들 수 있어서 너무나 기뻤다. 나는 이 일반적인 방법론을 논문으로 써서 경제학의 주요 학술지인 『계간 경제학 저널Quarterly Journal of Economics』에 투고했고 감사하게도 '즉시 게재' 결정을 받았다. 『계간 경제학 저널』은 얼마 뒤에 쓴 후속 논문도 게재해주었다.

또한 관련된 몇 가지 주제도 각각 별도의 논문으로 작성했는데, 이것들도 몇몇 저널에 게재되었다. 대학원 첫해가 끝나가던 무렵에는 이 논문들을 모아서 박사 논문으로 만들 수 있겠다는 생각이 들기 시작했다. 하지만 내가 착각하고 있는 것이면 어쩌나 싶기도 했다. 그래서 지도교수인 모리스 돕을 찾아가 내 논문들을 대충 살펴보고 의견을 주십사 부탁했다. 모리스 돕의 사전에 '대충' 살펴보는 것이란 없다는 걸 잊고 있었다. 두 주가 지나서, 어떻게 하면 내 논지를 더 향상시킬 수 있을지에 대해 매우 도움이 되는 방대한 코멘트를 받았다. 또한 정말 안심이 되는 결론도 들었는데, 충분히 박사 논문이 될 수 있겠다는 것이었다.

그런데 돕 교수님은 케임브리지 대학의 규정상 내가 박사 학위 논문을 1년 차 말에 제출할 수는 없을 거라고 알려주셨다. 규정에 따르면 3년간 연구를 하기 전까지는 박사 논문을 제출하지 못하게 되어 있다는 것이었다. 그래서 나는 어쩌다 보니 선택하게 된 박사 논문 주제보다 내가 더 흥미를 느끼는 무언가로 관심을 돌려보고 싶다는 생각이 들었다. 박사 논문은 이미 완성된 원고가 있으니, 남은 2년 동안은 캘커타로 돌아가서 박사 논문은 좀 잊고 있어도 되지 않을까? 나는 조금 쉬어가고 싶었고 인도가 그리웠다.

그래서 트리니티 칼리지의 펠로우이자 경제학과 박사 과정생들의 학업 담당 디렉터이기도 한 피에로 스라파를 찾아갔다. 먼저 내 잠정적인 논문을 보여드렸고, 스라파 교수님도 그것이 괜찮다고 생각하신 것 같았다. 그래서 캘커타에 갔다가 2년 뒤에 돌아오면 안 되겠냐고 여쭈어보았더니 이렇게 대답하셨다. "맞아. 대학 방침은 논문을 2년 뒤에나 제출할 수 있게 해줄 거야. 하지만 그 사이에 다른 곳에 가는 것도 허용하지 않을 것 같은데? 케임브리지에 거주해야 하기 때문에, 적어도 필수 기간인 3년 동안은 박사 논문 주제를 연구하는 척 해야 할 거야."

나는 매우 실망했지만 이 문제는 행복하게 해결되었다. 스라파 교수님이 직접 영리한 방법을 뚫어주신 덕분이었다. 그의 조언에 따라 나는 내 이론을 인도의 실증 데이터에 적용할 수 있도록 남은 기간 2년을 캘커타에서 보내게 해달라고 학교 측에 신청했다. 그러려면 인도에 지도교수가 있어야 했는데, 그것은 가장 쉬운 부분이었다. 뛰어난 경제학자 아미야 다스굽타가 인도에 있었고 그분이라면 기꺼이 나를 도와주실 것이었기 때문이다. 또한 나는 어떤 주제든 아미야카카와의 대화는 매우 재미있고 배울 것도 많다는 것을 알고 있었다. 그래서 그에게 편지를 썼고 환영한다는 답장을 받았다.

스라파 교수님의 도움으로 학교 규정 문제를 해결하고 나서, 인도로 가는 여정을 준비하기 시작했다. 2년 뒤에는 와서 논문만 제출하고 바로 갈 것이라고 생각했기 때문에 케임브리지와의 인연이 (혹은 적어도 그 인연의 한 국면이) 끝을 맺는 느낌이었다. 케임브리지에 다니기로 한 계획을 예정보다 너무 빨리 끝내게 된 셈이라, 이 오랜 전통의 대학을 영원히 그리워하게 될 것 같아서 벌써

부터 때 이른 향수를 느꼈다.

⟨2⟩

이번에는 비행기를 타고 갈 수 있었다. SS 스트래스네이버호를 타고 뱃길로 영국에 왔을 때인 1953년과 이번에 캘커타로 돌아가는 1956년 사이에 항공편은 가격이 매우 싸진 반면 배편은 노임 증가 등으로 상당히 비싸졌기 때문이다. 인도로 날아가기 직전에, 캘커타에 새로 생겨 아직 자리가 잡히는 중이던 자다브푸르 대학의 부총장에게서 뜻밖의 편지를 받았다. 내가 학과장을 맡아 그 대학의 새 경제학과가 자리 잡는 것을 도와준다면 기쁘겠다는 것이었다. 나는 학과장을 맡기에는 너무 젊었고(23세도 채 되지 않았을 때였다) 갑자기 높은 행정직의 힘든 자리로 펄쩍 뛰어오르는 것도 부담스러웠다. 하지만 몹시 예기치 못했던 이 제안은 겁이 나는 동시에 유혹적이었다. 나더러 학과를 세우고 대학에서 경제학을 어떻게 가르쳐야 하는지에 대한 내 생각대로 교과 과정을 구성하라니 말이다.

쉬운 결정은 아니었지만, 얼마간 고민하다가 도전을 받아들이기로 했다. 그래서 8월의 비 내리는 캘커타에서 나는 가르쳐야 할 과목들의 강의계획서를 만들고 나와 함께 자다브푸르에서 강의할 교수들을 채용하기 위해 노력하면서 아주 분주하게 일하고 있었다. 처음에는 교수진이 부족해서 매주 내가 온갖 주제에 대해 강의를 해야 했다. 한 주에 각각 한 시간씩 28개 강의를 한 적도 있었다. 진이 쪽 빠지게 힘들었지만 다양한 경제학 영역에 생각을 적용해보면서 굉장히 많은 것을 배울 수 있었다. 모쪼록 학생들에게도 유용한 강의였길 바랄 뿐이다. 가르치면서 너무나 많은 것을 배울 수 있었기 때문에, 다른 사람을 가르쳐보기 전까지는 어떤 주제에 대해 내가 정말로 알고 있는지 알 수 없다는 말을 확신하게 되었다. 내 경우에는 특히 경제학의 인식론에서 사용되는 분류법과 관련해 많은 것을 배웠는데, 좋은 옛 친구인 기원전 3세기 문법학자이자 음운학자 파니니가 떠올랐다. 그의 분류법이 내 사고에 큰 영향을 준 바 있었기 때문이다.

내가 너무 젊었던 데다가 자다브푸르 대학에 실력이 아니라 연줄로 들어왔을 거라는 소문까지 퍼지는 바람에 나의 경제학과장 임용에 맹렬한 반발이 일었고, 충분히 이해할 만한 일이기도 했다. 설상가상으로 불과 3년 전 프레지던시 칼리지 시절에 학생 정치 활동에 참여한 이력 때문에 좌파 성향이라고도 비난을 받았다. 특히 우파 잡지 『주가바니Jugabani』가 일련의 비난 기사를 내놓았는데, 내가 이 학교의 경제학과장이 되어서 세상의 종말이 한층 더 임박해진 줄은 이 기사를 보고 처음 알았다. 나에 대한 공격 중에는 잘 그려진 만평도 있었는데(매우 재미있다고 생각했음을 고백해야겠다), 내가 요람에서 쏙 낚아채여져 칠판 앞에서 분필을 손에 들고 있는 모습이 그려져 있었다.

내가 버틸 수 있게 해준 힘은 학생들의 열정이었다. 이루 말할 수 없이 감사하게 생각한다. 나중에 뛰어난 학자이자 저술가가 되는 수린 바타차리아Sourin Bhattacharya 등 정말 뛰어난 학생들이 많았다. 완전히 새로 생긴 신생 대학에서 경제학을 공부하겠다고 용기를 낸 학생들 대부분은 매우 실력이 뛰어났다. 수린 말고도, 나중에 수린과 결혼하는 레바를 비롯해 디렌드라 차크라보티Dhirendra Chakraborti, P. K. 센P. K. Sen 등 열정 넘치는 우수한 학생들이 있었고 나는 자다브푸르 대학을 떠난 뒤에도 그들과 오랫동안 연락을 주고받았다.

결과적으로 나는 자다브푸르가 제공한 기회와 도전을 풍성하게 누렸다. 이곳은 지적으로 흥분되는 장소였다. 원래 수십 년 동안 저명한 공과대학이었는데, 자연과학 학과들에 더해 문학, 역사학, 사회과학, 그리고 일반적인 '교양' 과목들을 추가해 종합대학으로 바뀌었다. 경제학과의 동료로는 파라메시 레이Paramesh Ray, 리시 케시 바네르지Rishikesh Banerjee, 아니타 바네르지Anita Banerji, 아지트 다스굽타Agit Dasgupta, 므리날 닷타 초두리 등이 있었는데, 다들 언제나 에너지가 넘쳤다.

나를 제외하면 이 대학에서 각 학과를 이끌게 된 교수들은 모두 저명한 학자들이었고 나보다 나이도 훨씬 많았다. 역사학과장 수쇼반 사카르는 내가 프레지던시 칼리지에서 경제학을 배우고 있었을 때 프레지던시 칼리지의 역사학과 교수였다. 뛰어난 교육자이자 연구자로 프레지던시를 다니던 시절에 내게 큰 영향을 주신 분이었다. 수쇼반 바부와 동료가 되다니 정말 환상적인 영예였다. 그리고 나를 아끼신 덕분에, 젊은 신참 교수였던 나는 무엇을 해야 하는지(더 중요하게는 무엇을 하지 말아야 하는지)에 대해 그에게 거의 정기적으로 조언을 얻을 수 있었다.

비교문학 학과장 붓다뎁 보스는 저명한 벵골어 작가로, 시뿐 아니라 혁신적인 벵골어 산문으로도 어마어마한 명성을 가지고 있었다. 나는 그의 작품을 매우 존경했다. 개인적으로도 아는 사이였는데, 대학 친구 미낙시의 아버지였기 때문이다. 미낙시의 남자친구(나중에 남편이 된다) 조티는 앞에서 언급한 적이 있다. 벵골어 학과장은 널리 존경받는 학자 수실 데이Sushil Dey였다. 수실 데이와 붓다뎁 보스 모두 전에 다카 대학 교수였고 우리 아버지의 동

료였다. 더 놀랍게도 수실 데이는 나의 친가 쪽 할아버지 샤라다
프라사드 센을 잘 아셨다. 때때로 그는 이 사실을 이용해 당신이
나보다 마흔 살이나 많다는 것을 문득문득 상기시키시곤 했는데,
특히 나와 의견이 일치하지 않을 때(데이는 대학 행정과 관련해서는
꽤 보수적인 분이셨다) 이 전략을 구사하셨다. 그는 내 제안에 대한
본인의 반대를 합리적 논거를 들어 설명하시고 나서, 우리 집안
어른들을 내게 상기시키는 것으로 그것을 한층 더 강화했다. "당
신의 할아버지는 매우 현명한 분이셨고 내가 그분을 잘 아는데요,
당신이 어려움이 있다고 생각하는 이 지점에 전혀 문제가 없다는
것을 그분이라면 아실 겁니다." 이 전략에 나는 속수무책이었고
데이 교수님은 나와의 모든 논쟁에서 이기셨다.

⟨3⟩

놀랍도록 혁신적인 역사학자 라나지트 구하도 이곳의 교수였
다. 젊은 편이었지만 나보다는 몇 살 위였기 때문에 나는 그를 '라
나지트다'라고 불렀다. 수업이 시작되고 얼마 뒤에 캠퍼스에서 우
연히 그를 마주치고서 너무 기뻤다. 그의 무시무시할 정도로 독창
적인 사고에 대한 명성을 익히 들어서 알고 있었기 때문이다.

우리가 처음 만났을 때 라나지트다는 이렇게 말했다. "당신은
아주 유명해요. 당신의 매우 심각한 결함과 대학이 당신을 임용한
것이 얼마나 큰 실수인지에 대해 사람들이 이야기하는 것을 내내
들었거든요. 그러니까 정공법으로 갑시다. 오늘 저녁 먹는 거 어
때요?" 나는 그날 저녁에 판디티야 가에 있는 그의 아파트에 갔고
곧 그곳에 노상 드나드는 사람이 되었다. 라나지트다는 전에 활발
한 공산당원이었는데 내가 그를 만났을 시점에는 그것이 실수였

다고 판단하고 있었다. 그는 여전히 혁명가였고(하지만 조용하고 비폭력적인 방식의 혁명가였다) 사회에서 간과되는 낮은 계층 사람들을 위해 일하고 있었지만, 공산주의 조직에 대해, 특히 캘커타에서 여전히 인기가 있었던 스탈린주의에 대해서는 신뢰를 완전히 잃은 상태였다. 라나지트다는 폴란드 출신에 유대인 혈통인 마르타와 결혼했고 이들 부부는 친구들을 자주 초대했다.

당시에 라나지트다는 첫 책을 쓰는 중이었다. 『벵골의 재산권 규칙A Rule of Property for Bengal』이라는 제목으로 출간된 이 책으로 그는 범상치 않은 상상력과 비전을 가진 역사학자로 우뚝 서게 된다. 그는 이 책에서 인도의 토지 소유자가 납세해야 하는 세금과 관련해 콘월리스 경이 도입한 영구정액제를 분석했다.[1] 8장에서 설명했듯이 1793년에 벵골에 도입된 영구정액제는 경제에 믿을 수 없이 커다란 해를 끼쳤다. 라나지트다의 책은 실로 독창적이었다. 흔히 영국 식민주의 정책이 인도에서 어떻게 펼쳐졌는지 설명할 때 탐욕이나 이기심을 주요인으로 삼아 설명하던 것에 비해(당시 비판적인 역사학의 대부분이 이렇게 접근하고 있었다) '사상'과 '개념'이 수행했던 역할에 초점을 맞추었다는 점에서 그의 책은 기존 연구들과 크게 달랐다. 벵골에서 토지 소유자에 대한 과세 규칙을 어떻게 만들지에 대해 목소리를 낼 수 있었던 영국 관리들은 벵골의 농업을 개선할 수 있는 방법에 대해 잘 숙고한 견해를 가지고 있었고 그 견해에 의해 동기부여되었다. 영구정액제 논리의 기저에 있는 윤리와 그 윤리로 이어진 잘 논증된, 그리고 인본주의적인 개념은 '좋은 거버넌스'란 무엇인가에 대한 하나의 해석이었다고 말할 수 있었다. 놀라운 것은, 좋은 일을 하려는 진심 어린 시도에도 불구하고 영구정액제가 매우 재앙적인 결과를 가져왔다는 사실이다. 식민주의에 대한 역사학으로서는 드물게도, 구하는 서술의 초점을 식민지 사람들을 희생시키고 영국의 이익을 달성하려 한 제국주의적 착취와 지배에만 두지 않았다. 그보다는, 좋은 의도에서 발달된 다양한 사상들이 벵골의 토지 소유 문제에 대해 복잡하고 혼란스러운 해법의 제시로 이어졌고, 그것이 적용되었으며, 그다음에 대대적으로 실패했다는 것이 구하의 서술이었다.

하지만 그의 가장 유명한 연구는 『벵골의 재산권 규칙』이 아니다. 그 타이틀은 '서발턴 연구'라고 불리는 일련의 저술이 차지해야 한다. 서발턴 연구는 그가 시작하고 이끈 식민주의, 탈식민주의 역사 연구의 영향력 있는 학파다. 4장에서 언급했듯이 이것은 나의 외할아버지 크시티 모한이 일찌감치 수행했던 연구와도 상통하는 면이 있었다. 외할아버지는 가난한 사람들이 좋아했던 카비르의 구전 시들을 수집하고 연구하면서 이러한 접근의 전례를 만드신 바 있다. 전체적으로 서발턴 연구는 엘리트주의적인 역사 해석을 뒤흔들었는데, 구하는 1982년에 나온 모음집 『서발턴 연구Subaltern Studies』 서문에서 인도의 민족주의적 역사 기술이 오랫동안 식민주의적 엘리트주의와 '부르주아 민족주의적' 엘리트주의 둘 다에 지배되어왔다고 비판하면서 이러한 기존의 접근을 상당히 뒤흔들었다. 그의 연구는 인도의 역사에 대한 서술을 (그리고 그것의 확장으로서 모든 곳의 역사에 대한 서술을) 엘리트주의적 초점에서 해방시킴으로써 역사 서술의 역량을 확대한 큰 걸음이었다. 내가 처음 라나지트다의 글을 읽었을 때는 서발턴 연구가 아직 나오지 않았지만, 거의 매일 나눈 우리의 대화에서 그가 역사를 반엘리트주의적으로 재평가하고 있음을 분명히 알 수 있었다.

라나지트다와 그의 주변 사람들은 내게 학문적으로만이 아니라 캘커타에서의 친목 생활에서도 중요했다. 이들(타판 라이초두리, 자크 사순Jacques Sassoon, 므리날 닷타 초두리, 파라메시 레이와 차야 레이Chaya Ray 부부, 라니 라이초두리Rani Raychaudhuri 등)은 젊은 교수로서 보내는 내 캘커타 생활에서 매우 큰 부분을 차지했다. 다르마 쿠마르는 캘커타에 방문했을 때 라나지트다의 집에서 열린 '아다(수다)' 모임에 나와 함께 가보고서, 여기에서 이야기되는 주제가 너무 다양해 깜짝 놀랐다고 했다. 지금도 나는 학술 논쟁에 대해서라면 그 작고 별 볼 일 없어 보이는 판디티야 가의 아파트에서 1950년대 중반에 열렸던 논쟁에 필적할 만한 것이 없다고 생각한다.

〈4〉

새로운 직장에 익숙해지고 새 학생들도 잘 알게 되자마자, 당연히 나는 옛날에 즐겨 가던 곳을 그냥 지나치지 않았다. 프레지던시 칼리지 맞은편, 캘커타 대학 본부에서 그리 멀지 않은 곳에 있는 칼리지 가의 커피하우스 말이다. 1956년 여름의 커피하우스는 그해 2월에 니키타 흐루쇼프가 제20차 소련 공산당대회에서 스탈린 시절의 행태를 폭로한 것 때문에 논쟁이 뜨거웠다. 흐루쇼프의 폭로는 내가 캘커타로 돌아오기 겨우 두어 달 전의 일이었고, 폭로된 내용이 의미하는 바가 캘커타의 좌파 정치 진영 사이에서 큰 반향을 일으키고 있었다. 충성파였던 지인 한 명에게 물었더니 즉시 "어느 역겨운 벌레보다도 흐루쇼프가 더 혐오스럽다"고 말했고 더 이상은 그 이야기를 하지 않으려 했다. 내가 용기를 내서 흐루쇼프의 폭로가 충격적이기는 해도 크게 놀랍지는 않다고 말하는 모험을 감행했더니, 엄청난 정치적 반박의 폭격이 돌아왔다.

나 개인적으로는 소련 체제의 압제를 그보다 10년쯤 전에 깨

달은 바 있었다(12장에서 설명했다). 이는 당대의 선도적인 레닌주
의 철학자였던 부하린(나는 부하린의 글을 꽤 많이 읽어서 잘 알고 있었
다)의 운명도 포함해서 스탈린 시절 자행된 숙청과 '전시용 재판'
에 대한 이야기들을 접하고 갖게 된 생각이었다. 내게는 1956년
의 사건이 갑작스러운 일로 보이지 않았고, 공식적으로 이야기되
지 못하던 것이 수면 위로 올라온 것일 뿐으로 보였다. 한 충성스
러운 소비에트 추종자가 나에게 화를 내면서 미국 작가 존 건서가
소련에서 부하린의 재판을 방청하고서 부하린이 매우 건강해 보
였고 아무 문제도 없어 보였다고 했으니 그가 고문을 당했거나 그
밖에 어떤 제약도 강요받았을 리 없다고 말했는데, 나는 그렇게
노골적인 정치적 순진함에 진심으로 경악했다.

내가 좋아했던 일화·중에 흐루쇼프가 어느 학교를 방문했던 이
야기가 있다(한두 해 뒤에 흐루쇼프가 한 이야기다). 그가 학생들에
게 "누가 『전쟁과 평화』를 썼지?"라고 친절하게 물었더니, 처음에
는 침묵이 흐르다가 이윽고 한 아이가 겁에 질린 얼굴로 "정말이
에요, 흐루쇼프 동지, 저는 그런 걸 쓰지 않았습니다"라고 말했다
고 한다. 흐루쇼프는 비밀경찰 수장에게 대중이 이렇게 공포를 느
껴서는 안 되며 이러한 괴롭힘은 즉각 중단되어야 한다고 말했다.
그리고 며칠 뒤, 비밀경찰 수장이 흐루쇼프에게 이렇게 말했다고
한다. "이제 걱정 안 하셔도 됩니다, 흐루쇼프 동지. 그 아이가 자
신이 『전쟁과 평화』를 썼다고 자백했습니다."

1956년 10월과 11월에 제20차 소련 공산당대회의 충격파가 좌
파 진영에 퍼지는 동안, 헝가리에서 소비에트의 통치에 맞서 봉기
가 일어났고 소련군에 의해 잔혹하게 진압당했다. 인도 공산당은
소비에트의 권위주의를 다른 나라 공산당들, 특히 이탈리아 공산

497

당이 하는 것처럼 비난하지 못했다. 레닌주의적 공산주의 운동으로 세계를 단결시키는 것은 끝났음이 점점 더 명백해 보였다. 나는 헝가리 봉기 진압의 잔혹성과 흐루쇼프가 제20차 소련 공산당 대회에서 폭로한 것 모두에 마음이 크게 동요되었다. 이제서야 제기되고 있는 문제들이 사실은 훨씬 더 일찍 제기되고 해결되었어야 할 문제들인 것 같았다. 나는 공산당원이 아니었고 공산당원이 되고 싶었던 적도 없었지만, 오랜 불평등으로 고통받는 인도에서 계급 기반의 전투적 투쟁이 매우 긍정적인 역할을 할 수 있다고 생각하고 있었다. 그런 맥락에서, 나는 인도 공산당이 1950년대에 마침내 목소리가 나올 수 있었던 민주주의적인 질문들을 진지하게 생각한다면 건설적이고 효과적으로 활동할 수 있는 역량이 훨씬 더 커질 것이라고 주장하고자 노력했다.

점차로 인도의 공산주의 진영은 자신의 운동을 국가의 정치적 민주화와 어떻게 합치시킬 것인지 진지하게 고려했고, 이러한 과정이 고통스럽도록 느리긴 했지만 1956년의 사건과 그 이후의 충격이 인도의 정치 담론에서 계속 논의된 것은 긍정적인 일이었다. 하지만 중국, 베트남, 쿠바의 공산당과 달리 인도의 공산당은 결정적인 정치 세력이 될 수 있을 정도로 강력해지지 못했고 1964년을 시작으로 여러 차례 분열되었다.

⟨5⟩

자다브푸르 대학에서 가르치는 것을 즐기면서 캘커타에서 강의 활동에 매진하는 동안, 그리고 케임브리지에 박사 학위 논문을 제출할 수 있을 때가 될 때까지 2년을 기다리는 동안, 트리니티 칼리지에서는 나를 당황하게 만들 일이 진행되고 있었다. 트리니티 칼리지는 매년 대학원생의 연구 논문 중 좋은 것을 심사해서 소수에게 '프라이즈 펠로우십'을 준다(내가 되었을 때는 총 네 명이 선정되었다). 기한 제한은 있지만 그 기한 안에 지원할 수 있는 횟수에는 제한이 없어서 여러 번 지원할 수 있다. 프라이즈 펠로우는 트리니티 칼리지의 정식 펠로우로서 4년간 보수를 받지만 특별한 의무 사항은 없다. 다른 말로, 원하는 주제에 대해 자유롭게 연구하면서 돈을 받을 수 있다.

1956년 여름에 트리니티를 2년간 떠나 있을 예정으로 인도에 가기로 했을 때 피에로 스라파가 이렇게 말했다. "논문을 프라이즈 펠로우십에 내보지 그러니? 낸다고 바로 받지는 못하겠지만, 심사 의견을 받으면 논문을 개선할 수 있을 테고 그다음 해에는 지원하면 선정될 가능성이 높아질 거야." 그래서 나는 별로 많이 생각하지도 않고 2년 뒤에 제출될 날을 기다리고 있는 내 논문 사본을 캘커타에서 트리니티 칼리지에 보내고는 이 일을 완전히 잊고 있었다.

펠로우십 선정 결과는 10월 첫 주에 나올 예정이었는데, 이번에 될 것이라고는 전혀 기대하지 않았기 때문에 결과가 나오는 시점이 언제인지는 신경도 쓰지 않고 있었다. 그리고 자다브푸르가 방학이어서('푸자' 명절이라고 불리는 연휴였다) 연휴를 보내러 델리에 가면서 어디로 간다는 연락처를 학교 측에 남겨두지 않았다. 델리에서 정말 좋은 시간을 보냈다. 나중에 델리 정경대학에서 동료가 되는 K. N. 라지K. N Raj 같은 뛰어난 경제학자들을 만날 수 있었고, 아미야카카의 딸 알라카난다Alakananda(비비)와 결혼하는 I. G. 파텔I. G. Patel도 만났다. 또 뛰어난 실증경제학자 담 나라인Dharm Narain도 델리에 있었는데, 그와 그의 아내 샤쿤탈라 메흐라Shakuntala Mehra도 잘 알게 되었다. 데바키 스리니바산Devaki Sreenivasan이라는 이름의 매력적인 젊은 여성도 있었다. 그는 첸나이[마드라스]에서 델리를 방문한 참이었는데, 나중에 락슈미 자인Lakshmi Jain과 결혼해 데바키 자인이 된다. 데바키는 전 세계적인 페미니즘 운동을 이끌게 되지만, 락슈미는 옛 인도국민회의 전통의 보수주의자였다. 나는 데바키를 친구 집에서 처음 만났는데, 데바키는 전에 본 적이 없었는지 내 전통 벵골 의상에 가장 관심을 보였다. 차차로 나는 데바키와도 가까운 친구가 되었다. 자다브푸르와 멀리 떨어진 델리에서 저녁마다 즐거운 대화를 나누며 신나는 방학을 보내는 동안, 트리니티에서는 내가 프라이즈 펠로우로 선정되었다는 뜻밖의 전보를 계속해서 자다브푸르로 보내고 있었다.

내가 연락처를 남겨놓지 않아서 자다브푸르 대학이 내게 연락할 길이 없었으므로, 트리니티는 그들이 (그리고 스라파, 돕, 로버트슨 등 나의 선생님들이) 보낸 전보에 대해 답도, 감사도 받지 못했다. 하지만 내 답을 기다리지 않고 어쨌거나 나를 공식적으로 펠로우로 뽑기로 했다. 캘커타로 돌아와 쌓여 있는 전보 더미를 보았을 무렵에는, 나도 모르는 사이에 이미 트리니티 칼리지의 펠로우가 된 지 두어 주가 되어 있었다. 그래서 계획에 없던 일을 해야 하게 되었다. 의도치 않게 동시에 두 개의 풀타임 직장을 가진 셈이 되었기 때문이다. 나는 캘커타에 계속 있을지 케임브리지로 돌아갈지 선택해야 했는데, 트리니티와 자다브푸르 모두와 상의를 하고서 남은 기간을 쪼개기로 했고, 예정보다 이른 1958년 봄에 케임브리지로 돌아왔다.

나는 프라이즈 펠로우로 지낸 4년을 정말 알차게 누렸다. 박사 논문 주제(기술의 선택에 대한 것)에 대해서는 더 이상 연구하지 않기로 했으므로, 이 시간을 진지하게 철학을 공부해볼 기회로 삼아야겠다고 생각했다. 케임브리지 도서관의 개가식 서가에서는 어느 주제에 대해서 한 권의 책을 찾으면 또 다른 책으로 끝없이 이어지는 경험을 할 수 있었다. 정말 큰 보상을 받는 기분이었다. 또한 나는 수학과 수업을 찾아다니면서 수리논리학과 재귀 함수 이론을 들었고 철학과도 기웃거리면서 세미나와 토론에 참석했다.

트리니티의 훌륭한 철학자인 C. D. 브로드C. D. Broad도 찾아갔다. 전에 그의 저서 『마음과 자연에서의 그것의 위치The Mind and Its Place in Nature』를 읽고 크게 감명을 받은 바 있었다. 나는 브로드 교수님에게 무엇을 읽어야 할지, 또 내가 글로 쓰려고 하는 몇몇 주제가 있는데 괜찮은지 조언해달라고 부탁했다. 그는 흔쾌히 수락했고, 그 대신 내게 낭송해주고 싶은 시가 있는데 들어주겠냐고 하셨다(그는 엄청난 기억력의 소유자이셨다). 나는 그분의 철학과 시 모두를 굉장히 즐겼다.

내가 쓴 글들이 철학 학술지에서 게재 승인을 받자 자신감이 생겼고 점점 더 철학에 빠져들었다. 앞에서 언급했듯이, 존 롤스가 제기한 철학적 문제에 대해 사도회 모임에서 게임 이론을 적용해보기도 했다. 이 시기에 철학을 공부하면서 매우 보람 있었던 또 하나의 경험은 아이제이어 벌린과 관련이 있었다. 벌린은 위대한 사회철학자이자 사상사학자로, 나는 롤스의 저술에서와 마찬가지로 벌린의 저술에서 많은 것을 배웠다. 특히 논쟁의 가치란 이기는 쪽의 주장이 제시한 관점에만 있는 것이 아니라 패배한 쪽의 주장이 이후에도 (어떤 조건에서는) 계속해서 산출할 수 있을지도 모르는 유의미성과 통찰에도 있다는 그의 개념에서 많은 영향을 받았다.

젊은 견습 철학자였던 나는 벌린이 『역사적 필연성Historical Inevitability』에서 개진한 주장을 반박하기로 했다. 벌린은 인과적 결정론이 숙명주의를 내포한다고 주장했다. 결정론은 상황을 예측 가능하게 하므로(우리는 당신이 무엇을 선택할지 예상할 수 있다) 사람들이 선택의 자유를 잃게 하며, 무엇보다도 사람들이 세계에 대해 가치 있는 변화를 일굴 자유를 잃게 한다는 것이었다. 벌린에 따르면 이러한 숙명주의가 마르크스주의가 가진 문제 중 하나였고 인간의 자유를 복원하려면 마르스크주의자들이 결정론적 접근을 버려야 했다. 나는 이 논증을 반박하면서, 내가 무엇을 선택할지 예측할 수 있다고 해서 내가 선택한다는 사실 자체가 무화되는 것은 아님을 지적했다. 가령 x, y, z 중에서 선택할 때 아마 나는 x를 가장 위에, y를 그다음에, 그리고 z를 가장 마지막에 놓을 것이다. 이때 당신이 나의 선호 순서를 안다고 해서 그 때문에 내가 선택할 자유가 줄지는 않는다. 나는 자유롭게 x(내가 선택할 이유가 가장 많은 선택지)를 선택할 수 있고 당신은 그것을 예측할 수 있다. 이러한 예측 가능성은 내가 무엇을 선택할지를 당신이 알아낸 데서 나오는 것이지 내가 선택의 여지가 없었다는 데서 나오는 것이 아니다. 따라서 '역사적 필연성'이 사람들을 숙명적인 세계에 가두지는 않는다.

나는 이러한 반박을 「결정론과 역사적 예측Determinism and Historical Prediction」이라는 제목의 논문으로 작성해 1959년에 델리에서 발간되기 시작한 새 학술지 『인쿼리Enquiry』에 게재했다. 그때 나는 벌린과 개인적으로 아는 사이가 아니었지만, 기고만장한 젊은이였던지라 그의 주장을 반박한 내 논문을 내 맘대로 벌린에게 보냈다. 놀랍게도 그는 매우 합리적이고 사려 깊고 친절한 답신을 보내왔고, 더 놀랍게도 이후에 낸 저서 『자유에 대한 네 편의 에세이Four Essays on Liberty』(1969) 서문에서 내 주장을 네 차례나 언급했다. 젊은 혈기와 자부심에 나는 우쭐했다. 특히 벌린이 자신의 논지를 전개하면서 "스피노자와 센"의 주장에 자신이 왜 반대하는지를 짚어두어야 할 필요가 있을 것 같다고 말한 부분에 기분이 좋았다. 그 구절을 크게 액자로 만들어 벽에 걸어놓고 싶을 정도였다. 더 진지하게 말하자면, 벌린이 어디에서 오는 의견이든 진지하게 관심을 갖는 것에 깜짝 놀랐다(이것이야말로 그의 위대한 점일 것이다). 이 경우에는, 델리의 전혀 알려지지 않은 학술지에 출간된 알려지지 않은 인도인 학자가 보낸 논문에도 말이다. 이것은 벌린과의 오랜 우정의 시작이었고 곧 나는 그에게서 정말 많은 것을 배우게 된다.

⟨7⟩

철학에 점점 더 빠져들고 있었을 때 피에로 스라파 교수님이 박사 논문을 제출해야 한다고 상기시켜주셨다. 이제 3년을 다 채우고도 남은 상태였다. 박사 학위용으로 제출할 논문은 인도 사례를 추가한 것을 제외하면 기본적으로 트리니티의 프라이즈 펠로우십에 지원했을 때 제출했던 논문과 같았다. 당시 트리니티 학장이던 에이드리언 경Lord Adrian은 내가 프라이즈 펠로우십에 지원했을 때 심사 위원회를 이끌고 있었는데, 내가 박사 학위를 따려 한다고 하자 놀라면서 물으셨다. "정말로 그게 필요해요? 프라이즈 펠로우십을 이미 받았는데도요? 혹시 미국에 가려고 생각 중인가요?" 나는 언젠가는 미국의 대학에 방문하면 좋겠다고 생각은 하지만 당장은 계획이 없다고 말했다. 왜 에이드리언이 내가 미국행을 염두에 두고 있을 거라고 생각하셨는지는 모르겠다. 아무튼 그분은 대체로 내게 친절하셨고 프라이즈 펠로우십 위원 한 명에게 들은 바로는 그때 그분이 내 논문을 강력하게 밀었다고 했다.

나는 내 펠로우십 논문을 심사했던 데이비드 챔퍼나운David Champernowne과 니컬러스 칼도어가 내 박사 논문 심사자이기도 하다는 사실을 알고 기뻤다. 쉽게 통과될 것이라고 예상했고 실제로도 그랬다. 예상하지 못했던 것은 챔퍼나운과 칼도어가 내가 논문에서 말하고자 한 바가 무엇이었는지를 두고 의견이 일치하지 않아 둘 사이에 논쟁이 붙은 것이었다. 둘 중 누가 이겼는지는 확실하지 않지만, 내 박사 논문 심사에서 심사 위원들의 초점이 된 이슈가 그것이어서 다행이라고 생각했다.

박사 논문이 통과되자마자 옥스퍼드 대학 블랙웰 출판사의 디렉터 헨리 숄릭Henry Schollick이 찾아왔다. 뜻밖에도 그는 내 논문을 책으로 펴내고 싶다며 계약서를 가지고 왔다. 아직 내 논문을 읽지도, 아니 보지도 못한 상태에서 출판을 하겠다고 나서준 그의 신뢰에 감동했다. 당연히 나는 출간 제안을 받아들였다. 하지만 관련해서 할 일이 있었다. 피에로 스라파 교수님은 블랙웰의 출간 제안을 기뻐했지만, "이제 제목을 바꾸어야 한다"고 하셨다. 대학에 학위를 등록하는 데 필요한 공식적인 요소로서는 논문 제목이 '개발 계획에서 캐피탈[자본] 집약의 선택'이어도 괜찮겠다고 허락했지만 "이제는 제목이 세상에 나가서 독자들을 대면해야 한다"는 것이었다. 제목을 굳이 꼭 바꿔야 하느냐는 내 질문에 그는 이렇게 대답했다.

> 대중이 제목을 보고 책이 어떤 내용일 거라고 예상할지 생각
> 해보자고. '개발 계획에서 캐피탈 집약의 선택'. 캐피탈은 런던
> 같은 수도를 말하는 것이고 개발은 새 건물이나 지구를 짓는
> 것이지. 그러면 이 책은 영국에서 새 건물 중 몇 채가 런던에
> 지어져야 하는가에 대한 책이겠네? 맞나?

나는 곧바로 방으로 돌아와서 숄릭에게 제목을 '기술의 선택 Choice of Techniques'으로 바꾸겠다고 편지를 썼다(스라파가 원래 제안했던 제목이었다).

운 좋게도 이 책은 꽤 주목을 받았다. 아마도 주제 덕분이었을 것이다. 내가 블랙웰 출판사 측에 이 책은 매우 제한된 주제에 대해 쓴 그럭저럭 괜찮은 논문일 뿐이므로 재쇄를 그만 찍자고 했을 때(그때 3판의 3쇄까지 찍은 상태였다), 원래의 제목이었으면 이렇게까지 많이 팔리지는 못했을 거라는 생각이 들었다. 피에로 스라파 교수님의 많은 장점 중에서도 내가 어리석은 생각을 할 때 생각을 바꾸도록 설득해주는 든든한 친구 같은 분이라는 점이 내게 정말 큰 행운이라고 생각했다.

〈8〉

프라이즈 펠로우가 된 덕분에 점심식사와 저녁식사 때 트리니티 식당 주빈석에 앉을 수 있었다. 식사 때 이루어지는 대화의 상당 부분은 꽤 평범한 대화였지만, 이 자리에 있지 못했더라면 얻을 수 없었을 범상치 않은 대화 기회도 있었다. 일례로, 유체역학

분야의 창시자라 해도 과언이 아닐 만큼 이 분야의 개척적인 연구자인 제프리 테일러Geoffrey Taylor와 이야기하면서 유체역학의 기본 방법과 논증을 더 잘 알 수 있었다. 테일러는 보트 항해를 했던 이야기로 좌중을 즐겁게 해주기도 했다. 또 다른 사례는 오토 프리슈Otto Frisch와 핵분열의 역사에 대해 이야기한 것인데, 그 역시 이 분야의 개척자였다. 또한 그는 "가령 당신이 밤새 파티에서 춤추느라 전날 못 잔 잠을 보충하려면 몇 시간을 더 자야 할지"에 대한 자신의 이론을 이야기하기도 했다. 다양한 지식의 조각들이 서로 다른 방향에서 내게로 왔고, 나는 균형 잡힌 교육을 받고 있다는 생각이 들었다.

또한 나는 펠로우십 덕분에 갖게 된 자유로운 시간을 활용해 런던의 친구들도 자주 만나러 갔다. 특히 데바키 스리니바산Devaki Sreenivasan, 자소다라 센굽타Jasodhara Sengupta(라트나Ratna) 등 옥스퍼드와 런던 정경대학에 있는 옛 친구들을 많이 만났다. 자소다라는 옥스퍼드에서 영문학을 공부하고 있었는데 그의 아버지가 우리 어머니 쪽 사촌이어서 나와 친척이기도 했다. 자소다라는 나처럼 프레지던시 칼리지 출신이고 트리니티에서 경제학을 공부하고 있었던 아미야 바그치Amiya Bagchi와 사귀는 사이가 되었고 둘은 나중에 결혼한다. 그 시절에 우리 모두 옥스퍼드와 케임브리지에서 자주 만났다.

자소다라를 통해 프리야 아다카르Priya Adarkar도 알게 되었다. 프리야는 내 케임브리지 친구 딜립 아다카르의 누이로, 굉장히 지적이고 창조적이고 매력적인 젊은 여성이었다. 프리야는 인간관계에 대해 매우 날카로운 직관을 가지고 있었던 반면 나는 그런 직관이 전혀 없는 사람인데, 프리야와 함께 있으면서 나는 다양한 방식으로 풍성해질 수 있었다. 『뉴요커』의 칼럼니스트로 이름을 알리기 시작한 베드 메흐타는 회고록에서 자신이 옥스퍼드에서 프리야에게 사랑에 빠졌을 때에 대해 언급했는데, 내가 그의 사랑에 걸림돌이라고 생각했다고 한다(프리야 본인이 그와 비슷한 이야기를 했다고 인용도 되어 있다). 프리야와 내가 모호한 관계를 끌고가지 않기 위해 거리를 두는 것이 좋겠다고 판단했을 때, 아마도 이것은 옳은 결정이었겠지만 나로서는 큰 상실이기도 했다. 훗날 프리야는 뛰어난 극작가 비자이 텐둘카르Vijay Tendulkar와 함께 일하면서 그의 극을 번역했다. 다방면에 걸친 프리야의 재능은 극을 출판, 번역, 저술하는 쪽으로 점차 통로를 찾아갔다.

〈9〉

내가 트리니티 칼리지의 규칙을 처음이자 (현재까지는) 마지막으로 어긴 일화를 기록하고 넘어가야 할 것 같다. 그때 질책을 받은 방식이 교육적으로 큰 깨달음을 주었기 때문이다. 캘커타에서 트리니티로 돌아온 지 얼마 안 되었을 때, 나는 내가 져야 할 사회적 책임과 트리니티 칼리지의 규칙 사이에서 괴로운 선택을 해야 하는 상황에 직면했다. 어느날 친구 마이클 니컬슨의 여자친구 크리스틴이 예기치 못하게 늦은 밤에 그를 보러 케임브리지에 왔다. 그들이 결혼 준비를 하고 있을 때였을 것이다. 백방으로 알아보았지만 마이클은 그날 케임브리지에서 크리스틴이 묵을 호텔 방을 잡을 수가 없었고, 당시 트리니티 칼리지에는 학장을 제외하고는 누구도 여성을 칼리지 숙소에 데려오면 안 된다는 규칙이 있었다(당시에는 트리니티 칼리지가 남학교였다).

그때 마이클은 대학원생이었고, 마이클과 나는 펠로우라고 해서 규칙을 어겨도 되는 건 아니지만 발각될 경우 대학원생인 마이클보다는 펠로우인 내가 발각되는 게 처벌이 덜할 것이라는 결론에 도달했다. 그래서 크리스틴을 뉴코트의 내 아파트에 있는 계단 아래쪽 남는 방에서 묵게 하면 되겠다고 생각했다. 발각된다 해도 크리스틴이 내 숙소에서 발각되었을 때 내가 처할 곤란이 마이클의 방에 있다가 발각되었을 때 마이클이 처할 곤란보다는 가벼울 것 같았다. 그래서 크리스틴은 내 아파트의 '당구 방'(위대한 수학자 G. H. 하디의 당구대가 있는 곳이라고 해서 그렇게 불렸다)에 묵게 되었다. 정문이 열리는 새벽 시간이 되자마자 크리스틴이 조용히 강 옆의 길을 지나서 빠져나간다는 것이 우리의 계획이었다. 위층에서 자려고 누웠을 때, 마이클과 크리스틴이 들떠서 이야기하는 소리가 들렸다. 나는 크리스틴이 다음 날 제시간에 무사히 일어나서 위기를 일으키지 않고 빠져나갈 수 있으리라는 전망에 점점 더 회의적이 되었다.

과연, 방을 정리해주는 심부름꾼이 크리스틴을 발견했다. 그때까지 마이클이 같이 있지는 않았던 것 같다. 몇 시간 뒤에 내가 일어나자 심부름꾼은 내가 트리니티의 규칙을 이렇게 심각하게 어긴 사실을 벌써 신고했다고 엄하게 말했다. 그래서 나는 친구이자 조언자이며 경험 많은 펠로우인 역사학자 잭 갤러거Jack Gallagher에게 고민을 털어놓고 앞으로 내게 무슨 일이 벌어질지 여쭤보았다. 그는 부학장 제임스 버틀러James Butler 경이 나를 심하게 질책할 거라고 했고, 그래서 나는 최악을 각오하고 있었다.

그런데 몇 주가 지나도록 아무 일이 없었다. 그래서 이 일을 거의 잊고 있었는데, 어느 날 버틀러 부학장님이 점심 식사 후에 펠로우 가든까지 함께 산책을 할 수 있겠냐고 내게 물었다. 나는 일반적으로라면 그와 산책하는 것이 더없이 좋겠지만 하필 그날 오후에는 도서관에 가야 할 일이 있어서 다른 날 기꺼이 함께 산책을 하겠다고 했다. 그러자 그는 정색하고 이렇게 말했다. "센, 지금 나와 함께 펠로우 가든에 가준다면 나의 큰 청을 들어준 것으로 생각하겠습니다." 그래서 나는 그를 따라나섰다. "아이고, 그러시다면 물론 지금 같이 가시죠." 우리는 강을 따라 나 있는 길을 걸어갔다. 버틀러는 주변의 나무들을 짚으면서 얼마나 오래된 것인지 아느냐고 했다. 나는 몰랐고, 그가 알려주었다. 펠로우 가든에서도 여러 식물을 가리키면서 무엇인지 아느냐고 했다. 나는 몰랐고, 그가 알려주었다.

트리니티 칼리지 건물로 돌아오는 길에 버틀러 부학장님은 이곳에 살았던 한 펠로우 이야기를 해주셨다. 그 펠로우의 아내는 인근의 포르투갈 플레이스에 있는 아파트에 살고 있었다. 노인인 이 펠로우가 거의 임종 직전이 되어서 오늘내일하게 되었을 때, 그는 아내가 자신이 죽기 직전의 며칠을 트리니티 칼리지에서 함께 보낼 수 있게 칼리지 측으로부터 허가를 얻고자 했다. 버틀러 부학장님이 내게 물으셨다. "센, 트리니티 측이 그 요청에 어떻게 결정했을 것 같아요?" 나는 대답했다. "받아들여주어야 했을 것 같은데요?" 그러자 그가 말했다. "안 될 말이지요. 그 요청은 당연히 거절되었습니다." 그리고 그는 화제를 바꾸었다. 길을 따라 걸어서 돌아오면서 버틀러 부학장님은 나무에 대해 더 이야기했고 나는 방금 내가 '심하게 질책'을 당한 것이었음을 깨달았다. 나는 교육이 아주 많은 다양한 형태로 올 수 있다는 것을 알게 되었다.

22장

돕, 스라파, 로버트슨

⟨1⟩

트리니티의 프라이즈 펠로우는 자기 연구를 하는 것 외에 다른 의무 사항이 없었다. 하지만 자다브푸르 대학에서의 경험을 통해 가르치는 것이 그 자체로 매우 즐거운 일일 뿐 아니라 연구를 보충하는 데도 좋은 방법이라는 것을 알게 되었기 때문에, 트리니티가 경제학과 학생들의 연구를 지도해줄 수 있겠냐고 했을 때 즉시 수락했다.

또한 강의를 할 의향이 있느냐는 요청도 받았는데, 여기에도 매력을 느껴서 경제학 강사직Assistant Lectureship〔조교수직〕에 지원했다. 나는 몇몇 경제학 원론 수업을 맡았고 1957년에는 제임스 미드James Meade와 공동 강의를 개설했다. 런던 정경대학에 있다가 케임브리지 대학으로 옮겨 온 그는 나중에 데니스 로버트슨의 후임으로 '정치경제학 프로페서'직을 맡게 되는 인물로, 놀라울 정도로 통찰력 있는 사고를 하는 주류 경제학자였다. 나는 그와 팀을 이뤄서 그의 이론 강의에 대한 후속 강의를 함께 진행했다. 우리는 표준적인 주류 경제학이 봉착하는 분석상의 난제들을 논의했다.

물론 학생들이 궁금해하는 이슈들도 다루었는데, 굉장히 흥미로운 질문이 많이 나왔다.

또한 나는 기술 선택에 대한 내 연구와 관련해 투자 계획 수립에 대한 강의도 개설했다. 얼마 전에 스코틀랜드에서 트리니티로 온 제임스 멀리스가 내 강의를 들어서 영광이었다. 멀리스가 케임브리지에 온 것은 빅 뉴스였다. 많은 사람이 그의 명석함을 보고 당연히 그가 저명한 경제학자가 되리라고 예상했고 실제로 그렇게 되었다. 멀리스는 처음에는 옥스퍼드에서, 그다음에는 케임브리지에서 '최적의 정책'이 어떤 조건을 만족해야 하는지에 대한 이해를 혁명적으로 바꾸어놓는 연구 결과들을 내놓았을 뿐 아니라, 영국에서 저명한 경제학자를 많이 배출했다.

내 강의를 수강한 학생 중 나를 으쓱하게 한 또 다른 인물은 하버드에서 온 스티븐 마글린Stephen Marglin이었다. 늘 첫 줄에 앉아서, 막 학부를 졸업한 젊은이라는 것이 믿기지 않을 만큼 통찰력과 독창성 있는 질문을 하는 그가 너무나 인상적이었다. 여기에 오기 전에 그는 이미 하버드에서 뛰어난 학사 논문을 작성한 바 있었는데, 이것은 몇몇 잘 알려져 있던 투자 의사결정의 동태적 과정에 대한 설명, 특히 순차적 투자 의사결정에 대한 기존의 설명을 뒤집었다. 마글린도 나와 친한 친구가 되었다.

⟨2⟩

젊은 강사로서 나는 트리니티에서 데니스 로버트슨, 모리스 돕, 피에로 스라파와 공동 강의를 한다는 것이 너무 신났다. 그들에 대해서는 앞에서도 약간 이야기했지만(그들은 나의 선생님이었다), 정말로 그들을 잘 알게 된 것은 그들과 동료가 된 다음이었다.

로버트슨은 돕이나 스라파보다는 내 연구 주제와 덜 가까웠지만 케임브리지에서 보낸 첫해에 그분을 꽤 잘 알게 되었다. 트리니티에 계셔서였기도 하지만 늘 친절하고 이야기를 좋아하는 분이어서이기도 했다. 특히 그 세대 대부분의 경제학자들과 달리 로버트슨은 효용주의(공리주의) 윤리에 어떤 의구심도 제기하지 않는 충성을 보여서 내 호기심을 자아냈다. 그는 '정확성'의 미덕이 과장되었다고 생각했고, 우리가 사람들의 효용을 일대일로 정확히 파악해 그래프에 찍을 수 없더라도 사회적 후생을 합리적으로 판단하는 데는 문제가 없다고 생각했다. 가난한 사람들에 대해 본인의 성품에서 나오는 공감은 가지고 있으셨지만, 경제적 불평등을 급진적으로 줄이는 데는 공공 정책을 통해 개입하는 것이 압도적으로 중요하다는 내 주장에 설득되지는 않으셨다.

그는 효용주의 논리를 바탕으로 매우 가난한 사람들(가령 만성적으로 실업 상태인 사람들)에게 추가적인 소득을 보장해주는 것이 공공 정책의 중요한 목적이 되어야 한다고는 인정했지만, 평등주의를 사회의 주된 목적으로 추구하는 데는 그리 열의가 없으셨다. 개인의 효용에 대한 본인의 가정(어떤 사람의 소득이 증가할 때 그의 효용이 증가하는 정도는 소득이 높아질수록 점점 더 떨어지리라는 가정)에서도 평등주의의 목적이 도출될 수 있었을 텐데도, 평등과 정의 자체를 목적으로 삼는 정책적 개입의 가능성을 탐구하는 데는 크게 관심이 없으신 것 같았다. 그와 (현대 주류 경제학의 창시자로 여겨지는) 앨프리드 마셜Alfred Marshall에 대해 이야기하기는 쉬웠지만 본인과 마찬가지로 효용주의적 관점을 가졌으되 더 급진적이었던 트리니티의 사상가 헨리 시지윅에 대해 대화를 이끌어내기는 어려웠다.

시지윅이 매우 관심을 가졌던 사회 정의의 경제학에 로버트슨이 별로 관심이 없었던 것은 '거시경제학의 공학적 측면'이라 할 만한 것에 더 깊이 관심이 있으셨기 때문일 것이다. 그는 국민소득, 투자, 저축, 총고용 등 경제적 총계 수치들의 산정과 관련된 연구로 응용 거시경제학 분야에서 명성을 날렸다. 그의 트리니티 펠로우십 논문인 「산업 변동의 연구A Study of Industrial Fluctuation」는 호황과 불황으로 이어지는 경제적 과정의 분석에 뛰어나게 기여한 수작이었다(이 논문을 쓰고 있었을 때 그는 1차 대전에서 자신이 어떤 역할을 해야 하는지[혹은 하지 말아야 하는지]에 대해 목소리를 내며 활동하고 있었다. 그는 평화주의자였지만 결국에는 입대했다).

로버트슨의 연구 주제는 존 메이너드 케인즈가 관심을 가졌던 주제들과도 많이 일치했다. 둘은 가까운 사이이기도 했다. 둘 다 사도회 활동을 했고 비슷한 주제를 연구하고 있었으며 비슷한 경제적 상관관계들을 탐구했고 늘 서로 아이디어를 주고받았다. 로버트슨은 케인즈와 너무나 많이 이야기한 나머지, 이제는 어느 아이디어가 누구 아이디어인지 둘 다 알 수 없을 정도가 되었다고 언급하기도 했다.[1] 이러한 밀접함은 로버트슨과 케인즈의 개인적인 관계를 다소 꼬이게 만들기도 했다. 케인즈가 로버트슨보다 훨씬 더 유명한 사람이 되었는데, 그들의 연구에 겹치는 것이 많았다는 점을 생각할 때 로버트슨이 이를 다소 불공평하다고 생각했을 수 있다. 학생이었을 때 나는 그들의 모든 연구에서 각각 누구의 지분이 더 큰지를 알아보려 한 적이 있었다. 하지만 매우 어려운 일이었고, 무엇이 누구의 아이디어인지를 분리하기란 불가능하다는 로버트슨의 말이 옳았음을 인정하게 되었다.

⟨3⟩

경제학의 종류를 구분하는 일반적인 방식으로 볼 때 로버트슨은 명백히 보수주의자였다. 그는 혁명을 좋아하지 않았다. 그는 혁명은 '나 말고 모리스 돕에게 맡기자'고 생각했을 것이다. 하지만 사실 그는 돕도 혁명가라고 생각하지 않았다. "모리스는 격동이 없는 평화로운 세계를 좋아해." 그는 내게 이렇게 말했는데, 돕의 태생적인 성향을 말하는 것으로서는 맞는 말이었을 것이다. 하지만 의식적인 성찰을 통해 선택한 돕의 정치적 선호를 말하는 것으로서라면 꼭 맞는 말은 아니었을 것 같다.

나는 로버트슨 교수님과의 마지막 저녁식사를 지금도 기억한다. 데이비드 챔퍼나운 교수님 댁에 초대를 받은 자리였다. 이틀 뒤에 나는 한 달 일정으로 인도에 갈 예정이었다. 로버트슨 교수님이 이렇게 말씀하셨다. "아마르티아, 그거 알아? 아무도 「부엉이와 고양이」의 진짜 곡조를 몰라. 우리 증조할머니가 가르쳐주셔서 나는 그 곡조를 확실히 기억하거든." 내가 들어보고 싶다고 하자 이에 화답해 「부엉이와 고양이」를 불러주셨다. 그리고 "내가 죽으면 「부엉이와 고양이」의 정확한 곡조를 아는 사람이 아무도 없는 거야"라고 하셨다. 이틀 뒤에 나는 인도로 갔고 로버트슨 교수님이 내게 마지막으로 하신 말은 "돌아오면 계속해서 논쟁을 이어가세"였다. 불평등을 줄이는 것이 매우 중요하다는 내 주장에 그의 의견이 일치하지 않았던 것을 두고 하신 말이었을 것이다. 이 문제에 대해 우리는 몇 년 동안 간간이 이야기를 나누곤 했었다.

한 달 뒤, 공항에 내려 케임브리지로 돌아오는데 기차 시간이 아슬아슬해서 킹스 크로스 기차역 플랫폼을 마구 달려야 했다. 기차에 가까스로 올라타고서 숨을 헐떡거리고 있는데, 케임브리지

에서 경제학을 가르치고 있는 옛 친구 마이클 포스너Michael Posner
가 같은 기차 칸에 있는 것이 보였다. 그는 나를 보자마자 데니스
로버트슨이 막 숨졌다는 소식을 아느냐고 물었다. 나는 너무나 슬
펐다. 60년이 지난 지금도 나는 로버트슨 교수님이 뵙고 싶고 「부
엉이와 고양이」를 생각할 때마다 그리움에 빠지곤 한다.

〈4〉

모리스 돕은 내가 캘커타에서 경제학을 처음으로 공부하기 시
작했을 때부터 내 영웅이었다. 나도 마르크스주의에 관심이 아주
많았기 때문에 그의 마르크스주의가 특히 매력적으로 느껴졌다.
그는 1976년에 사망할 때까지 공산당원이었고 소련과 동유럽에
서 벌어지는 일들을 비판했지만 끝까지 공산당에 충성했다. 사실
그는 공산당이 너무 교조주의적이라고 생각했고, 케임브리지 대
학의 또 다른 공산당원에게 들은 바에 따르면, 케임브리지 공산당
원 모임에서 그러한 비판을 자주 제기했다고 한다. 그래도 데니스
로버트슨이 돕이 무질서를 일으키는 데는 딱히 열의가 없는 사람
이라고 본 것은 옳은 판단이었을 것이다. 내 친구 잭 갤러거는 돕
이 1917년 10월에 붉은 광장에서 연설하는 가상의 상황을 장난으
로 이렇게 흉내 냈다. "동지들, 지금은 때가 아닙니다."

13장에서 이야기했듯이, 나는 돕의 1937년 저서인 고전 『정치
경제학과 자본주의』를 캘커타에서 처음 읽고 완전히 반했다. 특히
거기에 수록된 글 중 하나인 「가치론의 필요 사항들」이 인상적이
었는데, 이 글에서 그는 가격 이론과 구별되는 가치 이론들의 중
요성을 주장했다. 그는 노동가치설과 효용설 둘 다 가치 이론의
훌륭한 사례이며 이것들을 (주류 경제학에서 흔히 그러듯이) 가격 이

론으로 가는 길에 있는 중간 생산물 정도로 간주하지 말아야 한다고 보았다. 돕은 가치 이론들이 그 자체로 별도의 중요성을 갖는, 풍성한 묘사를 위한 도구이며, 우리가 관심을 가져야 할 이유가 충분하다고 생각했다. 돕의 초기 저술에서 내가 끌어낸 핵심 메시지는 면밀한 조사를 거친 묘사적 경제학의 중요성이었다. 그러한 경제학은 가격을 예측하는 것을 훨씬 넘어서 인간 사회에 대한 우리의 기본적인 관심사에 통찰을 줄 수 있었다. 나는 경제학의 범위가 점점 더 좁은 주제로만 한정되는 것, 특히 특정한 경제적 양(그나마도 늘 중요한 것은 아닌)을 어떻게 더 잘 예측할 것인가에만 초점을 두는 것이 갑갑했는데, 모리스 돕이 이러한 경향에 강고하게 반대하고 있는 것처럼 보였다. 내가 돕의 지도 학생이 된 것은 학부 2년 차 때였지만 그보다 한참 전부터 자주 찾아가 긴 대화를 나누곤 했다.

캘커타에 다녀와서 1957년에 트리니티 칼리지의 프라이즈 펠로우가 되었을 때, 우리는 다시 자주 대화를 나누었다. 나는 그가 경제학에 대해 위대한 통찰을 가진 분일 뿐 아니라 늘 친절한 분이라는 점에도 크게 놀랐다. 그는 언제나 자신이 하고 있던 일을 잠시 놓고 남을 도왔다. 우리가 이야기를 나눌 때면 그는 낡은 찻주전자로 차를 끓여서 내어주시곤 했다. 뚜껑이 부서졌는데 새것으로 바꾸지 않고 그냥 뚜껑 없는 채로 쓰고 계셨다. 나중에 주전자 자체도 부서졌을 때, 방을 정리해주는 심부름꾼이 친절하게도 그에게 새 주전자를 선물하면서 이렇게 말했다고 한다. "돕 교수님, 뚜껑을 안 좋아하시는 걸 알고 있어서 뚜껑은 버렸어요." 나는 예전 주전자에 뚜껑이 왜 없었는지 그 심부름꾼에게 이야기하셨는지 물어보았다. 그러자 그는 이렇게 대답했다. "아니, 물론 안

했지." 그래서 돕은 내가 기억하는 한 계속 뚜껑 없는 주전자를 사용하셨다.

⟨5⟩

트리니티에서의 학부 기간 내내 피에로 스라파 교수님이 학업 담당 디렉터를 맡아주셔서 정말 행운이었다. 그는 적절한 단계에 나를 모리스 돕, 조앤 로빈슨, 케네스 베릴, 오브리 실버스톤 등 여러 지도교수에게 보내주었다. 동시에, 원할 때면 언제든지 자신에게 와서 이야기해도 좋다고 독려했고 나는 그렇게 했다. 16장에서 말했듯이 나는 그를 일종의 추가적인 지도교수로 삼았다. 곧 나는 스라파 교수님이 경제학부터 유럽 정치 전통, 또 커피 내리는 법까지 매우 다양한 주제에 대해 이야기하기를 무척 즐기신다는 사실을 알게 되었다. 또한 이 비범하게 독창적이고 탐구적인 지식인이 다른 이들과 협업해 야심 찬 공동 작업을 하는 것을 좋아한다는 사실도 알게 되었다.

학부를 마치고 나서 처음에는 프라이즈 펠로우로, 그다음에는 강사로 트리니티 칼리지에서 일하면서 나는 스라파와 더 많은 시간을 보낼 수 있게 되었고 1958년부터 1963년 사이에는 거의 매일 점심 후에 긴 산책을 했다. 케임브리지에서 몇 킬로미터나 떨어진 코톤까지 간 적도 여러 번 있었다. 그러면서 알게 된 또 한 가지 사실은 이탈리아에서의 학생 시절이 그에게 정말 중요한 영향을 미쳤다는 점이었다. 그때 스라파는 안토니오 그람시 등과 『로르디네 누오보L'Ordine Nuovo』[신질서]라는 좌파 저널을 중심으로 활발히 활동했다. 이 저널은 이탈리아에서 파시즘의 위협에 맞서고 급진적인 사회 변화를 이루려는 목적에서 창간되었다. 1919년에 그람시가 설립하고 편집장을 맡았으며, 스라파도 자주 기고했고 1921년에는 편집자로서도 참여했다. 그러다 파시스트의 탄압이 심해지면서 스라파는 1920년대 말에 이탈리아를 떠나야 했다. 1927년에 영국에 왔을 무렵이면 그는 이탈리아 좌파 지식인 공동체 사이에서 저명한 인물이었고 당원은 아니었지만 이탈리아 공산당과도 가까웠다.

⟨6⟩

피에로 스라파는 논문이나 책으로 출간한 것은 많지 않았지만 다양한 영역의 지적 탐구에 영향을 미쳤다. 그가 완결된 논문이나 책 쓰기를 싫어한 것과 관련해서는 여러 이야기가 전해진다. 내가 케임브리지에 도착했을 때 들은 이야기 하나를 소개하면, 늘 앉아서 생활하는 니컬러스 칼도어가 하루는 의사를 찾아가 '운동 선수의 발'(athlete's foot, 무좀)이 생긴 것 같다고 말했더니 의사(환자들을 잘 아는 의사였다)가 그것은 "스라파에게 '작가들의 손 경련'(writer's cramp, 글을 많이 써서 생기는 손의 통증)이 생기는 것만큼이나 있을 수 없는 일"이라고 말했다고 한다.

사실 스라파에게 있었던 것은 '출판 경련'이었다. (출판을 안 했을 뿐) 그는 경제학, 철학, 정치학의 다양한 주제에 대해 이탈리아어로 많은 메모를 작성했다. 그 내용은 때때로 우리의 대화에서도 나타났는데, 그 메모들을 모아 (상당히 많은 편집을 거쳐야 하겠지만) 출간할 생각이 있으신 것 같기도 했다. 한번은 데이비드 흄을 왜 그렇게 좋아하느냐고 여쭈어보았더니, 그 이유에 대해 예전에 익명으로 글을 쓴 것도 있고 길게 메모도 해두었다고 하셨다. 스라파가 쓴 미출간 원고들은 현재 트리니티 칼리지의 렌 도서관에 소

장되어 있다.[2]

경제학과 철학 둘 다에 막대하게 기여한 것에 더해(이에 대해서는 다시 언급할 것이다) 스라파는 모리스 돕과 함께 데이비드 리카도David Ricardo 전집 편찬 작업을 했다. 이 전집은 1951년부터 11권으로 발간되었고 내가 케임브리지에 도착한 1953년이면 이미 사람들 사이에 회자되고 있었다. 마지막 권인 '일반 인덱스'는 1973년에 나왔는데 그 인덱스 자체가 방대하게 주석이 붙은 저서나 마찬가지였고 피에로와 모리스가 이 마지막 권을 작업하는 데 1년이 걸렸다. 나는 케네스 애로우가 케임브리지에 왔을 때 스라파를 만나러 가려고 했는데 스라파가 리카도 책 인덱스 작업이 바빠서 아무도 만날 수 없다고 했다는 이야기를 들었다. 애로우는 내게 이렇게 물었다. "놀랍지 않아요? 비 오고 갈 데 없는 일요일에 인덱스 작업을 해야겠냐고요." 나는 그 인덱스가 그런 인덱스가 아니라고 스라파를 변호하려 해보았지만 애로우가 납득한 것 같지는 않았다.

〈7〉

경제학 분야를 보면, 스라파로부터 나왔다고 볼 수 있는 주된 개념을 **적어도** 세 개 짚어낼 수 있다. 첫째, 1920년대에 그는 시장에서의 결과를 완전경쟁 균형에서 나온 것으로 보는 설명(가령 표준적인 주류 경제학의 설명)에 심각한 내재적 모순이 있을 수 있음을 보여주었다. 수확불변이거나 수확체증일 경우에는 완전경쟁 균형이 불가능하기 때문이다. 경쟁시장에서 기업은 가격이 오르기 시작하지 않는 한 생산을 무한히 증가시킬 수 있다. 그런데 규모 수익이 불변이거나 체증하면 생산 단위당 비용이 일정하거나 낮아

진다. 따라서 팽창을 멈추게 할 기제가 없게 된다. 이는 시장 경쟁에 독점화의 요소가 존재함을 인식해야 한다는 것을 의미하며, 이런 측면은 앨프리드 마셜(당시에 지배적이던 케임브리지 학파를 이끄는 인물이었다)과 그를 따르는 사람들(데니스 로버트슨도 여기에 속한다)이 주도한 당대의 주류 경제학 이론에서는 고려하지 않았던 부분이었다.

이로써 스라파는 기존의 가격 이론이 교정 불가능한 결함을 가진 토대 위에 서 있음을 증명했다. 그의 글은 처음에 이탈리아어로 출판되었다가 1926년에 영어 번역본이 『이코노믹 저널』에 실렸고 곧바로 큰 반향을 일으켰다. 데니스 로버트슨은 마셜의 이론을 방어하려 해보았지만 결국에는 스라파가 이 논쟁에서 이겼음을 인정했다. 스라파에 이어 조앤 로빈슨, 에드워드 체임벌린 Edward Chamberlin 등을 주축으로 '불완전 경쟁'과 '독점적 경쟁'에 대한 새로운 연구들이 방대하게 이루어지게 된다.

스라파가 경제학에 중대하게 기여한 두 번째 지점은 더 전문적이고 기술적인 논증과 관련이 있는데, 생산요소 중 하나로 흔히 이야기되는, 그리고 숫자로 표현되는 가치를 갖는다고 상정되는 '자본' 개념이 착각이며 (매우 구체적인 가정을 깔지 않으면) 자체 모순을 일으킨다는 사실을 증명한 것이다. 그에 따르면 얼마나 더 '자본 집약적'인지에 따라 생산 기법들 사이에 순위를 매길 수 없다. 자본 집약도가 이자율에 의존하는데, 이자율이 체계적으로 오르면 그에 따라 상대적 순위가 계속해서 뒤집히기 때문이다. 이것을 '재전환reswitching'이라고 부른다. 따라서 '더 많은' 자본이라든가 '더 적은' 자본이라는 말도 혼란을 불러오게 되고 이 때문에 자본은 생산요소 중 하나로 다루기 어렵다. 이것은 주류 경제학에서 말하는 생산요소들이 행동하는 방식과 매우 다르다. 따라서 자본을 생산요소로 취급하는 주류 경제학에는 상당히 많은 부분에서 모순이 존재하게 된다.

세 번째 기여는 (비판적이라기보다는) 더 건설적인데, 주어진 이자율 수준에서 (혹은 주어진 임금 수준에서) 현재의 모든 생산 활동을 모든 투입 및 산출과 함께 종합적으로 묘사하는 것이 모든 상품의 시장가격을 알려주기에 충분하다는 것을 수학적으로 보여준 것이다. (그는 각 상품의 생산량이 주어져 있다는 가정하에 "만일 시장에 의해 채택된다면 생산물들의 원래 분포를 복원시키고 생산과정이 반복될 수 있도록 만들" 상품들 간의 교환 비율을 산출할 방정식을 도출할 수 있음을 보여주었고 그러한 교환 비율을 생산가격이라고 불렀다.―옮긴이. 다음에서 인용함. 박만섭, 「피에로 스라파의 『상품에 의한 상품 생산』」, 『사회경제평론』 35 (2010), pp. 15~65]. 이 계산에서는 상품의 가격을 특정하기 위해 각 상품에 대한 수요 조건들을 꼭 알지 않아도 된다. 이것은 스라파가 1960년에 펴낸 짧은 책 『상품에 의한 상품 생산 Production of Commodities by Means of Commodities』에 여타의 공리들과 함께 매우 깔끔하고 우아하게 증명되어 있다.[3]

이것은 놀라운 결과였다. 하지만 이 세 번째 기여를 스라파가 주장한 것 이상으로 확대하지는 말아야 한다. 신고전파 경제학을 비판하려는 사람들로서는 스라파의 증명을 가격 결정의 **원인**을 설명할 때 수요 조건들이 이미 고려되어 있으므로 불필요하다는 의미로 해석하려는 강한 유혹이 들 수밖에 없었다. 이것은 정당화되지 않는 비약인데, 이렇게 해석한 학자 중 한 명이 조앤 로빈슨이다(물론 그가 유일한 것은 아니지만 가장 대표적이다).

··· 경제 전체에 걸쳐 일관된 실질 임금 수준과 생산에 대한 기술적 방정식들의 집합이 있을 경우, 균형가격을 결정하는 데 있어서 수요 방정식이 필요할 여지가 없어진다.[4]

나는 이것은 맞지 않다고 생각한다. 스라파가 제시한 체계에서의 계산은 '주어져 있는' 생산에 적용되는 것이다. 즉 경제의 생산 과정을 스냅숏으로 찍었을 때처럼 투입과 산출이 고정된 경우에 적용되는 것이다. 수요 조건이 변한다면 무슨 일이 일어날지(물론 이것은 상품들의 생산 수준이 달라지는 결과로 이어질 수 있다)는 여기에서 전혀 다루어지지 않았다. 수학적 결정, 즉 우리가 무엇을 **계산**할 수 있는가에 대한 부분을 인과적 결정, 즉 무엇이 무엇을 **고정**하는가의 부분으로 해석하려 하면 논의를 크게 혼란스럽게 만들 수 있다.

우리가 스라파에게서 얻을 수 있는 것은 충분히 거대하다. 임금율(혹은 이자율이나 이윤율)이 구체적으로 특정되어 있을 경우 우리는 생산 관계에서부터 가격 이론으로 넘어오게 된다. 주어진 생산 배열에서는(혹은, 주어진 '상품에 의한 상품 생산'의 배열에서는) 이윤율과 임금율 사이에 명백하게 계산 가능하고 사실상 직접적인 관계가 존재한다. 이윤율과 임금율 중 하나를 특정하면 거기에서 다른 하나를 도출할 수 있다. 모리스 돕의 표현을 빌리면, 이것은 계급 전쟁을 그래프로 묘사한 것이라고 볼 수 있으며 계급 관계의 경제학에 대한 매우 통찰력 있는 묘사다.

스라파가 1960년에 펴낸 책 『상품에 의한 상품 생산』에는 '경제학 이론 비판의 서곡'이라는 부제가 붙어 있다. 그가 이 책에 뒤이어 주류 경제학 이론에 대해 더 완전한 비판이 펼쳐지기를 바란

것은 분명해 보인다. 하지만 그러한 비판을 꼭 본인이 해야겠다고 계획했던 것 같지는 않다. 스라파는 자신이 연구한 것을 다른 사람들이 어떻게 더 확장하는지에 관심이 있었다.

영광스럽게도 나는 그 책이 출판되기 전에 원고를 읽어볼 수 있었다. 스라파가 그 책을 집필하던 시기에 모리스 돕과 내가 원고를 미리 읽어보았다. 저녁을 먹은 뒤에 트리니티에 있는 그의 방에서만 읽도록 허락되었고, 내가 읽는 동안 스라파는 (머리 위에서 들어오는 빛 때문에 눈이 부신 것을 피하려고 초록 선 캡을 쓰고서) 『르몽드Le Monde』나 이탈리아 일간지 『코리에레 델라 세라』를 읽으셨다. 내가 원고를 읽다가 눈길을 돌리기라도 하면 곧바로 내게 물으셨다. "왜 읽다 말아? 내가 말한 것에 무언가 우려되는 점이라도 있나?" 흥미진진하면서도 쉽지 않은 경험이었고, 두려움과 스릴을 동시에 느낄 수 있었다.

스라파의 작은 책은 단순히 이후에 나올 연구의 서곡으로서가 아니라 그 자체로도 많은 통찰을 준다(그가 말하는 것을 우리가 명료하게 해석한다면 말이다). 하지만 이후에 다른 연구자들이 스라파의 개념을 더욱 확장해 연구하기도 했다. 루이지 파시네티와 피에란젤로 가레냐니를 비롯해 하인츠 커즈Heinz Kurz, 크리슈나 바라드와즈Krishna Bharadwaj, 제프리 하코트Geoffrey Harcourt, 리처드 데이비스Richard Davies, 알레산드로 롱카글리아Alessandro Roncaglia, 아지트 싱하Ajit Sinha 등 많은 이가 실제로 스라파의 개념을 더 폭넓고 다양한 이슈들로 확장해 연구했으며, 파시네티는 스라파의 작업과 케임브리지의 케인즈주의 경제학자들의 작업 사이의 관계에 대해 방대한 해설서를 저술했다.

〈8〉

스라파의 경제학적 아이디어도 매우 흥미로웠지만 내게는 그의 철학적 아이디어가 더 매력적으로 다가왔다. 내가 그를 만났을 무렵이면 그는 이미 현대 철학에서, 특히 앵글로아메리카 철학에서 가장 결정적인 발달이라고 꼽을 만한 사건 중 하나가 벌어지는 데 일조하고 있었다. 그 사건이란, 루트비히 비트겐슈타인이 기념비적인 전작 『논리철학논고』에서 개진했던 초기 입장과 단절하고 『철학적 탐구Philosophical Investigations』에서 개진한 후기 입장 쪽으로 선회한 것을 말한다.

비트겐슈타인은 버트런드 러셀의 제자였고, 1913년에 케임브리지와 트리니티를 떠날 당시에 이미 세계에서 가장 혁신적인 철학자 중 한 명으로 알려져 있었다. 그리고 1929년 1월에 케임브리지에 다시 돌아왔을 무렵이면(스라파가 케임브리지로 오고 얼마 뒤였다) 많은 찬사를 받는 저명인사 반열에 올라 있었다. 『논리철학논고』에서 그가 언어의 표현에 엄격한 논리적 구조를 요구한 것은 잘 알려져 있었고 철학 세계 전체에서 막대한 영향력이 있었다.

비트겐슈타인의 어마어마한 명성을 생각할 때, 그가 케임브리지로 돌아온 것은 빅 이벤트였다. 존 메이너드 케인즈는 즉시 아내 리디아 로포코바Lydia Lopokova에게 편지를 써서 천재 철학자가 돌아왔다는 사실을 알렸다. "세상에나, 신이 돌아왔어. 5시 15분 기차에서 그를 봤어." 케임브리지는 들떴다. 『논리철학논고』는 유명한 문장으로 끝을 맺는데, 비공식적인 말하기는 즉각 중단해야 할 것만 같은 까다로운 규칙을 제시하고 있다. "말할 수 없는 곳에서는 침묵해야 한다." 하지만 이에 대해 스라파는 비트겐슈타인의 규칙이 요구하는 바에 반대하지는 않았지만 비트겐슈타인이 제시한 엄격한 규칙을 따르지 않고도 우리가 완벽하게 잘 말하고 소통할 수 있다고 생각했다.

『논리철학논고』에서 비트겐슈타인은 '의미의 사진 이론'이라고 불리는 접근법을 취했다. 문장이란 현상을 사진처럼 표현하는 것이라고 보는 것이다. 과도한 단순화를 무릅쓰고 말하자면, 여기에는 언명과 그것이 묘사하는 대상 사이에 동일한 논리적 형태가 공유되어야 한다는 주장이 담겨 있다. 그런데 스라파는 이러한 철학적 입장이 오류이며 불합리하다고 보았다. 그리고 비트겐슈타인과 자주 이야기를 나누면서 비트겐슈타인이 그 오류를 인정하도록 설득하려 했다. 사람들이 실제로 서로 소통하는 방식은 그렇지 않으며 사람들이 그러한 방식으로 소통해야 할 이유도 없다는 것이 스라파의 생각이었다. 대체로 우리는 다른 사람들도 대개 알고 있으리라 생각되는 암묵적인 소통의 규칙에 따라 말하며 이러한 규칙이 비트겐슈타인이 주장한 것처럼 엄격한 논리적 형태일 필요는 없다.

한 유명한 일화에 따르면, 엄격하게 규정된 논리적 형태가 있어야 유의미한 소통이 가능하다는 비트겐슈타인의 주장에 대해 스라파가 손가락으로 뺨을 턱 아래부터 위로 쓸어올리는 나폴리 사람들의 제스처를 예로 들며 반박했다고 한다. 이것은 비트겐슈타인도 잘 아는 제스처로, 의구심이 들 때 쓰는 제스처다. 스라파는 비트겐슈타인에게 이렇게 물었다고 한다. "이 소통의 논리적 형태는 무엇인가요?" 내가 스라파에게 이 일화에 대해 물었더니, 다 지어낸 이야기는 아니더라도 실제 일어난 일이었다기보다는 자신이 전하고자 했던 뜻을 잘 드러내는 우화라고 보아야 할 거라고 말했다(그는 "그런 일이 있었는지 구체적인 상황은 기억할 수 없다"고 했다). 그리고 "나는 비트겐슈타인과 너무나 자주, 너무나 많이 논쟁했기 때문에 내 손가락은 말을 많이 할 필요가 없었다"고 덧붙였다. 하지만 어쨌든 이 이야기는 스라파의 질문이 가졌던 힘과 『논리철학논고』에서 비트겐슈타인이 개진한 주장에 대해 스라파가 느낀 의구심의 본질을 잘 보여준다. 물론 이 이야기는 우리가 사회적 관습이 소통(언어적, 비언어적 소통 모두에서)을 촉진하는 방식을 이해하는 데도 도움을 준다.

나중에 비트겐슈타인은 핀란드 출신의 트리니티 철학자 예오리 헨리크 폰 브릭트Georg Henrik von Wright에게 스라파와의 대화가 자신을 '가지가 다 잘려나간 나무 같은' 느낌이 들게 했다고 털어놓았다. 스라파와의 대화에서 그러한 문제 제기에 직면한 것이 비트겐슈타인에게 결정적인 순간이었다는 점은 분명해 보인다. 사실 당시에 비트겐슈타인에게 비판을 제기한 사람은 스라파 말고도 더 있었다. 이를테면 케임브리지의 젊은 천재 수학자 프랭크 램지도 비판을 제기했다. 비트겐슈타인은 『철학적 탐구』 서문에서 램지에게 감사를 표했지만, "이 대학의 스승인 P. 스라파가 수년 동안 내가 생각을 끊임없이 갈고 다듬도록 하는 자극이 된 비판을 제기해준 것에 더 크게 빚을 졌다"며 "이 책의 가장 결정적인 개념에 **이러한** 자극이 크게 영향을 미쳤다"고 언급했다. 비트겐슈타인은 한 친구(케임브리지의 철학자 러시 리스Rush Rhees)에게 스라파가 알려준 가장 중요한 것은 철학적 문제를 '인류학적 방식'으로 보는 법이라고 말하기도 했다.

흔히 비트겐슈타인의 업적은 1929년을 기점으로 '초기 비트겐슈타인'과 '후기 비트겐슈타인'으로 나뉘어 이야기된다. 『논리철학논고』가 언어를 사회적 상황으로부터 고립적으로 이해하려 한 시도였다면, 『철학적 탐구』는 언명에 특정한 의미를 주는 사회적 관습과 규칙을 강조한다. 의사소통에 대한 후기 비트겐슈타인의 관점이 이후 '일상언어철학' 사조가 꽃피는 데로 이어졌음을 알아보기는 어렵지 않다.

손가락으로 턱부터 뺨을 쓸어올리는 버릇을 통해 나폴리 사람들이 나타내는 의구심은 (그 제스처를 토리노에서 태어난 토스카나 사람이 피사에서 할 때라고 해도) 나폴리 세계의 관습과 규칙과 "삶의 흐름"의 일부일 것이다. 『철학적 탐구』에서 비트겐슈타인은 사람들이 언어를 사용하는 법과 단어와 제스처의 의미(물론 실제 언어에는 이것보다 훨씬 더 많은 것이 관여되겠지만)를 어떻게 배우는지 묘사하기 위해 '언어 게임'이라는 표현을 사용했다.

⟨9⟩

자신의 개념이 당대의 선도적인 철학자에게 영향을 주었다는 사실에 스라파가 기뻐했을까? 나는 우리가 즐겨 했던 오후 산책 중에 이 질문을 여러 차례 해보았다. 그는 아니라고 했고, 더 물었더니 자신이 말하고자 했던 요지는 '꽤 뻔한' 것이었다고 말했다.

내가 트리니티에 도착한 1953년은 비트겐슈타인이 사망하고 얼마 안 되었을 때였고, 나는 스라파와 비트겐슈타인 사이에 약간의 갈등이 있었다는 것을 알고 있었다. 하지만 내 질문에 스라파는 무슨 일이 있었던 것인지 구체적으로 알려주기를 꺼리셨다. "나는 우리가 규칙적으로 나누던 대화를 그만두어야 했어. 지루해졌거든." 여기까지가 내가 파악할 수 있는 최대한이었다. 하지만 레이 몽크Ray Monk가 쓴 비트겐슈타인 전기에 둘 사이에 있었던 일이 다음과 같이 묘사되어 있다.

1946년 5월에 피에로 스라파는 더 이상 비트겐슈타인과 대화하고 싶지 않다고 생각하게 되었다. 그래서 비트겐슈타인이 토론하고 싶어 하는 문제에 이제 자신의 시간과 관심을 쏟지 않겠다고 말했다. 비트겐슈타인에게는 큰 타격이었다. 그는 스라파에게 매주 하던 대화를 이어가자고 간청하면서 철학 주제가 아니어도 좋다고까지 말했다. "나는 무엇에 대해서라도 말할 것입니다." 그러자 스라파는 이렇게 대답했다. "그렇겠지요. 다만, **당신의** 방식으로 말하겠지요."[5]

스라파와 비트겐슈타인의 관계에는 의아한 면이 많다. 어떻게 스라파처럼 대화와 논쟁을 좋아하는 사람이(나는 그러한 성향의 수혜를 입는 행운을 얻었다) 20세기의 가장 위대한 정신을 가진 사람 중 한 명과 이야기하는 것을 꺼리게 되었을까? 나아가, 어떻게 이 대화가 비트겐슈타인에게는 그렇게나 중요했고 현대 철학에 기념비적인 시사점을 가졌는데도 토스카나 출신의 젊은 경제학자[스라파]에게는 '꽤 뻔한' 것으로 여겨졌을까?

앞으로도 확실히 답을 알 수는 없을 것이다. 관련된 궁금증이 하나 더 있다. 왜 스라파는 그가 비트겐슈타인과 나눈 대화의 깊이와 새로움에 대해 이야기하기를 그렇게 조심스러워 했을까? 적어도 일부나마 답을 찾아보자면, 비트겐슈타인에게는 새로운 지혜로 보였던 것이 『로르디네 누오보』를 중심으로 활동했던 이탈리아 지식인들 사이에서는 일상적으로 언급되던 주제였기 때문이 아니었을까 싶다. 소통의 규칙의 '인류학적' 측면들도 포함해서 말이다. 어쨌든 스라파가 비트겐슈타인에게 전해준 회의주의의 영향은 주류 철학의 분석적 사고가 새로이 도약하는 데 기여했고 '일상언어철학'이라고 불리는 분야의 부흥을 불러왔다. 스라파의 비판이 미친 창조적 영향력의 중요성은 아무리 강조해도 과대평가가 아니라고 생각한다.

〈10〉

스라파의 글을 읽고 그와 대화를 나누면서 나는 안토니오 그람시가 철학에 남긴 근본적인 기여를 알게 되었다. 존 메이너드 케인즈가 1927년 1월에 스라파에게 편지를 써서 케임브리지 대학이 그를 채용하고 싶어한다는 의사를 전했을 때는 그람시가 체포된 지 불과 두어 달 뒤였다(그람시는 1926년 11월 8일에 체포되었다). 그람시는 밀라노를 비롯해 몇 군데 감옥에서 끔찍한 경험을 하고서 1928년 여름에 로마에서 다른 정치범들과 함께 재판을 받고 20년 형을 선고받았다(검사는 기소장에서 "이 자의 두뇌가 기능하는 것을 20년 동안 멈추어야 한다"고 언급했는데, 이 구절 자체가 꽤 유명해졌다). 그는 바리에서 약 30킬로미터 떨어진 투리의 감옥에 수감되었고, 1929년 2월부터 그곳에서 에세이와 메모를 작성했다. 그 원고가 나중에 『옥중수고Prison Notebooks』로 출간된다(이탈리아에서 1950년대에 처음 출간되었고 영어본은 1971년에 나왔다).[6]

그람시가 쓴 메모는 그람시와 스라파 등이 관심을 가졌던 주제들에 우리가 접할 수 있도록 문을 열어준다. 그들은 현실 정치에도 강하게 관여하고 있었지만 즉각적인 정치 영역을 넘어서 개념적인 세계에도 상당한 관심을 기울였다. 스라파는 그람시가 감옥에 있는 동안 그의 생각을 글로 쓰도록 독려했고, 밀라노에 있는 서점(스펄링 앤드 쿠퍼)에 그람시를 위해 계정을 열고 자신의 돈을 채워넣어서 그람시에게 책과 문서를 무제한 공급했다.

529

『옥중수고』에 수록된 '철학 연구'에 대한 에세이에서 그람시는 '기준으로 삼을 만한 몇 가지 사전적인 지점들'을 논의했는데, 여기에는 "철학이 체계적으로 전문 훈련을 받은 직업 철학자들의 특별한 범주에서 벌어지는 특별한 지적 활동이라는 이유만으로 어렵고 이상한 것이리라고 여기는 널리 퍼진 편견을 반드시 파괴해야 한다"는 대담한 주장도 담겨 있었다. 그람시는 "먼저 해야 할 일은 모든 이에게 적합한 '자생적인 철학'의 한계와 특징을 밝힘으로써 모든 사람이 철학자임을 보여주는 것"이라고 주장했다.[7]

그가 말한 '자생적인 철학'의 대상은 무엇일까? 그람시가 목록에 넣은 첫 번째 대상은 '언어 자체'인데, 그는 언어가 "결정된 개념과 의미의 총체이며, 내용이 빠진 문법적 단어만을 말하는 것이 아니"라고 설명하고 있다. 비트겐슈타인이 '언어 게임'이라고 부른 것을 포함한 소통의 관습과 규칙, 그리고 스라파가 비트겐슈타인에게 주장한 '인류학적 방법'의 유의미성 등이 그람시가 세계를 이해하는 방식에서도 모두 두드러지게 나타나며, 이는 그와 스라파가 공유하는 부분이기도 했다.

스라파와 그람시는 그람시가 1937년에 사망할 때까지 친밀한 교류를 이어갔으며, 특히 스라파의 마르크스주의적 사고에 그람시가 남긴 막대한 영향은 쉽게 알아볼 수 있다. 하지만 『로르디네 누오보』를 중심으로 한 사람들 사이의 토론에서 스라파는 그람시의 충성스러운 추종자는 아니었고 결정적으로 중요한 몇 가지 주제에 대해서는 그람시에게 동의하지 않았다. 그람시와 스라파의 관계에 대한 나의 이해는 1950년대 말과 1960년대 초에 스라파와 긴 대화를 나누면서(24장 참고), 그리고 1970년대에 알티에로 스피넬리Altiero Spinelli를 알게 되고서 더 깊어졌다(위대한 이탈리아 정치인인 스피넬리는 나의 장인어른이기도 하다). 스라파와 스피넬리는 이탈리아 좌파 활동가들의 지적인 관심사에 대해 나의 관점을 확장해주었고 세계에 대한 나 자신의 이해에도 근본적인 영향을 미쳤다.

23장

미국을 접하다

⟨1⟩

1959년에 나는 시인이자 소설가이자 문학 연구자인 나바니타 데브Nabaneeta Dev와 약혼했고 1960년 6월에 결혼했다. 나는 나바니타를 캘커타에 있는 자다브푸르 대학에서 경제학을 강의하던 1956년부터 알고 있었다. 그때 나바니타는 자다브푸르 대학에서 비교문학을 공부하고 있었다. 얼마 후에 나바니타는 장학금을 받고 인디애나 대학의 박사 과정에 진학하게 되었다. 1959년 가을에 인디애나 대학의 학기가 시작될 예정이었고, 나바니타는 미국에 가기 전에 영국에 들렀다. 우리는 함께 케임브리지와 옥스퍼드를 구경했고 웨일스에서도 매우 즐거운 여행을 했다. 그리고 1년 뒤에 캘커타에서 결혼식을 올렸다.

그때 이미 나바니타는 잘 알려진 젊은 시인이었고 나중에는 벵골어 문학에서 가장 유명한 작가이자 자다브푸르 대학의 저명한 교수가 된다. 우리의 결혼 생활은 1973년에 슬프게도 이혼으로 끝났지만 그래도 우리는 어여쁜 두 딸 안타라와 난다나를 두었다. 나바니타의 부모님도 두 분 모두 유명한 시인이셨고, 나바니타는 유명인으로서의 지위(그리고 그에 수반되는 많은 찬사와 환호)와 그것에 전혀 영향받지 않는 따뜻함과 다가가기 쉬운 친밀함을 함께 가지고 있었다.

우리가 함께 살았을 때 우리 집에는 나바니타에게 자기 작품을 보여주고 조언을 들으려는 열정적인 문학도가 끊임없이 찾아왔다. 나바니타가 집에 없을 때면 내가 최선을 다해 그들을 환대하려 애썼는데, 경제학, 수학, 철학을 전공하는 사람으로서는 쉽지 않은 일이었다. 한번은 한 시인이 자신의 시를 한 무더기 가지고 와서 나바니타 앞에서 낭송하고 평을 듣고 싶어했다. 하지만 나바니타는 집에 없었고 그 시인은 자신의 시 수백 편을 나바니타 대신 나에게 읽어주겠다고 했다. 내가 문학에는 문외한이라고 말하면서 말렸지만 그는 이렇게 말했다. "그건 괜찮아요. 저는 특히 일반인의 시선이 궁금하거든요. 문학에 조예가 없는 일반인이 저의 시를 어떻게 보는지요." 그날 그 일반인이 존엄과 자기 절제를 가지고 그의 시 낭송을 들었다고 여기에 기록할 수 있어서 기쁘게 생각한다.

⟨2⟩

1960~1961년에 나바니타도 나도 미국의 대학에서 1년을 보내보면 좋지 않을까 하고 생각하고 있었다. 나바니타는 당시에 새로운 학문이었던 비교문학을 파고드는 중이었고 나는 케임브리지 대학에서 신케인즈주의와 고전학파 사이에 벌어지고 있던 싸움에서 벗어나 미국 경제학자들과 얼마간 시간을 보내고 싶었다. 그랬던 터라 예기치 않게 MIT 경제학과에서 1년짜리 방문교수직을 제안하는 편지를 받고서 너무 기뻤다. 게다가 뛰어난 개발경제

학자 맥스 밀리컨Max Millikan과 폴 로젠스타인 로단Paul Rosenstein-Rodan이 이끄는 국제학연구센터Center for International Studies의 연구위원직을 받아들이면 강의 부담을 절반으로 줄 것이라고 했다. 좌파에 대한 미국의 불관용 때문에 무국적자 미국인이 되고서 영국 케임브리지를 은신처 삼아 머물고 있었던 뛰어난 학자 솔로몬 애들러Solomon Adler가 주저 없이 조언했다. "가서 그들을 만나봐! MIT에서 재미있는 시간을 보낼 수 있을 거야." 그리고 이렇게 덧붙였다. "세계에서 경제학으로 거기보다 나은 곳은 없어."

방문교수 일은 1960년 가을에 시작될 예정이었고, 그때 나바니타는 인디애나 대학을 1년간 휴학하고 하버드에서 A. B. 로드A. B. Lord 교수의 지도하에 구전 서사를 연구할 참이었다(로드는 이 분야를 창시한 밀먼 패리Milman Parry의 주요 공동 연구자였다).

우리는 1960~1961학년도가 시작되기 직전에 보스턴으로 날아갔다. 나바니타는 곧바로 구전 서사 연구에 뛰어들었지만, 위대한 산스크리트어 학자 대니얼 H. H. 잉걸스Daniel H. H. Ingalls와 함께 진행하던 산스크리트어 문학 연구를 비롯해 비교문학 연구로도 여전히 바빴다. 나바니타의 궤도 안에서 나 역시 『길가메시』, 『일리아드』, 『오디세이아』, 『롤랑의 노래』, 『니벨룽겐의 노래』, 『칼레발라』 등 세계 각지의 서사시와 함께 지내게 되었다. 나는 이 위대한 이야기들을 재미로 즐겁게 읽었지만, 나바니타는 언어적 구성을 분석하는 어려운 연구를 하고 있었다(이를테면, 특정한 구절이 반복되는 빈도를 조사해 어떤 글의 기원이 기록인지 구전인지를 추측하는 작업 같은 것을 하고 있었다).

그때 나는 다른 종류의 문학 연구 작업에 관여하고 있었다. 외할아버지 크시티 모한 센이 나이가 들어가시면서 쇠약해지시는 동안(외할아버지는 1960년 3월 12일에 돌아가셨다) 외할아버지가 쓰신 힌두이즘에 대한 원고를 출판용으로 편집하는 일이었다(4장 참조). 외할아버지는 간결하고 명료한 것을 좋아하셨기 때문에 원고 분량은 짧은 편이었다. 그래서 펭귄북스 편집부는 불가지론을 이야기하는 아름다운 서사시 『리그 베다』의 「창세가」(4장 참조)를 포함해 힌두 고전 문학 작품 몇 편을 선별해 넣으면 어떻겠냐고 제안했다.

나는 산스크리트어에 꽤 능통한 편이었지만 힌두 문학 중 어느 것을 포함할지를 정하고 외할아버지가 개진하신 사상의 더 정교한 면들을 파악하는 데 전문가의 조언이 필요하다고 생각했다. 대니얼 잉걸스보다 적격인 사람은 없을 것 같았는데, 잉걸스는 하버드 대학 와이드너 도서관의 잘 안 보이는 연구실에 꼭꼭 숨어서 은둔의 삶을 산다는 소문이 있었다. 도서관에서 그가 어디에 있는지 찾기도 어렵고 그를 대화로 이끌기는 더 어렵다고들 했다. 내가 의견을 구한 몇몇 친구도 그에게서 도움을 얻기는 힘들 것이라고 예상했다. 아무튼 나는 용기를 내어 그 은둔 학자를 찾아가보았다.

뜻밖에도 나는 그와 약속을 잡는 데 성공했고 와이드너 도서관에 있는 그의 연구실로 가서 그를 만났다. 기쁘게도 일은 완전히 성공적으로 풀렸다. 크시티 모한 센의 원고를 출판하는 일과 관련해 도움이 필요한 부분을 말하고 도와주실 있느냐고 부탁했더니, 잉걸스는 금요일 3시가 어떻겠냐고 했다. 내가 쭈뼛거리면서 몇 차례나 와도 좋을지 물어보자, 그는 명백하게 이것이 멍청한 질문이라고 생각하신 듯했다. "물론 우리 일이 끝날 때까지지요."

잉걸스는 정말로 현명한 조언을 해주셨다. 산스크리트어 문학에 대한 그의 지식이야 가히 비교 대상이 없다는 것을 원래 알고 있었는데, 내가 예상치 못했던 것은 그가 충분히 대중적이 되게 하면서도 동시에 깊이 있는 통찰을 추구하는 독자들 또한 만족시킬 수 있으려면, 또한 너무 많은 세부사항으로 독자들을 압도하지 않으면서 그렇게 하려면 어떻게 힌두이즘을 표현하는 것이 적절할지에 대해서도 놀라운 판단력을 가지고 계시다는 점이었다. 그는 앞에 놓인 거대한 점토를 가지고 정확히 어떻게 모양을 잡아가야 자신이 원하는 창조물이 나올지 알고 있는 조각가 같았다.

⟨3⟩

MIT에 있으면서 너무 좋았던 점 중 하나는 프레지던시 칼리지 시절의 친한 친구 수카모이 차크라바티가 여기에 방문교수로 와 있다는 점이었다. 그와 아내 랄리타는 우리처럼 [매사추세츠 주] 케임브리지의 프렌티스 가에 있는 아파트에 살았다. 두 집 모두 늘 도움을 베풀어주고 일 처리도 언제나 효율적인 친구 라메시 강골리가 알아봐준 아파트였다. MIT 수학과에서 박사 학위를 거의 마쳐가던 강골리와 그의 아내 샨타, 수카모이와 랄리타, 그리고 나 바니타와 나는 서로의 집에서 돌아가면서 자주 저녁을 같이 먹었다. 대화도 재미있었지만 우리 모두 인도 소식을 따라잡을 수 있는 것도 너무 좋았다.

MIT에서 내 강의 부담은 많지 않았고, 강의를 해보니 수학을 잘 알고 있는 공학도에게 경제학 기초를 가르치는 일은 별로 어렵지 않았다. 학생들은 호의적이었고 수업에 열의가 있었다. 국제학 연구센터에서 맡았던 개발경제학 연구도 시간을 크게 많이 쏟아야 하는 일은 아니었다. 덕분에 나는 유용하고도 즐거운 자유 시간을 얼마간 가질 수 있었다.

MIT에 가게 되면 가장 많이 배움을 얻을 수 있으리라고 기대했던 두 경제학자는 폴 새뮤얼슨과 로버트 솔로우Robert Solow였다. 그들은 다가가기도 대화하기도 편한 분들이셨다. 솔로우는 케네디 대통령 당선 이후 자문을 맡아서 워싱턴DC에 갈 일이 많았기 때문에 내게 시간을 많이 내어줄 수 없었지만, 그래도 나는 꽤 자주 그를 만나 서로의 근황과 소식을 따라잡을 수 있었고 불쑥 그를 찾아가 사생활을 침해하기를 주저하지 않았다.

밥(로버트) 솔로우는 그와 드문드문 나누었던 대화에서 내가 얼마나 많은 것을 배웠는지 모를 것이다. 그의 연구와 저술이야 MIT에 가기 전에도 잘 알고 있었지만, 어떤 주제에 대해서도 푹 빠져들 만큼 흥미로운 대화를 그와 나누게 될 줄은 예상하지 못했다. 우리가 처음 이야기를 나눈 날 그는 당시의 내 연구 주제에 대해 물었다. 그때 나는 이자율이 높은 나라와 낮은 나라에서 각각 옛 기계와 새 기계의 상대적 가격이 이자율과 임금에 어떻게 의존하는지, 그리고 이것이 옛 기계를 쓰는 것과 새 기계를 쓰는 것의 상대적 장점에 어떻게 영향을 미치는지에 대해 모리스 돕이 제시했던 문제를 탐구하고 있었다. 그리고 임금이 높고 이자율이 낮은 나라에 비해 임금이 낮고 이자율이 높은 나라에서는 새 기계보다 옛 기계를 쓰는 쪽이 경제적 가치가 더 크다는 일반적인 원칙에 대해 돕에게 막 편지를 쓴 참이었다. 이자율이 높은 경제에서는 주어진 시장 가격하에서 옛 기계를 쓸 경우 얻게 될 수익이 새 기계를 쓸 경우보다 높으리라는 것을 증명하기는 그리 어렵지 않다.

이것은 수학적인 분석이었고 여기에서 일반 법칙을 도출할 수 있긴 했지만, 나는 이것이 호기심 충족용의 연습 문제 이상이 되리라고는 생각하지 않았다(나중에 이 증명은 학술지『경제학 및 통계학 리뷰Review of Economics and Statistics』에「중고 기계의 유용성에 관하여On the Usefulness of Used Machines」라는 제목의 논문으로 게재되었다).[1] 그런데 솔로우가 내게 이렇게 물었다. "확실한가요? 증명을 보여주실 수 있겠어요?" 그리고 내가 적은 것을 집으로 가져갔다가 다음 날 내게 이렇게 말했다. "당신이 맞았네요!" 나는 "제 증명을 확인해주셨으니 이제 저도 제 결과를 완전히 확신할 수 있게 되었습니다"라고 인사한 뒤, 자신의 연구 관심사가 아니더라도 조금이라도 새로운 것을 보면 늘 그렇게 확인을 하는지 물어보았다. 그러자 솔로우는 이렇게 대답했다. "그것을 확인하지 않는다면 가르치는 사람이 되는 게 무슨 의미겠습니까?" 아마도 이러한 종류의 헌신이 그를 가장 훌륭한 경제학 교수가 되게 해준 요인이었을 것이다. 나는 그것을 그의 학생들을 통해서도 여실히 알 수 있었고(이들 중 상당수가 저명한 학자가 된다) 나 자신의 경험을 통해서도 알 수 있었다. MIT에서 보낸 짧은 기간 동안에 나는 그 이전 어느 때보다도 빠르게 경제학을 배울 수 있었다.

⟨4⟩

당시 MIT 경제학과의 유쾌한 특징 중 하나는 주중에 경제학자들이 대개 점심을 교직원 클럽의 둥그런 테이블에 둘러앉아 함께 먹는다는 것이었다. 새뮤얼슨과 솔로우 외에도 프랑코 모딜리아니Franco Modigliani, 에브시 도마Evsey Domar, 프랭클린 피셔Franklin Fisher, 에드윈 쿠Edwin Kuh, 루이스 레피버Louis Lefeber, 리처드 에카우스Richard Eckaus 등이 거의 고정 멤버였고 그들과 나누는 대화는 매우 즐거웠다. 재밌는 이야기 자체가 많아서이기도 했지만, 무엇보다 학파 간 분파주의가 전혀 없는 것이 예전에 케임브리지에서 경제학자들이 모이는 자리에 있었을 때와는 크게 달랐다. 나는 논쟁이라면 늘 흥미가 있었고 MIT의 점심 식사 자리에서도 많은 논쟁이 있었다. 하지만 MIT에서는 케임브리지에서처럼 네 편 내 편 분명한 학파들이 서로에게 잘 준비된 공격을 퍼붓는 것을 듣고 있어야 할 때의 진 빠지는 느낌이 없었다.

지적인 자극과 시간적인 여유가 결합한 덕분에, MIT에서 나는 경제학을 전체적으로 조망해볼 기회를 가질 수 있었다. 경제학이라는 영역을 서로 다른 학파들이 상대를 누르려 싸움을 벌이는 장으로 보지 않아도 된다는 것이 너무나 좋았다. 나는 경제학이라는 영역을 맥락에 따라 각자 나름의 중요성을 갖고 나름의 분석 도구를 생산적으로 사용하는 다양한 접근 방법들이 존재하는 영역으로(가령 어떤 접근 방법은 수학적 논증을 사용할 것이고 어떤 접근 방법은 그렇지 않을 것이다), 또한 그럼으로써 종합적으로는 다양한 종류의 질문에 두루 적용될 수 있는 통합적인 장으로 여기고 싶었다. 꽤 어려서부터 경제학의 다양한 접근 방식을 접해보았던 데다 서로 다른 관심사와 서로 다른 지향을 가졌던 다양한 학자들(애덤 스미스, 콩도르세, 메리 울스턴크래프트, 카를 마르크스, 존 스튜어트 밀부터 존 메이너드 케인즈, 존 힉스, 폴 새뮤얼슨, 케네스 애로우, 피에로 스라파, 모리스 돕, 제라르 드브뢰Gérard Debreu 등까지)의 연구를 탐구하는 게 늘 즐거웠기 때문에, 이제 나는 그들이 어떻게 서로 대화할 수 있을지 알아보고 싶었다. 이렇게 경제학을 전체적으로 일별해보는 과정에서 많은 것을 알게 되었을 뿐 아니라 그 과정 자체가 매우 재미있었다. 또한 경제학이 언뜻 생각되는 것보다 훨씬 크고 위대한 학문이라는 확신도 강해졌다. MIT 체류 시기는 내게 믿을 수 없을 정도로 건설적인 시간이었다. 그리고 상당히 예기치 못했던 시간이기도 했다.

⟨5⟩

MIT에는 뛰어난 경제학자가 많았지만, 그중에서도 최고를 꼽으라면 폴 새뮤얼슨이라는 데 아무도 이견이 없었을 것이다. 그는 세계에서 가장 위대한 경제학자 중 한 명으로 알려져 있었고, 거의 모든 주제에 대해 결정적으로 중요한 논문을 쓴 바 있었다. 나는 전에 캘커타의 YMCA 기숙사 방에서 처음 그의 논문을 읽었는데, 이제 그의 강의에 들어가서 그의 경제학 지식뿐 아니라 그의 논증과 설명 양식도 배울 수 있었다.

어느 날 새뮤얼슨이 내게 그가 진행하는 경제학 이론 수업 중 한 번을 대신 맡아달라고 했다(그는 워싱턴DC에 회의차 갈 일이 있었다). 나는 그의 부탁이 영광스러웠지만 너무 어려운 도전이라고 생각했다. 그는 "후생경제학 관련 과목인데 센 교수님이 이 분야에 대해 잘 아신다고 들었습니다"라고 말했다. 나는 하겠다고 했지만, 내가 아는 것(특히 새뮤얼슨의 글을 읽어서 알게 된 것)을 토대로 후생경제학을 강의하는 것과 새뮤얼슨의 강의를 대신 맡는 것은 굉장히 다른 일인데 싶어 걱정이 되었다.

나는 두 시간 동안 새뮤얼슨 대신 후생경제학을 강의했고, 뛰어난 학생들과 이야기를 나누는 것은 매우 즐거웠다(그중에는 나중에 경제학자 중 가장 독창적인 사상가로 이름을 날리게 되는 피터 다이아몬드 Peter Diamond도 있었다). 나는 새뮤얼슨의 강의 계획서에 따라 수업을 했다(내가 맡은 부분은 프레지던시 칼리지 시절부터 알고 있었던 그의 저서 『경제분석의 기초Foundations of Economic Analysis』 8장이었다).[2] 그런데 그 과정에서 새뮤얼슨이 위대한 경제학자이긴 하지만 후생경제학에 대한 그의 접근이 완벽하지는 않다는 것을 알게 되었다. 심각한 문제 하나는 서로 다른 개인들 사이의 효용(혹은 그 밖의 어떤 개인적인 이득이라도)을 비교한다는 개념을 어떻게 구체화하고 비교가 가능하도록 공식화할 수 있는지와 관련이 있었다. 개인이 느끼는 효용에 대해서는 실증 데이터를 얻기가 어렵다는 명백한 문제도 있었지만(이것은 이미 많이 논의된 문제였다), 그 문제를 차치하더라도 사람들의 효용을 '비교'할 수 있는 탄탄한 분석 틀이 필요했다. 그런데 한 사람의 효용과 다른 사람의 효용 사이에는 공통의 단위가 없다.

그 수업에서는 개인 간 비교와 관련된 문제를 (새뮤얼슨이 개인 간 비교의 문제를 충분히 파고들지 않은 것 같다고는 생각했지만) 새뮤얼슨의 얼개를 따라 간단히만 언급하고 넘어갔다. 그 후에 이 간극을 메워보겠다는 결심은 개인 간 효용을 체계적으로 비교할 수 있는 분석 틀을 개발하려는 노력으로 이어졌다. 1970년에 나는 수학자들이 '불변 조건'이라고 부르는 것을 활용해서 개인 간 비교를 위한 더 나은 이론 체계(라고 내가 생각한 것)를 논문으로 출간했는데,[3] 새뮤얼슨 대신 강의를 맡으면서 그와 논쟁했던 내용의 연장선이라고 볼 수 있었다.

당시에는 '불변 조건' 개념을 개인 간 비교를 위해 사용하는 것이 이례적이라고 여겨졌지만, 곧 이 접근을 채택한 사회선택 이론 논문이 많이 나오게 된다. 새뮤얼슨은 우리 사이의 불일치에 대해 논의할 때 늘 친절했지만 그가 나의 개념 체계를 받아들인 것은 한참이 지난 뒤인 것으로 보인다. 새뮤얼슨과의 논쟁은 전에 케임브리지에서 보았던 논쟁들과 달라서 흥미로웠다. 그는 서로의 주장에서 나올 수 있는 진리가 무엇인지에만 초점을 두었고 논쟁에서 이기는 것에는 신경을 쓰지 않았다. 그가 경제학에서 차지하고 있었던 압도적인 위치를 생각해보건대 이기는 것이야 그가 마음만 먹었다면 어렵지 않았을 텐데도 말이다.

⟨6⟩

MIT에서 바삐 일하던 중에, 갑자기 스탠퍼드 대학 경제학과에서 여름 학기에 개발경제학을 가르칠 수 있냐고 묻는 서신을 받았다. 사회선택 이론에 나의 관심이 커지고 있었고 이 분야의 독보적인 개척자 케네스 애로우가 스탠퍼드 대학 교수였으므로, 더없이 솔깃한 제안이었다. 그래서 케네스 애로우에게 물어보았더니 내가 가게 될 때 자신은 스탠퍼드에 없을 거라고 했다. 하지만 오래지 않아 나와 만나 이야기를 나눌 수 있기를 바란다고 친절하게 편지를 보내주었다. 이후 몇 년 동안 우리는 실제로 자주 이야기를 나누었고 공동 연구도 자주 했다(우리 둘 다 1968~1969학년도에 하버드에 있었고, 함께 강의도 하고 세 권의 책을 공저했다. 사회선택 이론의 대가인 일본인 연구자 스즈무라 고타로鈴村興太郎도 함께 했다).

스탠퍼드가 나에게 연락한 직접적인 이유는 그곳의 저명한, 그리고 사실 유일한 마르크스주의 경제학자 폴 배런Paul Baran이 늘 여름 학기 강의를 했었는데 갑자기 심장마비가 왔고 강의를 대신할 사람으로 그가 나를 거론했기 때문이었다. 나는 배런이 케임브리지(영국)를 방문했을 때 이야기를 나눠본 적이 있었고 그와 대화하는 것은 매우 즐거웠다. 그는 트리니티에서 스라파가 지내는 곳을 방문했을 때 재미있는 일이 있었다고 했다. 하루는 그가 스라파의 바깥 응접실 쪽 책장을 들여다보고 있는데 스라파가 이렇게 말했다고 한다. "아, 거기 있는 것들은 무시하세요. 정말 중요한 것들은 안쪽 책장에 있어요. 그것을 보여드릴게요. 여기 있는 것들은 다 쓰레기예요." 안쪽 방으로 들어가면서, 배런은 자신이 쓴 책들이 스라파가 쓰레기라고 말한 책장에 잘 꽂혀 있는 것을 보았다고 한다.

두 달이 약간 안 되는 시간을 스탠퍼드에서 보냈고, 정말 좋은 시간이었다. 수업도, 동료들과의 대화도 즐거웠고, 스탠퍼드의 저녁 시간과 이웃 동네는 흥미로운 일로 가득했다. 그리고 옛 친구 딜립 아다카르와 그의 아내 치트라가 있는 샌프란시스코에 언제든 놀러갈 수 있었다(딜립은 스탠퍼드에서 박사 학위를 마무리해가는 중이었다). 딜립은 우리가 지낼 편안한 거처를 알아봐주었고 두 달 동안 즐거운 동반자가 되어주었다. 폴 배런의 강의를 고대했을 학생들로서는 배런 대신 나에게 수업을 듣게 되어서 몹시 아쉬웠겠지만, 학생들은 훌륭했고 몇몇은 나와 평생 친구가 되었다. 나바니타와 나는 샌프란시스코 베이에어리어의 풍광을 놓치지 않고 샅샅이 즐기면서 빅서부터 LA까지 캘리포니아 주 곳곳을 여행했다.

〈7〉

그리고 그 여름이 끝났다. 우리는 뉴욕에서 런던행 '퀸 엘리자베스 2호'를 타고 영국으로 돌아왔다. 뉴욕에서는 베드 메흐타 집에서 신세를 졌다. 우정도 더 다질 수 있었고 메흐타 덕분에 이 커다란 도시에서 배가 출발하기 전까지 무엇을 해야 할지 팁도 얻을 수 있었다. 대서양 횡단은 거대한 폭풍과 함께 시작되었다. 퀸 엘리자베스 2호는 그 날씨에 출항을 할 수 있는 유일한 여객선이었다. 요동치는 바다는 놀랍도록 아름다웠다. 완전히 안전하다는 확신만 있다면 정말 즐길 만한 광경인데, 아주 거대한 배에서 우리는 안전하다고 느꼈고 폭풍 치는 바다를 즐겼다.

미국에 있으면서 나는 학문적으로 탐욕스러워졌다. 연구 면에서 MIT와 스탠퍼드는 완벽해 보였다. 나는 잘 조절만 한다면 인도와 영국과 미국의 대학들 사이를 오가며 지내는 혼합적인 삶이 즐겁기도 하고 생산적이기도 할 것이라고 생각했다. MIT에서 1960~1961학년도를 보낸 뒤, 4년에 한 번씩 미국 대학에서 보낼 기회를 가질 수 있었다(우연히도 미국 대선이 있는 해와 맞물렸다). 1964~1965학년도는 캘리포니아 주립대학 버클리 캠퍼스에, 1968~1969학년도는 하버드에 방문교수로 머물렀다. 델리에서 강의를 했던 이래로 꾸준히 진행해왔던 사회선택 이론 연구가 미국에 있으면서 획기적인 진전을 보일 수 있었다. 해외에서 생겨나고 있던 연구 성과들에서 많은 것을 배울 수 있어서였기도 했지만, 이 분야에 관심이 있는 사람들에게 내 연구 결과를 발표하고 의견과 반응을 들을 수 있어서였기도 했다.

버클리에서 나는 사회선택 이론도 포함해서 내 관심사와 직간접으로 관련 있는 주제들에 대해 피터 다이아몬드, 존 하사니John Harsanyi, 데일 조겐슨Dale Jorgenson, 대니얼 맥패든Daniel McFadden, 칼 리스킨Carl Riskin, 티보르 스키토프스키Tibor Scitovsky, 벤저민 워드Benjamin Ward, 로이 래드너Roy Radner, 올리버 윌리엄슨Oliver Williamson, 메그나드 데사이Meghnad Dessai, 디팍 바네르지Dipak Banerji 등과 이야기를 나눌 수 있었고, 이 기회를 최대한 활용했다. 하버드에서도 케네스 애로우와 저명한 철학자 존 롤스(우리는 공동으로 수업을 진행했다)는 물론, 새뮤얼 보울스Samuel Bowles, 프랭클린 피셔, 토머스 셸링Thomas Schelling, 찰스 프라이드Charles Fried, 앨런 기바드Allan Gibbard, 스티븐 마글린, 하워드 라이파Howard Raiffa, 제롬 로덴버그Jerome Rothenberg 등과 멋진 교류를 나눌 수 있었다.

절묘하게도 내가 미국에 있었던 시기는 미국에서 급진 정치 운동이 활발하던 시기이기도 했다. 나는 1964~1965학년도에 버클리에서 표현의 자유 운동이 전개되는 것을 지근거리에서 목격할 수 있었고 1969년에 하버드 학생들이 유니언 홀을 점거했을 때도 그랬다. 또한 1968년 봄에는 컬럼비아 대학에 있었고, 1968년 초여름에는 파리에 갔다가 그곳에서 벌어지고 있는 일에 굉장히 깊은 인상을 받기도 했다. 이 사건들이 벌어졌을 때마다 우연히도 그 자리에 내가 있었기 때문에, 만약 누군가가 고전적인 변인 분석을 한다면 이 모든 소요의 '근원'이 아마르티아 센이라고 결론 낼 수도 있을 판이었다!

⟨8⟩

캘커타에서 나도 학생 운동에 참여한 적이 있긴 했지만, 1964년에 버클리에서 벌어진 표현의 자유 운동처럼 갑작스럽지만 체계적으로 전개되는 학생 운동은 처음 보았다. 그들의 대의(가장 폭넓은 의미에서의 표현의 자유)도, 그 대의의 기저에 있는 우려에 원인을 제공한 이슈(민권 운동과 베트남전 반대)도 내게 큰 울림이 있었다. 나는 풀타임으로 강의를 하고 있었고 그중에는 사회선택 이론 수업도 있었는데, 꽤 많은 학생이 들었다. 수업에 지장을 받은 적은 없었고 표현의 자유 운동과 관련된 이슈들이 사회적 선택에서의 논쟁과 선택의 과정에 어떻게 접목될 수 있을지에 대해 학생들과 훌륭한 논의를 할 수 있었다.

나는 사회적 선택의 과정에서 토론이 어떻게 진전되며 어떻게 변화를 만드는지에 대해 가르치면서 동시에 많은 것을 배웠다. 어떻게 리더를 정할 것인가, 어떤 정책을 선택할 것인가 등의 주제가 표현의 자유 운동을 이끌던 학생들 사이에서 많이 논의되었으므로 (학생들로부터 이와 관련된 이야기를 계속해서 들을 수 있었다) 강의실 밖 세계에서 벌어지는 일과 강의실 안에서 토론되는 내용들 사이에 으스스할 정도로 친연성이 있었다. 설령 내가 중요한 연결고리를 놓치더라도 이론과 실전을 결합하고 있는 뛰어난 학생이 누군가는 꼭 있어서 그 부분을 채워주었다.

나는 방문 '교수' 신분이었지만, 나도 나바니타도 대부분의 대학원생보다 나이가 그리 많지 않았고, 우리는 동료 교수들과의 우정을 쌓은 것 외에 많은 학생들과도 친구가 되었다. 가장 가까운 사람을 꼽으라면 칼 리스킨과 미라 리스킨Myra Riskin을 들 수 있지만 그 외에도 친해진 사람이 많다. 인도에서 온 시아말라 고팔란 Shyamala Gopalan은 존경받는 암 연구자였고 자메이카 출신인 남편 도널드 해리스Donald Harris는 뛰어난 경제학자였는데, 도널드가 박사 학위 논문 심사를 받을 때 내가 논문 심사 위원으로 참여했다. 시아말라와 도널드는 오클랜드에 살고 있었고 나바니타와 내가 머물던 아파트는 텔레그래프 가에 있었는데, 이곳은 오클랜드와 버클리의 중간 지점이어서 그들의 집을 방문하기 좋았다. 나는 그들의 딸 카멀라를 태어난 지 며칠 되지 않았을 때 보았다. 아가 카멀라가 부모 친구들이 와서 시끄럽게 구는 것에 저항하던 모습이 기억난다. 카멀라는 자라서 뛰어난 젊은 정치인이 되었고 너무나 합당한 명성도 얻었다. 내가 이 글을 쓰고 있는 지금, 카멀라는 미국 최초의 여성 부통령이 되는 놀라운 성취를 해냈다.

내가 4년마다 가서 본 미국과 지금의 미국을 비교해보면, 수십 년 동안 내가 면밀하게 목격할 수 있었던 변화 과정이 매우 큰 차이를 가져왔음을 짚지 않을 수 없다. 돈의 권력은 줄지 않았을지 모르지만 내가 처음 미국에 왔을 때는 존재하지 않았던 방식으로 돈의 권력에 대한 저항 또한 단단히 자리 잡았다. '사회주의'라는 말은 미국에서 여전히 경기를 일으키지만, 공공 의료, 사회보장, 최저임금 등 유럽의 사회주의 정당들을 사회주의적이 되게 하는 요소들에 대한 논의는 사회주의라는 무서운 이름표만 붙지 않았을 뿐 오늘날 미국에서도 활발히 이루어지고 있다. 그리고 이러한 변화를 가져오는 데 공공의 담론과 급진 운동이 중대하게 기여했다.

24장

케임브리지를 다시 사고하다

〈1〉

1961년 9월에 케임브리지로 돌아오고서 트리니티 칼리지 길 건너편에 있는 아파트를 배정받았다. 트리니티 가 15번지로, 마을 중심부에서 걸어서 1분 거리였다. 나는 돌아와서 기뻤다.

케임브리지에 도착한 다음 날 조앤 로빈슨 교수님이 우리를 찾아오셨다. 교수님은 나바니타를 매우 만나고 싶어했고 따뜻하게 환영해주셨다. 하지만 내가 로빈슨 교수님을 얼마나 좋아했었는지를 새삼 생각하고 있는 바로 그 순간에도, 로빈슨 교수님은 내가 MIT와 스탠퍼드의 영향으로 케임브리지를 잊지 않았기를 바란다며 '신고전파의 독'은 이에 맞서 벌어지고 있는 큰 전투에 내가 더 관심을 갖고 참전한다면 경제학에서 쉽게 제거할 수 있을 거라고 하셨다. 물론 반농담으로 하신 말이었지만 나는 로빈슨 교수님의 예전 관심사와 우려가 전혀 사라지지 않았음을 알 수 있었다.

그 주 말에는 케임브리지에서 상당히 먼 풀번에 있는 모리스 돕 교수님 댁에 인사를 하러 가서 그와 그의 아내 바버라와 함께 점심을 먹었다. 경제학에서 벌어지고 있는 전투에 대한 이야기는 없었고 우리는 좋은 오후 시간을 보냈다. 돕의 경제학이 캘커타에서 학부 시절에 트리니티로 가야겠다고 결심하는 데 지대한 영향을 미쳤다면, 돕의 성격과 친절함이 지금 내가 그를 따르게 되는 데 지대한 영향을 미쳤다는 생각이 들었다.

〈2〉

케임브리지 생활에 다시 정착하면서, 내가 미국에 나가 있던 1년 동안 프랭크 한이 케임브리지에 온 것을 둘러싸고 소동이 있었다는 것을 알게 되었다. 한은 저명한 수리경제학자이자 실력 있는 강의와 전달력으로 유명한 교수이기도 해서 케임브리지에 오기 전부터 소문이 자자했다. 원래 버밍엄 대학에 있었는데 케임브리지가 영입에 성공해 처칠 칼리지에 펠로우로 오게 되었고, 매우 빠르게 정착했다. 그의 아내 도로시도 경제학자인데 〔케임브리지 대학〕 뉴넘 칼리지에서 비중 있는 학자로 자리를 잡았다. 나는 금세 그들과 가까워졌고 많은 것에 대해 그와 도로시의 조언을 구하기도 했다.

프랭크의 영입에는 니컬러스 칼도어의 공이 컸다. 그는 딱 한 번의 세미나 자리에서 프랭크를 보고 깊은 인상을 받아서 케임브리지가 그를 채용하도록, 그리고 그가 케임브리지의 채용 제안을 받아들이도록 설득하는 데 크게 기여했다. 나는 프랭크가 정말 훌륭한 경제학자이고 리더십도 뛰어난 사람이기 때문에 그의 영입에 적극적으로 나서준 것이 너무 기쁘다고 니키〔니컬러스 칼도〕에게 말했다. 그리고 니키를 약간 놀리려고 그가 딱 한 번의 모임만으로 누군가에 대해 그렇게 강한 확신을 가질 수 있는 사람이어서 참으로 다행이라고 말했다. 그러자 니키는 내가 그를 매우 과소평가하고 있다며 대개는 자신이 누군가에 대해 확고한 견해를 갖는데 그것보다 짧은 모임 한 번이면 충분하다고 했다.

나는 한의 연구를 매우 높이 샀고 특히 그가 복잡한 분석적 문제를 다루는 것이 존경스러웠다. 하지만 조앤 로빈슨 등 케임브리지의 많은 주류 경제학자는 그의 영향력에, 특히 한이 수리경제학에 부여하는 역할에 분노했다. 케임브리지의 주류 정통파는 1957년에 제임스 미드가 정치경제학 프로페서(케임브리지 대학의 선임 경제학과장을 말하며, 처음 이 직함을 가진 사람은 앨프리드 마셜이었다)에 임명된 것도 마음에 들어하지 않았다. 몇몇 사람은 그 자리가 조앤 로빈슨이나 니키 칼도어에게 갔어야 한다는 생각을 강하게 갖고 있었다. 미드는 케임브리지의 정통파와 매우 다르긴 했어도 처음에는 대체로 조용했고 그리 전투적이지 않았다. 적어도 1958년에 그와 내가 공동 강의를 했을 때는 분명히 그랬다.

그런데 프랭크 한이 도착하면서 상황이 달라지기 시작했다. 정통파와 반란파 사이에 공개적인 전투가 벌어졌고 프랭크가 반란파의 주동자였다. 그는 경제 세계를 보는 데 신케인즈주의적 방식이 핵심이라는 주장을 기각하는 데 전혀 거리낌 없이 목소리를 냈다. 미국에서 돌아와보니 제임스 미드에게서도 전에 없던 호전성을 감지할 수 있었고, 그의 호전성은 특히 정통파가 다른 사람들의 말을 들으려 하지 않는 것을 조준하고 있었다. 그는 참을 만큼 참았다고 생각하는 사람처럼 보였다. 한번은 조앤 로빈슨이 언성을 높여 그가 하는 말을 덮어버리자 그도 마찬가지로 언성을 높여 로빈슨의 말을 덮어버리면서 고성이 오가기도 했다. 저명한 두 인물이 목소리 크기로 대결을 펼치는 광경에 재미의 요소가 얼마나 있었든지 간에, 매우 기운 빠지는 우울한 일이기도 했다.

싸움은 끝없이 계속되는 것 같았다. 엄격하게 선별된 소수의 경제학자가 매주 모여 세미나를 하는 '비밀' 클럽이 있었는데(이름은 '화요 클럽'이었는데 모이기는 월요일에 모였다. 이름이 '월요 클럽'이었고 모인 것이 화요일이었을 수도 있다), 흥미로운 토론이 이루어질 때도 있긴 했지만, 논의의 대부분은 각자의 학파에 대한 충성심이 반영되기 일쑤였고 종종 부족주의적으로 전락했다. 나는 그 모임에서 발표자로 나서지는 않았지만 때로는 그곳의 토론을 즐겼고, 모임 전에 아트 극장 위층 레스토랑에서의 저녁식사는 분명히 즐겼다. 리처드 칸과 조앤 로빈슨이 우리를 그 레스토랑으로 데려가곤 했다(칸은 내가 아는 사람 중 가장 너그러운 모임 주관자였다).

한편, 후생경제학과 사회선택 이론 과목 개설을 허락받기 위해 나 자신도 전투를 치러야 했다. 나는 일주일에 두 과목을 의무적으로 강의해야 했는데, 개발경제학과 투자 계획을 가르쳤고 마지막 해의 세 번째 학기에는 전 학년도에 했던 강의의 후속으로 몇몇 일반적인 경제학 과목을 가르쳤다. 강의실을 가득 메운 학생들에게(시험이 다가오면 강의실에 학생들이 구름처럼 몰려오곤 했다) 이러한 강의를 할 수 있다는 사실은 충분히 행복했다. 하지만 경제학과의 기성 교수진은 후생경제학 과목 개설을 허락하지 않았다. 대학원생 시절에 후생경제학을 공부하는 것을 뜯어말렸을 때만큼이나 강하게 말이다. 내가 제출한 후생경제학 과목 개설안이 리처드 칸이 이끄는 경제학과 교수회의에 올라갔지만 곧바로 기각되었다. 몇 해 동안 계속 실패하다가(한 중견 교수는 내게 "후생경제학은 진짜 과목이 아니"라고 말했다) 마침내 겨우 8강짜리의 짧은 과목을 하나 개설할 수 있게 되었다. 하지만 후생경제학이 경제학 교과 과정의 일부로 인정을 받아서였다기보다는 내가 너무나 열정을 보이니 '옛다' 식으로 약간 허용해준 것이라고 봐야 더 정확할 것이다. 나중에 내가 델리로 떠나고 나서 제임스 멀리스가 트리니티에서 내가 맡았던 자리를 넘겨받게 되었을 때 그도 후생경제학을 가르치겠다고 했지만 허락되지 않았다. 그는 원로 교수들로부터 "그 작은 과목은 센에게 특별히 양해해준 것이었을 뿐 일반적으로 경제학 교육의 일부로 여겨지지 않으니 다른 것을 생각해보라"는 말을 들었다고 한다.

〈3〉

이런 상황이었다 보니 케임브리지에 대해 내가 느끼는 마음은 점점 더 양 갈래가 되었다. 나는 학교 생활이 좋았고 동료들 대부분과 이야기하는 것도 좋았다. 하지만 경제학과 교수진의 우선순위는 내가 가장 좋아하는 것들에서 나를 떼어놓으려고 작정한 듯했다. 나는 적응했지만 쉽지는 않았다. 보람 있는 연구를 할 수 있는 여지를 나 스스로 만들어야 했다. 사회선택 이론은 다들 생각하지 말라고 말려서 하기 어려웠지만, 즐겁게 관심을 돌릴 만한 다른 주제들이 있었고 물론 여전히 돕과 스라파에게 많은 것을 배울 수 있었다.

또한 트리니티는 경제학을 넘어서 다양한 학문을 만날 수 있는 근거지로 제격이었다. 이곳은 아주 멀리서부터도 학생과 젊은 학자들을 끌어들여서 그들이 [다양한 학문의 영향으로] 또 다른 사람으로 거듭나도록 하는 것으로 유명했다. 트리니티의 젊은 펠로우였던 시절에 사람들이 내게 가장 많이 물어본 사람은 당연히 인도에서 온 수학 천재 라마누잔이었지만, 현대 천문학에서 가장 독창적이고 영향력 있는 학자 중 한 명인 찬드라세카르Chandrasekhar도

트리니티에 있었다. 그는 트리니티 이후에 시카고 대학에서 연구를 이어갔다. 또 〔정치인〕 자와할랄 네루부터 미래 지향적인 시인 무함마드 이크발Muhammad Iqbal까지 나보다 훨씬 먼저 트리니티에 있었지만 우리의 대화에 자주 등장한 사람들도 많았다. 또한 그들과 트리니티와의 관련성은 트리니티를 떠난 뒤에도 그들의 일에서 계속 중요한 역할을 했다.

오랜 세월이 지난 후에 나는 트리니티에서 특별 강연을 하게 되었는데, 그 자리에서 트리니티 칼리지에 처음 왔을 때를 회고했다. 오기 직전 해에 진단받은 구강암 때문에 고강도 방사선 치료를 받은 후유증으로 여전히 고생하던 시절 말이다. 호감 넘치는 사람이자 뛰어난 수학자로, 수학 분야 최고 영예인 아벨상을 받은 마이클 아티야Michael Atiyah가 내가 학장을 맡기 바로 전에 트리니티 칼리지의 학장이었다. 그는 트리니티 칼리지 연례보고서에 실린 내 특별 강연 내용을 읽고 나서 내가 몰랐던 그의 개인사 한 토막을 내게 알려주었다.

지금 막 연례보고서를 읽다가 당신이 스라파(와 비트겐슈타인)에 대해 쓴 글과 80주년 기념 강의 내용 모두를 매우 즐겁게 읽었습니다. 나는 트리니티가 연이어 학장을 맡은 두 사람을 매우 이른 나이에 잃을 뻔했다는 사실을 알게 되었습니다. 당신은 열다섯 살 때 구강암을 앓으셨더군요. 이후에도 오랫동안 고생을 하셨고요. 저는 카이로에 살던 열세 살 때 뇌척수막염을 앓았습니다. 며칠 만에 목숨을 잃을 수도 있는 병이었는데, 그때막 새로 개발된 설폰아마이드 약(M&B 693)이 나왔고 교장 선생님과 삼촌이 어쩌어찌 그것을 구해주신 덕분에 겨우 살아났어요.

마이클은 수단의 조상 이야기와 이집트에서 보낸 어린 시절 이야기를 자주 했지만 이는 영국 수학자로서 강한 정체성을 갖는 것과 전혀 배치되지 않았다. 그에게 수단계 사람으로서의 정체성은 트리니티 사람으로서의 정체성과 매끄럽게 통합되어 있었다.

내 대학 시절에는 우리 각자가 가진 다양한 정체성을 인정해야 할 이유를 말해주는 것들이 도처에 있는 것 같았고, 이 생각은 케임브리지에 있으면서 점점 더 내게 분명해졌다. 전쟁에서 희생되어 트리니티 채플의 벽면에 이름이 새겨진 사람들은 의심할 여지없이 영국인이지만, 그들이 성인이 되어 트리니티 일원으로서 갖게 된 정체성은 그들 각자의 원래 나라와도 공존하고 있었다. 그들은 수단부터 인도까지 세계 각국에서 온 사람들이었다. 정체성을 유일한, 그리고 매우 분열적인 범주화의 도구라고 생각하는 사회분석가는 우리 모두가 가지고 있는 다층적인 정체성의 풍성함을 놓치고 있는 것이다. 본국, 시민권, 거주지, 언어, 직업, 종교, 정치 성향, 그 밖에도 수많은 정체성은 우리 안에서 행복하게 공존할 수 있고 그 정체성들 모두가 우리 각자를 자기 자신이 되게 해준다.

물론 정체성은 분쟁의 원천이 될 수 있고, 정체성의 다층적인 측면이 제대로 이해되지 못할 경우에는 더욱 그렇다. 분열은 갑자기 나타날 수도 있고 적대를 부추기기 위해 의도적으로 조장되고 촉진될 수도 있다. 1940년대에 인도 '분할' 직전의 정치 환경에서 폭력이 분출하고 퍼져나갔을 때처럼 말이다. 1930년대에는 차분하던 인도인들이 갑자기 자신을 호전적인 힌두인 아니면 호전적인 무슬림 중 하나로 생각하게끔 학습되었다. 아일랜드에서도 비슷한 방식으로 폭력이 육성되었다. 특히 북부에서 그랬는데, 이 경우에는 가톨릭-개신교 간 분열의 취약성이 악용되었다. 정체성 문제의 복잡성을 생각할수록, 그것이 얼마나 중요하며 얼마나 발화성이 클 수 있는지 더 명료하게 깨달을 수 있었다. 가시적인 형태가 아니라 숨겨진 채 유지되어온 정체성의 경우에도 말이다.

⟨4⟩

사람에게 압도적으로 지배적인 하나의 정체성이 있다고 보는 잘못된 개념이 불러올 수 있는 해로움과 폭력은 정체성과 관련한 또 다른 문제를 수반할 수 있는데, 사회조직이 작동하는 방식을 잘못 이해하게 되는 것이다. 나는 박사 연구를 막 시작했던 시기에 세계적으로 저명한 경제학자이던 오스카르 랑게Oskar Lange와 대화를 나누다가 이 생각을 하게 되었다. 개척적인 시장사회주의 이론가로서 랑게는 사회주의경제가 취할 수 있는 다양한 형태를 명료화했을 뿐 아니라 그 과정에서 시장경제의 작동에 대해서도, 또한 (사회주의하에서든 자본주의하에서든) 분산된 정보가 시장 시스템에서 어떻게 일관되게 종합되어 시스템이 부드럽게 작동하게 되는지에 대해서도 중요한 통찰을 제공했다.

1943년에 시카고 대학 교수였던 랑게는 미국 시민으로 귀화했다. 하지만 얼마 후에 그는 자신의 이전 시기 연구에 의구심을 갖기 시작했고, 2차 대전이 끝났을 무렵이면 동료들과 그 밖의 경제학자들을 상당히 경악에 빠트리면서 소비에트 식으로 자원 배분 결정을 중앙집중화한 시스템이 더 우월하다는 입장을 받아들였다. 그는 전에 자기 자신의 이론이 개척적으로 제시했던 개념인

555

시장사회주의도 포함해 시장을 통한 탈중심적인 자원 배분 수단의 장점을 인정하지 않았다. 또한 미국 시민권을 버렸고 이오시프 스탈린의 사상을 옹호하는 책을 연달아 펴냈다. 그중에 하나는, 잠시 여기에서 심호흡이 필요할 것 같은데, 무려 '스탈린의 경제 이론'에 대한 것이었다.

랑게의 이름은 내가 캘커타의 프레지던시 칼리지 학생이던 1952년 무렵에 칼리지 가의 커피하우스에서 벌어졌던 경제, 정치 토론에 자주 등장했다. 수카모이 차크라바티는 랑게의 정치적 여정에 매력을 느꼈다가 랑게가 난데없이 스탈린주의로 돌아서자 어리둥절해했다. 물론 공산주의자들은 랑게가 소비에트식 경제학으로 전향한 것을 즐겨 인용했고, 공산 체제에 비판적인 사람들은 랑게가 불합리하게 잘못된 경로를 가고 있다고 생각했다. 경제학자들은 랑게의 이전 시기 연구가 탁월하다는 점은 대체로 인정했지만(케네스 애로우가 랑게의 이전 연구를 특히 높이 평가했다) 더 이후에 개진한 개념들에 대해서는 의구심을 보였다.

모리스 돕도 내가 랑게에 대해 말했더니 이른 시기 연구에 대해서는 존경을 나타냈지만 지금 가고 있는 방향은 이해가 가지 않는다고 했고, 스라파는 더 직설적으로 랑게가 매우 똑똑하고 친절한 사람이긴 하지만 경제적 논증이 요구하는 바와 이데올로기적 정치를 매우 혼동하고 있다고 말했다. 스라파는 랑게와 계속 연락을 주고받았는데, 1956년 초에 케임브리지를 방문할 예정인 랑게가 나를 만나보고 싶어한다고 내게 알려주었다.

상황인즉, 랑게는 모리스 돕으로부터 내 연구 분야(나는 기술의 선택에 대한 연구를 막 시작한 참이었다)에 대해 들은 적이 있었고 나에게 약간의 조언을 하고 싶어 했다. 만나보니 랑게는 매우 친절

한 분이었다. 그는 내가 어떤 이론을 발달시키게 될지 기대가 된
다며, 하지만 경제적 의사결정은 정치적 우선순위에 의해 지배되
기도 한다고 말했다. 따라서 순수한 경제 이론만으로는 경제적 의
사결정(가령 내가 연구하고 있던 기술 선택에 대한 결정)에 관여되는
또 다른 중요한 차원을 놓치게 될 수 있다고 지적했다.

"예를 하나 들어보지요." 그는 폴란드 정부가 유서 깊은 도시
크라쿠프 인근의 노바후타라는 곳에 거대한 철강 공장 및 유관 시
설이 들어설 산업 단지를 짓기로 한 결정에 대해 이야기해주었다.
이곳은 나중에 '블라디미르 레닌 철강 공장'이라고 불리게 된다.
"순수하게 경제적인 분석으로 보면 정당화하기 어려운 입지였습
니다. 귀한 농경지를 써야 하고 석탄과 철강을 포함한 많은 생산
요소를 멀리서 가져와야 했으니까요." 그렇다면 질문은 '왜 적합
성이 떨어져 보이는 입지에 거대 규모의 산업 투자를 하기로 결정
했을까'가 된다. 왜 그곳이었을까?

나는 감도 잡히지 않아서 그에게 물어보았다. "정말로요, 왜 거
기였을까요?" 그러자 랑게는 이렇게 설명했다. "크라쿠프가 매
우 반동적인 도시였기 때문입니다. 오랜 우익적 역사를 가지고 있
었거든요. 심지어 나치에 맞서 제대로 싸우지도 않았습니다." 근
대적인 산업 시설이 들어오면 '많은 프롤레타리아'도 들어오게 될
테고, 바로 그것이 크라쿠프가 필요로 하는 것이기 때문에 내려
진 결정이었다는 게 랑게의 설명이었다. "벌써 크라쿠프 사람들의
반동적인 성향이 줄기 시작했어요." 랑게는 확신에 차서 말했다.
"이러한 질문에 협소하게 경제적인 논리로만 파고들면 답을 찾을
수 없을 것입니다. 이 경우에는 입지 결정의 논리가 전적으로 정
치적이었지요."

랑게는 뒤에 다른 약속이 있어 곧 가야 했다. 헤어지면서 그는 폴란드에 오게 되면 찾아오라고 친절하게 말해주었다. 일부러 시간을 내어 나를 찾아와 경제적 의사결정에 정치적 고려가 미치는 영향의 중요성을 감안해야 한다는 점을 설명해주어서 고마웠다.

하지만 그가 가고 나서 나는 정말로 그의 말이 옳은지 계속 궁금했다. 경제적 의사결정에 영향을 미치는 정치적 요소를 중요하게 고려해야 한다는 그의 말은 물론 옳았을 것이다. 하지만 노바후타 사례는 너무 깔끔하게 딱 떨어져서 의구심이 일었다. 정말로 그곳에서 랑게와 그의 동료들이 예상한 대로 상황이 전개될까? 그때는 답을 몰랐지만, 시간이 지나면서 답을 알게 되었다. 1980년대 초에 공산주의에 반대하는 '솔리다리테 운동'이 거세게 일었는데, 이 운동의 기반이 노바후타의 블라디미르 레닌 철강 공장이었다. 그리고 폴란드 정부가 이곳에 산업 단지를 지으면서 했던 예상은 완전히 뒤집혀서, 이 철강 공장은 새로운 가톨릭 노동 운동의 근거지가 되었다. 노바후타가 크라쿠프를 개혁하기보다 크라쿠프가 노바후타를 압도한 것이다. 경제적 의사결정에 정치적 요인이 중요하다고 본 데서는 랑게가 옳았다. 하지만 상황은 정치 지도자들이 계획한 것과 반대 방향으로 전개될 수도 있다.

정체성은 변화의 요인에 절대로 영향받지 않게 면역되어 있지는 않다. 하지만 그렇다고 정체성이 계획된 조작에 의해 쉽게 움직이는 것도 아니다. 이후 몇 년 동안 솔리다리테 운동은 더욱 확대되고 성숙한 형태로 발달했다. 노바후타에서 실제로 일어난 일과 그가 처음에 예상했던 바를 바탕으로 랑게와 다시 이 이슈를 논의할 기회가 있었다면 너무 좋았을 것이다. 안타깝게도 그는 솔리다리테 운동이 진지하게 고려될 만큼 발달하기 전인 1965년에

숨졌다. 정체성이 달라질 수 있는지, 또 조작될 수 있는지 등을 생
각하면서, 정체성이 어떻게 (종종 예측 불가능한 방식으로) 환경에
적응하며 변화해가는지를 더 신중하고 세밀하게 살펴야 한다는
생각이 점점 강해졌다.

〈5〉

케임브리지에서 강의 의무와 연구 의무를 채우고 나서 시간이
좀 있었기 때문에, 약간 주저되긴 했지만 사회선택 이론을 파고들
어보기로 했다. 케네스 애로우의 연구가 전보다 널리 알려지면서
세계 각국에서 사회선택에 관심을 갖기 시작한 사람들이 많아졌
고, 내가 보기에 이 분야에는 당장 연구해보아야 할 몇 가지 두드
러진 이슈가 있었다. 사람 좋은, 하지만 상당히 보수적인 경제학
자 제임스 M. 뷰캐넌James M. Buchanan이 근본적인 질문 하나를 훌
륭하게 제기했다. 애로우를 비롯해 많은 사회선택 이론가가 사용
하는 '사회적 선호'라는 개념이 애초에 합리적으로 말이 되는가?
사회는 사람이 아닌데, 어떻게 무언가를 '사회의 선호'라고 합리
적으로 말할 수 있는가? 특히 뷰캐넌은, 사회는 사람이 하듯이 통
합된 논증과 성찰을 하지 않는데 사회적 선택에 대해 '일관성'과
관련된 속성들(애로우는 사회적 선택의 일관성을 '집합적 합리성'이라고
불렀다)을 이야기하는 것이 합리적인지 질문했고, 이 질문은 타당
해 보였다.

이와 관련해 뷰캐넌은 내가 케임브리지에서 아직 학부 과정을
밟고 있던 1954년에 매우 흥미로운 논문 두 편을 발표했다.[1] (학부
시험을 준비하느라 당시에는 뷰캐넌의 질문과 논리가 대략 적절한 것 같다
고 생각한 것 이상으로는 더 생각을 진전시킬 수 없었다). 왜 사회적 선

택이 가령 '이행성'과 같은 규칙을 따라야 하는가?(이행성은 x가 y보다 사회적으로 선호되고 y가 z보다 사회적으로 선호되면 x가 반드시 z보다 사회적으로 선호되어야 한다는 규칙이다). 나아가 그와 같은 일관성을 요구하지 않으면, 혹은 더 나아가 '사회적 선호'라는 개념 자체를 포기하면, 애로우의 불가능성 정리는 무너지게 될 것인가?

이러한 주제에 대해 이야기를 나눌 사람이 주위에 없었고 뷰캐넌이 논문을 발표한 시점인 1954년 이후 몇 년간이 내게는 너무 바쁜 시기였기 때문에(연구하고 있는 다른 주제가 있었고 자다브푸르 대학의 강의 준비도 해야 했다) 뷰캐넌의 질문은 내게서 뒷전으로 밀려나 있었다. 하지만 1960~1961학년도에 MIT에서 1년을 머물면서, 그리고 특히 새뮤얼슨의 후생경제학 수업 한 번을 대신 강의하면서 사회적 선호라는 개념에 대해 아직 결론 나지 않은 (그리고 언젠가 내가 돌아가야 할) 연구 질문이 있다는 것이 다시 떠올랐다. 새뮤얼슨에게 뷰캐넌의 질문에 대해 생각해보았냐고 물어보기까지 했다. 물론 새뮤얼슨은 그 질문을 생각해보았지만, 내가 무턱대고 질문을 던진 방식에 웃음을 터뜨렸다. "나중에 그것에 대해 함께 연구해 봅시다." 그는 친절하게 이렇게 말했다.

미국에서 [영국] 케임브리지로 돌아오고서 얼마 뒤에, 나는 애로우의 개념 체계에 대해 뷰캐넌이 제기한 질문, 그리고 그가 애로우의 불가능성 정리를 기각한 방식을 더 찬찬히 들여다보기로 했다. 케임브리지에는 아직도 이 주제에 대해 함께 논의할 사람이 없었다. 나는 기운을 북돋아주는 타고르의 노래 중 하나를 떠올렸다. 인도 독립 투쟁 시절의 노래인데, 이런 구절이 있다. "너의 부름에 아무도 응답하지 않거든 홀로 나아가야 한다." 홀로 나아가는 것이 불가능하지는 않고, 얼마간 연구를 한 뒤에 나는 적어도 특정한 유형의 사회적 선택 문제에 대해서는 사회적 선호라는 개념에 대한 뷰캐넌의 회의주의가 상당히 타당하다는 결론에 일단 잠정적으로 도달했다.

예를 들어 투표 시스템을 생각해보자. 확립되어 있는 투표 제도에서 모종의 과정을 거쳐 나타난 의사결정의 결과를 '사회의 선호'라고 해석한다면 이는 크게 문제 있는 해석일 것이다. 후보 x가 y를 이기고 y가 z를 이긴다고 해서 x가 z를 이긴다는 보장은 없다. x가 y보다 낫고 y가 z보다 나으므로 x가 z보다 낫지 않겠냐고 생각하고 싶기도 하지만, 투표 결과라는 것은 일관성 있는 가치 판단에 대한 함의를 갖지는 않는, 단지 모종의 절차를 거쳐 나온 결과라고 보아야 한다. 그러므로 투표 결과에 대해서는 사회적 선호라는 개념을 외삽할 수 없으리라고 본 뷰캐넌이 옳은 것 같았다.

하지만 사회적 선택이 투표 결과보다는 사회적 후생에 대한 가치 판단을 반영하는 것이라면 우리의 이해는 꽤 달라질 수 있다.[2] 사회적 후생의 순위를 매기는 데 요구되는 일관성은(그것이 어떤 종류의 일관성이든 간에) 사회적 후생을 판단하는 가치들이 함께 움직이게 만들 것이기 때문이다. 예를 들어서 정책 a가 b보다 큰 사회적 후생을 가져오고 정책 b가 c보다 큰 사회적 후생을 가져온다면, 가치 판단의 일관성을 위해 우리는 a가 c보다 더 큰 사회적 후생을 가져오리라고 가정할 수 있어야 한다. 이 경우 집합적 합리성이라는 개념은 순전한 제도적 절차의 결과에서는 타당성을 가질 필요가 없더라도 사회적 후생의 판단에서는 타당성을 가져야한다. 이것은 뷰캐넌의 세계가 아니라 애로우의 세계일 것이다.

그렇다면 애로우의 불가능성 정리에 대해서는 어떤 결론을 내려야 할까? 사회적 후생을 평가하는 데서는 애로우의 이론화는 여전히 유의미할 것이다. 즉 애로우 본인이 설정한 대로 집합적 합리성이 요구하는 일관성을 갖춰야 할 것이다. 하지만 투표나 선거 같은 경우 거기에서 나온 결과를 그 사회의 '사회적 선호'라고 해석하려 한다면 본질적으로 문제가 있을 것이다. 집합적 합리성이 투표 의사결정에서 요구될 수 없는 조건이라면 애로우가 말한 '불가능성'의 결론은 나오지 않는다. 적어도 애로우의 수학적 논증을 사용하면 그렇다. 애로우가 '불가능성'을 증명할 때 집합적 합리성을 중요한 공리적 조건으로 사용했기 때문이다. 그렇다면, (사회적 후생을 판단하는 문제의 경우에서는 그렇지 않더라도) 투표와 같은 절차적 문제의 경우에서는 '불가능성'이라는 결론이 종말을 고하게 되는 것일까? 아니면, 집합적 합리성을 공리적 조건으로 요구하지 않아도 애로우가 말한 '불가능성'이라는 결론이 여전히 도출되는 다른 방법이 있을까?

나는 이 문제를 연구하는 데 상당한 시간을 들였고 졸업 후에 다른 연구('기술의 선택'에 대한 연구)를 하면서도 이 문제를 계속 생각했지만 완전하게 해소하지는 못했다. 하지만 오랜 세월이 지난 후에 집합적 합리성을 공리적 조건으로 요구하지 않은 상태에서 애로우의 불가능성 정리를 증명했다. 이것은 꽤 복잡한 수학적 공리였고 훗날(수십 년 뒤) 내 계량경제학회장 취임 연설의 뼈대가 되었다.[3] 1970년대 말에 나는 내가 도출한 새 정리와 증명을 애로우에게 보냈다. 애로우는 내 논증에 어딘가 틀림없이 오류가 있을 것이라며, 그 부분을 수정해서 보내주겠다고 했다. 하지만 수정은 오지 않았고, 나중에 애로우가 내 이론과 증명이 옳다고 인정해주어서 크게 안심했다. 사회선택 이론 분야에도 행복한 순간이었다고 말할 수 있을 것이다.

⟨6⟩

뷰캐넌이 제기한 질문과 별개로 나는 사회선택 이론의 다른 주
제들도 연구했지만 이 분야에 관심 있는 사람들이 주변에 있었던
시절이 그리웠다. 전에 모리스 돕은 동료들, 학생들, 교수들, 친구
들이 별로 관심을 갖지 않는 주제를 홀로 연구할 때의 외로움에
대해 실로 선견지명 있는 주의를 준 바 있었다. 하지만 언제나처
럼 피에로 스라파의 광범위한 관심사가 심각한 고립에서 한 줄기
출구가 되어주었다. 피에로는 그것을 '철학'이라고 부르지는 않으
면서 진지한 철학을 연구하곤 했는데, 사회적 선택도 그것을 '사
회적 선택'이라고 부르지는 않으면서 진지하게 고찰했다.

스라파가 그람시와 의견이 일치하지 않았던 주제가 하나 있었
는데, 그 주제 자체로도 중요하지만 사회선택 이론에 대해 갖는
함의의 면에서도 중요하다. 인간이 추구하는 여러 가치 중 '개인
의 자유'에 어느 정도 중요성을 부여할지, 그리고 '개인의 자유'가
사회선택 이론의 공리적 구조에 기본적인 요구 사항으로서 포함
되어야 하는지의 문제였다. 나는 특히 후자에 관심이 있었다. '자
유'를 사회선택 이론 안에 명시적으로 배치하는 것이 애로우의 고
전적인 분석 체계를 넘어서 사회선택 이론의 규범적인 부분을 확
장하려 할 때 제기되는 주요 질문이었기 때문이다(애로우의 분석 체
계에서는 사회선택 이론의 기본 공리에 '자유'가 명시적으로 들어가지 않
는다). MIT에 방문교수를 갔다가 케임브리지로 다시 돌아와서 보
낸 마지막 두 해(1961~1963학년도)에 이 주제를 파고들기 시작했
을 때, 자유의 중요성에 대한 스라파의 논의가 큰 도움이 되었다.

사회적, 정치적 제도의 배열에서 '자유'의 위치가 어떠해야 하
는가와 관련해 스라파가 편 주장은 무엇이었을까? 스라파는 공

산당이 개인의 자유의 중요성을 무시하는 경향이 있고 '부르주아적 자유'라고 부르면서 그것을 일거에 기각하는 방식으로 폄훼하는 것을 비판했다. 나 또한 1950년대 초 프레지던시 칼리지 학생 시절에 공식적인 좌파 진영 사람들이 이와 비슷하게 자유 개념을 기각하는 태도에 맞닥뜨린 적이 있었다(그것을 '부르주아적 자유'라고 부르면서 말이다). 캘커타에서 대학에 다니던 시절에는 일찍이 1920년대에 그람시-스라파의 논쟁이 있었다는 걸 몰랐지만, 케임브리지에 와서 오후마다 스라파와 산책을 하면서 그 이야기를 들을 수 있었다.

MIT에 갔다가 다시 케임브리지로 돌아왔을 때 나는 개인의 자유가 놓여야 할 위치와 관련해 캘커타에서 보았던 것과 본질적으로 동일한 논쟁이 좌파 정치 이론에서 여전히 계속되고 있는 것에 놀랐다. 물론 스라파는 자유의 레토릭이 평등주의적 가치(경제적 평등도 포함해서)의 추구를 반동적으로 공격하는 데 남용될 수 있다는 것을 모르지 않았고, 그람시도 명백하게 이 문제를 우려했다. 자유의 레토릭을 평등주의를 공격하는 데 남용하는 사례가 실제로 종종 발견되었고, 그런 경우에는 (프랑스 대혁명 초기에는 그 둘이 함께 주창된 가치들이었는데도) 자유와 평등을 상호 대척적인 개념으로 놓는 경향이 있었다. 하지만 스라파는 인간의 삶에서 자유가 갖는 진정한 중요성을 무시하지 않고도 그러한 남용을 피할 수 있다고 주장했다. 우리는 무엇이건 유의미한 것을 할 자유가 필요하며, 그 유의미성을 다른 유의미한 사회적 목적을 달성하는 데 걸림돌이 될지 모른다는 두려움 없이 받아들이는 것은 충분히 가능하다. 스라파는 "부르주아적 '자유'에 너무 많은 조롱을 퍼붓는 것(예를 들어 [이탈리아 공산당의 핵심 기관지] 『루니타 L'Unità』가 그렇게 했듯이)"이 잘못이라고 보았다. 그리고 "아름답든 추하든 간에 [자유가] 현재로서 노동자들이 가장 원하는 것이고 이후의 어떤 싸움과 정복에도 필수 불가결한 조건"이라고 설명했다.[4]

스라파는 그람시가 자유의 중요성을 다시 생각하게 하는 데 큰 영향을 미쳤다. 그렇더라도 (적어도 내가 보기에는) 그람시가 스라파만큼 열정적으로 자유의 중요성을 인정한 것 같아 보이지는 않았지만 말이다.

여기에서 흥미로운 점 하나는, 카를 마르크스 본인은 자유가 인간 삶의 질을 높이는 데 핵심적으로 중요하다는 데 강한 관심이 있었는데 이에 반해 현실에서 벌어진 공산당 운동은 늘 개인의 자유에 그보다 훨씬 덜 공감했다는 점이다. 이것은 이탈리아만의 문제가 아니라 소련부터 중국, 쿠바, 베트남 등 거의 모든 곳에서 공산당이 권력을 잡았을 때 벌어진 일이었다. 젊은 시절에 마르크스는 언론의 자유를 옹호하는 글을 많이 썼고 표현의 자유를 강하게 주창했다. 자유에 대한 마르크스의 주장은 사회적 협력의 자유와 노조 결성의 자유에도 적용되었다. 이러한 마르크스의 관점은 세계 대부분의 공산주의 국가들에서 노조 운동이 사실상 철폐된 것과 큰 대조를 보인다. 종합적으로 볼 때, 마르크스는 자유를 사회적 의사결정의 영역으로 확대하고 싶어했다. 마르크스는 자유가 선택의 여지를 확장시킴으로써 인간 삶을 풍성하게 하는 역할을 한다고 강조했다. 이를테면, "[꼭 직업적으로] 사냥꾼이나 고기잡이나 목동이나 비평가가 되지 않고도 내가 원하는 대로 오늘은 이 일을 하고 내일은 저 일을 하며 아침에는 사냥을 하고 오후에는 낚시를 하고 저녁에는 가축을 돌보고 저녁을 먹고 나서는 비평을 할 수 있게" 해줌으로써 말이다.[5]

케임브리지에서 학부를 마치고 대학원생이 되어 보낸 첫해에 (케임브리지를 달구던 '자본 논쟁'이라는 건조한 주제에서 도망쳐서) 자유에 대해 처음 진지하게 고찰하면서, 사회적 선택의 공리적 조건에 자유를 적절히 위치시키면서 여러 가지 일관성 문제를 따져보는 것이 무척 즐거웠다. 피에로와 산책을 할 때 이와 관련된 흥미로운 지점들을 그와 이야기하고 싶었는데, 그도 관심을 보여주어서 정말 행운이었다. 몇 년 뒤에 그러한 과정을 거쳐 나온 결과 하나를 『정치경제저널Journal of Political Economy』에 논문으로 펴냈는데 (1970년이었고 제목은 「파레토적 자유주의자의 불가능성The Impossibility of a Paretian Liberal」이었다), 이것이 아마 내가 쓴 논문 중 가장 많이 읽힌 논문일 것이다.

〈7〉

피에로 스라파와 내가 자주 논의한 또 다른 사회선택 이슈는(우리의 대화에서 '사회선택'이라는 용어를 사용하지는 않았지만) 바람직한 사회적 영향의 범위를 넓히는 데 토론과 논쟁이 수행하는 역할이었다. 이 주제도 매우 구체적으로 현실 정치적인 맥락이 있었다. 스라파는 반파시즘 투쟁에 적극적으로 참여했고 이탈리아에서 주요 반파쇼 투쟁 세력이었던 이탈리아 공산당과 가까웠다. 하지만 그는 친구 그람시가 내린 중요한 정책적 결정 중 하나에 반대했다. 공산당 지도자로서 그람시는 여타의 반파시즘 정당들과 연대하기를 거부했다. 그람시는 선명하게 규정된 공산당의 정치적 목적이 흐릿해지면 안 된다고 생각했는데, 스라파는 이것이 잘못이라고 보았다.

1924년에 스라파는 공산당의 일방주의를 강력히 비판하면서

통합된 '민주적 반대 세력'이 존재하는 것이 중요하다고 강조했
다. 반파시즘 운동의 다양한 분파가 무솔리니의 파시즘에 맞서 통
합된 반대 세력을 형성하는 것이 결정적으로 중요하다는 것이었
다. 서로 이야기를 나누면 운동의 방향성이 더 명료해지고 파시즘
에 저항하는 힘도 강화할 수 있을 터였다. 그람시는 처음에는 스
라파의 주장에 설득되지 않았고 스라파가 아직 '부르주아적 사고'
에 휩싸여 있어 자신의 의견에 반대하는 것이라고 생각했지만, 나
중에 생각을 바꾸었다. 차차로 이탈리아 공산당은 여타의 반파시
즘 정당 및 단체들과 연대했고 파시즘에 맞서 강력한 저항 운동을
일굴 수 있었다.

우리의 오후 산책에서 스라파는 자신과 그람시가 의견의 불일
치를 보였던 부분은 자신이 그람시에게서 배운 것에 비하면 중요
치 않다고 말했다. 이 말은 옳은 말이었을 것이다. 그람시의 사상
이 스라파에게 얼마나 근본적인 영향을 미쳤는지는 쉽게 알아볼
수 있었으니 말이다. 하지만 당시에 자유와 설득의 개념도 포함해
서 사회적 선택의 문제에 크게 관심이 쏠리고 있었던 내게는 스라
파가 그람시에게 반대하며 제시하고자 했던 주장 역시 무척 중요
하다는 생각이 들었다. 또한 스라파와 그람시가 불일치를 보인 부
분이 스라파가 (스라파 본인은 '사회선택 이론'이 별도의 학문 분야가 될
수 있다고 보지 않았지만) 사회적 선택의 기저에 있는 철학에 깊은
관심이 있었음을 말해주는 것 같았다.

5부

HOME IN THE WORLD:
A MEMOIR

অমর্ত্য কুমার সেন

（25장）   # 설득과 협력

⟨1⟩

내가 영국에 도착한 1953년 가을에 1차 대전은 사람들의 즉각
적인 기억에서 멀어져 있었지만 2차 대전은 유럽 전역의 사람들
에게 아직 생생했다. 2차 대전 직전의 고통스러웠던 시기에 느꼈
던 우려와 불안도 여전히 강했다. 전쟁 직전의 분위기는 1939년에
W. H. 오든w. H. Auden의 시 「W. B. 예이츠를 추모하며In Memory of
W. B. Yeats」에 잘 나타나 있다.

어둠의 악몽에서
유럽의 모든 개가 짖고
살아 있는 국가들은 기다린다
각자 자신의 증오에 갇혀서

그 후 벌어진 일은 오든의 최악의 예상을 입증하는 것 같았다.
영국에 와서 지내던 초기에 나는 전쟁 직전이 얼마나 끔찍한 두
려움의 시기였는지에 대해 많은 이야기를 들었다. 많은 유럽인이

세계 대전이 또 일어날지 모른다는 끔찍한 가능성을 생각하지 않을 수 없었고, 자기 파괴적인 전쟁을 다시 겪지 않게 해줄 정치적 통합에 대한 열망에서 유럽 통합 운동이 탄생했다. 통합된 유럽의 달성에 대한 희망은 이 운동을 촉발한 두 개의 개척적인 선언문에서 명료하게 볼 수 있다. 하나는 1941년의 '벤토테네 선언Ventotene Declaration'이고, 다른 하나는 1943년의 '밀라노 선언Milan Manifesto'이다. 이 선언문들은 유럽 통합을 강력하게 주창한 네 명의 저명한 이탈리아 지식인 알티에로 스피넬리, 에르네스토 로시Ernesto Rossi, 에우제니오 콜로르니Eugenio Colorni, 우르줄라 히르슈만Ursula Hirschmann이 작성했다.[1]

벤토테네 선언과 밀라노 선언을 지지하는 사람들은 유럽의 경제적 통합이 가져다줄 이득을 잘 알고 있었다. 장기적으로는 금융도 통합해야 한다는 의견까지 나왔는데, 이들과 가까운 사람들이 주로 주장했으며 그중에는 훗날 이탈리아 대통령이 되는 루이지 에이나우디Luigi Einaudi도 있다. 하지만 이들이 유럽 통합의 필요성을 주창하게 한 즉각적인 동기는 교역이나 사업상의 우려도 아니었고 통합된 중앙은행이나 통화 조율에 대한 우려도 아니었다(이것은 더 나중의 이슈다). 그런 것보다는, 유럽의 평화를 위해 정치적 통합을 이루고자 하는 갈망이 주된 동기였다.

나는 지난 70년에 걸친 유럽 통합의 과정을 지켜볼 수 있었다. 앞에서 언급했듯이, 히치하이킹을 하던 젊은 시절에 나는 다양한 유럽 사람을 만났고 가깝게 지냈다. 그들은 비슷한 행동과 선호를 가지고 있었고 나는 이들 모두를 아우르는 '유럽'에 내가 와 있다는 생각이 들었다. 당시에는 내 여행 목적이 정치적 지혜를 발달시키는 것이 아니라 유럽을 더 잘 파악해서 여행을 더 많이 즐기기 위한 것이었지만, 점차로 내가 유럽 통합의 전개를 목도하고 있었다는 사실을 분명하게 알 수 있었다.

통합된 유럽을 만드는 것은 사실 유럽에서 아주 오랜 꿈이었다. 주기적으로 문화적, 정치적 통합의 파도가 있었고 그리스도교의 확산이 여기에서 큰 역할을 했다. 보헤미아의 왕이 된 이르지 포 제브라디는 무려 1464년에도 범유럽 통합을 주장했고, 그 이후에 도 많은 사람이 이러한 주장을 제기했다. 18세기에는 대서양 너머 의 미국에서 조지 워싱턴이 프랑스의 라파예트 후작에게 "언젠가 는 미합중국의 모델이 유럽합중국으로 이어지기를 바란다"고 적 기도 했는데, 시간이 가면서 조지 워싱턴이 이야기한 비전이 정말 로 실현되는 것처럼 보였다.

그런데 이 글을 쓰고 있는 2021년에는 헝가리와 폴란드, 그리 고 어느 정도는 프랑스와 이탈리아까지도 대중의 여론이 유럽의 통합에서, 심지어는 유럽의 민주적 전통이 요구하는 바에서도 멀 어지면서 분위기가 달라지고 있다. 이러한 퇴행적인 태도는 영국 에도 매우 만연해서 2016년에는 소위 '브렉시트' 국민투표에서 유럽연합 탈퇴가 근소한 차이로 통과되고 말았다. 현재로서는 벤 토테네에 역행하는 감수성이 너무나 강한 것 같다.

⟨2⟩

하지만 그 앞까지의 80년을 보면 유럽은 법치, 인권, 참여 민주 주의, 경제 협력 등에서 놀라운 성취를 이룩했다. 이중 어느 것도 1953년에 내가 틸버리 항에 도착했을 때는 확신을 가지고 예상할 수 없는 일이었다. 그중에서도 가장 인상적인 것을 꼽으라면 NHS 를 포함한 복지 제도의 긍정적인 면을 명확하게 보여주었다는 점

일 것이다. 이러한 급진적인 변화는 사회를 바라보는 새로운 사고
가 생겨나고 확산된 것과 명백히 관련이 있었다. 나는 영국에 정
착하던 초기 시절에 윌리엄 베버리지William Beveridge에 대한 글을
굉장히 많이 읽었다. 그가 '결핍, 질병, 무지, 불결'에 맞서 벌이려
하던 싸움에 대해서도 말이다. 또한 이러한 긍정적인 사회 변화의
원인을 찾아나가다 보니, 바로 얼마 전에 끝난 전쟁도 말하자면
변증법적인 방식으로 여기에 일조했음을 알 수 있었다. 전쟁을 겪
으면서 사람들이 협업의 중요성을 절실히 깨닫는 공통된 경험을
하게 된 것이다.

이러한 이슈에 대해 깊이 고민해본 적이 있는 피에로 스라파에
게 떠오르는 질문과 가설들을 이야기할 수 있어서 너무나 행운이
었다. 그는 우리의 대화에서 그람시의 사상들을 상기시켜주었을
뿐 아니라(스라파가 그람시의 개념을 우리 대화에 불러왔다는 것은 놀랄
일이 아니다), 여론의 형성 및 중요성과 그것이 사회의 변혁에서 수
행하는 역할과 관련해 다소 뜻밖에도 존 메이너드 케인즈를 읽어
야 한다며 특히『설득의 에세이Essays in Persuasion』(1931)를 권했다.
스라파는 옛 친구 케인즈가 인간 사회에서 변화를 일구는 데 '설
득'이 얼마나 핵심적인 역할을 하는지를 강조한 것을 매우 높이
샀다. 케인즈는 여러 가지 학문적 기여를 했지만, 그중에서도 서
로 다른 진영이나 집단에 속한 사람들이 '함께 일하면서' 각자의
목적을 추구하는 것이 얼마나 중요한지 보여주고자 했다. 이것은
그들의 목적이 완전히 일치하지는 않더라도 공통된 목적이 어느
정도라도 있다면 충분히 성립하는 이야기다.

양차 대전 사이의 시기에 케인즈는 유럽 국가들 사이의 적대를
어떻게 줄일지에 매우 관심이 있었고, 특히 이 문제는 1차 대전

이후 각국 정부가 취한 정책에 대해, 또한 1919년의 베르사유 조약Versailles Treaty으로 승전국인 영국, 프랑스, 미국이 패전국인 독일에 극히 가혹한 배상을 부과하면서 발생한 심각한 피해에 대해 시사점이 있었다. 케인즈는 그렇게 가혹한 배상을 부과한 것이 매우 잘못된 정책이라고 생각했다. 독일 경제를 폐허로 만들고 유럽의 여타 경제권에도 악영향을 미칠 뿐 아니라 독일이 자신이 받은 처우에 더 큰 불만을 갖게 할 수 있었기 때문이다.

케인즈는 패전국 독일을 가혹하게 응징하고 독일 경제를 폐허로 만드는 것이 영국에서 인기 있을 만한 아이디어라는 것을 모르지 않았다. 하지만 그는 독일에 가혹한 처벌과 긴축을 강제하는 것이 독일은 물론이고 영국과 프랑스의 이해관계에도 맞지 않는다는 것을 영국 사람들에게 알리려고 노력했다. 케인즈는 『평화의 경제적 결과The Economic Consequences of the Peace』에서 대중의 교육과 대중의 이성적인 공론이 결정적으로 중요하다고 주장하면서, 자신의 목적이 "**견해**를 바꿀 수 있는 교육과 상상력의 힘에 시동을 거는 것"이라고 상당히 열정을 담아 말했다. 케인즈는 그 책의 헌사를 이렇게 적었다. "미래의 일반적인 견해 형성을 위해 이 책을 바칩니다."[2]

당시에 영국 정부의 정책을 철회시키려던 케인즈의 노력은 성공을 거두지 못했지만(그의 제안은 거의 다 기각되었다), 그때 무엇이 잘못되었으며 1930년대의 경제 불황을 가져온 원인이 무엇이었는가에 대한 "미래의 일반적인 견해"에는 막대한 영향을 미쳤다. 케인즈는 국제기구와 국제 제도의 체계를 구축하는 데 지대한 공헌을 한 뒤, 1946년에 66세로 사망했다. 그의 가장 큰 경제학적 공헌은 이른바 '일반 이론'이라고 말할 수 있는데, 고전 반열에 오른 『고용, 이자 및 화폐의 일반 이론The General Theory of Employment, Interest and Money』(1936)에서 개진된 이 이론은 실업과 불황의 원인에 대한 경제학적 이해에 대대적인 변혁을 가져왔다.

케인즈의 폭넓은 경제학적 분석이 주는 교훈이 종종 잊히기는 하지만(2008년 금융위기 이후 영국을 포함해 유럽 각국이 근본적으로 비생산적인 긴축 정책을 편 것이 이러한 망각을 잘 보여주는 사례다), 우리는 이른바 '케인즈주의 혁명'이 담고 있는 경제학적 지혜를 무시하는 사치를 부릴 여력이 없다. 또한 우리는 케인즈가 잘 논증된 '견해'의 영역에 불러온 커다란 변화도 잊어서는 안 된다. 그는 국가 간의 관계와 관련해서도 남긴 업적이 있는데, 1944년 브레턴우즈 협정(상당 부분 케인즈의 개념에서 영감을 받아 이루어진 협정이었다)을 통해 성립된 제도들(세계은행과 국제통화기금도 브레턴우즈 기관들이다)은 그 이후로도 세계의 경제를 조율하는 역할을 하고 있다.

⟨3⟩

국가 간 협력의 긍정적인 효과와 마찬가지로 국가 안에서 개인들 사이에 이루어지는 협력도 건설적인 결과를 가져온다. 가장 놀라운 발달을 꼽으라면 복지 국가의 탄생을 들 수 있을 텐데, 한 가지 면에서 이것은 전쟁의 유산과 관련이 있다. 사람들이 '함께 가는 것'의 중요성을 절실히 깨닫게 된 공통의 경험을 하고서 그것을 위해 노력을 기울인 결과라는 점에서 말이다.

2차 대전 중 식품이 부족하던 어려운 시기에 영국에서는 오히려 영양실조가 크게 줄었다. 1940년대에 정부는 (전쟁 중의 위험과 수송의 어려움 등으로 인해) 전체 식품 공급량이 줄어들 것을 예상하고서 가격 통제와 배급을 통해 가용한 식품을 더 평등하게 공유하는 시스템을 가동했다. 그 결과, 만성 영양실조를 겪던 사람들이 이전 어느 때보다도 충분한 식품을 확보할 수 있었다. 통제된 가격으로 식품을 배급하기로 한 것은 대규모 기아를 막으려는 목적에서 이루어진 일이었지만 모든 사람에게 구매 가능한 가격으로 식품을 공급함으로써 가난한 사람들의 영양 상태 개선에도 큰 진전을 보였다. 실제로, 영국에서 식품 가용 총량(1인당)이 가장 낮았던 시기에 심각한 영양실조가 사라졌다. 의료 자원의 분배에서도 마찬가지의 일이 벌어졌다.[3]

가용한 자원을 더 잘 분배하는 시스템이 가져온 결과는 놀라웠다. 전쟁 시기이던 1940년대에 잉글랜드와 웨일스 남성의 출생 시 기대수명이 6.5년이나 늘었다. 그 이전 10년간의 증가는 1.2년에 불과했던 것에 비해 괄목할 만하게 는 것이다. 여성은 7년이나 늘었고, 역시 전쟁 전의 10년간 1.5년만 증가했던 것에 비해 훨씬 크게 늘었다. 전쟁이 있기 전에도 영국은 식량, 약품 등등 많은 것이 부족했다. 그런데 전후에 진정 급진적인 무언가가 벌어졌다. 아마도 전쟁으로 사람들이 공통된 불행의 감각을 갖게 되었고, 여기에 '함께' 맞서 싸워야 한다는 인식이 결합해 협업적 관점이 나올 수 있었으며, 이를 통해 통합과 포용을 지향하는 대화가 이루어질 수 있었을 것이다. 실제로 리처드 해먼드Richard Hammond가 전쟁 시기 영국의 식품 분배를 연구한 바에 따르면, 다른 이를 굶주림에 고통받게 두어서는 안 된다는 새로운 확신(공유된 설득)이 이 시기에 사람들 사이에 생겨난 것으로 보인다. 해먼드는 이렇게 언급했다. "영국에서 자신의 시민들을 먹이는 문제와 관련해 태도상의 혁명이 있었다."[4] 그리고 그렇게 공유된 문화가 NHS와 같은 제도로 현실화되고 명백하게 융성하자, 그것을 없애고 지극히 불평등한 사회의 의료 불균등으로 돌아가는 데는 실질적인 유인이 없어졌다. 전쟁 중과 전후에 더 높은 의료 형평성과 평등을 강하게 주창한 어나이린 베번은 마침내 1948년에 〔보건장관으로서〕 맨체스터 파크 병원에서 NHS를 처음으로 시행하게 되는데, 이것은 내가 영국에 오기 겨우 5년 전이었다.

⟨4⟩

전후에 일반적으로는 유럽에서, 구체적으로는 영국에서 무언가 특별한 일이 벌어졌고, 여기에는 세계가 얻어야 할 교훈이 있다. 케임브리지에 도착하고서 얼마 뒤에 트리니티 칼리지 뒤쪽 강 옆의 금속 의자에 앉아 '인도에서는 왜 NHS 같은 것이 생기지 않았을까?'를 곰곰이 고민했던 기억이 난다. 영국에서는 새로운 노동당 지도부가 제시한 개념을 바탕으로 모두 협업하며 그것을 실행하는 정치적 과정이 전개되었지만, 식민지를 유지하려는 제국주의적 전통은 인도가 마침내 독립하게 되는 1940년대까지 별로 달라진 것 없이 내내 지속되었다. 여기에서 결정적인 차이는 설득의 과정과 그것이 미치는 범위가 영국과 인도에서 극명하게 달랐다는 점이다. 브리티시 라지는 식민지 신민들에게 정책을 공유하고 소통하는 데 관심이 없었다. 그리고 전후에도 인도 사람들은 영국을 급진적으로 변모시킨 사회적 성공에 대해 정보와 교훈을 얻어서 그것을 실천해볼 수 있는 길이 별로 없었다.

'인도에서의 영국'은 '영국에서의 영국'과 매우 다른 방향으로 가고 있었고, 라빈드라나트 타고르는 이 대조를 그의 마지막 대중강연 '문명의 위기'에서 더없이 유려하게 짚어냈다.

여기에서 저는 두 정부 시스템을 대조하지 않을 수 없습니다. 하나는 협력에 기반을 둔 것이고 다른 하나는 착취에 기반을 둔 것입니다. 그것은 매우 상충하는 조건들을 만들어냅니다.[5]

영국에서 심각한 영양실조가 성공적으로 사라졌던 시점에 인도는 대대적인 기근으로 고통받고 있었다. 1943년의 벵골 대기근은 거의 300만 명의 목숨을 앗아갔다. 어떻게 해서 유럽에서 가장 진전된 민주주의를 가진 나라가 통치하는 곳에서 이러한 기근이 전개될 수 있었을까? 답은 이 책의 7장에서 제시한 분석에서 찾을 수 있는데, 자유로운 소통의 제약이 발휘하는 파괴적인 역할이 그 답의 일부다. 한 용기 있는 저널리스트가 부분적으로 그 제약을 깨뜨렸을 때에서야 기근을 멈추는 쪽으로 방향이 바뀔 수 있었다.

앞에서 언급했듯이, 벵골 대기근은 2차 대전 중에 일어났고 그때 영국은 전진하는 일본군에 밀려 퇴각 중이었다. 영국은 퇴각과 관련된 뉴스가 자유롭게 유통되면 사기가 꺾일 것을 매우 우려했고, 따라서 브리티시 라지 통치자들은 벵골어 신문을 검열하고 보도의 자유를 크게 제약하면서 정보의 자유로운 흐름을 제한했다. 인도에서 가장 유명하던 영어 매체이자 영국이 소유한 매체인 『더 스테이츠먼』은 공식적으로 검열하지는 않았지만 애국심에 호소하면서 영국의 전쟁 수행 활동에 해가 될 만한 것은 어떤 것도 하지 말라고 요구했다.

『더 스테이츠먼』은 오랫동안 그 요구에 동의했고 기근에 대해 아무것도 보도하지 않았다. 하지만 1943년 여름에 『더 스테이츠먼』 편집장인 영국인 이언 스티븐스는 정부가 재난 보도를 억누르는 것에 분노가 점점 높아졌고, 고통받고 있는 벵골 사람들의 사진을 게재하기로 했다. 이 사진들은 논평이나 비판 없이, 사진만 게재되었다.

그리고 다시 얼마 후(아마도 1943년 10월 13일이리라고 날짜를 추측해볼 수 있을 것 같다), 스티븐스는 용인되어서는 안 될 침묵에 대해, 그리고 브리티지 라지를 비판하지 않은 데 대해 점점 커져가던 도덕적 회의감을 더 이상 억누를 수 없었다. 저널리스트인데도 주위에서 벌어지고 있는 가장 중요한 재난을 보도하지 않음으로써 자신이 명백하게 직업 윤리를 배반하고 있었기 때문이다. 그래서 10월 14일에, 그리고 10월 16일에 한 번 더 『더 스테이츠먼』은 벵골 대기근과 관련해 영국의 정책을 강하게 비판하고 그 비판의 근거를 제시하는 글을 게재했다. 당시에 인도에는 의회가 없었지만 영국에는 의회가 있었다. 영국 의회는 인간이 일으킨 이 재앙을 내내 논의하지 않고 있었지만 『더 스테이츠먼』의 보도 이후 곧바로 달라졌다. 『더 스테이츠먼』의 보도 이후 런던은 이 상황의 무게를 논의하지 않을 수 없게 되었고 벵골 대기근은 영국 언론에서도 널리 보도되었다. 며칠 만에 기근을 종식하기 위한 정부 개입이 결의되었고, 다시 몇 주 만에 기근 완화를 위한 구호 활동이 공식적으로 시작되었다. 이미 기근이 9개월이나 진행되어 100만 명 이상이 사망한 뒤였지만, 그래도 결국에는 공공 담론에 제시된 논거로 설득된 대중의 압력이 굵직한 정책 변화를 이끌어냈다.[6]

이언 스티븐스가 결정적인 역할을 하고서 몇 년 뒤에 나는 케임브리지에서 그를 만날 기회를 갖게 되었다. 모건 포스터가 스티븐스가 인도에서 하던 일을 그만두고 킹스 칼리지에 선임 연구원으로 올 거라는 소식을 전해주었다(사도회 모임에서 들었던 것 같다). 포스터는 나를 그에게 소개시켜줄 수도 있지만 스티븐스가 사람

들을 아주 반기는 성격이니 그냥 가서 문을 두드려도 될 거라고
했다. 그래서 그렇게 해보았다. 그런데 안에서 답이 없었다. 문이
잠겨 있지 않았기 때문에 살그머니 문을 열고 안으로 들어가보았
더니 스티븐스는 구석에서 요가를 하면서 물구나무를 서고 있었
다. 고대의 조각상처럼 보였다. 내가 나타나자 그는 인도에서 배
웠다는 물구나무를 풀고서 나와 이야기를 나누었다. 이후로 그와
예닐곱 번 정도 만났을 것이다. 우리는 캘커타에서 일어난 일에
대해 이야기했고 그는 자신의 인생에서 그 시기를 매우 자랑스러
워했다.

　포스터는 그가 영국에 온다는 소식을 내게 처음 전해주면서
"이언 스티븐스가 인도의 친구가 아니라는 점을 잊지 말라"고 주
의를 주었다. 독립 후 파키스탄과 인도가 '분할'된 뒤, 영국에 돌
아가지 않고 남아 있던 영국인들도 서로 다른 진영으로 나뉘었는
데, 스티븐스는 명백히 파키스탄 쪽이었다. 그는 무슬림에 대해
다소 영국적인 견해, 즉 힌두 저항 세력과 달리 무슬림은 영국 제
국에 덜 적대적이었다는 견해를 가지고 있었다(이것은 꼭 맞는 말은
아니다. 포스터의 『인도로 가는 길』(1924)만 봐도 주인공 아지즈는 무슬림
이다). 스티븐스는 인도의 정책에 대해, 특히 카슈미르 지역 관련
정책에 대해 매우 비판적이었고 그가 1951년에 『더 스테이츠먼』
을 그만두고 파키스탄으로 간 것은 인도의 정치적 상황에 대한 불
만과 명백히 관련이 있었다. 하지만 나는 스티븐스가 파키스탄 쪽
이라는 사실이 전혀 걱정되지 않았다. 그가 벵골에서 구한 생명은
힌두 사람과 무슬림 사람 모두였고 언론인으로서 그가 수행한 책
임 있는 역할에서 인류가 얻은 막대한 이득은 어느 한 지역만의
것일 수 없기 때문이다.

⟨5⟩

이언 스티븐스와의 대화에서 나는 몇 가지 교훈을 얻었다. 가장 근본적으로, 공적인 토론을 억누르는 것이 왜 재앙을 불러오는지(심지어 기근을 일으키는 데도 일조할 수 있다)를 배웠다. 이러한 재앙을 일으키는 정부는 재앙에 대한 뉴스를 효과적으로 억누르면 얼마간은 대중의 분노를 피할 수 있을 것이고 따라서 정책 실패에 대한 비판에 직면하지 않을 것이다. 벵골 대기근 때 영국이 어느 정도 이를 달성했다. 그러다가 스티븐스의 폭로가 나오자 영국 의회가 벵골의 기근을 논의하지 않을 수 없게 되었고 영국 언론도 즉각적으로 기근을 멈출 조치를 촉구했다. 그때에서야 브리티시 라지가 인도에서 기근을 막기 위한 조치를 취했다.

공적인 논의는 사회가 어떻게 작동할지를 정하는 데 명백히 중요한 역할을 한다. 설득의 중요성을 강조한 케인즈는 좋은 정책 수립에는 대중의 이성적 논증 과정이 필요하다고 주장한 존 스튜어트 밀과 일맥상통한다. 밀이 민주주의를 '토론에 의한 통치'라고 본 것도 같은 맥락이다(앞에서 언급했듯이, 이 말 자체는 밀이 아니라 월터 배젓이 했지만, 그보다 앞서 밀은 이러한 개념이 널리 이해되게 하는 데 주된 공을 세웠다).

더 나은 의사결정을 위한 공공의 이성적인 논증은 계몽주의 이후의 서구 세계에서만 사용된 것이 아니다. 다른 시대와 다른 사회에서도 그러한 모습을 찾아볼 수 있다. 아테네는 투표 제도가 기원한 곳으로 잘 알려져 있지만, 아테네 사람들이 토론을 계몽의 원천으로 삼았고 토론에 적극적으로 참여했다는 사실을 잊으면 안 된다. 인도에서도 이 개념은 상당히 많은 관심을 받았고, 특히 불교 전통에서 이를 잘 볼 수 있다. 6장에서 보았듯이 기원전 3세기에 거의 모든 인도 아대륙(과 현재의 아프간까지도)을 통치한 불교 군주 아쇼카 황제는 토론을 통해 불일치 지점들을 해결하기 위해 수도인 파트나(당시에는 파탈리푸트라라고 불렸다)에서 제3차 불교경전결집(최대 규모였다)을 열었다. 그는 사회에 필요한 것이 무엇인지를 더 잘 이해하는 데 열린 토론이 수행하는 역할을 강조했고, 이 개념이 더 널리 퍼지도록 나라 전역에, 그리고 그 이외의 지역에서까지도 누구나 쉽게 볼 수 있게 이 내용을 새긴 돌기둥을 세웠다. 이를 통해 그는 평화, 관용과 더불어, 차이를 해소하기 위한 규칙적이고 질서 있는 공적 토론을 주창했다.

마찬가지로 7세기 초인 604년에 일본에서도 불교 군주 쇼토쿠 태자가 '17조 헌법'을 만들었는데(영국의 마그나 카르타보다 6세기나 앞선 것이다), 여기에는 다양한 의견을 들어서 정보를 더 잘 갖추어야 한다는 주장이 다음과 같이 담겨 있다. "중요한 사안에 대한 의사결정은 한 사람이 내려서는 안 되며 많은 사람과 논의해야 한다." 민주주의가 단순히 투표만 의미하는 것이 아니라 '토론에 의한 통치'를 의미한다는 개념은 오늘날에도 지극히 함의가 크다. 오늘날 민주주의 국가가 국정 운영에 실패하는 이유의 상당 부분은 명백한 제도적 장벽이 있어서라기보다 공적인 토론이 적절하게 이루어지지 않기 때문이다.

나는 외할아버지 크시티 모한 센을 통해 공공 담론에 대한 아쇼카 황제의 칙령을 알게 된 학창 시절 이래로 내내 이 주제에 관심이 있었지만, 밀과 케인즈 덕분에 사회적 선택에서 공적 논의와 토론이 차지하는 역할에 대한 이해를 새로운 차원으로 명료하게 다질 수 있었다. 이 부분은 케네스 애로우가 제시했던 사회선택 논의에서는 두드러지지 않은 부분이지만(케네스 애로우의 사회선택 이론은 다른 방식으로 내게 많은 영향을 주었다), 나는 사회적 선택이 피에로 스라파와 오후의 산책에서 나눌 수 있는 다양한 주제 중 하나라는 점이 기뻤다. 스라파는 '사회선택 이론'이라는 말 자체를 쓰기는 꺼렸지만(그는 그것이 너무 기술적인 언어라고 생각했다), 사회적 선택에서 토론과 설득이 투표 못지않게 중요한 부분이라는 것을 내게 인식시켜주었다.

26장

가깝고도 먼

〈1〉

1960년대 초 무렵에 인도에 새로 생긴 경제학 연구 센터 이야기가 많이 들렸다. 델리 정경대학이라는 곳이었고, 이곳을 이끄는 K. N. 라지 교수 이야기도 많이 들었다. 나는 1957년에 짧게 델리에 갔을 때 라지를 만난 적이 있었고, 이후에도 연락을 계속 주고받았다. 그러던 중 1961년에 그가 내게 편지를 보내서 불쑥 "델리 정경대에서 일할 생각 있느냐"고 물어왔다. 답장에서 "정말로 채용 이야기를 하시는 건가요?"라고 물었더니 이런 답신이 왔다. "우리도 몰라요. 유명한 이곳의 노교수이신 V. K. R. V. 라오v. k. R. V. Rao 교수님이 학장을 맡아오시다 은퇴하셨는데 적임자를 찾을 때까지는 계속 공석으로 둘 거라고 하셨거든요." 나는 조금 놀라서 물었다. "그분이 그렇게 하실 수 있어요? 본인이 은퇴한 자리를 언제 채울지 정말로 직접 결정하실 수 있다고요?" 내가 들은 짧은 대답은 "네"였다.

K. N. 라지와 그 서신을 주고받은 지 얼마 되지 않아서, V. K. R. V. 라오의 아들이며 케임브리지 경제학과 학부생이던 마다브 라

오_Madhav Rao_가 자신의 아버지가 언제 내가 델리에 갈 일이 있을 때 나와 점심 식사를 하고 싶어하신다고 알려주었다. 그는 '긴 남인도식 점심 식사'가 될 거라고 덧붙였다. 그날 마다브는 A. C. 피구에게 인사를 하러 갔다가 그의 반응이 떨떠름해서 속상해하고 있었다. 케임브리지의 위대한 경제학자인 피구는 오래전에 V. K. R. V. 라오의 박사 과정 지도교수였다. 마다브는 피구를 찾아뵙기로 약속을 잡았지만 3층에 있는 피구의 연구실에 도착했을 때 피구는 전혀 모르고 있었던 것처럼 이렇게 말했다고 한다. "그런데 무슨 일로 오셨죠?" 마다브가 "저희 아버지 V. K. R. V. 라오가 교수님 밑에서 박사를 하셨는데요, 교수님께 존경과 안부 인사를 전해드리라 하셨습니다. 저의 존경도요"라고 말하자, 피구는 "네, 인사 잘 받았어요"라고 말하고는 창밖을 바라보았고, 마다브는 도착한 지 60초 만에 다시 계단을 내려왔다고 한다. 피구가 방문객으로부터 감염될 가능성을 강박적으로 두려워한다는 사실이 잘 알려져 있긴 했지만(글로벌 팬데믹이 있기 한참 전부터 그랬다) 그래도 속상했다며 마다브는 이렇게 덧붙였다. "저희 아버지는 교수님께 **긴** 남인도식 점심 식사를 대접해주실 거예요."

다음 해인 1962년 봄에 델리에 갈 일이 있었는데, 정말로 라오의 집에서 점심을 먹으면서 길고 느긋한 대화를 나누었다. 채식으로 차려진 음식은 정말 맛있었다. 식사를 마치고 돌아가기 위해 자리에서 일어나려는데 라오가 이렇게 물었다. "저희 학장직에 지원해보지 그러세요?" 나는 속으로 '이게 그거였나?' 하고 생각했다. 이것이 그 어렵다는 채용 면접이었을까?

그게 맞았다. 이후에 공식적인 채용 절차는 마다브가 피구를 찾아갔을 때만큼이나 빠르게 진행되었다. 부학장이 이끄는 채용 위원회와 다르질링 차를 마시면서 짧은 공식 면접을 했고 A. K. 다스굽타A. K. Dasgupta 교수와 I. G. 파텔 교수가 몇 가지 질문을 했다. 이어서 매우 신속하게 채용 제안서가 날아왔다. 나바니타와 나는 델리행의 가능성을 이미 이야기했고 나바니타가 매우 좋아했기 때문에 나는 곧바로 학교 측에 수락 의사를 전할 수 있었다.

1963년 6월에 우리는 짐을 꾸려서 델리로 이사했다. 첫 아이 안타라가 9월 말이나 10월 초에 태어날 예정이었는데, 나바니타는 아이가 인도에서 태어나기를 원했다. 우리는 친절한 영국 친구들의 도움을 받아 케임브리지의 아파트에서 짐을 꾸렸다. 영국 친구들과 헤어져야 해서 우리 모두 무척 슬펐다. 한 친구가 우리 집 벽에 걸려 있던 고갱의 유명한 폴리네시아 가족 그림을 물끄러미 보고 있는 게 보였다. 내가 아주 좋아하는 그림이었기 때문에 그에게 이렇게 물어보았다. "그 그림 맘에 들어?" 그러자 그 친구가 대답했다. "정말 맘에 들어. 하지만 내가 더 관심 있게 보고 있는 건 너의 가족 그림에 있는 사람들이야." 그러고는 확인차 이렇게 물었다. "친척들 맞지?" 나는 침을 꿀꺽 삼켜야 했지만, 고갱의 폴리네시아 친구들을 다시 보고서 이렇게 말했다. "응, 그래. 그런데 아직 만난 적은 없어."

⟨2⟩

우리는 아주 가까운 인간관계의 범위를 넘어서서도 친한 친구가 될 수 있다. 하지만 지리적 장벽 때문에 현실적으로 우정의 가능성이 가로막히기도 한다. 라인 강을 따라 여행하던 중 뤼데샤임의 와인 축제에서 만났던 독일 여학생이 내게 말하려던 바가 이것이 아니었을까. 영국을 떠나기 직전까지도 나는 케임브리지의 경

제학에 불만이 많았지만, 내 지식과 지인의 범위를 넓히는 다리가
되어준 데 대해 마땅히 케임브리지에 감사해야 한다는 것을 잘 알
고 있었다. 케임브리지 대학 안팎에서 있었던 많은 활동 덕분에 이
곳에 있지 않았더라면 알지 못했을 많은 사람을 만날 수 있었다.

우리를 먼 곳에 사는 사람들의 궤도에 데려다 놓아주는 일에는
굉장히 건설적인 무언가가 있다. 세계화가 여러 가지 문제를 일으
킨다고 비난받지만, 관계의 확장을 가치 있는 것이라고 여긴다면
세계화를 조금 더 긍정적으로 볼 수 있을 것이다. 산업혁명과 세
계 교역망의 확대는 파괴적인 요인으로 작용한 면도 있지만, 전반
적인 생활 수준에 기여한 바를 차치하고라도 그러한 글로벌한 발
달은 낯선 영역으로 우리를 데려다주는 활동이 없었더라면 존재
하는지조차 평생 알지 못했을 사람들과 우리가 연결되게 해준다.
다른 이들을 알게 되면 우리 자신의 도덕적 우주를 보는 방식도
포함해서 우리가 세계를 생각하는 방식에 근본적인 시사점을 새
로이 얻을 수 있다.

위대한 철학자 데이비드 흄은 『도덕 원리에 관한 탐구An Enquiry
Concerning the Principles of Morals』(1777/(1751))에 실린 「정의에 관하
여On Justice」라는 글에서 교역이 세계적으로 확대되고 타인과의 경
제적인 연결이 증대되면 정의에 대한 감각을 포함해 우리의 도덕
적 사고가 어떻게 확장될 수 있는지를 다음과 같이 설명했다.

… 다시 한번, 서로 구별되지만 상호 간의 이득과 편리를 위한
상호작용을 유지하고 있는 몇몇 사회를 생각해보자. 정의의 경
계는 사람들이 가진 견해의 폭과 상호연결의 힘에 비례해 한층
더 넓어질 것이다.[1]

정의에 대한 감각이 닿는 범위는 우리가 누구를 알게 되고 누구에게 익숙해지느냐에 달려 있는 것인지도 모른다. 그렇다면 정의에 대한 감각은 다른 이들과 마주치게 되는 기회에 의해 촉진될 수 있고 여기에는 거래와 교환도 포함된다. 반대로 타인이 익숙하게 여겨지지 않으면 그들을 내 생각에서 멀리 두게 되고 정의를 고려할 때 배제하게 될 수 있다. 타인과의 접촉은 더 큰 규모에서 도덕을 생각할 수 있는 가능성을 제공한다. 공동체들 사이에서뿐 아니라 공동체 내에서도 마찬가지다. 앞에서 언급했듯이, 2차 대전 때 영국에서 영양실조 인구가 크게 줄고 전후에 NHS가 실시될 수 있었던 것은, 적어도 부분적으로는, 전쟁이 일으킨 절박함으로 인해 사람들이 타인과의 관계에서 전에 없이 가까움을 느끼게 되어서였을 것이다. 그리고 영국 사회가 영국 사람들 전체의 후생에 대해 더 큰 책임을 받아들이게 된 태도상의 변화는 제도 개혁이 촉진되는 데 일조했다. 반면 강하게 계층화된 사회에서는 이와 반대되는 경향이 관찰되는데, 카스트와 계급의 분할이 실질적으로 공동의 목적이 사라진 상태를 산출하고 있는지도 모른다.

나는 이제 인도에서 경제학을 가르치면서 이러한 대조를 생각해야 하고 그에 대해 연구해야 할 터였다. 민주 국가로서 독립된 인도를 새로이 건설하는 데 주도적인 역할을 한 사회, 정치 분석가 B. R. 암베드카르는 분열의 해악을 잊어선 안 된다고 촉구했다. 그는 카스트 기반의 불평등을 혐오하고 인도의 많은 곳에서 불가촉천민을 박해하는 관행이 지속되는 것에 반대하면서(암베드카르 본인도 불가촉천민 출신이다) 숨지기 얼마 전인 1956년에 카스트를 거부하는 불교에 귀의했다. 케임브리지에 있었던 마지막 한두 해

동안 나는 불평등의 역사, 특히 인도 불평등의 역사를 분석한 암베드카르의 통찰력 있는 글을 읽었는데, 이는 내게 매우 깊이 각인되었다.

⟨3⟩

인도로 들어갈 날이 다가오면서 파키스탄 출신 친구들과의 가까운 관계가 끊어질지도 모른다는 걱정이 진지하게 들기 시작했다. 이들과의 우정은 '적국'이라고 여겨지는 나라의 수도에 내가 정착하고 나면 유지하기 어려워질 수도 있었다. 델리로 돌아갈 일정을 준비하던 1963년 초에(이때는 1차로 정착 준비를 하러 가는 것이었고 아주 들어가는 것은 그해 여름으로 예정되어 있었다) 갑자기 인도와 중국이 전쟁에 돌입했다. 오래 가지는 않았지만, 이웃 사이에 언제라도 갑자기 전쟁이 벌어질 수 있다는 사실을 상기시켜주기에는 충분했다. 그리고 나는 인도와 파키스탄 사이에 언제라도 전쟁의 화염으로 번질 수 있는 정치적 불쏘시개가 충분히 타고 있다는 것을 잘 알고 있었다. 탱크와 폭격기가 끼어들기 전에 파키스탄에 가서 친구들을 만나보고 싶어서, 나는 인도로 돌아갈 때 특이한 경로를 택하기로 했다. 먼저 파키스탄의 라호르로 가서(친구 아리프 이프테카르의 고향인데, 그는 케임브리지에서 공부를 마치고 고향에 돌아가 있었다), 그다음에 카라치로 이동했다가(이때 마붑 울 하크가 카라치에 있었다), 그다음에 델리로 들어가는 일정이었다. 내가 라호르에 도착했을 때 아리프는 출장차 이슬라마바드에 가 있었다. 그가 서둘러 돌아오기 위해 애쓰는 동안 나는 혼자 하루를 보내게 되었다. 미리 정해진 일정이 없이 자유 시간을 보낼 수 있게 된 그날, 아리프 어머니의 추천대로 이 놀랍도록 우아한 도시의 아름다운 모스크를 보러 갔다. 아리프는 그날 저녁에 돌아왔다. 이프테카르 집안 사람들이 매우 부자이면서 동시에 상당히 좌파 성향이었기 때문에, 다음 날 우리는 궁전도 구경했지만 노조 본부도 방문했다. 라호르는 볼 것이 정말 많은 도시였고 나는 며칠 동안 이곳저곳을 다니며 도시를 탐험했다.

하루는 '라호르 클럽'에서 거한 저녁 식사를 하고 나오는데 클럽 출구에서 아리프의 자동차가 고장 났다. 다른 자동차들이 우리 뒤에 줄줄이 서서 나가지 못하고 있었고 큰 소리로 불평이 터져나왔다. 아리프를 잘 알고 있는 것으로 보이는 몇몇 젊은이가 아리프의 차를 에워싸고 무언가 후렴구 같은 것을 큰 소리로 외치기 시작했다. 내게는 위협적인 주술을 거는 주문처럼 들렸다. 그들이 하는 말을 내가 잘 알아듣지 못했기 때문에, 불길한 두려움이 엄습했다. 그러다가 마침내 그들이 하는 말을 알아듣고서 안심할 수 있었다. 그들은 단지 슬로건처럼 들리게 운을 맞춰서 "차를 빼세요, 이프테카르, 이프테카르!"(Move the car, Iftekhar, Iftekhar! 무브-더-카르, 이프-테-카르, 이프-테-카르)를 반복하고 있었을 뿐이었다. 아리프가 보닛 아래로 들어가 무언가를 고치는 동안 나는 차에서 나와 내 소개를 했다. 그리고 수백 명과 따뜻한 악수를 나누었는데, 그들은 악수를 하면서 다음과 같이 단호한 지시를 내렸다. "파키스탄에서 좋은 시간 보내세요." 나는 새 친구들의 지시를 최선을 다해 수행하겠다고 약속했다.

라호르는 좋은 시간을 보내지 않기가 힘든 도시다. 이곳에는 아름다운 모스크, 우아한 건물, 그리고 세계에서 가장 위대한 정원인 '샬리마르 정원'이 있다. 무굴 제국의 황제와 귀족들이 카슈미르로 가는 길에 이 정원에서 쉬어갔다고 한다. 아리프의 열렬한 좌파적 정치 성향과 대조적으로 그의 집안 자체는 대대로 라호르의 오랜 영주 집안이며 수세기 동안 샬리마르 정원의 관리를 맡고 있었다. 아리프의 어머니는 예의 바른 무굴 제국 군주들이 카슈미르로 가는 길에 샬리마르 정원을 사용해도 되겠느냐고 정중히 허락을 구하는 서신을 보냈다는 이야기를 해주었다. 아리프는 나와 샬리마르 정원을 걸으면서 정치 활동을 할 수 없어서 낙담하고 있다고 털어놓았다. 정치 활동을 가로막는 장벽은 아리프 집안의 사업 때문이기도 했지만 그것보다는(큰 사업이긴 했어도, 아리프는 필요하다면 이것은 포기할 준비가 되어 있다고 말했다) 불관용적인 정부에서 좌파 정치가 엄격하게 제약되고 있는 것이 문제였다(이것은 아리프가 극복하기 상당히 어려운 장벽이었다). 아리프는 우리 때 케임브리지 유니언에서 연설을 가장 잘하는 사람이었다. 그리고 가장 선하고 따뜻한 사람이기도 했다. 나는 언젠가는 그가 익숙한 삶을 통째로 뒤엎지 않고도 사람들을 도울 수 있는 일을 하게 되리라고 확신했다.

친한 친구인 시린 카디르Shireen Qadir도 라호르에 살고 있었다. 시린의 집을 방문할 거라고 했더니 아리프는 시린에 대해서는 좋은 이야기를 많이 들었지만 반동적인 인물인 시린의 아버지 만주르 카디르Manzur Qadir의 집에 나를 데려다주지는 않겠다고 했다. 만주르 카디르는 아리프가 동의하지 않는 것이 틀림없는 쪽의 정치 성향을 가진 매우 유명한 변호사였다. 아리프는 자신의 자동차 열쇠를 나에게 주더니 이렇게 말했다. "직접 운전해서 가. 로렌스 가는 멀지 않고, 내 차는 밖에 있어." 시린은 내가 굉장히 커다란 차를 몰고 자신의 집 뜰로 들어서는 것을 보고 깜짝 놀랐다고 한다.

라호르를 떠나 카라치 공항에 도착하자 마붑과도 친한 사이인 케임브리지의 또 다른 친구 칼리드 이크람Khalid Ikram(나중에 시린과 결혼한다)이 마중을 나와 있었다. 칼리드는 비행기가 연착되길래 내가 인도 비행기로 오는 건가 싶어 걱정했는데("그건 매우 위험할 수 있잖아?") 라호르에서 파키스탄 비행기로 오고 있다는 사실을 알고 안심했다고 악의 없는 농담을 했다. 그 시절에는 인도-파키스탄의 농담 전쟁에서 농담 부분이 서로에 대한 증오를 드러내는 전쟁 부분을 훨씬 압도했다.

카라치에서 마붑과 그의 아내 바니와 대화를 나누다 보니, 마붑이 파키스탄 계획위원회에서 경제 분과를 담당하는 고위직에 있으면서도(나중에 파키스탄의 재무장관도 지낸다) 기본적으로는 낙담하고 있는 상태임을 느낄 수 있었다. 그는 파키스탄에서 경제계획을 추진하면서 알게 된 것들을 이야기하면서, 쉽게 달성할 수 있는 좋은 일들도 있었지만 진보를 가로막는 장벽(협소한 관점의 정치와 반목과 대치가 널리 퍼진 구조에서 나오는 장벽)은 극복하기가 쉽지 않다고 했다.

마법처럼 황홀한 카라치의 석양 아래서 마붑의 목소리가 높아졌다. 분석적인 냉철한 목소리에 깊고 저항적인 열정이 섞여 있었다. 그는 파키스탄의 오랜 문제들에 어떻게 대적해야 할지 알고 있었지만 즉각적인 진전 가능성에 대해서는 회의적이었다. 또한 그는 파키스탄만이 아니라 더 폭넓은 범위에서 성취하고 싶은 것이 많다는 자신의 열망을 스스로 잘 알고 있었다. 그러한 활동을 할 만한 또 다른 근거지가 필요했다. 그리고 몇 년 뒤에 유엔개발계획UNDP에서 바로 그런 기회를 발견했다. UNDP에서 그는 국가들을 인구의 삶의 질(교육, 영양, 그 밖의 자원에의 접근 등을 지표로) 관점으로 평가하는 '인간 개발' 접근법을 개척하게 된다. 1989년에 뉴욕에서 인간개발사무소Human Development Office 개소를 앞두고, 마붑은 여러 차례 내게 전화해서 이렇게 주장했다. "아마르티아, 다 버리고 이리로 와. 우리는 세상을 더 잘 이해할 수 있게 될 거야!" 1990년대에 매우 영향력 있는 연례 『인간개발보고서』를 펴내기 시작하면서(여기에 나도 일종의 병사로서 참여해 그를 도왔다는 사실이 영광스럽다), 마붑은 먼 길을 돌아 마침내 바로 그 일을 하게 되었다.

⟨4⟩

파키스탄을 거쳐 델리 정경대학('D-스쿨'이라고도 불린다)의 새 학기 시작에 맞게 델리에 도착했다. 가르치는 사람이라는 정체성은 내 정체성 중 가장 강한 부분이고, 이 정체성이 형성된 시기는 산티니케탄의 학생 시절 인근의 부족 아이들을 가르치는 야학 교사를 했던 때로까지 거슬러올라간다. 델리 정경대에서 놀랍도록 뛰어난 학생들을 가르치면서 느낀 흥분과 즐거움은 형언하기 어려울 정도다. 뛰어난 학생들이 오리라고 예상은 했지만 예상 이상이었다.

처음에는 초급부터 심화까지 다양한 수준의 경제 이론을 강의하는 것으로 시작했지만, 점차로 게임 이론, 후생경제학, 사회선택 이론, 경제계획론, 그리고 과학의 인식론 및 과학철학(철학과 대학원생을 위한 강의였다)과 수리논리학(이것은 누구나 들을 수 있었다)도 강의하게 되었다. 자다브푸르 대학에서도 그랬듯이, 가르치기 위해 준비하는 과정에서 오히려 나 자신이 많은 것을 배웠다.

델리 정경대에서 강의를 시작한 것은 1963년 3월이었는데 이

1964년경 산티니케탄의 정원에서 책을 읽고 있는 아마르티아.

곳의 학사 일정상 금방 여름 방학이 되었다(방학이 4월에 시작되었다). 두 달 정도 시간이 난 덕분에, 아직 나바니타가 있었던 케임브리지로 돌아갔다. 하지만 델리로 들어와야 할 날이 다가왔고 나바니타와 나는 아테네, 이스탄불 등 여러 곳을 경유해가며 항공편으로 델리에 도착했다.

우리는 그리스에서 멋진 2주를 보냈다. 안드레아스 파판드레우 Andreas Papandreou가 이끄는 연구소의 초청으로 그리스에 강연 일정이 잡혀 있었다. 파판드레우는 뛰어난 경제학자이자 매우 유능한 정치인으로, 그리스 시민들의 민주적 권리를 위해 싸우고 있었다. 그리스의 군부 통치자들은 당연히 그를 좋아하지 않았다. 우리가 방문하고 나서 얼마 후에 파판드레우는 체포되었고 군부 정권의 희생양이 되는 바람에 나라를 떠나 망명해야 했다. 하지만 대중의 봉기와 법적 투쟁으로 군부가 몰락하고서 파판드레우는 승리의 귀환을 했다. 나중에 그는 그리스의 총리가 된다. 한편, 그러는 동안 파판드레우와 아내 마거릿은 우리와 친한 사이가 되었고 그들이 정치적 부침을 겪는 세월 내내 우리는 연락을 주고받았다. 그들의 아들 안드레아스(아버지와 이름이 같다)는 나중에 옥스퍼드에서 내 지도로 박사 과정을 밟게 되는데, 경제적 외부성, 특히 환경 정책과 관련된 경제적 외부성에 대해 뛰어난 논문을 썼다.

고대 그리스의 멋진 장소들에 가본 것도 너무나 좋았다. 또 우리는 고대의 연극도 관람했는데, 나바니타가 아티카 지역 언어를 약간 알고 있어서 때때로 도움이 되었다. 파판드레우가 크레타도 가보라고 추천해서 그곳도 가보았고, 미노스 문명의 놀라운 유적과 숨이 멎을 듯이 장엄한 크노소스 궁을 볼 수 있었다. 이렇게 범상치 않은 장소들을 보노라니 인간 문명의 발달에서 고대 세계가 이룩한 성취를 어느 정도나마 이해할 수 있을 것 같았다. 하지만 크레타에서 고대 그리스의 역사에 빠져드는 동안에도 어서 델리로 돌아가 다시 학생들을 만나고 싶어 몸이 달았다.

⟨5⟩

가르치는 즐거움도 즐거움이었지만 델리 정경대에 사회선택 이론에 관심이 있는 대학원생과 젊은 교수들이 많이 생겼다는 점도 내게는 큰 이득이었다. 전에 모리스 돕은 주변에 함께 논의하고 협업할 다른 사회선택 이론가들이 있게 되기 전까지는 사회선택 말고 다른 주제를 연구하는 게 좋을 거라고 내게 조언한 바 있었다. 옳은 조언이었지만, 델리에서 나는 사회선택 분야를 전문적으로 연구하고자 하는 일군의 학생이 꽤 빠르게 생겨날 수 있다는 사실을 알게 되었다. 델리 정경대 학생 대부분은 사회선택이라는 주제에 대해 전에 들어본 적이 없었지만, 첫 강의에서부터도 많은 학생이 이 분야를 자기 분야로 삼겠노라 결심하는 것을 느낄 수 있었다. 놀랍게도 델리에서 매우 빠르게 일군의 사회선택 이론가들이 생겨났고, 이들 중 이론을 확장하고 현실에 적용해나가면서 혁신적으로 사회선택 이론 분야를 개척해 이름을 날리게 되는 사람도 많았다. 델리 정경대에서 내 가장 첫 제자 중 한 명이었던 프라산타 파타나이크Prasanta Pattanaik는 델리 정경대에 들어오자마자 매우 강력한(그리고 굉장히 어려운) 사회선택 이론 연구 결과들을 산출했고, 세계적으로도 인정을 받았다. 세계 곳곳에서 '파타나이크 정리'라고 불리며 찬사받고 있는 논증을 정작 당사자인 프라산타는 학생으로서 강의실에 겸손하게 앉아 있는 가운데 강의하는 것은 흔치 않은 즐거움이었다.

우리 수업에서 사회선택 이론을 다루었을 때 흥미로웠던 특징 중 하나는 흄, 스미스, 칸트 등이 개진한 도덕철학의 여타 접근 방법들에서 유용했던 개념과 특징들을 통합하려 노력했다는 점이었다. 또한 우리는 홉스, 루소, 로크가 '사회계약' 개념을 통해 제안하고 고찰한 도덕 원칙들도 논의했다. 여기에서 사회계약은 각 개인이 다른 이들도 그 대가로 비슷한 약속을 하리라는 것을 전제로 다른 이들을 위해 어떤 일을 하기로 (혹은 하지 않기로) 동의하는 사람들 상호 간의 계약을 말한다. 사회적 선택의 문제와 관련한 논증에서, 가령 조세 시스템의 공정성을 평가하거나 2차 대전 같은 식량 부족 상황에서 배급제를 사람들이 받아들일 용의가 있을 것인지를 논할 때, 사회계약 개념은 상당히 유용하다.[2] 또한 우리는 '위반 시에 처벌이 따르는 계약적 의무'와 〔상대도 내게 상응하게 해주어야 한다는〕 상호성을 조건으로 주장하지 않고도 자신의 의무라고 받아들일 수 있는, 이성적으로 논증된 의무'를 비교 분석하기도 했다(후자인 조건 없는 의무를 '샤르타힌 카르타브야'라고 부르는데, 가우타마 붓다가 『숫타니파타』 등에서 발달시킨 논지를 따라 이 책의 6장에서 설명했다). 실제로 (스미스의 저술에서 볼 수 있듯이) 상호성에 기반한 의무와 그러한 상호성의 조건 없이 행하는 의무 모두 사회선택 이론의 틀로 쉽게 고찰할 수 있다.

사회선택 이론가가 되면 모종의 분석 역량을 가질 수 있게 된다. 하지만 '어떤 문제에 대한' 사회적 선택을 다루기로 할 것인가는 무엇이 중요하고 흥미로운 문제인지에 대한 우리의 판단에도 달려 있다.[3] 나는 몇몇 학생이 사회선택 이론의 접근을 정책 수립과 관련된 현실적인 문제에 적용하려 하는 것이 자랑스러웠다. 사회선택이 아닌 다른 주제를 연구하는 학생들도 있었는데, 이들도 자신이 선택한 분야에서 두각을 나타냈다(일례로 프라바트 파트나이크Prabhat Patnaik는 나중에 저명한 개발경제학자가 된다). 나 자신의 연구가 어떻게 되고 있는지와 별개로, 학생들의 연구가 전 세계적인 관심을 받는 것을 보는 것은 이루 말할 수 없이 즐거운 일이다.

⟨6⟩

델리에서 학생들을 가르치는 생활은 매우 만족스러웠지만 빈곤이 만연한 인도의 현실을 하루라도 인식하지 않을 수가 없었다. 빈곤도 문제지만 학교 교육이나 기초 의료 등 매우 중요한 공공 서비스 부족도 문제였다. 인도 사람들이 이러한 시설과 서비스를 확대하는 데 관심이 없어서가 아니었다. 문제는 학교 교육과 기초 의료에 들어가는 공공 자원이 너무나 적다는 데 있었다. 기초적인 공공시설의 필요성이 대대적으로 간과되어 공공 정책이나 경제계획 수립에서 사회적인 관심을 거의 받지 못하고 있었다. 독립된 민주주의 국가 인도에서 기근은 이제 정복되었지만 만성적인 영양 부족은 여전히 만연했고 모두가 접할 수 있는 기초 의료 서비스는 끈질기게도 도입되지 못했다. 취약한 교육 서비스와 의료 서비스는 인도에서 도무지 사라지지 않는 경제적, 사회적 불평등과 관련이 있었다. 더 나은 계층 사람들과 달리 최하 계층 사람들에게는 교육과 의료가 어차피 별 쓸모가 없으리라고 흔히 여겨졌다. 이렇게 끔찍히도 잘못된 개념 탓에 전통적인 불평등이 한층 더 악화되었다.

아누라다 루서Anuradha Luther, 프라바트 파트나이크 등의 학생들과 함께 이러한 사회적 무시와 간과의 속성을 연구하면서, 총계 수준에서 국가 전체적으로 드러내는 일반적인 결핍과 더 가난하고 불리한 집단 사람들이 겪는 극심한 박탈 사이의 관계를 살펴봐야 한다는 점을 깨달았다.

오늘날 인도에서 관찰되는 불평등은 먼 과거에서부터 이어져 왔으며, 역사적으로 세계의 다른 나라 대부분에서 존재했던 불평등의 정도보다 심했던 것으로 보인다. 소득과 부의 막대한 비대칭(가난하거나 매우 가난한 사람들을 살 만하거나 부유한 사람들과 분리한다)도 문제지만 사회적 하층이 겪는 낮은 지위와 끔찍한 사회적 처우와 같은 사회적 불평등도 심각하다. 이러한 불평등의 극단에 있는 사람들이 불가촉천민이다. 이미 기원전 6세기에 가우타마 붓다는 인간 집단을 구분하고 분열하는 사회적 장벽을 용인하지 말아야 한다고 주장했다. 운동으로서의 불교는 세상의 속성에 대한 형이상학과 인식론 분야에서 [기성 개념으로부터의] 급진적인 단절이었던 만큼이나 사회적 불평등에 대한 급진적인 저항이기도 했다.

⟨7⟩

나는 전후에 전쟁의 후유증에 시달리던 영국이 불평등을 크게 줄일 수 있었던 사례를 델리 정경대 강의 때 사용하기로 하고 수업에 쓰기에 적합한 자료들을 찾아보았다. 영국에서 쓰인 글 중에는 마르크스의 글도 있지만(마르크스는 『자본론』을 영국 박물관에서 썼다) 잉글랜드[와 스코틀랜드] 정치경제학의 창시자라고 볼 수 있는 애덤 스미스의 개척적인 글도 있다. 케임브리지 대학에서 경제학을 배웠을 때는 스미스의 저술을 거의 접하지 않았지만, 영국에 가기 전에 프레지던시 칼리지에서는 스미스에 대해 더 많이 논의했고 칼리지 가 길 건너편의 커피하우스에서는 그보다도 더 많이 논의했다. 델리 정경대 강의 자료를 준비하면서, 나는 스미스가 인도의 불평등과 그것의 해법을 논의하는 데 많은 시사점을 준다는 것을 알게 되었다.

스미스는 교육과 의료 분야에서 공공 서비스를 확대하기 위해 국가가 개입하는 것처럼 비시장적 제도로 시장에서의 과정을 보완하는 데 진지하게 관심이 있었다. 스미스의 글은 공적 제도들을 잘 배열하면 분열과 결핍을 극복하는 데, 그중에서도 심각한 박탈을 겪고 있는 사람들의 분리와 결핍을 극복하는 데 명백한 도움이 된다는 점을 수업에서 논의하는 데 도움이 되었다.

스미스가 개진한 도덕적 논증에서 매우 강력한 요소 하나는 '불편부당한 관찰자'라는 개념의 사용이었다. 스미스는 개인적인 편견이나 해당 지역에 대한 편견이 없는 외부인의 눈으로 어느 사회의 특정한 상황(가령, 지속되고 있는 불평등)을 본다면 어떤 평가를 내리게 될지 상상해봄으로써 편견과 분열에서 자유로운 관점에 집중하는 법을 배워야 한다고 주장했다. 또한 수업 시간에 우리는 전후 영국의 정책과 관련해 R. J. 해먼드, 리처드 티트머스Richard Titmuss와 같은 사회과학자들이 수행한 연구도 살펴보았다. 특히 우리는 영국의 전후 재건이 전쟁 시기에 경험한 협업의 교훈에 바탕하고 있다는 연구 내용에 주목했다.[4]

또한 수업에서 우리는 스미스가 (가난하고 사회적으로 불리한 처지인 사람들에게 깊이 공감하면서) 사회의 상층 사람들이 자신들이 '우월하다'고 주장하는 것에 늘 반대했다는 점도 이야기했다. 이와 같은 스미스의 태도를 보여주는 한 가지 사례는 1759년에 펴낸 『도덕감정론Theory of Moral Sentiments』에서 잉글랜드 상류층이 아일랜드 사람들에 대해 내보이는 비하적 편견을 묘사한 대목에서 볼 수 있다. 역시 『도덕감정론』에서 찾아볼 수 있는 또 다른 사례는 미국과 유럽 상류층 상당수가 노예제라는 끔찍한 제도를 꾸준히 용인하고 있는 데 대한 스미스의 평가다.[5] 수업에서 학생들은 인도에서 최하층 카스트 사람들을 끔찍하게 비참한 노동으로 몰아넣는 몇몇 '제도화된 불평등'이 노예제에서의 도덕적 퇴락과 비슷한 결과를 일으킨다는 점을 명민하게 분석했다.

스미스는 노예제처럼 끔찍한 제도는 타협 없이 배격해야 한다는 입장을 가지고 있었는데, 이는 그의 가까운 지인이던 데이비드 흄이 노예제에 대해 가졌던 입장과 차이가 있다. 흄도 인간관계가 가능한 한 광범위해야 한다고는 생각했지만, 일반론 수준에서는 노예제에 비판적이었어도 그의 노예제 반대 주장은 다소 취약한 면이 있었다. 이와 달리 스미스는 인종주의에 대한 전적인 혐오를 단호하게 드러냈고 어떤 형태로도 노예제가 용인되어서는 안 된다고 주장했다. 또한 노예 소유자들이 노예들을 낮은 수준의 생명 형태〔열등한 종〕로 취급하는 것에 격분했다.

자신의 주장을 펼치면서 스미스는 아프리카에서 강제로 끌려와 노예가 된 사람들이 백인보다 열등하지 않을 뿐 아니라 백인 노예 소유주에 비해 몇몇 중요한 면에서 오히려 더 우월한 인간이라고 언급했다. 그의 책 『도덕감정론』에는 다음과 같이 깊은 울림을 주는 언명이 나온다.

이러한 면에서, 아프리카 연안에서 온 흑인들은 그들의 추악한 주인들은 대개 상상할 능력조차 없을 위대한 너그러움을 모두가 가지고 있다.[6]

델리 정경대 강의에서 학생들에게 이 구절을 소리 내어 읽어주었을 때, 학생들에게서 안심과 위안, 아니 흥분을 분명히 감지할 수 있었다. 델리의 학생들이 아프리카 연안에서 온 사람들에 대해 많은 것을 아는 건 아니겠지만, 그들은 가까운 곳의 사람들에게만이 아니라 먼 곳에서 잘못된 처우에 고통받는 사람들에 대해서도 즉각적인 유대를 느낄 수 있었다. 그들은 스미스의 논증을 납득만 한 것이 아니었다. 그들은 스미스의 논증을 자랑스러워했다.

지리와 시대의 경계를 넘어 발휘되는 합리적인 공감은 우리 마음에서 자생적으로 생겨나는 감정적 애착의 강렬함에서 나올 수도 있지만, 스미스가 보여주듯이 이성적인 논증의 힘에서 나올 수도 있다. 이 책에서 많이 언급한 라빈드라나트 타고르는 본능적인 공감과 논증에 의한 설득 둘 다의 중요성을 강조했는데, 실로 옳다. 타고르는 너무나 많은 사람이 단지 인종이나 위치 때문에 세계의 담론에서 그들의 문제가 배제되고 있다는 사실에 크게 충격을 받았다. 사람을 노예화하는 것은 도저히 용납할 수 없는 일이라고 느꼈던 스미스처럼, 타고르는 숨지기 얼마 전이던 1941년에 한 마지막 대중 강연에서 인류 중 일부가 받고 있는 대우가 얼마나 경악스러운지를 언급하고서 이렇게 말했다.

인류에게 주어진 최고로 좋고 최고로 고귀한 선물은 특정한 인종이나 국가의 독점물일 수 없습니다. 그러한 선물은 닿는 범위가 제약되지도 않을 것이고 구두쇠가 땅속에 꽁꽁 파묻어 두는 것처럼 숨겨지지 않을 것입니다.[7]

스미스와 타고르가 촉구하고 있는 사람에 대한 근본적인 존중과 이해를 학생들이 너무나 분명하게 인식하고 있는 것이 보여서

나는 정말 안심이 되었다. 틀림없이 이것은 세상에 대해 희망을
갖게 하는 강력한 원천일 것이다.

1장 다카와 만달레이

1 이 대조적인 풍광에 대한 묘사는 다음에 나온다. George Orwell, *Homage to Catalonia*(1938) (London: Penguin Books, 1989, 2013), p. 87. 『카탈로니아 찬가』, (민음사).

2 존스홉킨스 배낭 의사들의 헌신적이고 용기 있는 노력에 대한 흥미로운 설명은 다음을 참고하라. Dale Keiger, "Medicines Where They Need It Most", *Johns Hopkins Magazine*, 57 (April 2005), p. 49.

3 이 악독한 프로파간다 전쟁의 적극적인 참여자 중 하나가 페이스북이었다. 버마 군부가 페이스북 채널을 로힝야 족에 대한 프로파간다에 매우 수완 있게 사용했고, 이것이 치명적인 결과를 가져왔다는 점은 『뉴욕타임스』 등의 언론에서 최근에 잘 취재, 보도한 바 있다. 페이스북도 군부가 주도한 혐오 캠페인의 세부 사항 상당 부분에 대해 사실관계를 인정했다. 페이스북의 사이버 보안 책임자 너새니얼 글라이셔Nathaniel Gleicher는 "미얀마 군부와 직접적으로 연결된 프로파간다를 은밀하게 퍼뜨리려는 명백하고 의도적인 시도들"을 발견했다고 인정했다. 다음을 참고하라. "A Genocide Incited on Facebook, with Posts from Myanmar's Military", *The New York Times*, 15 October 2018.

2장 벵골의 강들

1 Adam Smith, *The Nature and Causes of the Wealth of Nations*. 다음에 수록됨. *The Works of Adam Smith* (London, 1812), Book I, Of the Causes of Improvement in the productive Powers of Labour, and of the Order according to which its Produce is naturally distributed among the different Ranks of the People, Chapter III, "That the Division of Labour is limited by the Extent of the Market". 『국부론』, (현대지성).

2 Smith, *The Nature and Cause of the Wealth of Nations*.

3 Smith, *The Nature and Cause of the Wealth of Nations*.

4 다음을 참고하라. Richard M. Eaton, *Essays on Islam and Indian History* (Oxford: Oxford University Press, 2000), p. 259.

5 Raihan Raza, "Humayun Kabir's 'Men and Rivers'", *Indian Literature*, 51, no. 4 (240) (2007), pp. 162~177; http://www.jstor.org/stable/23346133. 인용문은 다음에서 볼 수 있다. *Men and Rivers* (Bombay: Hind Kitabs Ltd, 1945), p. 183.

3장 벽이 없는 학교

1 사티야지트 레이는 자신이 산티니케탄에 진 빚을 여러 번 이야기했지만 다음 저서에서 특히 명백하게 이야기했다. *Our Films, Their Films* (1976) (Hyderabad: Orient BlackSwan Private Ltd. 3rd edn. 1993). 나는 '사티야지트 레이 기념 강연'에서 이 이슈들을 논의했다. 다음을 참고하라. Satyajit Ray Memorial Lecture, "Our Culture, Their Culture", *New Republic*, 1 April 1996.

2 실뱅 레비는 유명한 역사학자이자 인도학자로, 주로 파리에서 활동했다. 여러 뛰어난 저술을 집필했으며 특히 『인도의 극 문화The Theatre of India』가 잘 알려져 있다. 간디와 타고르의 친한 친구이던 찰스 프리어 앤드루스는 영국의 사제이며 인도 독립을 위해 싸운 활동가이기도 하다. 레너드 엘름허스트는 농학자이자 자선사업가로, 유명한 진보적 교육기관이자 드물었던 음악 교육기관인 다팅턴 홀Dartington Hall의 설립자이기도 하다. 내가 영국으로 유학을 와서 케임브리지 이외에 가장 처음 방문한 곳이 여기였다. 케임브리지에 온 지 두 달 뒤였던 1953년 12월이었고, 엘름허스트 집안 사람들이 매우 따뜻하게 맞아주었다.

3 이에 대해서는 난달랄 보스에 대한 훌륭한 전기인 다음을 참고하라. Dinkar Kowshik, *Nandalal Bose, the Doyen of Indian Art* (New Delhi: National Book Trust. 1985. 2nd edn. 2001), p. 115.

4 이곳은 켄둘리일 것으로 추정되는 여러 지역 중 하나다. 켄둘리는 산스크리트어로 켄두빌바라고 불린다. 이곳이 아니라 다른 곳이라는 주장 중에 특히 유력한 것으로 오디샤를 꼽는 주장이 있다. 자야데바가 산스크리트어로만 글을 썼고 오리야어나 벵골어로는 쓰지 않았으므로 그가 쓴 『기타 고빈다Gita Govinda』(고전 산스크리트어 후기 문헌 중 가장 찬사를 받는 작품이다)의 텍스트를 조사해도 이 문제는 해결될 수 없을 것이다.

5 피바디 자매에 대한 유명한 전기(*The Peabody Sisters: Three Women Who Ignited American Romanticism*, Boston: Houghton Mifflin. 2005)로 상을 수상한 저명한 저자인 메건 마셜Megan Mashall이 그의 할아버지 조 마셜의 미출간 메모인 '산티니케탄 일기Santiniketan Journal'를 볼 수 있게 해주었다. 감사를 전한다.

6 내 아들 카비르가 보스턴의 저명한 학교에서 음악을 가르치고 있고 성공적인 작곡가이자 성악가로 활동하고 있는 것을 보면, 고인이 된 나의 전처 에바 콜로르니에게서 엄마 쪽 유전자를 물려받은 것 같다. 에바는 음악적 소질이 매우 뛰어난 사람이었다.

7 다음을 참고하라. *Visva-Bharati News*, Vol. XIV, 7 (July 1945~June 1946).

8 조급할 필요가 있다는 내 주장은 내가 쓴 『자유로서의 발전Development as Freedom』 (New York: Knopf: Oxford: Oxford University Press, 1999)의 핵심 주제 중 하나이며 나와 장 드레즈Jean Drèze가 공저한 『불확실한 영광: 인도와 인도의 모순들An Uncertain Glory: India and Its Contradictions』(2013)(London: Penguin Books, 2nd edn. 2020)의 핵심 주제이기도 하다.

9 1930년 『이즈베스티야』와의 인터뷰에서 한 말이다. 타고르에 대한 상세한 전기인 다음을 참고하라. Krishna Dutta and Andrew Robinson, *Rabindranath Tagore: The Myriad-Minded Man* (London: Bloomsbury Publishing. 1995).

4장 외할아버지, 외할머니와 함께

1 나는 이 이야기를 외할머니에게 들었지만, 이 일화는 외할아버지의 삶에 있었던 수많은 놀라운 일들을 면밀하게 조사한, 벵골어로 쓰인 다음의 전기에서도 볼 수 있다. Pranati Mukhopadhyay, "Kshiti Mohan Sen and Half a Century of Santiniketan", *Kshiti Mohan Sen O Ardha Satadir Santiniketan* (Calcutta: West Bengal Academy, 1999), p. 223. 나는 내가 기억하고 있는 것들이 실제로 사실인지를 확인하는 데 이 책의 도움을 많이 받았다. 연구와 조사에 들인 저자의 노고에 감사드린다.

2 다음에 나온다. *Rig Veda*, Mandala X, verse 10.129. 내가 참고한 영어 번역문("Who really knows? Who will here proclaim it? Whence was it produced? Whence is this creation? The gods came afterwards, with the creation of this universe. Who then knows whence it has arisen? Whence this creation has arisen — perhaps it formed itself, or perhaps it did not — the one who looks down on it, in the highest heaven, only he knows — or perhaps he does not know")은 다음에 나온다. Wendy Doniger, *The Rig Veda: An Anthology* (London: Penguin Books, 1981), pp. 25~26.

3 벵골어로 쓰인 크시티 모한의 전기인 다음 저술에 나온다. Pranati Mukhopadhyay, *Kshiti Mohan Sen O Ardha Satabdir Santiniketan*, pp. 42~43.

4 *Selected Letters of Rabindranath Tagore*, edited by Krishna Dutta and Andrew Robinson (Cambridge: Cambridge University Press, 1997), p. 69.

5 다음에 인용된 크시티 모한 센의 발언을 번역했다. Mukhopadhyay, *Kshiti Mohan Sen O Ardha Satabdir Santiniketan*, p. 17.

6 카비르 판트 신도는 현재 1000만 명에 가까운 것으로 추산된다. 19세기 말에도 이들은 상당한 규모였으며 꽤 너른 지역에 퍼져 있었다.

7 다음을 참고하라. Syed Mujtaba Ali, "Acharya Kshiti Mohan Sen", 다음에 수록됨. *Gurudev O Santiniketan*(벵골어 에세이 모음집). 다음에 인용됨. Mukhopadhyay, *Kshiti Mohan Sen O Ardha Satabdir Santiniketan*, p. 466.

8 초판은 1910~1911년에 출간되었다. 더 나중에 나온 벵골어본은 저명한 역사학자인 사비야사치 바타차리아_{Sabyasachi Bhattacharya}의 훌륭한 서문과 함께 한 권짜리로 출간되었다. *Kabir* (Calcutta: Ananda Publishers, 1995). 카비르의 시에 대한 훌륭한 번역과 통찰력 있는 논평은 다음을 참고하라. Arvind Krishna Mehrotra, *Songs of Kabir* (New York Review Books, 2011).

9 이 모음집은 『카비르 시 100선_{One Hundred Poems of Kabir}』으로 출간되었다 (London: Macmillan 1915). 번역은 라빈드라나트 타고르가 했고 이블린 언더힐이 도움을 주었다. 이 책의 서문에서 타고르는 크시티 모한의 "노고" 덕분에 "이 일을 할 수 있었다"고 감사를 표했다(p. xliii).

10 다음을 참고하라. Ezra Pound, "Kabir: Certain Poems", *Modern Review*, June 1913; 다음으로 재출간됨. Hugh Kenner, *The Translations of Ezra Pound* (New York: New Directions, 1953; London: Faber, 1953).

11 하지만 에즈라 파운드가 번역한 『카비르 포에시_{Kabir: Poesie}』의 교정지 일부를 예일 대학에 소장된 "예일 미국 문학 컬렉션"에서 볼 수 있다(Yale Collection of American Literature: Beinecke Rare Book and Manuscript Library, Ezra Pound Papers Addition, YCAL MSS 53 Series II Writings 700).

이 미출간 교정지가 있다는 사실을 알려준 크레이그 재미슨Craig Jamieson에게 감사를 전한다. 파운드는 힌두어도 벵골어도 할 줄 몰랐기 때문에 번역에 칼리 모한 고시의 도움을 받았다. 다음을 참고하라. *Selected Letters of Rabindranath Tagore*, edited by Krishna Dutta and Andrew Robinson (Cambridge: Cambridge University Press, 1997), p. 116. 크시티 모한이 수집한 카비르 시의 더 이른 영어 번역문 원고로는 아지트 쿠마르 차크라바티Ajit Kumar Chakravarty가 번역한 것도 있다.

12   이것은 크시티 모한 셴이 벵골어로 펴낸 카비르 시선집의 서문을 번역한 것이다. 늘 그는 자신을 가장 많이 도와준 사람들의 이름을 감사의 글에 적절하게 밝히려고 노력했다. "나를 가장 많이 도와준 사람 중, 그들이 부른 노래와 그들이 손으로 적은 메모로 도움을 준 사람들을 꼽으면 다음과 같다. 바루나 아디케슈하브의 닥신 바바Dakshin Baba, 가이비의 주란 바바Jhulan Baba, 추아추아 탈의 니르바이 다스Nirbhay Das, 초칸디의 딘데브Dindev, 그리고 장님인 사두Sadhu[은둔자] 수르시야마다스Surshyamadas." 또한 크시티 모한은 그가 읽고 참고한 12권의 저술도 언급했다. 그중 하나는 마하비어 프라사드 말비야Mahaveer Prasad Malviya의 다음 저술이다. *Kabir Shhabdabali*. 이 책은 오늘날 크시티 모한 셴의 선집과 라이벌로 종종 인용되곤 한다. 하지만 글로 기록된 다른 저술에 담긴 작품들처럼 크시티 모한에게는 이것도 '최종' 정본이라고 볼 수 없었다. 각각의 시는 "실제로 사람들이 노래하고 그들과 내가 전통에 충실하다고 판단했는가"로 가늠해야 했기 때문이다.

13   다음을 참고하라. Ranajit Guha ed., *Writings on South Asian History and Society*, Subaltern Studies series I (Delhi and Oxford: Oxford University Press, 1982). 나는 라나지트를 1956년에 알게 되었다. 그와 나의 교류에 대한 이야기는 이 책의 뒷부분에 나온다.

14   다음을 참고하라. Pranati Mukhopadhyay, *Kshiti Mohan Sen O Ardha Satabdir Santiniketan* (Calcutta: West Bengal Academy, 1999), pp. 199, 516.

15   크시티 모한 셴이 벵골 '바울'들의 구전 노래와 시를 수집한 모음집에 대해서도 동일한 엘리트주의적 토대에서 비슷한 비판이 제기되었다.

16   Hazari Prasad Dwivedi, *Kabir* [Hindi] (Delhi: Rajkamal Prakashan, 1942; 2016에 재출간).

17   K. M. Sen, *Hinduism* (1961). 아마르티아 셴의 새로운 서문과 함께 재출간. (London: Penguin Books, 2005; 2020년에 재출간).

5장 논쟁의 세계

1   *Selected Letters of Rabindranath Tagore*, edited by Krishna Dutta and Andrew Robinson (Cambridge: Cambridge University Press, 1997), p. 990.

2   다음을 참고하라. *The Oxford India Gandhi: Essential Writings*, compiled and edited by Gopalkrishna Gandhi (New Delhi: Oxford University Press, 2008), p. 372.

3   이 슬픈 편지도 다음에 실려 있다. *The Oxford India Gandhi: Essential Writings*, p. 372.

4   다음을 참고하라. Rabindranath Tagore, *Letters from Russia*, translated from

Bengali by Sasadhar Sinha (Calcutta: VisvaBharati, 1960), p. 108.

5 타고르의 인생에서 이 사건은 다른 많은 사건과 함께 다음에 언급되어 있다. Krishna Dutta and Andrew Robinson, *Rabindranath Tagore: The Myriad-Minded Man* (London: Bloomsbury, 1995), p. 297.

6 다음에서 인용함. Dutta and Robinson, *Rabindranath Tagore: The Myriad-Minded Man*, p. 297.

7 이 역전이 정확히 어떻게 일어났는지에 대해서는 나바니타 데브 센 Nabaneeta Dev Sen이 쓴 다음 논문을 참고하라. "The Foreign Reincarnation of Rabindranath Tagore", *Journal of Asian Studies*, 25 (1966). 다음으로 재출간됨. *Counterpoints: Essays in Comparative Literature* (Calcutta: Prajna, 1985).

8 니마이 차테르지는 이 편지들을 받고 매우 재미있어했다. 그는 내가 러셀을 매우 존경한다는 것을 알고서 그 편지를 보여주었다. 나는 러셀을 철학자(특히 수리철학자)로서는 매우 존경하지만 사상사학자로서는 그렇지 않다고 말했다.

9 니마이 차테르지는 2011년 1월에 갑자기 사망했다. 그가 수집한 문학 사료와 문화적 물품들은 테이트 모던에 '니마이 차테르지 컬렉션'으로 소장되어 있다. 타고르가 서구에서 어떻게 인식되는지에 대해 그가 받은 서신들은 캘커타(콜카타)의 방글라 아카데미Bangla Academy에 소장되어 있으며, 편집을 거쳐 출간될 예정이라고 한다. 서신들을 보여준 니마이 차테르지에게 감사를 전한다.

10 다음을 참고하라. Bertrand Russell, *A History of Western Philosophy* (New York: Simon & Schuster, 1945; London: Allen & Unwin, 1946).

11 타고르가 크시티 모한에게 보낸 편지. 1912년 6월 28일자. 다음에 수록됨. *Selected Letters of Rabindranath Tagore*, edited by Krishna Dutta and Andrew Robinson, p. 90.

12 나는 이 이슈를 다음에서 논한 바 있다. "Tagore and His India", *The New York Review of Books*, 26 June 1997; *The Argumentative Indian* (London: Penguin; New York: FSG, 2005), Chapter 5.

13 영어 번역문("Leave this chanting and singing and telling of beads! Whom do you worship in this lonely dark corner of a temple with doors all shut? Open your eyes and see your God is not before you! He is there where the tiller is tilling the hard ground and where the path-maker is breaking stones. He is with them in sun and in shower, and his garment is covered with dust.")은 고어 투의 단어를 없애기 위해 표준 영어 번역본을 다시 조금 수정했다.

14 다음을 참고하라. George Bernard Shaw, *Back to Methuselah(A Metabiological Pentateuch)* (London: Constable; New York: Brentano's, 1921).

15 타고르의 민족주의 비판에 대한 다양한 반응, 특히 그의 소설 『가정과 세계』에 대한 다양한 반응은 다음의 전기에 잘 망라되어 있다. Dutta and Robinson, *Rabindranath Tagore: The Myriad-Minded Man*.

6장 과거의 현재

1 Sheldon Pollock, "India in the Vernacular Millennium: Literary Culture and Polity, 1000–1500", *Daedalus*, 127 (2) (Summer 1998), pp. 41~74.

2 이에 대해 추가적인 논의는 다음을 참고하라. Amartya Sen, *The Idea of Justice* (London: Allen Lane, 2009), pp. 170~173. 『정의의 아이디어』, (지식의날개).

3 대학 시절에 이와 비슷한 주제로 글을 썼는데 잃어버렸다. 내가 어느 공개 토론에서 이 주제에 대해 이야기하려고 애쓰고 있었는데, 음악가인 친구 T. M. 크리슈나T. M. Krishna가 이 개념을 되살려주었다. 감사를 전한다.

4 Joseph Wood Krutch, *The Nation*, 69 (12 May 1924).

5 '뱀과 사다리 게임'은 1892년에 유명한 장난감 제조자 프레더릭 헨리 아이레스Frederick Henry Ayres가 런던에서 특허를 받은 것으로 보인다.

6 *The Rig Veda*, translated by Wendy Doniger (London: Penguin Books, 1981), p. 241.

7 날란다가 정말로 세계에서 가장 오래된 대학인지에 대해서는 논쟁이 있다. 날란다가 세워지기 한참 전에 고대 인도의 서쪽 끝(현재의 파키스탄)에 유명한 불교 교육 중심지 탁실라가 있었다. 하지만 탁실라의 교육기관은 매우 뛰어난 곳이기는 했어도 불교 교육에만 한정된 종교 교육기관이었다. 고대 인도와 인접한 아프간의 동쪽 가장자리에서도 상당한 학문적 활동이 있었고, 기원전 4세기의 위대한 문법학자 파니니도 아프간 국경 지역 출신이었다. 하지만 탁실라는 고등 학문의 여러 과목을 체계적으로 가르치려 시도하지는 않았고 비종교적인 과목은 더욱 그랬다. 비하르의 날란다와 이곳을 본뜬 비크람실라, 오단타푸리 등은 날란다가 영감을 준 고등교육의 세계라고 말할 수 있을 것이다. 날란다를 가장 오래된 대학이라고 인정하더라도, 나름의 맥락에서 탁실라의 영광이 훼손되는 것은 아니다.

8장 벵골과 방글라데시라는 개념

1 '공동체의'라는 뜻을 가진 영어 단어 'communal'을 타 종교에 대한 분파적인 종교적 적대감을 뜻하는 말로 쓰는 것은 인도와 아대륙 전체에서 널리 통용되는 표현법이다. 이 용례로 'communal'을 사용하는 것은 1940년대에도 이미 일반적이었다. 이 용어가 때로는 혼란을 줄 수도 있지만, '종교적인'이라는 뜻의 'religious'라는 단어로는 정확히 대체가 불가능하다. 'communal'적인 적대감에는 딱히 종교적인 신실함이 크지 않은 사람들도 동참하기 때문이다. 본인 자체가 독실한 신자는 아니어도 상대 종교 쪽 공동체 사람들에 대해서는 매우 적대적인 것이다. 이런 점을 감안해 이 책에서 'communal'은 아대륙에서 쓰이는 용례대로 사용했고, 종교와 관련 없는 일반적인 의미의 '공동체'와는 구별되는 개념이다.

2 폭력에서 정체성이 수행하는 역할에 대한 분석은 내가 쓴 다음 책을 참고하라. *Identity and Violence: The Illusion of Destiny* (New York: Norton, and London: Penguin, 2006). 『정체성과 폭력: 운명이라는 환영』, (바이북스).

3 아예샤 잘랄Ayesha Jalal은 이와 관련해 적어도 부분적으로는 무함마드 진나가 분할을 주장한 것이 [꼭 분할 자체를 원했다기보다] 독립 후에 분할되

지 않은 인도에서 무슬림이 더 비중 있는 역할을 획득할 수 있게 하기 위한 협상 카드였으리라고 분석했다. 아예샤 잘랄의 다음 저서를 참고하라. *The Sole Spokesman: Jinnah, the Muslim League and the Demand for Pakistan* (Cambridge: Cambridge University Press, 1985).

4 Joya Chatterji, *Bengal Divided: Hindu Communalism and Partition, 1932–1947* (Cambridge: Cambridge University Press, 1994).

5 다음을 참고하라. Richard M. Eaton, "Who Are the Bengali Muslims?", (다음에 수록됨). *Essays on Islam and Indian History* (Oxford: Oxford University Press, 2000).

6 다음을 참고하라. Ranajit Guha, "Preface to First edition", *A Rule of Property for Bengal: An Essay on the Idea of Permanent Settlement* (1963) (Durham, NC, and London: Duke University Press, 1996), p. xv. 라나지트 구하에 대해서는 이 책의 뒷부분에서 다시 이야기할 것이다.

7 다음을 참고하라. Tapan Raychaudhuri, "Preface" *The World in Our Time: A Memoir* (Noida, Uttar Pradesh: HarperCollins Publishers India, 2011).

8 이 사안에 대해서는 사나 아이야르_Sana Aiyar의 중요한 논문인 다음을 참고하라. "Fazlul Huq, Region and Religion in Bengal: The Forgotten Alternative of 1940 – 43", *Modern Asian Studies*, 42(6) (November 2008). 아이야르가 언급한 참고 문헌들도 참고하라.

9 리처드 M. 이튼의 다음 저서에 나오는 영어 번역(From the West came Zafar Mian,/Together with twenty-two thousand men./Sulaimani beads in their hands./They chanted the names of their pīr and the Prophet./Having cleared the forest./They established markets./Hundreds and hundreds of foreigners/ Ate and entered the forest./Hearing the sound of the ax,/Tigers became apprehensive and ran away, roaring)을 따름. *The Rise of Islam and the Bengal Frontier, 1204–1760* (Berkeley, CA: University of California Press, 1993), pp. 214~215.

9장 저항과 분할

1 수바스 찬드라 보스의 삶에 대한 흥미로운 역사적 설명은 다음을 참고하라. Sugata Bose, *His Majesty's Opponent: Subhas Chandra Bose and India's Struggle Against Empire* (Cambridge, MA: Belknap Press of Harvard University Press, 2011).

2 Rafiq Zakaria, *The Man Who Divided India* (Mumbai: Popular Prakashan, 2001), p. 79.

3 Zakaria, *The Man Who Divided India*, p. 84.

4 Ayesha Jalal, *The Sole Spokesman: Jinnah, the Muslim League and the Demand for Pakistan* (Cambridge: Cambridge University Press, 1985), p. 4.

5 이에 대해 실제로 아버지와 이야기를 나눈 적은 없다. 나는 아버지가 이 선거에서 누구에게 투표할지 딜레마에 빠져 있었다는 걸 그때는 알지 못했고, 나중에 아미야 다스굽타의 딸 알라크난다 파텔_Alaknanda Patel이 아미야 다스굽타와 아버지 사이에 오간 서신들을 연구한 것을 보고 알게 되었다.

6   Amartya Sen, *On Economic Inequality* (Oxford: Oxford University Press, 1973; 개정증보판, 제임스 포스터_{James Foster}와 함께, 1997).

10장 영국과 인도

1   다음에 인용됨, Michael Edwardes, *Plassey: The Founding of an Empire* (London: Hamish Hamilton, 1969), p. 131.

2   Niall Ferguson, *Empire: How Britain Made the Modern World* (London: Allen Lane, 2003) p. xi. 대영 제국의 성취와 실패에 대한 더 비판적인 평가는 다음을 참고하라. Shashi Tharoor, *Inglorious Empire: What the British Did to India* (London: C. Hurst & Co. and Penguin Books, 2017).

3   C. A. Bayly, *The Birth of the Modern World, 1780–1914* (Oxford: Blackwell Publishing, 2004), p. 293.

4   Adam Smith, *The Wealth of Nations, Books I–III* (1776) (London: Penguin Books, 1986), Book I, Ch. VIII, "Of the Wages of Labour", p. 176.

5   William Dalrymple, "Robert Clive was a vicious asset-stripper. His statue has no place on Whitehall", *The Guardian*, 11 June 2020; 〈https://www.theguardian.com/commentisfree/2020/jun/11/robert-clive-statue-whitehall-british-imperial〉(2020년 12월 3일에 접속함).

6   Adam Smith, *The Wealth of Nations, Books IV–V* (1776) (London: Penguin Books, 1999), Book V, Ch. 1, Part I, "Of the Expense of Defence", p. 343.

7   William Dalrymple, *Anarchy: The Relentless Rise of the East India Company* (London: Bloomsbury Publishing, 2019), p. 394.

8   Rudyard Kipling, "The White Man's Burden" (1899).

9   Rabindranath Tagore, *Crisis in Civilization* (Calcutta: Visva-Bharati, 1941).

11장 캘커타의 도시성

1   Rudyard Kipling, "A Tale of Two Cities"(1922), *The Collected Poems of Rudyard Kipling* (Ware, Herts: Wordsworth Editions, 1994), pp. 80~81.

2   Geoffrey Moorhouse, *Calcutta: The City Revealed* (London: Penguin Books, 1994), p. 26.

3   James Atkinson, "The City of Palaces", *The City of Palaces; a Fragment and Other Poems*, (Calcutta: The Government Gazette, 1824), p. 7.

4   Ved Mehta, *A Ved Mehta reader : the craft of the essay* (London: Yale University Press, 1998), p. 210.

5   Amit Chaudhuri, *Calcutta: Two Years in the City* (New Delhi: Penguin Books, 2013), pp. 266~267.

6   이러한 고려 사항들은 합리적일 뿐 아니라 상당히 방대하게 연구되어 있다. 차노크와 그의 측근들이 명시적으로 이러한 점을 고려했다는 기록도

612

있다. 이와 관련된 옛 자료와 현대 자료가 다음 저술에 잘 일별되어 있다.
P. Thankappan Nair, *Job Charnock: The Founder of Calcutta: An Anthology*
(Calcutta: Calcutta Old Book Stall, 1977).

7   J. J. A. Campos, *History of the Portuguese in Bengal* (Calcutta and London:
Butterworth, 1919), p. 43.

8   Gopal krishna Gandhi, *A Frank Friendship: Gandhi and Bengal. A Descriptive
Chronology* (Calcutta: Seagull Books, 2007).

9   Satyajit Ray, *Our Films, Their Films* (1976) (Hyderabad: Orient BlackSwan
Private Ltd, 3rd edn, 1993), p. 9.

10 Satyajit Ray, *Our Films, Their Films*, 3rd edn, pp. 160~161.

12장 칼리지 가

1   캘커타 대학은 출석 규칙이 엄격했다. 나는 심각한 병을 앓았기 때문에, 또
정치활동에도 참여하고 수업을 빼먹고 도서관에 가서 책을 읽거나 커피하
우스에 가서 이야기를 나누다가, 프레지던시 칼리지의 일반 학생들이 지켜
야 하는 출석 일수를 채우지 못했다. 나는 '칼리지 일원이 아닌' 학생용의
시험을 봐야 한다는 말을 들었다. 즉 프레지던시 학생이 아니게 되는 것이
었다. 나는 대체로 '좋은 학생'이라는 평판이 있었기 때문에(이전의 시험에서
1등을 했다) 칼리지 측도 이를 아쉬워했다. 결국 어찌어찌해서 나는 '칼리지
일원'으로서 프레지던시 칼리지에서 시험을 볼 수 있게 되었는데, 추측하기
로는 학교에서 서류를 좀 손봐준 게 아닐까 생각한다.

2   Henry Louis Vivian Derozio, "To India—My Native Land", *Anglophone
Poetry in Colonial India, 1780–1913: A Critical Anthology*, edited by Mary
Ellis Gibson (Athens, OH: Ohio University Press, 2011), p. 185.

3   Tapan Raychaudhuri, *The World in Our Time* (Noida, Uttar Pradesh:
HarperCollins Publishers India, 2011), p. 154.

13장 마르크스에게서 무엇을 얻을 것인가

1   돕이 새뮤얼슨의 매우 설득력 있는 이 언명을 언급한 이유는 그에 대해 반
박하기 위해서였다. 그는 문제의 본질을 생각할 때 '근사법이 얼마나 가까
운가'와 '얼마나 유의미성이 있는가'를 구별해야 한다고 주장했다. 나는 다
음의 논문에서 돕이 강조한 이 구별의 중요성에 대해 논의했다. "On the
Labour Theory of Value: Some Methodological Issues", *Cambridge Journal of
Economics*, 2(2) (June 1978), pp. 175~190.

2   Maurice Dobb, *Political Economy and Capitalism: Some Essays in Economic
Tradition* (1937) (Abingdon and New York: Routledge, 2012), pp. 1~33.

3   Karl Marx and Friedrich Engels, *The German Ideology* (1932) (New York:
International Publishers, 1947), p. 22. 『독일 이데올로기』 1~2, (먼빛으로).

4   매우 영향력 있는 다음 저술에 나온다. Aneurin Bevan, *In Place of Fear*
(London: Heinemann, 1952), p. 100.

5   Eric Hobsbawm, "Where are British Historians Going?", *Marxist Quarterly*,
    2(1) (January 1955), p. 22.

6   Gareth Stedman Jones, *Karl Marx: Greatness and Illusion* (London: Allen
    Lane, 2016), p. 5. 『카를 마르크스: 위대함과 환상 사이』, (아르테).

14장 초기의 전투

1   John Gunther, *Inside Europe* (London: Hamish Hamilton, 1936).

15장 영국으로

1   그 시절 영국문화원과 그곳의 도서관은 캘커타의 '극장 가'라고 불리는 거
    리에 있었다. 도시 당국은 얼마 뒤에 거리 이름을 '셰익스피어 사라니(가)'
    라고 변경했다. 길 이름과 관련해 영국의 식민주의자들은 미국보다 현지 도
    시 행정가들에게 훨씬 좋은 대우를 받았다. 베트남 전쟁이 한창일 때 미국
    영사관이 위치했던 해링턴 가는 이름이 '호치민 사라니'로 바뀌었다.

18장 어떤 경제학인가?

1   A. C. Pigou, *The Economics of Welfare* (1920) (Basingstoke: Palgrave
    Macmillan, 4th edn. 1932), p. 5.

2   Thorstein Veblen, *The Theory of the Leisure Class* (1899) (Abingdon:
    Routledge, 1992). 『유한계급론: 제도 진화의 경제적 연구』, (휴머니스트).

3   J. de V. Graaff, *Theoretical Welfare Economics* (London: Cambridge University
    Press, 1957).

20장 대화와 정치

1   Tam Dalyell, *The Importance of Being Awkward: The Autobiography*
    (Edinburgh: Birlinn Ltd, 2011).

2   A. C. Pigou, *The Economics of Welfare* (1920) (Basingstoke: Palgrave
    Macmillan, 4th edn, 1932).

3   W. G. Runciman, Amartya K. Sen, "Games, Justice and the General Will",
    Mind, LXXIV (296) (October 1965), pp. 554~562.

4   Amartya Sen, *The Idea of Justice* (London: Allen Lane, 2009).

21장 케임브리지와 캘커타 사이에서

1   라나지트 구하가 쓴 『벵골의 재산권 규칙』은 1963년에 무통 앤드 에콜 프

랙티크에서 처음 출간되었고 1982년에 오리엔트 롱먼 출판사에서, 1996년에 듀크 대학 출판부에서 재출간되었다. 영광스럽게도 나는 듀크대학 본에 긴 서문을 쓰게 되었다. 1963년에 인도 교수의 봉급으로는 귀중품을 안전하게 항공편으로 보내는 것이 너무 비쌌기 때문에, 내가 그의 원고 최종본을 가방에 넣고 직접 유럽의 출판사 무통 앤드 에콜 프랙티크에 가져갔다.

22장 돕, 스라파, 로버트슨

1   D. H. Robertson, "Preface to 1949 Edition", *Banking Policy and the Price Level* (1926) (New York: Augustus M. Kelley, 1949), p. 5.

2   나는 트리니티 칼리지의 학장으로서 돈을 약간 들여서 스라파가 이탈리아어로 남긴 이 메모의 번역 작업을 추진해보려고 노력했지만, 트리니티가 상대적으로 적은 금액인 이 돈을 쓰도록 설득하는 데 성공하지 못했다. 1983년에 스라파가 사망했을 때 트리니티가 스라파로부터 100만 달러가 넘는 기금을 받았는데도 말이다. 만약 번역 사업이 진행되었다면 나는 프랭크 램지에 대한 뛰어난 책의 저자인 셰릴 미사크Cheryl Misak, 그리고 이탈리아 학자 두 명과 함께 번역 작업을 할 생각이었다. 이 작은 규모의 연구 지원도 받지 못하는 것을 보고 셰릴은 트리니티의 철학과 교수 휴 리처즈Huw Richards에게 이렇게 물었다고 한다. "이 칼리지에서 전직 학장은 영향력이 없나요?" 휴는 이렇게 대답했다. "셰릴, 이걸 아셔야 해요. 현직 학장도 영향력이 제로인데, 전직 학장의 영향력은 그보다도 적죠."

3   Piero Sraffa, *Production of Commodities by Means of Commodities: Prelude to a Critique of Economic Theory* (Cambridge: Cambridge University Press, 1960).

4   Joan Robinson, "Prelude to a Critique of Economic Theory", *Oxford Economic Papers*, New Series, 13(1) (February 1961), pp. 53~58.

5   Ray Monk, *Ludwig Wittgenstein: The Duty of Genius* (London: Jonathan Cape, 1990), p. 487. 『비트겐슈타인 평전: 천재의 의무』, (필로소픽).

6   그람시의 『옥중수고』는 우리가 그람시의 관점을 더 완전하게 이해할 수 있게 도와준다. 그람시의 다음 저술도 참고하라. *The Modern Prince and Other Writings* (London: Lawrence and Wishart, 1957).

7   Antonio Gramsci, "The Study of Philosophy (Some Preliminary Points of Reference)", *Selections from the Prison Notebooks*, edited and translated by Quintin Hoare and Geoffrey Nowell Smith (London: Lawrence and Wishart, 1971), p. 323.

23장 미국을 접하다

1   Amartya Sen, "On the Usefulness of Used Machines", *Review of Economics and Statistics*, 44(3) (August 1962), pp. 346~348.

2   Paul A. Samuelson, *Foundations of Economic Analysis* (Cambridge, MA: Harvard University Press, 1947).

3   내 논문의 제목은 「개인 간 총합과 부분적 비교 가능성」이었다("Interpersonal

Aggregation and Partial Comparability", *Econometrica*, 38 (3) (May 1970), pp. 393~409]. 이 접근에 대한 더 상세한 탐구는 내가 쓴 다음 저술을 참고하라. *Collective Choice and Social Welfare* (1970) (다음으로 재출간됨. Amsterdam: North-Holland, 1979; 다음 개정증보판으로도 재출간됨. London: Penguin Books, 2017).

24장 케임브리지를 다시 사고하다

1   James M. Buchanan, "Social Choice, Democracy, and Free Markets", *Journal of Political Economy*, 62(2) (April 1954), pp. 114~123; "Individual Choice in Voting and the Market", *Journal of Political Economy*, 62(4) (August 1954), pp. 334~343.

2   나는 이 대조에 대한 비판적인 고찰 및 이와 관련된 몇몇 구분법을 훗날 내 미국경제학회 학회장 취임 연설에서 다루었다. 다음을 참고하라. "Rationality and Social Choice", *American Economic Review*, 85(1) (1995), pp. 1~24.

3   이 강연은 다음으로 출간되었다. "Internal Consistency of Choice", *Econometrica*, 61(3) (1993), pp. 495~521.

4   이 인용의 출처와 영어 번역, 그리고 이와 관련된 스라파와 그람시의 견해는 다음을 참고하라. Jean-Pierre Potier, *Piero Sraffa—Unorthodox Economist (1898-1983): A Biographical Essay* (1991) (Abingdon: Routledge, 2015), pp. 23~27.

5   Karl Marx and Friedrich Engels, *The German Ideology* (1845) (New York: International Publishers, 1947), p. 22.

25장 설득과 협력

1   이 네 명의 개척자 중 세 명이 1970년대에 내가 에바 콜로르니와 결혼하면서 나와 친인척이 되었다. 나는 1970년대에 이 두 선언문의 기저에 있는 동기에 대해 알티에로, 우르줄라와 많은 이야기를 나누었다. 에우제니오는 1944년 5월, 미군이 로마를 해방시키기 이틀 전에 파시스트 도당에게 살해당했다. 이러한 개념의 발달사에 대해 에바와 에바의 자매인 레나타, 바버라와도 매우 큰 통찰을 주는 대화를 나누었다.

2   John Maynard Keynes, *The Economic Consequences of the Peace* (London: Macmillan, 1919; New York: Harcourt, Brace and Howe, 1920; 로버트 레카크먼Robert Lekachman의 서문과 함께 재출간됨. New York: Penguin Classics, 1995).

3   R. J. Hammond, *History of the Second World War: Food*, Vol. II, *Studies in Administration and Control* (London: HMSO, 1956); Brian Abel-Smith and Richard M. Titmuss, *The Cost of the National Health Service in England and Wales*, NIESR Occasional Papers, XVIII (Cambridge: Cambridge University Press, 1956).

4   R. J. Hammond, *History of the Second World War: Food*, Vol. I, *The Growth of Policy* (London: HMSO, 1951). 다음도 참고하라. Richard M. Titmuss,

History of the Second World War: Problems of Social Policy (London: HMSO, 1950).

5   Rabindranath Tagore, *Crisis in Civilization* (Calcutta: Visva-Bharati, 1941).

6   이언 스티븐스는 이 경험을 『장마철의 아침Monsoon Morning』(London: Earnest Benn, 1966)이라는 책으로 펴냈다. 여기에서 그는 점점 더 회의감이 깊어지다가 결국 저항하기로 한 결심을 이야기하고 있다. 그는 자신이 가져온 변화를 자랑스러워했고, 마땅히 그럴 만하다. 내가 런던의 『더 타임스』에 부고 기사를 쓴 것은 단 한 번인데, 스티븐스에 대한 『더 타임스』 공식 부고 기사에 그가 벵골 대기근을 멈추는 데 기여한 부분이 언급조차 되지 않았기 때문이었다. 그가 살린 생명이 100만 명은 될 텐데도 말이다. 『더 타임스』가 그것을 보충할 수 있게 내 글을 게재해주어서, 그리고 스티븐스가 마땅히 받아야 할 인정과 감사를 받을 수 있게 해주어서 기뻤다.

26장 가깝고도 먼

1   David Hume, *An Enquiry Concerning the Principles of Morals* (1777) (LaSalle, IL: Open Court, 1966), p. 25. 여기에서 언급된 열린 마음에 대한 주장은 '백인'의 우월성에 대한 흄의 다른 언급들과 상충되어 보일 수 있다. 인종적, 민족적 편견을 드러내는 언급을 전혀 하지 않은 애덤 스미스와 달리 흄은 명백히 스스로에게 어느 정도의 비일관성을 허용한 듯하다.

2   좋은 사회에는 서로 다른 유형의 사회계약이 방대하게 필요하다는 논의에 대해서는 다음을 참고하라. Minouche Shafik, What We Owe Each Other: A New Social Contract (London: The Bodley Head, 2021). 『이기적 인류의 공존 플랜: 21세기를 위한 새로운 사회계약』, (까치).

3   내가 학부생이었을 때 프레지던시 칼리지의 매우 젊은 교수였던 타파스 마줌다르(앞의 장들에서 그가 내게 미친 영향에 대해 언급한 바 있다)는 나중에 인도를 비롯한 세계의 여러 곳에서 사회선택 이론을 교육 문제에 적용하는 데 매우 관심을 갖게 되었다. 델리의 자와할랄 네루 대학을 학문 활동의 근거지로 삼아 활동하면서 그는 사회선택 이론의 범위와 유의미성을 크게 확대했다.

4   다음을 참고하라. Richard Titmuss, *Essays on 'The Welfare State'* (1958) (Bristol: Policy Press, 2019). 다음도 참고하라. R. J. Hammond, *History of the Second World War: Food*, Vol. I, *The Growth of Policy* (London: HMSO, 1951); Richard Titmuss, *History of the Second World War: Problems of Social Policy* (London: HMSO, 1950).

5   Adam Smith, *The Theory of Moral Sentiments* (1759). 내 서문이 실린 250주년 기념판(edited by Ryan Hanley, London: Penguin Books, 2009)도 참고하라.

6   Adam Smith, *The Theory of Moral Sentiments* (1759), Vol. 2, Chapter II, "Of the Influence of Custom and Fashion upon Moral Sentiments".

7   Rabindranath Tagore, *Crisis in Civilization* (Calcutta: Visva-Bharati, 1941).

주제 찾아보기

인명 찾아보기

세상이라는 나의 고향

HOME IN THE WORLD: A MEMOIR

1판 1쇄 펴냄 | 2024년 6월 20일

지은이 | 아마르티아 센
옮긴이 | 김승진
발행인 | 김병준
편 집 | 정혜지 조소영
디자인 | 권성민
마케팅 | 차현지 이수빈
발행처 | 생각의힘

등록 | 2011. 10. 27. 제406-2011-000127호
주소 | 서울시 마포구 독막로6길 11, 우대빌딩 2, 3층
전화 | 02-6925-4183(편집), 02-6925-4187(영업)
팩스 | 02-6925-4182
전자우편 | tpbook1@tpbook.co.kr
홈페이지 | www.tpbook.co.kr

ISBN 979-11-93166-55-0 (03300)